目 录

第一篇　会计电算化原理

第二篇　会计电算化应用

第一篇

会计电算化原理

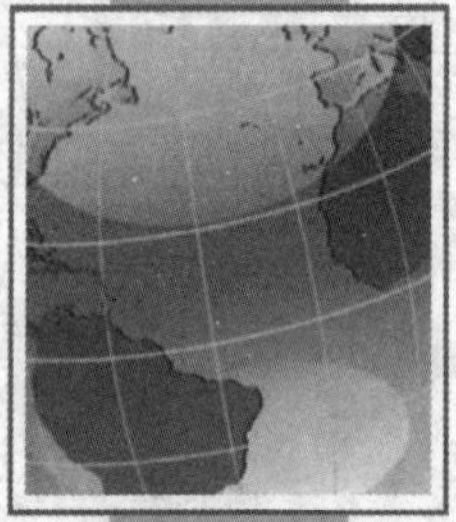

第一章
会计电算化基础知识

一、填空题

1. 1981 年 8 月 9 日试点成功，在长春第一汽车制造厂现场召开“财务、会计、成本应用电子计算机专题讨论会”，参会全体代表倡议成立“会计电算化研究会”，并把“计算机技术在财会工作中的应用”正式命名为“__________”。

2. 一般来说，实现会计电算化的最基本要求是__________。

3. 我国会计电算化的发展阶段为：__________阶段、会计电算化定点化软件阶段、__________阶段。

4. 国外会计电算化发展的三个阶段为：单项会计业务处理阶段、__________、__________。

5. 会计信息系统按使用工具的不同，常分为__________和__________两类。

6. 会计电算化系统的数据处理方式常见的有__________、__________和__________。

7. 会计信息系统的英文缩写是__________。

8. AIS 是__________的英文缩写；ERP 是__________的英文缩写。

9. 企业资源计划的英文缩写是__________。可扩展商业报告语言的英文缩写是__________。

10. XBRL 是__________的英文缩写。

11. 人们常将 ERP 称为“三流一体化”或“三流合一”的管理信息系统。其中“三流”是指__________、__________、__________。

12. 财务业务一体化通常是指__________和__________相连。

13. 电算化会计信息系统的物理结构有：__________、硬件、会计数据、__________、会计电算化人员。

14. 一般来说，电算化会计信息系统中常见的硬件结构有：单机结构、__________、多用户分时系统和 __________。

二、单选题

1. 会计信息系统按使用工具的不同，常分为(　　)。

A. 手工会计信息系统和电脑会计信息系统
B. 会计电算化系统和会计信息化系统
C. 传统会计信息系统和会计电算化信息系统
D. 人工会计信息系统和会计电算化信息系统

2. 会计信息系统的英文缩写是（　　）。
A. AIS　　B. ERP　　C. EDPA　　D. XBRL

3. 企业资源计划英文缩写是（　　）。
A. AIS　　B. ERP　　C. EDPA　　D. XBRL

4. 可扩展商业报告语言的英文缩写是（　　）。
A. AIS　　B. ERP　　C. EDPA　　D. XBRL

5. 企业资源计划常称为“三流一体化”的管理信息系统，其英文是指（　　）。
A. Electronic Data Processing　　B. Material Requirements Planning
C. Enterprise Resource Planning　　D. Electronic Requirements Planning

6. 企业资源计划常称为“三流一体化”的管理信息系统，“三流”是指（　　）。
A. 物流、业务流、资金流　　B. 物流、资金流、信息流
C. 物流、业务流、信息流　　D. 物流、资金流、财务流

7. 财务业务一体化通常是指（　　）相连。
A. 总账系统和工资薪酬业务　　B. 总账系统和销售业务
C. 总账系统和采购业务　　D. 总账系统和购销存业务

8. 会计电算化系统的数据处理方式常见的有（　　）。
A. 批处理、及时处理、事后处理　　B. 当时处理、实时处理、事后处理
C. 批处理、在线处理、实时处理　　D. 批处理、实时处理、事后处理

9. 会计电算化核算子系统主要包括（　　）。
A. 账务处理子系统　　B. 报表子系统
C. 职工薪酬核算子系统　　D. 以上全部都是

三、多选题

1. 会计电算化的特点是（　　）。
A. 人机结合　　B. 会计核算自动化、集中化
C. 数据处理及时、准确　　D. 内部控制多样化

2. 会计电算化系统的数据处理方式常见的有（　　）。
A. 批处理　　B. 在线处理　　C. 实时处理　　D. 事后处理

3. 会计信息系统按使用工具的不同，常分为（　　）。
A. 手工会计信息系统　　B. 会计电算化系统
C. 传统会计信息系统　　D. 电算化会计信息系统

4. 会计电算化信息系统按功能划分（或按系统的层次划分），可分为（　　）。
A. 会计电算化核算子系统　　B. 会计电算化管理子系统
C. 会计电算化决策支持子系统　　D. 会计电算化分析子系统

5. 企业资源计划常称为“三流一体化”的管理信息系统，“三流”是指（　　）。
A. 物流　　B. 业务流　　C. 资金流　　D. 信息流

6. 下列属于会计电算化相关法律制度的是(　　)。

A.《会计法》

B.《企业会计制度》

C.《会计电算化工作规范》

D.《关于全面推进我国会计信息化工作的指导意见》

7. 财政部对会计电算化的规范主要有(　　)。

A. 会计核算软件设计、应用、维护的基本要求

B. 会计数据输入功能的基本要求

C. 会计数据处理功能的基本要求

D. 会计数据输出功能的基本要求

四、判断题

1. 会计信息系统按使用工具的不同,常分为手工会计信息系统和电脑会计信息系统。(　　)

2. 会计信息系统的英文缩写是 AIS。(　　)

3. 企业资源计划英文缩写是 EDP。(　　)

4. 可扩展商业报告语言的英文缩写是 XBRL。(　　)

5. 企业资源计划常称为"三流一体化"的管理信息系统,"三流"是指物流、业务流、信息流。(　　)

6. 财务业务一体化通常是指总账系统和购销存业务相连。(　　)

7. 会计电算化系统的数据处理方式主要有批处理、及时处理、事后处理。(　　)

8. 单机结构属于单用户工作方式。一台微机同一时刻可供多人使用。(　　)

9. 会计电算化人员一般是指直接从事会计电算化有关工作的人员。(　　)

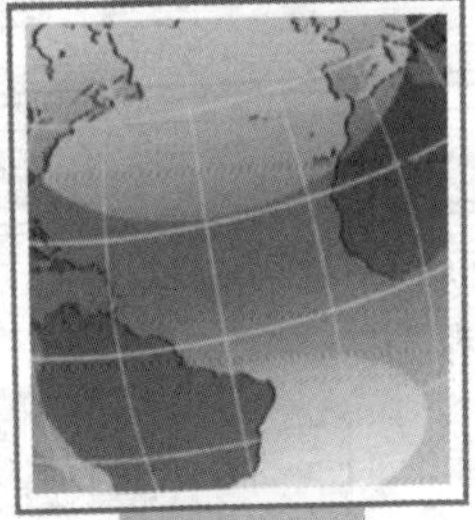

第二章
会计软件概述

一、单选题

1. 一般来说，中小企业实施会计信息化所需软件的合理做法是（　　）。

A. 购买商品化会计软件　　B. 本单位定点开发软件

C. 使用国外会计软件　　D. 从其他企业复制取得会计软件

2. 企业作为用户，一旦购买了（　　），即可享受软件的使用、维护、升级、人员培训等服务。

A. 通用版会计软件　　B. 委托外单位开发的会计软件

C. 使用国外会计软件　　D. 从其他企业复制取得的会计软件

3. 在与软件供应商签订的合同中要约定操作培训、软件升级、故障解决等服务事项，以及软件供应商对（　　）的责任，也是供应商服务的重要部分。

A. 企业信息服务　　B. 企业信息使用

C. 企业信息质量　　D. 企业信息安全

4.（　　）不属于会计核算软件。

A. 工资核算　　B. 财务处理

C. 会计报表处理　　D. 会计决策支持

5. 使用（　　）加上定制开发会计软件，既节省时间又节省费用，是实现会计信息化的有效途径。

A. 通用会计软件　　B. 委托外单位开发的会计软件

C. 使用国外会计软件　　D. 从其他企业复制取得的会计软件

6. 关于客户以远程访问、云计算等方式使用会计软件生成的电子会计资料的所有权，下列表述中，正确的是（　　）。

A. 权属关系不明确　　B. 归会计软件供应商所有

C. 归客户所有　　D. 归客户和会计软件供应商共同拥有

7. 下列关于会计软件供应商向客户提供服务的表述中，不正确的是（　　）。

A. 当会计软件存在影响客户按照国家统一的会计准则制度进行会计核算的问题，软件供应商向客户提供更正程序时，可以向客户收取费用

B. 会计软件供应商可以采取呼叫中心的方式向客户提供技术支持

C. 会计软件供应商应向客户提供会计软件的使用教程和相关材料

D. 会计软件供应商应就如何通过会计软件开展会计监督工作提供专门教程和相关材料

二、多选题

1. 按照会计软件的表现形式，可以分为(　　)。

A. 单独软件　　B. 软件系统

C. ERP 系统　　D. 软件系统中的某些功能模块

2. 按照会计软件的功能，可以分为(　　)。

A. 会计核算软件　　B. 会计管理软件

C. 会计记账软件　　D. 会计决策支持软件

3. 按照会计软件的取得方式，可以分为(　　)。

A. 企业自行开发　　B. 购买通用会计软件

C. 定制开发会计软件　　D. 购买与开发会计软件相结合

4. 定制开发会计软件包括(　　)。

A. 企业自行开发　　B. 委托外部单位开发

C. 购买与开发会计软件相结合　　D. 企业与外部单位联合开发

5. 下列关于会计软件云的表述中，正确的有(　　)。

A. 会计软件云是依托于互联网的一种全新会计软件服务和使用模式

B. 会计软件云未安装在企业本地，而是运行于供应商的远程服务器中

C. 会计软件云的本质是会计软件和服务器资源的租用

D. 会计软件云的会计资料存储在远端服务器中

6. 下列关于企业配备会计软件的表述中，正确的有(　　)。

A. 企业配备会计软件，应当合理选择购买、定制开发、购买与开发相结合等方式

B. 企业购买的会计软件应当保障本企业按照国家统一会计准则制度开展会计核算

C. 企业自己开发会计软件时，不得有违背国家统一会计准则制度的功能设计

D. 企业在决定会计软件配备方式时，应综合考虑成本、软件功能、安全性和稳定性等因素

三、判断题

1. 商品化会计软件众多，其中 SAP 是国产软件。(　　)

2. 商品化会计软件是指由专业软件公司开发、专门用于对外销售的会计软件。(　　)

3. 企业自行开发的会计软件实用性差，常常不适用于企业的业务处理流程。(　　)

4. 客户以远程访问、云计算等方式使用会计软件，造成客户会计资料泄漏与毁损的，由会计软件供应商承担赔偿责任。(　　)

5. 会计软件的表现形式可以是单独软件、软件系统或者软件系统中的功能模块。(　　)

6. 云会计软件的供应商不得以任何理由拒绝客户导出电子会计资料的请求。(　　)

7. 鼓励软件供应商采用呼叫中心、在线客服等方式为用户提供实时技术支持。(　　)

8. 社会审计应用无疑是标准数据应用的主要领域。(　　)

9. 对企业进行审计、稽核、监督、评估、鉴证、咨询、审查等职能的社会审计、内部审计、财政监督、税务稽核、金融机构等也都会用到标准数据。(　　)

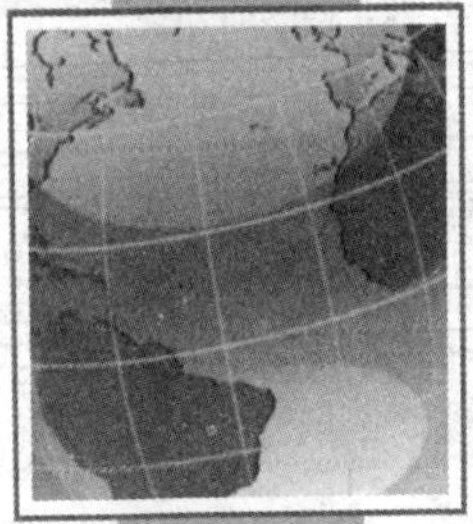

第三章 企业会计电算化的基本内容及相关管理

一、填空题

1. 企业开展会计电算化工作主要包括四个方面的基本内容：企业会计电算化的机构设置、企业会计电算化的工作规划、____________、____________。

2. 一般来说，会计电算化后，财务部门有三种机构设置可供选择：____________、____________和集中管理下的分散组织形式。

3. 企业的会计电算化组织机构多种多样，一个可行的方案是将整个部门分为____________、____________和财务管理组三个组。

4. 会计电算化信息系统的构建主要完成的工作包括五个方面：企业配备会计软件、硬件的购置、____________、____________、____________。

5. 新旧系统转换的主要工作包括：____________、____________和系统评价三个部分的内容。

6. 就企业开展会计电算化工作的基本内容来说，建立会计电算化的管理制度主要包括：业务执行程序管理制度、____________、____________、会计电算化系统安全管理制度、会计电算化维护制度和电子会计档案管理制度。

7. 会计电算化后的工作岗位可分为____________和____________。

8. 会计电算化操作管理制度主要包括____________和____________两方面。

9. 电子会计档案和传统纸质档案具有很大的不同，具有____________和____________的特点。

10. 根据财政部的规定，手工和会计电算化并行工作时间不少于____________月，一般应为____________月。

11. 系统维护主要包括____________、____________和硬件维护三方面的内容。

12. 软件日常维护工作可分为____________与____________ 两部分。

二、单选题

1. 一般来说，会计电算化后，财务部门的机构设置中不包括（　　）。

A. 集中管理式组织形式　　　　B. 独立管理式组织形式

C. 分散管理式组织形式　D. 集中管理下的分散组织形式

2. 新旧系统转换的主要工作中不包括(　　)

A. 数据转换　B. 新旧系统并行

C. 系统检测　D. 系统评价

3. 会计电算化后的工作岗位可分为(　　)

A. 基本会计岗位和电算化会计岗位　B. 传统会计岗位和电脑会计岗位

C. 手工会计岗位和电算化会计岗位　D. 基本会计岗位和现代会计岗位

4. 电子会计档案和传统纸质档案有很大的不同,具有(　　)的特点。

A. 电子化和现代化　B. 电脑化和不可见

C. U 盘化和不可见　D. 电子化和不可见

5. 根据财政部的规定,两者并行工作时间(　　)。

A. 不少于 1 个月,一般应为 3 个月　B. 不少于 3 个月,一般应为 6 个月

C. 不少于 6 个月,一般应为 9 个月　D. 不少于 6 个月,一般应为 12 个月

6. 系统维护的内容主要包括(　　)。

A. 数据维护和软件维护　B. 硬件维护和软件维护

C. 数据维护和硬件维护　D. 数据维护、软件维护和硬件维护

7. 软件日常维护工作分为(　　)。

A. 系统软件维护、会计软件维护　B. 系统软件维护、应用软件维护

C. 应用软件维护、会计软件维护　D. 应用软件维护、操作软件维护

三、多选题

1. 企业开展会计电算化工作主要包括(　　)。

A. 企业会计电算化的机构设置　B. 企业会计电算化的工作规划

C. 企业电算化会计信息系统的构建　D. 建立会计电算化的管理制度

2. 系统维护主要包括(　　)。

A. 应用维护　B. 数据维护　C. 软件维护　D. 硬件维护

3. 会计软件维护根据维护的目的,可以分为(　　)。

A. 保护性维护　B. 正确性维护　C. 完善性维护　D. 适应性维护

4. 软件日常维护工作可分为(　　)。

A. 应用软件维护　B. 系统软件维护　C. 专用软件维护　D. 会计软件维护

5. 新旧系统转换的主要工作包括(　　)。

A. 数据转换　B. 新旧系统并行　C. 系统评价　D. 系统运行

6. 会计软件的取得方式常用的有(　　)。

A. 企业自行开发　B. 委托外部单位开发

C. 企业与外部单位联合开发　D. 购买商品化软件

四、判断题

1. 企业开展会计电算化工作主要包括两个方面的基本内容:企业会计电算化的机构设置和企业会计电算化的工作规划。　(　　)

2. 一般来说,会计电算化后,财务部门有三种机构设置可供选择:集中管理式、分散管理

式和集中管理下的分散组织形式。（　　）

3. 企业的会计电算化组织机构多种多样，一个可行的方案是将整个部门分为会计组和财务管理组两个组。（　　）

4. 新旧系统转换的主要工作包括数据转换、新旧系统并行和系统评价三个部分的内容。（　　）

5. 会计电算化后的工作岗位可分为数据输入岗和数据审核岗。（　　）

6. 会计电算化操作管理制度主要包括电算化会计信息系统使用管理制度和会计电算化操作管理制度两方面。（　　）

7. 电子会计档案和传统纸质档案具有很大的不同，具有无纸化和U盘化的特点。（　　）

8. 系统维护主要包括数据维护、软件维护和硬件维护三方面的内容。（　　）

9. 各企业单位依据本单位的具体情况设置岗位，可以一岗多人，也可多岗一人。（　　）

10. 软件日常维护工作可分为系统软件维护与会计软件维护两部分。（　　）

11. 会计软件维护根据维护的目的，可以分为保护性维护、正确性维护、完善性维护三种。（　　）

12. 根据财政部的规定，两者并行工作时间不少于3个月，一般应为6个月。（　　）

13. 会计电算化岗位责任制是将责权利落实到具体的岗位，进行监督和考核的一种管理制度。（　　）

14. 数据审核员负责输入记账凭证和原始凭证等会计数据，输出记账凭证、会计账簿、报表和进行部分会计数据处理工作。（　　）

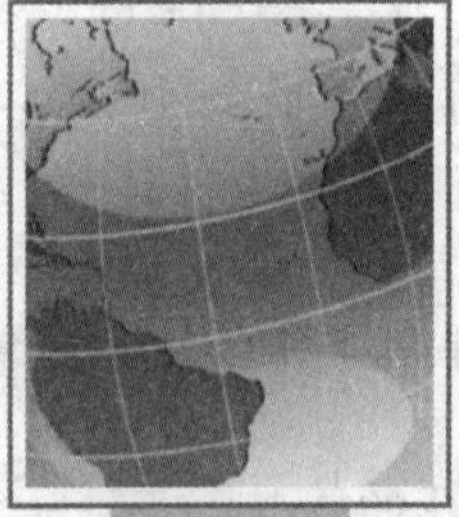

第四章 电算化会计信息系统的风险与内部控制

一、填空题

1. 依据控制的预定意图,会计电算化信息系统的内部控制可分为预防性控制、________和________三类。

2. 按会计电算化的发展阶段,会计电算化信息系统的内部控制可分为规划控制、系统分析控制、________、________、运行与维护控制。

3. 依据控制所采取的工具或手段,会计电算化信息系统的内部控制可分为________和________两类。

4. 一般控制又可以分为________和________。

5. 系统安全控制的内容和措施很多,主要有________、________、环境安全控制和________四种。

6. 常用的硬件控制有:冗余校验、回波校验、________、设备校验和________。

7. 会计信息系统的应用控制分为________、________和输出控制三个部分。

二、单选题

1. 会计信息系统内部控制的主要内容有(　　)。

A. 外部控制和内部控制　　B. 自律控制和应用控制

C. 一般控制和内部控制　　D. 一般控制和应用控制

2. 依据控制的预定意图,下列选项中不属于其分类的是(　　)。

A. 预防性控制　　B. 检查性控制　　C. 纠正性控制　　D. 复核性控制

3. 依据控制所采取的工具或手段,可分为(　　)。

A. 操作控制和程序控制　　B. 手工控制和程序控制

C. 手工控制和电脑控制　　D. 操作控制和电脑控制

4. 一般控制又可以分为(　　)。

A. 管理控制和系统开发控制　　B. 操作控制和系统开发控制

C. 管理控制和系统控制　　D. 操作控制和系统控制

三、多选题

1. 依据控制的预定意图,会计电算化信息系统的内部控制可分为(　　)。
A. 预防性控制　B. 规划控制　C. 检查性控制　D. 纠正性控制
2. 会计信息系统内部控制的主要内容有(　　)。
A. 实时控制　B. 自律控制　C. 一般控制　D. 内部控制
3. 按会计电算化的发展阶段,可分为规划控制和(　　)。
A. 系统分析控制　B. 设计控制　C. 实施控制　D. 运行与维护控制
4. 依据控制所采取的工具或手段,可分为(　　)。
A. 操作控制　B. 手工控制　C. 程序控制　D. 电脑控制
5. 依据控制作用范围的不同,电算化会计信息系统的内部控制可分为(　　)。
A. 一般控制　B. 手工控制　C. 程序控制　D. 应用控制
6. 一般控制又可以分为(　　)。
A. 管理控制　B. 系统开发控制　C. 手工控制　D. 程序控制
7. 系统安全控制的内容和措施很多,主要有(　　)。
A. 访问控制　B. 数据资源控制　C. 环境安全控制　D. 网络安全控制
8. 会计信息系统的应用控制可分为(　　)、(　　)和输出控制三个部分。
A. 输入控制　B. 处理控制　C. 输出控制　D. 程序控制
9. 系统安全控制的内容和措施很多,主要措施有(　　)。
A. 访问控制　B. 数据资源控制　C. 环境安全控制　D. 网络安全控制

四、判断题

1. 会计信息系统在开发和运行维护过程中,受到技术因素、自然因素以及组织、管理、人员等各种环境因素的影响和威胁,可能导致各种风险。(　　)

2. 依据控制的预定意图,可分为预防性控制和纠正性控制两类。(　　)

3. 依据控制所采取的工具或手段,可分为手工控制和电脑控制两类。(　　)

4. COBIT 将 IT 流程、IT 资源与业务需求相适应的 IT 目标相结合,形成一个三维的体系结构。(　　)

5. ITILv3 的核心架构是基于服务生命周期的。(　　)

6. 依据控制作用范围的不同,电算化会计信息系统的内部控制可分为操作控制和应用控制两类。(　　)

7. 数据资源控制采用的是实时后备控制,以避免系统资产有意或无意损坏,并在系统万一遭到损坏时能迅速复原而采取的控制措施。(　　)

8. 访问控制是通过接触控制,限制非法接触系统软件和数据文件的控制方法。(　　)

9. 常用的硬件控制有:冗余校验、回波校验、重复处理校验。(　　)

10. 数据资源控制采用的是实时后备控制,以避免系统资产有意或无意损坏,并在系统万一遭到损坏时能迅速复原而采取的控制措施。(　　)

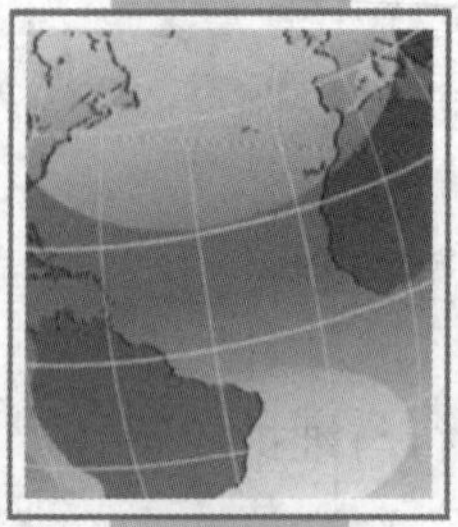

第五章 电算化会计信息系统开发基础

一、填空题

1. 会计电算化信息系统常用的开发方法有__________、__________、__________。

2. 生命周期法通常将生命周期划分为__________、__________、__________、__________四个阶段。

3. 原型法具体可分为__________、__________、__________三种类型。

4. 系统开发的可行性通常分为__________可行性、__________可行性、__________可行性。

5. 系统分析工具有__________、__________、__________、__________。

6. 数据流图的基本元素有__________、__________、__________、__________。

7. 数据流图一般分为两种：__________、__________。

8. 模块结构图的类型有__________、__________。

9. 系统的详细设计包括__________、__________、__________、__________。

二、单选题

1. 系统设计包括(　　)。

A. 系统总体设计和详细设计　　B. 系统逻辑设计和物理设计

C. 系统输入设计和输出设计　　D. 系统数据设计和程序设计

2. 系统维护的主要内容不包括(　　)。

A. 硬件维护　　B. 软件维护　　C. 程序维护　　D. 数据维护

3. 在较复杂的电算化会计信息系统开发过程中，通常采用的方法是(　　)。

A. 原型法　　B. 面向对象法　　C. 生命周期法　　D. CASE 方法

4. 系统分析阶段的任务是对现行系统提出修改方案，确定新系统的目标和逻辑功能要求，即提出新系统的(　　)。

A. 逻辑模型　　B. 数据流程图　　C. 数据词典　　D. 物理模型

5. 采用结构化开发方法开发信息系统，系统开发过程中最关键的阶段是(　　)。

A. 可行性研究与计划　　B. 系统分析

C. 编程与测试　　D. 运行与维护

三、多选题

1. 系统维护应注意的事项有(　　)两种。

A. 避免修改的随意性　　B. 保证充分的资源

C. 规范修改工作　　D. 经过必要的测试

2. 软件工程的基本原则有(　　)。

A. 坚持进行阶段评审　　B. 采用先进软件开发技术

C. 开发小组的人员应该少而精　　D. 实行严格的产品控制

3. 会计电算化信息系统的评审和验收主要考虑系统的(　　)。

A. 功能完备性　　B. 可靠性

C. 易用性　　D. 可维护性

4. 会计电算化信息系统常用的开发方法有(　　)。

A. 生命周期法　　B. 原型法

C. 面向对象法　　D. 面向过程法

5. 生命周期法通常将生命周期划分为(　　)四个阶段。

A. 系统分析　　B. 系统设计

C. 系统实施　　D. 系统运行和维护

6. 系统开发的可行性通常分为(　　)。

A. 技术　　B. 经济　　C. 软件环境　　D. 运行环境

7. 系统分析工具有(　　)。

A. 数据流程图　　B. 数据词典

C. 加工处理逻辑说明　　D. 输入—处理—输出图

8. 数据流图的基本元素有(　　)。

A. 数据流　　B. 数据处理　　C. 文件存储　　D. 数据流起点/终点

9. 数据流图一般划分为(　　)。

A. 一般型　　B. 变换型　　C. 事务型　　D. 特别型

10. 模块结构图一般划分为(　　)。

A. 一般型　　B. 特别型　　C. 变换型　　D. 事务型

11. 系统的详细设计包括(　　)。

A. 物理配置方案设计　　B. 数据存储设计

C. 编码设计　　D. 用户界面设计

四、判断题

1. 采用原型法开发信息系统，在信息系统开发的过程中，每一阶段有其独立的任务和成果，使用规定的方法和工具，编制出阶段文档。(　　)

2. 在系统分析阶段应写出可行性分析报告。(　　)

3. 在进行系统分析时，使用的主要方法是结构化分析方法，使用的主要工具是数据流程图和数据词典。(　　)

4. 实现会计电算化后，由于对会计数据处理的方式发生了变化，所以不必遵循基本的会

计理论和会计方法，但要遵守会计法规和会计准则。（　）

5. 数据流图是从实际系统中抽象出来的、以特定符号反映系统的数据传递、处理过程的工具。（　）

6. 开发会计软件的人在开发工作完成后去担任电脑会计操作员是最合理的角色。（　）

第六章
电算化会计信息系统审计

一、填空题

1. 在手工会计环境中，内部控制一般表现为对__________的控制。在会计电算化环境下，内部控制转变为对__________的控制。

2. 会计电算化信息系统的内部控制系统由__________和__________两个子系统构成。

3. 内部控制系统的审计中，数据输出控制的审计主要进行__________、__________、__________。

4. 会计电算化信息系统审计的基本方法有__________、__________、__________。

5. 会计电算化信息系统的内部控制审计主要有__________、__________、__________、__________、__________等方法。

6. 系统开发审计按照系统开发的流程可以划分为__________、__________、__________、__________四个审计阶段。

7. 系统运行程序的审计方法中，__________不能用于对被审程序的首次审计。

8. 嵌入审计程序法是指在被审系统的__________阶段，在被审的应用程序中嵌入为执行特定的审计功能而设计的程序段。

二、单选题

1.（　　）是审计人员深入基层行业单位或计算机中心机房现场实际观察业务操作程序，以核实规章制度的贯彻落实情况的一种审计方法。

A. 问卷调查法　　B. 审阅法　　C. 流程图法　　D. 观察法

2.（　　）是计算机审计工作中最常用的一种方法，它是将两种或两种以上的资料相对照，以核实其内容是否一致的一种审计方法。

A. 顺查法　　B. 逆查法　　C. 详查法　　D. 核对法

3.（　　）是计算机临柜网点经常使用的一种方法。

A. 逆查法　　B. 抽查法　　C. 审阅法　　D. 核对法

4. 通过对系统设计的流程图进行正确性检查，向程序员询问是否设计会计信息系统的内部控制制度是在系统开发审计的(　　)审计阶段。

A. 系统规划　　B. 系统分析和设计

C. 系统实施　　D. 系统运行与维护

5.(　　)是一种最有效、最可靠的审计方法,但它需要在系统设计和开发阶段就设计好审计专用的程序段。

A. 测试数据法　　B. 程序编码分析法

C. 平行模拟法　　D. 嵌入审计程序法

三、多选题

1. 应用控制的审计主要包括对(　　)的审计。

A. 数据输入控制　　B. 系统安全控制

C. 数据处理控制　　D. 数据输出控制

2. 按照应用领域的不同,审计软件可以分为(　　)。

A. 通用审计软件　　B. 一般审计软件

C. 专用审计软件　　D. 特别审计软件

3. 数据处理控制的审计采用的技术方法有(　　)。

A. 综合测试法　　B. 标记和跟踪法

C. 借助审计软件　　D. 测试数据法

4. 不处理数据文件的实质性测试方法有(　　)。

A. 顺查法　　B. 详查法　　C. 抽查法　　D. 审阅法

四、判断题

1. 电算化会计信息系统的审计范围比传统手工审计的范围更广泛。(　　)

2. 一般控制是对系统运行环境方面进行控制,为应用程序的正常运行提供外围保障。(　　)

3. 内部控制系统的审计中,对应用程序的审计,可以对程序直接进行审查,也可以通过数据在程序上的运行进行间接测试。(　　)

4. 绕过计算机审计能够提高审计的可靠性和独立性。(　　)

5. 在电算化会计信息系统中,实质性测试的对象是数据文件。(　　)

6. 系统开发审计是一种事后审计。(　　)

7. 测试数据法是一种抽样审计方法。(　　)

8. 标记和跟踪法只能利用某些高级语言或数据库管理系统的跟踪指令来实现。(　　)

9. 计算机系统进行审计,仅需对输入数据、输出资料进行审查。(　　)

10. 会计信息化对审计线索的获取没有影响。(　　)

第二篇

会计电算化应用

第七章
子系统选用、软件平台搭建、ERP 系统初始化

一、填空题

1. 会计电算化信息系统有__________、__________、__________、__________四种基本功能结构。

2. 用友 U8 V10.1 系统包括__________、__________、__________、__________、__________等模块。

3. 用友 ERP-U8 应用系统采用三层架构体系，即逻辑上分为__________、__________和__________。

4. 系统管理的主要功能有：__________、__________、系统操作员及操作权限的管理、视图管理。

5. 系统允许以__________和__________两种身份注册进入系统管理；__________负责整个系统的总体控制和维护工作，可以管理该系统中所有的账套。

6. 以系统管理员身份注册进入系统管理，可以进行__________管理和操作员设置及其__________管理。

7. 以__________的身份注册进入系统管理，可以对所选账套进行修改、对年度账的管理以及该账套操作员权限的设置等。

8. 以账套主管身份注册进入系统管理，可以对所选__________进行修改、对__________管理以及该账套操作员权限的设置等。

9. 账套管理包括账套的__________、修改、删除、__________和输出等内容。

10. 视图管理功能主要包括：刷新、__________、__________和上机日志。

11. 基本信息设置主要包括：__________、__________和数据精度三项操作。

12. 数据权限通常包括：__________设置、数据权限设置和__________分配。

二、单选题

1. 以下会计电算化信息系统模式适合大型企业或集团公司的是（　　）。

A. 账务处理＋薪酬核算＋报表管理　　B. 账务＋应收＋应付＋薪酬＋报表

C. 部门级电算化会计信息系统　　D. 账务＋应收＋应付＋固定资产管理＋报表

2. 如果要修改某一账套信息，首先应在启动系统管理后，以(　　)的身份登录注册系统管理，并选择要修改的账套。

A. 账套主管　　B. 系统管理员　　C. 出纳　　D. 会计员

3. 设置或取消账套主管的操作只能由(　　)进行。

A. 账套主管　　B. 系统管理员　　C. 出纳　　D. 会计员

4. 会计电算化信息系统中，操作员管理的内容为(　　)。

A. 姓名、口令　　C. 姓名、口令、权限

B. 姓名、权限　　D. 角色、用户、权限

5. 会计电算化信息系统中操作员的权限应由(　　)来设置。

A. 系统操作人员　　B. 账套主管

C. 系统维护人员　　D. 程序员

6. (　　)是系统初始化的重要工作，它的设置关系到所有财务业务和流程的处理。

A. 基础设置　　B. 初始数据录入与平衡

C. 结束初始化　　D. 反初始化

三、多选题

1. 系统允许(　　)注册进入系统管理。

A. 账套主管　　B. 系统管理员　　C. 出纳　　D. 会计员

2. 基本信息设置主要包括(　　)。

A. 系统启用　　B. 编码方案　　C. 数据精度　　D. 机构人员

四、判断题

1. 以账套主管的身份注册进入，可以对所选账套进行修改、年度账管理及账套操作员权限设置等。(　　)

2. 以系统管理员身份注册进入系统后，可以进行账套管理和操作员设置及其权限管理。(　　)

3. 账套信息中的账套名称、所有的单位信息等可随时修改；账套启用后，核算信息和基础设置信息不允许修改。(　　)

4. 为避免误删除，系统要求先输出账套数据，再删除账套，并且要求再一次确认是否删除××账套。(　　)

5. 账套输出功能不仅可以完成数据的备份操作，而且还可以完成账套的删除操作。(　　)

6. 系统管理员和账套主管都有权限设置权，两者没有什么区别。(　　)

7. 账套主管能对各个账套的操作员进行权限设置。(　　)

8. 在电算化账务子系统中，每个操作员都能随时设置修改自己的密码。(　　)

9. 只有系统管理员才可以使用上机日志功能。(　　)

10. 账套主管可以参加数据权限分配。(　　)

【实验一】期初建账

一、核算体系的建立

(一)增设3位操作员

增设3位操作员:ZX 张新、LM 李明、WP 王平。

(二)建立账套信息

1. 修改系统时间为2019.01.01。

2. 账套号007,账套名称为“会计电算化课程练习”,启用日期为2019年1月。

3. 单位信息:单位名称为“北方科技公司”,单位简称为“北方公司”,税号为3102256437218。

4. 核算类型:企业类型为“工业”,行业性质为“2007新会计制度科目”,预置科目(新会计科目),账套主管选“张新”。

5. 基础信息:存货、客户及供应商均分类,有外币核算。

6. 编码方案:

(1)科目编码方案为4222;

(2)客户分类的编码方案为2;

(3)供应商分类的编码方案为2;

(4)部门编码的方案为22;

(5)存货分类的编码方案为22;

(6)收发类别的编码级次为22;

(7)结算方式的编码方案为2;

(8)其他编码项目保持不变。

7. 数据精度:保持系统默认设置。

(三)分配操作员权限

操作员李明:拥有“基本信息——公用目录设置”“应收款管理”“应付款管理”“采购管理”“销售管理”“库存管理”“存货核算”中的所有权限。

操作员王平:拥有“库存管理”“存货核算”中的所有权限。

二、各系统的启用

启用“采购管理”“销售管理”“库存管理”“存货核算”“应收款管理”“应付款管理”“总账”系统。启用日期为2019—01—01。

【实验一实验向导】

一、核算体系的建立

(一)增设3位操作员

1. 增设操作员的人员:只有系统管理员才有权增设操作员。用友ERP-U8中系统管理员的名称为Admin。

2. 增设操作员的路径："系统管理"→"权限"→"用户"。

(1)进入"用友ERP-U8系统管理"界面。

其操作方法见上，如果已经进入"用友ERP-U8系统管理"，则该步骤省略。

(2)在【系统管理】界面，单击【权限】的下拉菜单"用户"，进入"用户管理"窗口。

3. 具体操作方法。

(1)单击工具栏上的[增加]按钮，打开"增加用户"对话框，输入下列信息：

编号	姓名	完成操作
ZX	张新	单击"增加"
LM	李明	单击"增加"
WP	王平	单击"增加"

(2)点击[取消]按钮或右上角的[X]结束，返回"用户管理"窗口。

(3)所有操作员以列表方式显示。再单击工具栏上的[退出]按钮，返回"系统管理"窗口。

(二)建立账套信息

1. 建立账套信息的人员：系统管理员。用友ERP-U8中系统管理员的名称为Admin。

2. 建立账套信息的路径："系统管理"→"账套"→"建立"。

(1)进入"用友ERP-U8系统管理"界面。

其操作方法见上，如果已经进入"用友ERP-U8系统管理"界面，则该步骤省略。

(2)在【系统管理】界面，单击【账套】的下拉菜单【建立】，打开【创建账套】对话框。

3. 具体操作方法。

(1)修改系统时间2019—01—01。

(2)输入账套信息：账套号007，账套名称为"会计电算化课程练习"，启用日期为2019年12月；输入完成后，单击[下一步]，进行单位信息设置。

(3)输入单位信息：单位名称为"北方科技公司"，单位简称为"北方公司"，税号为3102256437218；单击[下一步]，进行核算类型设置。

(4)输入核算类型：企业类型为"工业"，行业性质为"2007新会计制度科目"，账套主管选"张新"，选择按行业性质预置科目；单击[下一步]，进行基础信息设置。

(5)确定基础信息：单击"存货是否分类""客户是否分类""供应商是否分类""有无外币核算"前面的小方框选中4个复选框；单击[下一步]按钮；单击[完成]，系统提示"可以创建账套了吗?"，单击[是]按钮，稍候，打开"分类编码方案"对话框。

(6)确定分类编码方案：科目编码方案为4222，客户分类和供应商分类的编码方案为2，部门编码的方案为22，存货分类的编码方案为22，收发类别的编码方案为22，结算方式的编码方案为2，其他编码项目保持不变；修改完成后，单击[确认]按钮，打开"数据精度定义"对话框。

(7)数据精度定义：保持系统默认的数据精度设置，单击[确认]按钮，系统提示"创建账套{会计电算化课程学习:[007]}成功"界面，单击[确认]按钮，进入"系统启用"窗口。

(三)分配操作员权限

1. 分配操作员权限的人员：系统管理员或账套主管。用友ERP-U8中系统管理员的名称为 Admin，已定义的账套主管是“ZX 张新”。

2. 分配操作员权限的路径：【系统管理】→【权限】→【权限】。

(1)进入“用友 ERP-U8 系统管理”界面。

其操作方法见上，如果已经进入“用友 ERP-U8 系统管理”界面，则该步骤省略。

(2)在【系统管理】界面，单击【权限】的下拉菜单【权限】，进入“操作员权限”窗口。

3. 具体操作方法

(1)在“操作员权限”窗口的右上角选择账套号“[007]会计电算化课程学习”。

(2)从窗口左侧操作员列表中选择“LM 李明”。

(3)单击工具栏上的[修改]按钮，系统弹出“增加和调整权限——[用户：LM]”对话框，单击“基本信息——公用目录设置”“应收款管理”“应付款管理”“采购管理”“销售管理”“库存管理”“存货核算”“总账”前面的小方框选中各子系统的所有权限。

(4)单击[确定]按钮，完成对“LM 李明”权限分配。

(5)从窗口左侧操作员列表中选择“WP 王平”。

(6)单击工具栏上的[修改]按钮，系统弹出“增加和调整权限——[用户：WP]”对话框，单击“基本信息——公用目录设置”“库存管理”“存货核算”“总账”前面的小方框选中各子系统的所有权限。

(7)单击[确定]按钮。

(8)单击工具栏上的[退出]按钮，返回系统管理。

二、各子系统的启用

(一)各子系统的启用人员

账套建立完成后，各子系统的启用人员是账套主管。已定义的账套主管是“ZX 张新”。

(二)各子系统启用的路径

各子系统的启用路径：“企业应用平台”→“基础设置”→“基本信息”→“系统启用”。

1. 进入“企业应用平台”的操作方法：

(1)进入“企业应用平台”界面。

方法一：在“桌面”上双击“企业应用平台”图标，系统弹出“U8 登录”界面。

方法二：在“桌面”上单击[开始]按钮，鼠标依次指向“程序”“用友 ERP-U8V10.1”“企业应用平台”，再单击“企业应用平台”，系统弹出“U8 登录”界面。

(2)在“操作员”栏目中输入账套主管的名称或具有权限的系统操作员。

(3)在“密码”栏目中输入该操作员的正确密码。

(4)如果需要修改该操作员的密码，其操作步骤为：①选中“改密码”选项，单击[确定]按钮；②输入新口令，确认新口令；③单击[确认]按钮，即可为该操作员设置新的密码。

(5)单击“账套”栏目中的[▼]按钮选定账套。

(6)在“操作日期”栏目中选择或输入合适的操作日期。

(7)单击[登录]按钮即可进入“U8 新道教育—UFIDA U8”界面。

2. 单击左下角的“基础设置”选项，进入“基础信息”界面。

3. 单击菜单【基本信息】的下拉菜单【系统启用】，进入“系统启用”界面。

(三)各子系统启用的操作方法

1. 在【系统启用】界面，单击【采购管理】系统前面的小方框，系统弹出【日历】界面。

2. 在【日历】界面选择启用的日期：2019－01－01，单击[确定]按钮。

3. 在系统弹出的对话框“确实要启用当前系统吗?”中，单击[是]按钮，完成“采购管理”子系统的启用。

按照以上 1～3 的步骤即可启用“销售管理”“库存管理”“存货核算”“应收款管理”“应付款管理”和“总账”子系统。

【实验二】期初建账及各项基础档案的设置

一、核算体系的建立

(一)增设 4 位操作员

增设 4 位操作员：账套主管(自己的姓名，选定账套主管角色)；制证会计(自己的姓名)；审核记账会计(自己的姓名＋1)；出纳(自己的姓名＋2)；会计主管(自己的姓名＋3)。

注：4 位操作员供第四章实验二使用。

(二)建立账套信息

1. 修改系统时间为 2019－01－01。

2. 账套号 3 位数字(本人本班 3 位序号)；账套名(东方公司)。

注：本账套供第八章实验二使用。

3. 单位信息：单位名称为“东方有限责任公司”，单位简称为“东方公司”，税号为 3102256437218 。

4. 核算类型：企业类型为“工业”，行业性质为“2007 新会计制度科目”，预置科目(新会计科目)，账套主管选自己。

5. 基础信息：存货、客户及供应商均分类，有外币核算。

6. 编码方案：

(1)科目编码方案为 4222；

(2)客户分类的编码方案为 2；

(3)供应商分类的编码方案为 2；

(4)部门编码的方案为 22；

(5)存货分类的编码方案为 22；

(6)收发类别的编码级次为 22；

(7)结算方式的编码方案为 2；

(8)其他编码项目保持不变 。

7. 数据精度：保持系统默认设置。

(三)分配操作员权限

账套主管(自己的姓名)权限；审核记账会计(自己的姓名＋1)权限；出纳(自己的姓名＋2)权限；会计主管(自己的姓名＋3)权限。

二、系统的启用

“总账”系统。启用日期为 2019－01－01。

三、定义各项基础档案

(一)定义部门档案

制造中心、营业中心、管理中心;

制造中心(ZZ)下分:一车间(ZZ01)、二车间(ZZ02);

销售中心(XS)下分:销售一部(XS01)、销售二部(XS01);

管理中心(GL)下分:人事部(GL01)、财务部(GL02)、采购部(GL03)。

(二)定义人员档案

本人的姓名(属财务部)、张新(ZX,属财务部)、李慧平(LHP,属销售一部)、王丽(WL,属销售二部)、张娟(ZJ,属采购部),李佳(LJ,属采购部)。

(三)定义客户分类

批发(PF)、零售(LS)、代销(DX)、专柜(ZG)。

(四)定义客户档案

客户编码	客户简称	所属分类	税号	信用额度	信用期限
HHGS	华宏公司	批发	310003154	200000	30
CXGS	昌新公司	批发	310108777	100000	30
JYGS	精益公司	专柜	315000123	250000	60
LSGS	利氏公司	代销	315452453	150000	60

(五)定义供应商分类

原料供应商(YL)、成品供应商(CP)。

(六)定义供应商档案

供应商编码	供应商简称	所属分类	开户银行	账号	税号
XHGS	兴华公司	原料供应商	工行	112007112	310821385
JCGS	建昌公司	原料供应商	中行	112007567	314825705
FMSH	泛美商行	成品供应商	建行	112007158	318478228
ADGS	艾德公司	成品供应商	招行	112007763	310488008

【实验二实验向导】

一、核算体系的建立

(参见【实验一实验向导】)

二、各子系统的启用

(参见【实验一实验向导】)

三、定义各项基础档案

(一)定义各项基础档案的人员

定义各项基础档案的人员是账套主管。已定义的账套主管是自己。

(二)定义各项基础档案的路径

定义各项基础档案的路径:“企业应用平台”→“基础设置”→“基础档案”。

1. 进入“企业应用平台”。

其操作方法见上,如果已经进入“企业应用平台”,则该步骤应省略。

2. 在“U8 新道教育—UFIDA U8”界面,单击左下角的“基础设置”选项。

3. 在【基础设置】选项中,单击【基础档案】菜单。

(三)定义各项基础档案的操作方法

1. 定义部门档案

(1)单击【基础档案】的下拉菜单【机构人员】。

(2)单击【机构人员】的下拉菜单【部门档案】,进入“部门档案”窗口。

(3)单击[增加]按钮,进入输入“部门档案”的状态。

(4)输入部门编码:“ZZ”,输入部门名称:制造中心;其他信息可不输或选择输入。

(5)该部门信息输入完毕,再回车确认,输入的“制造中心”出现在左上方即为已保存。

继续以上(3)～(5)的步骤,可输入“ZZ01 一车间”“ZZ02 二车间”“XS 销售中心”“XS01 销售一部”“XS02 销售二部”“GL 管理中心”“GL01 人事部”“GL02 财务部”和“GL03 采购部”的有关信息。

(6)部门全部输入完成后,单击“部门档案”右侧的[×]按钮,完成部门档案建立。

2. 定义人员档案

(1)单击【基础档案】的下拉菜单【机构人员】。

(2)单击【机构人员】的下拉菜单【人员档案】,进入“人员档案”窗口。

(3)在“人员档案”窗口的左下方选择“销售二部”。

(4)单击[增加]按钮,进入“增加人员档案”窗口。

(5)在“增加人员档案”窗口输入职员编码:WL,职员名称:王丽;其他信息可不输或选择输入。

(6)单击[保存]按钮,保存已输入职员“王丽”的有关信息。

继续以上(3)～(6)的步骤,可输入“ZJ 张娟、采购部”“LJ 李佳、采购部”的有关信息。

(7)输入完成后,单击[退出]按钮。

3. 定义客户分类

(1)单击【基础档案】的下拉菜单【客商信息】。

(2)单击【客商信息】的下拉菜单【客户分类】,进入“客户分类”窗口。

(3)单击[增加]按钮,输入类别编码:LS,输入类别名称:零售。

(4)输入完毕回车确认,保存已输入的“客户分类”信息。

继续以上(3)～(4)的步骤,可输入“DX 代销”“ZG 专柜”的“客户分类”信息。

(5)输入完成后,单击[退出]按钮。

4. 定义客户档案

(1)单击【基础档案】的下拉菜单【客商信息】。

(2)单击【客商信息】的下拉菜单【客户档案】,进入“客户档案”窗口。

(3)在“客户档案”窗口的左下方选择“客户分类”:批发。

(4)单击[增加]按钮,进入“增加客户档案”窗口。

(5)在“基本”选项中输入客户编码:HHGS,输入客户名称及简称:华宏公司,输入税号:310003154。

(6)在“增加客户档案”窗口单击“信用”选项,进入“信用”选项输入状态。

(7)在“信用”选项中输入信用额度:200000,输入信用期限:30。

(8)单击[保存]按钮或[保存并新增]按钮,保存已输入的“华宏公司”的“客户档案”信息。

继续以上(4)～(8)的步骤,可输入“CXGS 昌新公司”“JYGS 精益公司”和“LSGS 利氏公司”的相关“客户档案”信息。

(9)输入完成后,单击[退出]按钮。

5. 定义供应商分类

(1)单击【基础档案】的下拉菜单【客商信息】。

(2)单击【客商信息】的下拉菜单【供应商分类】,进入“供应商分类”窗口。

(3)单击[增加]按钮,输入类别编码:YL,输入类别名称:原料供应商。

(4)输入完毕回车确认,保存已输入的“供应商分类”信息。

继续以上(3)～(4)的步骤,可输入“CP 成品供应商”的“供应商分类”信息。

(5)输入完成后,单击[退出]按钮。

6. 定义供应商档案

(1)单击【基础档案】的下拉菜单【客商信息】。

(2)单击【客商信息】的下拉菜单【供应商档案】,进入“供应商档案”窗口。

(3)在“供应商档案”窗口的左下方选择“供应商分类”:原料供应商。

(4)单击[增加]按钮,进入“增加供应商档案”窗口。

(5)在“基本”选项中输入供应商编码:XHGS,输入供应商名称及简称:兴华公司,输入税号:310821385。

(6)单击[保存]按钮或[保存并新增]按钮,保存已输入的“兴华公司”的“供应商档案”信息。

继续以上(4)～(6)的步骤,可输入“JCGS 建昌公司”“FMSH 泛美商行”和“ADGS 艾德公司”的相关“供应商档案”信息(见下表)。

供应商编码	供应商简称	所属分类	税号
JCGS	建昌公司	原料供应商	314825705
FMSH	泛美商行	成品供应商	318478228
ADGS	艾德公司	成品供应商	310488008

(7)输入完毕,单击[退出]按钮。

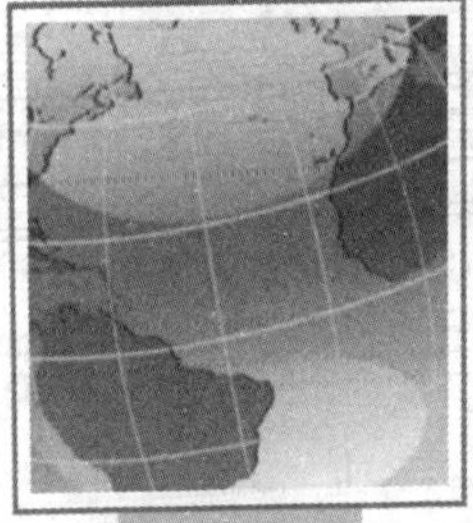

第八章 账务处理子系统应用

一、填空题

1. 在会计电算化中，习惯上把设置账户、复式记账、填制和审核会计凭证、登记账簿这四种会计核算方法简称为________。

2. 账务处理子系统初始化的工作内容主要包括：总账系统启用设置、定义外币及汇率、________、________、录入辅助账的余额、设置凭证类别、设置结算方式、设置常用摘要及常用凭证、设置内部转账凭证。

3. 日常账务处理主要包括：________、________、主管签字、出纳签字、修改凭证、________和账簿查询。

4. 修改凭证的方法主要有两种：不留修改痕迹的修改方法和________的修改方法。

5. 出纳管理主要包括：现金日记账、________、资金日报表、支票登记和________。

6. 每期期末的银行对账工作流程为：________→自动对账→人工对账→输出________→查询对账单或日记账的勾对情况→核销银行账。

7. 往来管理主要包括：________往来管理、________往来管理和个人往来管理。

8. 人员管理主要包括：________、________和查看上机日志。

9. 期末处理主要包括：________、对账及试算平衡、________和数据管理。

10. 下年年初处理最简化工作步骤：________→________。

二、单选题

1. 在用友 ERP-U8 系统中，操作员及其权限的设置是(　　)的功能。

A. 系统管理　　B. 企业应用平台　　C. 商业智能　　D. 远程配置

2. 会计电算化信息系统中，操作员管理的内容为(　　)。

A. 姓名、口令　　C. 姓名、口令、权限　　B. 姓名、权限　　D. 角色、用户、权限

3. 将所编代码按位分成若干段，每一段均有特定含义的编码方式称为(　　)。

A. 顺序码　　B. 组码　　C. 群码　　D. 助记码

4. 设置会计科目编码的基本要求是(　　)。

A. 必须按财政部统一规定进行

B. 各级科目的编码长度要相同

C. 一级科目编码遵照财政部统一规定,明细科目按编码规则进行

D. 可以任意设置

5. 若会计科目的编码方案为4-2-2-2,则某会计科目的三级科目全编码为(　　)。

A. 100101　　B. 10010102　　C. 1001010101　　D. 0101

6. 电算化账务处理子系统中,记账凭证中"红字"金额的录入方法是(　　)。

A. 直接用红字录入　　B. 采用负数形式录入

C. 加方框进行录入　　D. 加下划线进行录入

7. 电算化日常账务处理中,最重要最烦琐的工作是(　　)。

A. 凭证录入　　B. 凭证复核　　C. 记账　　D. 结账

8. 下列关于凭证审核和记账操作的说法中,错误的是(　　)。

A. 凭证审核需先重新注册更换操作员,由具有审核权限的操作员来进行

B. 凭证只能逐张审核,不能成批审核

C. 记账操作每月可多次进行

D. 上月未记账,本月同样可以记账

9. 电算化账务处理子系统中,每月只能应用一次的功能是(　　)

A. 记账　　B. 结账　　C. 查账　　D. 算账

三、多选题

1. 调用自动损益结转凭证功能的一般操作步骤是(　　)。

A. 调用常用凭证　　B. 期间损益结转设置

C. 生成期间损益结转凭证　　D. 生成对应结转凭证

2. 关于会计电算化信息系统的结账功能,正确的表述是(　　)。

A. 结账前的本月凭证必须登记入账

B. 本月结账后不能再录入该月凭证

C. 会计电算化制度规定,每月可以多次结账

D. 结账功能必须按月连续进行

3. 电算化账务处理子系统中,进行第二年年初账务处理工作的正确操作顺序是(　　)。

A. 设置账簿,结转上年数据

B. 设置账簿,调整会计科目,结转上年数据,对账

C. 设置账簿,调整科目余额,结转上年数据,对账

D. 设置账簿,调整会计科目,结转上年数据,调整科目余额

四、判断题

1. 在电算化账务处理子系统中,内部控制的内容和重点与人工账务完全相同。(　　)

2. 实行会计电算化后,用户仍需要人工进行总账和明细账的核对工作。(　　)

3. 在会计电算化系统中,其账务处理程序与人工会计处理程序完全相同。(　　)

4. 在电算化账务处理子系统中,每个操作员都能随时设置修改自己的密码。(　　)

5. 在电算化账务处理子系统中,每个会计科目均需要唯一的科目代码来表示。(　　)

6. 在会计电算化系统中填制凭证录入科目时,必须录入会计科目的名称。(　　)

7. 会计电算化中，填制凭证时发现错误，其修改方法必须与人工一样，另填一张凭证。（　）

8. 在电算化账务处理子系统中，每月可以多次使用“记账”“结账”和“银行对账”功能。（　）

9. 首次进行银行对账前，必须先录入单位未达账和银行未达账。（　）

10. 若本月已经结账，要更正记账凭证，必须依次取消该凭证的审核、记账和结账工作后才能进行修改操作。（　）

11. 在会计电算化总账系统中，上月未结账，本月是不能记账的。（　）

12. 在用友会计电算化系统中，账套数据的“输出”和“引入”其操作条件和操作步骤与年度账数据的“输出”和“引入”是完全一样的。（　）

【实验一】账务处理基本内容实验

一、实验资料

1. 北方科技公司为一般纳税人，适用的增值税税率为17%，所得税税率为25%。

2. 出纳：2019.01.01 采购部李佳领用转账支票一张，票号：ZZR007，预填金额：5 800 元，用途：采购打印纸。

3. 2019.01 北方科技公司期初余额（见下表）。

资产类、成本类					
科目代码	会计科目名称	期初余额	数量	单价	美元
100101	库存现金	2 000(借)			
10020101	银行存款——工行存款——结算户	355 000(借)			
10020102	银行存款——工行存款——外币户	149 600(借)			22 000
101503	其他货币资金——银行汇票	72 000(借)			
1131	应收账款(华宏公司)	100 000(借)			
1133	其他应收款(李明)	1 900(借)			
1211	原材料——生产用原材料——打印纸	26 500(借)	50 箱	530 元/箱	
124301	库存商品	250 000(借)			
1501	固定资产	800 000(借)			
1502	累计折旧	10 000(贷)			
410101	生产成本——基本生产成本	210 000(借)			
资产类、成本类期初余额合计		1 957 000(借)			

负债类、所有者权益类		
科目代码	会计科目名称	期初余额
2101	短期借款	80 000(贷)
21710101	应付账款(中南公司)	37 000(贷)
2301	长期借款	270 000(贷)
3101	实收资本	1 570 000(贷)
负债类、所有者权益类期初余额合计		1 957 000(贷)

4. 北方科技公司 2019 年 1 月的经济业务。

(1)1月2日,采购部李佳采购打印纸10箱,每箱580元;计划单价为每箱500元。打印纸直接入库,货款用ZZR007号转账支票支付。

借:原材料——生产用原材料——打印纸 5 000
材料成本差异 800
贷:银行存款——工行存款——结算户 5 800

(2)1月3日,收到财达教育公司投资资金10 000美元,汇率6.8,转账支票号ZZW002。

借:银行存款——工行存款——外币户 68 000
贷:实收资本 68 000

(3)1月4日,销售给华宏公司软件一套,售价300 000元,增值税51 000元,该软件研制成本200 000元。

借:应收账款(华宏公司) 351 000
贷:主营业务收入 300 000
应交税费——应交增值税——销项税额 51 000
借:主营业务成本 200 000
贷:库存商品 200 000

(4)1月7日,收到武汉长江公司预付货款40 000元,此款已于12月底汇入银行,转账支票ZZR006。

借:银行存款——工行存款——结算户 40 000
贷:预收账款 40 000

(5)1月9日,支付行政办公室电话费500元。

借:管理费用——办公费 500
贷:库存现金 500

(6)1月15日,厂部购买办公用品400元。

借:管理费用——办公费 400
贷:库存现金 400

(7)1月18日,支付行政办公室招待费1 000元。

借:管理费用——招待费 1 000
贷:库存现金 1 000

(8)计算并结转已销产品的销售税金,应交消费税。

借:主营业务税金及附加 22 049
贷:应交税费——应交消费税 20 400
——应交城建税 1 105
——教育费附加 544

(9)计提短期借款利息(月利率6‰)。

(10)用应收账款余额百分比法计提坏账准备(计提比例5‰)。

(11)汇兑损益结转,调整汇率为7。汇兑损益的入账科目为财务费用——汇兑损益。

(12)期间损益结转。

二、实验要求

1. 建立账套、定义操作员并赋权限。

2. 定义外币及汇率。

3. 定义各明细科目。

4. 录入各科目的期初余额。

5. 完成记账凭证的填制、审核、记账。

6. 利用自动转账功能完成(9)～(12)笔业务。

7. 完成银行对账。

开户银行发来的银行存款 2019 年 1 月末余额为 250 629.16 元,对账单如下:

日期	结算方式	支票号	借方金额	贷方金额
2019.1.04	支票	ZZR007		5 800
2019.1.29	支票	ZZR005		1 000
2019.1.29	支票	ZZR002		3 500
2019.1.30	支票	ZZR009	2 500	

【实验一实验向导】

建立账套(006)、定义操作员并赋权限参见第七章的实验指导。

一、定义外币及汇率

(一)定义外币及汇率的操作员

账套主管。第七章实验题中的“账套主管”是“ZX 张新”或者用自己的名字。

(二)定义外币及汇率的路径

路径:“企业应用平台”→“基础设置”→“基础档案”→“财务”→“外币设置”。

1. 进入“企业应用平台”的操作方法。

(1)进入“企业应用平台”窗口。

方法一:在“桌面”上双击“企业应用平台”图标,系统弹出“注册‘企业应用平台’”窗口。

方法二:在“桌面”上单击[开始]按钮,鼠标依次指向“程序”“用友 ERP-U8”“企业应用平台”,再单击“企业应用平台”,系统弹出“注册‘企业应用平台’”窗口。

(2)在“操作员”栏目中录入账套主管的名称或具有权限的系统操作员。

(3)在“密码”栏目中录入该操作员的正确密码。

(4)如果需要修改该操作员的密码,其操作步骤为:①选中“改密码”选项,单击[确定]按钮;②录入新口令,确认新口令;③单击[确认]按钮,即可为该操作员基础设置新的密码。

(5)单击“账套”栏目中的[▼]按钮选定账套。

(6)在“操作日期”栏目中选择或录入合适的操作日期。

(7)单击[确定]按钮即可进入“新道教育—UFIDA U8”窗口。

2. 在“新道教育—UFIDA U8”窗口,单击左下角的【基础设置】选项。

3. 在“企业应用平台”的【基础设置】选项中,选择【基础档案】→【财务】→【外币设置】菜单,打开“外币基础设置”窗口。

(三)定义外币及汇率的操作方法

1. 在“外币设置”窗口,单击[增加]按钮。

2. 录入外币符号“USD”、外币名称“美元”;单击[确认]按钮。

3. 在2019.1的“记账汇率”下录入6.9,回车确认即可。

二、定义各明细科目

(一)定义各明细科目的操作员:账套主管

第七章实验题中的“账套主管”是“ZX 张新”。

(二)定义各明细科目的路径

路径:“企业应用平台”→“基础设置”→“基础档案”→“财务”→“会计科目”。

1. 进入“企业应用平台”。

其操作方法见上,如果已经进入“企业应用平台”,则该步骤省略。

2. 在“新道教育—UFIDA U8”窗口,单击左下角的【基础设置】选项。

3. 在“企业应用平台”的【基础设置】选项中,选择【基础档案】→【财务】→【会计科目】菜单,打开“会计科目”窗口。

(三)定义各明细科目的操作方法

1. 增加会计科目

以“原材料——生产用原材料——打印纸”为例。

①单击[增加]按钮,打开“新增会计科目”对话框。

②录入“原材料——生产用原材料”会计科目的相关信息:140301 生产用原材料等。

③录入完成后,单击[确定]按钮。

④单击[增加]按钮,打开“新增会计科目”对话框。

⑤录入“原材料——生产用原材料——打印纸”会计科目的相关信息:14030101 打印纸;选择“账页格式”为“数量金额式”;录入“助记码”为 DYZ;单击“数量核算”前的小方框,选中“数量核算”;录入“计量单位”:箱。

⑥单击[确定]按钮。

2. 复制一个会计科目

以“银行存款——工行存款——结算户”为例。

①在“会计科目”窗口,找到被复制的科目“银行存款”。

②点击【编辑】菜单下的【复制】菜单,或者按键 Ctrl+I,进入“新增会计科目”对话框。

③在新增窗口修改不同之处:在科目编码1002后加01;将“科目中文名称”中“银行存款”的“银”字修改为“工”字。

④点击[确定]即增加一新科目“银行存款——工行存款”。

⑤点击【编辑】菜单下的【复制】菜单,或者按键 Ctrl+I,进入“新增会计科目”对话框。

⑥在新增窗口修改不同之处:在科目编码100201后加01;将“科目中文名称”中“工行存款”修改为“结算户”;录入“助记码”JSH;单击“日记账”和“银行账”前的小方框,选中“日记账”“银行账”。

⑦点击[确定]即增加一新科目“银行存款——工行存款——结算户”。

3. 修改会计科目

以“1122 应收账款”为例。

①将光标移至要修改的会计科目“应收账款”处。

②双击该科目或单击[修改]按钮进入“会计科目_修改”窗口。

③单击[修改]按钮，进入修改状态。

④进行相应项目的修改：录入“助记码”YSZK；单击“客户往来”前的小方框，选中“客户往来”；单击右下方的“受控科目”后的小三角，将“应收系统”修改为空白。

⑤修改完毕后，单击[确定]按钮。

4. 删除会计科目

以“6604 勘探费用”为例。

①在“会计科目”窗口，选中要删除的会计科目“6604 勘探费用”。

②单击[删除]按钮。

③单击[确定]按钮即可删除；否则，单击[取消]按钮。

5. 指定现金总账、银行存款总账

单击【编辑】菜单下的【指定科目】项，系统弹出“指定科目”窗口，在此用[>]选择现金、银行存款的总账科目“库存现金”和“银行存款”，选择完毕后，用鼠标单击[确认]按钮即可。

三、录入各科目的期初余额

(一)录入各科目期初余额的操作员：账套主管

第七章实验题中的“账套主管”是“ZX 张新”。

(二)录入各科目期初余额的路径

路径：“企业应用平台”→“业务工作”→“财务会计”→“总账”→“基础设置”→“期初余额”。

1. 进入“企业应用平台”。

其操作方法见上，如果已经进入“企业应用平台”，则该步骤省略。

2. 在“新道教育—UFIDA U8”窗口，单击左下角的【基础设置】选项。

3. 在“企业应用平台”的【基础设置】选项中，选择【基础档案】→【业务工作】→【财务会计】→【总账】→【设置】→【期初余额】菜单，打开“期初余额录入”窗口。

(三)录入各科目期初余额的操作方法

1. 只录入科目的本位币金额

以“500101 生产成本——基本生产成本 210 000(借)”为例。

(1)在“期初余额录入”窗口，查找到“500101 生产成本——基本生产成本”。

(2)双击 500101 科目后的“期初余额”，直接录入 210 000 即可。

2. 录入科目的本位币金额、外币金额

以“10020102 银行存款——工行存款——外币户(借：人民币 149 600，美元 22 000)”为例。

(1)在“期初余额录入”窗口，查找到“10020102 银行存款——工行存款——外币户”。

(2)双击 10020102 科目后的“期初余额”处，录入 149 600。

(3)双击 10020102 科目下的“美元”行后的“期初余额”处，录入 22 000 美元。

3. 录入科目的金额及辅助核算金额

以“1122 应收账款(华宏公司)100 000”为例。

(1)在“期初余额录入”窗口，查找到“1122 应收账款”。

(2)双击 1122 科目后的“期初余额”，进入“客户往来期初”录入窗口。

(3)修改期初的日期、录入凭证号、客户"华宏公司"、摘要"赊销产品"、金额 100 000 等数据。

(4)录入完毕，回车确认后，单击[退出]按钮。

4. 录入科目的金额、数量

以"14030101 原材料——生产用原材料——打印纸 26 500(50 箱，530 元/箱)"为例。

(1)在"期初余额录入"窗口，查找到"14030101 原材料——生产用原材料——打印纸"。

(2)双击 14030101 科目后的"期初余额"处，录入 26 500。

(3)双击 10020102 科目下的"箱"行后的"期初余额"处，录入 50。

注：期初余额全部录入完毕，按[试算]按钮试算平衡。

四、完成记账凭证的填制、审核、记账

(一)完成记账凭证的填制、审核、记账的操作员

完成记账凭证的填制、审核、记账的操作员：有记账凭证的填制、审核、记账权限的软件操作员，第七章实验题中具有填制、审核、记账的软件操作员是"LM 李明"和"WP 王平"。记账凭证的填制和审核，按照内部控制的要求不能是同一人。

(二)填制凭证的路径及操作方法

路径："企业应用平台"→"业务工作"→"财务会计"→"总账"→"凭证"→"填制凭证"。

在"企业应用平台"的【业务工作】选项中，选择【财务会计】→【总账】→【凭证】→【填制凭证】菜单，打开"填制凭证"窗口。

1. 增加一张新凭证的操作方法

以"(5)12 月 9 日，支付行政办公室电话费 500 元。借：管理费用——办公费 500，贷：库存现金 500"为例。

(1)在"填制凭证"窗口中单击[增加]按钮，增加一张新凭证，系统会给出一张"记账凭证"格式。

(2)录入凭证头部分。

① 直接录入参照选择或凭证类别。根据填制凭证的需要，在光标所位于的左上角"凭证类别"处，直接录入类别字"付"或参照选择已基础设置的凭证类别"付 付款凭证"。

②选择或录入【制单日期】2019. 1. 9。

③录入【附单据数】1。

(3)录入凭证正文部分。

①录入摘要"付电话费"。但建议先单击"摘要"下方的""，再单击[增加]按钮增加到常用摘要中：摘要编码"FDHF"、摘要内容"付电话费"；然后调用常用摘要。

调用常用摘要的方法：既可直接录入摘要编码"FDHF"，又可先单击"摘要"下方的""，再找到需使用的摘要后，单击[选入]按钮。

②在【科目名称】栏录入助记码"BGF"或科目代码"660201"或参照选择最低级明细科目"660201 管理费用——办公费"。

③录入【借方金额】500 后，回车确认。

④重复②的操作步骤录入助记码"KCXJ"或科目代码"1001"或参照选择 1001"库存现金"。

⑤【贷方金额】500 可以直接录入也可按等号"＝"键由系统自动填列。

(4)单击[保存]按钮保存该张凭证。

2. 生成常用凭证

以填制好的凭证"2019.1.9,付电话费。借:管理费用——办公费 500,贷:库存现金 500"为例。

(1)在"填制凭证"窗口,单击[常用凭证]右侧的向下箭头下拉菜单【生成常用凭证】,进入"常用凭证生成"窗口。

(2)在"常用凭证生成"窗口录入代号"FDHF"、说明"付电话费"。

(3)单击[保存]按钮将该张凭证生成常用凭证并保存。

3. 复制一张新凭证

以填制好的凭证"2019.1.9,付电话费。借:管理费用——办公费 500,贷:库存现金 500",复制为"2019.1.1,厂部购买办公用品 400 元。借:管理费用——办公费 400,贷:库存现金 400"为例。

(1)在"填制凭证"窗口中用[查询]按钮或[上张]、[下张]按钮找到被复制的凭证"2019.1.9,付电话费。借:管理费用——办公费 500,贷:库存现金 500"。

(2)单击[复制]按钮或"Ctrl+F",即可直接复制。

(3)将"借方金额"修改为 400,将"贷方金额"按[=]键由系统自动修改为 400。

(4)单击[保存]按钮保存该张凭证。

4. 调用常用凭证

以调用常用凭证"2019.1.9,支付行政办公室电话费 500 元。借:管理费用——办公费 500,贷:库存现金 500"生成"2019.1.15,厂部购买办公用品 400 元。借:管理费用——办公费 400,贷:库存现金 400"为例。

(1)在"填制凭证"窗口中,单击[常用凭证]右侧的向下箭头,在其下拉菜单中选用【调用常用凭证 F4】,系统会弹出"调用常用凭证"窗口。

(2)在"调用常用凭证"窗口录入常用凭证代号"FBGF"或先单击""参照选择需调用的这张常用凭证,系统即可调出该张常用凭证。

(3)直接修改其记贷方金额。

(4)单击[保存]按钮保存该张凭证。

(三)审核凭证的路径及操作方法

路径:"企业应用平台"→"业务工作"→"财务会计"→"总账"→"凭证"→"审核凭证"。

在"企业应用平台"的【业务工作】选项中,选择【财务会计】→【总账】→【凭证】→【审核凭证】菜单,打开"审核凭证"窗口。

1. 更换操作员

(1)在【文件】菜单中单击其下拉菜单【重新注册】,系统弹出"注册'企业应用平台'"窗口。

(2)在"注册'企业应用平台'"窗口,更换操作员为"LM 李明"或"WP 王平"。

(3)录入更换后的操作员密码。

(4)单击[确认]按钮。

2. 审核当月所有凭证

(1)在"凭证审核"窗口单击[确定]按钮,系统弹出"凭证审核列表"对话框。

(2)在"凭证审核列表"对话框中鼠标双击某张凭证,系统给出第一张待审核凭证。

(3)确认该凭证正确无误后,单击[审核]按钮,在凭证底部的"审核"处,系统将自动签上该审核操作员的姓名,并提供下一张待审核的凭证。

如果发现该凭证有错,可单击[标错]按钮给有错的凭证注上“有错”标记,并应单击[下张]按钮,审核下一张待审核的凭证。

(4)审核完毕,单击“审核凭证”右侧的[×]按钮,返回“凭证审核列表”对话框。

除以上逐张审核凭证的方法外,还可成批审核凭证。成批审核凭证的方法:单击【审核】菜单下的【成批审核凭证】,系统自动对当前范围内的所有未审核凭证执行审核。

3. 审核时发现错误,但已签字,应取消签字

(1)单击[上张]、[下张]等按钮找到应取消签字的凭证。

(2)单击[取消]按钮取消签字,此时凭证下方“审核”处的姓名会消失。

单击【审核】菜单下的【成批取消审核】,系统自动对当前范围内的所有已审核凭证执行取消审核。

(四)记账的路径及操作方法

路径:“企业应用平台”→“业务工作”→“财务会计”→“总账”→“凭证”→“记账”。

在“企业应用平台”的【业务工作】选项中,选择【财务会计】→【总账】→【凭证】→【记账】菜单,打开“记账”窗口。

(1)在“记账”窗口选择本次记账范围,系统默认全选。可录入连续编号范围,例如1—4表示1号至4号凭证;也可录入不连续编号,例如“5,6,9”表示第5号、6号、9号凭证为此次要记账的凭证。

(2)单击[下一步]按钮,系统显示记账报告。

(3)单击[下一步]按钮。

(4)单击[记账]按钮开始记账。

五、利用自动转账功能完成(9)～(12)笔业务

(一)定义自动转账凭证的路径及操作方法

路径:“企业应用平台”→“业务工作”→“财务会计”→“总账”→“期末”→“转账定义”→“自定义转账”。

在“企业应用平台”的【业务工作】选项中,选择【财务会计】→【总账】→【期末】→【转账定义】→【自定义转账】菜单,打开“自定义转账基础设置”对话框。

1. 自定义转账凭证“(9)计提短期借款利息(月利率6‰)”

(1)“自定义转账基础设置”对话框,单击[增加]按钮,打开“转账目录”对话框。

(2)在“转账目录”对话框中的“转账序号”文本框中录入0001,在“转账说明”文本框中录入“计提短期借款利息”,在“凭证类别”下拉列表中选择“转 转账凭证”,然后单击[确定]按钮。

(3)在“科目编码”栏下单元格中录入“660301 财务费用——利息费用”,在“方向”栏下单元格中选择“借”。

(4)在“金额公式”栏下的单元格,引导录入公式“QM(2001,月,贷)*0.006”。

(5)单击[增行]按钮,录入“2231 应付利息”和引导录入公式“CE()”或“JG()”。

(6)单击[保存]按钮,保存已基础设置的自定义转账凭证。

2. 自定义转账凭证“(10)用应收账款余额百分比法计提坏账准备(计提比例5‰)”

(1)“自定义转账基础设置”对话框,单击[增加]按钮,打开“转账目录”对话框。

(2)在“转账目录”对话框中的“转账序号”文本框中录入0002,在“转账说明”文本框中录

入“计提坏账准备”,在“凭证类别”下拉列表中选择“转 转账凭证”,然后单击[确定]按钮。

(3)在“科目编码”栏下单元格中录入“6701 资产减值损失”,在“方向”栏下单元格中选择“借”。

(4)在“金额公式”栏下的单元格,引导录入公式“QM(1122,月,借)*0.005－QM(1231,月,贷)”。

(5)单击[增行]按钮,录入“1231 坏账准备”和引导录入公式“CE()”或“JG()”。

(6)单击[保存]按钮,保存已基础设置的自定义转账凭证。

(二)基础设置汇兑损益结转的操作方法

以“(11)汇兑损益结转,调整汇率为 7。汇兑损益的入账科目为财务费用——汇兑损益”为例。

(1)在“总账”子系统中,选择【期末】→【转账定义】→【汇兑损益】菜单,进入“汇兑损益结转基础设置”对话框。

(2)在“凭证类别”下拉列表框中按“▼”选取“收 收款凭证”(汇率上升选“收 收款凭证”)或“付 付款凭证”(汇率下降选“付 付款凭证”)。

(3)在“汇兑损益入账科目”处录入汇兑损益科目编码“6112”,也可单击或按“F2”键参照科目录入“6112 汇兑损益”。

(4)在外币科目“10020102 银行存款/工行存款/外币户”后的“是否计算汇兑损益”处按空格键或用鼠标双击选择确认计算汇兑损益的科目。

(5)选择完毕后,单击[确定],结束基础设置退出。

(三)基础设置期间损益结转的操作方法

以“(12)期间损益结转”为例。

(1)在“总账”子系统中,选择【期末】→【转账定义】→【期间损益】菜单,进入“期间损益结转基础设置”对话框。

(2)在“凭证类别”下拉列表框中按“▼”选取“转 转账凭证”。

(3)在“本年利润科目”框中选择 4103 科目。

(4)单击[确定],结束基础设置退出。

(四)生成自动转账凭证的路径及操作方法

路径:“企业应用平台”→“业务工作”→“财务会计”→“总账”→“期末”→“转账生成”。

在“企业应用平台”的【业务工作】选项中,选择【财务会计】→【总账】→【期末】→【转账生成】菜单,打开“转账生成”对话框。

1. 生成自动转账凭证

以“(9)计提短期借款利息(月利率 6‰)”为例。

(1)在“转账生成”窗口,选定窗口左上方要进行结转的月份 2019.1。

(2)单击选取窗口左边的“自定义转账”项目。

(3)在需要结转的凭证“001 计提短期借款利息”的“是否结转”栏双击,出现“Y”表示已选取结转。

(4)单击[确定]按钮,系统会自动生成一张“计提短期借款利息”的转账凭证。

注:若凭证类别、制单日期和附单据数与实际情况略有出入,直接在当前凭证上进行修改即可。

(5)单击[保存]按钮,系统会将该张凭证自动传入总账子系统的“填制凭证”处并保存。

2. 生成自动转账凭证

以"(10)用应收账款余额百分比法计提坏账准备(计提比例5‰)"为例。

(1)在"转账生成"窗口,选定窗口左上方要进行结转的月份2019.1。

(2)单击选取窗口左边的"自定义转账"项目。

(3)在需要结转的凭证"002 计提坏账准备"的"是否结转"栏双击,出现"Y"表示已选取结转。

(4)单击[确定]按钮,系统会自动生成一张"计提坏账准备"的转账凭证。

注:若凭证类别、制单日期和附单据数与实际情况略有出入,直接在当前凭证上进行修改即可。

(5)单击[保存]按钮,系统会将该张凭证自动传入总账子系统的"填制凭证"处并保存。

3. 自动生成汇兑损益结转凭证

以"(11)汇兑损益结转,调整汇率为7。汇兑损益的入账科目为财务费用——汇兑损益"为例。

(1)在"转账生成"窗口,选定窗口左上方要进行结转的月份2019.1。

(2)单击选取窗口左下方的"汇兑损益结转"项目。

(3)在"外币币种"下拉列表框中按"▾"选取"美元US$"。

(3)单击[全选]按钮,选取结转的科目"10020102外币户"。

(4)单击[确定]按钮,系统会给出"汇兑损益试算表"提示窗口。

(5)单击[确定]按钮,系统自动生成一张"汇兑损益结转"的转账凭证。

注:若凭证类别、制单日期和附单据数与实际情况略有出入,直接在当前凭证上进行修改即可。

(6)单击[保存]按钮,系统会将该张凭证自动传入总账子系统的"填制凭证"处并保存。

4. 自动生成期间损益结转凭证

以"(12)期间损益结转"为例。

注:应将期间损益结转前的所有凭证审核记账。

(1)在"转账生成"窗口,选定窗口左上方要进行结转的月份2019.1。

(2)单击选取窗口左下方的"期间损益结转"项目。

(3)在"类型"下拉列表框中按"▾"选取"收入"。

(4)单击[全选]按钮,选取结转的损益类所有收入科目。

(5)单击[确定]按钮,系统自动生成一张"期间损益结转"的转账凭证。

注:①按[首页]、[上页]、[下页]、[末页]可翻页查看将要生成的转账凭证。②若凭证类别、制单日期和附单据数与实际情况略有出入,直接在当前凭证上进行修改即可。

(5)单击[保存]按钮,系统会将该张凭证自动传入总账子系统的"填制凭证"处并保存。

重复以上(2)~(5)的操作,生成结转损益类所有支出科目的"期间损益结转"的转账凭证。

六、银行对账

路径:"企业应用平台"→"业务工作"→"财务会计"→"总账"→"出纳"。

(一)银行对账期初录入

1. 在"总账"系统中,选择【出纳】→【银行对账】→【银行对账期初录入】菜单,打开"银行科目选择"对话框。

2. 选择银行科目“结算户(10020101)”。

3. 单击[确定]按钮,系统显示“银行对账期初”对话框。

4. 在“银行对账期初”对话框,分别录入单位日记账和银行对账单的“调整前余额”250 629.16。

5. 单击[退出]按钮返回。

(二)月末进行银行对账的路径及操作方法

1. 录入银行对账单的路径及操作方法

(1)在“总账”系统中,选择【出纳】→【银行对账】→【银行对账单】菜单,打开“银行科目选择”对话框。

(2)选择银行科目“结算户(10020101)”和“月份 2019.1—2019.1”后,单击[确定]按钮,屏幕显示“银行对账单”窗口。

(3)单击[增加]按钮,可增加一笔银行对账单数据记录,录完金额按回车键可继续录入第二笔对账单,直至录完所有对账单。单击[删除]按钮,可删除一笔银行对账单数据记录;单击[过滤]按钮,可按条件过滤对账单供查询。

(4)录入完毕后,单击[保存]按钮,再单击[退出]按钮返回总账系统。

2. 自动对账的路径及操作方法

(1)在“总账”系统中,选择【出纳】→【银行对账】→【银行对账】菜单,打开“银行科目选择”对话框。

(2)选择银行科目“结算户(10020101)”和“月份 2019.1—2019.1”后,单击[确定]按钮,屏幕显示“银行对账”窗口。

(3)单击[对账]按钮,显示“自动对账条件”对话框。

(4)选择或录入截止日期“2019.1”,选择“日期相差 12 之内”,选中【结算方式相同】、【结算票号相同】复选框;如果取消这 3 个条件的限制,则以最大条件进行银行对账。

(5)单击[确定]按钮,显示自动对账窗口,自动对账两清的记录为“○”标志,已两清的记录背景加重显示。

(6)单击[检查]按钮,检查对账是否正确,如果有错误,应该进行调整。

3. 输出银行存款余额调节表

(1)选择【出纳】→【银行对账】→【余额调节表查询】菜单,打开“银行存款余额调节表”窗口。

(2)将光标定在“10020101 结算户”科目行上,单击[查看]按钮或双击该行,即可显示该银行账户的银行存款余额调节表。

(3)单击[打印]按钮,可打印银行存款余额调节表;单击[详细]按钮,可查看银行存款余额调节表的详细情况;单击[输出]按钮,可输出指定格式的调节表文件。

(4)单击[退出]按钮,可退出银行存款余额调节表状态。

【实验二】账务处理综合实验

一、实验资料

1. 南北股份有限公司为一般纳税人,适用的增值税税率为 17%,所得税税率为 25%。原材料采用计划成本进行核算。

(1)各项基础档案资料参见第七章实验二。

(2)凭证类别。

凭证类别	限制类型	限制科目
收款凭证	借方必有	1001,1002
付款凭证	贷方必有	1001,1002
转账凭证	凭证必无	1001,1002

(3)结算方式。

结算方式编码	结算方式名称	票据管理
X	现金结算	否
Z	支票结算	是
Z01	现金支票	是
Z02	转账支票	是
S	商业承兑汇票	否
Y	银行汇票	否

(4)美元记账汇率6.9。

(5)2019.12.1科目期初余额表及部分科目。

注:为简便起见,本实验只录入12月份期初余额,省略2019年的年初余额。为简便起见,存货、长期股权投资、固定资产、无形资产等资产都没有计提资产减值准备。未提供"损益类"科目,请依据实验内容自行设置,本实验未用到"共同类"科目。

资产类、成本类

科目代码	会计科目名称	期初余额(借方省略)	数量	美元	辅助核算
1001	库存现金	¥1 000.00			
1002	银行存款	¥12 892 000.00			
100201	工行存款	¥8 479 000.00			
10020101	结算户	¥8 465 200.00			
10020102	美元户	¥13 800.00		2 000	
100202	建行存款	¥4 413 000.00			
10020201	专用存款账户	¥4 413 000.00			
1012	其他货币资金	¥1 170 000.00			
101201	银行汇票	¥1 170 000.00			
1101	交易性金融资产	¥150 000.00			
110101	股票投资	¥150 000.00			

续表

科目代码	会计科目名称	期初余额(借方省略)	数量	美元	辅助核算
11010101	成本	￥140 000.00			
11010102	公允价值变动	￥10 000.00			
1121	应收票据	￥2 460 000.00			
112101	银行承兑汇票	￥2 342 000.00			
112102	商业承兑汇票	￥118 000.00			
1122	应收账款	￥4 000 000.00			客户往来
1123	预付账款	￥1 000 000.00			供应商往来
1221	其他应收款	￥3 050 000.00			
122101	备用金	￥3 000 000.00			部门核算
122101	应收个人款	￥50 000.00			个人往来
1231	坏账准备	(贷)￥9 000.00			
1401	材料采购	￥1 002 000.00			
140101	甲材料	￥1 000.00	10 公斤		
140102	乙材料	￥1 001 000.00	1 001 件		
1403	原材料	￥7 076 000.00			
140301	甲材料	￥7 000 000.00	70 000 公斤		
140302	乙材料	￥76 000.00	76 件		
1404	材料成本差异	￥0.00			
1405	库存商品	￥17 221 990.00			
140501	A 产品	￥17 200 000.00	17 200 箱		
140502	B 产品	￥21 990.00	2 199 盒		
1411	周转材料	￥500 010.00			
141101	包装物	￥500 010.00			
1511	长期股权投资	￥2 500 000.00			
1601	固定资产	￥10 400 000.00			
1602	累计折旧	(贷)￥2 400 000.00			
1603	固定资产减值准备	￥0.00			
1604	在建工程	￥15 000 000.00			
1605	工程物资	￥0.00			
160501	专用材料	￥0.00			
1606	固定资产清理	￥0.00			
1701	无形资产	￥6 000 000.00			

续表

科目代码	会计科目名称	期初余额(借方省略)	数量	美元	辅助核算
1702	累计摊销	￥0.00			
1811	递延所得税资产	￥0.00			
1821	独立账户资产	￥2 000 000.00			
5001	生产成本	￥0.00			
500101	基本生产成本	￥0.00			
50010101	材料费	￥0.00			
50010102	职工薪酬	￥0.00			
50010103	职工福利费	￥0.00			
50010104	制造费用	￥0.00			
资产类、成本类期初余额合计		￥84 014 000.00			

负债类、所有者权益类

科目代码	会计科目名称	期初余额(贷方省略)	数量	美元	辅助核算
2001	短期借款	￥3 000 000.00			
2201	应付票据	￥2 000 000.00			
220101	商业承兑汇票	￥2 000 000.00			
2202	应付账款	￥9 548 000.00			供应商往来
2211	应付职工薪酬	￥1 100 000.00			
2221	应交税费	￥366 000.00			
222101	应交增值税	￥366 000.00			
22210101	进项税额	(借)￥60 000.00			
22210102	已交税金	(借)￥252 000.00			
22210103	转出未交增值税	￥0.00			
22210104	减免税款	￥0.00			
22210105	销项税额	￥678 000.00			
22210106	出口退税	￥0.00			
22210107	进项税额转出	￥0.00			
22210108	出口抵减内销产品应纳税额	￥0.00			
22210109	转出多交增值税	￥0.00			
222102	交教育费附加	￥0.00			
222103	应交所得税	￥0.00			
2231	应付利息	￥0.00			
2241	其他应付款	￥500 000.00			

续表

科目代码	会计科目名称	期初余额(贷方省略)	数量	美元	辅助核算
2501	长期借款	￥16 000 000.00			
4001	实收资本	￥50 000 000.00			
4101	盈余公积	￥1 000 000.00			
410101	法定盈余公积	￥1 000 000.00			
4103	本年利润	￥0.00			
4104	利润分配	￥500 000.00			
410402	提取法定盈余公积	￥0.00			
410415	未分配利润	￥500 000.00			
负债类、所有者权益类期初余额合计		￥84 014 000.00			

(6)辅助账期初明细数据(见下表)。

"应收账款"的期初余额:借方 4 000 000.00 元

日期	凭证号	客户	摘要	方向	金额	业务员	发票号
2019—11—25	转—87	华宏公司	赊销产品	借	2 600 000.00	李慧平	FP021
2019—11—27	转—87	精益公司	赊销产品	借	1 400 000.00	王丽	FP027

"预付账款"的期初余额:借方 1 000 000 元

日期	凭证号	供应商	摘要	方向	金额	业务员	发票号
2019—11—21	转—70	兴华公司	采购预付	贷	600 000	张娟	FP014
2019—11—26	转—79	建昌公司	采购预付	贷	400 000	李佳	FP017

"其他应收款——备用金"的期初余额:借方 3 000 000 元

日期	凭证号	部门	摘要	方向	金额
2019—11—05	付—5	销售一部	定额备用金	借	1 000 000
2019—11—05	付—5	销售二部	定额备用金	借	1 000 000
2019—11—05	付—5	采购部	定额备用金	借	700 000
2019—11—05	付—5	财务部	定额备用金	借	300 000

"其他应收款——应收个人款"的期初余额:借方 50 000 元

日期	凭证号	部门	个人	摘要	方向	金额
2019—11—12	付—13	销售一部	李慧平	出差借款	借	20 000
2019—11—15	付—15	销售二部	王丽	出差借款	借	20 000
2019—11—18	付—19	采购部	张娟	出差借款	借	10 000

"应付账款"的期初余额：借方 9 548 000.00 元

日期	凭证号	供应商	摘要	方向	金额	业务员	发票号
2019—11—25	转—70	建昌公司	赊购材料	贷	5 548 000.00	张娟	FP014
2019—11—26	转—79	艾德公司	赊购材料	贷	4 000 000.00	李佳	FP017

(7)实验用 1～11 月本年累计发生额。

注：为简便起见，本实验只录入利润表科目的本年累计发生额，其他科目的本年累计发生额省略。

2019 年 1～11 月利润表科目本年累计发生额 单位：元

科目名称	借方发生额	贷方发生额
营业收入		92 500 000
营业成本	17 500 000	
营业税金及附加	120 000	
销售费用	900 000	
管理费用	1 971 000	
财务费用	1 100 000	
资产减值损失	909 000	
投资收益		115 000
营业外收入		1 100 000
营业外支出	620 400	
所得税费用	3 153 218	

(8)2019.11.30"银行存款——工行存款——结算户"银行存款余额调节表。

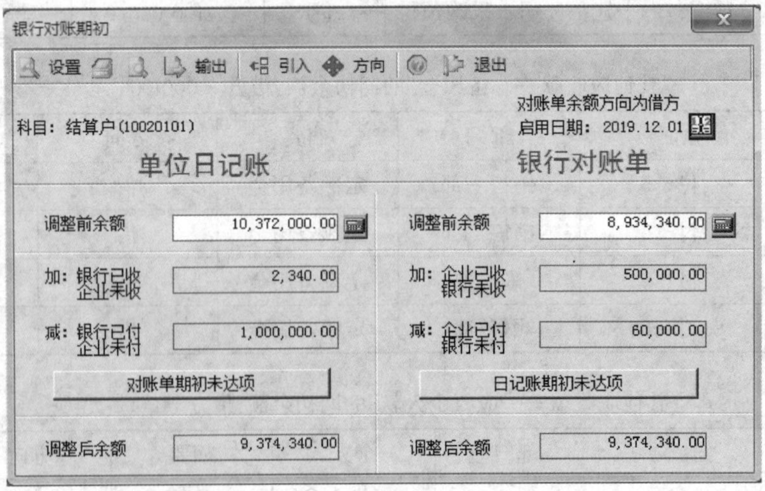

其中未达账项：

①企业未达账(银行已收、企业未收，银行已付、企业未付)。

科目：结算户(10020101)

日期	结算方式	票号	借方金额	贷方金额
2019.11.30			2 340.00	
2019.11.30				1 000 000.00

②银行未达账(企业已收、银行未收,企业已付、银行未付)。

科目：结算户(10020101)

凭证日期	凭证类别	凭证号	结算方式	票号	借方金额	贷方金额	票据日期	摘要
2019.11.30	转	91			500 000.00		2019.11.30	现销产品
2019.11.30	转	99				60 000.00	2019.11.30	现购材料

(9)凭证类别。

凭证类别	限制类型	限制科目
收款凭证	借方必有	1001,1002
付款凭证	贷方必有	1001,1002
转账凭证	凭证必无	1001,1002

(10)结算方式。

结算方式编码	结算方式名称	票据管理
X	现金结算	否
Z	支票结算	是
Z01	现金支票	是
Z02	转账支票	是
S	商业承兑汇票	否
Y	银行汇票	否

(11)美元记账汇率 6.9。

2.2019 年 12 月,南北股份有限公司共发生如下经济业务:

(1)12.1,收到银行通知,用工行结算户的转账支票支付到期的商业承兑汇票 1 000 000 元。

(2)12.1,从建昌公司购入甲材料 15 000 千克,100 元/千克;收到的增值税专用发票上注明的原材料价款为 1 500 000 元,增值税进项税额 255 000 元;款项未支付,材料尚未验收入库。

(3)12.2,收到乙材料 1 000 件,实际成本 1 000 000 元,1 000 元/件;计划成本 950 000 元,950 元/件;材料已验收入库,货款已于上月支付。

(4)12.3,用银行汇票支付采购乙材料价款(1 000 件, 998 元/件),公司收到工行转来银行汇票多余款收账通知,通知上填写的多余款为 2 340 元,购入材料及运费 998 000 元,支付的增值税进项税额 169 660 元，原材料已验收入库，该批原材料计划价格 1 000 000 元，1 000 元/件。

(5)12.3，销售给华宏公司 A 产品 3 000 箱，1 000 元/箱；开出的增值税专用发票上注明的销售价款为 3 000 000 元，增值税销项税额为 510 000 元，货款尚未收到。该批产品实际成本 1 800 000 元，产品已发出。

(6)12.4，公司将交易性金融资产(股票投资)兑现 165 000 元，该投资的成本为 130 000 元，公允价值变动为增值 20 000 元，投资收益为 15 000 元，均存入工行结算户。

(7)12.4，购入不需安装的设备一台，收到的增值税专用发票上注明的设备价款为 854 700 元，增值税进项税额为 145 300 元，支付包装费、运费 10 000 元。价款及包装费、运费均以建行的专用存款支付。设备已交付使用。

(8)12.5，购入工程物资的专用材料一批，收到的增值税专用发票上注明的物资价款和增值税进项税额合计为 1 500 000 元，款项已通过建行专用存款的转账支票支付。

(9)12.5，工程应付薪酬 2 280 000 元。

(10)12.6，一项工程完工，交付生产使用，已办理竣工手续，固定资产价值 14 000 000 元。

(11)12.6，基本生产车间一台机床报废，原价 2 000 000 元，已提折旧 1 800 000 元，清理费用 5 000 元，残值收入 8 000 元，均通过建行专用存款的账户收支。该项固定资产已清理完毕。

(12)12.7，从工行借入 3 年期借款 10 000 000 元，借款已存入工行结算户。

(13)12.8，销售 A 产品 7 000 箱，1 000 元/箱；开出的增值税专用发票上注明的销售价款为 7 000 000 元，增值税销项税额为 1 190 000 元，款项已存入工行结算户。销售产品的实际成本为 4 200 000 元。

(14)12.9，公司将要到期的一张面值为 2 000 000 元的无息银行承兑汇票(不含增值税)，连同解讫通知和进账单交银行办理转账。收到工行盖章退回的进账单一联。款项工行已收妥进入结算户。

(15)12.9，公司出售一台不需用设备，建行专用存款账户收到价款 3 000 000 元，该设备原价 4 000 000 元，已提折旧 1 500 000 元。该项设备已由购入单位运走。

(16)12.9，取得交易性金融资产(股票投资)，价款 1 030 000 元，交易费用 20 000 元，已用工行结算户支付。

(17)12.10，通过工行结算户支付工资 5 000 000 元，其中包括支付在建工程人员的工资 2 000 000 元。

(18)12.10，分配应支付的职工工资 3 000 000 元(不包括在建工程应负担的工资)，其中生产人员薪酬 2 750 000 元，车间管理人员薪酬 100 000 元，行政管理部门人员薪酬 150 000 元。

(19)12.10，提取职工福利费 420 000 元(不包括在建工程应负担的福利费 280 000 元)，其中生产工人福利费 385 000 元，车间管理人员福利费 14 000 元，行政管理部门福利费 21 000 元。

(20)12.11，基本生产领用一批(注：该公司每月 10 日前领用材料，其中 60%为甲材料、40%为乙材料)，计划成本为 7 000 000 元，领用包装物一批，计划成本 500 000 元，采用一次摊销法摊销。

(21)12.11，结转领用原材料应分摊的材料成本差异。材料成本差异率为 5%。

(22)12.15，计提无形资产摊销 600 000 元；以建行专用存款账户支付基本生产车间固定资产修理费 900 000 元。

(23)12.15,计提固定资产折旧 1 000 000 元,其中计入制造费用 800 000 元,管理费用 200 000 元。计提固定资产减值准备 300 000 元。

(24)12.16,收到华宏公司应收账款 510 000 元,存入工行结算户。计提应收账款坏账准备 9 000 元。

(25)12.16,用工行结算户支付产品展览费 100 000 元。

(26)12.20,计算并结转本期完工产品成本 12 824 000 元。没有期初在产品,本期生产的产品全部完工入库。

(27)12.21,广告费 100 000 元,已用工行结算户支付。

(28)12.22,公司采用商业承兑汇票结算方式销售产品一批,开出的增值税专用发票上注明的销售价款为 2 500 000 元,增值税销项税额为 425 000 元,收到 2 925 000 元的商业承兑汇票一张,产品实际成本为 1 500 000 元。

(29)12.23,公司将上述承兑汇票到工行办理贴现,贴现息为 200 000 元。

(30)12.24,公司本期产品销售应交纳的教育费附加为 20 000 元。

(31)12.25,用工行结算户缴纳增值税 1 000 000 元;教育费附加 20 000 元。

(32)12.25,本期在建工程应负担的长期借款利息费用 2 000 000 元,长期借款为分期付息。

(33)12.26,提取应计入本期损益的长期借款利息费用 100 000 元,长期借款为分期付息。

(34)12.26,用工行结算户归还短期借款本金 2 500 000 元。

(35)12.27,用工行结算户支付长期借款利息 2 100 000 元。

(36)12.27,用工行结算户偿还长期借款 10 000 000 元。

(37)12.28,上年度销售 A 产品,100 箱,1 000 元/箱;开出的增值税专用发票上注明的销售价款为 100 000 元,增值税销项税额为 17 000 元,购货方开出商业承兑汇票。本期由于购货方发生财务困难,无法按合同规定偿还债务,经双方协议,甲股份公司同意购货方用产品抵偿该应收票据。用于抵债的 A 产品市价为 80 000 元,100 箱,800 元/箱;增值税税率为 17%。

(38)12.29,持有的交易性金融资产的公允价值为 1 050 000 元。

(39)12.30,结转本期产品销售成本 7 500 000 元,A 产品 7 500 箱,1 000 元/箱。

(40)12.30,假设本例中,除计提固定资产减值准备 300 000 元造成固定资产账面价值与计税基础存在差异外,不考虑其他项目的所得税费用影响。企业按照税法规定计算确定的应交所得税为 1 252 218 元,递延所得税资产为 99 000 元。

(41)12.31,将各收支科目结转本年净利润。

(42)12.31,按照净利润的 10%提取法定盈余公积金。

(43)12.31,将利润分配各明细科目的余额转入“未分配利润”明细科目,结转本年利润。

(44)12.31,用工行结算户缴纳当年应交所得税 1 252 218 元。

二、根据上述资料编制会计分录

(1)12.1,支付汇票。

借:应付票据——商业承兑汇票　　1 000 000

　　贷:银行存款——工行存款——结算户　　1 000 000

(2)12.1,赊购材料。

借:材料采购——甲材料(15 000 千克,100 元/千克)　　1 500 000

应交税费——应交增值税——进项税额 255 000
贷:应付账款(建昌公司) 1 755 000

(3)12.2,材料超支差验收入库。

借:原材料——乙材料(1 000 件,950 元/件) 950 000
材料成本差异 50 000
贷:材料采购——乙材料(1 000 件,1 000 元/件) 1 000 000

(4)12.3,汇票购买材料。

借:材料采购——乙材料(1 000 件,998 元/件) 998 000
银行存款——工行存款——结算户 2 340
应交税费——应交增值税——进项税额 169 660
贷:其他货币资金——银行汇票 1 170 000

12.3,材料节约差验收入库。

借:原材料——乙材料(1 000 件,1 000 元/件) 1 000 000
贷:材料采购——乙材料(1 000 件,998 元/件) 998 000
材料成本差异 2 000

(5)12.3,赊销产品。

借:应收账款(华宏公司) 3 510 000
贷:主营业务收入——A 产品(3 000 箱,1 000 元/箱) 3 000 000
应交税费——应交增值税——销项税额 510 000

(6)12.4,股票投资兑现。

借:银行存款——工行存款——结算户 165 000
贷:交易性金融资产——股票投资——成本 130 000
——股票投资——公允价值变动 20 000
投资收益 15 000

12.4,股票投资收益。

借:公允价值变动损益 20 000
贷:公允价值变动损益 20 000

(7)12.4,购不需安装的设备。

借:固定资产 864 700
应交税费——应交增值税——进项税额 145 300
贷:银行存款——建行存款——专用存款账户 1 010 000

(8)12.5,购入工程物资。

借:工程物资——专用材料 1 500 000
贷:银行存款——建行存款——专用存款账户 1 500 000

(9)12.5,工程应付薪酬。

借:在建工程 2 280 000
贷:应付职工薪酬 2 280 000

(10)12.6,工程完工,办理竣工。

借:固定资产 14 000 000
贷:在建工程 14 000 000

(11)12.6,机床报废。

①借:固定资产清理 200 000

累计折旧 1 800 000

贷:固定资产 2 000 000

②借:固定资产清理 5 000

贷:银行存款——建行存款——专用存款账户 5 000

③借:银行存款——建行存款——专用存款账户 8 000

贷:固定资产清理 8 000

④借:营业外支出——处置固定资产净损失 197 000

贷:固定资产清理 197 000

(12)12.7,工行借款。

借:银行存款——工行存款——结算户 10 000 000

贷:长期借款 10 000 000

(13)12.8,现销产品。

借:银行存款——工行存款——结算户 8 190 000

贷:主营业务收入——A 产品 7 000 000

应交税费——应交增值税——销项税额 1 190 000

(14)12.9,承兑汇票。

借:银行存款——工行存款——结算户 2 000 000

贷:应收票据——银行承兑汇票 2 000 000

(15)12.9,出售一台不需用设备。

①借:固定资产清理 2 500 000

累计折旧 1 500 000

贷:固定资产 4 000 000

②借:银行存款——建行存款——专用存款账户 3 000 000

贷:固定资产清理 3 000 000

③借:固定资产清理 500 000

贷:营业外收入——处置固定资产损益 500 000

(16)12.9,买股票。

借:交易性金融资产——股票投资——成本 1 030 000

投资收益 20 000

贷:银行存款——工行存款——结算户 1 050 000

(17)12.10,支付工资。

借:应付职工薪酬 5 000 000

贷:银行存款——工行存款——结算户 5 000 000

(18)12.10,分配工资费用。

借:生产成本——基本生产成本——职工薪酬 2 750 000

制造费用——职工薪酬 100 000

管理费用——职工薪酬 150 000

贷:应付职工薪酬 3 000 000

(19)12.10,提取职工福利费。

借:生产成本——基本生产成本——职工福利费 385 000

制造费用——职工福利费 14 000

管理费用——职工福利费 21 000

贷:应付职工薪酬 420 000

(20)①12.11,领用材料。

借:生产成本——基本生产成本——材料费 7 000 000

贷:原材料——甲材料 4 200 000

——乙材料 2 800 000

②12.11,领用包装物。

借:制造费用——材料费 500 000

贷:周转材料——包装物 500 000

(21)12.11,结转材料成本差异。

借:生产成本——基本生产成本——材料费 350 000

制造费用——材料费 25 000

贷:材料成本差异 375 000

(22)①12.15,计提无形资产摊销。

借:管理费用——无形资产摊销 600 000

贷:累计摊销 600 000

②12.15,支付固定资产修理费。

借:制造费用——固定资产修理费 900 000

贷:银行存款——建行存款——专用存款账户 900 000

(23)①12.15,计提固定资产折旧。

借:制造费用——折旧费 800 000

管理费用——折旧费 200 000

贷:累计折旧 1 000 000

②12.15,计提固定资产减值准备。

借:资产减值损失——固定资产减值损失 300 000

贷:固定资产减值准备 300 000

(24)①12.15,收到华宏公司账款。

借:银行存款——工行存款——结算户 510 000

贷:应收账款(华宏公司) 510 000

②12.15,计提坏账准备。

借:资产减值损失——坏账准备 9 000

贷:坏账准备 9 000

(25)12.16,支付展览费。

借:销售费用——展览费 100 000

贷:银行存款——工行存款——结算户 100 000

(26)①12.20,结转制造费用。

借:生产成本 2 339 000

贷:制造费用　2 339 000

②12.20,产品完工入库。

借:库存商品　12 824 000

贷:生产成本　12 824 000

(27)12.21,付广告费。

借:销售费用——广告费　100 000

贷:银行存款——工行存款——结算户　100 000

(28)12.22,销售产品收汇票。

借:应收票据——商业承兑汇票　2 925 000

贷:主营业务收入——A 产品　2 500 000

应交税费——应交增值税——销项税额　425 000

(29)12.23,汇票贴现。

借:财务费用——贴息　200 000

银行存款——工行存款——结算户　2 725 000

贷:应收票据——商业承兑汇票　2 925 000

(30)12.24,计算教育费附加。

借:营业税金及附加　20 000

贷:应交税费——应交教育费附加　20 000

(31)12.25,缴纳增值税、教育费附加。

借:应交税费——应交增值税——已交税金　1 000 000

——应交教育费附加　20 000

贷:银行存款——工行存款——结算户　1 020 000

(32)12.25,计提工程长贷利息。

借:在建工程　2 000 000

贷:应付利息　2 000 000

(33)12.26,计提长贷利息。

借:财务费用——利息　100 000

贷:应付利息　100 000

(34)12.26,归还短贷本金。

借:短期借款　2 500 000

贷:银行存款——工行存款——结算户　2 500 000

(35)12.27,归还长贷利息。

借:应付利息　2 100 000

贷:银行存款——工行存款——结算户　2 100 000

(36)12.27,偿还长期借款。

借:长期借款　10 000 000

贷:银行存款——工行存款——结算户　10 000 000

(37)12.28,产品抵债。

借:库存商品——A 产品　80 000

应交税费——应交增值税——进项税额　13 600

营业外支出——债务重组损失 23 400
贷:应收票据——商业承兑汇票 117 000

(38)12.29,确认公允价值变动损益。
借:交易性金融资产——股票投资——公允价值变动 20 000
贷:公允价值变动损益 20 000

(39)12.30,结转本期产品销售成本。
借:主营业务成本——A产品 7 500 000
贷:库存商品——A产品 7 500 000

(40)①12.30,计算确定应交所得税。
借:所得税费用——当期所得税费用 1 252 218
贷:应交税费——应交所得税 1 252 218

②12.30,计算确定递延所得税资产。
借:递延所得税资产 99 000
贷:所得税费用——递延所得税费用 99 000

(41)①12.31,结转收入类科目到本年利润。
借:主营业务收入 12 500 000
营业外收入 500 000
投资收益 15 000
贷:本年利润 13 015 000

②12.31,结转成本费用类科目到本年利润。
借:本年利润 9 520 400
贷:主营业务成本 7 500 000
营业税金及附加 20 000
销售费用 200 000
管理费用 971 000
财务费用 300 000
资产减值损失 309 000
营业外支出 220 400

③12.31,结转所得税费用类科目到本年利润。
借:本年利润 1 153 218
贷:所得税费用 1 153 218

(42)12.31,提取法定盈余公积金。
借:利润分配——提取法定盈余公积 234 138.2
贷:盈余公积——法定盈余公积 234 138.2

注:提取法定盈余公积数额为(13 015 000－9 520 400－1 153 218)×10%＝234 138.2(元)。

(43)①12.31,将利润分配各明细科目的余额转入“未分配利润”明细科目。
借:利润分配——未分配利润 234 138.2
贷:利润分配——提取法定盈余公积 234 138.2

②12.31,结转本年利润。

借:本年利润　　　　　　　　　　　　　　　　2 341 382

　　贷:利润分配——未分配利润　　　　　　　　　　2 341 382

(44)12.31,缴纳当年应交所得税。

借:应交税费——应交所得税　　　　　　　　　1 252 218

　　贷:银行存款——工行存款——结算户　　　　　　1 251 218

三、银行对账资料

1.2019.12.31"银行存款——工行存款—— 结算户"的银行对账单。

日　期	结算方式	票号	借方金额	贷方金额	余　额
2019.12.02			¥500 000.00		¥9 434 340.00
2019.12.03				¥60 000.00	¥9 374 340.00
2019.12.03			¥130 000.00		¥9 504 340.00
2019.12.04			¥20 000.00		¥9 524 340.00
2019.12.05			¥15 000.00		¥9 539 340.00
2019.12.06			¥10 000 000.00		¥19 539 340.00
2019.12.07			¥7 000 000.00		¥26 539 340.00
2019.12.08			¥1 190 000.00		¥27 729 340.00
2019.12.09			¥2 000 000.00		¥29 729 340.00
2019.12.10			¥510 000.00		¥30 239 340.00
2019.12.11			¥2 725 000.00		¥32 964 340.00
2019.12.13				¥1 500 000.00	¥31 464 340.00
2019.12.14				¥255 000.00	¥31 209 340.00
2019.12.15				¥1 030 000.00	¥30 179 340.00
2019.12.16				¥20 000.00	¥30 159 340.00
2019.12.17				¥5 000 000.00	¥25 159 340.00
2019.12.19				¥100 000.00	¥25 059 340.00
2019.12.20				¥100 000.00	¥24 959 340.00
2019.12.21				¥1 000 000.00	¥23 959 340.00
2019.12.22				¥20 000.00	¥23 939 340.00
2019.12.23				¥2 500 000.00	¥21 439 340.00
2019.12.24				¥2 100 000.00	¥19 339 340.00
2019.12.25				¥10 000 000.00	¥9 339 340.00
2019.12.26				¥7 000.00	¥9 332 340.00

2.2019.12.31"银行存款——工行存款——结算户"银行存款余额调节表。

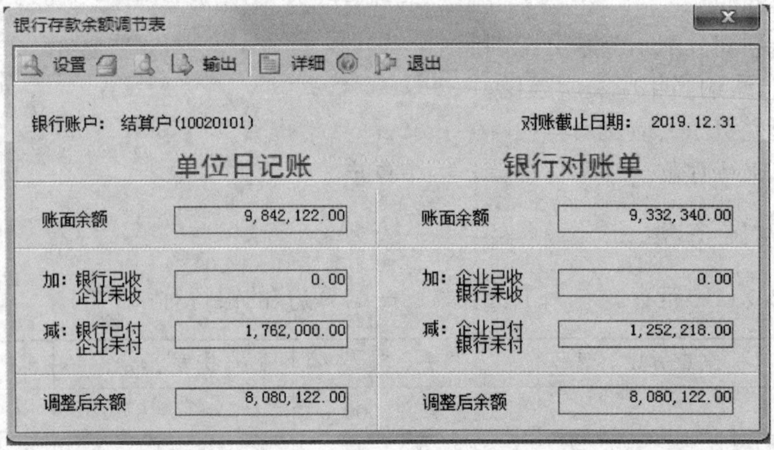

四、上机操作要求

1. 修改系统日期为 2019 年 12 月 1 日。

2. 在 E 盘新建账套的文件夹(以"本人本班 3 位序号＋自己的姓名"命名)。

3. 设置四个操作员：账套主管(自己的姓名)；制证会计(自己的姓名)；审核记账会计(自己的姓名＋1)；出纳(自己的姓名＋2)；会计主管(自己的姓名＋3)。

注：参见第七章实验二及向导，如果已经做好第七章实验二，此部分内容不再操作。

4. 账套号三位数字(本人本班 3 位序号)；账套名(北方公司)。

注：参见第七章实验二及向导，如果已经做好第七章实验二，此部分内容不再操作。

5. 分配操作员权限：分配审核记账会计(自己的姓名＋1)权限；分配出纳(自己的姓名＋2)权限。

注：参见第七章实验二及向导，如果已经做好第七章实验二，此部分内容不再操作。

6. 定义各项基础档案：客户档案、供应商档案、部门档案、个人档案。

注：参见第七章实验二及向导，如果已经做好第七章实验二，此部分内容不再操作。

7. 设置满足账务、报表要求的会计科目(会计科目要求设到 3 级，应含客户、供应商、个人往来核算、部门核算、数量/金额核算)。

8. 输入 12 月份月初余额(年初余额省略，系统自动以 12 月份月初余额代替)。

9. 输入损益类科目的累计借、贷方发生额。

10. 依据业务时间修改系统时间和登录时间，根据所给经济业务的资料填制记账凭证(即编分录)(其中第 21、26、41、42、43 笔业务要求由系统自动生成转账凭证，第 21、26、42、43①笔业务要求使用自定义转账，第 41 笔业务要求使用期间损益结转，第 43②笔业务要求使用对应结转)。

11. 审核凭证、出纳签字、主管签字、记账。

12. 经查账发现的账簿错误，部分采用不留痕迹的修改方法；部分采用留有痕迹的修改方法更正有关账簿错误(不能返回修改原凭证，请另填凭证修改)。

13. 银行对账，输出银行存款余额调节表(REP 文件)。

14. 设置查询应交增值税综合多栏账并输出成 REP 文件。

15. 备份账套数据到 D 盘子文件夹(以"本班 3 位序号＋自己的姓名＋BF"命名)。

16. 编制 2019 年 12 月份的利润表(要求复制参考答案中的格式修改,编写公式)。
17. 编制 2019 年 12 月 31 日的资产负债表(按财政部规定的要求编制)。
18. 编制 2019 年 12 月的期间费用分析表(格式自定),并配图表分析。

五、完成作业提交文档

1. 文件夹命名
本班 3 位序号＋自己的姓名(完成)
2. 文件夹所包括文档
(1)账套备份文件。
(2)应交增值税综合多栏账文件。
(3)银行存款余额调节表文件。
(4)利润表。
(5)资产负债表。
(6)期间费用分析表和图表。

【实验二部分内容的实验向导】

注:本部分只给出部分内容的实验向导,其他内容的实验向导参见实验一的实验向导。

七、成批复制会计科目

例如,“原材料”的明细科目与“材料采购”的明细科目“甲材料、乙材料”相同,均为数量/金额式明细账,可以采用成批复制会计科目的方法。

在本账套内成批复制会计科目的操作方法:

(1)选择【编辑】菜单下的【成批复制】,显示“成批复制”窗口。

(2)在“成批复制”窗口,录入科目编码“1401”(材料采购)和“1403”(原材料)。

(3)单击“数量核算”前的小方框选中“数量核算”。

(4)单击[确定]按钮,完成将“1401”(材料采购)的所有下级科目复制为“1403”(原材料)的下级科目。

十、定义自动转账凭证的路径及操作方法

(一)设置自定义转账的路径及操作方法

路径:“企业应用平台”→“业务”→“财务会计”→“总账”→“期末”→“转账定义”→“自定义转账”。

在“企业应用平台”的【业务】选项中,选择【财务会计】→【总账】→【期末】→【转账定义】→【自定义转账】菜单,打开“自定义转账设置”对话框。

1. 自定义转账凭证“(21)12.11 结转领用原材料应分摊的材料成本差异。材料成本差异率为 5%”

(1)自定义“(21)”转账凭证设置的操作步骤。

①“自定义转账设置”对话框,单击[增加]按钮,打开“转账目录”对话框。

②在“转账目录”对话框中的“转账序号”文本框中输入“0001”,在“转账说明”文本框中输

入“结转材料成本差异”，在“凭证类别”下拉列表中选择“转 转账凭证”，然后单击[确定]按钮。

③在“科目编码”栏下单元格中输入“50010103 生产成本/基本生产成本/材料费”，在“方向”栏下单元格中选择“借”。

④在“金额公式”栏下的单元格，引导输入公式“FS(50010103，月，借)＊0.05”。

⑤单击[增行]按钮，输入“510103 制造费用/材料费”和引导输入公式“FS(510103，月，借)＊5/100”。

⑥单击[增行]按钮，输入“1404 材料成本差异”和引导输入公式“CE()或 JG()”。

⑦单击[保存]按钮，保存已设置的自定义转账凭证。

(2)“(21)转账凭证，结转材料成本差异”的自定义转账凭证公式列示。

0001 转账凭证，摘要：结转材料成本差异

借：50010103 生产成本/基本生产成本/材料费 FS(50010103，月，借)＊0.05

510103 制造费用/材料费 FS(510103，月，借)＊5/100

贷：1404 材料成本差异 CE()或 JG()

2. 自定义转账凭证“(26)计算并结转本期完工产品成本 12 824 000 元。没有期初在产品，本期生产的产品全部完工入库”

(1)自定义“(26)①”转账凭证设置的操作步骤。

①“自定义转账设置”对话框，单击[增加]按钮，打开“转账目录”对话框。

②在“转账目录”对话框中的“转账序号”文本框中输入“0001”，在“转账说明”文本框中输入“结转制造费用”，在“凭证类别”下拉列表中选择“转 转账凭证”，然后单击[确定]按钮。

③在“科目编码”栏下单元格中输入“50010106 生产成本/基本生产成本/制造费用”，在“方向”栏下单元格中选择“借”。

④在“金额公式”栏下的单元格，引导输入公式“FS(5101，月，借)”。

⑤单击[增行]按钮，输入“510101 制造费用/职工薪酬”和引导输入公式“FS(510101，月，借)”。

⑥继续以上步骤输入其他科目的公式。

⑦单击[保存]按钮，保存已设置的自定义转账凭证。

(2)“(26)①转账凭证，结转制造费用”的自定义转账凭证公式列示。

0002 转账凭证，摘要：结转制造费用

借：50010106 生产成本/基本生产成本/制造费用 FS(5101，月，借)或 CE()或 JG()

贷：510101 制造费用/职工薪酬 FS(510101，月，借)

510102 制造费用/职工福利费 FS(510102，月，借)

510103 制造费用/材料费 FS(510103，月，借)

510104 制造费用/固定资产修理费 FS(510104，月，借)

510105 制造费用/折旧费 FS(510105，月，借)

(3)“(26)②转账凭证，产品完工入库”的自定义转账凭证公式列示。

0003 转账凭证，摘要：产品完工入库

借：140601 库存商品/A 商品 FS(5001，月，借) 或 CE()或 JG()

贷：50010101 生产成本/基本生产成本/职工薪酬 FS(50010101，月，借)

50010102 生产成本/基本生产成本/职工福利费 FS(50010102，月，借)

50010103 生产成本/基本生产成本/材料费 FS(50010103，月，借)

50010104 生产成本/基本生产成本/固定资产修理费 FS(50010104,月,借)

50010105 生产成本/基本生产成本/折旧费 FS(50010105,月,借)

50010106 生产成本/基本生产成本/制造费用 FS(50010106,月,借)

3. 自定义转账凭证"(42)按照净利润的10%提取法定盈余公积金"

(1)自定义"(42)"转账凭证设置的操作步骤。

同上。

(2)"(42)转账凭证,提取法定盈余公积"的自定义转账凭证公式列示。

注:提取法定盈余公积数额为(13 015 000－9 520 400－1 153 218)×10%＝234 138.2(元)。

0004 转账凭证,摘要:提取法定盈余公积

借:410402 利润分配/提取法定盈余公积 JE(4103,月)*0.1

贷:410101 盈余公积/法定盈余公积 CE()或 JG()

4. 自定义转账凭证"(43)将利润分配各明细科目的余额转入'未分配利润'明细科目"

(1)自定义"(43)①"转账凭证设置的操作步骤。

同上。

(2)"(43)①转账凭证,结转利润分配明细"的自定义转账凭证公式列示。

0005 转账凭证,摘要:结转利润分配明细

借:410415 利润分配/未分配利润 FS(4104,月,借)－ FS(410415,月,借) 或 CE()或 JG()

贷:410401 利润分配/其他转入 FS(410401,月,借)

410402 利润分配/提取法定盈余公积 FS(410402,月,借)

(二)设置对应结转的操作方法"(43)②结转本年利润"

1. 在"总账"子系统中,选择【期末】→【转账定义】→【对应结转】菜单,打开"对应结转设置"对话框。

2. 输入编号为"0006"、凭证类别为"转 转账凭证"、摘要为"结转本年利润"、转出科目编码为"4103"。

3. 单击[增行]按钮,在"转入科目编码"处输入"410415",在"结转系数"处输入"1.00"。

4. 单击[保存]按钮保存此笔结转业务。

5. 单击[退出]按钮退出。

(三)设置期间损益结转的操作方法"(41)将各收支科目结转本年净利润"

1. 在"总账"子系统中,选择【期末】→【转账定义】→【期间损益】菜单,进入"期间损益结转设置"对话框。

2. 在"凭证类别"下拉列表框中按"▼"选取"转 转账凭证"。

3. 在"本年利润科目"框中选择"4103"科目。

4. 单击[确定],结束设置退出。

(四)生成自动转账凭证的路径及操作方法

路径:"企业应用平台"→"业务"→"财务会计"→"总账"→"期末"→"转账生成"。

在"企业应用平台"的【业务】选项中,选择【财务会计】→【总账】→【期末】→【转账生成】菜单,打开"转账生成"对话框。

1. 生成自动转账凭证"(21)转账凭证,结转材料成本差异"

(1)在“转账生成”窗口,选定窗口左上方要进行结转的月份“2019.12”。

(2)单击选取窗口左边的“自定义转账”项目。

(3)在需要结转的凭证“001 结转材料成本差异”的“是否结转”栏双击,出现“Y”表示已选取结转。

(4)单击[确定]按钮,系统会自动生成一张“结转材料成本差异”的转账凭证。

注:若凭证类别、制单日期和附单据数与实际情况略有出入,直接在当前凭证上进行修改即可。

(5)单击[保存]按钮,系统会将该张凭证自动传入总账子系统的“填制凭证”处并保存。

2. 生成自动转账凭证“(26)①转账凭证,结转制造费用”

注:“(21)转账凭证,结转材料成本差异”应审核记账。

(1)在“转账生成”窗口,选定窗口左上方要进行结转的月份“2019.12”。

(2)单击选取窗口左边的“自定义转账”项目。

(3)在需要结转的凭证“002 结转制造费用”的“是否结转”栏双击,出现“Y”表示已选取结转。

(4)单击[确定]按钮,系统会自动生成一张“结转制造费用”的转账凭证。

注:若凭证类别、制单日期和附单据数与实际情况略有出入,直接在当前凭证上进行修改即可。

(5)单击[保存]按钮,系统会将该张凭证自动传入总账子系统的“填制凭证”处并保存。

3. 生成自动转账凭证“(26)②转账凭证,产品完工入库”

注:“(26)①转账凭证,结转制造费用”应审核记账。

(1)在“转账生成”窗口,选定窗口左上方要进行结转的月份“2019.12”。

(2)单击选取窗口左边的“自定义转账”项目。

(3)在需要结转的凭证“003 产品完工入库”的“是否结转”栏双击,出现“Y”表示已选取结转。

(4)单击[确定]按钮,系统会自动生成一张“产品完工入库”的转账凭证。

(5)单击[保存]按钮,系统会将该张凭证自动传入总账子系统的“填制凭证”处并保存。

4. 自动生成期间损益结转凭证“(41)将各收支科目结转本年净利润”

注:应将期间损益结转前的所有凭证审核记账。

(1)在“转账生成”窗口,选定窗口左上方要进行结转的月份“2019.12”。

(2)单击选取窗口左下方的“期间损益结转”项目。

(3)在“类型”下拉列表框中按“▼”选取“收入”。

(4)单击[全选]按钮,选取结转的损益类所有收入科目。

(5)单击[确定]按钮,系统自动生成一张“期间损益结转”的转账凭证。

注:①按[首页]、[上页]、[下页]、[末页]可翻页查看将要生成的转账凭证。②若凭证类别、制单日期和附单据数与实际情况略有出入,直接在当前凭证上进行修改即可。

(6)单击[保存]按钮,系统会将该张凭证自动传入总账子系统的“填制凭证”处并保存。

重复以上(2)～(6)的操作,生成结转损益类所有支出科目的“期间损益结转”的转账凭证。

5. 生成自动转账凭证“(42)按照净利润的10%提取法定盈余公积金”

注:“(41)转账凭证,结转期间损益”应审核记账。

(1)在“转账生成”窗口,选定窗口左上方要进行结转的月份“2019.12”。

(2)单击选取窗口左边的“自定义转账”项目。

(3)在需要结转的凭证“004 提取法定盈余公积”的“是否结转”栏双击,出现“Y”表示已选取结转。

(4)单击[确定]按钮,系统会自动生成一张“提取法定盈余公积”的转账凭证。

(5)单击[保存]按钮,系统会将该张凭证自动传入总账子系统的“填制凭证”处并保存。

6. 生成自动转账凭证“(43)①转账凭证,结转利润分配明细”

注:“(42)转账凭证,提取法定盈余公积”应审核记账。

(1)在“转账生成”窗口,选定窗口左上方要进行结转的月份“2019.12”。

(2)单击选取窗口左边的“自定义转账”项目。

(3)在需要结转的凭证“005 结转利润分配明细”的“是否结转”栏双击,出现“Y”表示已选取结转。

(4)单击[确定]按钮,系统会自动生成一张“结转利润分配明细”的转账凭证。

(5)单击[保存]按钮,系统会将该张凭证自动传入总账子系统的“填制凭证”处并保存。

7. 生成对应结转的凭证“(43)②结转本年利润”

(1)单击“对应结转”,显示并选择要结转的转账凭证。

(2)在“是否结转”处双击鼠标打上“√”,表示该转账凭证将执行结转,或点击[全选](全部选择)、[全消](全部取消)选择要结转凭证。

(3)单击[确定]按钮,系统开始结转计算。

(4)单击[保存]按钮,系统会将该张凭证自动传入总账子系统的“填制凭证”处并保存。

十一、(一)出纳签字功能的选用基础设置、出纳签字的路径及操作方法

1. 出纳签字功能的选用基础设置

(1)选用“出纳凭证必须经由出纳签字”功能。

①在“企业应用平台”的【总账】系统中,选择【基础设置】→【选项】菜单。

②选择【凭证】选项卡。

③双击“凭证控制”下方的“出纳凭证必须经由出纳签字”前的选项小方框,加上对勾标记。

(2)指定“现金总账”“银行存款总账”科目。

①在“企业应用平台”的【基础设置】选项卡中,选择【基础数据】→【财务】→【会计科目】菜单,进入会计科目窗口。

②单击【编辑】菜单下的【指定科目】项,系统弹出“指定科目”窗口。

③在此用[>]选择现金、银行存款的总账科目。

④选择完毕后,用鼠标单击[确认]按钮即可。

2. 出纳签字的路径

路径:“企业应用平台”→“业务工作”→“财务会计”→“总账”→“凭证”→“出纳签字”。

3. 出纳签字的操作方法

(1)单张凭证出纳签字。

①在“总账”系统,选择【凭证】→【出纳签字】菜单,进入“出纳签字”对话框。

②单击[确认]按钮,显示符合条件的凭证一览表。

③单击[确定]按钮调出第一张凭证,或双击某一待签字的凭证调出待签字的那张凭证。

④出纳人员在确认该张凭证的“现金”或“银行存款”的金额记录正确后,单击[签字]按钮,

凭证底部的“出纳”处自动签上出纳员姓名；若想对已签字的凭证取消签字，可单击[取消]按钮。

⑤单击[下张]按钮，调出第二张需要签字的凭证，单击[签字]按钮，第二张凭证底部的“出纳”处又自动签上出纳员姓名，重复此操作直至所有凭证都签完为止。

⑥单击[退出]按钮，完成出纳签字操作。

(2)成批出纳签字。在“出纳签字”窗口中选择【出纳】→【成批出纳签字】菜单，系统自动对当前范围内的所有未签字凭证执行签字。选择【出纳】→【成批取消签字】菜单，系统自动对当前范围内的所有已签字凭证执行取消签字。

(3)补结算方式和票号功能。选择横向菜单【出纳】下的【票据结算】，列示所有需要进行填充结算方式、票据号、票据日期的分录，包括已填写的分录；填制结算方式和票号时，针对票据的结算方式进行相应支票登记判断。

十一、(二)主管签字的路径及操作方法

1. 主管签字的路径

路径：“企业应用平台”→“业务工作”→“财务会计”→“总账”→“凭证”→“主管签字”。

2. 主管签字的操作方法

(1)在“企业应用平台”的【总账】系统中，选择【凭证】→【主管签字】菜单，系统会弹出“主管签字”窗口。

(2)在“主管签字”窗口，直接单击[确认]按钮，选择当月所有凭证供主管签字；也可以选择本月的部分凭证供主管签字。

(3)在“主管签字凭证列表”中双击某行或点击[确定]按钮显示该张凭证。

(4)确认无误后，点击[签字]按钮，凭证上显示当前操作员姓名加红色框，表示这张凭证主管已签字。

如果要取消签字，只需点击[取消]按钮，凭证上的签字标志取消，表示当前凭证取消主管签字。取消签字只能由签字人进行。点击[查询]按钮，可重新基础设置查询条件。

十二、修改凭证

(一)修改凭证的操作员：制单人自己

本实验题中是“WXM 王小明”。也可以是有“填制凭证”权限的其他人“WXM1 王小明 1”。

(二)修改凭证的路径

路径：“企业应用平台”→“业务工作”→“财务会计”→“总账”→“凭证”→“填制凭证”。

(三)修改凭证的操作步骤

1. 不留痕迹修改凭证的操作步骤

(1)恢复到记账前状态。恢复到记账前状态又称反记账，可使用软件隐藏的功能进行。

①在期末对账窗口，按下“Ctrl＋H”键，显示【凭证】菜单中的【恢复记账前状态】功能，再次按下“Ctrl＋H”键隐藏此菜单。

②在“总账”系统中，单击【凭证】菜单中的【恢复记账前状态】功能，进入“恢复记账前状态”对话框。

③选择恢复方式：最近一次记账前状态、2019 年 12 月初状态。

④选择是否恢复“往来两清标志”和选择恢复两清标志的月份，系统根据选择在恢复时，清

除恢复月份的两清标志。

⑤可选择只恢复需要恢复的科目。选择完毕后，单击[确定]按钮，系统提示“录入主管口令”。

⑥录入主管口令后，单击[确认]按钮，系统自动恢复记账前状态。

⑦恢复完毕，显示“恢复记账完毕”信息，单击[确定]按钮，退出恢复记账状态。

(2)取消凭证审核签字、取消出纳签字、取消主管签字。

(3)直接修改凭证。由制单人直接修改凭证，如果系统已基础设置“允许修改、作废他人填制的凭证”，也可以由非制单人直接修改凭证。

(4)审核签字、出纳签字、主管签字。

(5)记账。

2. 留痕迹修改凭证的操作步骤

(1)凭证摘要、科目、辅助核算等内容正确，而金额多记错误，采用红字冲销法(也称负数更正法)。具体做法是：填制一张科目与原凭证科目相同，而金额为“‘—’多记金额”的凭证。

(2)凭证摘要、科目、辅助核算等内容正确，而金额少记错误，采用蓝字补充法(也称补充更正法)。具体做法是：填制一张科目与原凭证科目相同，而金额为“少记金额”的凭证。

(3)非金额错误的凭证，采用红字冲销法(即负数更正法)。具体做法是：先填制一张科目与原凭证科目相同，而金额为“‘—’金额”的凭证；再填制一张正确的凭证。

十四、设置查询应交增值税综合多栏账

(一)基础设置应交增值税综合多栏账的操作方法

1. 在“总账”子系统中，选择【账表】→【科目账】→【综合多栏账】菜单，进入“多栏账”窗口。

2. 单击[增加]按钮，打开“综合多栏明细账定义”对话框。

3. 录入“多栏账名称”：应交增值税综合多栏账；单击[增加]按钮，打开“综合多栏账栏目定义”对话框。

4. 录入“栏目组名”：借贷方多栏；在“核算科目”下拉列表框中选择“应交增值税”科目，选择“输出余额”项。

5. 单击[增加栏目]按钮，增加“应交增值税”的下级明细科目为综合多栏账的栏目，其中22210101—21710104为借方，其余均为贷方。

6. 单击[确定]按钮，返回“查询条件”对话框。

(二)查询应交增值税综合多栏账的操作方法

1. 在“总账系统”中，选择【账表】→【科目账】→【综合多栏账】菜单，进入“多栏账”窗口。

2. 选择需查询的综合多栏账名称“应交增值税综合多栏账”。

3. 单击[查询]按钮，录入查询条件后，单击[确认]按钮，显示“应交增值税综合多栏账”查询窗口。

十五、输出账套(备份账套数据到子文件夹)

(一)输出账套的操作员

输出账套的操作员只能是系统管理员。

(二)输出账套的路径

路径：“系统管理”→“账套”→“输出”。

(三)输出账套的操作方法

1. 以系统管理员(Admin)的身份注册进入“系统管理”窗口。

2. 选择【账套】→【输出】菜单,打开“账套输出”对话框。

3. 单击“账套号”右侧的下拉列表按钮,选择自己的账套(例如,018 北方公司)。

4. 单击[确认]按钮,经过拷贝备份数据文件和压缩进程,系统进入“选择账套备份路径”对话框,选择自己的账套路径(例如,E:\018 王小明 BF)。

5. 单击[确定]按钮,系统弹出“硬盘备份完毕”对话框。

6. 单击[确定]按钮,结束账套输出操作。

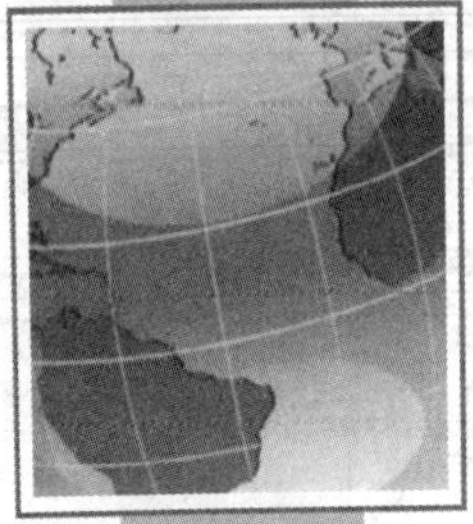

第九章
薪资管理子系统应用

一、单选题

1. 通常薪资管理子系统被视为(　　)的一个子系统。

A. 企业管理信息系统　　B. 人力资源管理系统

C. 会计信息系统　　D. 人事管理系统

2. 薪资管理子系统的各数据来源中,人员调动的数据出自(　　)。

A. 生产部门　　B. 人事部门　　C. 财务部门　　D. 变动数据

3. 薪资管理子系统能与(　　)子系统实现人员档案信息以及工资发放标准等数据的共享,同时能和相关部门实现与人员考评相关的考勤信息的共享。

A. 固定资产　　B. 应收应付　　C. 报表　　D. 人事管理

4. 薪资管理子系统一般提供两种应用方案:单类别工资核算和多类别工资核算。企业通常选择(　　)。

A. 数据计算和汇总应用方案　　B. 多类别工资核算应用方案

C. 单类别工资核算应用方案　　D. 数据替换应用方案

5. 工资项目设置中的"其他项"是指(　　)。

A. 直接计入应发合计　　B. 直接计入扣款合计

C. 不直接参与应发合计和扣款合计　　D. 计入应发合计或者扣款合计

6.(　　)适用于对同一工资项目进行变动处理,以提高工作效率 。

A. 数据计算　　B. 数据汇总　　C. 数据分配　　D. 数据替换

7. 工资分摊就是对工资额及根据工资额计提的各项费用确定应归属的费用项目,确定应借、应贷科目,并制作自动转账凭证,传递到(　　)。

A. 总账子系统　　B. 成本核算子系统

C. 报表管理子系统　　D. 人事管理系统

二、多选题

1. 职工薪资是指企业为获得职工提供的服务而给予各种形式的报酬以及其他相关支出,包括(　　)。

A. 职工工资　　　　　　　　　B. 奖金
C. 津贴和补贴　　　　　　　　D. 保险和福利费

2. 在企业中主要由财务部门负责薪资的核算，具体工作包括(　　)。
A. 薪资的计算　　B. 薪资的汇总　　C. 薪资的分配　　D. 薪资的发放

3. 薪资管理子系统可以向(　　)传递数据。
A. 成本核算系统　　B. 总账子系统　　C. 报表系统　　D. 应收应付系统

4. 薪资管理子系统中人员变动包括(　　)。
A. 人员增加　　B. 人员调离　　C. 人员调转部门　　D. 人员请假

5. 下列信息属于变动薪资项目的是(　　)。
A. 基本工资　　B. 加班工资　　C. 病假天数　　D. 事假扣款

6. 下面关于工资账套中的扣税设置正确的是(　　)。
A. 扣税设置是选择在工资计算中是否由单位进行代扣个人所得税处理
B. 选择后，系统将自动生成工资项目“代扣税”，并自动进行代扣税金的计算
C. 在工资账套中的扣税设置中可以不设
D. 扣税设置可以在使用过程中进行设置

三、判断题

1. 薪资管理子系统的任务就是计算并发放工资。(　　)
2. 薪资核算主要涉及生产部门与财会部门。(　　)
3. 基本不变数据文件是指固定不变的数据或在较长时间内很少变动的数据。(　　)
4. 薪资管理子系统中，选择了代扣个人所得税后，系统将自动生成工资项目“代扣税”并自动进行代扣税金的计算。(　　)
5. 薪资管理子系统一定要求对票面进行分解和统计。(　　)
6. 薪资核算完成后，提供自动转账生成机制转账凭证，实现与财务系统的衔接。(　　)
7. 薪资管理子系统传输到总账子系统的凭证，在总账子系统中可以对凭证进行查询、审核、记账等操作，也可以修改或删除。(　　)
8. 交补=iff(人员类别=“经理”,500,300)。该公式表示人员类别是经理的交通补贴是500元，除经理以外其他各类人员的交通补贴是300元。(　　)

四、实验题

北京阳光信息技术有限公司从2019年12月1日起，开始使用用友ERP-U8V10.1系统进行薪酬管理。请为该企业建立核算账套，并进行相关的初始设置。

(一)基础设置

1. 基本信息：系统启用薪资管理子系统和计件工资系统。
2. 选项设置：多工资类别、代扣个人所得税、不进行扣零处理、采用银行代发功能。
3. 基础档案：财务\凭证类别。

(二)初始化设置

1. 类别名称：在职职工类别、临时职工类别两类。
2. 人员附加信息设置：性别、身份证号。
3. 人员类别设置：管理人员、销售人员、生产人员、采购人员。

4. 工资项目设置：

项目名称	类型	长度	小数位数	增减项	备注
基本工资	数字	8	2	增项	
奖金	数字	8	2	增项	
交通补贴	数字	8	2	增项	
应发合计	数字	10	2	增项	系统项目
养老保险	数字	8	2	减项	
请假扣款	数字	8	2	减项	
代扣款	数字	10	2	减项	系统项目
扣款合计	数字	10	2	减项	系统项目
实发合计	数字	10	2	增项	系统项目
计税工资	数字	8	2	其他	
请假天数	数字	8	2	其他	

5. 银行名称设置：工商银行(账号 19 位、前 15 位相同)。

(三)对在职职工工资类别进行业务处理

1. 类别名称：在职职工类别。

2. 部门选择：选择所有部门。1. 总经理办公室；2. 财务部；3. 人事部；4. 销售部；5. 生产部；6. 采购部。

3. 人员档案：所有人员都是中方人员，工资计税。

部门编码	部门名称	人员编码	名称	性别	身份证号	银行账号
1	总经理办公室	101	肖剑	男	123456	1111111111111110001
2	财务部	201	陈明	男	234567	1111111111111110002
		202	王晶	女	345678	1111111111111110003
		203	马方	男	456789	1111111111111110004
3	人事部	301	吴月月	女	567890	1111111111111110005
		302	杨文	男	678901	1111111111111110006
4	销售部					
401	销售一部	401	王丽	女	789012	1111111111111110007
402	销售二部	402	刘红	女	890123	1111111111111110008
5	生产部	501	王东	男	901234	1111111111111110009
6	采购部	601	王方	男	901235	1111111111111110010
		602	杨明	男	901236	1111111111111110011

4. 工资项目选择：所有项目。排列顺序同上。

5. 公式设置：

(1)事假扣款＝基本工资/21×事假天数。

(2)用 IFF 函数设置所有销售人员的交通补助为 100 元/月。

(3)计税工资＝基本工资＋奖金＋交通补贴－养老保险－请假扣款。

6. 录入人员工资数据：

人员编码	名称	基本工资	事假天数	奖金
101	肖剑	5 500	1	2 000
201	陈明	5 000		1 500
202	王晶	4 500	2	1 300
203	马方	4 500		1 300
301	吴月	5 000		1 500
302	杨文	4 500	3	1 300
401	王丽	5 000	2	2 500
402	刘红	4 500		2 000
501	王东	4 500		1 800
601	王方	5 000	3	1 600
602	杨明	4 500		1 600

7. 按工资项目中的计税工资作为计算个人所得税的标准，扣税标准为 5 000 元。

8. 设置工行格式，并以 TXT 文件存储并传输到磁盘中。

9. 工资和福利费(按应发工资的 14％计提)分摊设置。

10. 凭证处理。

(1)管理人员、采购人员：

借：管理费用

　　贷：应付职工薪酬——应付工资

借：管理费用

　　贷：应付职工薪酬——应付福利费

(2)销售人员：

借：营业费用

　　贷：应付职工薪酬——应付工资

借：营业费用

　　贷：应付职工薪酬——应付福利费

(3)生产人员：

借：制造费用

　　贷：应付职工薪酬——应付工资

借：制造费用

　　贷：应付职工薪酬——应付福利费

11. 月末处理：将“请假天数”清零。

12. 取消结账。

13. 查询:办公室工资发放条。

(四)对临时职工工资类别进行业务处理

1. 人员信息如下:

编号	姓名	人员类别	所属部门	发放工资形式	性别	身份证号	是否中方人员	是否计税	核算计件工资
501	刘齐	生产人员	生产部	现金	男	789456	中方	是	是

2. 工资项目:计件工资、应发合计、代扣税、扣款合计、实发合计。
3. 计件要素。工序包括:01 组装;02 检验。
4. 计件工价设置。组装:32.00 元;检验:20.00 元。
5. 个人所得税税率同正式职工工资类别。收入额合计为“应发工资”。

第十章
固定资产管理子系统应用

一、单选题

1. 固定资产管理子系统中资产的增加、减少、原值和累计折旧的调整、折旧计提等业务处理可自动生成记账凭证，并将有关转账凭证传输到(　　)。

A. 总账子系统　　B. 成本核算子系统

C. 报表管理子系统　　D. 人力资源系统

2. 在使用固定资产管理子系统进行核算前，必须将固定资产(　　)资料录入系统，以保持历史资料的连续性。

A. 原始卡片　　B. 折旧　　C. 增加　　D. 减少

3. 固定资产管理子系统中，资产折旧处理方式为(　　)。

A. 用户每月采用直线法计算后录入固定资产系统中

B. 用户定义自动对各项固定资产每期计提一次折旧，并自动生成折旧分配表

C. 用户从总账中提取数据

D. 不用计提折旧

4. 由于固定资产折旧遵循"本月增加本月不提、本月减少本月照提"原则，所以固定资产管理子系统的折旧处理(　　)。

A. 必须要在每个月的1日进行

B. 可以在一个月的任意时候进行

C. 当月减少的固定资产当月计提折旧，所以在计提折旧后才能进行"资产减少"的操作

D. 当月减少的固定资产当月计提折旧，所以在计提折旧前能进行"资产减少"的操作

5. 固定资产管理子系统结账后当期数据不能修改，如有错，只能先进行(　　)功能，然后再进行修改。

A. 对账　　B. 反对账　　C. 反记账　　D. 反结账

二、多选题

1. 下列(　　)属于固定资产管理子系统的基础设置。

A. 生成凭证　　B. 设置固定资产类别

C. 设置使用状况　　D. 原始卡片录入

2. 固定资产管理子系统的操作流程可划分为(　　)三个部分。

A. 系统初始及基础设置　　B. 日常业务处理

C. 期末处理　　D. 建立固定资产子账套

3. 固定资产管理子系统与下列哪些系统有数据传递关系?(　　)。

A. 人力资源系统　　B. 总账子系统

C. 成本核算子系统　　D. 报表管理子系统

4. 固定资产子账套包括(　　)。

A. 启用月份　　B. 折旧信息　　C. 编码方式　　D. 财务接口

5. 固定资产卡片管理是对固定资产管理子系统中所有卡片进行综合管理的功能操作,通过卡片管理可完成(　　)。

A. 卡片修改　　B. 卡片删除　　C. 卡片打印　　D. 卡片查询

6. 下列说法中正确的是(　　)。

A. 新卡片录入的第一个月计提折旧

B. 当月减少的固定资产当月计提折旧,所以计提折旧后才可以进行“资产减少”的操作

C. 固定资产增加,该资产需要填制凭证,填制凭证有两种途径:在业务发生后立即制单或者在期末批量制单

D. 固定资产减少,该资产需要填制凭证,填制凭证的途径与固定资产增加不同

三、判断题

1. 固定资产管理就是处理固定资产的折旧。(　　)

2. 固定资产管理的业务量很大。(　　)

3. 固定资产管理子系统也要建立固定资产卡片。(　　)

4. 固定资产管理子系统就是反映固定资产的增减变化。(　　)

5. 资产类别编码方式中系统提供的类别编码最多可设置 4 级 10 位,但推荐采用国家规定的 4 级 6 位方式,即 1221。(　　)

6. 如果选择本账套不计提折旧,账套内与折旧有关的功能都不能使用,该选择在初始化完成后可以修改。(　　)

7. 原始卡片录入是指将建账日期之后的固定资产有关数据录入系统中。(　　)

8. 在固定资产管理子系统初始设置时选择了“与财务系统对账”功能,可以随时审查两个系统的资产价值平衡情况。(　　)

9. 在固定资产管理子系统生成的记账凭证,在总账子系统可以删除和修改,也可以进行凭证的审核和记账。(　　)

10. 对固定资产每月要计提折旧,并且要不断更新,所以固定资产日常数据处理频率较高。(　　)

四、实验题

(一)初始设置

1. 登录企业应用平台:服务器:默认

操作员:901 陈明

密码:1

账套:[800]培训演示账套

会计年度:2019

操作日期:2019—12—01

2. 业务页签:打开固定资产模块(财务会计—固定资产)

固定资产初始化向导	
资产类别编码方式:	2112
固定资产编码方式:	自动编码(类别编码+部门编号+序号);序号长度:3
固定资产对账科目:	固定资产 1601
累计折旧对账科目:	累计折旧 1602
其他:	与财务系统进行对账

3. 选项

业务发生后立即制单

月末结账前一定完成制单登账业务

固定资产缺省入账科目:固定资产 1601

累计折旧缺省入账科目:累计折旧 1602

固定资产减值准备缺省入账科目:固定资产减值准备 1603

增值税进项税额缺省入账科目:进项税额 22210101

固定资产清理缺省入账科目:固定资产清理 1606

4. 部门对应折旧科目:

总经理办公室:管理费用——折旧费

财务部、人事部:管理费用——折旧费

销售一、二部:营业费用——折旧费

生产部:制造费用——折旧费

采购部:管理费用——折旧费

5. 资产类别:01 房屋及建筑物、02 设备、021 工程设备、022 办公设备

6. 增减方式:

直接购入:100201 工行银行

投资者投入:4001 实收资本

出售:1606 固定资产清理

盘亏:1606 固定资产清理

7. 使用状况:采用系统默认

8. 折旧方法:采用系统默认

(二)录入原始卡片

1. 资产名称:办公楼

资产类别:房屋及建筑物

增减方式:投资者投入

使用状况:在用

原值:2 700 000 元

累计折旧:16 200 元

开始使用日期:2011—05—01

使用部门:多部门——总经理办公室 20% 、人事部 20%、采购部 30%、销售一部 15%、销售二部 15%

使用年限:30 年

2. 资产名称:IBM 笔记本

资产类别:设备——办公设备

增减方式:直接购入

使用状况:在用

原值:11 000 元

累计折旧:700 元

开始使用日期:2014—09—10

使用部门:单部门——人事部

使用年限:5 年

(三)日常业务

1. 资产增加:

(1)资产名称:轿车。

资产类别:设备——办公设备

增减方式:直接投入

使用状况:在用

原值:190 000 元

累计折旧:空

开始使用日期:不变

使用部门:单部门——总经理办公室

使用年限:10 年

(2)资产名称:打印机。

资产类别:设备——办公设备

增减方式:直接购入

使用状况:在用

原值:4 000 元

累计折旧:空

开始使用日期:不变

使用部门:多部门——人事部 50%;销售一部 10%;销售二部 10%;采购部 30%

使用年限:5 年

2. 卡片管理:查询在役资产

计提本月折旧:查看折旧清单

资产减少:轿车清理收入——150 000 元,减少原因——出售

卡片管理:查询已减少资产

批量制单:全部制单(共四笔业务)

对账:(此步骤可不做)

月末结账:

3. 账表:查询“固定资产统计表”

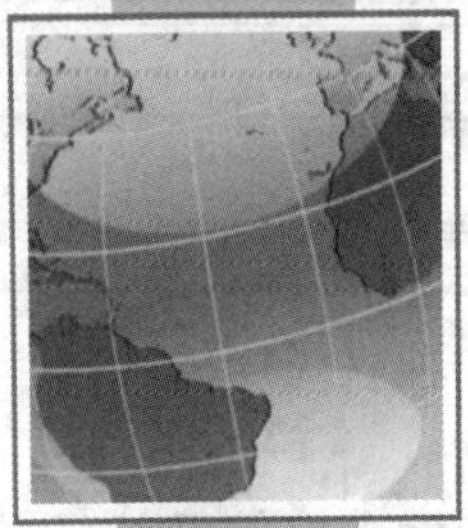

第十一章 库存管理和存货核算子系统应用

一、填空题

1. 库存管理和存货核算子系统有三种应用模式：__________、__________、__________。

2. 库存管理子系统的主要内容有：__________、__________和库存账簿及统计分析。

3. 存货核算子系统日常业务处理的主要内容有：__________、__________、调整业务、__________。

4. 存货核算子系统的期末业务处理的主要内容有：月末处理、__________、__________。

二、单选题

1. 在下列选项中，不属于库存管理和存货核算子系统的应用模式是(　　)。

A. 集成应用模式　　B. 集合应用模式

C. 联合应用模式　　D. 独立应用模式

2. 在下列选项中，不属于库存管理子系统主要内容的是(　　)。

A. 期初库存　　B. 日常收发存业务处理

C. 库存控制　　D. 库存账簿及统计分析

3. 在下列选项中，不属于存货核算子系统的期末业务处理主要内容的是(　　)。

A. 月末处理　　B. 与总账对账　　C. 与仓库对账　　D. 期末结账

三、多选题

1. 在下列选项中，库存管理和存货核算子系统的应用模式为(　　)。

A. 集成应用模式　　B. 集合应用模式

C. 联合应用模式　　D. 独立应用模式

2. 在下列选项中，库存管理子系统的主要内容有(　　)。

A. 期初库存　　B. 日常收发存业务处理

C. 库存控制　　D. 库存账簿及统计分析

3. 在下列选项中，存货核算子系统日常业务处理的主要内容有(　　)。

A. 入库业务　　B. 出库业务　　C. 调整业务　　D. 生成凭证

4. 在下列选项中，存货核算子系统的期末业务处理的主要内容有(　　)。

A. 月末处理　　B. 与总账对账　　C. 与仓库对账　　D. 期末结账

四、判断题

1. 库存管理和存货核算子系统应用有两种应用模式：联合应用模式和独立应用模式。(　　)

2. 库存管理子系统的主要内容有：日常收发存业务处理、库存控制和库存账簿及统计分析。(　　)

3. 存货核算子系统日常业务处理的主要内容有：入库业务、出库业务和生成凭证。(　　)

4. 存货核算子系统的期末业务处理的主要内容有：月末处理、与总账对账和期末结账。(　　)

五、绘图题

1. 请绘制库存管理子系统与其他子系统的数据关系图。

2. 请绘制产成品入库的业务处理流程图。

3. 请绘制存货核算子系统与其他系统的数据关系图。

【实验一】库存管理基本内容实验及实验向导

库存管理业务1

业务内容：12月3日，制造部，从材料库领用20吨铜版纸用于生产普通打印纸——A4。

业务类型：材料出库业务。

实验向导：

(1)在库存管理子系统中录入材料出库单并审核。

(2)在存货核算子系统中对材料出库单记账。

(3)在存货核算子系统中生成凭证。

库存管理业务2

业务内容：12月5日，销售一部从制造部调拨普通打印纸——A4(批号5768)和凭证套打纸——8X(批号5903)各500箱。

业务类型：库存调拨——部门调拨。

实验向导：

(1)在库存管理子系统中填制调拨单。

(2)在库存管理子系统中对调拨单生成的其他出入库单进行审核。

(3)在存货核算子系统中对其他出入库单记账。

库存管理业务3

业务内容：12月9日，销售二部收到赠品——联想17英寸显示器一台，单价2 200元。

业务类型：其他入库——赠品入库。

实验向导：

(1)在库存管理子系统中录入其他入库单并审核。

(2)在存货核算子系统中输入其他入库单存货单价“2 200”。

(3)在存货核算子系统中对其他入库单记账。(略)

(4)在存货核算子系统中生成凭证。

库存管理业务 4

业务内容:12 月 10 日,销售二部收到北京联想分公司提供的联想天鹤 PⅢ/500,计 20 台,暂估价为 9 699 元,入硬件库。

业务类型:采购入库——暂估入库。

说明:

(1)如果同时启用了采购管理、库存管理、存货核算,则应在采购管理系统中录入采购入库单,不能从库存管理子系统中录入。因此,本业务在库存中不做处理。

(2)如果同时启用了库存管理、存货核算,则在库存管理子系统中录入采购入库单。

(3)如果只启用了存货核算子系统,则在存货核算子系统填制采购入库单。

库存管理业务 5

业务内容:12 月 12 日,收到制造车间普通打印纸——A4(批次 6001),计 100 箱,验收入产品库。

业务类型:产成品入库。

实验向导:

(1)在库存管理子系统中录入产成品入库单并审核。

(2)在存货核算子系统中录入生产总成本。

(3)在存货核算子系统中对产成品入库单记账。(略)

(4)在存货核算子系统中生成凭证(项目:普通打印纸——A4)。(略)

库存管理业务 6

业务内容:12 月 15 日,销售一部,领取样品普通打印纸——A4(批号 6001)和凭证套打纸——8X(批号 5903)各 1 箱。

业务类型:其他出库——样品出库。

实验向导:

(1)在库存管理子系统中录入其他出库单并审核。

(2)在存货核算子系统中对其他出库单记账。(略)

(3)在存货核算子系统中生成凭证(填入对方科目:5501 营业费用)。(略)

库存管理业务 7

业务内容:12 月 20 日,销售二部,向天津海达公司销售联想 17 英寸显示器一台,单价 2 500 元。

业务类型:销售出库。

说明:

(1)如果同时启用了销售管理、库存管理、存货核算,则应在销售管理系统中录入销售出库单,不能从库存管理子系统中录入。因此,本业务在库存中不做处理。

(2)如果同时启用了库存管理、存货核算,则在库存管理子系统中录入销售出库单。

(3)如果只启用了存货核算子系统,则在存货核算子系统填制销售出库单。

库存管理业务 8

业务内容:12 月 24 日,销售二部组装了 51 套联想天禧套装。

业务类型:组装业务。

实验向导:

(1)在库存管理子系统中录入组装单。

(2)在库存管理子系统中对组装单生成的其他入库单、其他出库单进行审核。(略)

(3)在存货核算子系统中修改其他入库单单价。(略)

(4)在存货核算子系统中对其他入库单、其他出库单记账。(略)

库存管理业务 9

业务内容:12 月 31 日,配套用品库进行盘点,“管理革命”实际库存 998 张,星光灿烂实际库存 1 100 张。

业务类型:盘点业务。

实验向导:

(1)在库存管理子系统中增加盘点单。

(2)在库存管理子系统中对盘点单生成的其他入库单、其他出库单进行审核。(略)

(3)在存货核算子系统中输入盘盈入库存货“星光灿烂”的入库单价“38”。(略)

(4)在存货核算子系统中对其他入库单、其他出库单进行记账。(略)

(5)在存货核算子系统中生成凭证。(略)

【实验二】存货核算基本内容实验及实验向导

存货核算业务 1

业务内容:12 月 8 日,收到北京联想分公司提供的 17 英寸显示器 30 台,商品已验收入硬件库,并收到专用发票一张,票号为 AS8751,单价 2 200 元,总金额 77 220 元,已用转账支票(支票号 2356)支付,银行账号:8316587962。

实验向导:见采购业务。

存货核算业务 2

业务内容:12 月 10 日,销售四部向北京世纪学校出售管理革命光盘 1 000 张,单价为 98 元,由配套用品库发货,给予 9 折的折扣。同时开具销售普通发票一张,票号为 48701,款未收。

实验向导:见销售业务。

存货核算业务 3

业务内容:12 月 20 日,将 12 月 8 日发生的采购联想显示器的入库成本增加 1 000 元。

业务类型:调整业务——入库调整

实验向导:

(1)在存货核算子系统中录入调整单据。

(2)在存货核算子系统中生成入库调整凭证。

存货核算业务 4

业务内容:12 月 10 日,销售二部收到北京联想分公司提供的联想天鹤 PⅢ/500,计 20 台,暂估价为 9 699 元,入硬件库。

业务类型:调整业务——出库调整

实验向导：

(1)在存货核算子系统中录入调整单据。

(2)在存货核算子系统中生成出库调整凭证。(略)

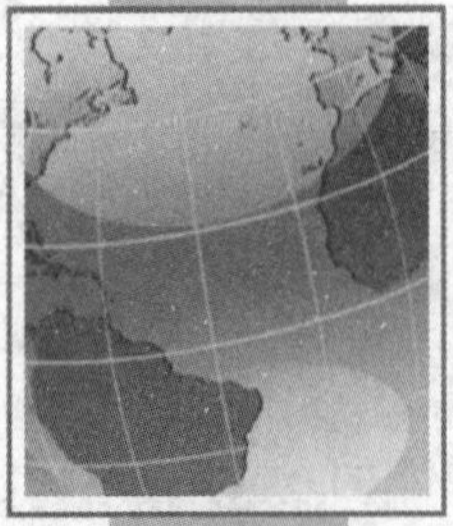

第十二章 供应链、采购及应付款管理子系统应用

一、填空题

1. 供应链管理子系统的应用，从根本上解决了将______与______割裂开的做法。

2. 应付账款核算有______和______两种模型。用户必须选择其中一种方式，缺省系统选择______方式。

3. 控制科目设置有______、______和按地区分类三种依据。

4. 采购业务流程的常用种类有三种：______业务流程、______业务流程和______业务流程。

5. 对于工业企业，采购入库单一般指______时所填制的入库单据。对于商业企业，采购入库单一般指______时所填制的入库单据。

6. 采购发票按业务性质分为：______、______。

7. 采购发票按发票类型分为：______、______、______。

8. 核销就是指确定付款单与______、______之间对应关系的操作。

9. 红票对冲的方式有______和______。

10. 当月月底结束时，于每月自然月______，在______的月末结账的前提下可以进行______结账，再有新业务则为下月单据。

二、单选题

1. 从物流上看业务处理流程，入库业务的入口是(　　)。

A. 出库单　　B. 入库单　　C. 发货单　　D. 收货单

2. 在应付款管理子系统中，期初数据必须是账套(　　)。

A. 启用会计期间前的数据　　B. 启用会计期间中的数据

C. 启用会计期间后的数据　　D. 年初数据

3.(　　)是指提前支付的供应商款项，在系统中以付款单的形式列示。

A. 期初发票　　B. 期初预付单　　C. 期初应付单　　D. 期初票据

4. 采购业务流程中，最简单的组合是(　　)。

A. 采购业务流程的组合 1　　　　B. 采购业务流程的组合 2
C. 采购业务流程的组合 3　　　　D. 采购业务流程的组合 4

5. 采购业务处理的起点是(　　)。

A. 采购订单　　B. 采购到货单　　C. 采购请购　　D. 采购入库单

三、多选题

1. 一般企业的供应链子系统主要应用的是(　　)子系统。

A. 采购管理　　B. 销售管理　　C. 库存管理　　D. 存货核算

2. 控制科目设置的依据有(　　)。

A. 按供应商分类　　B. 按供应商
C. 按存货分类　　D. 按地区分类

3. 如果你单独使用应付款管理子系统,则发票类型只包括(　　)两种。

A. 采购专用发票　　B. 废旧物资收购凭证
C. 运费发票　　D. 普通发票

4. 在采购管理业务处理中,财务人员应进行的采购管理的相应业务工作是(　　)。

A. 采购入库单记账　　B. 采购请购
C. 采购入库单生成凭证　　D. 月末结账

四、判断题

1. 企业若有外币采购业务,选中此项,可进行相关的外币业务处理。选定后,不能修改。(　　)

2. 首次使用销售管理子系统处理日常销售业务之前,必须把系统启用之前发生而未处理完的单据,通过期初单据录入功能输入系统。(　　)

3. 期初发货单的增、删、改及审核的操作,只能在第一个业务期间月末结账之前进行。(　　)

4. 在应付款核算中,如果业务量大,且需要记录发票、付款、核销、票据管理等详细过程的单位,可直接在“总账子系统”中将供应商设为明细科目核算。(　　)

5. 在账套使用过程中,可以随时将选项从按单据日期改为按业务日期。(　　)

6. 如果选择了进行远程应用,必须在此填上远程标识号,远程标识号必须为三位 001—999。(　　)

7. 如果选择月结前全部生成凭证,则没有完全制单,不可以结账。(　　)

8. 按产品科目设置依据有两种,即按存货分类和按存货设置存货采购科目。(　　)

9. 当你进入第二年度处理时,系统不会将上年度未处理完全的单据转成为下一年度的期初余额。(　　)

10. 上年结转下来的期初单据可以删除,并且允许修改。(　　)

【实验一】

一、目的与要求

掌握企业在进行期初建账时，如何进行核算体系的建立及各项基础档案的设置(系统初始化一)。

二、实验内容

(一)核算体系的建立

具体内容参见第七章实验二，已完成。

(二)各系统的启用

具体内容参见第七章实验二，已完成。

(三)定义各项基础档案

可通过企业应用平台中的基础信息，选择“基础档案”，来增设下列档案。

1. 定义部门档案。

2. 定义职员档案。

3. 定义客户分类。

4. 定义客户档案。

5. 定义供应商分类。

6. 定义供应商档案。

以上 6 项的具体内容参见第七章实验二，已完成。

7. 定义存货分类。

原材料(YL)——芯片(YL01)、硬盘(YL02)、显示器(YL03)、键盘(YL04)、鼠标(YL05)；

产成品(CP)——计算机(CP01)；

外购商品(WG)——打印机(WG01)、传真机(WG02)；

应税劳务(LW)——运输费(LW01)。

8. 定义计量单位。

操作向导：(1)分组 YZ 第一组；(2)组内增加四个计量单位。

计量单位编号	计量单位名称	所属计量单位组	计量单位组类别
01	盒	无换算关系	无换算
02	台	无换算关系	无换算
03	只	无换算关系	无换算
04	千米	无换算关系	无换算

9. 定义存货档案。

存货编码	存货名称	所属类别	计量单位	税率	存货属性
001	PⅢ芯片	芯片	盒	17	外购,生产耗用,
002	40G硬盘	硬盘	盒	17	外购,生产耗用,销售
003	17英寸显示器	显示器	台	17	外购,生产耗用,销售
004	键盘	键盘	只	17	外购,生产耗用,销售
005	鼠标	鼠标	只	17	外购,生产耗用,销售
006	计算机	计算机	台	17	自制,销售
007	1600K打印机	打印机	台	17	外购,销售
008	运输费	应税劳务	千米	7	外购,销售,应税劳务

10. 设置会计科目:具体内容参见第七章实验二,已完成。
应收账款、预收账款设为“客户往来”;
应付账款、预付账款设为“供应商往来”。
11. 选择凭证类别:具体内容参见第七章实验二,已完成。
12. 定义结算方式:具体内容参见第七章实验二,已完成。
13. 定义本企业开户银行:工行(GH)淮海路分理处,账号为76584898。
14. 定义仓库档案。
操作路径:“基础设置——基础档案—业务——仓库档案”。

仓库编码	仓库名称	计价方式
001	原料仓库	移动平均
002	成品仓库	移动平均
003	外购品仓库	全月平均

15. 定义收发类别
操作路径:“基础设置——基础档案—业务——收发类别”。
正常入库(ZR)——采购入库(ZRCG)、产成品入库(ZRCP)、调拨入库(ZRDB);
非正常入库(FR)——盘盈入库(FRPY)、其他入库(FRQT);
正常出库(ZC)——销售出库(ZCXS)、生产领用(ZCSC)、调拨出库(ZCDB);
非正常出库(FC)——盘亏出库(FCPK)、其他出库(FCQT)。
16. 定义采购类型:普通采购(PT),入库类别为“采购入库”。
操作路径:“基础设置——基础档案—业务——采购类型”。
17. 定义销售类型:经销(JX)、代销(DX),出库类别均为“销售出库”。
操作路径:“基础设置——基础档案—业务——销售类型”。

【实验二】

一、目的与要求

掌握企业为了在将来的业务处理时，能够由系统自动生成有关的凭证。在进行期初建账时，应如何设置相关业务的入账科目。以及如何把原来手工做账时所涉及的各业务的期末余额录入至系统当中。（系统初始化二）

二、实验内容

（一）设置基础科目

1. 根据存货大类分别设置存货科目

操作向导：在存货核算中，进入系统菜单、初始设置、科目设置，选择存货科目。

存货分类	对应科目
原材料	原材料（1211）
产成品	库存商品（1243）
外购商品	库存商品（1243）

2. 根据收发类别确定各存货的对方科目

操作向导：在存货核算中进入科目设置，选择对方科目。

收发类别	对方科目	暂估科目
采购入库	物资采购（1201）	应付暂估款（2152）
产成品入库	基本生产成本（410101）	
盘盈入库	待处理流动财产损益（191101）	
销售出库	主营业务成本（5401）	

3. 设置应收款管理中的常用科目

操作向导：在应收款管理中，进入“设置——初始设置”。

（1）基本科目设置：应收为1131，预收科目为2131，销售收入科目为5101，税金科目（应交增值税）为21710105。

（2）结算方式科目设置：现金结算对应1001，支票结算对应1002，汇票结算对应1002。

（3）调整应收款管理的选项：将坏账处理方式设置为“应收余额百分比法”。

操作向导：设置——选项——编辑。

（4）设置坏账准备期初：坏账准备科目为1141，期初余额为10 000元，提取比率为0.5%。

操作向导：设置——初始设置——坏账准备设置。

4. 设置应付款管理中的常用科目

操作向导：在应付款管理中，进入“设置——初始设置”。

（1）基本科目设置：应付为2121，预付科目为1151，采购科目为1201，税金科目（应交增值税)为 21710101。

(2)结算方式科目设置:现金结算对应 1001,支票结算对应 1002,汇票结算对应 1002。

(二)期初余额的整理录入

1. 录入总账系统各科目的期初余额

科目编码	科目名称	方向	期初余额
1131	应收账款	借	25 000
1141	坏账准备	贷	10 000
1211	原材料	借	1 004 000
1243	库存商品	借	2 544 000
2121	应付账款	贷	5 000
2152	应付暂估款	贷	80 000
3131	本年利润	贷	3 478 000

说明:应收账款的单位为华宏公司,应付账款的单位为兴华公司。

2. 期初货到票未到数的录入

2019.12.25,收到兴华公司提供的 40G 硬盘 100 盒,单价为 800 元,商品已验收入原料仓库,至今尚未收到发票。

操作向导:

(1)启动采购管理子系统(采购入库、采购入库单、增加),录入采购入库单;

(2)进行期初记账(设置、采购期初记账)。

3. 期初发货单的录入

2019.12.28,业务一部向昌新贸易公司出售计算机 10 台,报价为 6 500 元,由成品仓库发货。该发货单尚未开票。

操作向导:启动销售管理(设置、期初录入、期初发货单),录入并审核期初发货单。

4. 进入存货核算系统,录入各仓库期初余额

仓库名称	存货名称	数量	结存单价
原料仓库	PⅢ芯片	700	1 200
	40G 硬盘	200	820
成品仓库	计算机	380	4 800
外购品仓库	1600K 打印机	400	1 800

操作向导:

(1)启动存货核算(初始设置、期初数据、期初余额),录入期初余额;

(2)进行期初记账(注:录入期初余额后,即可用本窗口的[记账]按钮记账);

(3)进行对账。

5. 进入库存管理系统,录入各仓库期初库存

仓库名称	存货名称	数量
原料仓库	PⅢ芯片	700
	40G 硬盘	200
成品仓库	计算机	380
外购品仓库	1600K 打印机	400

操作向导:启动库存管理,录入并审核期初结存(可通过取数功能录入)。

(选仓库编码、修改、取数、保存、逐一审核)

与存货核算进行对账(在录入的窗口中点击[对账]按钮)。

6. 应收款期初余额的录入及对账

应收账款科目的期初余额中涉及华宏公司的余额为 25 000 元。(以应收单形式录入)

操作向导:启动应收款管理,录入期初余额(设置、期初余额、选"应收单"、增加,录入后刷新)。

与总账系统进行对账(账表管理——业务账表——与总账对账)。

7. 应付款期初余额的录入及对账

应付账款科目的期初余额中涉及兴华公司的余额为 5 000 元。(以应付单形式录入)

操作向导:启动应付款管理,录入期初余额(设置——期初余额、选"应付单"、增加,单据名称选"应付单",录入后刷新)。

与总账系统进行对账(账表管理——业务账表——与总账对账)。

【实验三】

一、目的与要求

掌握企业在日常业务中如何通过软件来处理采购入库业务及相关账表查询。

二、实验内容

业务一:

1. 2019.12.01,业务员李平向建昌公司询问键盘的价格(95 元/只),觉得价格合适,随后向公司上级主管提出请购要求,请购数量为 300 只。业务员据此填制请购单。

2. 2019.12.02,上级主管同意向建昌公司订购键盘 300 只,单价为 95 元,要求到货日期为 2019 年 12 月 3 日。

3. 2019.12.03,收到所订购的键盘 300 只。填制到货单。

4. 2019.12.03,将所收到的货物验收入原材料仓库。填制采购入库单。

5. 当天收到该笔货物的专用发票一张。

6. 业务部门将采购发票交给财务部门,财务部门确认此业务所涉及的应付账款及采购成本。

操作向导:

(1)在采购管理子系统中,填制并审核请购单(请购——请购单)。

(2)在采购管理子系统中,填制并审核采购订单(采购订货——采购订单)。

(3)在采购管理子系统中,填制到货单(采购到货——到货单)。

(4)启动库存管理,填制并审核采购入库单。

(5)在采购管理子系统中,填制采购发票,用支票付款(注意,区别不含税单价和税款)。

(6)在采购管理子系统中,采购结算(自动结算)。

(7)在应付款管理中,审核采购发票(应付票据处理——应付票据审核)。

(8)在存货核算中,进行入库单记账[业务核算——正常单据记账——选仓库——选单据类型(采购入库单)、记账]。

(9)在存货核算中,生成入库凭证(财务核算——生成凭证)。

(10)账表查询:

①在采购管理子系统中,订单执行情况统计表(采购订货、采购订单执行统计表)。

②在采购管理子系统中,到货明细表(报表——统计表——到货明细表)。

③在采购管理子系统中,入库明细表(报表——统计表——入库明细表)。

④在采购管理子系统中,采购明细表(报表——统计表——采购明细表)。

⑤在库存管理中,库存台账(报表——库存账——库存台账)。

⑥在存货核算中,收发存汇总表(账表——汇总账——收发存汇总表)。

业务二:

2019.12.05,向建昌公司购买鼠标300只,单价为50元/只,验收入原料仓库。同时收到专用发票一张,票号为85011(现付时填入),立即以支票形式支付货款。

操作向导:

(1)启动库存管理,填制并审核采购入库单。

(2)在采购管理子系统中,填制采购专用发票("采购发票——专用采购发票"),并做现结处理。

(3)在采购管理子系统中,采购结算(自动结算)。

业务三:

2019.12.01,向建昌公司购买硬盘200只,单价为800元/盒,验收入原料仓库。同时收到专用发票一张,票号为85012。另外,在采购的过程中,发生了一笔运输费200元,税率为7%,收到相应的运费发票一张,票号为5678。

操作向导:

(1)启动库存管理,填制并审核采购入库单。

(2)在采购管理子系统中,填制专用采购发票,用支票付款。

(3)在采购管理子系统中,填制运费发票,并做现结处理。

(4)在采购管理子系统中,采购结算(手工结算)。

(先进行费用分摊,然后:选单、过滤、刷入、刷票、选定票单、结算。)

业务四:

2019.12.05,业务员李平想购买100只鼠标,提出请购要求,经同意填制并审核请购单。

根据以往的资料得知提供鼠标的供应商有两家,分别为兴华公司和建昌公司,它们的报价分别为35元/只和40元/只。通过比价,决定向兴华公司订购,要求到货日期为2019年12月8日。

操作向导：

(1)在采购管理子系统中，定义供应商存货对照表(供应商管理——供应商供货信息——供应商存货对照表)。

(2)在采购管理子系统中，填制并审核请购单。注意：要输“计划到货日期”(采购定单中最后一项)。

(3)在采购管理子系统中，执行请购比价生成订单功能。

(采购订货、请购比价生单、过滤、选择请购单，生单、审核)假定，2019年12月1日尚未收到该货物，向兴华公司发出催货函(供应商管理——供应商催货函)。

在采购管理子系统中，查询供应商催货函(供应商管理——供应商催货函)。

业务五：

2019.12.09，收到兴华公司提供的上月已验收入库的100盒40G硬盘的专用发票一张，票号为48210，发票单价为800元。

操作向导：

(1)在采购管理子系统中，填制采购发票(可拷贝采购入库单)，用支票付款。

(2)在采购管理子系统中，执行采购结算(手工结算)(过滤，时间2019.12.25—2019.12.31)。

(3)在存货核算中，执行结算成本处理(业务核算——结算成本处理)。

(4)在存货核算中，生成凭证(红冲单，蓝冲单)(财务核算——生成凭证)。

(5)在采购管理子系统中，查询暂估入库余额表(报表—采购账簿在途货物余额表)。

业务六：

2019.12.28，收到艾德公司提供的打印机100台，入外购品仓库。(发票尚未收到)

由于到了月底发票仍未收到，故确认该批货物的暂估成本为6 500元。

操作向导：

(1)在库存管理中，填制并审核采购入库单。

(2)在存货核算中，录入暂估入库成本(日常业务、在采购入库单中加暂估成本)。

(3)在存货核算中，执行正常单据记账[业务核算、正常单据记账、选择(包含……)]。

(4)在存货核算中，生成凭证(暂估记账)。

业务七：

2019.12.10，收到建昌公司提供的17英寸显示器，数量202套，单价为1 150元。验收入原料仓库。

2019.12.11，仓库反映有2台显示器有质量问题，要求退回给供应商。

2019.12.11，收到建昌公司开具的专用发票一张，票号为AS4408。

操作向导：

(1)收到货物时，在库存管理中填制入库单。

(2)退货时，在库存管理中填制红字入库单(在“采购入库单”的增加下方选“回冲”)。

(3)收到发票时，在采购管理子系统中填制采购发票。

(4)在采购管理子系统中，执行采购结算(手工结算)。

业务八：

2019.12.15，从建昌公司购入的键盘质量有问题，退回2只，单价为95元，同时收到票号为665218的红字专用发票一张。

操作向导：

(1)退货时，在库存管理中填制红字入库单。

(2)收到退货发票时，在采购管理子系统中填制采购发票(填红字专用采购发票)。

(3)在采购管理子系统中，执行采购结算(自动结算)。

【实验四】

一、目的与要求

掌握企业在日常业务中如何通过软件来处理各种其他业务及相关账表查询。

二、实验内容

业务一：直运业务

1.2019.12.25，业务一部接到业务信息，精益公司想购买服务器一台。经协商以单价为100 000元成交，增值税率为17%。随后，业务一部填制相应销售订单。

2.2019.12.26，业务一部经联系以90 000元的价格向艾德公司发出采购订单，并要求对方直接将货物送到精益公司。

3.2019.12.27，货物送至精益公司，艾德公司凭送货签收单根据订单开具了一张专用发票给业务一部。

4.2019.12.28，业务一部根据销售订单开具专用发票一张。

5.业务一部将此业务的采购、销售发票交给财务部。财务部结转此业务的收入及成本。

操作向导：

(1)在销售管理中，调整有关选项：将"是否有直运业务"选项置上对勾标记。

(2)在销售管理中，定义存货档案(该存货应有销售、外购属性)。

(3)在销售管理中，填制并审核销售订单(销售订货——销售订单)。

(4)在采购管理子系统中，填制并审核采购订单(采购订货——采购订单)。

(5)在采购管理子系统中，填制采购发票。

(6)在应付款管理中，审核采购发票(在确定筛选条件时，应包含"未完全报销发票")(业务类型选直运销售，应付、日常处理、应付票据处理、应付票据审核)。

(7)在销售管理中，填制并复核销售发票(销售开票——销售专用发票，只能逐笔填)。

(8)在存货核算中，执行直运商品记账(业务核算——直运销售记账)。

(9)在存货核算中，查询存货明细账(只需选"直运")。

业务二：产成品入库

2019.12.15，成品仓库收到当月加工的10台计算机，作为产成品入库。

2019.12.16，成品仓库收到当月加工的20台计算机，作为产成品入库。

随后收到财务部门提供的完工产品成本，其中计算机的总成本144 000元，立即做成本分配。

操作向导：

(1)在库存管理中，填制并审核产成品入库单。

(2)在库存管理中，查询收发存汇总表。

(3)在存货核算中,进行产成品成本分配。

(4)在存货核算中,执行单据记账。

业务三:材料领用

2019.12.15,一车间向原料仓库领用PⅢ芯片100盒、40G硬盘100只,用于生产。

操作向导:

在库存管理中,填制并审核材料出库单(建议单据中的单价为空)。

业务四:出入库跟踪

有一存货"256M内存条",在库存管理时,需要对每一笔入库的出库情况做详细的统计。

1.2019.12.10,业务一部向建昌公司购进80根256兆内存条,单价为300元。物品入原料仓库。

2.2019.12.12,业务二部向建昌公司购进100根256兆内存条,单价为295元。物品入原料仓库。

3.2019.12.12,收到上述两笔入库的专用发票一张,票号为45601。

4.2019.12.25,二车间向原料仓库领用50根256兆内存条,用于生产。

操作向导:

(1)在库存管理系统中,定义该存货的档案(应选择"出库跟踪入库"选项)。

(2)在库存管理系统中,对材料出库单进行单据设计(增设"入库单号"栏)。

(3)在库存管理系统中,填制两张采购入库单。

(4)在采购管理系统中,填制采购发票。

(5)在库存管理系统中,进行采购结算。

(6)在库存管理系统中,填制出库单。

(7)在库存管理系统中,查询入库跟踪表。

业务五:调拨业务

2019.12.20,将原料仓库中的50只键盘调拨到外购品仓库。

操作向导:

(1)在库存管理系统中,填制并审核调拨单。

(2)在库存管理系统中,审核其他入库单。

(3)在库存管理系统中,审核其他出库单。

(4)在存货核算系统中,执行特殊单据记账。

业务六:盘点预警

根据上级主管要求,键盘应在每周二进行盘点一次。如果周二未进行盘点,需进行提示。

操作向导:

(1)在库存管理中,进行选项设置。

(2)在库存管理中,修改存货档案,设定上次盘点时间,盘点周期。

(3)假定周二未对该存货进行盘点,将业务日期调整为周三,进入库存管理时,系统会进行相应提示。

业务七:盘点业务

2019.12.25,对原料仓库的所有存货进行盘点。

盘点后,发现键盘多出一个。经确认,该键盘的成本为80元/只。

操作向导:

(1)盘点前:在库存管理系统中,填制盘点单。

(2)盘点后:①在库存管理系统中修改盘点单,录入盘点数量,确定盘点金额。②在库存管理系统中,审核盘点单。③在存货核算系统中,对出入库单进行记账。

业务八:假退料

2019.12.30,根据生产部门的统计,有20只硬盘当月尚未耗用完。先做假退料处理,下个月再继续使用。

操作向导:

(1)在存货核算中,填制假退料单。

(2)在存货核算中,进行单据记账。

(3)在存货核算中,查询明细账。

注:当月末结账后,可再重新查询明细账。

【实验五】

一、目的与要求

掌握企业在日常业务中如何通过软件来处理各种往来业务及相关账表查询。

二、实验内容

(一)应付款的确认

将上述采购业务中所涉及的采购发票进行审核。财务部门据此结转各项成本。

操作向导:

(1)在应付款管理中,进入“付款单据处理——付款单据审核”。

(2)根据发票生成凭证:在应付款管理中,进入“制单处理”,选择“发票制单”(生成凭证时可做合并制单)。

(二)付款结算

1.2019.12.26,以支票方式支付给兴华公司货款76 752元

操作向导:

(1)录入付款单:在应付款管理中,进入“付款单据处理——付款单据录入”(注意:款项类型为“应付款”)。

(2)审核付款单:在应付款管理中,进入“付款单据处理——付款单据审核”。

(3)核销应付款:在应付款管理中,进入“核销处理——手工核销”。

2. 查询业务明细账

3. 查询付款预测

(三)转账处理

红票对冲:将建昌公司的一张红字发票与其一张蓝字销售发票进行对冲。

操作向导:在应付款管理中,进入“日常处理”—“转账”—“红票对冲”—“手工对冲”。

(四)财务核算

将上述业务中未生成凭证的单据生成相应的凭证。

操作向导:在应付款管理中,进入“制单处理”。

(1)发票制单。

(2)结算单制单。

(3)现结制单。

【实验六】

一、目的与要求

掌握企业在日常业务中如何通过软件进行各出入库成本的计算及月底如何做好月末结账工作。

二、实验内容

(一)单据记账

将上述各出入库业务中所涉及的入库单和出库单进行记账。

1. 调拨单进行记账(如果调拨单未记账,则需要进行此项操作)

操作向导:在存货核算中,进入"业务核算——特殊单据记账"。

2. 正常单据记账:将采购、销售业务所涉及的入库单、出库单进行记账。

操作向导:在存货核算中,进入"业务核算——正常单据记账"。

(二)财务核算

1. 根据上述业务中所涉及的采购入库单编制相应凭证

操作向导:在存货核算中,进入"财务核算——生成凭证",选择"采购入库单(报销)"生成相应凭证。

2. 查询凭证

操作向导:在存货核算中,进入"财务核算——凭证列表"。

(三)月末结账

1. 采购管理子系统的月末结账

操作向导:在采购管理子系统中,进入"月末结账"。

2. 销售管理的月末结账

操作向导:在销售管理中,进入"月末结账"。

3. 库存管理的月末结账

操作向导:在库存管理中,进入"业务核算——月末结账"。

4. 存货核算的月末处理

(1)各仓库的期末处理。

操作向导:在存货核算中,进入"业务核算——期末处理"。

(2)生成结转销售成本的凭证(如果计价方式为"全月平均")。

操作向导:在存货核算中,进入"财务核算——生成凭证",选择"销售出库单"。

(3)存货核算的月末结账。

操作向导:在存货核算中,进入"业务核算——月末结账"。

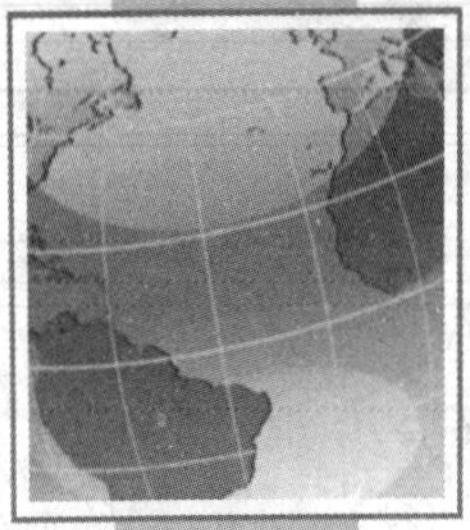

第十三章 销售与应收款管理子系统应用

一、填空题

1. 销售管理子系统主要与______、______、______和______等子系统关系密切。

2. 应收款管理子系统主要实现企业与客户______的核算与管理，系统提供了______和______两种应用方案。

3. 应收款管理子系统为______提供销售发票、销售调拨单的收款结算情况以及代垫费用的核销情况；应收款管理子系统向______传递凭证，并能够查询其所生成的凭证。

4. 在运行应收款管理子系统前，应设置应收款管理子系统运行所需要的______，以便系统根据所设定的参数进行相应的处理。

5. 应收款管理子系统提供了三种设置控制科目的依据，即______、______、和______。

6. 控制科目在应收款管理子系统中是指所有带有______的科目。

7. 销售开票是在销售过程中企业给客户开具销售发票及其所附清单的过程，它是______、______、______和______的依据，是销售业务的重要环节。

8. 通过查询销售管理子系统提供的销售明细表、销售统计表、余额表及销售分析表，实现对销售业务的______和______的管理。

9. 系统提供了两种汇兑损益的计算方式，即______计算和______计算。

10. 对于工业企业，销售出库单一般指______销售出库时所填制的出库单据。对于商业企业，销售出库单一般指______销售出库时所填制的出库单。

11. 当月月底结束时，于每月______，在______子系统的月末结账的前提下可以进行______子系统结账，再有新业务则为下月单据。

二、单选题

1. 直接转销法是指只在实际发生坏账时，才将坏账损失计入当期损益，同时冲销（　　）。

A. 应付账款　　B. 应收账款　　C. 坏账准备　　D. 资产减值准备

2. 在系统启用时或者还未进行任何业务时才允许进行选择设置和修改的选项是(　　)。

A. 应收账款核销方式　　B. 汇兑损益方式

C. 坏账处理方式　　D. 应收账款核算模型

3. 在非控科目制单中汇总制单方式的目的是(　　)。

A. 在总账子系统中能够根据客户来查询其详细信息

B. 在总账子系统中能查看到主要客户每笔业务的详细情况

C. 在总账子系统中也能查看到每个客户的每笔业务的详细情况

D. 精简总账中的数据,在总账子系统中只能查看到该科目的一个总的发生额

4. 销售管理的核心单据是(　　)。

A. 销售订单　　B. 发货单　　C. 出库单　　D. 销售发票

5. 为了将应收款业务在客户和供应商之间进行转账,实现应收业务的调整,解决应收债权与应付债务的冲抵,应进行的转账业务是(　　)。

A. 应收冲应收　　B. 预收冲应收　　C. 应收冲应付　　D. 红票对冲

6. 如果是采用延期付款方式进行销售,则需用户开具(　　)。

A. 商业汇票　　B. 银行汇票　　C. 支票　　D. 银行本票

7. 销售订货管理是由(　　)进行的管理工作。

A. 财务部门　　B. 采购部门　　C. 销售部门　　D. 人力资源部门

8. 如果企业收款时,没有指定具体是收取哪种存货的款项,则可以采用(　　)。

A. 按单据核销　　B. 按产品核销　　C. 按日期核销　　D. 按分类核销

9. 系统将满足条件的未结算单据全部列出,由用户选择要结算的单据,由系统依据所选择的单据进行核销的方式是(　　)。

A. 按单据核销　　B. 按存货核销　　C. 详细核销　　D. 简单核销

三、多选题

1. 应收款系统可以根据发生的应收业务情况,提供自动计提坏账准备的功能,可选的计提坏账准备处理方式包括(　　)。

A. 应收余额百分比法　　B. 销售收入百分比法

C. 账龄分析法　　D. 个别认定法

2. 在期末处理时进行出库成本核算的存货的计价方式是(　　)。

A. 全月平均　　B. 先进先出　　C. 移动平均　　D. 计划价/售价法

3. 在应收冲应收处理中可手工输入并账金额,金额(　　)。

A. 大于零　　B. 小于等于余额

C. 小于等于发生额　　D. 小于余额

四、判断题

1. 如果销售业务中应收账款业务并不十分复杂,或者现销业务很多,则可以选择“详细核算”应用方案。　　(　　)

2. 输入应收款管理子系统的期初数据时,单据日期必须小于该账套启用期间(第一年使用)或者该年度会计期初(以后年度使用)。　　(　　)

3. 销售订单对应于企业的销售合同中订货明细部分的内容，但不能完全代替销售合同。（　）

4. 无论是工业企业还是商业企业，销售订单都是销售管理的核心单据。（　）

5. 应收冲应付是指将一家客户的应收款转到另一家客户中。（　）

6. 对原始单据进行了审核、对收款单进行了核销等操作后，发现操作失误，可将其恢复到操作前的状态，进行修改。（　）

7. 发票和应收单的方向包括正向和负向，如果是预收款和应收票据，则不用选择方向。（　）

8. 单据中的科目栏目，用于输入该笔业务的入账科目，该科目可以为空。（　）

9. 先进先出法计价的存货在期末处理处进行出库成本核算。（　）

10. 销售管理系统产生的销售发票等应收单据将转到应收款管理子系统，并进行审核、结算和制单，生成凭证后，传递到总账系统。（　）

11. 销售发货业务主要包括两个方面的内容：先发货后开票、开票直接发货。（　）

12. 先发货后开票根据销售订单填制销售发票并审核。（　）

13. 与一般销售业务不同的是，在应收款管理子系统中根据销售调拨单生成的凭证不含税金。（　）

14. 对于单位价值较高的存货，企业可以采用按单据核销。（　）

【实验一】基础档案的设置和系统初始化

一、实验资料

参见第八章实验二。

二、实验要求

1. 定义操作员并分配操作员“销售管理”“库存管理”“存货核算”和“应收款管理”权限

2. 启用“销售管理”“库存管理”“存货核算”和“应收款管理”系统，启用日期为2019—12—01

3. 定义各项基础档案

(1)定义计量单位：01—无换算组。

编号	名称	所属计量单位组	计量单位组类别
01	台	无换算关系	无换算组

(2)定义存货分类：01 外购品。

(3)定义存货档案：

存货编码	存货名称	计量单位	存货属性	所属类别	税率
0001	电扇	台	内销/外销/外购	外购品	17
0002	空调	台	内销/外销/外购	外购品	17
0003	冰箱	台	内销/外销/外购	外购品	17

(4)定义仓库档案：

仓库编码	仓库名称	计价方式
1	电扇仓库	移动平均
2	空调仓库	移动平均
3	冰箱仓库	移动平均

(5)定义收发类别：

收/发	类别编码	类别名称
收	01	正常入库
	0101	采购入库
发	02	正常出库
	0201	销售出库

(6)定义销售类型：01 经销，02 代销。出库类别均为“销售出库”。

(7)设置会计科目：应收账款、预收账款设为“客户往来”；应付账款、预付账款设为“供应商往来”。

(8)选择凭证类别为“记账凭证”。

(9)定义结算方式：现金结算、支票结算、汇票结算。

4. 系统初始设置

(1)设置存货科目：外购品对应科目库存商品(1405)。

(2)设置收费类别为销售出库的对应科目是主营业务成本(6401)。

(3)设置应收系统中的常用科目。

①基本科目设置：应收科目为 1122，预收科目为 2203，销售收入科目为 6001，税金科目为 2203。

②结算方式科目设置：现金结算对应为 1001，支票结算对应为 1002，汇票结算对应为 1002。

③调整应收系统的选项：将坏账处理方式设置为“应收余额百分比法”。

④设置坏账准备期初：坏账准备科目为 1231，期初余额为 0 元，提取比率为 0.5。

5. 录入期初余额

(1)录入总账系统各科目的期初余额：

科目编码	科目名称	方向	期初余额
1002	银行存款	借	150 000
1405	库存商品	借	410 000
4103	本年利润	贷	560 000

(2)进入库存管理系统，录入各仓库期初库存：

仓库名称	存货名称	数量
电扇仓库	电扇	500
空调仓库	空调	50
冰箱仓库	冰箱	50

(3)进入存货核算系统，录入各仓库期初余额：

仓库名称	存货名称	数量	结存单价
电扇仓库	电扇	500	120
空调仓库	空调	50	3 000
冰箱仓库	冰箱	50	4 000

【实验一实验向导】

1. 用操作员 Admin 进入系统管理，点击“权限”→“权限”，选中操作员，点击修改，在“总账”“应收款管理”“销售管理”“库存管理”“存货核算”上打钩后点击保存

2. 用账套主管进入企业应用平台，点击“基础设置”→“基本信息”→“系统启用”，选中需要启用的系统，选中启用时间 2019－12－01

3. 定义各项基础档案

进入企业应用平台，点击“基础设置”→“基本档案”。

(1)点击“存货”→“计量单位”→“分组”→“增加”，输入计量单位组编码和计量单位组名称后保存。退出后选中该组，点击“单位”→“增加”，输入计量单位编码和计量单位名称。

(2)点击“存货”→“存货分类”→“增加”，输入分类编码和分类名称后保存。

(3)点击“存货”→“存货档案”→“增加”，输入存货编码和存货名称，选择存货分类、计量单位组、主计量单位以及存货属性，然后点击保存。

(4)点击“业务”→“仓库档案”→“增加”，输入仓库编码和仓库名称，选择计价方式，然后点击保存。

(5)点击“业务”→“收发类别”→“增加”，输入收发类别编码和收发类别名称，选择收发标志，然后点击保存。

(6)点击“业务”→“销售类型”→“增加”，输入销售类型编码和销售类型名称，选择出库类别，然后点击保存。

(7)点击“财务”→“会计科目”，选中需要设置的会计科目，点击修改，在“辅助核算”中选择“客户往来”或“供应商往来”，点击确定。

(8)点击“财务”→“凭证类别”，选中记账凭证。

(9)点击“收付结算”→“结算方式”→“增加”，输入结算方式编码和结算方式名称，然后点击保存。

4. 系统初始设置

(1)点击“供应链”→“存货核算”→“科目设置”→“存货科目”，点击增加，选择存货分类编码和存货科目编码后保存。

(2)点击"供应链"→"存货核算"→"科目设置"→"对方科目",点击增加,选择收发类别编码和对方科目编码后保存。

(3)点击"财务会计"→"应收款管理"→"设置"。

①点击"初始设置"→"设置科目"→"基本科目设置",点击增加,选择基础科目种类和科目后保存。

②点击"初始设置"→"设置科目"→"结算方式科目设置",点击增加,选择结算方式、币种和科目后保存。

③点击"选项"→"编辑",在"坏账处理方式"上选择"应收余额百分比法",点击确定后,重新登录企业应用平台。

④点击"初始设置"→"坏账准备设置",输入提取比率、坏账准备期初余额,选择坏账准备科目后点击确定。

5. 录入期初余额

(1)点击"财务会计"→"总账"→"设置"→"期初余额",输入期初余额并进行试算和对账后退出。

(2)点击"供应链"→"库存管理"→"初始设置"→"期初结存",选择仓库,点击修改,选择存货编码,输入数量,点击保存并审核。

(3)点击"供应链"→"存货核算"→"初始设置"→"期初数据"→"期初余额",选择仓库,点击增加,选择存货编码,输入数量和单价。还可以通过从取数功能录入,选择仓库,点击取数,输入单价。期初余额录入完成后,先进行库存与存货期初对账,然后进行期初记账(存货核算系统期初记账应在采购系统期初记账之后)。

【实验二】销售与应收款管理系统业务处理

一、实验资料

1. 参见实验一

2. 2019 年 12 月,东方股份有限公司共发生如下经济业务

2019 年 12 月 4 日,华宏公司想购买空调 30 台,向销售一部李慧平了解价格,销售一部报价为 3 800 元/台,填制并审核销售报价单。华宏公司了解情况后,订购空调 30 台,并要求 2019 年 12 月 7 日发货,填制并审核销售订单。2019 年 12 月 7 日,销售一部从空调仓库向华宏公司发出空调 30 台,每台 3 800 元,并根据此业务向华宏公司开出销售专用发票一张。销售一部将发票交给财务部门,财务部门结转该业务的收入和成本。

二、实验要求

利用"销售管理""库存管理""存货核算"和"应收款管理"系统,完成上述经济业务。

【实验二实验向导】

操作员:有权限进入"销售管理""库存管理""存货核算""应收款管理"。

(1)操作路径:"销售管理"→"销售报价"→"销售报价单",增加一张销售报价单,按照业务

内容填写报价单,填制完毕保存并审核。

(2)操作路径:“销售管理”→“销售订货”→“销售订单”,增加一张销售订单,单击“生单”→“报价”,出现订单参照报价单窗口,输入过滤条件,单击“确定”按钮,找到填写完毕的报价单,单击选择区域,选择完毕后,单击“确定”按钮,完成销售订单的录入,填制完毕保存并审核。

(3)操作路径:“销售管理”→“销售发货”→“发货单”,增加一张发货单,出现参照订单窗口,输入过滤条件,单击“确定”按钮,找到填写完毕的订单,单击选择区域选择订单,选择完毕后,单击“确定”按钮,选择空调仓库,完成发货单的录入,填制完毕保存并审核。

(4)操作路径:“销售管理”→“销售开票”→“销售专用发票”,增加一张销售专用发票,出现参照订单窗口,取消。单击“生单”→“参照发货单”,出现发票参照发货单窗口,输入过滤条件,单击“确定”按钮,找到填写完毕的发货单,单击选择区域选择订单,选择完毕后,单击“确定”按钮,完成销售发票的录入,填制完毕保存并复核。

(5)操作路径:先点击“库存管理”→“初始设置”→“选项”,在“库存生成销售出库单”处打勾。然后点击“库存管理”→“出库业务”→“销售出库单”,销售出库单会根据发货单由系统自动生成,进入销售出库单窗口后,可以找到需要审核的销售出库单,单击“审核”按钮,完成审核工作。

(6)操作路径:“存货核算”→“业务核算”→“正常单据记账”,设置好过滤条件,找到销售出库单,单击选择区域,再单击“记账”按钮。

(7)操作路径:“存货核算”→“财务核算”→“生成凭证”,单击“选择”按钮,设定好过滤条件,找到销售出库单,单击选择区域,打上选择标志,单击“确定”按钮,再单击“生成”按钮,生成出库单记账凭证,即结转销售成本的凭证。系统自动将本凭证传递到总账系统。

(8)操作路径:“应收款管理”→“应收票据处理”→“应收单据审核”。通过过滤条件的设定,找到已填制的销售发票,在窗口的选择区域双击,打上选定标志“Y”,再单击“审核”按钮完成审核。

(9)操作路径:“应收款管理”→“制单处理”。通过过滤条件的设定,找到已审核的销售发票,设定好凭证类别,单击“全选”按钮,再单击“制单”按钮,完成制单,生成销售收入凭证。

第十四章 报表管理子系统应用

一、填空题

1. 会计报表是根据日常会计核算资料定期编制的，综合反映企业某一特定日期________和某一会计期间________、________和________的总结性书面文件。

2. 按照会计报表的服务对象（使用对象）划分，会计报表可分为________和________两大类。

3. 报表管理子系统，按人工编制会计报表的工作来看，应具备________、汇总会计报表的编制、________和会计报表的分析四大功能。

4. 生成报表数据最简化的操作步骤为：________。

5. ________是可以唯一标识某会计报表中的一张具体数据表的特殊数据单元。

6. 会计报表公式主要包括________、________和舍位平衡公式。

7. 导致审核时出现错误的原因可能有：单元公式出现语法错误，________、________、________和________等。

8. 一般来说，分析会计报表采用的方法有________、图表分析和________等。

9. 会计报表按输出方式不同，通常分为________、图形输出、________、打印输出和________五种类型。

10. 存放报表文件主要有两种方法：________和________。

11. 批菜单是把多个 UFO 菜单进行________，即在一个批菜单文件中编写多个菜单，其主要由________、________、________、________等要素构成。

12. 批菜单中常用的语句有：________、________、________、________。

二、单选题

1. 可以验证表页中数据的勾稽关系，也可以验证同表不同表页间的勾稽关系，还可以验证不同报表之间的数据勾稽关系的是（　　）。

A. 单元公式　　B. 审核公式
C. 舍位平衡公式　　D. 报表公式

2. 在会计报表输出方法中,最常用的方法是(　　)。

A. 图形输出　　B. 打印输出

C. 网络传送　　D. 查询输出

3. 由同行或同列相邻的两个或更多单元组成的区域称为(　　)。

A. 区域　　B. 组合单元　　C. 表页　　D. 单元

4. 下列账务函数的格式正确的是(　　)。

A. 函数名(科目编码,会计期间,[方向],[账套号],[会计年度],[编码 1],[编码 2])

B. 函数名(科目编码,会计期间,[账套号],[方向],[会计年度],[编码 1],[编码 2])

C. 函数名(科目编码,会计期间,[会计年度],[方向],[账套号],[编码 1],[编码 2])

D. 函数名(科目编码,会计期间,[方向],[会计年度],[账套号],[编码 1],[编码 2])

5. 期初余额函数的金额式是(　　)。

A. QM(　)　　B. SQC(　)　　C. QC(　)　　D. WQC(　)

三、多选题

1. 按照会计报表编制的会计期间划分,可分为(　　)。

A. 日报　　B. 月报　　C. 季报　　D. 年报

2. 报表管理子系统按照软件系统的功能和使用情况,常分为(　　)。

A. 专用报表管理子系统　　B. 通用报表管理子系统

C. 财经电子表系统　　D. 内部报表和外部报表

3. 当多设计了报表的行或列时,修改方法为(　　)。

A. 采用重设"表尺寸"的方法

B. 重新定义行高和列宽

C. 通过【编辑】的下拉菜单【删除】下的"行"菜单删除行数、"列"菜单删除列数

D. 通过【编辑】的下拉菜单【插入】或【追加】下的"行"菜单增加行数、"列"菜单增加列数

4. 使用常用步骤定期编制会计报表的步骤有(　　)。

A. 增加表页　　B. 录入关键字　　C. 报表计算　　D. 表页重算

5. 会计报表屏幕查询输出又称为(　　)。

A. 查询输出　　B. 屏幕输出　　C. 屏幕显示　　D. 显示输出

6. 在 UFO 报表中,除了(　　)只能用于批菜单,大部分函数都可以用于单元公式和批菜单。

A. 针状态类函数　　B. 字符处理函数

C. 交互输入函数　　D. 条件取值函数

四、判断题

1. UFO 报表分为格式状态和数据状态,区分这两种状态是学习编制报表的关键。(　　)

2. 每个报表可以定义多个关键字。(　　)

3. 在报表管理子系统中,每一张表可以有两张表样格式。(　　)

4. 单元公式既可以将数据单元赋值为数值,也可以赋值为字符。(　　)

5. 会计报表是一种时效性很强的文件,在定义报表结构时可以不用指定日期,但是在生成报表时必须确定其日期。(　　)

6. 插入表页是在当前表页前面插入一张空表页或 n 张空表页。 ( )
7. 在实际应用中，只要报表中数据发生变化，都必须进行审核。 ( )
8. 一个报表文件可以生成多个图表，最多可以保留 24 个图表。 ( )
9. 定义报表格式及公式在数据状态下进行，生成报表数据也在数据状态下进行。( )
10. 用 HTML 准备的文档包含引用图形和格式标签，可使用 Web 查看这些文档。 ( )
11. 格式菜单只能在格式状态下运行。 ( )

【实验一】报表管理基本内容实验

一、实验资料

参见第八章实验一。

二、实验要求

1. 编制 2019 年 12 月份的货币资金表

(1)总体要求。

①在草稿纸上绘制一张如下要求的资金报表，以便形成一个整体认识。然后调用 UFO 报表系统，按上述要求进行编制，并录入相关的单元公式。

②字体、字号自行选择以美观大方为准。

③账套初始选择"2019 年的 007 账套"，单位名称为"北方科技公司"。

④重算报表数据，并保存报表文件，名称为"北方科技公司 2019 货币资金表"。

(2)报表格式要求。

①表尺寸为 8 行 4 列：第 1 行行高为 13mm，第 2～7 行行高为 11mm。A 列列宽为 30mm，B 列列宽为 24mm，C 列、D 列列宽为 45mm。单元 A1:D1 为一个组合单元，A2:D2 为一个组合单元。

②表样文字为：货币资金表（A1 单元）、"单位名称：北方科技公司"（A2 单元）、项目（A3 单元）、行次（B3 单元）、期初数（C3 单元）、期末数（D3 单元）、库存现金（A4 单元）、1（B4 单元）、银行存款（A5 单元）、2（B5 单元）、合计（A6 单元）、3（B6 单元）、制表人（A8 单元）。

③关键字 1："年"放在 B2 单元；关键字 2："月"放在 C2 单元；关键字 3："日"放在 D2 单元。

2. 编制 2019 年 12 月份的利润表（按财政部规定的要求编制）

3. 编制 2019 年 12 月份的资产负债表（按财政部规定的要求编制）

4. 编制 2019 年 12 月份的管理费用构成分析表（格式自定），并配图表分析

【实验一实验向导】

编制报表的操作员：有权限进入系统的操作员。

编制报表的路径："企业应用平台"→"业务"→"财务会计"→"UFO 报表"。

一、编制 2019 年 12 月的货币资金表

(一)创建货币资金表

1. 创建新文件

方法一:单击左上角的[新建]按钮"□",系统将自动创建一个如同电子表格一样的空报表文件,文件名显示在标题栏中,为"report1"。

方法二:选择【文件】→【新建】菜单,系统将自动创建一个如同电子表格一样的空报表文件,文件名显示在标题栏中,为"report1"。

2. 保存报表文件

(1)单击【文件】→【另存为】,系统弹出"另存为"对话框。

(2)在"另存为"对话框中,在"保存在"后选择保存文件的路径,在"文件名"后输入报表文件名"北方科技公司 2019 货币资金表"。

(3)单击[另存为]按钮。

(二)报表格式设计

1. 定义表尺寸

该表为 8 行(包括表头 2 行、表栏 1 行、表体 5 行),宽为 4 栏(即项目、行次、本月数、本年累计数)。

(1)单击【格式】→【表尺寸】菜单,系统将弹出"表尺寸"对话框。

(2)在"表尺寸"对话框中,将系统默认的行数修改为 8,将系统默认的列数修改为 4。

(3)单击[确认]按钮,定好表尺寸。此时屏幕上清晰地显示 8 行 4 列,其余部分都变成了灰色。

2. 在设计过程中发现表尺寸有误的修改

(1)当报表的行列设计都有错误时,可采用重设"表尺寸"的方法,其操作步骤与定义表尺寸相同。

(2)当少设计了报表的行或列时,可通过【编辑】的下拉菜单【插入】或【追加】下的"行"菜单增加行数、"列"菜单增加列数。

(3)当多设计了报表的行或列时,可通过【编辑】的下拉菜单【删除】下的"行"菜单删除行数、"列"菜单删除列数。

3. 设定行高和列宽

(1)菜单方式设定行高和列宽。

①设定行高。单击左边的行标 1,单击选中【格式】→【行高】菜单,在"行高"对话框,修改行高为 13 毫米;单击拖动选中左边的行标 2～8,单击选中【格式】→【行高】菜单,在"行高"对话框,修改行高为 11 毫米。

②设定列宽。单击上方的列标 A,单击选中【格式】→【列宽】菜单,在"列宽"对话框,修改列宽为 30 毫米;单击上方的列标 B,单击选中【格式】→【列宽】菜单,在"列宽"对话框,修改列宽为 24 毫米;单击拖动选列标 C 和 D,单击选中【格式】→【列宽】菜单,在"列宽"对话框,修改列宽为 45 毫米。

(2)快捷方式设定行高和列宽。

①设定行高。在表行标识的行分隔线处,当鼠标呈现"+"时,用鼠标拖动来设定行高。

②设定列宽。在表列标识的列分隔线处,当鼠标呈现"+"时,用鼠标拖动来设定列宽。

4. 设定组合单元

(1)单击拖动选中单元 A1:D1 区域。

(2)单击选中【格式】→【组合单元】菜单，在其弹出的对话框中单击[按行组合]按钮，设定单元 A1:D1 为一个组合单元。

(3)单击拖动选中单元 A2:B2 区域。

(4)单击选中【格式】→【组合单元】菜单，在其弹出的对话框中单击[按行组合]按钮，设定单元 A2:B2 为一个组合单元。

5. 设置报表的具体结构

(1)表头、表栏、表尾的设计。

在 A1:D1 单元输入汉字“货币资金表”，在 A2 单元输入汉字“单位名称:北方科技公司”，在 A3 单元输入汉字“项目”，在 B3 单元输入汉字“行次”，在 C3 单元输入汉字“期初数”，在 D3 单元输入汉字“期末数”，在 D8 单元输入汉字“制表人”。

可单击【格式】菜单下的【单元属性】，在“单元属性”对话框中，定义合适美观的字形、字体、字号和显示颜色。

(2)表体的设计。

①表体的固定不变内容设计。

在 A4 单元输入汉字“库存现金”，在 B4 单元输入数字“1”，在 A5 单元输入汉字“银行存款”，在 B5 单元输入数字“2”，在 A6 单元输入汉字“合计”，在 B6 单元输入数字“3”。

②表体的可变内容设计。

单击拖动选中 C4:D6 区域，单击选中【格式】→【单元属性】菜单，在其弹出的对话框中的“单元类型”中单击选取“数值”，单击“格式”下的“逗号”前的小方框，设定单元 C4:D6 为数值类型，显示数值时加分节号。

(3)表格线的设计。

①单击拖动选中 A3:D6 区域。

②单击选中【格式】→【区域画线】菜单，在其弹出的对话框中选中默认的“网线”。

③单击[确认]按钮，完成表格画线。

(三)定义关键字

1. 定义关键字“年”

(1)选中 C2 单元，单击【数据】→【关键字】→【设置】菜单，在系统弹出的“设置关键字”对话框中选择“年”后，单击[确定]按钮。

(2)单击【数据】→【关键字】→【偏移】菜单，在系统弹出的“定义关键字偏移”对话框中的“年”后输入偏移“-75”，单击[确定]按钮。

2. 定义关键字“月”

(1)选中 C2 单元，单击【数据】→【关键字】→【设置】菜单，在系统弹出的“设置关键字”对话框中选择“月”后，单击[确定]按钮。

(2)单击【数据】→【关键字】→【偏移】菜单，在系统弹出的“定义关键字偏移”对话框中的“月”后输入偏移量“-35”，单击[确定]按钮。

3. 定义关键字“日”

选中 C2 单元，单击【数据】→【关键字】→【设置】菜单，在系统弹出的“设置关键字”对话框中选择“日”后，单击[确定]按钮。

4. 保存已定义好的报表格式

如果已经为本表存为文件名“北方科技公司 2019 货币资金表”，此时单击[保存]按钮即可。如果该文件名仍是“report1”，则应操作以下步骤保存该报表：

(1)单击【文件】→【保存】菜单，系统弹出“另存为”对话框；如果此前已保存过该报表的格式，系统就不会弹出“另存为”对话框，此后的操作步骤省略。

(2)在“另存为”对话框中，输入文件名：“北方科技公司 2019 货币资金表”。

(3)单击[另存为]按钮即可。

(四)报表公式设计

1. 利用函数向导输入公式的操作步骤

(1)选定单元 C4，即把光标停放在“库存现金”后的“期初数”下方。

(2)单击编辑栏中的[fx]按钮或按“＝”键，打开“定义公式”对话框；也可在【数据】菜单中指向【编辑公式】，然后单击【单元公式】项，系统弹出“定义公式”对话框。

(3)在“定义公式”窗口单击[函数向导]按钮，进入“函数向导”对话框。

(4)在对话框左边的“函数分类”列表框中选择“用友账务函数”选项。

(5)在对话框右边的“函数名”列表框中选择“期初(QC)”。

(6)单击[下一步]按钮，进入用友账务函数对话框，单击[参照]按钮，进入“账务函数”对话框，可在“账套号”框中选择“默认”或“007”，“会计年度”应选择“默认”、科目应选择“1001”、期间应选择“月”、方向可选择“默认”等项目，根据需要选择“是否包含未记账凭证”复选框。

(7)单击[确定]按钮，返回“用友账务函数”对话框。

(8)单击[确定]按钮，返回“定义公式”对话框，C4＝ QC("1001",月,,,,,,,,,)。

(9)再单击[确定]按钮，完成公式的录入。

(10)重复(1)～(9)的步骤，依次按各单元的取值要求把所有单元公式编辑完。

本例中，其他单元格式为：C5 ＝ QC("1002",月,,,,,,,,,)；D4 ＝ QM("1001",月,,,,,,,,,)；D5＝QM("1002",月,,,,,,,,,)。

2. 直接输入公式的操作步骤

(1)选中需要定义公式的 C6 单元。

(2)单击编辑栏中的[fx]按钮或按“＝”键，系统弹出“定义公式”窗口；也可在【数据】菜单中指向【编辑公式】，然后单击“单元公式”项，系统弹出“定义公式”窗口。

(3)在“定义公式”窗口输入单元公式：C6＝C4＋C5。

注：凡是公式中涉及数学符号的均需输入英文半角字符。

(4)单击[确认]按钮，选中的单元出现“公式单元”字样，该单元公式定义完毕。

(5)重复(1)～(4)的步骤，输入单元公式：D6＝D4＋D5。

3. 保存已定义好的单元公式

单击[保存]按钮。

(五)报表数据处理(编制会计报表)

1. 转换为数据状态

单击报表左下角的[格式]按钮使之变为[数据]按钮，也可以使用“Ctrl＋D”的快捷方式将报表状态由“格式”状态转为“数据”状态。

2. 编制本报表的简捷步骤

(1)录入关键字。

①选择【数据】→【关键字】→【录入】菜单项，系统弹出“录入关键字”对话框。

②在“录入关键字”对话框：在“年”文本框中输入“2019”，在“月”文本框中输入“12”，在“日”文本框中输入“31”。

③单击[确认]按钮。

(2)表页重算。

表页重算可在前面录入关键字完毕，单击[确认]按钮，系统弹出“是否重算第 1 页?”对话框时，回答系统提示“是”后，由系统自动根据公式生成该页报表。也可进行以下操作完成：

①单击【数据】→【表页重算】菜单，系统弹出“是否重算第 1 页?”对话框。

②在“是否重算第 1 页?”对话框中单击[是]按钮，系统会自动在初始的账套和录入关键字范围内根据公式生成该页报表(见下表)。

	A	B	C	D
1	货币资金表			
2	单位名称：北方科技公司		2019 年 12 月31 日	
3	项目	行次	期初数	期末数
4	库存现金	1	演示数据 2,000.00	100.00
5	银行存款	2	504,600.00	389,200.00
6	合计	3	506,600.00	389,300.00
7				
8				制表人：王小明

注：如果编制的报表中出现单元公式不正确时，可以在“格式”状态下重新进行修改单元公式，然后再执行上面第①、②步进行报表重算。

如果编制的报表中出现单元数据不正确时，可以在“格式”状态下重新进行修改单元公式，然后再执行上面第①、②步进行报表重算。

二、编制 2019 年 12 月的利润表(按财政部规定的要求编制)

(一)创建新表

单击左上角的[新建]按钮“🗋”，或选择【文件】→【新建】菜单，创建新文件“report2”。

(二)找报表模板

在“格式状态”选择【格式】→【报表模板】菜单，系统会弹出如“报表模板”选择窗口。

(三)选择所需用报表的模板

1. 在“报表模板”选择窗口的“您所在的行业：”，选择“新会计制度科目”选项。
2. 在“报表模板”选择窗口的“财务报表名：”，选择所需用的“利润表”选项。
3. 单击[确定]按钮，系统弹出“模板格式将覆盖本表格式！是否继续?”提示对话框。
4. 单击提示对话框中的[确定]按钮，当前报表格式自动被覆盖。

(四)另存为自己的报表

1. 在选择【文件】→【另存为】菜单，打开“另存为”提示对话框。
2. 在“另存为”提示对话框中，在“保存在”后选择保存文件的路径，在“文件名”文本框中输入报表文件名“北方科技公司 2019 利润表”。
3. 单击[另存为]，保存此表。

(五)生成报表数据

1. 录入关键字

(1)选择【数据】→【关键字】→【录入】菜单,打开“录入关键字”对话框。

(2)输入具体的关键字,在“年”文本框中输入“2019”,在“月”文本框中输入“12”。

(3)单击[确认]按钮。

2. 表页重算

(1)选择【数据】→【表页重算】菜单,打开“是否重算第1页?”对话框。

(2)单击[是]按钮,系统会自动在初始的账套和会计年度范围内根据单元公式计算生成数据(如下表所示)。

	A	B	C
1	利润表		
2			
3	编制单位:北方科技公司　　2019 年　12 月		
4	项目	行数	本月数
5	一、营业收入	1	300,000.00
6	减:营业成本	2	200,000.00
7	营业税金及附加	3	22,049.00
8	销售费用	4	
9	管理费用	5	1,900.00
10	财务费用	6	480.00
11	资产减值损失	7	2,255.00
12	加:公允价值变动损益(损失以“一”号列式)	8	
13	投资收益(损失以“一”号列式)	9	
14	汇兑损益(损失以“一”号列式)	10	6,400.00
15	二、营业利润(亏损以“一”号填列)	11	79,716.00
16	加:营业外收入	12	
17	减:营业外支出	13	
18	其中:非流动资产处置损失	14	
19	三、利润总额(亏损总额以“一”号填列)	15	79,716.00
20	减:所得税费用	16	
21	四、净利润(净亏损以“一”号填列)	17	79,716.00

注:如果编制的报表中出现单元数据不正确时,可以在“格式”状态下重新进行修改单元公式,然后再执行上面第(1)、(2)步进行报表重算。

三、编制 2019 年 12 月的资产负债表(按财政部规定的要求编制)

注:与编制利润的方法相同。

(一)创建新表

单击左上角的[新建]按钮“□”,或选择【文件】→【新建】菜单,创建新文件“report3”。

(二)找报表模板

在“格式状态”选择【格式】→【报表模板】菜单。

(三)选择所需用报表的模板

在“报表模板”选择窗口,选“您所在的行业:”新会计制度科目;选“财务报表名:”资产负债表;单击[确定]按钮;单击提示对话框中的[确定]按钮。

(四)另存为自己的报表

在选择【文件】→【另存为】菜单;选保存文件的路径,输入报表文件名“北方科技公司 2019 利润表”;单击[另存为]按钮。

(五)生成报表数据

1. 录入关键字

选择【数据】→【关键字】→【录入】菜单;输入年 2019、月 12、日 31;单击[确认]。

2. 表页重算

选择【数据】→【表页重算】菜单;单击[是]按钮。系统自动生成资产负债表(如下表所示)。

资产负债表

会企01表

编制单位: 2019 年 12 月 31 日 单位:元

资 产	行次	年初数	期末数	负债和所有者权益(或股东权益)	行次	年初数	期末数
流动资产:				流动负债:			
货币资金	1	578,600.00	685,300.00	短期借款	68	80,000.00	80,000.00
短期投资	2			应付票据	69		
应收票据	3			应付账款	70	37,000.00	37,000.00
应收股利	4			预收账款	71		40,000.00
应收利息	5			应付工资	72		
应收账款	6	100,000.00	448,745.00	应付福利费	73		
其它应收款	7	1,900.00	1,900.00	应付股利	74		480.00
预付账款	8			应交税金	75		72,505.00
应收补贴款	9			其它应交款	80		544.00
存货	10	486,500.00	292,300.00	其它应付款	81		
待摊费用	11			预提费用	82		
一年内到期的长期债权投资	21			预计负债	83		
其它流动资产	24			一年内到期的长期负债	86		
流动资产合计	31	1,167,000.00	1,428,245.00	其它流动负债	90		
长期投资:							
长期股权投资	32			流动负债合计	100	117,000.00	230,529.00
长期债权投资	34			长期负债:			
长期投资合计	38			长期借款	101	270,000.00	270,000.00
固定资产:				应付债券	102		
固定资产原价	39	800,000.00	800,000.00	长期应付款	103		
减:累计折旧	40	10,000.00	10,000.00	专项应付款	106		
固定资产净值	41	790,000.00	790,000.00	其他长期负债	108		
减:固定资产减值准备	42			长期负债合计	110	270,000.00	270,000.00
固定资产净额	43	790,000.00	790,000.00	递延税项:			
工程物资	44			递延税款贷项	111		
在建工程	45			负债合计	114	387,000.00	500,529.00
固定资产清理	46						
固定资产合计	50	790,000.00	790,000.00	所有者权益(或股东权益):			
无形资产及其他资产:				实收资本(或股本)	115	1,570,000.00	1,638,000.00
无形资产	51			减:已归还投资	116		
长期待摊费用	52			实收资本(或股本)净额	117	1,570,000.00	1,638,000.00
其它长期资产	53			资本公积	118		
无形资产及其他资产合计	60			盈余公积	119		
				其中:法定公益金	120		
递延税项:				未分配利润	121		79,716.00
递延税款借项	61			所有者权益(或股东权益)合计	122	1,570,000.00	1,717,716.00
资产总计	67	1,957,000.00	2,218,245.00	负债和所有者权益(或股东权益)总计	135	1,957,000.00	2,218,245.00

注:如果编制的报表中出现单元数据不正确时,可以在"格式"状态下重新进行修改单元公式,然后再执行上面第 1、2 步进行报表重算。

四、编制 2019 年 12 月的管理费用构成分析表,并配图表分析

注:与本实验中编制"货币资金表"大致相同。

(一)创建管理费用构成分析表

1. 创建新文件

单击左上角的[新建]图标"🗋",或选择【文件】→【新建】菜单,创建新文件"report4"。

2. 保存报表文件

单击【文件】→【另存为】,系统弹出"另存为"对话框;输入报表文件名"北方科技公司 2019 管理费用构成分析表",单击[另存为]按钮。

(二)报表格式设计

1. 定义表尺寸

该表为9行(包括表头3行、表栏1行、表体5行),宽为5栏(即项目、行次、本月数、本年累计数,以及为美观表前后各空1栏)。

单击【格式】→【表尺寸】菜单;修改输入"行"9、"栏"5;单击[确认]按钮。

2. 在设计过程中发现表尺寸有误的修改

方法一:当报表的行列设计有误时,可采用重设"表尺寸"的方法修改。

方法二:当报表少行或少列时,可通过【编辑】→【插入】菜单或【追加】下的【行】菜单增加行数、【列】菜单增加列数;当报表多行或多列时,可通过【编辑】→【删除】下的【行】或【列】菜单,删除行数或删除列数。

3. 设定行高和列宽

(1)菜单方式设定行高和列宽。

①设定行高。单击左边的某行标,单击【格式】→【行高】菜单,修改行高。

②设定列宽。单击上方的某列标,单击【格式】→【列宽】菜单,修改列宽。

(2)快捷方式设定行高和列宽。

①在表行标识的行分隔线处,当鼠标呈现"+"时,用鼠标拖动来设定行高。

②在表列标识的列分隔线处,当鼠标呈现"+"时,用鼠标拖动来设定列宽。

4. 设定组合单元

单击拖动选中单元B2:D2区域;单击选中【格式】→【组合单元】菜单,单击[按行组合]按钮。

5. 设置报表的具体结构

(1)表头、表栏、表尾的设计。

在B2:D2输入"管理费用构成分析表",在B3输入"单位名称:北方科技公司",在B4输入"项目",在C4输入"本月发生额",在D4输入"所占比重",在D8输入"制表人"。单击【格式】菜单下的【单元属性】,在"单元属性"对话框中,定义合适美观的字形、字体、字号和显示颜色。

(2)表体的设计。

①表体的固定不变内容设计。在B5输入"办公费",在B6输入"招待费",在B7输入"合计"。

②表体的可变内容设计。单击拖动选中C5:C7区域,单击选中【格式】→【单元属性】菜单,选"单元类型"→"数值",单击"格式"下的"逗号"前的小方框,设定单元C5:C7为数值型加分节号。

(3)表格线的设计。

①单击拖动选中B4:D7区域。

②单击选中【格式】→【区域画线】菜单,在其弹出的对话框中选中默认的"网线"。

③单击[确认]按钮,完成表格画线。

(三)定义关键字

1. 定义关键字"年"

(1)选中C3单元,单击【数据】→【关键字】→【设置】菜单,在系统弹出的"设置关键字"对话框中选择"年"后,单击[确定]按钮。

(2)单击【数据】→【关键字】→【偏移】菜单,在系统弹出的"定义关键字偏移"对话框中的"年"后输入偏移"-35",单击[确定]按钮。

2. 定义关键字"月"

选中 C3 单元，单击【数据】→【关键字】→【设置】菜单，在系统弹出的“设置关键字”对话框中选择“月”后，单击[确定]按钮。

3. 保存已定义好的报表格式

如果已经为本表存为文件名“北方科技公司 2019 管理费用构成分析表”，此时单击[保存]按钮即可。如果该文件名仍是“report4”，则应操作以下步骤保存该报表。

(1)单击【文件】→[保存]菜单，系统弹出“另存为”对话框。

(2)在“另存为”对话框中，输入文件名“北方科技公司 2019 管理费用构成分析表”。

(3)单击[另存为]按钮即可。

(四)报表公式设计

1. 利用函数向导输入公式的操作步骤

(1)选定单元 C5，即把光标停放在“办公费”后的“本月发生额”下方。

(2)单击编辑栏中的[fx]按钮或按“＝”键，打开“定义公式”对话框。

(3)在“定义公式”窗口单击[函数向导]按钮，进入“函数向导”对话框。

(4)在对话框左边的“函数分类”列表框中选择“用友账务函数”选项。

(5)在对话框右边的“函数名”列表框中选择“发生(FS)”。

(6)单击[下一步]按钮，进入用友账务函数对话框，单击[参照]按钮，进入“账务函数”对话框，可在“账套号”框中选择“默认”或“007”，“会计年度”应选择“默认”、科目应选择“660201”、期间应选择“月”、方向可选择“借”等项目，根据需要选择“是否包含未记账凭证”复选框。

(7)单击[确定]按钮，返回“用友账务函数”对话框。

(8)单击[确定]按钮，返回“定义公式”对话框，C5＝ FS("660201",月,"借",,,,,);

(9)再单击[确定]按钮，完成公式的录入。

(10)重复(1)～(9)的步骤，编辑 C6 的公式，C6＝FS("550201",月,"借",,,,,)。也可先按“＝”键，直接在“C6＝”后复制 C5 的公式，修改为 C6 的公式。

2. 直接输入公式的操作步骤

(1)选中需要定义公式的 C7 单元。

(2)单击编辑栏中的[fx]按钮或按“＝”键，系统弹出“定义公式”窗口；也可在【数据】菜单中指向【编辑公式】，然后单击【单元公式】项，系统弹出“定义公式”窗口。

(3)在“定义公式”窗口的“C7＝”后输入单元公式：“C5＋C6”。

(4)单击[确认]按钮，选中的单元出现“公式单元”字样，该单元公式定义完毕。

(5)重复(1)～(4)的步骤，输入单元公式：“D5＝ C5/C7＊100；D6＝ C6/C7＊100；D7＝D5＋D6”。

注：凡是公式中涉及数学符号的均需输入英文半角字符。

3. 保存已定义好的单元公式

单击[保存]按钮。

(五)报表数据处理(编制会计报表)

1. 转换为数据状态

单击报表左下角的[格式]按钮使之变为[数据]按钮，也可以使用“Ctrl＋D”的快捷方式将报表状态由“格式”状态转为“数据”状态。

2. 编制本报表的简捷步骤

(1)录入关键字。

①选择【数据】→【关键字】→【录入】菜单项，系统弹出“录入关键字”对话框。

②在“录入关键字”对话框：在“年”文本框中输入“2019”，在“月”文本框中输入“12”，在“日”文本框中输入“31”。

③单击[确认]按钮。

(2)表页重算。

①单击【数据】→【表页重算】菜单，系统弹出“是否重算第1页?”对话框。

②在“是否重算第1页?”对话框中单击[是]按钮，系统会自动在初始的账套和录入关键字范围内根据公式生成该页报表(见本部分下图中的表)。

注：如果编制的报表中出现单元公式不正确时，可以在“格式”状态下重新进行修改单元公式，然后再执行上面第①、②步进行报表重算。

如果编制的报表中出现单元数据不正确时，可以在“格式”状态下重新进行修改单元公式，然后再执行上面第①、②步进行报表重算。

(六)图表分析

1. 追加图形显示区域

(1)选定【编辑】→【追加】→【行】菜单，系统弹出“追加行”对话框。

(2)在“追加行”对话框中，输入需要追加的行数“1”，然后单击[确认]按钮。

(3)鼠标拖动追加行的行宽至图形显示所需宽度。

2. 选取数据区域

(1)单击[格式/数据]按钮，进入数据状态。

(2)用鼠标拖动选取区域B4:D6。

3. 插入图表对象

(1)单击【工具】→【插入图表对象】菜单，进入“区域作图”窗口。

(2)单击选择“立体成组直方图”，单击[确认]按钮。

插入图表对象以后，系统自动进入图表对象的编辑窗口，单击图形区域以外的区域，即可回到正常报表处理状态。

4. 编辑图表对象

(1)删除“X轴标题”，调整图的大小。

(2)在有关编辑框中分别输入“图表标题”“Y轴标题”，并调整“标题字体”。

编好的管理费用构成分析表及图见下图所示。

5. 关闭图表

返回“格式/数据”窗口，单击【图表】菜单中的【退出】，系统即关闭图表，并且在关闭图表的同时将自动保存图表。

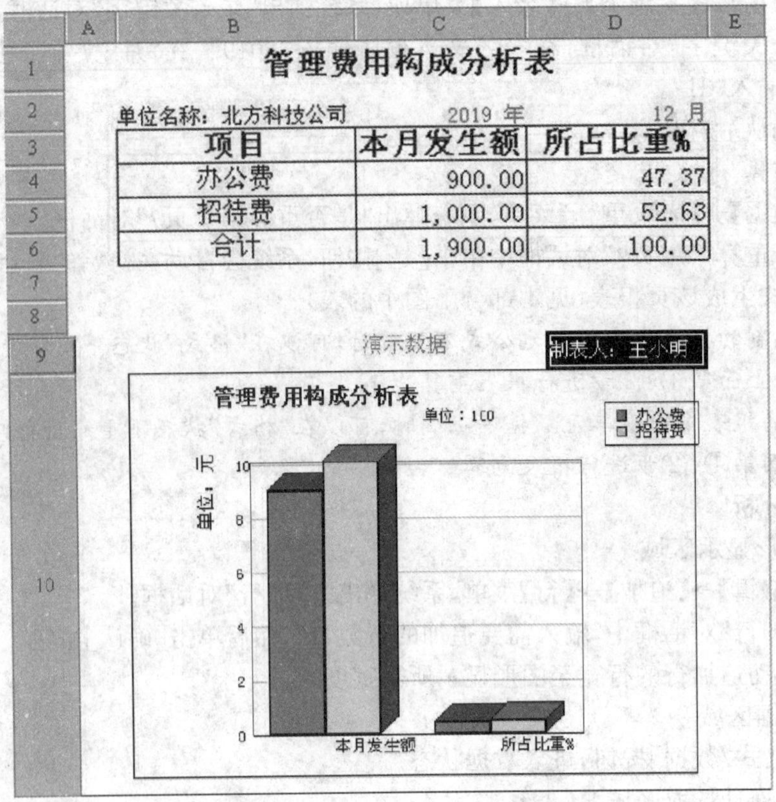

【实验二】报表管理综合实验

一、实验资料

账务数据资料参见第八章实验二。

资产负债表

会企 01 表

编制单位：东方股份有限公司　　2019 年 12 月 31 日　　单位：元

资　产	年初余额	年末余额	负债和所有者权益（或股东权益）	年初余额	年末余额
流动资产：			流动负债：		
货币资金	14 063 000	11 956 122	短期借款	3 000 000	500 000
交易性金融资产	150 000	1 050 000	交易性金融负债	0	0
应收票据	2 460 000	343 000	应付票据	2 000 000	1 000 000
应收账款	3 991 000	6 982 000	应付账款	9 548 000	11 303 000
预付款项	1 000 000	1 000 000	预收款项	0	0
应收利息	0	0	应付职工薪酬	1 100 000	1 800 000
应收股利	0	0	应交税费	366 000	907 440
其他应收款	3 050 000	3 050 000	应付利息	0	

续表

资　产	年初余额	年末余额	负债和所有者权益（或股东权益）	年初余额	年末余额
存货	25 800 000	25 827 000	应付股利	0	0
一年内到期的非流动资产	0	0	其他应付款	500 000	500 000
其他流动资产	0	0	一年内到期的非流动负债	10 000 000	
流动资产合计	50 514 000	50 208 122	其他流动负债		
非流动资产：			流动负债合计	26 514 000	16 010 440
可供出售金融资产	0	0	非流动负债：		
持有至到期投资	0	0	长期借款	6 000 000	16 000 000
长期应收款	0	0	应付债券	0	0
长期股权投资	2 500 000	2 500 000			
投资性房地产	0	0	长期应付款	0	0
固定资产	8 000 000	18 864 700	专项应付款	0	0
在建工程	15 000 000	5 280 000	预计负债	0	0
工程物资	0	1 500 000	递延所得税负债	0	0
固定资产清理	0	0	其他非流动负债	0	0
生产性生物资产	0	0	非流动负债合计	6 000 000	16 000 000
油气资产	0	0	负债合计	32 514 000	32 010 440
无形资产	6 000 000	5 400 000	所有者权益(或股东权益)		
开发支出	0	0	实收资本(或股本)	50 000 000	50 000 000
商誉	0	0	资本公积	0	0
长期待摊费用	0	0	减:库存股	0	0
递延所得税资产	0	99 000	盈余公积	1 000 000	1 234 138.20
其他非流动资产	2 000 000	2 000 000	未分配利润	500 000	2 607 243.80
非流动资产合计	33 500 000	35 643 700	所有者权益(或股东权益)合计	51 500 000	53 841 382
资产总计：	84 014 000	85 851 822	负债和所有者权益(股东权益)合计	84 014 000	85 851 822

注："应收账款"科目的余额为 7 000 000 元，"坏账准备"科目的余额为 18 000 元。

1. 根据对前述业务的上述会计处理，东方股份有限公司 2019 年度利润表科目本年累计发生额如下表所示

2019 年 1～11 月利润表科目本年累计发生额

单位:元

科目名称	借方发生额	贷方发生额
主营业务收入		92 500 000
主营业务成本	17 500 000	
营业税金及附加	120 000	
销售费用	900 000	
管理费用	1 971 000	
财务费用	1 100 000	
资产减值损失	909 000	
投资收益		115 000
营业外收	1 100 000	
营业外支出	620 400	
所得税费用	3 153 218	

2. 根据本年相关科目发生额编制利润表如下表所示

利 润 表

会企 02 表

编制单位:东方股份有限公司　　2019 年 12 月　　单位:元

项　目	行次	本月数	本年累计数
一、营业收入	1	12 500 000	105 000 000
减:营业成本	2	7 500 000	25 000 000
营业税费	3	20 000	140 000
销售费用	4	200 000	1 100 000
管理费用	5	971 000	2 942 000
财务费用(收益以"—"号填列)	6	300 000	1 400 000
资产减值损失	7	309 000	1 218 000
加:公允价值变动净损益(净损失以"—"号填列)	8	0	
投资净收益(净损失以"—"号填列)	9	15 000	130 000
其中:对联营企业和合营企业的投资收益	10	0	
二、营业利润(亏损总额以"—"号填列)	11	3 215 000	73 330 000
加:营业外收入	12	500 000	1 600 000
减:营业外支出	13	220 400	840 800
其中:非流动资产处置净损失(净收益以"—"号填列)	14	197 000	817 400
三、利润总额(亏损总额以"—"号填列)	15	3 494 600	74 089 200
减:所得税	16	1 153 218	4 306 436
四、净利润(净亏损以"—"号填列)	17	2 341 382	69 782 764

二、实验要求

1. 编制 2019 年 12 月份的利润表(要求复制参考答案中的格式修改,编写公式)。
2. 编制 2019 年 12 月 31 日的资产负债表(按财政部规定的要求编制)。
3. 编制 2019 年 12 月 31 日的现金流量表(按财政部规定的要求编制)。
4. 编制 2019 年 12 月份的期间费用分析表(格式自定),并配图表分析。

【实验二实验向导】

编制报表的操作员:有权限进入系统的操作员。

编制报表的路径:"企业应用平台"→"业务"→"财务会计"→"UFO 报表"。

一、编制 2019 年 12 月份的利润表(要求复制参考答案中的格式修改,编写公式)

(一)创建利润表

1. 创建新文件

单击左上角的[新建]图标"🗋",或选择【文件】→【新建】菜单,创建新文件"report1"。

2. 保存报表文件

单击【文件】→【另存为】,系统弹出"另存为"对话框;输入报表文件名"东方公司 2019 利润表",单击[另存为]按钮。

(二)报表格式设计

1. 定义表尺寸

该表为 32 行(主表的表头 3 行、表栏 1 行、表体 17 行;主表与补充资料之间有 4 行,补充资料表 7),宽为 4 栏(即项目、行次、本月数、本年累计数)。定义表尺寸时,前后各空 1 行,左右各空 1 列,即为 34 行,6 列。

单击【格式】→【表尺寸】菜单;修改输入"行"34、"栏"6;单击[确认]按钮。

2. 复制上机练习的利润表格式并进行修改

(1)复制上机练习的利润表格式。

(2)粘贴到"东方公司 2019 利润表"的报表格式下。

(3)修改表头至标准格式。

①设定 B2:E2 为组合单元。单击拖动选中单元 B2:E2 区域;单击选中【格式】→【组合单元】菜单,单击[按行组合]按钮。

②"会企 02 表"移到 E3 单元。

③B4 单元只保留"编制单位:东方股份有限公司",删除"2019 年 12 月"及多余的空格。

④在 E4 单元输入"单位:元"。

(4)表体的设计。

①保留表体的固定不变内容。

利润表的主表固定不变内容保留。

补充资料表中的"上年实际数"移到 D26 单元,"本年累计数"移到 C26 单元。

设 B27:D27 为组合单元、设 B28:D28 为组合单元、设 B29:D29 为组合单元、设 B30:D30

为组合单元、设 B31:D31 为组合单元、设 B32:D32 为组合单元、设 B33:D33 为组合单元。

②表体的可变内容设计。

单击拖动选中 D6:E22 区域，删除该区域的数字；单击选中【格式】→【单元属性】菜单，选"单元类型"→"数值"，单击"格式"下的"逗号"前的小方框，设定单元 D6:E22 为数值型加分节号。

(5)表格线的设计。

①单击拖动选中 B5:E22 区域。

②单击选中【格式】→【区域画线】菜单，在其弹出的对话框中的默认"网线"。

③单击[确认]按钮。

④单击拖动选中 B27:E33 区域。

⑤单击选中【格式】→【区域画线】菜单，在其弹出的对话框中的默认"网线"。

⑥单击[确认]按钮，完成表格画线。

3. 设定行高和列宽

(1)菜单方式设定行高和列宽。

①设定行高。单击左边的某行标，单击【格式】→【行高】菜单，修改行高。

②设定列宽。单击上方的某列标，单击【格式】→【列宽】菜单，修改列宽。

(2)快捷方式设定行高和列宽。

①在表行标识的行分隔线处，当鼠标呈现"±"时，用鼠标拖动来设定行高。

②在表列标识的列分隔线处，当鼠标呈现"+"时，用鼠标拖动来设定列宽。

4. 定义字形、字体、字号和显示颜色

单击【格式】菜单下的【单元属性】，在"单元属性"对话框中，定义合适美观的字形、字体、字号和显示颜色。

(三)定义关键字

1. 定义关键字"年"

选中 D4 单元，单击【数据】→【关键字】→【设置】菜单，在系统弹出的"设置关键字"对话框中选择"年"后，单击[确定]按钮。

2. 定义关键字"月"

(1)选中 D4 单元，单击【数据】→【关键字】→【设置】菜单，在系统弹出的"设置关键字"对话框中选择"月"后，单击[确定]按钮。

(2)单击【数据】→【关键字】→【偏移】菜单，在系统弹出的"定义关键字偏移"对话框中的"年"后输入偏移"－55"，单击[确定]按钮。

3. 保存已定义好的报表格式

如果已经为本表存为文件名"东方公司 2019 利润表"，此时单击[保存]按钮即可。如果该文件名仍是"report1"，则应操作以下步骤保存该报表。

(1)单击【文件】→[保存]菜单，系统弹出"另存为"对话框。

(2)在"另存为"对话框中，输入"文件名"：东方公司 2019 利润表(018 王小明)。

(3)单击[另存为]按钮即可。

(四)报表公式设计

1. 利用函数向导输入公式的操作步骤

(1)选定单元 D6，即把光标停放在"一、主营业务收入"后的"本月数"下方。

(2)单击编辑栏中的[fx]按钮或按"="键,打开"定义公式"对话框。

(3)在"定义公式"窗口单击[函数向导]按钮,进入"函数向导"对话框。

(4)在对话框左边的"函数分类"列表框中选择"用友账务函数"选项。

(5)在对话框右边的"函数名"列表框中选择"发生(FS)"。

(6)单击[下一步]按钮,进入用友账务函数对话框,单击[参照]按钮,进入"账务函数"对话框,可在"账套号"框中选择"默认"或"007","会计年度"应选择"默认"、科目应选择"6001"、期间应选择"月"、方向可选择"贷"等项目,根据需要选择"是否包含未记账凭证"复选框。

(7)单击[确定]按钮,返回"用友账务函数"对话框。

(8)单击[确定]按钮,返回"定义公式"对话框,D6= FS("6001",月,"贷",,,,,)。

(9)在该格式输入加号"+"。

(10)重复(3)~(9)的步骤,编辑 D6 的公式,FS("6001",月,"贷",,,,,)+ FS("6051",月,"贷",,,,,)。

(11)单击[确定]按钮,完成公式的录入。

(12)重复(1)~(9)的步骤,编辑 D7 的公式,D7=FS("6401",月,"借",,,,,)+ FS("6402",月,"借",,,,,)。其他公式可用复制修改的方法编写公式。

2. 直接输入公式的操作步骤

(1)选中需要定义公式的 D16 单元。

(2)单击编辑栏中的[fx]按钮或按"="键,系统弹出"定义公式"窗口;也可在【数据】菜单中指向【编辑公式】,然后单击【单元公式】项,系统弹出"定义公式"窗口。

(3)在"定义公式"窗口的"D16="后输入单元公式 D6-D7-D8-D9-D10-D11-D12+D13+D14。

(4)单击[确认]按钮,选中的单元出现"公式单元"字样,该单元公式定义完毕。

(5)重复(1)~(4)的步骤,输入单元公式。

注:凡是公式中涉及数学符号的均需输入英文半角字符。

3. 保存已定义好的单元公式

单击[保存]按钮。

4. 定义好的"利润表"单元公式列示

D6= FS("6001",月,"贷",,,,,)+ FS("6051",月,"贷",,,,,)

E6=LFS("6001",月,"贷",,,,,)+LFS("6051",月," 贷",,,,,)

D7=FS(6401,月,"借",,,,,)+FS(6402,月,"借",,,,,)

E7=LFS("6401",月,"借",,,,,)+LFS("6402",月,"借",,,,,)

D8=FS(6403,月,"借",,,,,)

E8=LFS("6403",月,"借",,,,,)

D9=FS(6601,月,"借",,,,,)

E9=LFS("6601",月,"借",,,,,)

D10=FS(6602,月,"借",,,,,)

E10=LFS("6602",月,"借",,,,,)

D11=FS(6603,月,"借",,,,,)

E11=LFS("6603",月,"借",,,,,)

D12=FS(6701,月,"借",,,,,)

E12=LFS("6701",月,"借",,,,,)

D13=DFS("6101","4103",月,借,,,,,,)

E13=LFS("6101",月,"贷",,,,,)-20000

D14=DFS("6111","4103",月,借,,,,,,)

E14=LFS("6111",月,"贷",,,,,)-20000

D16= D6-D7-D8-D9-D10-D11-D12+D13+D14

E16= E6-E7-E8-E9-E10-E11-E12+E13+E14

D17=FS(6301,月,"贷",,,,,)

E17=LFS("6301",月,"贷",,,,,)

D18=FS(6711,月,"借",,,,,)

E18=LFS("6711",月,"借",,,,,)

D19=FS(671101,月,"借",,,,,)

E19=LFS("671101",月,"借",,,,,)

D20=D16+D17-D18

E20=E16+E17-E18

D21=DFS("6801","4103",月,贷,,,,,,)

E21=LFS("6801",月,"借",,,,,)-99000

D22=D20-D21

E22=E20-E21

(五)报表数据处理(编制会计报表)

1. 转换为数据状态

单击报表左下角的[格式]按钮使之变为[数据]按钮,也可以使用“Ctrl+D”的快捷方式将报表状态由“格式”状态转为“数据”状态。

2. 编制本报表的简捷步骤

(1)录入关键字。

①选择【数据】→【关键字】→【录入】菜单项,系统弹出“录入关键字”对话框。

②在“录入关键字”对话框;在“年”文本框中输入“2019”,在“月”文本框中输入“12”,在“日”文本框中输入“31”。

③单击[确认]按钮。

(2)表页重算。

①单击【数据】→【表页重算】菜单,系统弹出“是否重算第1页?”对话框。

②在“是否重算第1页?”对话框中单击[是]按钮,系统会自动在初始的账套和录入关键字范围内根据公式生成该页报表。

注:如果编制的报表中出现单元公式不正确时,可以在“格式”状态下重新进行修改单元公式,然后再执行上面第①、②步进行报表重算。

如果编制的报表中出现单元数据不正确时,可以在“格式”状态下重新进行修改单元公式,然后再执行上面第①、②步进行报表重算。

二、编制 2019 年 12 月 31 日的资产负债表(按财政部规定的要求编制)

(一)创建新文件

单击左上角的[新建]图标"□",或选择【文件】→【新建】菜单,创建新文件"report2"。

(二)找报表模板

在"格式状态"选择【格式】→【报表模板】菜单。

(三)选择所需用报表的模板

在"报表模板"选择窗口,选"您所在的行业:"新会计制度科目;选"财务报表名:"资产负债表;单击[确定]按钮;单击提示对话框中的[确定]按钮。

(四)另存为自己的报表

在选择【文件】→【另存为】菜单;选保存文件的路径,输入报表文件名"东方公司 2019 利润表";单击[另存为]按钮。

(五)生成报表数据

1. 录入关键字

选择【数据】→【关键字】→【录入】菜单;输入年 2019、月 12、日 31;单击[确认]。

2. 表页重算

选择【数据】→【表页重算】菜单;单击[是]按钮,系统自动生成资产负债表。

注:如果编制的报表中出现单元数据不正确时,可以在"格式"状态下重新进行修改单元公式,然后再执行上面第(1)、(2)步进行报表重算。

三、编制 2019 年 12 月份的期间费用分析表,并配图表分析

(一)创建期间费用分析表

1. 创建新文件

单击左上角的[新建]图标"□",或选择【文件】→【新建】菜单,创建新文件"report3"。

2. 保存报表文件

单击【文件】→【另存为】,系统弹出"另存为"对话框;输入报表文件名"东方公司 2019 期间费用分析表",单击[另存为]按钮。

(二)报表格式设计

1. 定义表尺寸

该表为 9 行(包括表头 3 行、表栏 1 行、表体 5 行),宽为 5 栏(即项目、行次、本月数、本年累计数,以及为美观表前后各空 1 栏)。

单击【格式】→【表尺寸】菜单;修改输入"行"9、"栏"5;单击[确认]按钮。

2. 在设计过程中发现表尺寸有误的修改

方法一:当报表的行列设计有误时,可采用重设"表尺寸"的方法修改。

方法二:当报表少行或少列时,可通过【编辑】→【插入】菜单或【追加】下的【行】菜单增加行数、【列】菜单增加列数;当报表多行或多列时,可通过【编辑】→【删除】下的【行】或【列】菜单,删除行数或删除列数。

3. 设定行高和列宽

(1)菜单方式设定行高和列宽。

①设定行高。单击左边的某行标,单击【格式】→【行高】菜单,修改行高。

②设定列宽。单击上方的某列标，单击【格式】→【列宽】菜单，修改列宽。

(2)快捷方式设定行高和列宽。

①在表行标识的行分隔线处，当鼠标呈现“+”时，用鼠标拖动来设定行高。

②在表列标识的列分隔线处，当鼠标呈现“+”时，用鼠标拖动来设定列宽。

4. 设定组合单元

单击拖动选中单元 B2:D2 区域；单击选中【格式】→【组合单元】菜单，单击[按行组合]按钮。

5. 设置报表的具体结构

(1)表头、表栏、表尾的设计。

在 B2:D2 输“期间费用分析表”、在 B3 输入“单位名称：东方公司”、在 B4 输入“项目”、在 C4 输入“本月发生额”、在 D4 输入“所占比重”、在 D8 输入“制表人”。单击【格式】菜单下的【单元属性】，在“单元属性”对话框中，定义合适美观的字形、字体、字号和显示颜色。

(2)表体的设计。

①表体的固定不变内容设计。

在 B5 输入“销售费用”、在 B6 输入“管理费用”、在 B7 输入“财务费用”、在 B8 输入“合计”。

②表体的可变内容设计。

单击拖动选中 C5:C7 区域，单击选中【格式】→【单元属性】菜单，选“单元类型”“数值”，单击“格式”下的“逗号”前的小方框，设定单元 C5:C7 为数值型加分节号。

(3)表格线的设计。

①单击拖动选中 B4:D7 区域。

②单击选中【格式】→【区域画线】菜单，在其弹出的对话框中的默认“网线”。

③单击[确认]按钮，完成表格画线。

(三)定义关键字

1. 定义关键字“年”

(1)选中 C3 单元，单击【数据】→【关键字】→【设置】菜单，在系统弹出的“设置关键字”对话框中选择“年”后，单击[确定]按钮。

(2)单击【数据】→【关键字】→【偏移】菜单，在系统弹出的“定义关键字偏移”对话框中的“年”后输入偏移“－35”，单击[确定]按钮。

2. 定义关键字“月”

选中 C3 单元，单击【数据】→【关键字】→【设置】菜单，在系统弹出的“设置关键字”对话框中选择“月”后，单击[确定]按钮。

(四)报表公式设计

1. 利用函数向导输入公式的操作步骤

(1)选定单元 C5，即把光标停放在“销售费用”后的“本月发生额”下方。

(2)单击编辑栏中的[fx]按钮或按“＝”键，打开“定义公式”对话框。

(3)在“定义公式”窗口单击[函数向导]按钮，进入“函数向导”对话框。

(4)在对话框左边的“函数分类”列表框中选择“用友账务函数”选项。

(5)在对话框右边的“函数名”列表框中选择“发生(FS)”。

(6)单击[下一步]按钮，进入用友账务函数对话框，单击[参照]按钮，进入“账务函数”对话框，可在“账套号”框中选择“默认”或“007”，“会计年度”应选择“默认”、科目应选择“6601”、期间应选择“月”、方向可选择“借”等项目，根据需要选择“是否包含未记账凭证”复选框。

(7)单击[确定]按钮，返回“用友账务函数”对话框。

(8)单击[确定]按钮，返回“定义公式”对话框，C5＝FS("6601",月,"借",,,,,)。

(9)再单击[确定]按钮，完成公式的录入。

(10)重复(1)～(9)的步骤，编辑C6的公式，C6＝FS("6602",月,"借",,,,,)，也可先按“＝”键，直接在“C6＝”后复制C5的公式，修改为C6的公式。

(11)复制修改或重复(1)～(9)的步骤，编辑C6的公式，C7＝FS("6603",月,"借",,,,,)。

2. 直接输入公式的操作步骤

(1)选中需要定义公式的C8单元。

(2)单击编辑栏中的[fx]按钮或按“＝”键，系统弹出“定义公式”窗口；也可在【数据】菜单中指向【编辑公式】，然后单击【单元公式】项，系统弹出“定义公式”窗口。

(3)在“定义公式”窗口的“C8＝”后输入单元公式：C5＋C6＋C7。

(4)单击[确认]按钮，选中的单元出现“公式单元”字样，该单元公式定义完毕。

(5)重复(1)～(4)的步骤，输入单元公式：“D5＝C5/C8*100；D6＝C6/C8*100；D7＝C7/C8*100；D8＝D5＋D6＋D7”。

注：凡是公式中涉及数学符号的均需输入英文半角字符。

3. 保存已定义好的单元公式

单击[保存]按钮。

(五)报表数据处理(编制会计报表)

1. 转换为数据状态

单击报表左下角的[格式]按钮使之变为[数据]按钮，也可以使用“Ctrl＋D”的快捷方式将报表状态由“格式”状态转为“数据”状态。

2. 编制本报表的简捷步骤

(1)录入关键字。

①选择【数据】→【关键字】→【录入】菜单项，系统弹出“录入关键字”对话框。

②在“录入关键字”对话框；在“年”文本框中输入“2019”，在“月”文本框中输入“12”，在“日”文本框中输入“31”。

③单击[确认]按钮。

(2)表页重算。

①单击【数据】→【表页重算】菜单，系统弹出“是否重算第1页?”对话框。

②在“是否重算第1页?”对话框中单击[是]按钮，系统会自动在初始的账套和录入关键字范围内根据公式生成该页报表。

注：如果编制的报表中出现单元公式不正确时，可以在“格式”状态下重新进行修改单元公式，然后再执行上面第①、②步进行报表重算。

如果编制的报表中出现单元数据不正确时，可以在“格式”状态下重新进行修改单元公式，然后再执行上面第①、②步进行报表重算。

(六)图表分析

1. 追加图形显示区域

(1)选定【编辑】→【追加】→【行】菜单，系统弹出“追加行”对话框。

(2)在“追加行”对话框中，输入需要追加的行数 1；然后单击[确认]按钮。

(3)鼠标拖动追加行的行宽至图形显示所需宽度。

2. 选取数据区域

(1)单击[格式/数据]按钮，进入数据状态。

(2)用鼠标拖动选取区域 B4:D7。

3. 插入图表对象

(1)单击【工具】→【插入图表对象】菜单，进入“区域作图”窗口。

(2)单击选择“立体成组直方图”，单击[确认]按钮。

插入图表对象以后，系统自动进入图表对象的编辑窗口，单击图形区域以外的区域，即可回到正常报表处理状态。

4. 编辑图表对象

(1)删除“X 轴标题”，调整图的大小。

(2)在有关编辑框中分别输入“图表标题”“Y 轴标题”，并调整“标题字体”。

5. 关闭图表

返回“格式/数据”窗口，单击【图表】菜单中的【退出】，系统即关闭图表，并且在关闭图表的同时将自动保存图表。

习题集答案　　　　教材思考题答案

21世纪普通高等教育"十三五"规划教材·公共基础课系列

会计电算化

——原理及应用

（第二版）

张慧德　主　编
王　钊　副主编

上海财经大学出版社

图书在版编目(CIP)数据

会计电算化:原理及应用/张慧德主编. —2版. —上海:上海财经大学出版社,2020.6

(21世纪普通高等教育"十三五"规划教材·公共基础课系列)

ISBN 978-7-5642-3433-1/F·3433

Ⅰ.①会… Ⅱ.①张… Ⅲ.①会计电算化-高等学校-教材 Ⅳ.①F232

中国版本图书馆 CIP 数据核字(2019)第289024号

□ 责任编辑 胡 芸
□ 封面设计 张克瑶

会计电算化
——原理及应用
(第二版)

张慧德 主 编
王 钊 副主编

上海财经大学出版社出版发行
(上海市中山北一路369号 邮编200083)
网 址:http://www.sufep.com
电子邮箱:webmaster@sufep.com
全国新华书店经销
上海景条印刷有限公司印刷装订
2020年6月第2版 2020年6月第1次印刷

787mm×1092mm 1/16 21.5印张 550千字
(习题集:8印张 205千字)
印数:6 001—9 000 定价:65.00元

(本教材附赠习题集 请向售书单位索取)

编委会

BIAN WEI HUI

总策划 宋 谨

编 委 （排名不分先后）

石永恒 清华大学
郑甘澍 厦门大学
吴 迪 上海交通大学
张一贞 山西财经大学
江 林 中国人民大学
施 娟 吉林大学
吴国萍 东北师范大学
胡大立 江西财经大学
彭晓洁 江西财经大学
袁崇坚 云南大学
李少惠 兰州大学
黎江虹 中南财经政法大学
罗昌宏 武汉大学
徐艳兰 中南财经政法大学
吴秋生 山西财经大学
闫秀荣 哈尔滨师范大学
姚晓民 山西财经大学
夏兆敢 湖北工业大学
安 烨 东北师范大学
张昊民 上海大学
黄金火 湖北经济学院
李会青 山西大学商务学院
任月君 东北财经大学
蒲清泉 贵州大学
韩冬芳 山西大学商务学院
何传添 广东外语外贸大学
吴建斌 南京大学
张中强 西南财经大学
梁莱歆 中南大学
余海宗 西南财经大学
关玉荣 渤海大学
曹 刚 湖北工业大学
孟 昊 天津财经大学
齐 欣 天津财经大学
张颖萍 渤海大学
吴开松 中南民族大学
杜江萍 江西财经大学
盛洪昌 长春大学
刘丁酉 武汉大学
刘继森 广东外语外贸大学
张慧德 中南财经政法大学
屈 韬 广东商学院
尤正书 湖北大学
胡放之 湖北工业大学
李文新 湖北工业大学
张 洪 武汉理工大学
夏 露 湖北工业大学
牛彦秀 东北财经大学

第二版前言

21世纪以来，随着经济全球化、企业管理的现代化以及计算机信息技术的深入发展，会计环境发生了翻天覆地的变化。环境的变化对会计来说既是机遇也是挑战，它要求会计行业变革传统的以核算为中心的管理模式与管理理念，使会计由传统的被动核算转变为主动提供咨询与服务，为企业的经营决策提供高质量的信息支持。为了迎接挑战，会计应该顺势而为，运用先进的信息技术实现会计电算化、会计信息化、网络化和云会计，避免边缘化。而对于会计专业的学生来说，会计电算化的基本理论和原理及会计软件的应用已经成为当前必备的专业知识和专业技能。

经过几十年的发展与探索，我国的会计电算化事业取得了一定的成绩，越来越多的企业认识到其重要性。作为企业现代管理的重要手段之一，会计电算化在企业界的覆盖面和升级率不断扩大和提升，已成为提高企业竞争力的重要因素。会计电算化不仅可以代替手工记账，节省人力和物力，为企业管理提供有用的信息，还可以进一步促进企业会计管理手段的现代化，提升企业的经营效益。在这样的背景下，社会对熟练掌握会计专业知识且具备高的计算机管理专业水平的复合型会计人才的需求日益增强。鉴于此，为了满足社会对会计人才的更高需求和实现对高校财会专业会计电算化教学改革的目标，我们以一线教学体会与会计电算化实际经验为基础，充分借鉴现有会计电算化实务经验与理论探索的成果，力求本教材理论系统简明实用、业务模块突出、操作流程规范、应用技巧丰富。

会计电算化课程的教学要求理论与实务并重。在理论部分，需要学生掌握会计电算化的基本理论和原理；在实践部分，通过让学生上机实验全套会计核算业务和部分管理内容的方式，亲自体验会计电算化的基本操作和运用，并对具体案例进行讲解，加深学生对案例的理解和巩固理论部分的知识。因此，本教材从运用的角度出发，以理论为基础、实务运用为目标，按照企业的业务操作流程，遵循由浅入深、循序渐进的原则，通过理论讲解、上机实验与案例分析，详细地阐述了企业业务的处理流程，让学生既了解会计电算化的基本理论与原理，实现举一反三，也使学生在实务运用的上机实验中懂得会计电算化系统的基本操作与运用。

另外，本教材还安排了电算化会计信息系统开发基础知识、实施、维护、内部控制、电算化会计信息系统审计等教学内容，完善了会计电算化课程的教学体系，并且这些内容与实际工作紧密相关，可为培养高级会计电算化人才奠定基础。

本教材的突出特点有以下几个方面：

1. 简明实用，内容新颖

追求实用是本教材编写的基本出发点，全书以用友ERP-U8 V10.1软件为操作平台，结合最新的《企业会计信息化工作规范》《会计档案管理办法》的规范要求，理论联系实际，重点突出会计岗位对会计人员电算化核算能力的要求，全面介绍了企业现代化管理软件操作的基本思想与基本流程、主要操作方法及实用技巧，内容新颖、通俗易懂，既适合高校教学使用，也适合实务中相关人员的自我学习。

内部控制作为企业的防火墙，是企业现代化管理的重要内容。本教材在介绍会计电算化基本理论的同时，还重点介绍了会计电算化在企业内部控制中的角色与作用，将会计电算化的操作流程、主要操作内容与企业的经营管理与内部控制相结合，既实现了理论创新、内容新颖、操作规范、实效显著的目标，也可以满足现代企业经营管理对内部控制的需求。

2. 图文并茂，直观易懂

会计电算化作为一门实务性较强的跨学科课程，对理论水平与实务操作能力的要求较高，学习难度较大。为了方便学生理解，本教材在财务软件应用讲解中采用直观的画面和清晰的步骤进行说明，使复杂问题简单化、学习过程具体化，图文并茂、简明扼要、直观易懂，从而有利于学生的理解，降低学生的学习难度，实现在授人以鱼的同时更授之以渔的目标。

3. 流程明确，操作规范

本教材全面介绍了ERP软件操作的基本思想与基本流程，对实验题提供了明确的实验向导；详细地阐述了为现代管理服务的会计电算化的基本理论及主要操作方法，流程明确、操作规范。

4. 技巧丰富，快捷准确

本教材在介绍用友ERP-U8 V10.1软件时，从软件安装、系统初始化到各功能模块的具体应用中，特别是在讲解应用瓶颈之一的填制凭证时，采用了多达10种方法，且讲解了丰富的技巧。本教材中针对各功能模块的实验，操作简单的实验配有操作向导，操作复杂的实验配有软件操作截图和明确规范的符合实验要求的实验向导，可帮助学生掌握丰富的应用技巧，快捷准确地进行全套会计业务的上机实验。

5. 结构完整，案例详尽

本教材结构完整，严格按照财政部会计电算化教学大纲进行编撰，全面介绍了会计电算化的理论知识与实务操作流程，较清楚地回答了会计为何要电算化、如何电算化等问题。本教材主要包括会计电算化基础知识的介绍、会计软件概述、子系统选用、软件平台搭建、ERP系统初始化；账务处理、薪资管理、固定资产、采购与付款、销售与收款、报表等子系统的应用；会计电算化的管理与内部控制、电算化会计信息系统开发基础及电算化会计信息系统审计等内容。

为了提高教学质量及降低学生的理解难度，本教材在编写过程中选取了大量经典的实务操作案例对理论进行阐述，做到理论联系实际，在向学生详细介绍会计电算化理论的同时，让学生掌握使用财务会计软件的运用方法与技巧。

本教材适合于以培养应用型技术为主的高校学生使用。在具体的教学过程中，各学校可以根据本校的实际情况对教材内容做适当的调整。

本教材由中南财经政法大学张慧德副教授任主编，华中师范大学王钊副教授任副主编，湖北省随州市审计局喻晨、湖北新道教育公司胡世杰和安正时尚集团股份有限公司杜元佳共同参与编写。张慧德编写了第一章至第五章，第七章第一节、第三节，第八章，第十一章，第十二章，第十三章，第十四章；胡世杰编写了第七章第二节；喻晨编写了第六章；王钊编写了第二章、第九章和第十章。最后由张慧德总纂审阅定稿。

本教材配有对应的习题集，参考答案部分生成二维码附于文末，有需要的读者可扫码下载。

本教材在编写过程中，参阅并吸收了许多同志的研究成果，在此一并表示感谢！

由于信息技术和会计信息系统不断发展、作者水平有限以及时间仓促，书中出现不足之处在所难免，希望广大学生批评指正，以便将来修正和改进。

编者

2020 年 4 月于武汉

目 录

第一篇

会计电算化原理

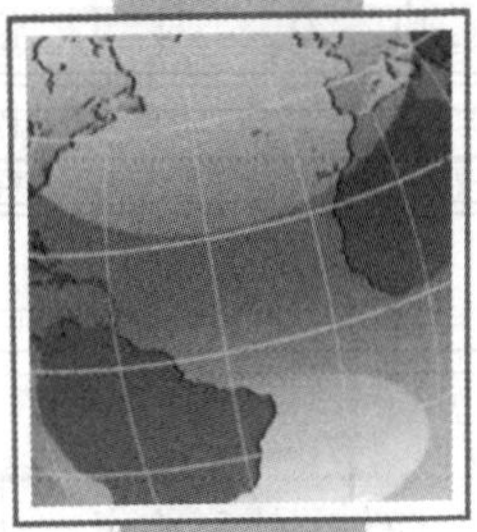

第一章
会计电算化基础知识

【要点提示】

- 会计信息系统(AIS)
- 会计电算化
- 会计信息化
- 财务业务一体化
- 企业资源计划

第一节　会计电算化概述

1979 年作为中国会计电算化产生的时间，其标志是财政部和第一机械工业部拨款 500 万元，用于长春第一汽车制造厂从东德购买一台 EC 计算机进行计算机辅助会计核算的试点工作，开始了我国将现代信息技术应用于会计领域的序幕。1981 年 8 月 9 日试点成功，在长春第一汽车制造厂现场召开“财务、会计、成本应用电子计算机专题讨论会”，参会全体代表倡议成立“会计电算化研究会”，并把“计算机技术在财会工作中的应用”正式命名为“会计电算化”。

一、会计电算化的特点

与手工会计处理方式相比，会计电算化具有如下四大特点。

1. 人机结合

在会计电算化方式下，会计人员填制电子会计凭证并审核后，执行“记账”功能，计算机将根据程序和指令在极短的时间内自动完成记账，以及会计数据的分类、汇总、计算、传递及报告等工作。

尽管许多会计核算工作基本实现了自动化，但会计数据的收集、审核和输入等工作仍需人工完成，各种处理指令也需要由人发出。

2. 会计核算自动化、集中化

在会计电算化方式下，试算平衡、登记账簿等以往依靠人工完成的工作，现在都由计算机自动完成，大大减轻了会计人员的工作负担，提高了工作效率。计算机网络在会计电算化中的广泛应用，使得企业能将分散的数据统一汇总到会计软件中进行集中处理，既提高了数据汇总的速度，又增强了企业集中管控的能力。

3. 数据处理及时、准确

利用计算机处理会计数据，可以在较短的时间内完成会计数据的分类、汇总、计算、传递和报告等工作。得益于计算机的运算优势，会计处理流程更为简便，核算结果更为精确。此外，在会计电算化方式下，会计软件运用适当的处理程序和逻辑控制，能够避免在手工会计处理方式下出现的一些错误。

4. 内部控制多样化

在会计电算化方式下，与会计工作相关的内部控制制度也将发生明显的变化。内部控制由过去的纯粹人工控制发展为人工与计算机相结合的控制形式，一部分控制措施融入会计信息系统，使得会计电算化环境下人工控制和软件控制并存，内部控制的内容更加丰富、范围更加广泛、要求更加严格、内部控制更加有效。

二、会计电算化的作用

会计电算化对于提高会计核算质量、促进会计职能转变、提高经济效益和加强经济管理等方面都有十分重要的作用。

1. 减轻财会人员的工作强度，提高会计信息的时效性

实现会计电算化后，只要将原始凭证信息输入记账凭证中，大量的数据计算、分类、存储等工作都由计算机来完成。这样不仅可把广大财会人员从繁重的记账、算账、报账中解放出来，而且大大提高了财会工作的效率，使会计信息的提供更加及时有效。

2. 促进财会工作的规范化，提高财会工作的质量

由于会计电算化对会计数据及处理过程提出了一系列规范化的要求，在很大程度上解决了手工操作中的不规范、易出错、易疏漏等问题，使财会工作更加标准化、规范化，财会工作的质量得到了进一步的提高。

3. 促进财会工作职能的转变

在手工会计中，会计人员整天忙于记账、算账、报账，重复性核算工作较多。实现会计电算化后，重复性核算等会计业务由计算机完成，从而提高了财会工作效率，使财务人员有时间充分利用会计信息积极参与预测、计划、控制、经营决策，从而促进会计职能的转变。

4. 促进财会人员素质的提高

开展会计电算化，要求广大财务人员学习掌握有关会计电算化的新知识，以便适应财会工作要求，从而使广大财会人员知识结构得以更新，能力和素质不断提高。

5. 促进会计自身的不断发展

会计电算化不仅是会计数据处理手段的变革，而且必将对会计核算的内容、方式、程序以及会计核算资料的保存等会计实务和理论产生深远的影响，从而促进会计自身的不断发展。

6. 提高企业管理现代化水平

会计信息占企业管理信息的很大一部分，而且大多是综合性的指标。首先，实现会计电算化后，为企业管理手段的现代化奠定了重要基础，可以带动或加速企业管理现代化的实现；其次，行业、地区实现会计电算化，大量的经济信息资源可以得到共享，通过计算机网络可以迅速了解各种经济技术指标，提高经济信息的使用价值。

三、会计电算化的发展阶段

各国会计电算化的发展阶段会有不同，在此只介绍我国会计电算化的发展阶段和国外发达国家的会计电算化发展概况；同时从应用领域介绍会计电算化的发展过程。

1. 我国会计电算化的发展阶段

我国会计电算化工作起始于1979年。概括起来，我国四十多年来会计电算化的发展大体可分为以下三个阶段。

(1)会计电算化实验探索阶段(1979～1981年),又称为初级阶段、起步阶段。我国会计电算化是以1979年财政部资助500万元给长春一汽对会计核算进行试点开始的。1981年,会计电算化概念首次在“财务、会计、成本应用电子计算机专题讨论会”中提出,我国开始进入会计电算化的探索阶段。该阶段是少数企事业单位对单项会计业务进行电算化处理时期。计算机技术应用到会计领域的范围十分狭窄,涉及的业务内容单一,最为普遍的是职工薪酬核算的电算化。

(2)会计电算化定点化软件阶段(1982～1987年)。该阶段在广州、上海、北京等地的企业开始定点化开发会计软件产品。

(3)会计电算化商品化软件阶段(1988～1997年)。1988年“首届会计电算化学术研讨会”讨论了会计软件的商品化,财政部也在1989年颁布了《会计核算软件管理的几项规定(试行)》,明确了商品化会计软件的基本要求。

经过四十多年的实践、探索,我国会计电算化事业取得了很大的发展,主要表现在以下五个方面:①对会计电算化工作和企业信息化工作有了一个比较全面系统的认识;②加强了会计电算化工作的管理和引导;③会计电算化工作更加普及和规范;④商品化财务软件市场完全形成,软件水平显著提高,基本达到国际水平;⑤会计电算化应用人才大量出现。

中国软件行业协会财务及企业管理软件分会于1998年召开了“向ERP进军”发布会,改变了商品化会计软件的功能以会计核算为主的局面,会计信息化概念首次在深圳市财政局和金蝶公司联合举办的“会计信息化理论专家座谈会”中提出。我国开始进入会计信息化阶段:①会计信息化产生阶段(ERP)(1998～1999年);②会计信息化初步应用阶段(网络财务)(1999～2004年);③会计信息化推进与发展阶段(会计信息化标准和财务共享)(2005～2015年)。

人工智能的快速发展触发了新的应用场景(杜传忠等,2018)。德勤和Kira Systems于2016年宣布将人工智能引入会计、税务、审计等工作中,随后以四大为代表的会计师事务所和以金蝶、用友、元年为代表的软件厂商纷纷推出了自己的财务机器人方案。我国开始进入会计智能化初步阶段(局部智能化)(2016年至今)。

2. 国外会计电算化发展概况

1954年10月,美国通用电气公司第一次使用电子计算机计算职工工资,从而引起了“会计工具”的变革,使计算机逐渐成为数据处理的主要工具。国外一些发达工业国家自20世纪50年代开始在会计领域应用计算机,发展至今大致经历了以下三个阶段。

(1)单项会计业务处理阶段(20世纪50年代初～60年代中)。1954年,美国通用电气公司第一次利用计算机计算职工工资,开创了电子数据处理会计的新起点。这个时期计算机在会计领域的应用主要是核算业务的处理,电子计算机几乎完成了手工簿记系统的全部业务。其目的主要是用计算机代替手工操作,减轻日常烦琐的手工登录与计算劳动,减少差错,提高财会工作效率。

(2)会计业务综合处理阶段(20世纪60年代中～70年代初)。从20世纪60年代中开始,会计电算化发展到了构建会计信息系统阶段,在会计处理中,人们开始利用计算机对会计数据从单项处理向综合数据处理转变,除了完成基本账务处理外,还带有一定的管理和分析功能,为经济分析、经济决策提供会计信息。

(3)管理信息系统阶段(20世纪70年代至今)。到了20世纪70年代,计算机技术迅猛发展,随着计算机网络技术的出现和数据库系统的广泛应用,形成了网络化的电子计算机会计信息系统。由于企业管理中全面应用了计算机,使各个功能系统可以共享储存在计算机上的整个企业生产经营成果数据库,即各功能系统实现了数据共享,从而极大地提高了工作效率和管理水平。

微机出现并得到广泛应用,出现计算机网络和远程通信技术及数据库管理系统的应用。企业管理中全面应用了计算机,会计信息系统能够向各管理层提供各种管理信息,能进行财务计划、分析、预测、辅助决策,并在企业的管理信息系统中占据中心和主导地位。时至今日,美国、日本、德国等发达国家的会计信息系统已经发展到了较为完善的程度。

3. 会计电算化应用领域的发展过程

纵观国内外会计电算化发展概况,在应用领域方面从单项业务(岗位级)应用到财务部门(部门级)应用,再到企业内部的各个部门(企业级)应用,直至应用到客户、供应商和政府机构等相关的企业外部实体。系统平台从 DOS 发展到 Windows 系统。网络体系结构从文件/服务器(F/S)结构、客户机/服务器(C/S)结构发展到现在的浏览器/服务器(B/S)结构。数据库从小型数据库发展到大型数据库。会计电算化的工作方式从桌面应用走向网络。随着会计软件技术的不断发展,会计电算化咨询服务业正在逐步兴起,咨询服务得到了越来越多用户的接受和认可。会计电算化应用领域的发展过程如表 1—1 所示。

表 1—1　会计电算化应用领域的发展过程一览表

层　面	发　展
应用层级	岗位级→部门级→企业级→供应链级
业务处理	单项业务→全面核算→会计管理→面向决策
操作系统	DOS→Windows 95/98/NT/2000/XP→Browser
网络技术	F/S→C/S→B/S
数据库	文件系统→小型数据库→大型数据库

四、会计电算化系统的数据处理方式

会计电算化系统的数据处理是指系统对于会计数据的收集、处理以及会计信息的输出在时间上的具体安排。常见的三种处理方式为:批处理、在线处理、实时处理。

1. 批处理

批处理(Batch Processing)是指应用系统在一定时间内将相同类型的业务数据集中起来所进行的一次性处理。输入文件分别由操作员和应用系统审核→用输入文件去更新主文件→最后得到这个批处理的输出结果。批处理可以是周期性的,例如工资处理;也可以是不定期的,例如存货更新。数据汇集成批的时间长短取决于吞吐量和频率。

《企业会计信息化工作规范》第二十九条规定,企业应当根据实际情况,开展本企业信息系统与银行、供应商、客户等外部单位信息系统的互联,实现外部交易信息的集中自动处理。

批处理的主要优点是对于输入数据的控制效果较好:(1)与在线处理方式相比较,批处理能够对输入数据进行更多的审核,以保证数据处理的正确性和精确性;(2)建立输入数据文件,有明确的操作责任界限。

批处理的主要缺点是:时间上的延迟,可能导致企业失去客户,不利于用户单位的管理和决策。

2. 在线处理

在线处理(On-line Processing)也称为交互式处理(Interactive Processing),是指输入设备与系统的主中央处理器直接相连,业务数据能及时地输入和处理。例如,银行的自动提款机(ATM)就属于这种处理方式。在银行储蓄工作中,如果可以支付或存款,则自动修改余额、登记明细账,并自动计算利息。

在线处理的优点是:(1)业务数据的输入在操作者与主计算机之间直接进行因而更简单快捷;(2)由于用户能将实际发生的数据及时地送入计算机系统,并能识别数据的异常情况,所以能有效地避免一些类型的数据出错,或者是很容易发现数据错误并加以改正;(3)在用户和计算机系统之间能够取得较大的灵活性,例如对有关资料的查询和打印;(4)由于数据文件的副本很少,数据库的数据很稳定、准确和易于更新。

在线处理的主要缺点是不正确的数据可能会被输入系统中,因为在线处理系统常常缺乏最初的输入文件。

3. 实时处理

实时处理(Real-time Processing)是指应用系统能连续地接收并快速地处理数据,以便能够将数据处理的结果及时反馈到数据的来源处;也就是说,应用系统能对环境的变化做出快速的反应,这种变化是由输入数据来定义的。实时处理在业务数据的输入和根据输入的业务数据更新主文件之间没有时间上的延迟,除非要进行数据合法性检验。实时处理的特点是能够提供最新的信息而不只是做出快速反应和更新操作。

实时处理系统一般是交互方式或多用户方式,例如仓库管理系统、飞机票订票系统等。

实时处理的主要优点是:(1)数据处理迅速。这可以为客户提供更好的服务,因为订单处理得越快,账簿的查询也就越简便。(2)可以最快地得到最新的管理信息。因为主文件始终是在线的,例如某种商品的库存量或者到目前为止的销售量。(3)更有利于辅助管理者进行决策。因为有关的信息是最新的,而不像其他系统那样相对滞后。

实时处理的主要缺点是:(1)系统的设备性能要求高,技术较复杂,开发费用较大;(2)由于数据文件是立即更新的,系统数据的安全性是一个重要的问题。

五、国内外会计电算化的经验总结

1. 会计电算化需要一定的技术条件和社会条件

会计电算化需要一定的技术条件和社会条件,并在与诸多相关因素的协调中发展。(1)技术条件:计算机业、通信业;(2)社会条件:经济与管理体制、计算机的社会教育、数据收集与编码等。

2. 会计电算化与经济体制及管理体制关系密切

只有相适应的经济体制及管理体制,才能发挥会计电算化的经济效益。

3. 会计电算化过程也是建立人才队伍的过程

会计电算化需要相适应的人才。会计电算化过程也是培养适应的人才队伍的过程。

4. 会计电算化需要合适的商品化会计软件

各国的商品化会计软件有所差别,各类商品化软件的功能及操作方法也有差别。商品化软件是实现会计电算化的基础保障,各单位应选择适合本单位的商品化会计软件。

六、会计电算化的发展趋势

我国的会计电算化事业在改革的进程中,新技术不断推陈出新,有以下发展趋势。

1. 会计电算化进一步得到普及

国产会计软件的发展为基层单位开展会计电算化工作提供了前提条件。在各级政府的支持和社会各界的努力下，会计电算化知识培训已成常规化，为全面普及会计电算化工作奠定了人才基础。

2. 会计电算化的管理将更加规范化、标准化

为了更好地开展会计电算化工作，应不断完善会计电算化管理制度，运用新的管理手段，进一步组织实施已有的管理办法。财政部已颁布《会计电算化工作规范》《会计核算软件基本功能规范》等文件，随着这些规章制度的贯彻实施，会计电算化的管理工作将更加规范。

3. 会计电算化向"管理一体化"、ERP 方向扩展

这里所说的"管理一体化"是指从整个单位的角度开展计算机在管理中的应用工作。会计电算化工作只是整个管理电算化的一个有机组成部分，需要其他部门的配合，同时也给其他部门提供支持和提出要求。如今许多单位的会计电算化工作已有了一定基础，具备了向其他部门扩展的条件。网络、数据库等计算机技术的发展也在技术上提供了向管理一体化发展的可能。从发展趋势来看，会计电算化工作将逐步与其他业务部门的电算化工作结合起来，由单纯的会计业务工作的电算化向建立财务、统计信息综合数据库、综合利用会计信息的方向发展；特别是向将企业内部各个部门的管理利用信息技术整合而连接在一起的 ERP 方向发展。

4. 会计数据处理的大量化和多维化

要实现预测、计划、控制、管理、分析和参与决策，不仅需要企业的内部数据，也需要企业的外部数据和历史数据，并且需要反映企业生产经营活动的会计数据和市场、物价、金融、政策和投资等经济数据，系统数据量明显加大。另外，为了有效支持预测、决策的实施，需要对各项数据进行多维分析与观察。目前新推出的数据仓库、联机分析处理及数据挖掘等技术，为大量数据的处理和存储提供了有力的支持。

5. 会计电算化系统的网络化和智能化

计算机网络技术特别是局域网已广泛应用于会计电算化系统，这使会计电算化系统实现了各个工作站的并发操作、统一管理和数据共享。随着集团公司的发展和全国各地分支机构的建立，一些企业提出了更高的要求，如中远程数据传输、中远程数据查询、中远程数据维护和合并会计报表的编制等。计算机网络技术的发展，为会计电算化系统满足企业的需求提供了强大的技术支持；同时，随着市场经济的发展，影响经济变化的因素越来越复杂，预测、计划、控制、管理、分析和参与决策的难度也越来越大，除了要不断提高工作人员的信息处理水平，加大数据量的采集和运用以外，还要逐步实现信息系统的智能化，使用人工智能研究成果，采集专家的经验和智慧，用以辅助企业的经营管理决策，所有这些对软件智能化的要求同样是会计电算化软件今后的努力目标。

6. 会计电算化专门人才队伍的形成

会计电算化人才的培养一直是会计电算化的重点工作之一。在财政部门和有关教育部门的领导、支持以及大力推动下，目前我国已培养了一批会计电算化人才，但离满足需求还相差甚远；专业的会计电算化人员，特别是具有中高级会计电算化水平的人才仍很匮乏，会计电算化人才的缺失必定会妨碍会计电算化事业的发展。因此，加强对会计电算化专门人才的培养，从而形成和壮大会计电算化专门人才队伍是会计电算化发展的必然趋势。

第二节　会计电算化的相关概念

一、会计数据、会计信息

在财会工作中，从不同来源、不同渠道取得的各种原始会计资料统称为会计数据，例如原始凭证(单据)和记账凭证(分录)。会计信息是在会计活动中所获取的数据经过加工的结果，或者是经过加工处理并对会计业务或管理活动产生影响的数据(结果)。从使用层次上看，会计信息可以分为财务信息、管理信息和决策信息。

从形式上看，会计信息也是一种会计数据，二者在一定条件下可以相互转换。会计数据与会计信息的区别体现在两个方面：(1)从意义上看，会计数据只有经过加工处理成为有用形式后才能成为会计信息；(2)从地位上看，会计信息相当于产成品，而会计数据相当于原材料、在产品、半成品。

二、会计信息系统

会计信息系统(Accounting Information System，英文缩写 AIS)属于外来的英文名称。广义上讲，会计信息系统是专门用于企事业单位收集、存储、传输和加工会计数据，产生会计信息，并向投资人、债权人和政府职能部门提供这些信息的信息系统。具体来说，会计信息系统是由特定的人员、会计数据处理工具和会计数据处理规程组成的有机整体。其中特定的人员主要是指会计人员、电算会计人员；会计数据处理工具主要是指人工、机械、电子计算机；会计数据处理规程主要是指会计核算办法、制度、法规等。财政部发布的《企业会计信息化工作规范》(财会〔2013〕20 号)中说明，本规范所称会计信息系统，是指由会计软件及其运行所依赖的软硬件环境组成的集合体。

会计信息系统按使用工具的不同，可分为传统会计信息系统和电算化会计信息系统两类。传统会计信息系统采用的是人工处理的会计数据，主要使用纸、笔、算盘等。本教材所称的会计信息系统主要指电算化会计信息系统这一类。电算化会计信息系统通常称为计算机会计信息系统(CAIS)，是用电子计算机技术对会计信息进行管理的人机结合的控制系统。电算化会计信息系统还有其他一些称呼：电算化会计信息系统、会计电算化会计信息系统、计算机会计信息系统、电脑会计信息系统、人机会计信息系统、电子会计信息系统等。

电算化会计信息系统按功能划分(或按系统的层次划分)，可分为三个子系统：电算化会计核算子系统(是基础，面向大众)、电算化会计管理子系统(面向管理工作)和电算化会计决策支持子系统(又称为会计专家系统，面向企业领导决策层)。(1)电算化会计核算子系统。工业企业的电算化会计核算子系统可细分为账务处理、职工薪酬核算、报表、应收应付款、销售、存货、固定资产、成本等子系统。除报表子系统外的各子系统均以账务处理为核算中心，通常以转账机制凭证为接口，构成一个完整的会计核算子系统。报表子系统主要从账务处理子系统取数，也可以从其他子系统取数。(2)电算化会计管理子系统。电算化会计管理子系统需从电算化会计核算子系统中取数。电算化会计管理子系统的管理内容主要有：资金(筹资、投资)、成本、利润；供应链管理(进、销、存管理)；事前预测和计划、事中控制、事后分析。(3)电算化会计决策支持子系统。以计算机为工具，使用会计辅助决策支持软件，利用会计核算和会计管理系统提供的会计信息以及外部数据，通过数学模型的定量分析，提供多种可供选择的方案来辅助会计决策。该系统主要是根据会计预测的结果进行有关决策。

三、会计电算化

会计电算化是"计算机技术在财会工作中的应用"的简称或代名词。会计电算化的概念有狭义和广义之分。狭义的会计电算化是指以电子计算机为主体的电子信息技术在会计工作中的应用;广义的会计电算化是指与实现电算化有关的所有工作,包括会计软件的开发应用及其软件市场的培育、会计电算化人才的培训、会计电算化的宏观规划和管理、会计电算化制度建设等。会计电算化在国内外还有其他称呼,国外:EDP 会计(Electronic Data Processing Accounting,即电子数据处理会计);国内:电子计算机会计、电算会计、电脑会计、电脑化会计、电子会计、电子化会计等。一般来说,实现会计电算化的最基本要求是甩掉手工账(简称甩账),即不用人工做账,用计算机做账,由计算机编制报表。

四、会计信息化

1999 年 4 月初,在深圳召开的"会计信息化理论专家座谈会"上,与会专家提出了"会计信息化"这一概念。所谓会计信息化,是指将会计信息作为管理信息资源,全面运用以计算机网络和现代通信为主的信息技术对其进行获取、加工、传递、存储、应用等处理,建立计算机技术与会计高度融合的、开放的现代会计信息系统,为企业经营管理、控制决策和经济运行提供充足、实时、全方位的信息。相对于会计电算化而言,会计信息化是一次质的飞跃。

《企业会计信息化工作规范》中说明,本规范所称的会计信息化,是指企业利用计算机、网络通信等现代信息技术手段开展会计核算,以及利用上述技术手段将会计核算与其他经营管理活动有机结合的过程。

五、网络财务

网络财务是基于网络计算技术,以整合实现企业电子商务为目标,能够提供互联网环境下财务管理模式、财会工作方式及其各项功能的会计信息系统。网络财务的主要功能有:实现网上询价、网上采购、网上销售、网上服务、网上银行、网上保险、网上证券投资和网上外汇买卖等,支持远程报账、远程查账、远程审计、网上支付、网上催账、网上报税、网上报关等。

六、财务业务一体化

财务业务一体化的基本思想是在包括网络、数据库、管理软件平台等要素的 IT 环境下,将企业经营中的三大主要流程,即业务流程、财务会计流程、管理流程有机融合,将计算机的"事件驱动"概念引入流程设计,建立基于业务事件驱动的财务一体化信息处理流程,使财务数据和业务融为一体。在这一指导思想下,将企业的经营信息按使用动机不同划分为若干业务事件。以业务数据为前提,以项目数据为核心。业务数据在系统中经过网上报账、往来管理或项目核算等模块功能以后,逐渐转化成财务数据,由系统自动生成待处理凭证,财务人员处理之后,最终生成总账信息,同时系统支持各分支模块数据的报表查询。

《企业会计信息化工作规范》第二十八条规定,企业应当促进会计信息系统与业务信息系统的一体化,通过业务的处理直接驱动会计记账,减少人工操作,提高业务数据与会计数据的一致性,实现企业内部信息资源共享。

财务业务一体化通常是指总账系统和购销存业务相连。财务业务一体化模块联系如

图 1—1 所示。

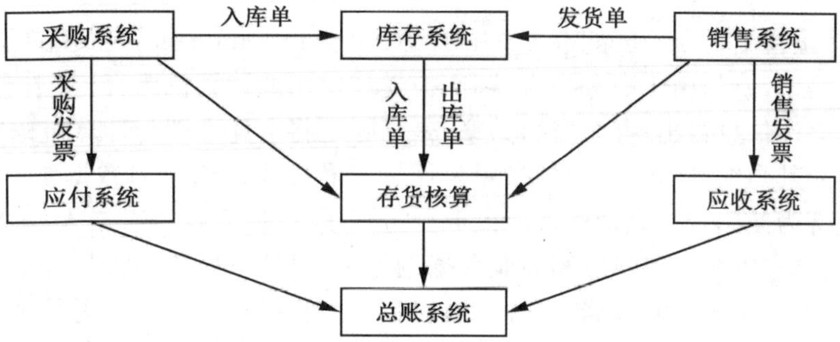

图 1—1 财务业务一体化模块联系图

七、企业管理信息系统

要明确企业管理信息系统的含义，应先弄清管理信息系统的含义。

管理信息系统(Management Information System，英文缩写 MIS)，是指用系统的思想来建立的、以计算机为基础的、为管理决策服务的信息系统。

企业管理信息系统(Business Management Information System，英文缩写 BMIS)，是指为企业的全部管理活动提供信息、为企业管理提供各种服务的信息系统。传统的企业管理信息系统通常包含六个子系统：会计信息子系统、生产管理子系统、技术管理子系统、人事管理子系统、质量管理子系统、经营决策子系统。目前，典型的现代企业管理信息系统是企业资源计划。

八、企业资源计划、ERP 系统

企业资源计划(Enterprise Resource Planning，英文缩写 ERP)是将企业内部各个部门，包括财务、会计、生产、物料管理、品质管理、销售和分销、人力资源管理、供应链管理等，利用信息技术整合连接在一起。日常生活中，人们常将 ERP 称为“三流一体化”或“三流合一”的管理信息系统。其中“三流”是指物流、资金流、信息流。

企业资源计划系统(Enterprise Resource Planning System，简称 ERP 系统)是指建立在信息技术基础上，以系统化的管理思想为企业决策层及员工提供决策运行手段的管理平台。它是从物料需求计划(Material Requirement Planning，英文缩写 MRP)、制造资源计划(Manufacturing Resouces Planning，英文缩写 MRPⅡ)基础上逐步发展起来的新一代集成化管理信息系统，其核心思想是供应链管理。

ERP 系统不仅整合了企业内部的开发设计、采购、生产、销售等环节和流程，而且将企业与其外部的供应商、客户等市场要素有机结合，实现对企业的物资资源(物流)、人力资源(人流)、财务资源(财流)和信息资源(信息流)等资源的一体化管理，强调对整个供应链的有效管理，提高配置和使用资源的效率。

ERP 系统通过利用计算机和网络等现代技术，实现了企业内部甚至企业间的过程集成，在实现高效、实时地共享企业事务处理系统间数据和资源的同时，实现应用间的协同工作，并将一个个孤立的应用集成起来，形成一个协调的企业信息和管理系统。在功能层次上，ERP 系统除了最核心的财务、分销和生产管理等管理功能以外，还集成了人力资源、质量管理、决策支持等企业其他管理功能。会计信息系统已经成为 ERP 系统的一个子系统。

九、可扩展商业报告语言

可扩展商业报告语言(eXtensible Business Reporting Language,英文缩写 XBRL)是基于互联网、跨平台操作,专门用于财务报告编制、披露和使用的计算机语言,基本实现数据的集成与最大化利用,会计信息数出一门、资料共享,是国际上将会计准则与计算机语言相结合,用于非结构化数据,尤其是财务信息交换的最新公认标准和技术。通过对数据统一进行特定的识别和分类,可直接为使用者或其他软件所读取及进一步处理,实现一次录入、多次使用。

XBRL 的主要作用在于将财务和商业数据电子化,促进了财务和商业信息的显示、分析和传递。XBRL 通过定义统一的数据格式标准,规定了企业报告信息的表达方法,规范了信息披露的途径。企业可以通过 XBRL,在计算机互联网上有效处理各种信息,并且迅速将信息转化成各种形式的文件。

企业应用 XBRL 的优势主要有:(1)能够提供更精确的财务报告与更具可信度和相关性的信息;(2)能够降低数据采集成本,提高数据流转及交换效率;(3)能够帮助数据使用者更快捷方便地调用、读取和分析数据;(4)能够使财务数据具有更广泛的可比性;(5)能够增加资料在未来的可读性与维护性;(6)能够适应变化的会计制度和报表要求。

我国的 XBRL 发展始于证券领域。2003 年 11 月,上海证券交易所在全国率先实施基于 XBRL 的上市公司信息披露标准。2005 年 1 月,深圳证券交易所颁布了 1.0 版本的 XBRL 报送系统。2005 年 4 月和 2006 年 3 月,上海证券交易所和深圳证券交易所先后加入了 XBRL 国际组织。此后,中国的 XBRL 组织机构和规范标准日趋完善。

2008 年 11 月,XBRL 中国地区组织成立。2009 年 4 月,财政部在《关于全面推进我国会计信息化工作的指导意见》中将 XBRL 作为会计信息化的标准;同年 12 月,财政部颁布了《中国 XBRL 分类标准架构规范(草案)》;2010 年 10 月 19 日,国家标准化管理委员会和财政部颁布了《可扩展商业报告语言技术规范》系列国家标准和《企业会计准则通用分类标准 2010》。

十、大数据

大数据(Big Data)是指无法在一定时间范围内用常规软件工具进行捕捉、管理和处理的数据集合,是需要新处理模式才能具有更强的决策力、洞察发现力和流程优化能力的海量、高增长率和多样化的信息资产。在维克托·迈尔—舍恩伯格及肯尼斯·库克耶编写的《大数据时代》中,大数据指不用随机分析法(抽样调查)这种捷径,而采用所有数据进行分析处理。

大数据的 5V 特点(IBM 提出)是:Volume(大量)、Velocity(高速)、Variety(多样)、Value(低价值密度)、Veracity(真实性)。

十一、财务共享服务中心

财务共享服务中心(Financial Shared Service Center,英文缩写 FSSC)是近年来出现并流行起来的会计和报告业务管理方式。它是将不同国家、地点的实体的会计业务拿到一个 SSC(共享服务中心)来记账和报告,这样做的好处是保证了会计记录和报告的规范、结构统一,而且由于不需要在每个公司和办事处都设会计,节省了系统和人工成本,但这种操作受限于某些国家的法律规定。财务共享中心一般为人员素质较高的制造业企业所属各分支机构、办事处。这些分支机构、办事处往往只承担销售任务,而无复杂的财务核算需求。例如戴尔(DELL)在中国各个地区的销售网点,这些网点仅由一个销售团队及服务人员构成,通过设在厦门的总部标准订单统一处理业务，财务则可以共享至厦门。适合建立财务共享服务中心的企业有：金融企业、服务企业、制造业的销售网点、连锁企业、通信服务业；目前技术条件下不适合建立财务共享服务中心的企业有：制造业的工厂、勘探业、信息化程度较低的企业等。

第三节　电算化会计信息系统的物理结构

从系统的物理组成来看，电算化会计信息系统主要由会计软件、计算机硬件、会计数据、会计电算化规程和会计电算化人员五部分组成。

一、会计软件

财政部 2014 年 1 月实施的《企业会计信息化工作规范》（财会〔2013〕20 号）第 2 条规定，会计软件是指企业使用的，专门用于会计核算、财务管理的计算机软件、软件系统或者其功能模块。

商品化会计软件是指由专门的软件公司研制的，具有较高质量和通用化、标准化水平，在市场上公开出售的会计软件。商品化会计核算软件是指专门用于会计核算工作的商品化会计软件。

二、计算机硬件

在此我们只介绍计算机硬件设备的内容和硬件结构。

1. 硬件设备的内容

硬件设备一般包括输入、处理、存储、输出四大设备及通信设备（网络电缆等）和机房设施。(1)输入设备，主要是指键盘、光电自动扫描仪（可扫汉字）、条形码扫描仪、语音输入设备、手写输入设备（磁性墨水字符设备）；(2)处理设备，主要是指计算机主机；(3)存储设备，主要是指磁盘机、光盘机、磁带机等；(4)输出设备，主要是指显示器、打印机、音箱等。

2. 硬件结构

硬件结构是指硬件设备的不同组合方式。

一般来说，电算化会计信息系统中常见的硬件结构有：单机结构、多机松散结构、多用户分时系统和微机局域网络。

(1)单机结构。单机结构属于单用户工作方式。一台微机同一时刻只能一人使用。

(2)多机松散结构。多机松散结构是指有多台微机，但每台微机都有相应的输入输出设备，每台微机仍属单机结构。各台微机不发生直接的数据联系（可通过磁盘、光盘、U 盘、移动硬盘等传送数据）。

(3)多用户分时系统。多用户分时系统（又称为联机结构）是指整个系统配备一台计算机主机（通常是中型机，目前也有较高档的微机）和多个终端（终端由显示器和键盘组成）。主机与终端的距离较近（0.1 千米左右）。主机为各终端提供虚拟内存，各终端可同时输入数据。

(4)微机局域网络。微机局域网络（又称为网络结构），是由一台服务器（通常是高档微机）将许多中低档微机连接在一起（由网络接口卡、通信电缆连接），相互通信，共享资源，组成一个功能更强的计算机网络系统。微机局域网络参见图 1—2。

四种硬件结构的优缺点及适用范围的比较参见表 1—2。

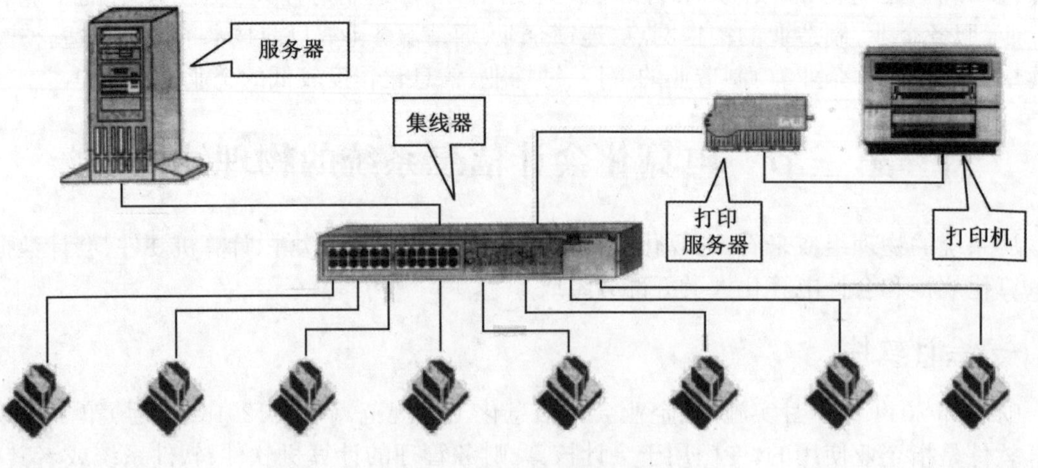

图 1—2 微机局域网络图

表 1—2 四种硬件结构的优缺点及适用范围的比较

硬件结构	优 点	缺 点	适用范围
单机结构	数据共享程度高，一致性好	集中输入速度低	输入量小的企业
多机松散结构	输入输出集中程度高，速度快	数据共享性能差，系统整体效率低	输入量较大的企业
多用户分时系统	分散输入，集中处理	费用较高，应用软件较少	输入量大的企业
微机局域网络	输入、处理的效率高	技术和管理的要求高	大中型企业

三、会计数据

在会计电算化系统中，数据量大、面广，数据载体无纸化。该组成部分的会计数据是广义的会计数据，主要是指会计信息、数据库、数据文件、文本文件等。会计电算化系统的一个重要任务是提供会计信息。这些会计信息通常以数据的形式按照一定的存储结构存放在会计电算化系统的数据库中，随时供系统查询、处理和输出。

尽管一个质量可靠的会计电算化系统为生成真实、完整的会计信息提供了前提条件，但由于技术、设备、操作人员水平等方面的原因，容易导致会计资料失真。因此，有关法规要求，实行会计电算化的单位，用计算机生成的会计凭证、会计账簿、财务会计报告和其他会计资料在格式、内容以及会计资料的真实性和完整性等方面，都必须符合国家统一的会计制度的规定。

四、会计电算化规程

会计电算化规程是对会计信息系统进行控制的相关法律制度、各种指导意见、规则、规范和各项具体规定。

1. 会计电算化的相关法律制度

《会计法》第十三条第二款规定：使用电子计算机进行会计核算的，其软件及其生成的会计凭证、会计账簿、财务会计报告和其他会计资料，必须符合国家统一的会计制度的规定。《会计法》第十五条第三款规定：使用电子计算机进行会计核算的，其会计账簿的登记、更正，应当符合国家统一的会计制度的规定。

在《企业会计制度》(会计科目和会计报表)的"一、总说明(一)"中规定:本制度统一规定会计科目的编号,以便于编制会计凭证,登记账簿,查阅账目,实行会计电算化。企业不应当随意打乱重编。某些会计科目之间留有空号,供增设会计科目之用。在《小企业会计制度》"一、总说明(十五)3."中也有相同的规定。

2. 政府的指导意见、规则、规范

(1)我国财政部于 1994 年发布了《关于大力发展我国会计电算化事业的意见》,并按照《会计法》规定颁布了三个全国性会计电算化管理规章制度,即《会计电算化管理办法》《商品化会计核算软件评审规则》《会计核算软件基本功能规范》。对各单位使用会计核算软件、软件生成的会计资料、采用电子计算机替代手工记账、会计电算化档案保管等会计电算化工作做出了具体规范。

(2)1996 年,财政部积极支持、推动会计软件的开发、应用和完善,适时发布了《会计电算化工作规范》,并将会计电算化纳入我国会计改革与发展纲要,极大地促进了我国企业会计核算手段的革新和会计软件行业的发展。

(3)为了进一步促进财务及企业管理软件开发的规范性,1998 年 6 月,由财务软件分会发起,在国内多家厂商的大力支持下,出台了《中国财务软件数据接口标准》。

(4)2009 年 4 月,财政部颁布了《关于全面推进我国会计信息化工作的指导意见》。

(5)2013 年 12 月,财政部颁布了《企业会计信息化工作规范》。

3. 基层单位在会计电算化工作中的各项具体规定

会计电算化系统要正常运行,必须按照人们预先制定的各项规定进行管理,包括对系统运行控制的各种规定,例如系统操作制度、机房管理制度、系统操作使用说明书、内部控制制度、会计档案管理制度等。

五、会计电算化人员

会计电算化人员一般是指直接从事会计电算化有关工作的人员。

1. 全面的会计电算化人员

全面的会计电算化人员包括直接从事系统研制、开发、使用和维护的人员,一般分为三类:一是系统开发、设计人员;二是系统使用、维护人员;三是系统管理人员。

2. 进行日常会计电算化工作的人员

日常的会计电算化工作一般只需要两个方面的人员,即系统使用、维护人员和系统管理人员。根据《会计电算化工作规范》(财会字〔1996〕17 号)的规定,系统使用、维护人员和系统管理人员又细分为电算主管、软件操作员、审核记账员、电算维护员、电算审查员、数据分析员共六类人员。因此,在软件和硬件的准备工作完成后,日常的电算化账务处理工作只需要设置这六类人员。各单位可根据自己的实际情况调整相应人员的设置。

思考题

1. 什么是会计电算化、会计信息化、企业资源计划?
2. 简述会计电算化的特点。

3. 简述会计电算化系统的数据处理方式。
4. 简述会计电算化的发展阶段与发展趋势。
5. 什么是会计信息系统？电算化会计信息系统按功能可划分为哪几个子系统？
6. 简述电算化会计信息系统的物理结构。
7. 电算化会计信息系统中常见的硬件结构有哪些？
8. 会计电算化规程主要有哪些？
9. 财政部对会计电算化的规范主要有哪些？

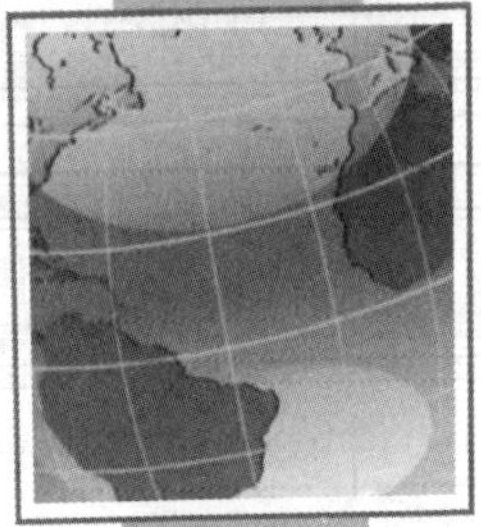

第二章 会计软件概述

【要点提示】

- 会计软件
- 会计核算软件
- 通用会计软件
- XBRL
- 会计软件云
- 云计算

第一节　会计软件的基本功能和分类

信息化时代，不仅会计工作的工具和手段发生变化，企业会计工作的基础环境也发生了改变，带来了会计工作、会计监督理念与模式的变革。企业会计工作通过会计软件完成，会计记录与报告可以由会计软件自动实现，在会计系统与业务系统对接集成，估值模型与控制规则内嵌入会计软件的情况下，部分会计确认与计量工作甚至已经由会计软件自动实现。

一、会计软件的基本功能

《企业会计信息化工作规范》（以下简称《工作规范》）第 2 条规定了会计软件应具有的基本功能。会计软件具有专用性，是指专为完成会计核算或者财务管理目的而设计的。企业开展会计核算或者财务管理工作，可能会用到 Word、Excel 这样的通用软件，但这些软件所有部门都可以使用，并不是专门为财务会计工作设计的，因此不属于会计软件。下述三项功能是界定会计软件的核心标准，只要一个软件符合这三项功能之一，就可以归为会计软件。

1. 为会计核算、财务管理直接采集数据

会计软件要为会计核算、财务管理直接采集数据。其中的“直接”是指数据采集后的下一步处理即属于会计核算、财务管理的职能范围，而不再经过其他业务职能处理。会计处于企业信息流的下游，不少业务系统采集的数据最终都会为会计所用，但不能因此而无限扩大会计软件范畴。只有那些直接为会计核算、财务管理采集数据的软件，才应归于会计软件范畴。

会计软件要为会计核算、财务管理直接提供数据输入。会计数据的输入可通过键盘手工输入、软盘转入和网络传输等几种形式，输入会计核算所必需的期初数据及有关资料，比如总分类会计科目和明细分类会计科目的名称、编号、年初数、累计发生额及有关数量指标等，在本期进行对账的未达账项、选择会计核算方法、输入操作人员岗位分工情况等。输入的数据必须符合国家统一会计制度的规定。

2. 生成会计凭证、账簿、报表等会计资料

会计软件可以对输入的数据进行处理，生成凭证、账簿、报表等会计资料。会计软件能够提供根据审核通过的机内记账凭证及所附原始凭证登记账簿；能够自动进行银行对账，根据机内银行存款日记账与输入的银行对账单，自动生成银行存款余额调节表；能够自动编制会计报表；期末，会计软件能够进行结账，并可以根据需要将一些数据延续至下一会计年度的第一个月。

3. 对会计资料进行转换、输出、分析和利用

会计软件的数据输出是指对会计资料的转换、输出、分析和利用。会计核算软件能够提供对机内会计数据的查询，比如查询机内总分类账和明细分类账、查询往来账款项目的结算情况、查询到期票据的结算情况等；会计软件还能够打印输出查询结果，比如会计账簿和会计报表等。

二、会计软件的分类

1. 按照会计软件的表现形式

按照会计软件的表现形式可以分为三类：

(1)单独软件。也称为单用户会计软件，是指将会计软件安装在一台或几台计算机上，每台计算机中的会计软件单独运行，生成的数据只存储在本台计算机中，各计算机之间不能直接进行数据交换和共享。

(2)软件系统。即网络会计软件，也称为多用户会计软件，是指将会计软件安装在一个多用户系统的主机(计算机网络的服务器)上，系统中各终端(工作站)可以同时运行，不同终端(工作站)上的会计人员能够共享会计信息。例如安装于服务器，通过网络系统部署使用的软件，包括云服务软件。

(3)软件系统中的某些功能模块。由于会计信息化发展对信息集成的内在要求，造成会计与其他经营管理职能相互渗透，会计软件与企业其他业务软件的界限越来越不清晰。这不仅是信息化发展对信息集成的内在要求，也是会计与其他经营管理职能相互渗透的必然结果。如企业使用 ERP 系统开展经营管理活动，如果其会计核算功能依附于单独模块完成，则应当将该模块认定为会计软件，而不是将整个 ERP 系统认定为会计软件。《工作规范》第 7 条要求(中文界面和中文处理支持)仅适用于该模块，而不是整个 ERP 系统，这对于开展会计监管工作非常重要。

2. 按照会计软件的功能特点

会计软件按功能特点划分，通常可分为会计核算软件、会计管理软件(财务管理软件)、会计决策支持软件三个部分。其中最常用的是会计核算软件。会计软件主要包括的内容模块如图 2—1 所示。

会计核算软件是指专门用来完成会计核算业务的应用软件，如账务处理软件、职工薪酬核算软件、会计报表处理软件等。工业企业的会计核算软件主要包括的内容模块如图 2—2 所示。

大多数软件公司把包含简单的财务分析、账龄分析、存货管理、工资管理等模块的会计软件称为会计管理软件。会计管理软件是会计核算软件的延伸，用来完成会计管理控制工作，它是在全面核算的基础上突出或强化了会计在管理中的监督控制作用的会计软件；同样，大部分软件公司把含本量利分析、简单预测功能的会计软件称为会计决策支持软件。会计决策支持软件是最高层次的应用软件，利用会计核算和管理的数据帮助决策者制定科学的经营决策和预测工作。

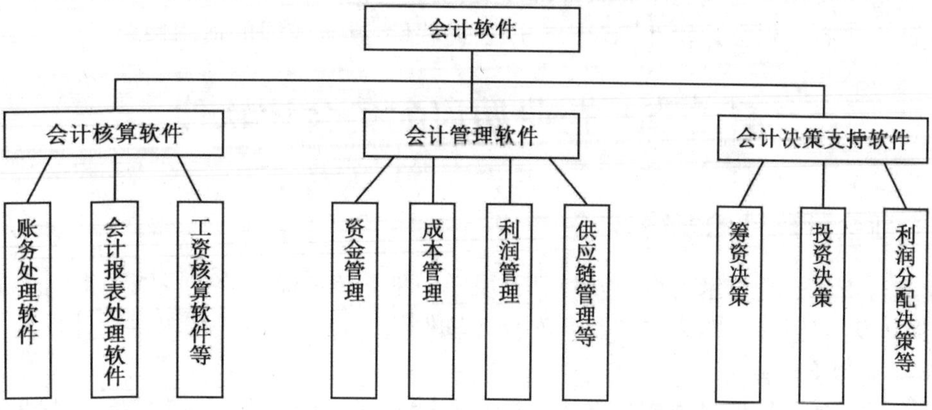

图 2—1　会计软件模块图

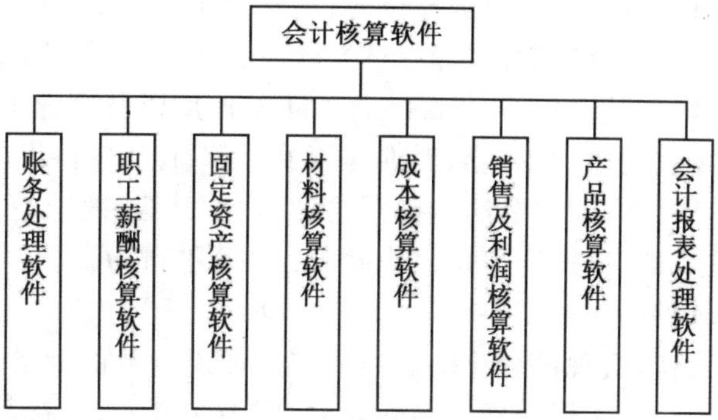

图 2—2　工业企业的会计核算软件模块图

3. 按照会计软件应用的硬件环境

按照会计软件应用的硬件环境状况，可分为单机版会计软件和网络版会计软件。

(1)单机版会计软件。单机版会计软件是指只需一台计算机即可独立运行的会计软件。一般只能将会计软件安装在一台计算机上，生成的资料储存在本地计算机中。

(2)网络版会计软件。网络版会计软件是运行于计算机网络下的会计软件。其操作是将系统安装在服务器端，在局域网中的其他终端机上安装终端程序，数据的处理及存储都在服务器端发生；这样会计人员可以同时处理会计数据，共享会计信息，各用户之间的资料可以共享并具有一致性。

4. 按照是否在软件市场进行销售

会计软件的开发最初是各单位自行开发，成本很高。到 1988 年就有了专门的软件厂家集中研制、生产，并且配套有市场开拓、销售、培训、售后服务等环节，形成了我国的商品化会计软件市场。会计软件按照是否在软件市场上销售可分为商品化会计软件和非商品化会计软件两种。

(1)商品化会计软件。商品化会计软件是指软件供应商在市场销售的会计软件，一般为通用会计软件，它以商品的形式提供给用户。

(2)非商品化会计软件。非商品化会计软件是指会计软件不在市场进行销售的会计软件，是用户为满足自身业务处理的需要而自行开发、委托外部单位开发、企业与外部单位联合开发的会计软件。非商品化会计软件一般为专用会计软件，具有较强的适用性。

第二节　企业如何配备会计软件

一、企业会计软件的取得方式

企业应当衡量自身技术力量以及外部开发单位能否有效满足各项要求，将购买通用会计软件、定制开发会计软件、购买与定制开发会计软件相结合三种方式来取得会计软件。

1. 购买通用会计软件

通用会计软件是软件供应商为完成会计工作而专门设计开发，并以产品形式投入市场的会计应用软件。特点是不含或含有较少的会计核算规则与管理方法。实质上通用会计软件是一个工具，由用户自己输入会计核算规则，使会计软件突破了空间和时间上的局限，具有真正的通用性。企业外购会计软件，则应当选择符合《工作规范》要求的通用会计软件产品。企业作为用户，一旦购买了通用版会计软件，即可享受软件的使用、维护、升级、人员培训等服务。

会计软件不同于一般商品软件，要保障软件的正常使用以及会计工作的持续开展，企业在购买通用会计软件时，要重视软件供应商提供的相关服务，有些软件供应商可能重产品而轻服务。在与软件供应商签订的合同中要约定操作培训、软件升级、故障解决等服务事项，以及软件供应商对企业信息安全的责任，这也是供应商服务的重要部分。

(1)购买通用会计软件的优点主要有：

①企业投入少，见效快，实现信息化的过程简单。如果企业的业务内容不是很特殊，可以选择购买通用会计软件，企业不用花费太多的人力、财力去开发，直接购买通用的，省时省力，买来安装即可使用。

②软件质量高。会计软件供应商集中了计算机和会计专业人员，他们共同研发的会计软件性能稳定、质量可靠、运行效率高，能够满足企业的大部分需求。通用版会计软件在开发的过程中，为了适应大多数企业的需求，对自己的质量要求很高，且功能多元化。

③通用性、可扩展性强。会计软件供应商针对一般用户开发的会计软件界面友好、通用性强，可扩展性也强。会计软件的可扩展性是指各功能模块都应配置专门的数据接口，使整个系统的数据结构清晰，功能易扩展，能与原系统各模块并行使用、数据共享。

④维护有保障。企业在使用通用会计软件时遇到问题，可以向软件供应商寻求帮助，软件供应商采用呼叫中心、在线客服等方式为用户提供实时技术支持，可以大大减轻企业维护软件的负担。但是软件供应商需要收取咨询费用。

⑤软件安全性和保密性强。用户只能执行软件功能，不能访问和修改源程序。会计软件不易被恶意修改，安全性和保密性强。

(2)购买通用会计软件的缺点主要有：

①软件的针对性不强。软件越通用，个别用户的会计核算工作的细节就越难被兼顾。通用会计软件因为具有一定的通用性，才会被广大用户所接受。但是始终有一些特殊业务的用户，对于这些用户来说，对特殊业务就不适合采用通用会计软件，因为不能满足自身的业务需求。

②软件功能设置复杂。为了保证通用性，通用会计软件常常设置比较多的业务处理功能

和参数配置选项，用户不经过系统培训很难掌握使用会计软件。对业务流程简单的企业可能感到不易操作。企业应该根据自身业务需求，选择适合自己的会计软件。

2. 定制开发会计软件

定制开发会计软件也称为专用会计软件，是指仅适用于个别单位会计业务的会计软件。特点是把适合单位特点的会计核算规则与管理方法编入会计软件，如将报表格式、工资项目、计算方法等在程序中固定。其优点是比较适合使用单位的具体情况，使用方便；其缺点是受到空间和时间上的限制，只能在个别单位、一定的时期内使用。定制开发会计软件包括企业自行开发、委托外部单位开发、企业与外部单位联合开发会计软件三种。

3. 购买与定制开发会计软件相结合

企业可以采用购买通用版的会计软件进行相关业务处理，但是通用版的专用性不强，有时又不能满足企业的个性需求；企业也可以针对自己的特殊情况，自行开发会计软件，但是这样成本高且周期长，对计算机专业人才要求又高。因此针对这种情况，企业可以采用购买与开发相结合的方式，即通用会计软件与定制开发会计软件相结合，对于单位的特殊需求，通用会计软件不能满足的，可以定制开发，然后利用通用会计软件提供的接口将它们连接起来。

使用通用会计软件加上定制开发会计软件，既节省时间又节省费用，是实现会计信息化的有效途径。

二、企业配备会计软件需要考虑的主要因素

企业进行会计软件配备方式决策时成本是重要的因素，但除此之外，还有其他一些因素。《工作规范》第 26 条规定：企业配备会计软件，应当根据自身技术力量以及业务需求，考虑软件功能、安全性、稳定性、响应速度、可扩展性等要求，合理选择购买、定制开发、购买与开发相结合等方式。可见，配备会计软件需要根据企业自身技术力量以及业务需要考虑以下因素：

1. 会计软件成本

无论采用什么方式配备会计软件，都有配备成本。但是企业自行开发的会计软件配备成本最高，同时对用户的技术力量要求也高。

2. 软件功能

用户首先应明确本企业所属行业，应了解软件在功能细节上能否满足自己的特殊要求，最后还要了解软件的功能完整性。企业可能需要分阶段建立会计信息系统，比如，先实现总账、报表、工资、固定资产的计算机管理，再考虑购销存业务处理，最后解决成本核算问题，在这种情况下，企业购买某一家的软件时，应考虑软件是否具有上述所有功能。

3. 会计软件的性能特点

会计软件的性能特点包括会计软件的安全性、稳定性、响应速度和可扩展性等要求。

(1)安全性。安全性是指会计软件提供的功能，能防止误操作和作弊行为。例如，对于程序文件和数据文件，软件应当有必要的加密或者其他保护措施，以防被非法篡改；软件应当具有在计算机发生故障或者由于强行关机及其他原因引起内存和外存会计数据被破坏的情况下，利用现有数据尽量恢复到破坏前状态的功能。

(2)稳定性。软件运行的稳定性是软件质量和技术水平的体现，如果软件在运行时经常死机或非法中断，势必会影响会计信息系统的运行效果和数据的安全性。

(3)响应速度。在会计软件稳定性基础上，提高软件的响应速度，会计人员的工作效率就会提高。

(4)可扩展性。会计软件的可扩展性表现在方便与其他信息系统进行数据交换，以及满足软件进行二次开发方面的功能，这对于适应企业不断变化中的管理工作是非常重要的。

三、常用的商品化会计软件公司

1. 用友公司简介

用友软件股份有限公司(以下简称用友)成立于1988年，总部位于北京。2001年在上海证券交易所发行上市。用友致力于把基于先进信息技术(包括通信技术)的管理与业务实践普及到客户的管理与业务创新活动中，全面提供具有自主知识产权的企业管理/ERP软件、服务与解决方案，是管理软件、ERP软件、集团管理软件、人力资源管理软件、客户关系管理软件及小型企业管理软件提供商。

用友的产品已覆盖企业从创业、成长到成熟的完整生命周期，能够为各类企业提供适用的信息化解决方案，满足不同规模企业在不同发展阶段的管理需求，并可实现平滑升级。用友拥有企业应用软件产品线，覆盖了企业ERP(企业资源计划)、SCM(供应链管理)、CRM(客户关系管理)、HR(人力资源管理)、EAM(企业资产管理)、OA(办公自动化)等业务领域，可以为客户提供完整的企业应用软件产品和解决方案。用友软件已形成NC、U8、"通"三条产品和业务线，分别面向大、中、小型企业提供软件和服务。用友NC以"全球化集团管控、行业化解决方案、平台化应用集成"的管理业务理念而设计，为集团与行业企业提供全线管理软件产品。

用友通过"S(用友软件)+S(用友云服务)"的战略框架，帮助客户迈向云端企业。用友云有多个产品和服务，包括精智/用友工业互联网平台、用友云财务服务、用友云协同服务、用友云人力服务、用友云市场、用友企业金融云、用友链融云、用友建筑云、用友能源云等。

2. 金蝶公司简介

金蝶国际软件集团有限公司(以下简称金蝶)始创于1993年8月8日，总部位于深圳，于2001年在香港联合交易所创业板上市，2005年转香港联合交易所主板上市。金蝶在中国内地设有深圳、上海、北京三个软件园，是中间件软件、在线管理及全程电子商务服务商。

金蝶有三种ERP产品，分别为：(1)面向小型企业的KIS，无缝支持友商网在线应用模式；(2)面向中小型企业的K/3，是一个财务处理与业务处理相结合的一体化管理信息系统，各业务处理模块可以独立运行；(3)面向中大型企业的EAS，涵盖企业财务管理、供应链管理、客户关系管理、人力资源管理、知识管理、商业智能等，并能实现企业间的商务协作和电子商务的应用集成。

2019年5月，随着数字化时代的需要，"金蝶云ERP"品牌全面升级为"金蝶云"。金蝶云作为金蝶核心云产品，以云计算技术为基础，融合了大数据、AI(人工智能)、IOT(物联网)新兴技术。金蝶云颠覆了传统ERP产品，即租即用，无需软硬件成本。金蝶云包括财务云、供应链云、制造云、全渠道云和移动办公云。

3. 浪潮公司简介

浪潮软件股份有限公司(以下简称浪潮)原名"山东浪潮齐鲁软件产业股份有限公司"，于2013年12月正式更名，总部位于山东省济南市，总资产5.7亿元人民币、员工2 200余人。公司A股于1996年9月23日在上海证券交易所正式挂牌上市交易。公司定位于行业信息化综合解决方案提供商，在司法系统、电子政务、通信、分行业ERP、金融、烟草等行业或领域拥有自主版权解决方案或应用软件30余种。

浪潮主营业务有：通信及计算机软硬件技术开发、生产、销售；系统集成、通信及计算机网络工程技术咨询、技术培训;资格证书许可范围内的进出口业务。

近年来,浪潮通过“浪潮云”成为我国公有云发展平台大型厂商。浪潮云是面向政府机构和企业组织的公有云平台,提供 IaaS、PaaS 及管理服务。浪潮云的市场定位是政府市场与企业市场,是面向政府行业与企业用户提供云服务的公有云平台。除了首批入围中央国家机关2018 年云计算服务产品集中采购、中标国家政务服务平台工程政务云平台采购项目之外,浪潮云通过遍布全国的近 40 个云数据中心,为全国 150 余个省、市政府以及 74 万企业提供云计算服务,通过统一标准有效促进政府各部门之间及企业内部的互联互通、业务协同,提升政府与企业数据价值。

4. SAP 公司简介

SAP 起源于 Systems Applications and Products in Data Processing。SAP 既是公司名称,又是其产品——“企业管理解决方案”的软件名称。1972 年,从 IBM 公司跳槽出来的 5 个年轻工程师创办了 SAP 公司,总部位于德国沃尔多夫市。他们共同的目标是生产销售统一商业标准软件。公司创始人大力投资产品开发,随着 1979 年 R/2 系统的推出和 1984 年 SAP 国际公司的成立,公司开始快速增长。

(1)SAP 发展历程。

1992 年,SAP 推出其骨干业务系统 R/3,R/3 是一个基于客户/服务机结构和开放系统的、集成的企业资源计划系统。

2011 年,SAP 推出基于大数据的高性能计算引擎 SAP HANA 平台,以满足企业进行数字化转型的需求。

2015 年,SAP 推出 S/4HANA,将传统的 ERP 系统部署在 SAP HANA 平台上,使得 ERP 运算的效率大幅提升。

2018 年 6 月,随着人工智能大规模的普及和使用,SAP 发布一系列新产品。SAP 倡导将人工智能和实体经济结合在一起,帮助传统企业打造“智慧企业”,实现实体经济的转型升级。

(2)SAP ERP 系统的分类。

SAP ERP 系统根据市场定位的不同,推出适合不同企业群体的系统。①大型集团性企业、国际化集团企业等适用于 SAP 最大系统 SAP R/3。②中型集团化企业适用于 SAP Business All-in-One。SAP Business All-in-One 是一套综合全面预配置的行业细分解决方案,可预测成效且经济实惠。全面优化中型企业运营,并随着业务成长发展灵活地加以调整和拓展。③中小企业市场适用 SAP 有 SAP Business One 和 SAP Business ByDesign 两种,前者属于传统型 ERP 系统,后者则属于 SAP 云计算产品。

(3)在我国 SAP 软件应用的现状。

SAP 在全球 50 多个国家拥有分支机构,世界 500 强企业中有超过 80%的公司使用 SAP,1995 年在北京正式成立 SAP 中国公司,并陆续建立了上海、广州、大连分公司。SAP 在中国已有众多用户,其中包括中国石化、红塔集团、COSCO、中化、海尔集团、联想集团、长虹集团、一汽大众、上海通用汽车等大中型企业和集团,也包括青岛狮王、宝岛眼镜、兆维晓通、实华开等中小型用户,SAP 在为中国各种规模和各个行业的企业提供适合的解决方案。

SAP 未来在中国有两个关注重点:一是帮助行业实现数字化转型,创造新的商业模式;二是对云计算进行大量的投入,加速中小企业向云迁移的过程。

第三节 会计软件的具体功能要求

信息化时代，企业相当一部分会计工作是通过会计软件完成。会计记录与报告由会计软件自动实现已经不足为奇，在会计系统与业务系统对接集成、估值模型与控制规则内嵌入会计软件的情况下，部分会计确认与计量工作甚至已经由会计软件自动实现。信息化不再仅仅是会计工作的工具和手段，而是成为企业会计工作的基础环境，带来了会计工作、会计监督理念与模式的变革。而会计软件功能，也已成为会计职能的重要组成部分。对会计软件功能的规范，成为财政部门对企业会计管理和监督的必要一环；否则，会计处理过程就成了“黑匣子”，会计信息质量监督也就无从谈起。

因此，为会计软件功能划定规矩方圆，明确哪些功能是会计软件必须具备的，哪些功能是会计软件不得提供的，并通过一定的手段确保这些规定落到实处，就成为《工作规范》的重要考虑之一。《工作规范》第二章“会计软件和服务”明确了会计软件的具体功能要求。

一、会计软件功能总的原则性要求

《工作规范》规定：会计软件应当保障企业按照国家统一会计准则制度开展会计核算，不得有违背国家统一会计准则制度的功能设计。

《工作规范》对于会计软件的功能做了许多具体规定，但随着实践发展，可能会出现这些规定没有考虑到的新问题，这就需要对软件功能有原则性要求。该条就是对会计软件功能提出的总的原则性要求，目的是保障国家统一会计准则制度的执行，有效应对可能出现的所有问题。

二、会计软件的界面应当使用中文并且提供对中文处理的支持

《工作规范》规定：会计软件的界面应当使用中文并且提供对中文处理的支持，可以同时提供外国或者少数民族文字界面对照和处理支持。

实务中，有的外资企业使用境外投资者或者母公司指定的会计软件，但在使用前并未进行汉化，导致会计监督人员在履行监督职责时遇到障碍。因此工作规范予以重申。

该条规定包括两方面要求：一是软件界面要使用中文，也就是软件的功能菜单、操作向导、表单格式、提示信息、帮助文件等都要使用中文；二是要有对中文处理的支持，也就是要有符合中国国家标准的汉字编码支持能力，使汉字能在系统中正确输入、显示和打印。两者是不同的概念，需要同时满足。

三、会计软件应当提供会计科目分类和编码功能

《工作规范》规定：会计软件应当提供符合国家统一会计准则制度的会计科目分类和编码功能。

该条规定并非强制要求企业的每个科目及其代码都与财政部发布的会计科目表相一致，而是要求会计软件具有与会计准则制度相符合的科目分类和编码方式；也就是说，会计科目应当按资产、负债、所有者权益、成本、损益等项目划分一级科目类别，同时科目编码也应当采用数字，通过首位数区分科目所属会计要素类别。

做出该项规定，主要是要改变现有的部分会计软件仅采用了不同于会计准则制度的科目

分类和编码的做法。例如，按照采购、销售等不同业务类别设置一级分类；按照辅助核算项目设置一级科目；科目编码采用或者掺杂英文字母等。这些做法缘于不同的会计数据组织方法，尽管其核算的最终结果可能与按照准则制度的核算结果一致，但其过程有其特殊的逻辑，不易被会计监督人员所理解，也就无法证明其结果的合规性。

当然，提供符合统一会计准则制度的会计科目分类和编码功能，并不排斥会计软件提供其他分类和编码功能。会计软件可以在一套基础数据基础上按照不同分类方式组织会计数据。

四、会计软件应当提供显示和打印功能

《工作规范》规定：会计软件应当提供符合国家统一会计准则制度的会计凭证、账簿和报表的显示和打印功能。

该条规定是保证会计软件按照会计监督人员易于理解的形式呈现会计资料，还原会计核算过程。

会计制度并未对凭证和账簿（这里是指分类账和日记账）做统一规定，但《会计基础工作规范》（财会字〔1996〕19号）相关条款对凭证、账簿所必须记载的事项是有规定的。而在我国会计实务中，凭证和账簿有约定俗成的格式，市场销售的空白凭证和账簿的格式也都大同小异。这种约定俗成的凭证、账簿格式一直以来得到会计制度的默认，可以说，这些惯例也是会计制度的有机组成部分。会计软件显示和打印的凭证、账簿，应当符合《会计基础工作规范》规定的内容和行业约定俗成的格式。

五、会计软件应当提供不可逆的记账功能

《工作规范》规定：会计软件应当提供不可逆的记账功能，确保对同类已记账凭证的连续编号，不得提供对已记账凭证的删除和插入功能，不得提供对已记账凭证日期、金额、科目和操作人的修改功能。

信息化条件下，对数据的增、删、改前所未有的便利。但便利性是把"双刃剑"，它能提高会计工作的效率，同时也对会计核算过程的可信赖、可追溯造成威胁。如会计软件提供反审核、反记账、反结账等各种逆向操作功能，容易导致会计核算过程失去严肃性，核算结果随意可变。这正是当前会计软件乱象中比较突出的一个问题，也是工作规范重点治理的领域之一。

当然，效率也是要兼顾的目标。信息化与手工记账有不同的环境变量，不能完全套用手工记账的旧思维。手工环境下，对会计处理过程的追溯完全依靠纸面凭证、账簿、报表形成的完整证据链。除此之外，没有其他证据线索，因此对凭证、账簿的修改受到严格禁止。这确保了会计信息质量，但也降低了工作效率。信息化环境下，会计处理过程除了凭证等证据外，还可以有用户操作日志详细记录每项操作。这是会计环境的变化，会计控制方法与手段应当相应改变，在不妨碍会计处理过程可追溯的前提下，提高会计工作效率。

因此，工作规范并未对所有逆向操作加以禁止，而是抓住最关键的记账环节。核算流程中，记账是改变账户发生额和余额、最终决定报表数字的一步。因此，对记账功能和已记账凭证进行控制，防止对相关数据的随意篡改，是会计软件必须满足的要求。而其他情况下的数据修改，例如对尚未记账凭证的删除、重新打开已结账会计期间补充记账，在操作日志功能完备的情况下，并不对会计核算的严肃性造成损害，且能方便企业更正错误，工作规范对此未做限制。对记账的规范主要有以下三个方面：

1. 不可逆的记账功能

这里的记账,强调的是记账后果,而不是记账过程,与会计软件对记账操作如何进行后台处理无关;也就是说,凭证记账后,该凭证对相关科目发生额和余额的影响就发生效力,此后不管以任何条件输出账簿和报表,该凭证的影响都应当予以反映。不可逆的记账功能,即已记账凭证发生的后果不可撤销。当然,用红字凭证更正记账错误,则对冲的两张凭证都发生了记账后果,不属于这里所说的逆向操作。

之所以强调记账后果而非过程,是因为会计软件不是手工过程的模拟。信息系统中,会计账簿和报表可能只是一个逻辑概念,没有对应的物理文件,而是根据查询和输出需要即时生成。相应地,会计软件的记账在后台处理中也不一定是即刻在相关账簿中增加一行记录、改变科目的发生额和余额,而是对记账凭证数据做一个记账标记。所以,强调记账后果,意味着记账标记不得通过任何操作予以取消,在输出账簿和报表时,有记账标记的记账凭证必须参与账簿和报表的生成过程,而没有标记的凭证不得参与这一过程。供应商也不能以记账尚未改变账簿数据为由辩称对记账标记的取消不是记账的逆向操作。

2. 对记账顺序的保护

对记账顺序的保护包括两方面:对已记账凭证的连续编号;对已记账凭证删除和插入的禁止。只有两者相结合才能保证记账原始顺序不被篡改。

3. 对记账内容的保护,禁止对已记账凭证关键信息的修改

关键信息是指日期、金额、科目和操作人。这里的日期包括记账凭证上记载的任何日期,例如制单日期、审核日期、记账日期等。操作人也包括经手记账凭证的所有人员,例如出纳、会计、审核人等。

会计软件不得提供对已记账凭证关键信息的修改功能,同时也意味着对尚未记账凭证的修改和已记账凭证其他信息的修改不受限制。这是工作规范适应信息化特点,从提高工作效率实际需求出发而做出的突破。例如,会计分录摘要经常因会计人员信息掌握不充分而出现不准确,需要在记账后修改的情况。如果不允许直接修改而采取红字冲销重新编制凭证的方法,则过于烦琐也无必要。因为在科目和金额都不可修改的情况下,对摘要的修改受到限制,不可能修改为完全不相关的业务内容,而且这种修改也不对核算结果形成影响。此外,操作日志也能够反映摘要的修改过程。因此,限制关键信息的修改、放开其他信息的修改,实现了信息化条件下会计核算可靠性要求与效率性要求的平衡。

六、在会计软件中集成可扩展商业报告语言功能

《工作规范》规定:鼓励软件供应商在会计软件中集成可扩展商业报告语言(XBRL)功能,便于企业生成符合国家统一标准的 XBRL 财务报告。

XBRL 是一种新兴的电子财务报告格式,它以 XML(可扩展标记语言)为基础,统一了描述财务报告的语义和语法,可以解决财务报告的重复编报、重复录入等问题,实现对财务报告的自动分析和跨系统的信息交换,能有效降低会计信息生产和使用成本,深度挖掘会计信息价值,因而在全球得以广泛采用。

2010 年 10 月,国家标准化管理委员会发布了《可扩展商业报告语言技术规范》系列国家标准,财政部同时发布了《企业会计准则通用分类标准》,分别在技术和业务层面建立了我国 XBRL 应用的标准体系。此后,财政部组织了《企业会计准则通用分类标准》实施工作,要求实施企业向财政部报送 XBRL 格式年度财务报告。实施企业包括大型中央企业、银行业金融机

构、保险公司、地方大中型企业等。

随着 XBRL 应用的深入发展，更多的企业将采用嵌入式的编报方式，通过会计软件系统数据直接生成 XBRL 实例文档。因此，工作规范鼓励供应商在会计软件中集成 XBRL 功能。

当然，这一功能应当符合上述国家标准，确保生成的 XBRL 财务报告在技术上满足质量要求。为帮助供应商开发出合格的 XBRL 软件产品，国家认监委、财政部设立了 XBRL 软件认证制度，由独立第三方机构对软件是否符合国家标准进行检测。供应商可以根据自身情况，为相关会计软件产品申请认证。

七、会计软件应当具有符合国家统一标准的数据接口

《工作规范》规定：会计软件应当具有符合国家统一标准的数据接口，满足外部会计监督需要。

随着会计信息化发展，会计监督也在不断地迈向信息化。一种新的检查方式就是监督人员从企业会计系统中直接调取电子会计资料，通过审计软件查阅、分析会计资料并找出问题。但是，由于各种会计软件没有统一的数据接口，调取不同软件中的数据需要不同的工具，各政府部门、会计师事务所都各自开发自己的工具，造成资源的极大浪费，监督的效果也未必好。

除会计监督外，企业更换、升级会计软件，也面临着前后两种软件数据格式不一致的问题，无法进行安全、有效的数据迁移，造成电子会计资料在迁移中的损失。

会计软件数据接口的国家标准，可以解决上述问题。会计、审计软件只要都遵循这一标准，不需要开发复杂的接口工具，就可以实现数据的交换，满足会计监督以及其他需求。

配合这一规定的贯彻落实，全国会计信息化标准化技术委员会正在开展会计软件数据接口国家标准制定工作。国家审计应用无疑是标准数据应用的主要领域，现场审计系统通过导入标准数据，大大提高了审计效率和质量。同时，对企业进行审计、稽核、监督、评估、鉴证、咨询、审查等职能的社会审计、内部审计、财政监督、税务稽核、金融机构等也都会用到标准数据。在企业，通过数据接口标准，无论使用一种还是几种会计软件或软件的不同版本，都可以建立起统一的数据仓库。在此基础上，企业还可建立决策支持系统，进行财务业务数据深度挖掘分析。

八、会计软件应当具有会计资料归档功能

《工作规范》规定：会计软件应当具有会计资料归档功能，提供导出会计档案的接口，在会计档案存储格式、元数据采集、真实性与完整性保障方面，符合国家有关电子文件归档与电子档案管理的要求。

国内外经验表明，由于技术进步，电子会计资料依赖原生软硬件系统有可能由于升级换代而造成在一定时期之后不可读。这就决定了电子会计资料应离开原生信息系统进行归档保存。电子会计资料归档功能应是会计管理软件的一项重要功能。值得说明的是，因系统运维需要而通过备份系统进行的备份，无论是在线的还是离线的，都不是真正意义上的归档保存。

1. 归档

归档应是对电子会计资料进行鉴别、整理加工和移送档案管理职能部门进行保存的过程。归档时，首先要进行鉴定，区分需归档和不需归档的部分，去除不需归档数据和冗余数据，对准备归档电子会计资料鉴定其真实性、完整性和有效性，并按重要程度区分保管期限，组成保管单位。在这个过程中，需将归档的电子会计资料转换成符合归档要求的存储格式，与其元数据

一起按要求封装打包，从会计信息系统中导出，传送至档案管理信息系统或归档指定的存储位置，然后对已完成归档的会计资料进行标记，以防止重复归档。这些功能需要在会计信息系统完成，即所谓的归档功能。归档功能最好还具有定期删除已归档数据，以释放存储空间的功能。

2. 电子会计资料归档过程中的有关要求

电子会计资料归档过程中的有关要求可参照国家标准《电子文件归档与管理规范》(GB/18894-2002)；元数据项的要求参见档案行业标准《文书类电子文件元数据方案》(DA/T46-2009)；归档时电子会计资料的封装格式可参见档案行业标准《基于 XML 的电子文件封装规范》(DA/T48-2009)。为使归档后的电子会计档案长期可读，电子会计资料归档时的存储格式应选择有利于长期保存的格式，具体要求可参见档案行业标准《版式电子文件长期保存格式需求》(DA/T47-2009)。

企业在购买、实施会计软件时，应充分听取本企业档案部门对于电子会计资料的归档范围、元数据项、归档后的存储位置、归档储存格式等方面的意见，使电子会计资料能够顺利归档。

九、会计软件应当记录生成用户操作日志

《工作规范》规定：会计软件应当记录生成用户操作日志，确保日志的安全、完整，提供按操作人员、操作时间和操作内容查询日志的功能，并能以简单易懂的形式输出。

用户操作日志是信息化带来的重要环境变量，也是工作规范制定中的重要考虑因素。在提高会计工作便利性、效率性的同时，日志就承担起更多的记录和还原核算过程的责任。

值得供应商关注的是，该条规定的日志功能，不是传统的系统日志概念，而是为会计监督服务的用户操作日志。两者的区别在于：前者主要供技术人员使用，后者直接供会计监督人员使用；前者主要采用技术术语描述，后者应当采用自然语言以及会计业务术语描述。具体来说，用户操作日志应当满足以下要求：

1. 完整性

会计软件必须能保证日志记录的完整，将所有对会计核算结果可能形成影响的用户操作记录下来，包括对核算结果有直接影响的数据录入、修改、插入、删除，对核算工作所依赖的基础数据(如会计科目表、银行账户信息、辅助核算项目信息、人员信息)的维护。

2. 安全性

会计软件应当采取技术手段，保证用户操作日志中的任何信息不被用户以任何手段修改和删除。

3. 可查询性

用户操作日志必须提供对各类操作的查询，以便会计监督人员筛选出想要的信息；否则，庞大的记录数据就是信息垃圾，没有实用价值。查询应当可以按照操作人员姓名或者用户名、操作的时间范围、操作内容等各种条件分别或者组合进行。这里的操作是业务层面的概念，例如，记账凭证的录入、修改，记账会计期间的打开、关闭，会计科目的增加，尚未记账凭证的删除，对凭证审核的取消，等等。

日志功能应当记录具体操作内容、操作人以及精确到分秒的操作时间。对于不同的操作，需要记录的操作内容是不一样的。例如，对于科目的增加，系统应当记录增加的科目名称、代码以及属性。对于记账凭证的修改，应当记录修改的项目以及修改前后的内容。对于已结账

期间的重新开启，应当记录开启期间的起止日期。

供应商应当在详细梳理会计软件功能菜单基础上，以会计监督需求为导向，逐项确定应当进行日志记录的用户操作种类和相应操作内容，设计开发完善的日志功能。

第四节　软件供应商提供服务的要求和有关责任

软件供应商提供服务的要求在《工作规范》第二章“会计软件和服务”中进行了说明。

一、软件供应商提供服务的要求

1. 软件供应商应当提高会计软件相关服务质量

《工作规范》规定：软件供应商应当努力提高会计软件相关服务质量，按照合同约定及时解决用户使用中的故障问题。

会计软件存在影响客户按照国家统一会计准则制度进行会计核算问题的，软件供应商应当为用户免费提供更正程序。

软件供应商应当努力提高会计软件相关服务质量，这是对供应商服务提出的一般要求。会计软件不同于普通零售软件，它影响着企业的正常运营。供应商提供的也不仅仅是软件，服务是保障软件正常运行必不可少的部分，在很大程度上决定着软件的使用效果。服务质量成为客户选择会计软件越来越重要的考虑因素，也是市场竞争的一个重要方面。

软件供应商应当按照合同约定及时解决用户使用中的故障问题，是进一步明确供应商的责任。会计软件升级，如果是对功能的进一步完善、提高使用便利性等，应按照合同约定收取费用。但如果是对影响客户按照会计准则制度核算的问题的修正，则不应收取费用。这样规定出于两方面考虑：一是出现问题的过错在于供应商；二是保障企业对会计准则制度的执行。

2. 软件供应商应为用户提供实时技术支持

《工作规范》规定：鼓励软件供应商采用呼叫中心、在线客服等方式为用户提供实时技术支持。

这是引导软件供应商提高服务即时性。信息技术的发展，不仅带来会计软件功能的完善以及性能的提高，也为会计软件相关服务水平的提升、服务模式的创新提供了可能。供应商在关注新技术对软件影响、改进软件的同时，也可以思考新技术在改善服务方面所能发挥的作用。例如，现在一些即时通信软件中集成了远程桌面功能，使得远程控制已经成为大众化工具，不再需要专门的客户端软件。这为技术支持人员解决客户疑难问题提供了一种新的渠道。

3. 软件供应商应为会计监督工作提供便利

《工作规范》规定：软件供应商应当就如何通过会计软件开展会计监督工作，提供专门教程和相关资料。

适应信息化环境，会计监督工作越来越多地直接通过会计软件查询资料、发现线索、分析问题。但是，市面上的会计软件，不同的功能设计和界面风格也确实给监督人员带来挑战。监督人员无法熟练使用会计软件，只能要求企业提供纸面会计资料满足监督需要，给企业造成负担。

因此，软件供应商提供通过软件开展会计监督的专门教程或者手册等资料，为会计监督工作提供便利，也就减轻了客户企业的负担。同时，也有利于消除会计监督人员对软件功能的误解，提升会计软件的形象。专门教程和相关资料应当连同会计软件的其他手册资料一并提供给客户，以备会计监督人员查阅。

供应商编写会计监督相关教程、手册等资料，要注意专门性要求。要把监督人员可能用到的操作说明单独组织起来，要突出重点，根据使用频率排序，要有实用性、操作性，简洁明了，直接指明相关功能的菜单路径，使监督人员在最短的时间就能使用操作。

二、软件供应商以远程访问、云计算等方式提供会计软件的责任

《工作规范》第二章从保护会计资料的安全完整和企业会计工作持续进行的角度出发，明确了云服务供应商的相关责任。

“会计软件云”是依托于高速互联网的一种全新会计软件服务和使用模式。它是指会计软件未安装在企业本地，而是运行于供应商的远端服务器，用户通过互联网使用软件，会计资料也存储在远端服务器中。其本质是会计软件和服务器资源的租用。目前，主流供应商推出了自己的会计软件云服务，其中一些是免费服务（例如试用版）。

“会计软件云”是一种新兴的会计软件服务业态，会计软件云服务有其特殊性：一是免费服务情况下，用户企业可能忽略对自身权利的保护；二是会计资料存储在远端，用户企业只具有访问能力而不具有控制能力，可能因权属关系不明而产生纠纷；三是作为企业内部职能的会计核算，其运行依赖于外部企业（供应商）的正常运营，存在着用户企业不能掌控的风险因素；四是大量用户企业的会计核算和数据存储集中于供应商的服务器上，业务异常的风险高度聚集。

1. 供应商应当从技术上确保客户会计资料的安全和完整

《工作规范》规定：以远程访问、云计算等方式提供会计软件的供应商，应当在技术上保证客户会计资料的安全、完整。对于因供应商原因造成客户会计资料泄漏、毁损的，客户可以要求供应商承担赔偿责任。

供应商应当从技术上确保客户会计资料的安全和完整，这一责任不以客户是否支付服务费为前提。对于自身原因（技术上的原因以及技术以外的原因）造成的客户会计资料泄漏、毁损，由客户决定是否追究供应商责任。当然，因客户原因（例如密码管理不善）造成的会计资料损失，供应商不承担责任。

2. 云服务形成的会计资料所有权归客户所有

《工作规范》规定：客户以远程访问、云计算等方式使用会计软件生成的电子会计资料归客户所有。软件供应商应当提供符合国家统一标准的数据接口供客户导出电子会计资料，不得以任何理由拒绝客户导出电子会计资料的请求。

这一条明确了云服务形成的会计资料所有权归客户，并要求供应商确保客户会计资料的正常导出。这一方面是落实单位会计责任的需要——如果客户对自己的会计资料没有所有权，就会出现会计责任不清的情况；另一方面也是保证企业会计工作持续进行的需要——客户从一种云服务切换到本地会计软件或者另一供应商的云服务时，就需要进行数据迁移。因此，云会计软件也应当与传统会计软件一样，提供符合国家标准的数据接口，供客户导出会计资料，供应商不得以任何理由拒绝。例如，在用户不再支付服务费的情况下，该用户也应能通过账户登录服务并导出全部会计资料。

3. 要求供应商对云服务中断的情况做好预案

《工作规范》规定：以远程访问、云计算等方式提供会计软件的供应商，应当做好本供应商不能维持服务情况下，保障企业电子会计资料安全以及企业会计工作持续进行的预案，并在相关服务合同中与客户就该预案做出约定。

由于商业的、管理的、技术的或者不可抗力等风险，会计软件云服务存在着中断的可能，如供应商解散清算、服务器遭受攻击瘫痪等。这种情况下，可能有大量企业的会计资料安全受到威胁，会计工作的持续运行受到影响。为避免这一情况的出现，要求供应商提前做好预案，保障用户会计资料安全和会计工作持续。同时，供应商还要以适当方式将预案内容告知客户，作为客户与供应商的合同内容的一部分。

思考题

1. 什么是会计软件？它具备哪三项基本功能？
2. 会计软件是如何分类的？它主要包括的内容模块有哪些？
3. 什么是通用会计软件？它有哪些优缺点？什么是定制开发会计软件？它分为哪几类？
4. 企业配备会计软件需要考虑哪些因素？
5.《企业会计信息化工作规范》对会计软件有哪些具体功能要求？
6.《企业会计信息化工作规范》对软件供应商提供的服务有哪些要求和相关责任？
7. 什么是会计软件？会计软件云服务有什么特殊性？

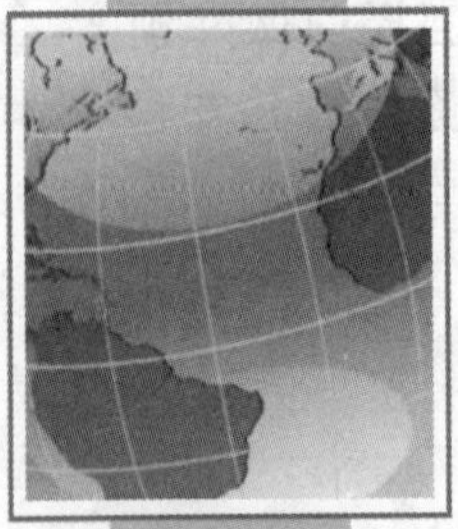

第三章 企业会计电算化的基本内容及相关管理

【要点提示】

- 数据转换
- 新旧系统并行
- 系统评价
- 会计电算化岗位责任制
- 电子会计档案管理
- 替代手工记账
- 数据维护

第一节 企业开展会计电算化工作的基本内容

企业开展会计电算化工作主要包括四个方面的基本内容:企业会计电算化的机构设置、企业会计电算化的工作规划、企业电算化会计信息系统的构建、建立会计电算化的管理制度。

一、企业会计电算化的机构设置

会计电算化的机构设置主要是指电算化后单位组织机构的调整,以及各项职能、职责的重新划分。大中型企事业单位,一般都有 ERP 中心、信息中心或计算中心。因此,在进行会计电算化的机构设置时要统一考虑。机构设置过程中要注意两个问题:一是怎样处理与信息中心的关系,二是怎样处理财务部门内部的关系。一般来说,会计电算化后,财务部门有三种机构设置可供选择:集中管理式、分散管理式和集中管理下的分散组织形式。

1. 集中管理式

集中管理式通常是指管理、开发、使用、维护等由企业信息中心负责,财务部门定期按规定提供核算和管理所需的数据。在集中管理式组织机构下,企业设有独立的信息中心,在财务部门也设有会计电算化组。管理、开发、使用、维护和与其他子系统的协调等由企业信息中心负责;财务部门配合并定期按规定提供核算和管理所需的数据和信息。这种组织机构有三大优点:(1)有利于培养复合型人才;(2)有利于会计电算化工作的组织协调;(3)有利于提高人、财、物的利用。集中管理式是一种较好的模式,凡大中型企事业单位和有条件单位都应过渡到这种形式。

2. 分散管理式

分散管理式通常是指财务部门单独配备计算机硬件设备和相关设施,并配备一定的专业人员。在分散管理式组织机构下,信息中心与财务部门都是独立的部门,行政上是同级的。企业信息化的管理、开发、增值开发、维护和与其他子系统的协调都由信息中心负责。一般财务部门设有微机和终端，财务部门只负责会计软件的使用及简单日常维护。这种组织形式的优点是有利于企业信息化的统一规划和管理。主要缺点是由两个部门负责，工作上需要协调，容易受两个单位关系的影响。

3. 集中管理下的分散组织形式

集中管理下的分散组织形式通常是指企业设立专门的机构负责全厂计算机应用规划工作，财务部门主要负责数据收集、整理、输入及系统运行。在集中管理下的分散组织机构下，企业没有独立的信息中心，一般是在财务部门配有专职的维护人员、操作员、录入员运行会计电算化，提供会计信息。这类单位一般是采用商品化会计软件来实现会计电算化，对于一些小型企事业单位，可以采用这种形式。在一些会计人员很少的单位一般采用一人兼多职的方式。

企业的会计电算化工作组织机构，不仅与会计电算化的发展程度有关，同时还要考虑每一个单位的特殊情况。所以，企业应根据每一个阶段的需要，建立相应的机构来组织会计电算化工作，做到既满足会计电算化工作需要，又节省人力、物力、财力。

企业的会计电算化组织机构多种多样，一个可行的方案是将整个部门分为数据准备组、信息处理组和财务管理组三个组，然后将这三个组统一置于总会计师或财务总监的领导之下，由总会计师或财务总监全权负责系统的运行工作，如图 3—1 所示。

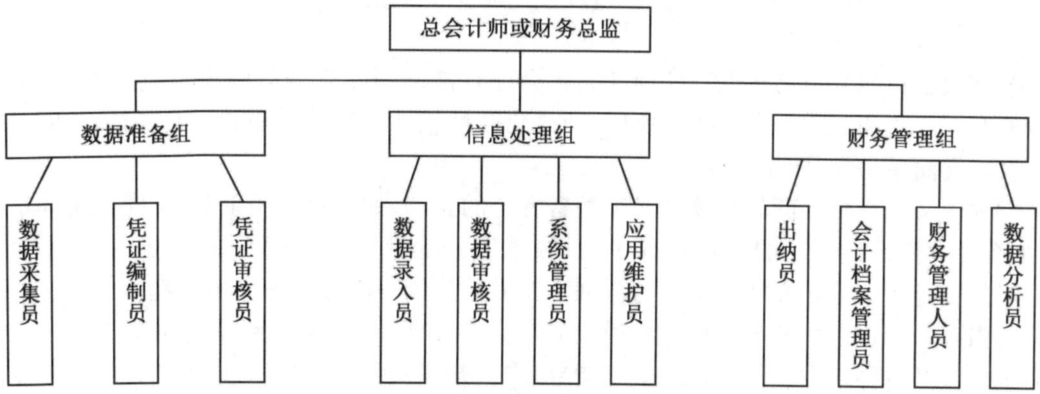

图 3—1 企业的会计电算化组织机构示意图

需要说明的是，图 3—1 中的数据准备组和信息处理组并非一定要各自独立，各组员可担任多项工作，但不能违背内部控制制度。

二、企业会计电算化的工作规划

在电算化会计信息系统的具体实施过程中，必须制订一个详细的实施计划，对在一定时期内要完成的工作有一个具体的安排。企业的财会部门是会计工作的主要承担者，负责拟定本企业会计电算化的具体实施计划和方案。在拟定会计电算化的工作规划时，应从本企业的具体情况出发，按照循序渐进、分步实施的原则进行；有计划、有步骤地安排实施机构及人员的配置，计算机设备的购置，软件开发及购置以及其他相关费用的预算安排等；使单位能从整体上合理安排人力、物力和财力，协调单位内各部门共同搞好会计电算化的工作。

三、企业电算化会计信息系统的构建

各企业组织人力、物力、财力构建电算化会计信息系统，是电算化会计信息系统的工作规划与实施计划的具体落实。电算化会计信息系统的构建主要完成的工作包括五个方面：企业配备会计软件、硬件的购置、系统软件的配置、会计电算化的人才、新旧系统的转换。其中，硬件的购置、系统软件的配置和会计电算化的人才的内容其他章节已有介绍，在此只介绍会计软件的取得和新旧系统的转换。

1. 企业配备会计软件

企业配备会计软件，应当根据自身技术力量以及业务需求，考虑软件功能、安全性、稳定性、响应速度、可扩展性等要求，合理选择购买、定制开发、购买与开发相结合等方式。会计软件的取得方式详见本书第二章。本部分内容只介绍购买商品化会计软件的选择标准。

(1)会计软件的取得方式。会计软件的取得方式常用的有购买、定制开发、购买与开发相结合等。(内容详见本书第二章。)

(2)购买商品化会计软件的选择标准。商品化会计软件的选择标准有以下7种：

①软件的功能要满足适应性，同时要考虑可扩展性。商品化会计软件功能模块很多，适用范围较广，这就需要针对不同行业、不同企业，选择不同的功能模块。软件功能应满足企业当前和今后的发展需要，多余的功能只会造成使用和维护的复杂性。另外要考虑系统的开放性，预留各种接口。

②开发工具的简单易学性。任何商品化会计软件都不能完全适用于企业的需求，都或多或少地有用户化和二次开发工作。所以，商品化会计软件应提供必要的开发工具，并同时保证该开发工具简单易学、使用方便。

③软件文档齐全。商品化软件必须配备齐全的文档，如用户使用手册，不同层次的培训教材(如会计软件设计开发的工具培训手册、数据库开发及维护培训手册、产品功能培训手册等)，产品实施指南等。文档的全面与详细程度应达到用户能够自学使用的程度。

④强有力的售后服务与支持。售后服务与支持非常重要，关系到系统应用的成败。售后服务工作包括各种培训、项目管理、实施指导、二次开发及用户化等，可以由会计软件开发商或委托专业的咨询公司承担。

⑤软件供应商的信誉和稳定性。选择会计软件时要考虑供应商的实力和信誉。软件供应商应当有长期的经营战略，能够跟踪技术的发展和客户的要求，不断对软件进行版本的更新和维护工作；否则，供应商一旦倒闭或者产品转型，系统的维护与升级就成了大问题。

⑥价格因素。价格方面要考虑会计软件的功能、技术平台、质量、售后服务与支持等。另外也要做投资收益分析，包括资金利润率、投资回收期。要考虑实施周期及难度，避免造成实施时间过长而影响效益。软件的投资一般分为软件费用、服务支持费用、二次开发费用和因实施延误而损失的收益，因此应全面考虑。

⑦企业原有资源的保护。企业原有资源不仅指硬件资源，还包括已有的数据资源。这样在选择会计软件时，就要考虑软件产品对硬件平台的要求是否会过高，原有的硬件设备是否可用，原有的数据资源能否平滑地移植到新系统中。

2. 新旧系统的转换

新旧系统的转换即新旧电算化会计信息系统的转换，通常是从手工会计到会计电算化的转换。新旧系统转换的主要内容包括数据转换、新旧系统并行和系统评价三个部分。

(1)数据转换。数据转换主要包括以下四个方面的内容。

①整理手工会计业务数据。包括整理基础会计业务数据,重新核对各类凭证和账簿,做到账证、账账、账实相符;整理各账户余额;清理往来账户和银行账户;等等。必要时还应与单位其他部门协调,在存货管理和销售、采购等方面取得有关部门的配合。

②构建会计账目体系。会计账目体系按会计科目体系设置,会计账目体系是会计核算的基础,必须按要求构建会计科目体系并进行科学的编码。构建会计账目体系在会计电算化的系统初始化时进行。

③统一证、账、表的格式。要全面考虑各类会计资料的规范性格式,分清必须修改与必须保留的内容,使重新确认的会计账、证、表的格式更适合于计算机处理。

④规定操作过程和核算方法。会计核算过程自动化程度很高,要求预先确定同一模块内和不同模块间数据传递的次序;重新确定各种会计核算办法,充分体现计算机的优点。

(2)新旧系统并行。新旧系统并行是指在系统转换过程中,新系统与旧系统同时进行会计业务处理的过程。新旧系统并行主要有三大任务:检验两种方式下核算结果的一致性、检查新系统是否充分满足要求、完善各项电算化管理制度。会计电算化和手工会计并行是指会计电算化使用的最初阶段,人工和计算机同时进行会计处理的过程,也称试运行。新旧系统并行的起始时间应放在年初或季初等特殊会计时期,并行时间长度至少为3个月。并行阶段,通过两种方式下的数据对比,主要检查各种核算方法的正确性,检验会计科目体系的正确性和完整性,考查操作熟练程度,纠正业务处理流程错误。并行期间的会计档案应以手工方式的会计档案为主,会计电算化形成的会计档案为辅。如果电算化与手工核算结果不一致,要查明原因、纠正错误。

(3)系统评价。系统评价主要包括新旧系统并行期间的评价与计算机替代手工记账(简称甩账)的确认和实施。

四、建立会计电算化的管理制度

就企业开展会计电算化工作的基本内容来说,建立会计电算化的管理制度主要包括:业务执行程序管理制度、会计电算化岗位责任制、会计电算化操作管理制度、电算化会计信息系统安全管理制度、电算化会计信息系统维护制度和电子会计档案管理制度。

1. 业务执行程序管理制度

按会计电算化的要求,业务执行程序管理制度应规范会计部门与其他相关业务部门的数据处理和传递关系。它包括两个方面:一是会计部门对数据源部门有关数据的产生时间、内容、传递方式的规定;二是会计部门对会计业务处理程序以及对其他部门的信息支持和服务等方面的规定。本部分重点介绍会计业务处理程序管理和机房管理制度。

(1)会计业务处理程序管理制度。会计业务处理程序管理制度主要包括九个方面的内容:①要按照《会计基础工作规范》的要求处理会计业务。②防止已输入计算机的原始凭证和记账凭证等会计数据未经审核而登记机内账簿,保证会计数据的正确合法。③现金和银行日记账必须日清月结。④要保证会计记账凭证连续编号。⑤要按规定程序编制转账凭证。⑥期末要按规定及时结账。⑦期末应及时生成和打印输出会计报表,打印输出会计报表应防止本期还有未记账凭证,检查报表定义完整性,并根据领导及财务管理需要,自定义输出其他分析报表。⑧上报会计报表的格式,必须符合统一的要求。期末生成上报数据文件,该数据与打印输出的会计报表必须一致;会计报表按规定由有关人员签字盖章,在指定的期限内上报。⑨每年年末必须将全部账簿打印输出，装订成册，作为会计档案保管。

(2)机房管理制度。建立机房管理制度主要有两个目的：一是保证计算机设备有一个良好的运行环境，使计算机设备能稳定地运行；二是防止各种非法人员进入机房，保护机内的程序与数据的安全。对于办公条件较好的单位，一般是将服务器等重要设备放置在机房，其终端设备放置在办公室内，以便于日常工作。具体管理是通过制定与贯彻执行机房管理制度来实施的。

2. 会计电算化岗位责任制

在进行会计电算化的岗位及权限设置时，要采用会计电算化岗位责任制。会计电算化岗位责任制是将责权利落实到具体的岗位，进行监督和考核的一种管理制度。它有利于明确各岗位的责权利，提高工作成效。电算化会计信息系统构建后，企业必须针对计算机环境下会计工作模式的特点以及内部控制的要求，对会计工作岗位加以调整和划分，建立会计电算化岗位责任制。《会计电算化工作规范》第四章明确规定，建立会计电算化岗位责任制，要明确各个工作岗位的职责范围，切实做到事事有人管、人人有专责、办事有要求、工作有检查。会计电算化后的工作岗位可分为基本会计岗位和电算化会计岗位：基本会计岗位包括会计主管、出纳、会计核算各岗、稽核、会计档案管理等工作岗位；电算化会计岗位包括直接管理、操作、维护计算机及会计软件系统的工作岗位。详细内容参见本章第二节。

3. 会计电算化操作管理制度

会计电算化操作管理是指通过对电算化会计信息系统日常运行的管理，完成会计核算工作，保证会计电算化的安全与正常运行。如果操作管理制度不健全或实施不得力，一方面会给各种非法舞弊行为以可乘之机；另一方面，当系统出现故障时，会由于没有规范的应对措施而造成处理失当，进而影响系统的正常运行。会计电算化操作管理制度主要包括电算化会计信息系统使用管理制度和会计电算化操作管理制度两方面。

(1)电算化会计信息系统使用管理制度。电算化会计信息系统使用管理制度旨在为会计电算化的运行创造一个良好的运行环境，保证计算机设备、系统程序与会计数据的安全，防止各种非指定人员进入系统，非法对系统进行操作。

电算化会计信息系统使用管理制度主要内容有以下六个方面：①对各个使用人员，本着既分工合作又相互牵制的原则，仔细划分操作权限。②会计电算化的服务器、客户机等应专机专用，杜绝无关人员使用计算机做其他工作。③使用不间断电源，避免因断电导致会计数据损失。④系统管理员必须做好日常检查监督工作，发现不规范使用应及时制止，并采取措施避免同样情况再次发生。⑤防止计算机病毒传播，严禁来历不明的磁盘和各种非法拷贝的软件在财务专用的服务器和终端机上运行。⑥需存档或备份的数据，由系统管理员按规定指派专人负责复制、核对，并交会计档案管理员保管；各种备份的数据均要标明日期、时间、类型、备份人等，以便查找、恢复和明确责任。

(2)会计电算化人员操作管理制度。会计电算化人员操作管理制度是通过建立与实施各项操作管理制度来完成的。

建立会计电算化人员操作管理制度，主要内容包括：①操作人员的工作职责和工作权限。明确规定上机操作人员对会计软件的操作工作内容和权限，对操作密码要严格管理，指定专人定期更换密码，杜绝未经授权人员操作会计软件。②预防原始凭证和记账凭证等会计数据未经审核而输入计算机的措施。③预防已输入计算机的原始凭证和记账凭证等会计数据未经核对而登记机内账簿的措施。④必要的上机操作记录制度。根据本单位实际情况，由专人保存必要的上机操作记录，记录操作人、操作时间、操作内容、故障情况等内容。

4. 电算化会计信息系统安全管理制度

电算化会计信息系统安全管理制度可通过建立计算机硬件、软件、网络安全管理和数据管理制度并严格实施来保障。该管理制度的主要内容包括五个方面：(1)保证机房设备安全、网络安全和计算机正常运行是进行会计电算化的前提条件，要经常对有关设备进行保养，保持机房和设备的整洁，防止意外事故的发生。(2)确保会计数据和会计软件的安全保密，防止对数据和软件的非法修改和删除；对磁性介质存放的数据要保存双备份。(3)会计核算软件的修改、通用会计软件的升版和计算机硬件设备及网络设备的更换等工作，要履行一定的审批手续，并要有专人监督，以保证实际会计数据的连续和安全。(4)健全计算机硬件、网络设备和软件出现故障时进行排除的管理措施，保证会计数据的完整性。(5)健全必要的防治计算机病毒的措施。

5. 电算化会计信息系统维护制度

电算化会计信息系统维护制度是为了保证系统安全、可靠、正确地运行而采取的相应措施。电算化会计信息系统的维护是指保证电算化会计信息系统正常运行而开展的各项工作，主要通过制度建设和技术保障体系两个方面来实现。

6. 电子会计档案管理制度

电子会计档案和传统纸质档案具有很大的不同，具有电子化和不可见的特点。因此建立电子会计档案管理制度，必须充分考虑这些特点，对传统的会计档案管理制度做较大的改进。

(1)电子会计档案的管理要求。电子会计档案管理是重要的会计基础工作，主要有四个方面的管理要求：①要严格按照《会计档案管理办法》(以下简称《管理办法》)规定的要求对会计档案进行管理，由专人负责；《管理办法》第五条规定：单位档案管理机构负责管理本单位的会计档案。单位也可以委托具备档案管理条件的机构代为管理会计档案。②对电子会计档案管理要做好防磁、防火、防潮和防尘工作，重要会计档案应准备双份，存放在两个不同的地点。③采用磁性介质保存会计档案，要定期进行检查，定期进行复制，防止由于磁性介质损坏而使会计档案丢失。④保存期限按照《管理办法》的规定执行。会计档案的保管期限分为永久、定期两类，定期保管期限一般分为 10 年和 30 年。会计档案的保管期限从会计年度终了后的第一天算起。

(2)电子会计档案的内容。《管理办法》第三条，明确了会计档案是指单位在进行会计核算等过程中接收或形成的，记录和反映单位经济业务事项的，具有保存价值的文字、图表等各种形式的会计资料，包括通过计算机等电子设备形成、传输和存储的电子会计档案。通用会计软件、定点开发会计软件、通用与定点开发相结合会计软件的全套文档资料以及会计软件程序，视同会计档案保管。

会计档案中要求归档的会计资料包括：①会计凭证，包括原始凭证、记账凭证。②会计账簿，包括总账、明细账、日记账、固定资产卡片及其他辅助性账簿。③财务会计报告，包括月度、季度、半年度、年度财务会计报告。④其他会计资料，包括银行存款余额调节表、银行对账单、纳税申报表、会计档案移交清册、会计档案保管清册、会计档案销毁清册、会计档案鉴定意见书及其他具有保存价值的会计资料。

电子会计档案按照形成的范围通常分为外部电子会计档案和内部电子会计档案。单位从外部接收的电子会计资料附有符合《中华人民共和国电子签名法》规定的电子签名的，可仅以电子形式归档保存，形成电子会计档案。外部电子会计档案主要有电子发票、电子合同、电子协议等。单位内部形成的属于归档范围的电子会计资料可仅以电子形式保存，形成内部电子会计档案。内部电子会计档案形成的六点要求为：①形成的电子会计资料来源真实有效，由计算机等电子设备形成和传输。②使用的会计核算系统能够准确、完整、有效接收和读取电子会计资料，能够输出符合国家标准归档格式的会计凭证、会计账簿、财务会计报表等会计资料，设定了经办、审核、审批等必要的审签程序。③使用的电子档案管理系统能够有效接收、管理、利用电子会计档案，符合电子档案的长期保管要求，并建立了电子会计档案与相关联的其他纸质会计档案的检索关系。④采取有效措施，防止电子会计档案被篡改。⑤建立电子会计档案备份制度，能够有效防范自然灾害、意外事故和人为破坏的影响。⑥形成的电子会计资料不属于具有永久保存价值或者其他重要保存价值的会计档案。

(3)会计账簿、报表档案的生成与管理。会计账簿、报表档案的生成与管理主要有八个方面的管理要求：①现金日记账和银行存款日记账要每天登记并打印输出，做到日清月结。②科目汇总表、总分类账和各种明细账按会计制度要求打印；一般账簿可以根据实际情况和工作需要按月或按季、按年打印；发生业务少的账簿可以满页后打印；每年年末必须将打印输出的账簿装订成册，作为会计档案保存。③在确保凭证、账簿清晰的条件下，打印输出的凭证、账簿中的表格线可适当减少。④由原始凭证直接录入系统并打印输出的机制记账凭证上应有操作员(或制单人)、审核人、记账人、会计主管的签名和盖章。收付款记账凭证还应有出纳员的签名和盖章。打印生成的记账凭证视同手工填制的记账凭证，按《会计人员工作规则》《会计档案管理办法》的有关规定立卷归档保管。⑤对于先用手工编制记账凭证，然后再录入会计软件进行处理的情况，保存手工记账凭证或打印出的机制凭证均可。⑥会计报表、分析表等应按管理要求及时打印输出，经有关人员审核无误并签字盖章后方可生效。⑦每年形成的会计档案，都应按照归档的要求，整理成卷或装订成册。对会计档案必须进行科学管理，做到存放有序、查找方便。当年的会计档案，在会计年度终了后，可暂由财务部门保管一年，期满后，原则上应移交企业档案部门保管。⑧采用磁带、磁盘、光盘、缩微胶片等磁介质存储会计账簿、报表，作为会计档案保存的单位，征得同级财政部门的同意，可以不再定期打印会计账簿。磁性介质的会计档案要科学编号，建立好索引文件，便于查阅。

《企业会计信息化工作规范》第四十条规定：企业内部生成的会计凭证、账簿和辅助性会计资料，同时满足下列条件的，可以不输出纸面资料：①所记载的事项属于本企业重复发生的日常业务；②由企业信息系统自动生成；③可及时在企业信息系统中以人类可读形式查询和输出；④企业信息系统具有防止相关数据被篡改的有效机制；⑤企业对相关数据建立了电子备份制度，能有效防范自然灾害、意外事故和人为破坏的影响；⑥企业对电子和纸面会计资料建立了完善的索引体系。

(4)数据备份管理。由于会计核算数据的重要性，必须建立数据备份制度，以避免意外和人为错误造成数据的丢失。发生会计数据丢失时，必须及时用备份数据进行恢复。数据备份可以采用双磁盘阵列或双机热备；也可以通过数据备份模块定期(一般在会计期末)导出到移动硬盘上；对于一些核心的机构或部门的数据还可采用异地备份。

(5)安全保密措施。《会计档案管理办法》建立和完善会计档案的收集、整理、保管、利用和鉴定销毁等管理制度，采取可靠的安全防护技术和措施，保证会计档案的真实、完整、可用、安全。会计电算化的安全保密措施主要有八个方面：①对存档的会计资料要检查记账凭证上是否有制单人(操作员)、数据审核员、会计主管的签名和盖章。②对会计档案的管理要做好防磁、防火、防潮、防尘、防虫蛀、防霉烂、防鼠咬等工作；重要的会计档案数据应至少在两处以上的地点保存，且两处地点最好不在同一座建筑物内，有一定的空间距离。③采用磁性介质保存的会计资料，要定期进行检查，定期进行复制，防止由于磁介质损坏使会计档案丢失。④大中型企业应采用磁带、硬盘、光盘、缩微胶片等介质存储会计数据。⑤存有会计信息的介质，在未打印成书面形式前，应妥善保存并留有副本。⑥严格执行安全和保密制度，会计档案不得随意堆放，严防毁损、散失和泄密。⑦各种会计资料，未经主管领导同意，不得外借和拿出单位。⑧经领导同意借阅的会计资料，应该履行相应的借阅手续，经手人必须签字。存放在磁性介质上的会计资料借阅时，严禁借阅者对数据进行修改。归还时，应该认真检查计算机病毒，防止病毒感染。

第二节　会计电算化的试运行

电算化会计信息系统建立以后，需要进行会计电算化的试运行。会计电算化的试运行是电算化会计信息系统与手工会计系统同时进行会计处理过程的一段运行时间。会计电算化的试运行阶段是电算化会计信息系统使用的最初阶段，是手工和会计电算化并行记账阶段。这一阶段不仅是对会计核算软件的检验，也是对会计核算工作规范化程度的检验、会计机构和人员的调整与配备的过程。在试运行阶段，会计人员要进行双重劳动，这是十分必要的。试运行的时间可以选在第三季度末或第四季度初等特殊的会计时期，通过企业的年底结账来全面地检验系统运行的正确性、安全性和可靠性，这样才能最全面地比较人机数据，预先估计可能出现的问题。根据财政部的规定，两者并行工作时间不少于 3 个月，一般应为 6 个月。

一、清理和规范会计业务工作内容

清理和规范会计业务工作内容主要是依据会计电算化的要求对原有手工管理下的会计业务工作进行一次全面清理，使其符合会计工作达标升级的标准要求。具体清理工作要根据电算化会计软件的具体操作要求进行，一般包括以下六个方面内容：

1. 会计核算程序的规范化

会计工作实行电算化后要按会计电算化数据处理的要求，规范会计核算程序，调整会计岗位和工作内容，以符合会计电算化管理的需要。

2. 科目编码的规范化

一级会计科目应严格按照财政部颁布的《企业会计制度》的规定选取科目编码和科目名称，明细科目按软件规定的科目编码方案整理所有明细科目编码和明细科目名称。所有科目编码要打印输出，新增科目必须按科目编码方案分类追加。

3. 凭证填制的规范化

要按软件要求对凭证格式、内容进行规范。在会计电算化条件下，可选多种记账凭证格式和编号，也可选择统一记账凭证格式和编号，如果软件只允许每张凭证一个摘要，则应注意不要把不同的经济业务放在一张凭证上。

4. 账户清理

会计电算化首先要进行数据的初始化处理，一旦初始化工作结束并开始进行日常会计数据处理工作，初始化数据一般不能再改动。因此，要保证初始数据的正确性和完整性。要求在输入初始数据之前，首先要对手工会计数据进行账账核对、账实核对，清理一级账户和各级明细账户，并清理往来账户和银行未达账项。

5. 成本核算方法的规范化

在手工会计系统操作条件下，成本核算工作是按手工操作的特点逐步进行的。处理环节多，产生的中间数据也较多，处理工作量大。并且，即使是同一种核算方法，不同企业也存在较大差异。因此，实行会计电算化以后，尤其是采用通用会计软件，需要根据计算机处理的要求，对手工操作方式的成本核算方法、处理步骤、费用分摊方法和标准、数据格式等进行规范和标准化。

6. 规范企业内部部门间的业务程序

按电算化会计核算模式的要求，规范会计部门与其他相关业务部门的数据处理和传递关系。它包括两个方面：一是会计部门对数据源部门有关数据的产生时间、内容、传递方式的规定；二是会计部门对其他部门的信息支持和服务等方面的规定。

二、会计电算化人员的工作岗位及其职责

会计电算化后的工作岗位可分为基本会计岗位和电算化会计岗位。基本会计岗位包括会计主管、出纳、会计核算各岗、稽核、会计档案管理等工作岗位。电算化会计岗位包括直接管理、操作、维护计算机及会计软件系统的工作岗位，具体分为六大岗位：电算主管、软件操作员、审核记账员、电算维护员、电算审查员、数据分析员。需要说明的是，企业自行开发软件的大中型企事业单位，应还有软件开发维护人员（不一定要求隶属于财会部门，可独立设置计算机应用部门）。另外还有以下基本岗位：(1)系统分析员，负责系统开发的分析、设计和总体测试工作，以及运行维护中软件修改的分析、设计和总体测试工作；(2)程序设计维护员，根据系统分析员的开发方案或修改方案，分工完成程序设计、修改和测试工作；(3)硬件维护员，负责计算机系统设备的安装、调试和日常检修维护工作。

各企事业单位依据本单位的具体情况设置岗位，在遵守内部控制的前提下，可以一岗多人，也可以多岗一人；有些岗位可不单独设立。

1. 电算主管岗的职责

负责协调计算机及会计软件系统的运行工作，要求具备会计和计算机知识，以及相关的会计电算化组织管理的经验。电算化主管可由会计主管兼任，采用中小型计算机和计算机网络会计软件的单位，应设立此岗位。

从计算机及信息系统的角度，该岗位可称为系统管理员。系统管理员主要有以下九大职责：(1)负责会计电算化的日常管理工作，监督并保证系统的有效、安全、正常运行，在系统发生故障时，应及时到场，监督与组织有关人员恢复系统的正常运行；(2)协调系统各类人员之间的工作关系；(3)负责组织和监督系统运行环境的建立，以及系统构建时的各项初始化工作；(4)负责系统各有关资源（包括设备、软件、数据以及文档资料等）的调用、修改和更新的审批；(5)负责系统操作运行的安全性、正确性、及时性的检查；(6)负责计算机输出的账表、凭证数据正确性和及时性的检查和审批；(7)负责做好系统运行情况的总结，提出更新软件或修改软件的需求报告；(8)负责规定系统内各使用人员的权限等级；(9)负责系统内各类人员的工作质量考评，以及提出任免意见。

2. 软件操作岗的职责

软件操作岗的员工通常统称为软件操作员，负责输入记账凭证和原始凭证等会计数据，输出记账凭证、会计账簿、报表，以及进行部分会计数据处理工作，要求具备会计软件操作知识，达到会计电算化初级知识培训的水平；各单位应鼓励基本会计岗位的会计人员兼任软件操作

岗位的工作。

3. 审核记账岗的职责

审核记账岗的员工通常统称为审核记账员，负责对输入计算机的会计数据（记账凭证和原始凭证等）进行审核，操作会计软件登记机内账簿，对打印输出的账簿、报表进行确认；此岗要求具备会计和计算机知识，达到会计电算化初级知识培训的水平，可由主管会计兼任。

4. 电算维护岗的职责

电算维护岗的员工通常统称为电算维护员，负责保证计算机硬件、软件的正常运行，管理机内会计数据；此岗要求具备计算机和会计知识，经过会计电算化中级知识培训；采用大型、小型计算机和计算机网络会计软件的单位，应设立此岗位。此岗在大中型企业中应由专职人员担任。

5. 电算审查岗的职责

电算审查岗的员工通常统称为电算审查员，负责监督计算机及会计软件系统的运行，防止利用计算机进行舞弊；要求具备会计和计算机知识，达到会计电算化中级知识培训的水平，此岗可由会计稽核人员兼任；采用大型、小型计算机和大型会计软件的单位，可设立此岗位。

6. 数据分析岗的职责

数据分析岗的员工通常统称为数据分析员，负责对计算机内的会计数据进行分析，要求具备计算机和会计知识，达到会计电算化中级知识培训的水平；采用大型、小型计算机和计算机网络会计软件的单位，可设立此岗位，此岗由主管会计兼任。

三、系统初始化

根据已经整理好的手工会计核算资料，按电算化会计软件的要求，在计算机上完成各项会计核算的初始化工作。初始化设置的内容因软件而定，如账务处理的初始化一般包括选择记账凭证格式、建立账簿数据库、设置会计科目（包括科目代码、名称、科目特性等），设置操作权限、输入各科目的期初余额等内容。

四、人机并行

这一阶段首先由手工完成日常会计核算工作。同时，在完成初始化设置的基础上，使用电算化会计软件进行日常会计核算，并经常核对手工与计算机处理的结果是否一致，出现不一致时要及时分析原因，如果属软件原因则应及时修改和完善。

由于人机并行期会计部门要完成双份的会计核算工作，故并行期不宜过长。当然太短也起不到检验软件可靠性的目的。人机并行期对会计软件的操作要注意以下四点：(1)对软件提供的各个功能模块，应全面测试软件运行的安全性、可靠性、正确性和兼容性，同时尽可能多地掌握软件的操作规律。(2)要按日常会计核算的要求每日处理会计数据，避免月底集中输入、集中审核、集中入账的做法。(3)要按电算化会计正常的人员配置要求操作系统，不能由一人包办一切。(4)对错账的更改要养成按规定程序和方法进行修改的习惯，要避免由软件设计人员通过直接修改数据库的方式进行更正。

在计算机与手工并行工作期间，可以采用计算机打印输出的记账凭证替代手工填制的记账凭证，原始凭证应附于相关记账凭证的背面，根据有关规定审核并装订成册，作为会计档案保存，并据以登记手工账簿。并行期间，应核对计算机处理的结果和手工处理的结果，如果电算化与手工核算结果不一致，要查明原因，及时采取措施，进行防错纠错。

五、替代手工记账

采用电子计算机替代手工记账简称为替代手工记账。《会计电算化工作规范》第三章明确说明:替代手工记账是指应用会计软件输入会计数据,由电子计算机对会计数据进行处理,并打印输出会计账簿和报表。替代手工记账是会计电算化的目标之一。替代手工记账的过程是会计工作从手工核算向电算化核算的过渡阶段,由于计算机与手工并行工作,会计人员的工作强度比较大,各单位需要合理安排财务会计部门的工作,提高工作效率。

1. 替代手工记账的单位应具备的条件

替代手工记账的单位,应具备以下三个条件:(1)配备了适用的会计软件和相应的计算机硬件设备;(2)配备了相应的会计电算化工作人员;(3)建立了严格的内部管理制度。

2. 替代手工记账的单位应注意的问题

计算机内会计数据的打印输出和保存是替代手工记账单位的重要工作,根据会计电算化的特点,各单位应注意以下四个问题:(1)采用电子计算机打印输出书面会计凭证、账簿、报表的,应当符合国家统一会计制度的要求,采用中文或中外文对照,字迹清晰,作为会计档案保存,保存期限按《会计档案管理办法》的规定执行。(2)在当期所有记账凭证数据和明细分类账数据都存储在计算机内的情况下,总分类账可以从这些数据中产生,因此可以用"总分类账户本期发生额及余额对照表"替代当期总分类账。(3)现金日记账和银行存款日记账的打印,由于受到打印机条件的限制,可采用计算机打印输出的活页账页装订成册,要求每天登记并打印,每天业务较少、不能满页打印的,可按旬打印输出。一般账簿可以根据实际情况和工作需要按月或按季、按年打印;发生业务少的账簿,可满页打印。(4)在保证凭证、账簿清晰的条件下,计算机打印输出的凭证、账簿中表格线可适当减少。

第三节 会计电算化后的系统维护管理

会计电算化后的系统维护是电算化会计信息系统运行中的一项经常性工作,电算化会计信息系统除了本身的不足需要完善之外,还受外界环境的影响,如管理体制、会计制度等方面的变化都要求会计电算化系统进行相应的改变。

一、系统维护的目的

对系统进行维护的目的多种多样,概括起来有下列几种情况:

1. 纠正系统使用中的问题

电算化会计信息系统通过测试和试运行后,并不意味着就没有问题了,系统质量还必须在长期的正式使用中进行检验。对于自行组织开发的系统,通过用户的使用不断发现和纠正系统中存在的问题是系统不断完善的必经之路。成熟的通用会计软件也是通过大量用户的使用和商家的改进逐渐完善起来的。

2. 适应企业会计处理方式的调整和变化

会计是对企业的经济事项进行反映和监督的一种管理活动。企业的会计处理方式往往会随着外界经济环境和企业经营管理模式的变化而变化,因此会计信息系统也必须做相应的调整。1992 年我国颁布第一部《企业会计准则》,企业会计核算制度由计划经济模式转向市场经济模式,会计科目体系、会计要素的确认、计量和报告以及会计报表体系都发生了深刻的改变,原有的电算化会计信息系统根本无法满足会计处理的需要，因此必须进行重大调整。

3. 与其他软件进行连接或接口

会计信息系统只是企业管理信息系统中的一部分，会计信息系统实施成功以后，有可能会与企业其他的子系统进行连接，这时两部分系统之间就存在着数据传递的问题。如何提高数据共享程度、减少重复处理是保证系统连接质量的重要问题。

4. 修改系统文件或数据库

企业的会计处理业务在不断地发展和变化，系统的文件和数据结构也必须因时制宜地做出调整。比如，由于业务扩展，企业原有的客户编码体系不能满足需求，需要建立新的客户编码体系，因此需要改变有关的系统文件和数据库文件。

5. 适应新的计算机软件或硬件平台

计算机技术发展日新月异，在不同的软件或硬件平台上，计算机的软件开发技术可能完全不同。当主流的计算机应用平台发生变化时，会计软件也必须进行相应的更新换代。比如，1995 年 Windows 操作系统的问世使得大量基于 Dos 操作系统的会计软件退出了历史舞台。

6. 系统发生软硬件故障、受到病毒侵害或网络黑客袭击后，恢复系统

在系统长期运行过程中，难免会遇到系统死机、突然断电、感染病毒和遭遇非法入侵等情况，此类事故轻则破坏系统的正常运行状态，重则造成数据丢失、系统损坏。因此，维护人员应定期做好系统备份，遇到突发事故时，应因地制宜地采取补救措施以减少损失。

二、系统维护的内容

一个系统的维护工作量与系统投入使用的时间和质量有关。一般系统试用期维护工作量较大。系统维护主要包括数据维护、软件维护和硬件维护三方面的内容。

1. 数据维护

数据维护主要是指对会计数据库中的数据进行维护，通常通过会计软件的维护模块来实现。系统的数据维护内容很多，主要有以下几个方面：

(1)数据备份维护。数据备份维护包括数据备份和数据恢复，实质是进行数据保护性维护操作。进行数据备份维护需要注意：①备份数据要频繁，恢复数据则要特别谨慎。不到必要时，绝不轻易进行数据恢复操作。②数据恢复前一定要确认待恢复数据的日期和状态，以免因操作错误覆盖原数据，反而造成数据的损失。

(2)操作权限维护。操作权限维护包括操作员权限维护和操作员口令维护，这两种维护操作要配合使用。操作权限维护只能由系统管理员或账套主管完成，操作员口令维护只能由操作员自己完成，以最大限度地减少非法操作或越权操作的发生概率。

(3)数据查错维护。数据查错维护是为了防范系统万一出现的数据错误，软件本身向用户提供的一种全面的、有效的、可以迅速查明错误会计数据并进行纠正的手段。例如，自动清除错误数据、重建索引文件和撤销错误操作等。会计数据查错维护的方便性和有效性，是软件设计水平高低的一个标志。

(4)数据交换维护。会计电算化经常需要向外界提供数据，或者要将外界的数据导入系统内部，以扩展系统的使用功能。例如，导入银行对账单或导出总账数据等。当用户需要进行导入或导出数据时，必须通过系统提供的功能模块来操作。

(5)编码和参数维护。编码是系统进行数据处理的参照系数，系统参数是系统运行的参照系数，它们都是控制程序运行的重要数据。因此，编码和参数维护是会计电算化数据维护中非常关键的内容，它包括系统中各类编码的维护，例如，科目编码、往来编码、存货编码和其他编码等。在系统日常运行过程中会不时地根据核算需要发生编码或参数的变动，因此需要经常维护，以保证系统正确、稳定地运行。编码和参数的维护是通过会计软件的维护模块完成的。由于编码和参数对系统运行的结果有重要影响，因此在软件设计时，能用程序自动控制的维护一般都不要用户维护。必须交给用户维护的编码和参数，应该含义明确，同时程序要提供正确性维护措施。

(6)系统日志维护。系统日志翔实地记录了系统的运行情况，是监控系统活动的重要文档资料。系统管理员要经常检查系统日志，分析系统状态，尽早发现问题并加以解决，做到防患于未然。当系统出现故障或者错误时，应通过近期的系统日志寻找原因，并确认相关的操作人员，为系统修复和责任追究提供参考。

2. 软件维护

软件维护的主要内容包括会计软件的更新换代和软件系统的日常维护。电算化会计信息系统由两部分组成：一部分是系统软件，包括操作系统、数据库管理系统、其他工具软件等；另一部分是会计软件。软件日常维护工作也分为系统软件维护与会计软件维护两部分。

(1)系统软件维护。主要包括：定期检查磁盘空间使用状况；定期检查病毒；定期备份操作系统；定期清理日志文件、临时文件等。

(2)会计软件维护。会计软件维护是软件维护中的主要内容。系统投入运行后，对会计软件所做的所有改动都属于会计软件维护的范畴。会计软件维护根据维护的目的，可以分为保护性维护、正确性维护、完善性维护和适应性维护四种。

①保护性维护。保护性维护是针对由于计算机病毒侵害、误操作或者计算机硬件故障造成的系统软件损坏而采取的措施。为保证这一工作顺利进行，用户应事先做好备份工作，一旦确认会计电算化因病毒感染或计算机故障造成了软件损坏和数据丢失，首先要清除病毒或排除故障，然后用备份文件恢复系统。

②正确性维护。正确性维护是指改正在前期产生、但在测试阶段又没有发现的错误。

③完善性维护。会计电算化构建以后，还要接受实际运行的检验。结合系统运行情况，对系统进行不断的完善是提高软件功能、更好地完成会计工作的重要步骤。具体来讲，可能有以下四个方面的原因造成系统需要进行完善性维护：第一，系统软件尚存在缺陷，这些缺陷在系统开发、测试和试运行时都没有暴露出来，需要在日常运行维护中随时发现、随时纠正；第二，系统在进行需求分析时考虑不周到，系统交付使用后，发现还有功能遗漏，因此可能提出功能改进要求；第三，系统运行环境的改变可能会使软件系统产生不兼容现象；第四，会计核算制度的变化，也可能使系统必须做相应的修改。

完善性维护需要企业会计部门和系统开发单位密切配合才能进行，因此系统开发应尽量与规模较大、开发过程规范的软件企业合作，才能保证在一个较长的时间内能够快速地进行系统完善性维护。

④适应性维护。适应性维护是指由于计算机科学技术的发展和用户需求的变化，为了更好地适应环境，增加新的功能或修改已有的功能。随着 ERP 软件、硬件技术的飞速进步，会计软件也必须定期地升级换代，才能适应并满足不断发展的功能要求。适应性维护的主要方法是升级服务，升级服务的目标必须是继承系统的原有数据，大幅度提高会计软件的使用功能。需要注意的是，会计软件升级不能忽视，但是也不能过于频繁。在没有明显功能提高的情况下，频繁进行细微的升级，既浪费资金，操作人员又要不断适应新的改动，得不偿失。

3. 硬件维护

硬件维护是对会计电算化的计算机硬件系统和网络硬件的维护，主要包括日常保养和故障检修两方面的内容。

(1)日常保养。计算机设备及网络硬件应定期进行检测，对运行不稳定以及不满足功能的部件应及时更换。计算机硬件和网络硬件及其外围设备的耗材，如网线、墨粉、硒鼓、色带、打印纸、U盘、移动硬盘等，在节约使用的前提下及时补充，购买和更换时要登记备案。

(2)故障检修。由于计算机及网络硬件的维修比较专业，要求会计电算化的维护人员完全承担所有的故障检修是不现实的。一般要求系统维护人员能够查找处理常见的、发生频率较高的一般故障。当发生的故障比较复杂、无法解决时，应该找专业人员进行维修，切不可盲目处理，以免故障扩大。在确认系统遇到硬件故障且无法修复时，应按照计算机设备及网络硬件的管理制度更换故障部件。

三、系统维护工作的制度

系统维护是一项贯穿整个系统生命周期的长期复杂的工作，系统维护必须有一套严格的制度。系统维护一般可分为三类：一是硬件维护；二是利用应用软件进行维护；三是对系统的直接修改。其中，硬件维护一般由专职的硬件维护人员负责检修和保养。下面着重讨论其他两类维护制度。

1. 利用会计软件自身提供的功能进行维护

为了便于叙述，我们把不涉及软件结构和具体程序，而是利用会计软件本身提供的功能直接在运行过程中进行维护的内容称为系统日常维护。系统开发时，一般把系统日常维护单独设一个子系统。系统日常维护的内容包括数据文件记录数据的维护、代码库(词典库)记录数据的维护、数据备份与恢复等方面。一些灵活性能较好的软件，其适应性维护中的部分内容也可通过日常维护来解决。如报表格式和内容的变化可通过通用报表生成模块来自动修改，不需要直接修改程序，对于诸如税率的调整、税种的增减、计算公式的生成和调整等具体核算方法的变化，也可通过核算方法维护模块自动进行修改，不用直接修改软件中的有关模块。

系统日常维护制度的重点，主要是建立各具体维护内容的责任分工制度，并进行工作权限的控制。责任分工要符合内部控制的原则，即各操作人员所拥有的维护权与其系统操作权之间在内容上要符合内部控制制度的要求。一般来说，与具体业务操作直接有关的维护内容，可由各自的终端操作员兼管。例如，经营新品种需增加新的商品代码记录、产生新的客户需开设新的账户记录等，这些内容随时都可能产生，并且只有在操作员输入凭证内容，经计算机提示后才发现是新品种、新客户。显然，这些内容由操作员维护比较方便。与具体操作人员无直接联系或具有共性的维护内容，一般应由高一级的操作人员、控制人员或系统管理员负责实施。如报表格式和内容的调整、各种定额数据的修改、各种数据文件的转存和清理等可根据有关部门的正式通知或根据系统需要由系统管理员负责实施。

2. 对系统进行直接修改(程序代码修改)的维护

如果对系统的维护不能通过会计软件本身提供的维护功能来解决，则需对系统进行直接修改。一般来说，对软件的维护以及对数据文件结构和代码系统结构的维护都需对系统进行直接修改。系统修改是一项细致而严密的工作，必须谨慎从事，因为系统是一个整体，各部分功能紧密关联，牵一发而动全身。如代码结构的扩充要影响到所有与该代码系统相关的程序模块和数据文件的结构。其中，对程序模块和数据文件结构的一致性修改，其工作量远远超过代码系统本身的修改。并且，如果在程序模块和数据文件结构的修改过程中出现疏漏现象，还会产生严重的副作用。因此，系统修改必须要有一套严格的工作制度，必须由对系统的功能结构十分清楚的系统管理员直接掌握和决定，并负责实施。归纳起来可分为以下五个步骤：

(1)提出修改申请。与系统有关的人员(如操作员、信息使用者等)都可根据实际需要向系统管理员提出对系统的修改申请。修改申请一般用固定格式的修改申请书形式表示，申请书中要详细说明修改的目的、内容和要求。

(2)修改申请的分析。系统管理员对收到的修改申请要及时进行全面的系统分析，对合理、可行的修改申请，要根据其轻重缓急的程度制订相应的计划，并确定修改所需的资源、成本及时间因素等。对于重大的修改扩充计划，要报请主管领导审批。

(3)系统修改的实施。由系统管理员会同有关维护员(程序员)，在对系统文档和修改要求进行全面分析的基础上实施修改计划。完成修改编码后，要对修改的内容进行单元测试，并形成测试报告。另外，根据实际修改的内容还要改写相应的流程图、结构图、程序清单、操作手册等系统文档，以保证系统文档与实际运行系统的一致。

(4)系统审批。修改工作结束后，有关部门(主要是用户部门)要对系统进行复审，审查修改是否达到预期目标、测试结果是否正确等内容。

(5)项目转换。复审通过后，即可在规定的时间内将修改后的模块嵌入系统，取代旧模块或扩充系统。如果涉及数据文件的切换，应做到准确、安全、可靠地实现数据文件原有记录数据的转换。另外，还应向有关部门及时通报新版本，更换操作手册，以保证系统的正常运行。

四、会计软件版本升级

会计软件版本升级是会计软件厂商向软件合法用户提供的一项重要的售后服务。随着信息技术的飞速发展，会计软件的功能在不断扩充，性能在不断改进，软件应用平台也在不断更新。此外，国家有关会计的制度和法规的变更也要求会计软件的功能和性能进行相应调整。在这种情况下，为了保证软件用户的利益、降低系统投资的成本、提高软件产品的竞争力，各软件厂商都为用户提供了软件升级服务。

1. 会计软件版本升级的原因

在下述三种情况下可以进行会计软件版本升级。

(1)原有会计软件存在错误。由于软件工程的复杂性，出于种种原因，已经推向市场的软件产品仍然可能存在这样或那样的缺陷，这些缺陷会在用户的使用过程中被不断地暴露出来。经过一段时间的汇总以后，软件公司会将这些缺陷统一解决，并在此基础上进一步完善系统的功能，推出软件的新版本，并为用户免费升级。这种改错版一般不会对用户的账套体系做根本的调整，因此用户不必更改原有账目。

(2)改进、扩充原会计软件的功能。由于企业的会计处理模式受国家法律法规的制约，当国家会计法规发生根本性变动时，企业的会计处理方式也必须随之调整，因此会计软件的功能也必须做相应的改进。另外，当软件公司的开发水平得到提高、计算机技术有了新的发展或为了更好满足用户的实际需求时，软件公司都可能会对原有软件进行改进和完善，推出功能更全、性能更好的新软件版本。由于新版本软件具有更强大的功能和更优的性能，因此用户更新版本往往需要支付一定的更新费用。对用户而言，这种更新可能会引起用户账套体系的某些变化，因此需要对系统中原有的账目做少量的改动。

(3)会计软件运行平台发生升级。这种情况在实际工作中也经常遇到。由于计算机硬件技术和软件技术的发展日新月异，各种运行平台层出不穷，如操作系统从 Dos 平台到 Windows 平台、从 Windows 平台到 Vista 平台等。基于新的技术平台所开发出的软件版本往往功能更全、性能更稳定、操作性更好，用户在进行此种更新时，往往需要支付更多的升级费用，同时由于此类升级会对原软件做出较大的改动，系统中的原有数据也必须做较大的调整，系统的维护量较大。

2. 升级会计软件版本需要注意的问题

由于会计软件版本升级是软件公司为合法用户提供的售后服务，所以用户要享受该种服务，首先要保存购买软件时所获得的售后服务卡或其他合法用户身份证明，然后在新软件版本发布时，凭有效证明向软件公司索取获得最新版本软件。如果原有软件可以很好地处理用户现有业务，并且运行安全可靠，那么用户就没有必要盲目进行软件升级，以增加不必要的维护工作量。一般用户在下述情况下，可以考虑对现有软件进行版本升级：(1)原有软件存在缺陷，影响系统正常使用。这时应该通知软件公司，对软件进行升级。(2)由于企业业务的发展，原有软件已不能满足企业现在的需要，如在已有的系统中需要引进新的子系统，这时应在原有软件的基础上进行升级。(3)经过比较和审核，认为新版本的软件能显著提高现有业务的处理质量，而且运行稳定、速度快捷、操作简便，这时可以考虑升级。

会计软件的升级往往会带来一些系统维护方面问题，这些问题的解决需要遵循一定的工作程序，具体的工作步骤已在系统维护的内容中介绍，在此不再赘述。

五、计算机病毒的防治

计算机病毒是一种特殊的具有破坏性的计算机程序，它会引起计算机系统故障，严重时还会造成整个系统瘫痪。严格地说，计算机病毒是指能隐蔽在计算机系统内部，利用计算机资源进行自我复制，并通过数据传递而感染其他数据文件，影响计算机正常使用的一组计算机指令或者程序代码。自 20 世纪 80 年代以来，人们已经发现了成千上万种计算机病毒，这些病毒使得大量计算机系统被感染破坏，造成了难以估量的经济损失，对国际社会形成巨大的威胁。作为计算机用户，应主动了解计算机病毒的危害，增强防范意识，采取预防措施，保证系统安全。

1. 计算机病毒的特征

计算机病毒有以下六大特征：

(1)隐蔽性。病毒程序的编写者对计算机系统的组成和目标系统的特点有着深入的研究，能够用各种汇编语言或者高级语言编写出不易被察觉的小程序。与其他合法程序类似，它们可直接或者间接地被执行，具有一定的隐蔽性。

(2)破坏性。计算机病毒是一种可以采取不同途经进入计算机并破坏其系统内部运行的程序，病毒程序一旦运行到计算机系统上，就开始搜索其可感染的其他程序，从而使病毒很快扩散到整个系统上，破坏磁盘文件内容，修改甚至删除计算机本身的数据，抢占存储空间甚至对磁盘进行格式化，严重的可以中断一个大型计算机中心的正常工作或者使其系统瘫痪。计算机病毒的破坏后果不可想象，轻则影响运行效率，重则毁坏数据导致计算机不能正常运行。

(3)传染性。计算机病毒不但本身具有破坏性，更严重的是，其还具有传染性，一旦病毒被复制或产生变种，其速度之快令人难以预防。计算机病毒可通过各种可能的渠道，如软盘、计算机网络去传染其他的计算机。当在一台机器上发现了病毒时，往往曾在这台计算机上用过的软盘已感染上了病毒，而与这台机器联网的其他计算机也许也被该病毒感染上了。因此，是否具有传染性是判别一个程序是否为计算机病毒的重要条件之一。

(4)潜伏性。有些病毒像定时炸弹一样，它的触发时间是预先设计的。一个编制精巧的计算机病毒程序，进入系统之后一般不会马上发作，它依附于不同的媒体而寄存在计算机内部，进入系统后，它可以潜伏几周或者几个月的时间，在系统的备份设备内复制病毒程序而不被发现。潜伏性越好，其在系统中的存在时间就会越长，病毒的传染范围就会越大。病毒程序不用专用检测程序检查不出来，因此病毒可以在磁盘或磁带里待上几天，甚至几年，一旦时机成熟，得到运行机会，就会四处繁殖、扩散。

(5)可触发性。病毒因某个事件或数值的出现，诱使其实施感染或进行攻击的特性称为可触发性。病毒的触发机制是用来控制感染和破坏动作的频率的。病毒具有预定的触发条件，这些条件可能是时间、日期、文件类型或某些特定数据等，通过一定的刺激条件，沉寂的病毒会活跃起来，实施其破坏性。

(6)针对性。一种计算机病毒往往是针对特定的计算机系统设计的，例如针对 Windows 操作系统设计的病毒会在 Linux 操作系统中失效，目前大多数病毒程序都是针对 Windows 系列操作系统设计的，因此我们也可以从这方面考虑，是否可能找到有效机制来预防或控制病毒对特定计算机的感染。

2. 计算机病毒的分类

根据病毒破坏的能力，计算机病毒可以分为以下四种类型：

(1)无害型。无害型病毒程序除减少磁盘可用空间外，对系统没有其他影响。

(2)无危险型。这类病毒程序的作用仅仅是减少系统可使用内存、显示图像、发出声音等。

(3)危险型。这类病毒程序会在计算机系统操作中造成严重的错误，导致系统运行速度显著变慢或不能运行。

(4)非常危险型。这类病毒非常危险，它们可以删除系统程序、破坏系统数据、清除系统内存区和操作系统中的重要信息，造成系统运行不稳定，甚至崩溃。这些病毒对系统造成的危害，并不是本身的算法中存在危险的调用，而是当它们传染时会引起无法预料的、灾难性的破坏。由病毒引起的其他程序运行所产生的错误也会破坏文件和扇区。

值得注意的是，由于病毒程序的针对性，对某些计算机系统无害的病毒程序可能对另外一些计算机系统是非常危险的病毒程序，例如在早期的计算机病毒中，有一个名为"Denzuk"的病毒程序在磁盘容量为 360K 的低密度磁盘上不会造成任何破坏，但是在高密度软盘上却能引起大量的数据丢失。

3. 计算机感染病毒的识别

判断计算机是否感染上病毒，主要有两种方法：一种是人工检测，另一种是软件检测。人工检测需要用户有较丰富的计算机使用经验，软件检测需安装专门的杀毒软件或执行专门的杀毒程序。

感染病毒的计算机一般会出现一些异常，如果计算机出现下列的一些异常情况，就应该考虑系统是否已经感染病毒。(1)计算机系统运行速度减慢；(2)计算机系统经常无故发生死机；(3)计算机系统中的文件长度发生变化；(4)计算机硬盘存储容量异常减少；(5)系统引导速度减慢；(6)丢失文件或文件损坏；(7)计算机屏幕上出现异常显示；(8)计算机系统的蜂鸣器出现异常声响；(9)磁盘卷标发生变化；(10)系统不识别硬盘；(11)对存储系统访问发生异常；(12)键盘输入异常；(13)文件的日期、时间、属性等发生变化；(14)文件无法正确读取、复制或打开；(15)命令执行出现错误；(16)虚假报警；(17)系统时钟运行不正常；(18)Windows 操作系统无故频繁出现错误；(19)系统异常重新启动；(20)一些外部设备工作异常；(21)Word 或 Excel 提示执行“宏”。

4. 计算机病毒的防治

会计工作的性质决定了会计数据不允许出现任何差错，因此会计人员应认真对待计算机病毒，贯彻防大于治的原则。计算机病毒防治的主要办法是安装通用的杀毒软件并随时更新。从会计电算化管理制度上防范计算机病毒，可以从两方面入手：一方面是清除计算机病毒的滋生地，另一方面是切断计算机病毒的传播途径。因此，企业应做到以下几点：(1)对所有需要使用的软件，系统管理人员应各预备一套干净无毒的备份；(2)运行会计信息系统之前，对计算机系统进行彻底地检查，保证系统运行环境无毒；(3)检查系统使用人员使用的各种存储介质，如移动硬盘、U 盘、光盘、软盘等，保证这些存储介质无毒，原则不允许非管理人员在系统中使用存储介质；(4)除系统使用人员以外，不允许其他部门或人员使用系统；(5)禁止在电算化会计信息系统中拷贝和安装来历不明的文件和软件；(6)使用外部存储介质时，先对存储介质进行杀毒处理；(7)对会计电算化数据及时备份；(8)加强内部管理，提高部门内部会计人员的素质和责任心。

思考题

1. 简述各企业开展会计电算化工作的基本内容。
2. 就企业开展会计电算化工作的基本内容来说，建立会计电算化的管理制度主要包括哪些？
3. 电算化会计信息系统的构建主要完成的工作包括哪些方面？
4. 替代手工记账的单位应具备哪些条件？
5. 系统数据维护的内容主要有哪些？
6. 新旧系统转换中的数据转换主要包括哪些内容？
7. 企业实现电算化会计信息系统后的工作岗位主要有哪些？

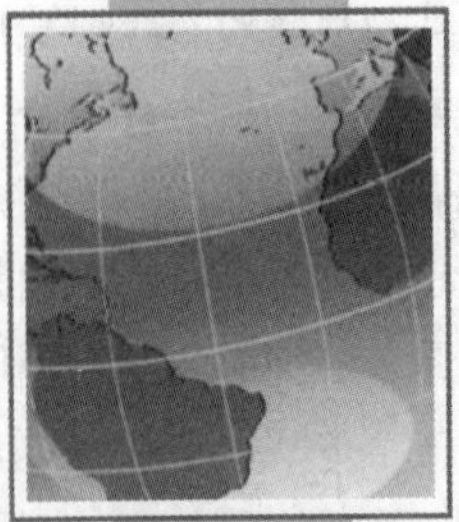

第四章
电算化会计信息系统的风险与内部控制

【要点提示】

- 一般控制
- 应用控制
- 输入控制
- 处理控制
- 输出控制

第一节　电算化会计信息系统的风险分析

风险的概念至今没有一个统一且严格的定义。一般来说，风险指未来的不确定性。由于人们更关注未来损失的影响，也有将风险定义为“遭受损失或伤害的可能性”。信息系统的风险有其特殊性。我国财政部等五部委颁布的《企业内部控制应用指引第 18 号——信息系统》第二条对信息系统的定义是：“本指引所称信息系统，是指企业利用计算机和通信技术，对内部控制进行集成、转化和提升所形成的信息化管理平台。”第三条对信息系统风险重点关注的是：“企业利用信息系统实施内部控制至少应当关注下列风险：（一）信息系统缺乏或规划不合理，可能造成信息孤岛或重复建设，导致企业经营管理效率低下。（二）系统开发不符合内部控制要求，授权管理不当，可能导致无法利用信息技术实施有效控制。（三）系统运行维护和安全措施不到位，可能导致信息泄漏或毁损，系统无法正常运行。”《企业内部控制应用指引第 18 号》第二章“信息系统的开发”和第三章“信息系统的运行与维护”，分别从信息系统开发和运行维护两个阶段对如何控制以上风险进行了指导。

作为企业信息化管理平台的一个有机组成部分的电算化会计信息系统，也具有以上信息系统三方面的风险。具体来说，电算化会计信息系统风险是指在电算化会计信息系统的分析、设计、实施、运行、维护这整个生命周期过程中所面临的风险。这些风险将导致会计信息系统无法达到预期目标。对会计信息系统的风险进行管理，需要对会计信息系统的开发和运行维护的整个过程进行风险识别、风险评估、风险控制与风险监督，可以参照我国《企业内部控制具体规范第 18 号——计算机信息系统》以及相应的《企业内部控制应用指引 18 号》对会计信息系统的风险进行控制和管理。

会计信息系统在开发和运行维护过程中，受到技术因素、自然因素以及组织、管理、人员等多种环境因素的影响和威胁，可能导致各种风险。

一、技术因素导致的风险

信息系统有其自身脆弱的一面，即信息系统存在不可避免的硬件、软件、网络通信等技术故障。例如，硬件不正确的配置、编程有错误而没被测出、软件安装不正确等。针对由于技术因素可能导致的各种风险，可以采用相应的措施进行防范。对于软件系统留下的安全隐患一般不易被察觉，需要对软件的研发和运行维护全过程进行严格的管理和控制。

二、自然因素导致的风险

基于计算机的信息系统会受到地震、洪水、火灾、停电等其他自然灾害的影响和威胁而造成损失，保存在磁介质上的会计数据也会受到潮湿等环境因素影响而被损坏。对于自然因素带来的风险可以通过组织管理以及相应的控制措施来应对。

三、信息系统运行中安全管理的漏洞

信息系统运行时的安全管理是通过授权、职责分离、密码管理等访问控制和安全管理措施实现的。操作人员只要获得授权文件或注册系统的密码即可获得某种权限或运行特定程序进行业务处理。密码一旦被他人掌握，或未及时修改或注销，权限就会失控，从而造成损失；数据库、服务器之间的访问没有严格的控制也极易被犯罪分子攻击，存储在计算机中的电子数据将遭到破坏、伪造或滥用。

四、组织管理漏洞与内部员工犯罪

信息系统在运行过程中，其安全威胁不仅来自企业外部，还来自企业内部。由于员工熟悉内部工作流程与组织管理的漏洞，内部员工的计算机犯罪造成的损失会远远超过外部的威胁。例如，如果企业对信息系统或数据库进行管理与维护的制度不健全，员工就有可能从数据库中盗取机密的客户信息或修改账户数据；或者系统管理（维护）员和操作员合伙作案，以牟取非法收益；等等。

五、来自恶意软件与网络黑客的攻击

恶意软件包括计算机病毒软件、间谍软件等。这些恶意软件的目标是侵入信息系统，破坏系统的数据和程序，甚至硬件；传播病毒程序；消耗信息系统的资源使其不能正常运行；等等。恶意软件的隐蔽性强、传播范围广并且破坏力大，对信息系统的安全构成了极大的威胁。网络黑客是指未经授权侵入计算机信息系统有犯罪意图的人，他们利用系统安全保护的漏洞未经授权进入系统，实现偷盗有用信息、篡改信息或破坏系统等非法目的。

第二节　电算化会计信息系统内部控制目标、分类及框架

电算化会计信息系统的内部控制是指为了实现企业的经营目标，从设计和管理上加强对电算化会计信息系统的保护，保证会计处理符合国家会计法规的要求，保护资产的安全与完整，保证会计记录的规范、正确和可靠，提高经营效率以及贯彻执行管理部门规定的管理方针而针对电算化会计信息系统制订的一系列计划、方法和规程的总和。内部控制是企业内部监督的核心，贯穿于企业经营活动的各个方面，是企业对其经济活动进行组织、制约、考核和调节

的重要工具。

一、电算化会计信息系统内部控制的目标

电算化会计信息系统内部控制的目标是内部控制存在的根本，也是建立内部控制框架，对内部控制进行考核和评价的重要参照物。现代企业中的内部控制目标已不再是传统意义上的查错纠弊，而是涉及企业管理的方方面面，呈现出多元化、纵深化的趋势，是为了保证电算化会计信息系统的准确、可靠和安全，提高电算化会计信息系统运行效率。电算化会计信息系统内部控制的根本目的就是在可控成本的条件下，在信息系统风险分析基础上消除或降低风险危害，以达到企业效益最大化。一个设计完善、运行稳定的企业内部控制制度应能够实现以下目标：

1. 及时提供正确、可靠、完整和合理的会计信息

及时提供正确、可靠、完整和合理的会计信息；保证对资产和记录的接触、处理均经过适当的授权；保证账面资产与实际资产定期核对相符；保证所有交易和事项被正确反映，即在恰当的会计期间内及时记录于适当的账户，使会计报表的编制符合会计准则和会计制度的相关要求。

2. 对各种会计档案、会计信息的建立使用必要的防护控制

对各种会计档案、会计信息的建立使用必要的防护控制，如配置专人负责会计档案的保管、分发和回收；建立会计档案使用授权、登记制度，确保信息传播的有效性和会计档案的安全性。

3. 提高经营效率与经济效益，提高企业的竞争能力

提高经营效率与经济效益，提高企业的竞争能力，帮助管理者提高管理决策的正确性；同时注意在信息化条件下，审计对设计和开发电算化会计系统的要求，使系统在数据处理时留下新的审计线索，以便企业、税务、审计等相关部门的人员在电算化环境下也能跟踪审计线索，顺利完成审计任务。

4. 保证会计处理符合会计制度和会计原则的要求

保证会计处理符合会计制度和会计原则的要求，在系统运行的开始到结束都能确保系统及其所处理的经济业务合规、合法；确保管理当局制定的政策得以遵守，保证遵守国家有关法律法规的规定等；保证会计系统按公认会计原则，及时、完整地报告会计信息，如编制资产负债表、损益表、现金流量表等。

二、电算化会计信息系统内部控制的分类

电算化会计信息系统内部控制可以按照不同的角度进行分类。

1. 依据控制的预定意图分类

依据控制的预定意图，可分为预防性控制、检查性控制和纠正性控制。

2. 依据会计电算化的发展阶段分类

依据会计电算化的发展阶段，可分为规划控制、系统分析控制、设计控制、实施控制、运行与维护控制。

3. 依据控制所采取的工具或手段分类

依据控制所采取的工具或手段，可分为手工控制和程序控制。手工控制是指由人工进行的控制；程序控制是指由计算机程序自动完成的控制。

4. 依据控制作用范围的不同分类

依据控制作用范围的不同，可分为一般控制和应用控制。一般控制是应用控制的基础，它为数据处理提供了良好的环境；应用控制是一般控制的深化，可以在一般控制的基础上，直接深入具体的业务数据处理过程，为数据处理的准确性、完整性和可靠性提供保证。这两类控制是会计电算化内部控制常用的分类方法，本部分主要基于控制作用范围的分类来介绍一般控制和应用控制。

三、内部控制框架

企业需要从一个整体的角度来考虑自身的内部控制建设，也就是要形成一个内部控制框架。内部控制框架有很多种，这里主要介绍与信息系统密切相关的 COBIT 框架和 ITIL 框架。

1. COBIT 框架

COBIT(Control Objectives for Information and Related Technology，信息和相关技术的控制目标)是由信息系统审计和控制基金会(Information Systems Audit and Control Foundation，英文缩写 ISACF)下属的信息技术治理协会(ITGI)提出的 IT 控制框架，该协会于 1996 年、1998 年、2000 年、2005 年分别颁布了 COBIT1.0、COBIT2.0、COBIT3.0 以及 COBIT4.0，目前已更新到 COBIT4.1。COBIT 已经从一个审计师的工具演变为 IT 治理框架，被越来越多的 IT 管理人员使用。COBIT 的制定宗旨是跨越业务控制和 IT 控制之间的鸿沟，从而建立一个面向业务目标的 IT 控制框架。

COBIT 将 IT 流程、IT 资源与业务需求相适应的 IT 目标相结合，形成一个三维的体系结构(如图 4—1 所示)。COBIT 主要从信息系统分析设计与开发生命周期的角度对 IT 目标进行分级，由此形成从战略目标到行动计划的目标体系。该体系提供了对信息技术的基本治理框架，主要包括四个领域，即 PO 计划与组织、AI 获取与实施、DS 交付与支持、ME 监控与评价。在这四个领域中包含了 34 个通用的 IT 过程，分别从流程描述、控制目标、管理指南、目标和指标以及成熟模型这五个方面进行描述，涵盖了战略、战术与操作的所有层次，使得各个阶段的信息系统都可以参照使用。同时，将 IT 战略与组织战略紧密联系，从而使业务需求与 IT 控制之间建立起了联系。

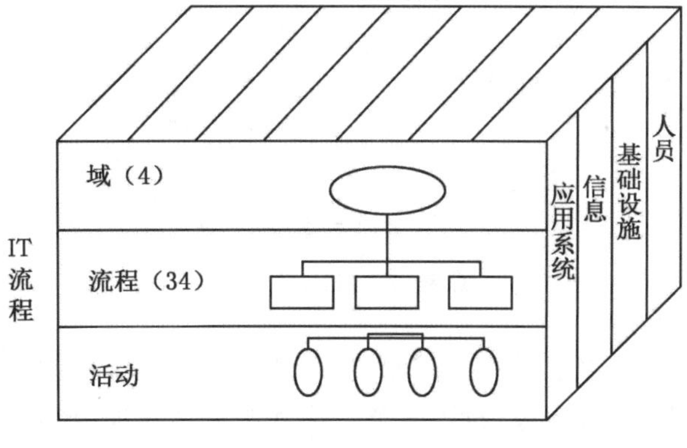

图 4—1　COBIT 体系结构

2. ITIL 框架

ITIL(IT Infrastructure Library,IT 基础框架构库)由英国国家计算机和电信局(Central Computing and Telecommunications Agency,英文缩写 CCTA)在 20 世纪 80 年代末制定,现由英国商务部(Office of Government Commerce,英文缩写 OGC)负责管理,主要适用于 IT 服务管理。

ITILv1(1986～1999 年)主要是基于职能型的实践,ITILv2(1999～2006 年)主要是基于流程型的实践,ITILv3(2004～2007 年)整合了 ITILv1 与 ITILv2 的精华,融入了 IT 服务管理领域当前的最佳实践,增加了生命周期理论以及与其他标准和最佳实践的接口,强调了 ITIL 最佳实践的执行支持,以及在改善过程中需要注意的细节。ITIL 为企业的 IT 服务管理提供了一个客观、严谨、可量化的标准和规范。

ITILv3 的核心架构是基于服务生命周期的,如图 4—2 所示。服务战略是 ITILv3 生命周期的核心,它指导服务提供商培养以战略方式思考和执行的能力,以获得长期的成功运营和发展;服务设计描述了对服务及服务管理流程设计和开发的指导;服务过渡描述了如何将新的或变更的服务转换到运营过程中有关能力的开发和改进的指导;服务运营主要包含了在服务运营管理方面现有的最佳实践;服务持续改进的目的是通过实施改进,不断调整 IT 服务,以适应不断变化的业务需要。

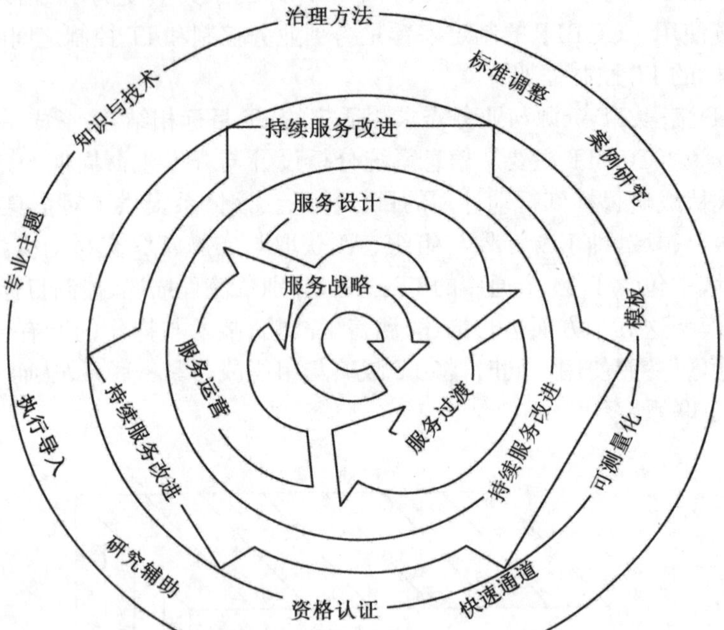

图 4—2 ITILv3 架构

生命周期模型的引入改变了模块之间原本相互割裂、独立实施的局面,通过连贯的逻辑体系,以服务战略作为总纲,通过服务设计、服务转换和服务运作加以实施,并借助持续服务改进不断完善整个过程,使 IT 服务管理的实施过程被有机整合为一个良性循环的整体。

第三节　电算化会计信息系统内部控制的主要内容

依据控制作用范围的不同，电算化会计信息系统的内部控制可分为一般控制和应用控制两类。

一、一般控制

一般控制是指对系统的构成要素（人、机器、文件等）及组织、开发、安全、操作等运行环境因素进行的控制，是保证计算机环境安全的控制，这一层次的内部控制对所有系统具有一般意义，它为各个具体的应用系统提供了一个良好的环境。因此，一般控制也称为环境控制。

一般控制又可以分为管理控制和系统开发控制。管理控制是指采用各种管理措施保证数据和系统的安全性与系统运行的平稳性。系统开发控制是要保证新系统不会对环境造成新的危险。在研究和评价一般控制时，应当考虑以下主要因素：系统开发与维护控制、组织控制、系统安全控制、系统硬件与软件控制、操作控制、数据的备份与恢复控制。

1. 系统开发与维护控制

系统开发与维护控制主要是指对电算化会计信息系统开发过程及其维护工作的控制。会计电算化作为一项系统工程，需要经过系统分析、系统设计、系统实施等步骤；另外，许多程序化控制措施还要体现在软件功能中。因此，加强系统开发与维护控制，有利于提高软件系统的可维护性，有利于在软件系统中建立完善的技术控制体系。具体控制内容将在第九章详细阐述，本部分不再赘述。

2. 组织控制

会计数据处理的自动化是会计电算化的客观需要，而内部控制制度既是会计又是审计的基本要求。在保证会计数据处理的自动化的同时，要将控制的责任落实到具体与系统有关的人。建立完善的会计组织内部控制制度是实现这一目标最基本的和最重要的措施。

组织控制是为了使会计信息处理部门更高效、正确地完成数据处理工作而规定的岗位、职责分工和相关人事管理控制措施，它的主要目标是将会计信息处理部门发生舞弊、错误的可能性降至最低。组织控制的基本原则是做到职责分离和职责牵制，即通过人事组织机制，把人员无意和故意发生错误的可能性降低，提高会计活动组织的严密性。电算化会计信息系统的组织控制应包括以下几方面的工作：

（1）明确岗位分工。明确岗位分工包括部门之间及部门内部的职责分离。在会计电算化条件下，遵守职责分离的一般原则以遏制不法人员的越权活动。职责分离的一般原则是将四种基本职能，即业务授权、操作、数据管理和系统管理予以分开。管理人员按原则开展经营管理，合理划分人、机职责。例如，维护人员与计算机操作人员的责任分工，程序和文档数据保管员与计算机操作员的责任分工等。在部门内部，同样要做到岗位职责划分明晰，避免舞弊、犯罪行为的发生和防止差错的出现，以保证系统的正确运行。但考虑到成本和效益的关系，在单位较小而电算化会计信息系统较为简单的情况下，实行完全的职责分离可能导致人员冗余，因此也可加强人事控制，如利用人员招聘、在职教育、定期评价、轮换任职和加强监督等办法来避免因职责未能分离而带来的风险。

（2）职责牵制。不同职责的人员实行职责分离后，并不能完全排除个人失误和犯罪的可能性。因此，还必须使相互联系的人员之间形成职责牵制，进一步降低风险。例如系统管理员对数据进行修改和恢复时，必须要求负责该数据日常操作的人员在场监督。

（3）确定岗位标准及考核形式。电算化会计信息系统是人机系统，计算机在其中担任重要角色，但内部控制的成败也离不开人员的素质。因此，对各个岗位人员的知识、技能及职业道德等素质必须提出具体的要求。应加强内部人事管理制度，建立定期轮岗制度，为各个岗位建立严格的业务处理规范和操作流程，定期对工作人员进行严格的考核，并将结果作为职称评定、职位晋升、岗位轮换的依据。

（4）设置组织流程。为实现组织目标，相关部门需设定组织流程，作为一种控制手段。组织中每一项核心工作都规定有明确合理的流程，在设计组织流程时，要将岗位分离、岗位标准、业务记录及业务流转过程等因素考虑进去，从根本上实现流程控制的目的。

（5）电算化会计信息系统的人员培训。培训将使会计人员对系统原理有一个全面的了解，熟悉每个业务处理模块，准确进行各项业务操作。因此，会计人员的培训在系统开发阶段就应做好准备，并且在企业经营过程中，出现新业务、新情况时，应展开专项学习和培训。在企业会计人员更好地掌握会计专业知识和信息网络技术的前提下，可以推动企业电算化会计信息系统的安全、高效运行。

3. 系统安全控制

由于会计电算化固有的脆弱性等特点，企业要保证系统安全，防止被误用、滥用和非法使用。系统安全控制的内容和措施很多，主要有访问控制、数据资源控制、环境安全控制和网络安全控制四种。

（1）访问控制。访问控制是通过接触控制，限制非法接触系统的硬件、软件和数据文件的控制方法。其控制方法有很多，如对计算机加开机锁；上机人员分配不同的密码和权限以限制其访问系统的范围；只有经过批准并按规定的手续才能取得有关文件；等等。除上述措施外，还包括计算机操作岗位的轮换；严格的操作规程和严密的检查；建立系统日志，自动记录操作的开始时间、结束时间、使用功能的模块和数据文件；等等。

（2）数据资源控制。数据资源控制采用的是实时后备控制，以避免系统资产被有意或无意损坏，并在系统万一遭到损坏时能迅速复原而采取的控制措施。数据资源控制包括系统文档都应有备份，备份文件应放在两个以上物理上隔离的地方；计算机房要求有防水、防火、防尘及应急后备电源等设施，有灾难的补救计划；对系统运行连续性要求很高的信息系统，可以采用双机备份的方法实时备份，工作遇到故障时，实时切换到备份机，还可以在异地建立计算机数据中心，进行异地备份。

（3）环境安全控制。系统的可靠性、信息的安全性以及信息处理的正确性均依赖于强有力的环境安全控制。影响系统安全的因素包括灾害、失误、计算机舞弊和犯罪活动等。系统环境安全控制是指防止这些因素危及系统的安全，发现系统中的安全问题，解决这些问题使系统恢复正常的所有措施及其实施。环境安全控制主要包括：①机房和设备安全保护措施。明确安全管理目标和责任，规定安全管理措施、安全检查和评价方法。②文档资料和数据备份资料的安全保护措施。③进出机房及使用机器的控制措施。如授权控制，即授权使用终端和规定终端执行的任务；口令控制，即在授权范围为每个用户和终端规定一个口令，使用口令，用户才能进入终端，才能利用终端与主机联系，建立操作日志；等等。④设置烟、火、湿度、温度检测装置和报警装置，以便及时发现潜在的灾害。⑤严格控制系统软件的安装、修改。

（4）网络安全控制。计算机病毒的泛滥，使得网络安全面临着严峻的挑战。对于实行会计电算化的企业，防治计算机病毒刻不容缓。计算机病毒的来源主要有外来的非法软件和外来的存储介质。计算机病毒的防范应坚持以预防为主的方针，对计算机加强管理，预防计算机病毒的感染。对计算机病毒的预防主要有如下措施：

①从病毒滋生条件控制。会计电算化责任人员要时刻保证系统的安全性，不给计算机病毒得以存在的机会，从病毒滋生条件进行控制主要有以下三种方式：一是建立网络防火墙。防火墙是设置在被保护网络和外部网络之间的一道屏障，以防止发生不可预测的、潜在性的侵入，抵御外来病毒或“黑客”对网络系统的非法侵入。它可以通过监视、限制、更改跨越防火墙的数据流，尽可能地对外部屏蔽网络内部的信息、结构和运行状态，以此来实现网络的安全保护。二是进行重要工作的计算机应该专机专用、专盘专用。这点对计算机会计系统来说尤为重要，这种制度可以有效保证会计人员所使用计算机的安全性，并且减少病毒的来源，降低病毒对计算机系统的破坏，将病毒对计算机系统造成的损失减少到最低。三是经常对硬盘和软盘进行病毒检测。检测病毒的方法要正确，有的操作者将杀毒软件拷贝在硬盘上，这样做往往因杀毒软件本身也被染上病毒而失去作用。正确的方法应该是购买原版杀毒软件并复制在软盘上，而且要保证复制过程中不被感染病毒。在使用杀毒软件时，要用清洁的启动盘启动计算机，然后再调用杀毒软件，启动盘和杀毒盘均要贴上保护签。

②杜绝病毒的传播途径。会计电算化责任人员要时刻保持警惕，拒绝不可信任的移动盘、不明链接等接触计算机。杜绝病毒的传播途径的常用方法有：一是使用防病毒软件经常对计算机系统进行检查以便在病毒发作前杀灭病毒，防止病毒对计算机系统的破坏。二是所有的软盘，只要不进行必要的操作，在使用时一律贴上保护签，仅当要执行操作时再将其揭开，操作完成后再重新贴上。三是不使用有病毒的软盘或来历不明的软盘。当不清楚使用的软盘是否有病毒时，应先用杀毒软件对其进行检测，或暂时将硬盘封闭后再使用该软盘。四是不在带有病毒的计算机上使用自己的软盘。当不清楚计算机是否有病毒而又必须在该机上使用自己的软盘时，应先用杀毒软件检查之。

③快速恢复计算机至正常状态。会计电算化责任人员要想办法尽快将被病毒破坏的计算机及其系统恢复至正常状态。快速恢复计算机的常用方法有：一是不断改进数据备份技术并严格执行备份制度，从而在遭到计算机病毒侵害时可以使用备份数据及时将系统恢复到最近状态，尽量减少病毒造成的损失。二是养成使用备份软盘的习惯。重要的软盘都要复制备份，外出工作时使用备份盘，即使备份盘被染上病毒，也可以将其格式化后重新备份。三是目前出现了一些可以对受到破坏的数据进行抢救的软件，这些软件甚至可以在对硬盘进行格式化后，恢复硬盘中原来保存的数据。有条件的单位应根据需要置备这些软件以便在必要时抢救机内数据。需要特别强调的是，重要程序和数据文件一定要多做几个备份，这是防范病毒危害最简单有效的措施。

④认真保存购买来的系统盘和应用软件盘，必要时应制作副本供交流使用。

对于实施电算化企业的管理人员及会计人员来说，除使用以上防范措施外，平时还要多积累经验，一旦发现不正常现象，应立即停止系统运行，防止病毒扩散，待查明原因排除异常后，再继续运行。

4. 系统硬件与软件控制

系统硬件与软件的运行状况决定了信息系统的运行环境，如果出现问题，将影响到整个信息系统。因此，硬件及软件的控制问题属于一般控制范畴。

随着信息技术的发展，虽然系统硬件和软件的生产厂商已经在硬件及软件中内置了必要的、可靠的控制，但在实际应用中还需要进行检测。例如，有些小型计算机硬件和系统软件没有设置足够的控制机制；并不是所有的系统软件都同样可靠；系统软件往往是模块化的，用户并不一定选择安装所有部门，有可能遗漏了安全控制环节；硬件和软件控制可能已经存在，但是尚未被应用程序所利用；系统软件最初也许是可靠的，但是以后对它的修改有可能会削弱控制环节；系统软件具有强大的控制功能，但是这种控制功能如果被滥用，将会破坏系统本身。

因此，信息技术的发展并不能成为我们完全信任和依赖硬件和软件控制的理由。审计人员必须对企业的硬件及软件的控制情况进行分析。

(1)常用的硬件控制有：①冗余校验。在数据编码中设置冗余位，依据冗余编码与数据编码的逻辑关系来检测是否所有读入的数据均正确地传送到计算机的其他部位。②回波校验。将输入设备所接收的数据传送到数据的来源处，与原始数据进行比较。③重复处理校验。通过重复同样操作的处理，将结果进行比较以发现错误的一种控制。④设备校验。设备校验是指将控制手段构造在计算机集成电路板中，检查并更正错误。控制功能包括错误自动诊断和自动重新输入。⑤有效性校验。利用计算机实际操作与有效操作进行对比而检测错误的一种控制，具体包括操作有效性控制、字符或字段有效性控制、地址有效性控制。⑥作业控制。这是由工作人员完成的各种计算机硬件控制，包括存储介质控制、计算机工作环境控制、电源控制、设备维修与更新、偶然事件控制等。

(2)常用的软件控制有：①错误处理。系统软件能检测和纠正由于硬件和软件问题引起的一些错误。例如，读写错误检查、记录长度检查、存储装置检查等。②程序保护。程序保护控制的目的是防止处理过程中各应用程序相互干扰，程序调用发生错误，以及未经授权而对应用程序进行的改动。例如，边界保护、程序调用控制等。③文件保护。文件保护控制是防止未经授权使用或修改数据，具体包括内部文件标签检查、存储路径保护、内存清理、地址比较等。④自我保护。自我保护是对系统软件本身加以保护，防止被滥用。例如，加强系统软件开发阶段的监控、记录系统软件的维护情况、尽量将软件维护工作与其他工作分离开来等。

5. 操作控制

操作控制是指通过操作手册和操作程序的严格规定和遵从，保证电算化会计信息系统操作上的正确性。实施会计电算化的企业应根据工作需要，建立健全会计电算化操作管理制度，保证会计电算化工作的顺利开展。

一般情况下，操作控制制度包括以下几个方面内容：(1)严格的上机操作手册；(2)严格的软件操作流程；(3)硬件和软件的使用记录制度；(4)系统运行指标的考核；(5)定期的维护和保养；(6)系统错误记录和分析报告；(7)保证机房设施安全和计算机正常运转的操作；(8)会计数据和会计软件安全保密措施。

6. 数据的备份与恢复控制

会计业务处理实现电算化以后，会计数据的载体由纸张变为计算机硬盘、软盘和光盘。对存储在磁性介质中的会计数据进行备份是保证系统安全和连续运行的重要手段，对用户具有重要意义。

(1)数据备份。数据备份是指为了保证系统的安全和稳定，按照一定的程序将计算机系统的系统文件、数据文件和应用程序保存到存储介质中以待日后恢复的操作过程。通过备份可以降低系统损坏和数据丢失的风险。在系统出现故障或遇到意外情况时，可以通过备份数据将系统恢复到备份时的状态并继续正常工作。一般情况下，数据备份的方式分为自动备份和人工备份两种。

①自动备份。自动备份是指利用备份软件或者系统的自动备份功能将系统数据自动保存

到指定存储介质的过程。对网络用户而言，自动备份不仅可以简化网络备份的安装、监控和管理操作，不再专设人员进行备份的管理和维护，还可以最大限度地降低备份过程中的人为操作程度，避免由于操作者的人为失误而造成的事故。这样，无论系统遭遇何种程度的破坏，都可以使用备份数据还原系统，降低系统遭受的损失。对单机用户而言，可以使用会计软件自带的备份计划功能进行定时备份，如果系统没有自动备份功能，则必须使用人工来备份数据。

②人工备份。人工备份是指使用会计软件的备份功能将系统数据以备份文件的形式输出到指定存储介质的过程。手动备份操作时，操作人员应首先指定备份文件的存储目录，然后根据系统提示完成备份操作。备份功能执行时应注意存储介质是否还有充足的存储空间、移动存储工具是否被保护等，以便进行正确的备份。

系统的日常备份主要是指系统的数据文件，大体可分为两类。第一类是与年份有关的数据文件，包括记账凭证文件、各种明细账、日记账、总账、科目代码表、固定资产卡片和明细账数据、材料明细账数据、应收账款数据等会计业务处理数据。此类数据与年份有关，只要空间允许，每年的数据都应该在硬盘上保存。第二类是与年份无关的数据，包括未达往来业务数据、未达银行日记账和银行业务数据、已定义的自动转账分录和非法对应科目数据、软件操作的日志文件、固定资产代码表、产品编码表、职工代码表等会计业务的基础数据。此类数据与年份无关，只要保存最新数据。

采用人工备份时，每个用户应对自己每天的输入数据进行日常备份，系统管理员应每周对系统进行整体备份。为了数据安全，可以采用双备份，单周将备份数据保存至存储介质 A，双周保存至存储介质 B，月末未结账前，将系统备份两次，分别存放到 A 和 B 中。存储介质应贴上标签注明最近一次备份的日期和备份人。A、B 备份应分开存放，防止同时受损。如果备份需要覆盖历史数据，须由部门主管审批，并记入日志。

(2)数据恢复。数据恢复是指当系统遭遇软硬件故障、受到病毒和黑客的袭击，以及被操作人员的误操作损坏时，为了让系统恢复运行，将最新的备份数据恢复到计算机硬盘的操作过程。另外，有时为了查询硬盘上已被删除的会计数据，也会使用备份数据恢复系统。恢复系统时，应首先保证系统正常运行，然后再选定恢复哪年哪月的数据。系统在恢复过程中严禁关机、关电源和重启计算机，以免数据和系统发生损坏。

除上述采用的具体处理控制措施以外，实现系统的处理控制还应满足以下几点要求：一是保留审计线索，在系统运行速度与存储空间允许的范围内，尽量避免对数据不留痕迹的修改和对数据文件的直接更新；二是确保处理的一次性，防止重复处理造成对数据文件不可修复的破坏。有些会计业务，如过账、固定资产折旧的计提等每月只能处理一次，必须设定各种控制点，禁止重复处理的发生。

二、应用控制

电算化会计信息系统的应用控制是对系统中特定的、具体的应用环节、数据处理活动进行的控制，是为了适应各种会计处理的特殊要求，保证数据处理的完整性、准确性而建立的。与一般控制相比，应用控制具有特殊性，不同的应用系统有不同的处理方式和处理环节，因而有不同的控制问题和控制要求，需要不同的内部控制措施和方法。在研究和评价应用控制时，应当考虑的主要因素包括输入控制、处理控制和输出控制。

1. 输入控制

数据采集之后进行处理的第一步就是输入。由于在会计电算化账务处理下，后续生成的报表都是根据原始数据来的，数据输入的准确与否决定着最后输出的报表，进而影响到管理层做出的管理决策。因此，必须要有相应的规范来防范会计数据输入的差错。

输入控制是为了防止和发现进入信息系统的错误数据而施加的计算机程序控制，是防止垃圾数据进入电算化会计信息系统的关键环节。主要包括以下几个方面。

(1)业务的审批。一切业务在进入电算化会计信息系统以前必须经过恰当的审批，而数据输入人员无权审批业务，也不能擅自修改业务数据。审批包括审查业务的合法性、有效性，凭证是否足够，数据分类及所属会计期间是否恰当等。

(2)数据采集控制。数据采集控制的目的在于确保输入的数据在合理授权或审批的基础上，完整地收集，安全地传递。由于数据采集直接影响到系统输入的质量，因此需要加强用户规范手册、标准化凭证格式及保管、凭证审核及交换、更正凭证错误等方面的控制。

(3)输入安全控制。经审批的业务数据要经过授权的操作人员按规定的程序输入，通过操作员密码识别合法输入者，以防止未经授权的人员私自输入数据。

(4)输入核对控制。输入核对控制是为了及早发现输入的错误而采取的控制方法，通常采用屏幕显示输出审查法(如审核人调出记账凭证进行审核)、两次输入程序核对法、输入即打印法。

(5)计算机检验控制。计算机检验控制是指计算机程序对输入数据进行的逻辑正确性校验。常用的校验方法有：借贷平衡校验、科目代码有效性检验、业务数据记录数与控制总数核对、数据的完整性和合理性检验、凭证编号的正确性检验及科目对应关系检验等。

(6)错误的检查改正及重新提交控制。系统应把被计算机发现的错误或拒绝接受的业务自动记入一个错误日志文件中，以便对它们的改正与重新提交能进行检查。错误日志中需要记录发生错误的日期、业务代码性质、原始凭证号、业务的发生日期、改正与重提交情况等内容。会计部门主管或系统管理人员应定期审查错误日志文件，分析错误的原因，发现差错及犯罪企图，并监督错误业务的改正和重新向系统提交。

2. 处理控制

电算化会计信息系统处理控制的目的在于确保已输入系统的全部数据，按照预先设定的程序正确进行加工处理而实施的控制。主要包括以下几方面的内容：

(1)数据及其处理的有效性检验。数据及其处理的有效性检验主要包括处理权限控制、业务时序控制、勾稽关系控制、数据合理性检验等。应用程序中应设计处理权限授权功能，要求只有经过授权的业务处理人员才能进入相关信息系统进行处理；同时还要根据会计核算的特点，规定系统各项功能的处理顺序，即增加业务时序控制，违反顺序的处理应通过预先设定的检查来发现。由计算机程序为数据处理结果确定一个合理的范围，数据处理时自动将处理结果和设定的范围相比较，通过检查结果来分析数据处理的合理性与否。例如，采用账结法计算本年利润时，损益类账户期末应无余额，如果期末处理时检测出有余额，这就表明处理过程可能发生错误，应予提醒。另外，充分利用数据之间的勾稽关系，保证数据及其运算处理的正确性。

(2)错误更正控制和断点技术。错误更正控制是指对于数据有效性检验中发现的错误，先将错误数据写入待处理文件，更正后与同批或者其他批次的业务数据一起处理，而对于处理过程结束后发现的错误，不能采用直接删除原有错误记录的方式。断点技术是指利用外部干预(如提示操作者是否继续)或者监督程序(如与预期目标比较)把一段需要较长时间进行的处理，用若干控制点断开，从而对数据及其运行进行分析，及时更正错误，并从断点处继续处理数据。

(3)范围控制。范围控制是指在程序中为数据处理的结果确定一个范围,如果数据处理结果超出该范围,可能表示输入数据有误或处理错误。

(4)顺序处理检测。顺序处理检测是指将业务数据进行顺序编码和记录,保证处理的连续进行,既不丢失也不重复项目。例如,凭证编号的唯一性控制。

(5)数据转换控制。数据转换控制是指使用密码技术将数据转换成不易读的代码存储,保证在处理过程中数据不被泄漏。为了保证磁盘文件的安全,还要把它们单独存放。

(6)交叉汇总检验。交叉汇总检验包括传统的表格数字中横行与竖列数字的汇总验证,还包括其他任何具有内在平衡关系但属于不同来源渠道数字的汇总验证。

3. 输出控制

电算化会计信息系统不仅要保证输入结果的完整可靠,也要保证输出信息能安全、及时地分发到适当的使用者手中。只有具有相应权限的人员才能执行输出操作,并且要登记操作记录,以达到限制接触输出信息的目的。有三种基本输出形式:存入计算机文件、打印成书面文件和屏幕显示,其中打印出的书面文件往往具有法律效力,因而构成输出控制的重点。通常,针对输出信息采用的控制措施包括:

(1)输出格式控制。如账页格式可由用户根据不同账户的性质和管理要求来设定,并打印输出。

(2)输出时间控制。如在打印输出的数据中自动注明所列数据的时间区间,在报表中注明日报、旬报、月报、季报、年报等。

(3)输出内容控制。如输出的账表中自动注明是结账前还是结账后的数据,对不宜公开的数据也可设置访问权限控制功能。

(4)输出信息控制。输出信息控制的具体设计应从两方面考虑。一方面,输出数据时,需要在输出文件分发前对其从形式和内容上加以审核,对正常报告与例外报告均要进行认真检查。审核检查采用的主要手段之一是核对,即利用计算机进行控制总数核对、勾稽关系检验等。另一方面,使用输出数据时,也要对收到的文件从形式和内容两方面进行检查。在检查中,要将收到的计算机输出清单与自己保存的原始凭证逐一核对,以确定输出文件内容的完整性;要将人工计算的控制总数与计算机计算输出的控制总数相核对,以便发现输出文件有无重复、遗漏或篡改的内容;要将输出文件中有关的数字与误差核对,进行合理性分析,研究输出中是否存在问题。

(5)输出权限控制。输出控制要确保输出文件传送安全且正确。为此,必须进行输出权限控制,建立输出文件分发传送规程,设置专人负责此项工作。在日常工作中,输出并分送文件要建立登记簿,编制文件分送清单,记录报告发送份数、时间和接收人等事项,保证只将报告报送有权接收者,以防错发、漏发和多发。对于屏幕形式的输出也应有一定的权限控制。企业的经营中经常有一些信息只允许少数特定人员了解,因此,需要设计一些控制措施限制对屏幕输出信息的接触,接触机密内容的人员在使用屏幕输出时也应该注意保密。

输入、处理和输出是计算机数据处理过程中有着内在联系的三个环节,从控制的角度看,一个环节上的控制会影响到另外两个环节的控制作用,因此,控制的有效性应从整体着眼,从具体的控制手段着手。如果一个电算化会计信息系统的应用控制有较大的弱点,将会直接影响系统所做的各项业务处理的完整准确性,关系到会计记录和财务报表的准确可靠。因此,应分析控制的成本和效益来设置适合企业的电算化会计信息系统的各种控制机制。

思考题

1. 电算化会计信息系统存在的风险有哪些？请对其进行简要介绍。
2. 简述电算化会计信息系统的风险。
3. 简述电算化会计信息系统内部控制的目标。
4. 简述电算化会计信息系统内部控制的分类。
5. 简述电算化会计信息系统内部控制的框架。
6. 简述电算化会计信息系统内部控制的主要内容。
7. 简述组织控制的主要内容。
8. 简述系统安全控制的主要内容。

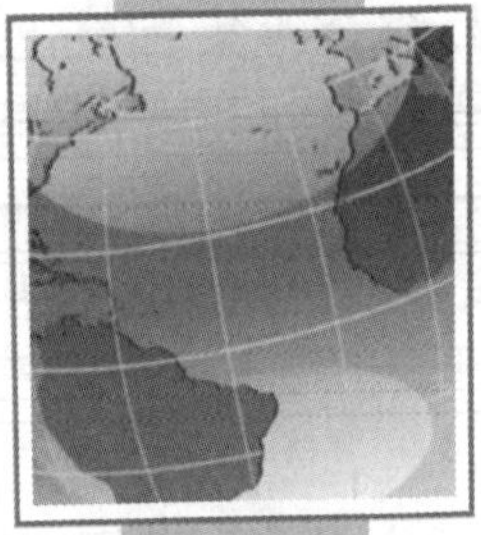

第五章 电算化会计信息系统开发基础

【要点提示】

- 生命周期法
- 原型法
- 系统分析
- 可行性分析
- 数据流程图
- 数据词典
- 编码
- 白盒测试法
- 黑盒测试法

第一节 电算化会计信息系统开发的基本条件与开发方法

电算化会计信息系统是一个大型的软件系统，它的开发必须满足开发的基本条件，并采用一般软件系统开发所采用的主要方法。

一、电算化会计信息系统开发的基本条件

企业开发电算化会计信息系统需要满足一些基本条件，概括起来有下述五个方面。

1. 企业已建立规范、标准、合理的手工会计核算体系

企业手工会计核算体系的规范化、标准化、合理化，是建立企业电算化会计信息系统的基本条件。企业规范、标准、合理的手工会计核算体系主要是指企业会计制度是否健全，核算规程是否规范，基础数据是否准确、完整。如果企业的手工会计工作具有较好的基础，会为电算化会计信息系统的设计与开发打下较好的基础；相反，如果企业没有较好的会计基础，将会增加开发系统的周期和困难。

2. 企业的客观需要

在开发新的电算化会计信息系统之前，企业的手工电算化会计信息系统也是存在的。但随着企业生产的发展以及市场竞争的日益激烈，企业经营管理对于会计工作的要求不断加强。依靠传统落后的计算工具和手工操作方式，即使不断增加会计人员，所提供的会计信息在及时性、准确性和可靠性方面，往往也难以满足企业经营管理的需要。因此建立电算化会计信息系统，从根本上摆脱这种信息供给的困境，已成为一般企业开展会计工作的共识。

3. 领导重视和支持

在现代企业中，计算机的应用几乎涉及企业的所有部门和人员，同时还会涉及企业管理体

制的变动。对于自己组织人员开发电算化会计信息系统的企业来说，在系统开发过程中，尤其是在系统分析阶段，对于担负审查系统目标、实施方案和费用预算等任务，需要有关部门的负责人亲自挂帅，如企业的厂长、经理、总会计师等。这样在人员配置、培训、资金筹集、设备更新、组织机构变更以及与其他部门的协调等方面，就会顺利很多。从心理学角度讲，领导的重视与支持还会影响电算化会计信息系统管理人员和开发应用人员的情绪和信心。因此，在系统的开发过程中，企业财务部门的负责人和总会计师应自始至终领导和参与系统研制及使用工作，保障电算化会计信息系统开发工作的顺利实施。

4. 具有充足的经费

电算化会计信息系统的开发需要一定的软件开发成本、硬件购置成本和人员培训费用，此外还需要支付系统运行维护费用及其他相关费用。这些费用少则十数万元，多则数十万元甚至上百万元。网络化电算化会计信息系统的硬件设备购置费用就可高达数十万元，因此在实施系统开发工作之前，需要对可能的系统开发费用进行预算和控制。

5. 具有合格的会计电算化人才

企业实施会计电算化以后，会计人员的结构发生了变化。一部分工作人员将会转移从事计算机处理工作，而新的职能的出现又要求企业配备新的专业人员。例如，系统分析人员、系统架构师、程序开发人员、计算机操作员、硬件软件维护人员。一般来讲，电算化会计信息系统的工作人员分为三类：第一类是信息系统的开发人员，负责完成电算化会计信息系统的程序设计工作；第二类是系统的应用人员，负责信息系统的日常使用和维护；第三类是系统管理人员，负责会计电算化工作的组织、实施、协调和管理。

为了建立会计电算化的专业队伍，要特别注意系统分析人员的选择和培训。因为他们既要研究企业整个财务系统的运行活动，同时又需要根据研究中获得的资料进行新系统的设计和实施。因此，系统分析员既要精通财务会计知识，具备丰富的实际工作经验，又要熟悉计算机硬件软件技术。经验表明，从经验丰富的财会人员中培养系统分析人员，要比从计算机专业人员中培养效果好，而且能迅速开展系统分析和设计工作。在高校中，给会计专业学生开设一部分计算机课程或计算机和会计相结合的课程，有利于他们以后成为既懂计算机又懂会计的复合型人才。

二、电算化会计信息系统开发的想法

电算化会计信息系统结构复杂，各个部分之间联系紧密，开发周期长、费用高，往往需要花费几人年、几十人年甚至上百人年的工作量。早期以程序设计为主体的个体化软件开发方法，已难以满足电算化会计信息系统对软件日益增长的需求，同时也带来了软件的质量得不到保证、软件的维护越来越困难、甚至中途夭折等一系列严重问题。1968 年 10 月，北大西洋公约组织的科学委员会提出了软件危机问题，将大型软件开发中普遍存在的费用高、开发进度不易控制、工作量估计困难、软件质量差、修改和维护困难及不能正常运行等严重问题归结为“软件危机”。“软件危机”表现形式的详细内容为：(1)软件成本逐年上升；(2)开发进度难以控制；(3)软件工作量估计困难；(4)软件质量低；(5)软件修改、维护困难。

20 世纪 70 年代以来，西方在经历了“软件危机”以后，提出了软件工程的概念，即用工程化的思想指导软件开发，认为有计划、有纪律、有步骤地进行软件开发将会大大提高软件生产率，并能保证软件质量。

1. 软件工程和软件工程学

20 世纪 70 年代以来，西方在经历了“软件危机”以后，为了应对“软件危机”，软件工程的概念应运而生。

(1)软件工程。软件工程是指用工程化的思想指导软件开发。把一个软件系统的开发看成一项工程，按照工程设计的原则进行，有计划、有纪律、有步骤和分阶段进行，同时做好项目开发的组织和管理工作。软件工程有以下七大基本原则。

①用分阶段的生命周期计划严格管理。大多数软件失败是由于计划不周造成的，在软件的开发和使用过程中，需要完成许多不同性质的工作，应该将整个软件的开发过程划分为若干个阶段，并制订相应的计划，然后严格按照计划对软件的开发与维护工作进行管理。

②坚持进行阶段评审。统计显示，大部分错误是在编码之前造成的，沿着一条错误的道路走得越远，改正它所要花费的代价就越大。因此，应分阶段进行评审，尽早发现错误，这样不仅可以节约软件开发费用，缩短软件开发所需的时间，还可以更好地保证软件开发的质量。

③实行严格的产品控制。理想状态下，在软件开发过程中不应随意改变需求，因为需求的改变要付出较高的代价。但实际情况是，由于环境的变化，需求的改变是不可避免的，所以要求软件开发人员采取相应的产品控制技术来适应这种变动。当需求发生改变时，能够自动地或用少量的工作量来适应这种改变，而不至于重新开始。

④采用先进的软件开发技术。采用先进的软件开发技术不仅可以提高软件开发的效率，还可以降低软件维护的成本，对于保证软件产品的质量有着重要的意义。20 世纪 60 年代开始至今，软件开发技术中很有代表性的是结构化分析设计技术、面向对象技术等。

⑤结果应该能审查。软件是一种逻辑产品，不是物理产品，决定了它可见性差，难以评价和管理。但为了保证软件开发的质量，应该制订产品标准和开发人员的责任，使生产的软件产品能审查，包括文档资料的审查和程序的测试等。

⑥开发小组的人员应该少而精。软件开发小组成员的质量和数量对于保证软件产品的质量和开发效率有着重要的意义。在实际工作中，应该坚持少而精的原则。在软件开发的过程中，优秀的开发人员是必需的，但要控制人数，因为软件的开发需要不断地沟通和交流，开发人员过多将会降低沟通和交流的效率。

⑦承认不断改进软件工程实践的必要性。科学技术在不断进步，软件工作人员应不断完善和改进软件以适应用户的新需求，在实际工作中，软件工程人员不仅要积极主动地采纳新的软件技术，而且要注意不断总结经验来改进技术。

(2)软件工程学。因为采用软件工程的方法开发软件，渡过了“软件危机”，使软件业健康有序的发展，由此产生了一门新学科“软件工程学”。软件工程学是指导计算机软件系统开发和维护的工程学科。

软件工程学的层次体系主要包括以下三个部分。

①开发模型。开发模型描述了软件开发的工作过程，是一种开发软件项目习惯的工作风格。它规定了开发过程中各个阶段的划分方法，各阶段要完成的工作目标、任务、工作内容、要求交付的文档资料。为保证质量所需的管理，模型还定义了各阶段使用的开发方法、工具和技术，以及各个阶段之间的关系。目前最常用的开发模型有生命周期模型和快速原型模型。

②开发方法。开发模型规定了各阶段的任务，但对于如何完成任务并没有进一步规定。不同阶段面临着不同的问题，对不同的问题要采取不同的开发策略，通过对软件开发各个阶段的经验加以总结，就有了软件的开发方法。开发方法指出了非常明确的工作步骤，给出了描述

软件产品的文档格式、评价标准，为开发高质量的软件产品提供了具体的解决方法。常见的开发方法有生命周期法、原型法、面向对象法等。

③开发工具。开发模型和开发方法是一种工作原则和规范，运用它们开发软件，要做很多具体的工作，而开发工具是辅助开发方法实施的。开发方法提出了明确的工作步骤和标准的文档格式，是开发工具的基础，而开发工具的使用使得开发过程中的具体工作能够自动地或半自动地完成。例如，在系统分析阶段，与结构化分析相适应的开发工具有数据流图、数据词典、结构化语言等。

2. 结构化方法的基本思想

结构化方法的基本思想是把整个系统开发过程分成若干相对独立的阶段，每个阶段进行若干活动，每项活动应用一系列标准、规范、方法和技术，完成一个或多个任务，形成符合给定规范的产品。不管在哪个阶段，都要先考虑全局的问题，再进行下一步的具体工作；也就是说，把全局放在首位，保证全局的正确与合理，在此前提下，再考虑和处理局部的具体问题。

结构化方法包括以下三种：

(1)结构化系统分析方法。结构化系统分析是在系统分析阶段使用“自顶向下、逐步求精”的方法，即在顶层抽象地描述系统，然后逐层分解，直到最下层详细描述每个细节，把所有的细节有机地组合起来，就形成了系统。

(2)结构化系统设计方法。结构化系统设计是结构化方法在系统设计阶段的使用，即以数据流图和数据词典为基础，“自顶向下，逐步求精”和“模块化”的过程。其主要内容包括系统分解为模块的方法、评估模块质量的方法以及从数据流图导出系统功能模块的规则。结构化系统设计的目标是获得最优的系统功能模块。

(3)结构化程序设计方法。结构化程序设计，即只用三种基本结构顺序组合及其相互嵌套，以“自顶向下、逐步求精”的方式，分模块进行程序设计。结构化程序设计有三个基本特点：

①结构化。结构化程序设计方法设计出的程序具有良好的结构，很强的可读性，移植和维护都比较容易，因为它用且仅用顺序结构、选择结构和循环结构这三种基本结构的组合和嵌套来设计程序。这三种基本结构都有两个重要特征：一是只有一个入口，一个出口；二是结构中的每一部分都有一条从入口到出口的路径。也就是说，没有不会被执行的“死语句”和没有永不能退出的“死循环”。由若干个三种基本结构顺序组成的程序，同样具有以上特征。

②自顶向下、逐步求精。在求解问题时，首先从问题的全局出发，找出解决问题的初步方案，然后将问题逐步分解为一个个子问题，层层深入地考虑和处理局部问题，使得解决问题的方案更加明确、详细、具体，并同时适当地辅之以“自底向上”的归纳方法，优化解决问题的方案。

③模块化。把复杂的问题尽量分解为若干容易解决的子问题，减少和简化各个组成部分的联系，使得组成解决问题整体方案的各个子方案尽可能相对独立且具有简单的内部结构。

三、电算化会计信息系统常用的开发方法

由于电算化会计信息系统数据的采集、存贮、处理与输出都是靠软件的运行来实现的，因此，软件是电算化会计信息系统重要的组成部分。电算化会计信息系统的开发也是一个复杂的系统工程，它涉及计算机处理技术、系统理论、组织结构、会计专业知识等各方面的问题，因受到多方面条件的制约，至今没有一种统一完备的开发方法。不过可以借鉴软件工程学中常用的生命周期法、原型法、面向对象法来进行开发。

1. 生命周期法

生命周期法是把系统从开发到使用的全过程视为一个生命周期，生命周期由若干个首尾相连的阶段构成，每个阶段都有其相对独立的任务。

（1）生命周期的阶段划分。生命周期法是国内外普遍采用的系统开发方法，它将信息系统开发视为一个生命周期。国际上，对生命周期的阶段划分有两种观点：一种是四阶段划分法，即将生命周期划分为系统分析、系统设计、系统实施、系统运行和维护四个阶段，见表5－1；另一种是六阶段划分法，即将整个生命周期划分为可行性研究与开发计划、系统分析、系统设计、系统实施、系统调试和测试、系统运行和维护六个阶段。

表5－1　　生命周期法开发阶段、任务与文档

阶段划分	主要工作任务	完成者	主要文档资料(即工作成果)
系统分析	确定系统目标、可行性分析、系统逻辑模型确定	系统分析员、用户	软件开发计划、可行性分析报告、系统分析报告
系统设计	处理流程设计、系统功能结构设计、数据结构设计	系统分析员、系统设计员	系统设计报告
系统实施	程序设计、系统测试、试运行与评审	程序员、系统分析员、系统设计员	程序清单和使用说明书、测试手册或测试报告、评审报告
系统运行和维护	系统运行、系统维护	用户	运行报告、维护报告

（2）生命周期法的特点有以下几个方面：

①开发过程的阶段清楚，目标与任务明确，并有标准化的图、表、说明等组成各阶段的文档资料。

②强调整体性、全局性、阶段性，前一阶段是后一阶段的基础，后一阶段是对前一阶段的发展，各阶段通过文档资料实现过渡。

③按照系统观点和系统工程方法，自顶向下分析、设计，并自底向上实施。

④吸收用户单位的管理人员和业务人员参加，每个阶段的成果都经用户审批。

⑤逻辑设计与物理设计分离。逻辑设计阶段，开发人员用一定的图表工具构造新系统的逻辑模型，使用户能及早看到新系统的梗概；设计人员依据系统的逻辑模型进行物理设计。

（3）生命周期法存在以下四个方面的问题：

①阶段和阶段划分完全固定，阶段间产生大量的文档，极大地增加了工作量。

②由于开发模型是线性的，所以当开发成果尚未经过测试时，用户无法看到软件的效果，软件与用户见面的时间间隔长，由于环境在不断地发生变化，降低了开发成功的概率。

③上一阶段未发现的错误传到后面的开发阶段时，可能会扩散，产生更严重的后果。

（4）生命周期法的适用范围。生命周期法主要适用于规模较大、目标相对稳定的软件系统开发。

2. 原型法

原型法的基本思想是开发人员在初步了解用户需求的基础上，投入少量的人力和物力，快速构造系统开发的原型，使用户能快速地看到模型的运行效果，并提出改进建议。原型初期是不完全的、粗糙的，经过用户的提议和开发人员的不断修改，得到用户满意的原型为止。原型法打破了信息系统传统的自顶向下的开发模式，首先以少量的代价快速建造一个可执行的软件系统模型，然后再按照客户的需求进行不断地修改，所以它对环境变化的适应能力较强。

(1)原型法的工作流程。具体如图5—1所示：

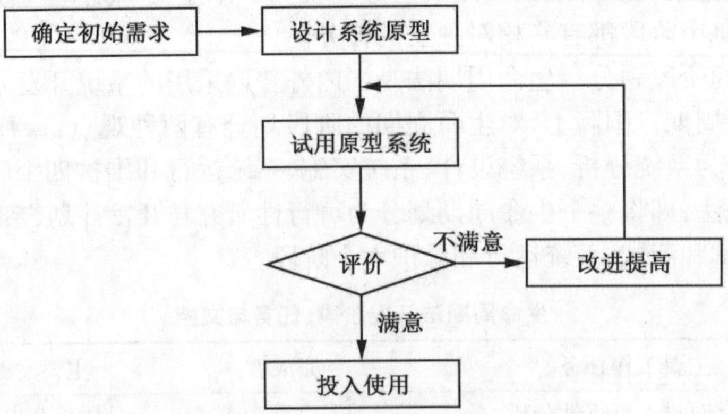

图5—1　原型法开发流程

(2)原型法的特点。原型法有三大特点：①开发周期短，使用灵活，费用低；②对软件开发环境要求高，一般需要第四代语言支持、交互式开发环境及自动编程系统的支持等；③用户参与软件开发过程，程序人员的设计工作更容易满足用户的需求，提高了开发成功的概率。

(3)原型法适用范围。原型法适合于中小型应用软件或管理体制和组织结构不稳定、有变化的软件开发。

(4)原型法与生命周期法的比较。具体如表5—2所示：

表5—2　　生命周期法和原型法对比

比较内容	生命周期法	原型法
软件开发规范化程度	高	低
用户参与程度	低	高
对需求变动的适应能力	低	高
开发技术管理	较易	难
开发周期	长	较短
软件早期可测试性	难	易

3. 面向对象法

传统的软件开发方法是面向过程的，但严格遵守面向过程的问题解决方法，不便于把包含多个互相联系的复杂系统表达清楚。而且当系统规模变大时，传统软件开发方法所需要的过程和函数会成倍增长，使软件的管理、控制和维护变得非常困难。

面向对象的软件开发方法与人们的思维习惯相一致，能够降低问题的复杂性，提高软件设计过程的可控性和可维护性，以较小的代价和较高的效率获得满意的结果。

(1)面向对象法的基本概念。面向对象法是软件技术的一次革命，它使用一种全新的程序设计思路去观察、描述和处理问题。面向对象法是采用从下到上和从上到下相结合的方法，它的基本思想是将现实世界抽象地看成若干个相互联系的对象，然后针对对象，设计出一套软件工具，直接完成从对象客体描述到软件结构之间的转换，实现系统的开发。面向对象法包括面向对象的分析(Object Oriented Analysis，英文缩写 OOA)、面向对象的设计(Object Oriented Design，英文缩写 OOD)和面向对象的编程(Object Oriented Programming，英文缩写 OOP)等主要内容。

对象(Object)：对象是把客观世界实体抽象成软件模型，它包括数据和方法两个部分，是数据和实施在数据上的操作的统一体。面向对象法把世界看作由各个对象组成的。

类(Class)：一组拥有某些共同特征的对象组成一个类，某一类别内的对象有相同的属性和行为、相同的数据结构和方法。类也是一种抽象，是具有类似特征与共同行为的对象的模板。

继承(Extend)：若干个类组成一个具有层次结构的系统，若下层次的类(子类)具有上层次的类(父类)的特征，称为继承。当然子类还增加了新的数据和方法。

消息(Message)：对象之间通过消息相互作用，一个对象发出消息，接收消息的对象执行某一处理或答复某些信息。对象只能通过外部接口传递消息。

(2)面向对象法的开发步骤。按系统开发的思想，面向对象法的开发步骤通常分为以下四步。

①系统的调查与需求分析。与传统方法相同，系统开发的第一步就是要了解系统将面临的具体问题以及用户需求，弄清楚“要做什么”的问题。

②面向对象的分析(OOA)。在调查的基础上，将得到的资料进行归类、分析和整理。面向对象的分析模型包括对象模型、动态模型和功能模型三个层次。根据对用户需求的分析，识别出问题的实质和对象及对象间的关系和服务，建立对象模型；然后分析对象的交互作用和时序关系建立动态模型；最后分析设计对象的功能模型。

③面向对象的设计(OOD)。面向对象的设计是在面向对象设计模型的基础上进一步填入和扩展有关需求的信息，其主要内容是主体部件设计和数据管理部件设计。

④面向对象的编程(OOP)。面向对象的编程就是指实现面向对象设计的预定功能，分为可视化设计和代码设计两个阶段。可视化设计就是指用户界面设计，代码设计就是指为对象编写所需要的响应事件的代码，为对象之间建立连接关系。

(3)面向对象法的优缺点。

①面向对象法的主要优点：一是与人们习惯的思维方法相一致。面向对象法以对象为中心，以人们对现实世界的认识为基础，将现实世界划分为不同的对象，使得客观世界问题与软件系统结构相一致。二是稳定性好。面向对象法基于对象模型，不是传统的基于算法和功能分解，当用户需求和系统发生变化时，不会使软件结构的整体发生变化。三是可重用性强。封装性和多态性是对象的特征，使对象与外界相对独立。类和对象使得模块化机制在软件系统中得以实现，大大提高了类的可重用性。四是可维护性好。面向对象的软件容易理解、修改、测试和调试，大大缩短了开发周期，并有利于系统的维护和修改。

②面向对象法的主要缺点：一是面向对象法必须要有一定的软件环境支持，要求较高的人力、物力和财力。二是由于面向对象主要关注问题的内部，缺乏一个全局的视角，可能会造成系统的结构不合理，对象间的关系失调等问题。三是面向对象法并不是对所有系统都适用，它主要适合于图形、多媒体和复杂系统的开发。

随着社会技术的不断发展，软件工程的新技术也不断发展，本节介绍的电算化会计信息系统开发的生命周期法、原型法和面向对象法，并不是完全不相容的方法，三者之间可以相互结合，在同一个系统开发过程中同时使用。通常，开发预先指定的电算化会计信息系统，一般用生命周期法开发，分析和设计阶段可进行得充分和详细些；再结合面向对象的软件开发方法实现系统。另外，在生命周期法的某个阶段也可以利用原型法提高问题的解决速度。而企业在实际开发会计软件的过程中，应当根据自身技术力量以及业务需求，考虑软件功能、安全性、稳定性、响应速度、可扩展性等要求，合理选择购买会计软件、定制开发会计软件、购买会计软件与开发会计软件相结合等方式。其中，定制开发会计软件又包括企业自行开发、委托外部单位开发、企业与外部单位联合开发三种情形。

第二节　电算化会计信息系统的系统分析

在接受系统开发任务之后，为了能开发出满足用户要求的、高效实用的电算化会计信息系统，需要对电算化会计信息系统进行系统分析。系统分析阶段也称为系统逻辑设计阶段，是系统开发过程中最关键的阶段，解决“做什么”的问题。

系统分析目的：建立新系统的逻辑模型，确定系统目标，从逻辑上规定新系统的功能。但系统分析不涉及新系统具体的物理设计。

系统分析有五个方面的内容：(1)明确系统分析的任务和系统分析方法；(2)对系统进行初步调查，进行必要性分析和可行性分析；(3)在可行性分析通过以后，要对系统进行详细调查；(4)通过使用系统分析工具构建系统的逻辑模型；(5)编写系统分析说明书。

一、系统分析的任务和系统分析方法

系统分析(Systems Analysis)又称为需求分析，最早是在 20 世纪 30 年代提出的，当时是以管理问题为主要应用对象，是管理信息系统的一个主要和关键阶段，负责这个阶段的关键人物是系统分析员，完成这个阶段任务的关键问题是开发人员与用户之间的沟通。到了 20 世纪 40 年代，由于它的应用获得成功，得到了进一步的发展。

1. 系统分析的任务

系统分析有五大任务：(1)在对现有电算化会计信息系统进行全面调查分析的基础上，描绘出现有系统的业务流程；(2)结合用户对系统功能、性能、硬件配置等方面的需求和计算机的特点，对原有系统的不合理之处进行修改、完善和补充；(3)建立新系统的逻辑模型；(4)定义新系统的目标和功能；(5)以系统分析说明书的形式将用户需求确定下来。

系统的逻辑模型，就是对系统的功能、结构、特征的本质描述和抽象反映。即规定新系统应具备哪些主要功能、系统结构和主要数据内容，也就解决了系统需要“做什么”的问题。

系统分析一般由系统开发员负责，但用户应积极参与。构造新系统逻辑模型需要开发人员和用户密切合作、反复讨论与修改。系统分析阶段形成的系统分析说明书是进行系统设计和系统实施的基础文档和依据，也是用户验收的依据之一，对新系统的质量有着重要影响。

2. 系统分析的方法

系统分析通常采用结构化分析方法(Structured Analysis，简称 SA 法)。结构化分析方法是系统分析中使用最广泛的方法，是一种基于功能分解、面向数据流的方法。所谓结构化，就是采用分解的方法，化整为零、分而治之、逐步求精。结构化分析方法通过对现有系统业务流程和用户需求的详细调查，进行分析和归纳，通过对系统分析工具的使用，建立一个自顶向下的分层次目标系统逻辑模型。

以图 5－2 为例，如果系统非常复杂，则将其抽象为 S，然后将其分解为 1、2、3 三个子系

统;若分解的子系统仍然很复杂,则对子系统进行进一步分解,如将子系统 1 分解为 1.1、1.2、1.3 三个子系统,将子系统 3 分解为 3.1、3.2 两个子系统。将这种分解不断地持续下去,直到各个子系统的功能简单具体,能被清楚理解为止。这样无论多么复杂的系统,我们都可以化整为零,清楚地表达出系统的整体结构和输入输出关系,且系统规模的大小决定了系统分解的层数。

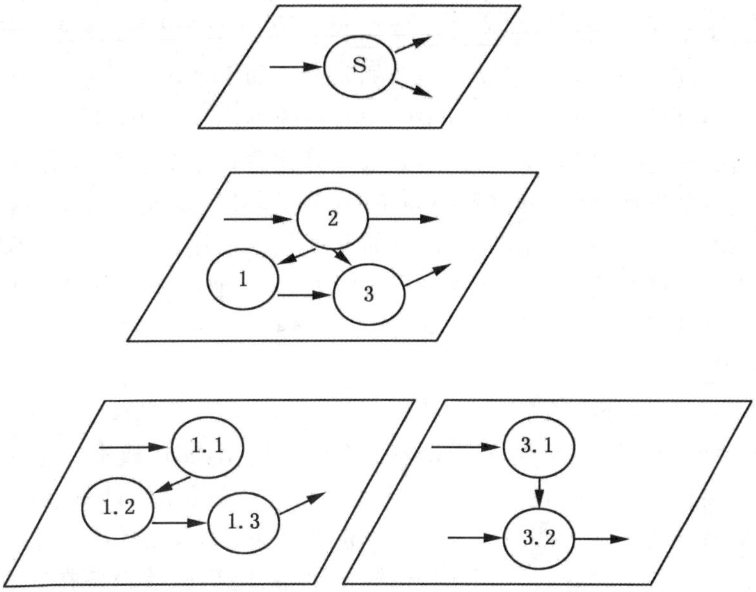

图 5—2 系统分解图

结构化分析方法具有以下优点:(1)使用模块式图表描述系统,便于理解。并且当用户需要增加或删除某些模块功能时,可以很方便地进行修改。(2)自顶向下的逐层分解,可以使用户和开发人员不仅对整个系统有全面了解,也能掌握局部模块的要求。(3)详细描述了现行系统的逻辑模型,用文字和图表描述现行系统的业务处理流程,并对数据流、数据文件、数据项等予以详细说明,其中不涉及物理模型的实现。

二、系统的初步调查、必要性分析、可行性分析

1. 初步调查

系统开发人员在接受开发任务之后,应对企业的情况、开发的各项条件进行初步调查,掌握基本情况,为可行性研究和制订开发计划等任务打下坚实的基础。初步调查的内容主要包括以下四个方面。

(1)企业的基本情况。企业的基本情况主要包括企业的组织结构、管理体制、生产经营情况及生产流程、企业管理水平和目前企业的主要目标和任务等情况。

(2)现行会计系统的状况。现行会计系统的状况主要包括会计组织结构、岗位分工、会计核算程序和特点、业务量、会计人员的素质及当前工作中所存在的问题。

(3)电算化会计信息系统与外界的联系。电算化会计信息系统与外界的联系主要包括会计部门与其他部门之间有哪些资源和信息联系、与其他单位之间有哪些资源和信息联系及企业内各部门计算机应用情况的调查。

(4)系统开发的条件。系统开发的条件包括企业领导对现行电算化会计信息系统的看法和意见,对建立新系统的态度。开发新系统所能提供的资源,如现有计算机等设备的数量、功能、容量和运行情况,系统开发资金能否到位,参与系统开发的客户单位会计人员的数量和素质,开发新系统的时间方面的要求等。

2. 必要性分析

经过初步调查,对企业是否有必要开发新系统有一定的了解。如果企业规模较小、管理要求也比较低,现行系统能够满足企业会计核算的要求,企业领导与财会部门对开发新系统的要求并不迫切,那么目前就没有必要建立一个新的系统。如果企业会计核算的压力很大,不能及时准确地提供管理者所需要的会计信息,说明现有系统不能满足企业的需求,那么企业就有必要开发新系统来提高财务工作质量。另外,如果电算化会计信息系统没有达到国家有关规定的要求,也应该进行开发或升级,如财政部颁布的《关于印发〈企业会计信息化工作规范〉的通知》(财会〔2013〕20 号)中规定,工作规范施行前已经投入使用的会计软件不符合工作规范要求的,应当自工作规范施行之日起 3 年内进行升级完善,达到要求。如果认为系统开发是必要的,则要进一步从经济、技术、运行环境上分析其可行性。

3. 可行性分析

在初步调查和必要性分析的基础上,从企业的现状出发,从技术、经济效益和运行环境三个方面分别论证系统开发的可行性,以保证资源合理地使用,实现成本效益最大化。

(1)技术可行性。技术可行性分析包括计算机硬件条件、软件计算手段和开发能力三方面,以确定开发新系统在技术上能否实现。计算机硬件条件主要是指计算机主机数量、性能指标(内存容量、外存容量、主频速度等)和输入/输出设备、网络通信设备在安全性和可靠性、适用性等方面是否满足会计处理数据的要求。软件技术手段指的是实现系统目标所需的系统软件和应用软件能否满足需要,如操作系统、语言处理系统、软件工具和应用软件包等。开发能力主要指的是从事系统开发和使用维护工作的技术人员的能力和素质能否克服根据新系统的规模、范围和复杂程度等因素预测的技术难点,这些人员最好既懂会计知识,又懂计算机专业知识,包括系统分析员、系统设计员、程序员、操作员和维护人员等。

(2)经济可行性。同所有经营上的投资一样,电算化会计信息系统的开发也要符合成本效益原则。只有当投入大于产出的时候,项目才是合算的。这包括系统开发的估计费用和新系统的估计收益两方面。

①系统开发的估计费用。系统开发的费用主要包括开发前期的费用、开发时的费用和开发完成后的费用。开发前期的费用主要有调查研究费用和资料费用等。开发时的费用主要有购置设备费用,含计算机硬件和软件的购置费用、机房的建设费用、开发人员的工资、使用人员的培训费用以及系统试运行所需的安装调试费等。开发完成后的费用主要有操作使用人员的工资、打印纸、磁盘、水电费和维护人员工资等费用。

随着计算机技术的发展,硬件价格在不断下降,而软件开发和维护费用却在不断上升,所以对系统开发费用的估计应保持谨慎的态度。

②新系统的估计收益。新系统的收益包括直接收益和间接收益两部分。直接收益是指可以用货币计量的效益,主要包括:系统的转让费;由于系统的使用,减少的人工工资和业务处理费;由于改善库存管理,企业减少的物资储备资金占用;由于加强费用控制,企业节省的管理费用;由于合理安排生产计划,企业降低的生产成本;由于加强资金管理,企业减少银行贷款而节约的利息支出。

间接效益是指无法直接用货币计量的那部分收益，主要包括：由于系统的使用提高了会计信息的及时性、准确性和全面性，使领导决策更科学；提高了会计人员的工作效率；提高了财务管理水平；提高了企业的信誉。

在电算化的可行性分析中，由于大部分收益无法直接计量，且系统的使用具有长期性，经济上的可行性研究并不是特别严密。但一般来说，只要新系统能正常运行，系统带来的效益肯定会大于其支出。

(3)运行环境可行性。目前，企业会计信息化工作由财政部主管，县级以上地方人民政府财政部门负责指导和监督。运行环境可行性需要考察五个方面：①企业领导对新系统开发是否支持？态度是否坚决？②银行、税务、工商等领导机关对电算化会计信息系统的态度；③企业管理水平是否适应？现行电算化会计信息系统的工作是否规范？④企业人员能否接受因新系统的建立而导致的企业组织结构和岗位分工的变化？是否愿意配合开发工作？⑤输出的账簿、报表能否被有关部门认同？

4. 可行性分析报告

系统初步调查、必要性分析和可行性分析工作结束之后，需要撰写可行性分析报告说明研究的结论及其相关依据。可行性分析报告的基本内容有如下四个部分。

(1)引言。引言包括系统名称、系统目标、主要功能、用户单位名称、承担开发单位名称、引用的文件和相关技术资料、使用的专门术语、定义或关键字的说明等。

(2)初步调查概况。初步调查概况包括企业的基本情况、现行会计系统的状况、系统开发的条件及电算化会计信息系统与外界的联系等。

(3)可行性分析结论。可行性研究包括开发新系统的必要性、开发新系统的技术可行性、开发新系统的经济效益及运行环境上的可行性分析，并做出可行性分析结论。

经过以上各方面的分析后，对是否开发新系统就可以做出结论。可行性分析研究的结论一般分为以下四种情况：①没有必要开发；②有必要开发，且立即组织开发；③有必要开发，但暂缓开发，等待某些条件成熟或调整某些系统开发目标后开发；④有必要开发，但不具备开发条件，不能开发。在撰写的可行性研究报告中应明确四种情况中的某一种结论。

(4)新系统实施计划。若认为可以立即进行开发，则要对新系统制订实施计划，包括新系统的目标和范围、意向选择方案、系统开发进度计划、所需要的资源和费用支出计划、人员培训计划等。

可行性分析报告完成以后，还需要经用户、开发人员和专家评审论证，如论证后认为项目可行，并经有关部门和领导批准，即可转入下一阶段的工作。

三、系统详细调查

初步调查服务于可行性分析，决定系统开发是否可行。会计业务的信息量大、来源渠道多，初步调查并不能全面、深入地了解系统的内部结构。如果系统开发是可行的，就可以为建立新系统进行更加详细深入的调查，即要进行系统详细调查。系统详细调查是集中、完整、准确地调查分析系统的数据，进而对手工会计的业务流程做出合理的判断的调查分析。系统详细调查服务于系统设计，其投入的人力、物力要远高于初步调查。

1. 系统详细调查的主要内容

系统详细调查主要内容包括以下五个方面。

(1)企业中机构的设置、各部门之间的关系。企业的各个部门之间相互联系，尤其是会计部门几乎涉及企业的各个部门，电算化会计信息系统是整个企业管理信息系统的重要组成部分，了解企业中机构的设置，各部门之间的联系，有助于了解电算化会计信息系统与其他信息系统的数据和信息交换，在开发系统时，有助于从企业全局的角度分析和考虑问题。

(2)对原会计系统的业务流程调查。对原会计系统的业务流程调查包括电算化会计信息系统中各个处理环节的任务、工作内容和处理方法，弄清楚各个环节需要的原始数据与资料，它们的来源、信息状态、数据变换与传递过程等，如输入信息的调查、输出信息的调查。

(3)数据量的调查。数据量的调查工作是整理各项业务活动所涉及的原始单据、凭证、统计图表、计划表以及流水账、台账、报表等信息载体，粗略估计各部门的数据量，也为选择存储设备、数据库与数据文件设计和输入与输出设计提供依据。

(4)代码调查。代码调查工作是详细了解原有的代码体系，进行归类整理，分析这些代码分类的依据、数量、编码方法，研究是否需要修改和补充还是重新编码。

(5)凭证、账簿、报表种类、结构及内容的调查。了解报表中每一项数据的来源、计算公式、生成途径、数据之间及报表中数据的勾稽关系与审核公式，以及报表的生成顺序，输出格式、时间、数量和使用者要求。

2. 详细调查的原则

详细调查需要遵守以下四大原则：

(1)真实性原则。详细调查要真实准确的反映现行系统的状况和用户的需求，只有真实准确的了解现行系统和用户的需求，才能有针对和有效率地对原系统进行优化或重新建立新系统，提高用户的满意度。

(2)全面性原则。详细调查要全面，即要遵从全面性原则。电算化会计信息系统是一个错综复杂而各部分又有机结合的综合性系统，因此在进行详细调查时必须全面完整，如果遗漏了某些处理细节或数据内容，又没有及时发现和纠正，必然会造成后阶段设计的错误，导致资源的极大浪费。

(3)规范性原则。规范性原则指的是整个调查过程要保持规范，有目的地进行，形成文档资料。在调查之前要列好大纲，明确调查的内容；在调查过程中应认真记录，收集有关资料；调查后要对调查内容及时整理和消化，并用系统分析工具表达出来，并将整理好的内容及时提交用户审查。

(4)启发性原则。启发性原则是指在调查过程中，研发人员应善于启发用户的思路和需求，引导用户逐步把需要了解的情况表达出来。

3. 详细调查的方法

详细调查主要有以下四种方法：

(1)开调查会。调查会由开发小组成员主持，系统开发人员和企业管理人员共同参加，会上相互启发，自由交谈讨论，得出一致的意见和建议。

(2)查询文档资料。查询企业会计档案，以了解企业会计工作规范，如业务处理过程和审批制度等，为绘制业务流程图做准备。

(3)发放调查问卷。如果对某些问题需要广泛了解，可以采用发放调查问卷的方式，将需要了解的内容设计成简单明了、易于填写的调查问卷，交相关人员填写并及时回收整理。

(4)亲身体验。若系统开发人员对某些业务不熟悉，经过询问及其他方式了解后仍然感觉模糊时，可以亲身体验，这样有助于提高感性认识，对业务流程有更好的理解。

4. 详细调查报告

详细调查结束后，对凭证、账簿、报表以及业务处理流程的调查结果进行整理和消化，并撰写调查报告。其主要内容包括系统组织结构图、会计人员职务分工表、业务流程图、数据处理表等一系列文档资料。系统调查的资料要真实准确地反映系统的客观情况，内容要全面完整，尽可能考虑各种可能出现的特殊情况。资料的格式力求规范完整，便于下一阶段系统设计人员使用和参考。

四、系统分析工具

在对现行系统进行详细调查的基础上，建立手工系统的逻辑模型，需要有合适的分析方法和表达工具。结构化系统分析常用图表的形式将系统的逻辑模型表示出来，使用户能直接理解系统的概貌，依据建立的逻辑模型进行系统设计。常用的系统分析工具有以下四种：数据流程图、数据词典、加工处理逻辑说明、输入—处理—输出图。

1. 数据流程图

数据流程图(Data Flow Diagram，英文缩写 DFD)简称数据流图，是从实际系统中抽象出来的、以特定符号反映系统的数据传递、处理过程的工具。数据流图是一种用来表示数据流程和数据变换过程的图解方法，反映了数据、信息在系统中的流动和处理情况，由于它不包含物理元素，也没有计算机专业术语，因此容易被用户理解，是结构化分析方法使用最多的分析工具。数据流程图不同于业务流程图，它是在分析现有系统具体模型及用户需求的基础上，去掉非本质因素抽象出来的逻辑模型，从数据流逐步变化的角度反映数据的处理过程，表示系统应具备的各种逻辑功能。数据流图一般由表 5—3 所示的基本元素组成。

表 5—3　　数据流图的基本元素

元素名称	图　形	解　释
数据流	→	表示数据流动方向
数据处理	○	表示输入数据被转换为输出数据的处理过程
文件存储	═	表示数据的存储文件，不涉及存储介质和物理地址
数据流起点/终点	□	表示数据流的起点或终点

数据流图的绘制采用“自顶向下、由外向内”的方法。所谓“自顶向下”，指的是逐层分解，首先画出最顶层的情况，然后再将这个功能处理分解成下级细化图，这样一层层地分解下去，直到清晰易懂为止。所谓“由外向内”，指的是在层次分解的时候先考虑输出的情况和应输入的内容，再进入系统内部进行分析。

(1)数据流图的绘制步骤。一般情况下，数据流图的绘制步骤如下：①掌握对现行系统调查研究的全部资料。②画出顶层图，初步确定新系统的输入输出内容。③分解顶层图的处理功能，绘制一级细化图。在功能分解的同时，注意数据流和文件的变化。④逐级分解、调整，得到比较完善的数据流图，初步划分计算机处理过程和人工处理过程。⑤组织用户领导、会计人员等反复讨论，直到得到用户比较满意的数据流图为止。

【例 5.1】 对于电算化会计信息系统，可先抽象为图 5—3 所示的电算化会计信息系统顶层数据流图，然后再按图 5—4 和图 5—5 进一步划分第一层、第二层电算化会计信息系统的数据流图，还可继续绘制下层数据流图。

图 5—3 电算化会计信息系统顶层数据流图

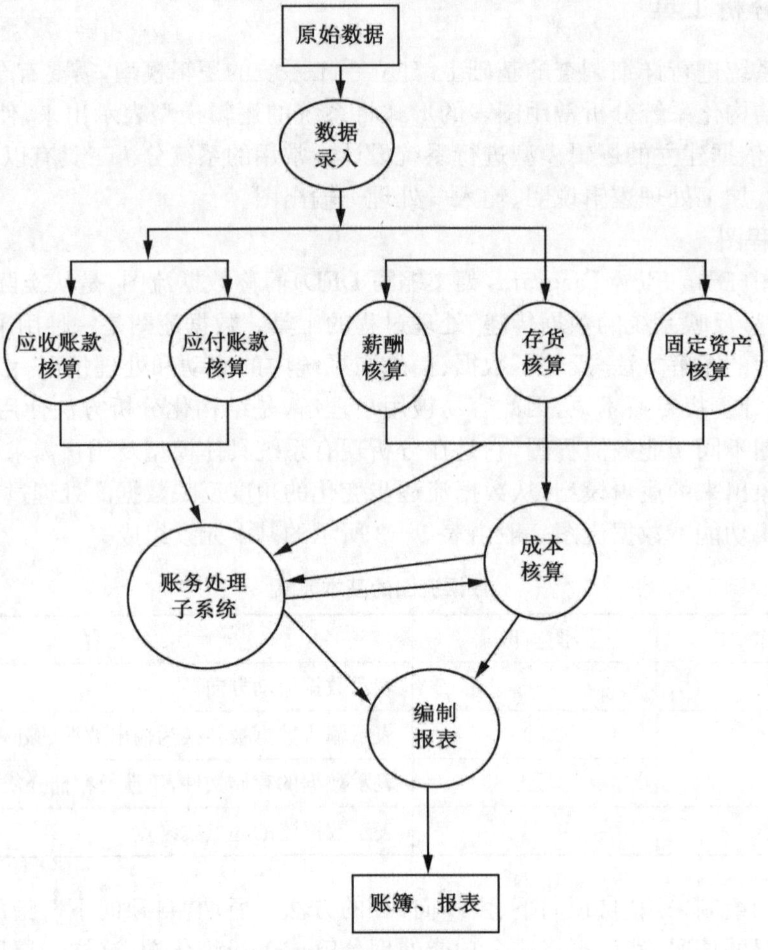

图 5—4 电算化会计信息系统第一层数据流图

续例 5.1:可继续绘制下层数据流图。以下绘制科目汇总表核算程序的数据流程图(见图 5—6)和电算化清理应收款的数据流图(见图 5—7)。

(2)绘制数据流图的注意事项。绘制数据流图有以下六点注意事项:

①数据流守恒。在逐层绘制系统的数据流图时,要保证系统分解前后的输入数据流和输出数据流数目相等,系统 S 有 1 个外部输入、2 个外部输出,那么将系统 S 分解为 1、2、3 三个子系统后,这三个子系统综合起来也应该有 1 个外部输入和 2 个外部输出,且这些输入输出信息是完全一致的,称为数据流守恒原则。

②输出决定输入的思想。为了准确地构造新系统的逻辑模型,首先要确定用户希望新系

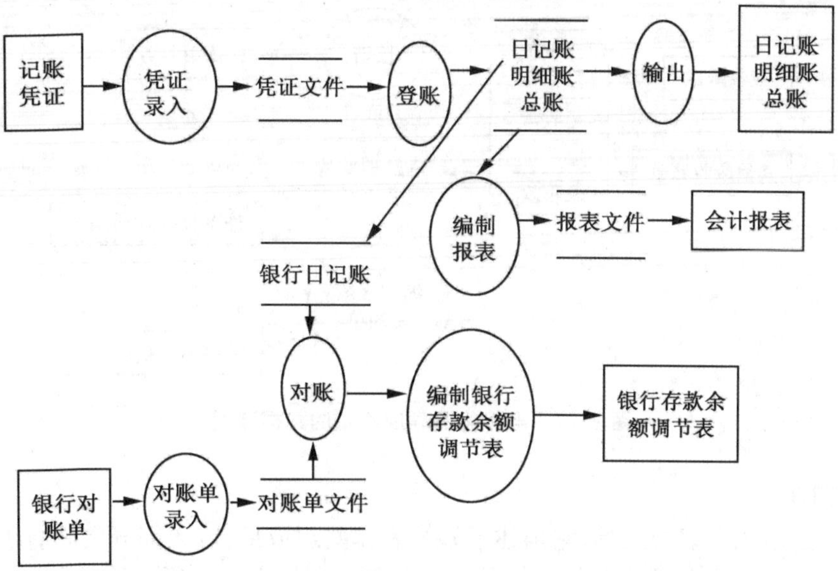

图 5—5　电算化会计信息系统第二层数据流图——账务、报表子系统数据流图

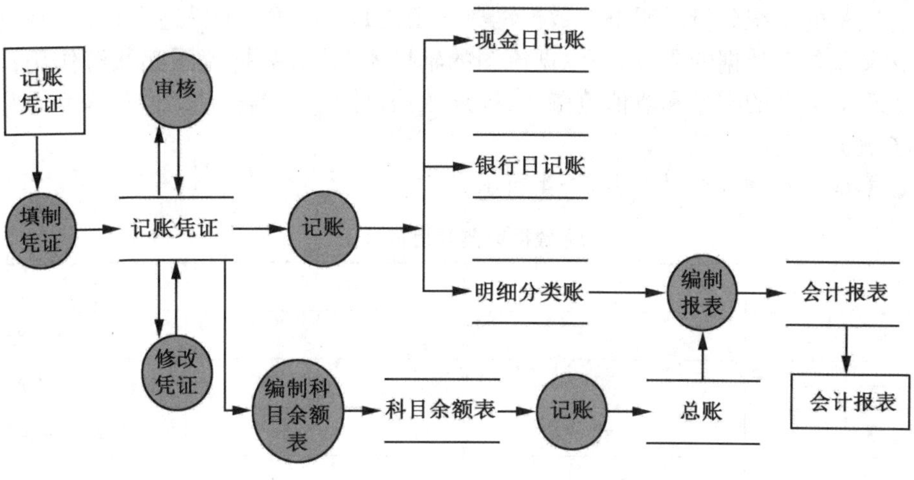

图 5—6　科目汇总表核算程序的数据流图

统输出什么，然后分析要获得这些输出应收集哪些数据以及如何在内部进行处理和转换。

③保持画面的平衡。数据流图一般从左向右绘制，左侧标示系统的数据来源，右侧标示系统输出数据流，各项几何图形应在画面中分布均匀。

④对处理单元和子图进行合理地命名和编号。例如子图编号 4.2.3，因为有两个小数点，就知道是第 2 层数据流图的一个子图，它的父图是 4.2。

⑤合理把握处理单元的细化程度。根据经验，在画分层数据流图时，一个处理单元一次分解一般不要超过 7 个。分解过多，则下一层数据流图的处理单元数量较多，不利于清楚地绘制出各单元之间的输入输出关系；分解太少，则达不到细化目的。

⑥数据流图中的任何数据流都必须与加工有关。

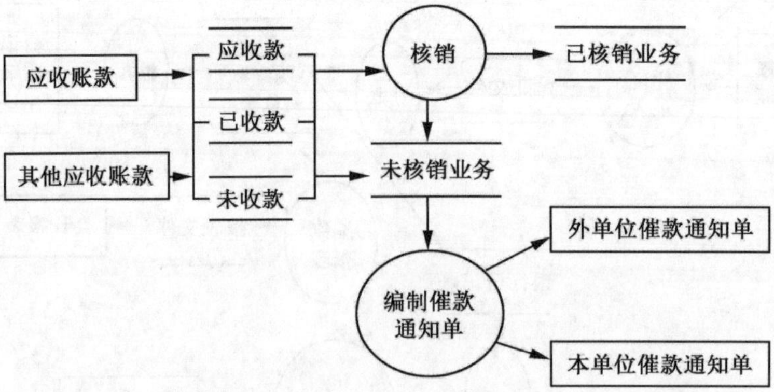

图 5—7 电算化清理应收款的数据流图

2. 数据词典

数据流图是系统分解的工具,它描述了系统有哪些组成部分,各部分之间有怎样的输入输出联系。但数据流图没有对其中各个元素的含义和包含的内容进行说明,因此需要靠数据词典加以说明和补充。所以对数据流图中的每一个元素成分做出确切而完整的定义与说明,并按一定的顺序排列组织起来,就是一套完整统一的数据词典。数据流图加上完整的数据词典,就成为一份完整的系统分析说明书。数据词典主要有以下作用:①描述数据流图中出现的数据存储的含义及复合数据的成分,是数据流图的辅助资料,对数据流图起注解作用;②描述数据流图中出现的数据的类型和取值范围;③描述数据流图中数据存储之间的联系,以及同一数据存储中各数据项之间的关系。

编写数据词典常用的符号如表 5—4 所示。

表 5—4 数据词典常用符号

符 号	意 义	符 号	意 义
=	等价于	( )	可选择
+	和	* *	进一步解释
【】	或	a	数据存储的关键词
{ }	重复	|	分隔符号

构成数据词典的条目有四种类型:数据项条目、数据流条目、文件条目和数据加工条目。

(1)数据项条目。数据项又称为数据元素,是数据流图中最基本的、不可再分的数据单位。数据项条目包括的主要内容如表 5—5 所示。

表 5—5 数据项条目的主要内容

名 称	解 释
数据项名称	唯一性且便于理解
数据类型	数值型、字符型、逻辑型、日期型等
取值范围	最大与最小值的范围
长度	数据项组成的字符个数或数字位数

例如:科目代码数据项条目包括的主要内容如表5—6所示。

表5—6 科目代码数据项条目的主要内容

数据项名:科目代码 类型:字符 长度:8 取值范围:10000000—99999999

(2)数据流条目。数据流是传输会计数据的媒介,数据流条目包括的主要内容如表5—7所示。

表5—7 数据流条目的主要内容

名　称	解　释
数据流名	数据流的名称
组成	由数据项或数据结构组成
来源	可能从外部实体、数据存储或处理逻辑流入
去向	可以流向外部实体、数据存储或处理逻辑
流量	指单位时间内传输数据流的次数,平均流量的概念
峰值流量	指高峰时期的流量值

例如:银行对账单数据流条目包括的主要内容如表5—8所示。

表5—8 银行对账单数据流条目的主要内容

数据流名:银行对账单 组成:日期+对账方式+结算方式+金额+借贷方 来源:开户银行 去向:财务处资金管理组 流量:每月30张 峰值流量:每月50张

(3)文件条目。文件指的是一组有组织的数据结构,数据常以文件的形式存储。文件条目描述的是系统中各数据文件的内容及组织方式,其主要内容如表5—9所示。

表5—9 文件条目的主要内容

名　称	解　释
文件名	数据存储的名称及编号,保证唯一性
组成	指存储文件包含的数据项和数据结构
存储方式	文件存储采用的方式
存取频率	存储一次所用的时间

例如：总账文件条目的主要内容如表5－10所示。

表5－10　　总账文件条目的主要内容

文件名：总账
组成：月份＋日期＋首凭证号＋尾凭证号＋总账科目＋金额
存储方式：顺序
存取频率：1次/3天

(4)数据加工条目。数据加工又称为数据处理或处理逻辑，是数据词典中的主要部分，用于描述输入数据如何转换为输出数据，其主要内容如表5－11所示。

表5－11　　数据加工条目的主要内容

名　称	解　释
加工名	加工的名称及编号
输入数据流	流入的数据流
输出数据流	流出的数据流
加工逻辑	用结构式语言、判断树和判断表简要地描述逻辑处理

例如：登日记账条目的主要内容如表5－12所示。

表5－12　　登日记账条目的主要内容

加工名：登日记账
加工编号：1.2
输入数据流：记账凭证
输出数据流：现金及银行存款日记账
加工逻辑：根据收款凭证、付款凭证逐笔顺序登记现金日记账和银行存款日记账

3. 加工处理逻辑说明

加工条目中的加工逻辑一般使用自然语言描述，但对于某些较为复杂的处理逻辑，使用自然语言难以表达清楚，因此需要借助于其他专门的处理逻辑描述工具，此类常用的描述工具有以下三种：

(1)结构式语言。结构式语言用来描述功能单元的处理逻辑，是一种介于自然语言和程序设计语言之间的语言，它将自然语言应用于程序设计语言的框架中。因此，从结构上看，一般分为内、外两层，外层表示控制结构，内层说明具体的动作，表达形式简洁，结构严密，用户易于理解。

(2)判断树。结构式语言结构严密，描述简洁，便于程序设计，但是如果某个动作与多个条件有关时，那么就会出现比较复杂的判断逻辑。此时，结构式语言嵌套的判断过多、结构复杂、难以理解。在这种情况下，使用图形工具来表达会更加清楚，判断树就是这样一种很好的工具。

判断树由左向右绘制，条件名称画在节点上，条件取值画在分支旁，最后在末级节点处根据判断结果表明应采取的策略或动作。

(3)判断表。判断表与判断树本质上是类似的，它是用图表表达含有复杂判断的处理逻辑。决策表由上、下、左、右四部分组成。左上部分列出所有的判断条件，左下部分列出所有的决策结果，右上部分列出所有的条件组合，右下部分说明在对应的条件组合下应该采取的决策。

以上三种加工逻辑说明工具各有优点，如用判断树和判断表描述条件比较清晰易懂，但描述循环比较困难，并且判断表不容易修改，特别是当判断条件出现变动时，判断表就需要重新建立。在实际运用中，应根据不同情况进行选择。若加工中既包含顺序执行动作，又包含判断和循环逻辑时，使用结构化语言比较合适。但若加工中的判断很复杂，使用判断树较好，用户容易理解。但对特别复杂的判断逻辑，条件多，取值多，条件组合和决策也多时，使用决策表更为合适。需要注意的是，各种表达工具也可以交替使用或结合使用，以充分发挥各种工具的优点。

4. 输入—处理—输出图

输入—处理—输出图简称 IPO 图，它的基本形式是在左边的框中描述有关的输入数据，在中间的框中描述主要的处理过程，在右边的框中描述产生的输出数据。处理框中描述的顺序表明了执行的顺序，还可以用类似向量符号的箭头描述数据通信情况。为了提供更多的信息，IPO 图经过改进(见图 5－8)，包含的附加信息有系统名称、作者、完成的日期、模块的名称、模块在层次图中的编号、调用本模块的模块清单、本模块调用的模块清单、注释及本模块使用的数据元素等。在系统分析阶段可以使用 IPO 图简要描述系统的主要算法，可能在系统分析阶段 IPO 图中许多附加信息暂时还不完备，但是在软件设计阶段可以进一步补充修正这些图，作为设计阶段的主要文档之一。

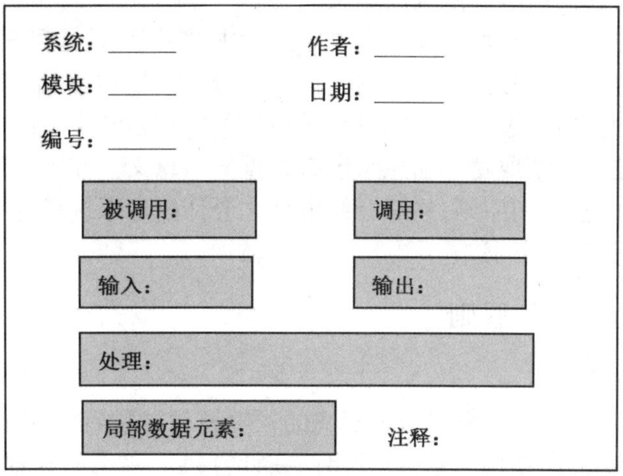

图 5—8　改进的 IPO 图

五、系统分析说明书

理解了系统分析的技术和方法，如果将原系统所有的数据流图、数据词典、处理逻辑说明和输入—处理—输出图与用户需求综合起来，就可得到一个新系统的逻辑模型。用图表、文字描述的新系统逻辑模型确定了新系统的总体结构，反映了用户对新系统的目标和功能的书面表达，是用户与系统开发人员交流的成果。新系统的逻辑模型建立以后，我们需要对系统分析的全部工作进行总结，即编写系统分析说明书。系统分析说明书是系统的功能、性能等需求说明书，是系统设计的基础和依据，也是以后用户验收系统的标准。系统分析说明书包括以下主要内容。

1. 现行系统概述

现行系统概述包括现行系统的组织结构、业务流程、功能分析、数据处理流程和逻辑模型；现行系统存在的主要缺陷和用户对新系统的要求等。

2. 新系统概述

新系统概述包括新系统的目标、主要功能和性能、逻辑模型；新系统的开发单位、用户及其他相关机构或组织；系统中使用的资料和术语的定义解释。其中，逻辑模型应包括新系统的分层数据流图、数据词典、数据流程及数据存储结构等。

3. 其他需要说明的问题

其他需要说明的问题如系统设计的实施计划；人员、资金、设备等资源的配置情况；系统运行环境方面的限制及尚待解决的其他问题等。

文档完成以后，需请系统开发部门和专家对说明书进行复审，确认所建立的模型能满足用户需求。审查重点应为系统模型的合法性、可靠性、保密性和灵活性及准确性、易读性和完整性。尽量发现文档中的错误和不合理处，并由分析人员及时修改。分析说明书的完成表明系统分析阶段完成，可以进入下一阶段的系统设计工作了。

第三节　电算化会计信息系统的系统设计

在系统分析阶段，我们提出了系统的逻辑模型，解决了"做什么"的问题，是一个从具体到抽象的过程。接下来进入系统设计阶段，在这个阶段中，系统设计人员根据系统分析建立的逻辑模型，综合各种技术、经济、管理等方面的条件，建立新系统的物理模型，即解决"怎么做"的问题，是一个从抽象到具体的过程。系统设计是系统分析到系统实施的一个过渡阶段，是理论到实践的过程，对于建立一个成功的信息系统有着重要的意义。在本节中，我们首先介绍电算化会计信息系统设计的任务和原则；然后介绍电算化会计信息系统设计的主要内容，包括总体设计、详细设计、系统设计说明书。

一、系统设计的任务和原则

1. 系统设计的任务

系统设计的主要任务是基于系统分析建立的逻辑模型，根据企业内外环境和主客观条件，考虑怎样划分系统的功能和结构问题，设计出能在计算机上实现的物理模型。确定系统由哪些部分组成，各个组成部分之间怎样进行通讯和联系，从而提高系统的运行水平和工作效率，使企业能从电算化会计信息系统的应用中获得最大综合收益。它包括的主要内容有功能结构设计、代码设计、数据库设计、输入输出设计和物理配置方案设计等。

系统设计可大致分为两个步骤：第一步是总体设计。将系统分解为若干个子系统，定义各子系统的功能，使各个子系统相互联系、相互配合，共同完成系统目标。第二步是详细设计，即选择合适的技术手段和方法去定义每个具体的子系统。概括地讲，总体设计的目的是完成系统分解，详细设计的目的是定义每个子模块的功能、算法和内部特征，具体包括存储文件设计、编码设计和输入输出设计等。

2. 系统设计的原则

系统设计的原则有以下几个：

（1）满足用户需求原则。开发出来的新系统要能满足用户的需求，这是衡量电算化会计信息系统开发是否成功的最基本标准。用户的需求除本企业的核算管理要求外，还包括本企业信息系统与银行、供应商、客户等外部单位信息系统的互联，实现外部交易信息的集中自动处理等要求。因此，企业在进行电算化会计信息系统前端系统的建设和改造时，应当安排负责会计信息化工作的专门机构或者岗位参与，充分考虑电算化会计信息系统的数据需求。另外，系统开发人员也应善于创造用户对计算机的需求，例如不是所有的凭证都必须经过人工审核，对于信息系统自动生成且具有明晰审核规则的会计凭证，可以将审核规则嵌入会计软件，由计算机自动审核，这样可以减少用户的工作量。

（2）合法性原则。电算化会计信息系统是一个综合性的信息系统，功能涉及国家有关部门制定的法律、法规，会计软件应当保障企业按照国家统一会计准则制度开展会计核算，不得有违背国家统一会计准则制度的功能设计；并满足各部门对信息的需求，需上报的财务报表也必须按照现行财务会计准则编制。

（3）不可逆原则。电算化会计信息系统应当提供不可逆的记账功能，确保对同类已记账凭证的连续编号，不得提供对已记账凭证的删除和插入功能，不得提供对已记账凭证日期、金额、科目和操作人的修改功能。

（4）稳定性原则。电算化会计信息系统是关于企业财务方面的工作，对企业日常工作有重要影响，保证其运作稳定至关重要，系统在设计时应使用安全可靠的硬件设施和成熟的开发技术，在任何时候都要保证系统的稳定运行，能够随时提供服务，保证正确的人访问正确的信息，杜绝任何非法访问，且信息不会被随意生成、修改和删除。

（5）可靠性原则。可靠性指的是系统能够最大可能的抵御外界的干扰，万一受到干扰的时候具有自我修复能力，如系统的自动校错、容错和纠错能力，系统的密码保护功能等。这一要求可以用“平均故障间隔时间”来衡量，平均故障间隔时间越长，说明系统的安全可靠性越好。

（6）安全性原则。一个成熟稳定的电算化会计信息系统应该充分考虑到物理安全、网络安全、系统安全、数据安全、病毒防范和用户安全，并提供统一的安全保障和安全平台，安全体系是系统的重要组成部分，使用 CA 认证、SSL 加密传输、防火墙技术、VPN 漏洞扫描、网络入侵检测保护、病毒防护等一系列安全技术。另外，企业应当建立电子会计资料备份管理制度，确保会计资料的安全、完整和电算化会计信息系统的持续、稳定运行。对于数据服务器部署在境外的，应当在境内保存会计资料备份，备份频率不得低于每月一次。且境内备份的会计资料应当能够在境外服务器不能正常工作时，独立满足企业开展会计工作的需要以及外部会计监督的需要。

（7）简便性原则。简便性是指在满足系统的全部功能和目标的前提下，系统的处理流程和操作方法应尽量简单实用，易于操作人员掌握。这样不仅可以提高工作效率，还可以避免因为采用复杂的系统结构而导致的故障率升高。

（8）可维护性原则。可维护性是指维护人员对该系统进行维护的难易程度。由于系统在使用过程中，难免会出现硬件或软件的损害或不适应环境的情况，这时需要更换硬件设备、更换操作软件等。

（9）可扩展性原则。由于建立电算化会计信息系统往往是企业建立 ERP 系统的前奏，因此在建立新系统时，应为日后可能的扩展留下必要的接口。当用户需求发生变化时，系统能够响应的程度称为系统的可扩展性，它有两层含义：一是性能的可扩展性，指用户数量上的扩展；二是业务的可扩展性，指系统功能上的扩展。开放的系统能够进一步扩充和完善与其他系统连接，要求遵循国际、国内和行业标准，并且体现在系统开发的整个过程中。条件成熟时，在会计软件中集成可扩展商业报告语言（XBRL）功能，这是未来发展的趋势。

（10）整体无缝原则。电算化会计信息系统承载了很多业务，涉及不同权限、不同部门的用户，有的则是跨越省、市等，因此系统的整体性就显得非常重要，电算化会计信息系统既是一个独立整体，又是一个无缝连接的整体。

（11）完善内部控制原则。企业应当遵循企业内部控制规范体系要求，加强对电算化会计信息系统规划、设计、开发、运行、维护全过程的控制，将控制过程和控制规则融入电算化会计信息系统，实现对违反控制规则情况的自动防范和监控，提高内部控制水平。

二、系统的总体设计

系统的总体设计包括系统划分和功能结构设计，它的主要任务是根据电算化会计信息系统总体目标和功能，将系统划分为相对独立的子系统和模块，并合理安排模块内功能结构，处理好模块间的调用关系。目前，最常用的系统设计方法是结构化设计方法。

结构化设计（Structured Design）方法，是对系统分析中提出的逻辑模型进行计划性的设计，与结构化分析方法相衔接，用于从系统分析数据流图中导出系统模块结构图。它在设计过程中重视系统的结构构造，强调组成系统的模块、数据、功能、结构以及它们之间的接口。在设计过程中，它以低耦合、高内聚度作为模块划分的原则，先将系统划分为若干个大模块，每个模块实现其中一部分功能，再将各大模块继续划分为较小模块，直至每个模块功能单一。模块之间相互联系、相互配合，共同完成系统的全部功能。这种设计过程体现了“自顶向下、逐步求精”的思想。系统经过结构化设计之后，运行效率、可变性、可控性和工作质量都可以得到提高。

1. 结构化设计工具

结构化设计工具是用来解决如何描述系统功能模块结构图的，一般有层次图和结构图两种。层次图主要用来表示软件的分层结构，通过对软件功能模块的分层排列，清楚地显示了上下层模块之间的调用和被调用关系，很适合在自顶向下设计软件的过程中使用。而结构图同样可以表达软件的分层结构，相比层次图来说，它还具有显示信息传递、允许按照判断条件有选择地调用下级从属模块、允许循环调用下级从属模块等优点。所以结构图是结构化设计的主要工具，本书采用的设计工具也是结构图。结构图以特定的符号表示模块、模块间的调用关系和模块间的通讯，它的主要内容包括以下几个方面：

（1）模块。模块用矩形表示，其中标有模块名字，也可在矩形中简要地说明模块的功能，如图 5－9 所示。

图 5－9　模块示意图

（2）模块的调用关系。从一个模块指向另一个模块的箭头，前一个模块是调用模块，后一个模块是被调用模块，如图 5－10 所示。根据惯例画法，由于总是图中位于上方的模块调用下方的模块，所以不画箭头也不会产生歧义。简化起见，可以只用直线而不用箭头表示模块间的调用关系。

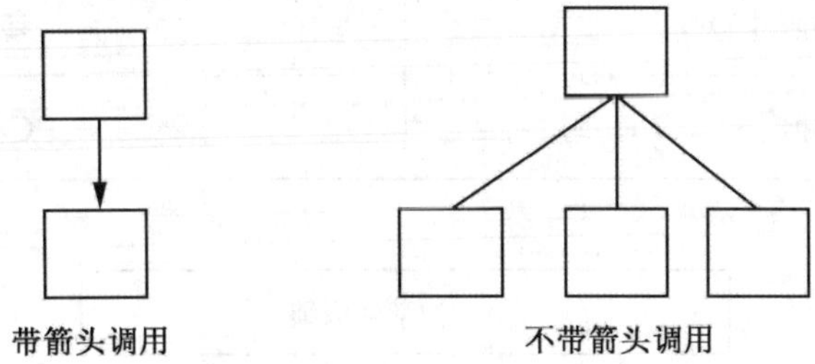

图 5—10　模块调用关系

模块的调用关系通常分为直接调用、条件调用和循环调用三种。

①直接调用。

②条件调用。条件调用是当一个模块达到条件的时候调用另外一个或几个模块，用以菱形为起点的带箭头的直线表示，如图 5—11 所示。

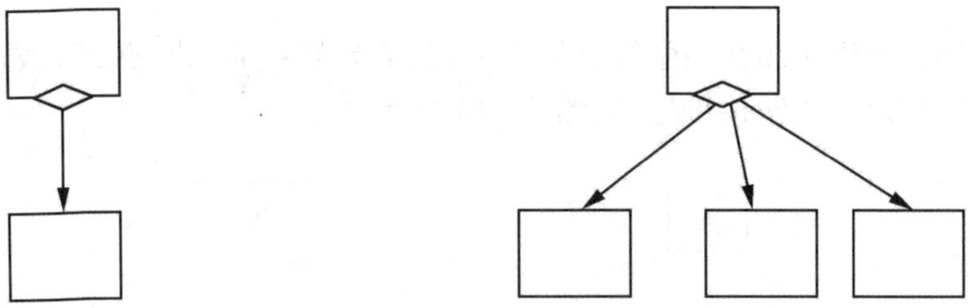

图 5—11　条件调用示意图

③循环调用。循环调用为一个模块循环地调用其他一个或若干个模块，在连线上加上一个环状箭头来表示，如图 5—12 所示。

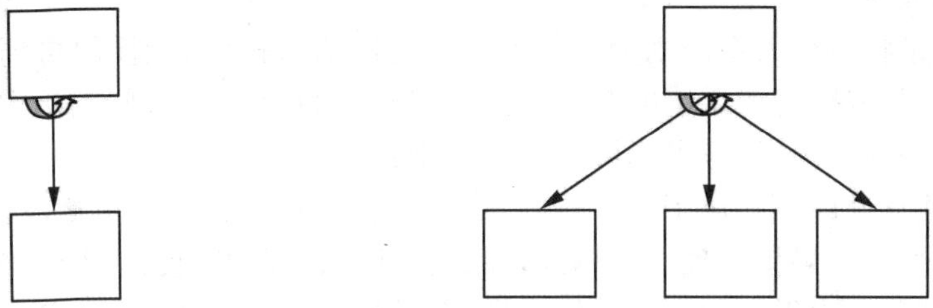

图 5—12　循环调用示意图

(3)模块通讯。一般情况下，数据传递有两种：一种是控制信号，用于确定调用下属哪个模块或者执行哪种功能，这种数据传递只有两种状态，"是"或者"否"，即在模块之间传递一个逻辑变量"True"或者"False"；另一种是数据，用来传递一般的信息，其名称标示在调用箭头旁，传递的变量可以是一般变量、数据结构等，如图 5—13 所示。

表 5－13　　控制信号和数据的图形表示方法

通讯数据类型	图　形
控制信号	●→
数据	○→

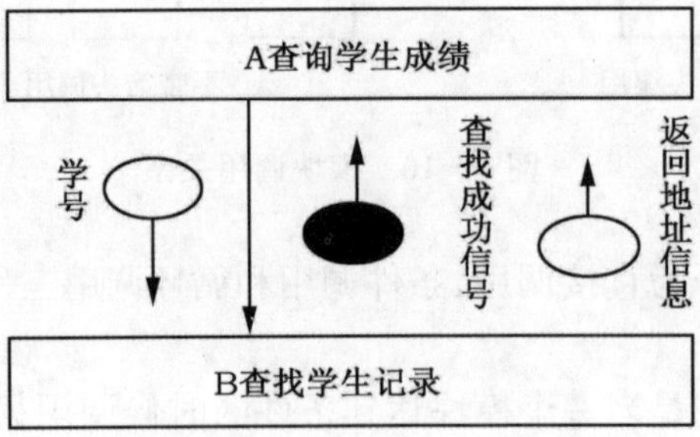

图 5－13　模块调用示意图

(4)转接符号。当模块图在一张纸上画不下时，需要转接到另一张纸，或者为了避免图上箭头相互交叉时，可以使用转接符号，如图 5－14 所示。

图 5－14　转接符号示意图

2. 模块划分原则

结构化设计是将一个大系统划分为若干个功能模块，每个功能模块再划分为若干个子模块，自顶向下，层层分解，完成系统的全部功能。但模块的划分没有绝对的标准，应根据企业的实际情况而定。一般情况下，应考虑以下几个原则：

(1)模块的独立性原则。对于一个好的系统来说，应具有较强的可修改性，所以应尽可能提高模块的独立性。如果模块独立性越高，那么在开发过程中即使出现了问题，也容易判断出错模块，并在局部范围内得到解决。一般来说，衡量模块的独立性有以下两个标准：

一是模块的低耦合性。模块之间的耦合指的是模块之间的依赖关系，如控制关系、调用关系等。而低耦合指的是模块之间的联系尽可能小，防止因对某一模块的修改而产生的对其他模块的影响，保证系统设计的顺利进行。两个模块之间耦合的强弱取决于模块之间的连接方式和传递数据的复杂程度。一般而言，耦合可分为以下几类：①无耦合，指的是两模块之间没有任何联系，模块间是完全独立的。②数据耦合，指的是在两个模块调用中传递数据，且传递的仅仅是数据元素。这种方式不影响系统的执行过程，是一种最简单的耦合关系。③特征耦合，指的是在两个模块调用中传递数据结构，且两个交互模块之间传递的数据类型必须完全匹配。④控制耦合，指的是模块间传递的是控制信息。这种耦合关系对系统的影响较大，能够直接影响到接受该控制信号模块的内部运行，并且很有可能造成系统中某个模块内部处理原则的改变。⑤公共耦合，指的是模块间共用一个数据域，由于错误容易通过公共数据域扩散，而且很难确定是哪一个模块影响了公共数据，因此公共耦合属于比较强的耦合关系。⑥内容耦合，指的是一个模块直接修改另一个模块的内部数据，被修改的模块完全依赖于修改它的模块，是一种最强的耦合关系。

需要注意的是：①～③的无耦合、数据耦合和特征耦合属于弱耦合；④～⑥的控制耦合、公共耦合和内容耦合属于强耦合。

模块在系统中不是孤立存在的，它们相互联系、相互配合。采用结构化设计，模块之间的耦合是不可避免的，但是模块之间联系越多、越复杂，彼此之间的依赖程度就越高，独立性就越差，这样不利于系统的修改和维护。在进行设计时，应以数据耦合为主、特征耦合为辅，少用控制耦合，限制公共耦合，杜绝内容耦合。

二是模块的高内聚性。模块的内聚指的是模块内各部分之间的紧密程度。而高内聚指的是模块内各部分之间联系紧密，这样可使系统的修改和维护在一个模块内进行，保证系统的稳定性。一般而言，按照由强到弱的顺序内聚可分为以下几类：①功能内聚，指模块中的每一个元素对于实现模块功能都是必需的，并且实现模块功能必需的所有元素都已经包含在模块内部。这是最理想的内聚形式。②顺序内聚，指的是模块内部一个成分的输出恰好是另一个成分的输入，没有考虑功能相关性。③通信内聚，指的是将一些输出相同或输入相同的集合安排在同一个模块中，这样设计和实现起来比较方便。④过程内聚，指的是模块内的处理元素彼此无关或联系不大，但必须以特定的次序执行。⑤时间内聚，指的是将同一段时间内执行的动作组合在一个模块内。如模块的各种初始化任务。⑥逻辑内聚，指的是将几个逻辑相似的功能或数据元素安排在一个模块里，但这些动作的功能、用途没有关系。⑦偶然内聚，指的是模块内各组成部分为了节省内存，避免重复书写而组合在一起，但在功能上没有任何联系。例如，某些语句会经常地被其他模块调用，为了方便起见，我们将这些语句集成一个模块以节省内存空间，但这些语句之间并不存在依赖关系。

功能内聚、顺序内聚和通信内聚属于高内聚形式，在设计时尽量采用。其他低内聚形式由于联系松散，可读性、可重用性和可维护性比较差，因此在设计时应尽量少用。

(2)模块的规模适中。模块的大小没有强制性规定，一般以不超过100行源程序，能打印在一张纸上为宜。这样一个程序员就可以承担整个模块的开发、测试和维护工作。模块也不宜太小，因为太小难以实现预定功能。

(3)模块的扇入、扇出、深度和宽度要适当。扇入指直接调用该模块的上级模块数；扇出指该模块直接调用的下级模块的个数；深度表示模块结构图中各级模块的层数；宽度表示同一层次中模块的最大个数。如图5－15所示。

一般来说，软件结构应具有层次性(呈腰鼓形)，最高层模块只有一个，上层模块调用下一层模块，同层模块互不调用，上层模块也不能越层调用，最下层模块完成基本操作。这样软件结构的顶层扇出比较高，中层扇出较少，底层扇入公共的使用模块中去，平均扇出往往在3～4之间。

(4)模块的作用域应保持在模块的控制域之内。模块的控制域是该模块本身及其直接或间接的下属模块的集合，而作用域是指受该模块内一个判定影响的模块的集合。在软件结构中，所有受判定影响的模块最好都从属于做出判断的模块，这样有利于系统的纠错和维护。

(5)优化程序效率。结构化设计将系统设计为各种功能单一、相互联系又相对独立的模块

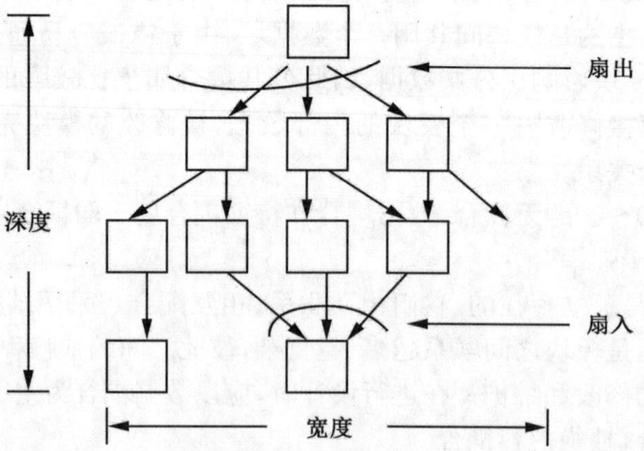

图 5—15 软件结构示意图

的组合，这种结构易于理解、测试和维护，但也需要执行很多过程调用语句。如果程序的效率不能满足用户的性能要求，可以考虑优化个别模块的程序设计结构。

三、结构化设计技术

结构化设计技术指的是依照结构化设计思想和原则，将系统分析阶段得到的数据流图映射为系统的模块结构图。一般的导出步骤如下：(1)复审数据流图，若情况发生变化或发现错误，应对原逻辑模型进行修改；(2)根据数据流图的结构和特征，判断其属于变换型数据流图还是事务型数据流图；(3)按照结构化设计的原则，将数据流图导出为相应的模块结构图；(4)对初始的模块结构图改进和优化。

数据流图一般分为两种，即变换型和事务型。模块结构图也相应分为变换型和事务型两种，分别由对应的数据流图转换得到。

1. 数据流图的变换类型

(1)变换型数据流图。以变换为中心，由输入、主处理、输出(Input-Process-Output，英文缩写 IPO)三部分组成。主处理是加工变换的中心，它对输入的逻辑输入流进行加工变换后，转换成逻辑输出流。如图 5—16 所示。

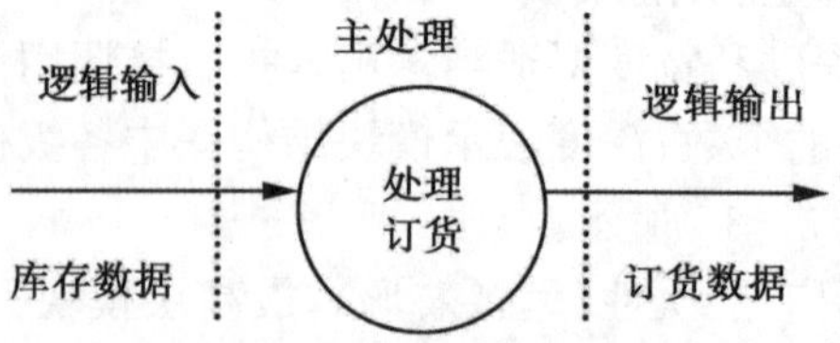

图 5—16 变换型数据流图

(2)事务型数据流图。事务型数据流图一般呈束状型，如图 5—17 所示。以事务为中心，将其输入数据流分离成一串平行的输出数据流。

2. 模块结构图的类型

(1)变换型模块结构图。在变换型模块结构图中，每个模块都是功能型的，模块间只传递少量的数据型参数，接口清楚，因此模块的内聚性较高、耦合性较低。如图 5—18 所示。

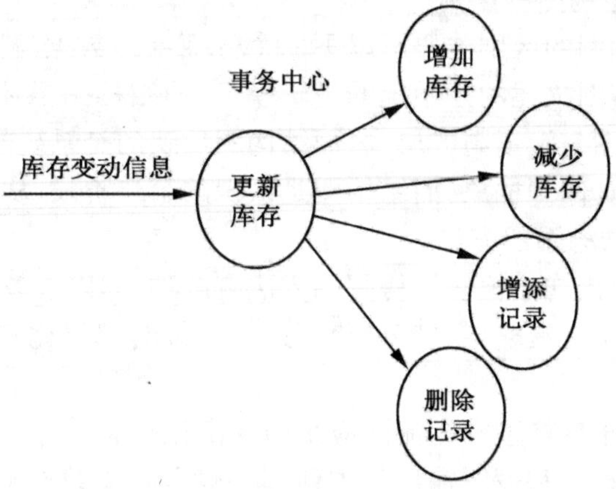

图 5－17　事务型数据流图

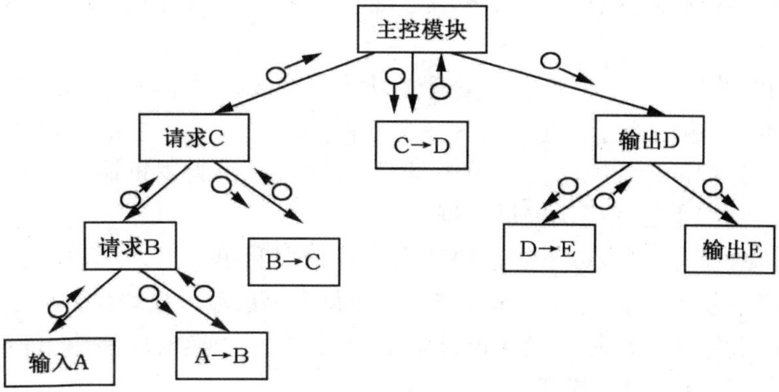

图 5－18　变换型结构图

(2)事务型模块结构图。如图 5－19 所示，除顶层模块外，事务型模块结构图通常有三个层次：事务层、操作层和细节层。顶层模块按所接受的事务，选择调用一个事务处理模块。在事务层除事务处理模块外，还有一个取事务模块和一个输出模块。操作层供事务模块调用。细节层供操作模块调用。一般而言，事务型模块结构图也有较高的内聚性和较低的耦合性。

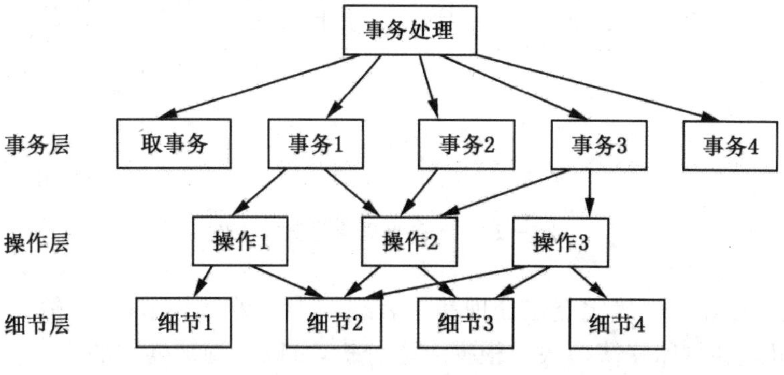

图 5－19　事务型结构图

3. 数据流图与模块结构图的区别

数据流图与模块结构图的区别主要有以下四个方面:(1)数据流图主要是数据,而结构图主要是控制层;(2)数据流图描述的是系统的逻辑模型,而结构图描述系统的物理模型;(3)数据流图是平面图,不同的图表示不同的层次,而结构图反映的是系统的层次立体图;(4)数据流图是认识的第一阶段,从具体到抽象,而结构图是认识的第二阶段,从抽象到具体。

4. 从数据流图导出结构图的方法

常用的从数据流图导出初始模块结构图的方法有两种,即以事务为中心的设计策略(事务分析)和以变换为中心的设计策略(变换分析)。这两种策略都能比较容易地将数据流图转换为系统模块结构图。

(1)变换分析法。对于变换型数据流图应采用变换分析法,其主要步骤如下:

①确定主处理、逻辑输入和逻辑输出。主处理一般是几支数据流的汇合处。如果没有明显的数据流汇合点,那么确定主处理可以从逻辑输入和逻辑输出入手。逻辑输入是指从物理输入端开始,离物理输入端最远但仍然是物理输入的那个数据流。同样,逻辑输出是指离物理输出端最远但仍然是物理输出的那个数据流。逻辑输入和逻辑输出间的那个(或那些)处理就是主处理。

②设计结构图的顶层和第一层。主处理的功能是完成整个程序要做的工作。系统的第一层结构按输入、变换、输出等分支处理。每一个逻辑输入设计为一个输入模块,负责向主处理模块提供数据;主处理设计为一个变换模块,将逻辑输入变换为逻辑输出;每一个逻辑输出设计为一个输出模块,将主处理模块提供数据输出。

③设计结构图的第二层及以下层模块。设计好顶层和第一层之后,自顶向下,逐步细化,为每一个上层模块设计下属模块。一般情况下,为每个上层输入模块设计两个下层模块:变换模块和输入模块;为每个上层输出模块设计两个下层模块:变换模块和输出模块;为上层变换模块设计下层模块没有通用的规则。

【例 5.2】 账务处理流程如图 5－20 所示,其数据流图为典型的变换型结构,使用变换分析法导出其模块结构图。

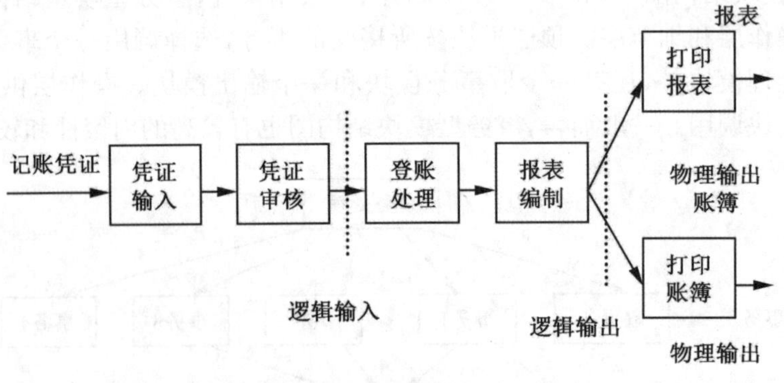

图 5－20 账务处理流程数据流图

如图 5－21 所示,首先确定登账处理和报表编制为主处理环节,逻辑输入为凭证输入,逻辑输出为打印报表和打印账簿模块。根据上述分析,可以得到结构图的第一层和第二层,然后分别对各模块设计下层模块,得到模块结构图,如图 5－21 所示。

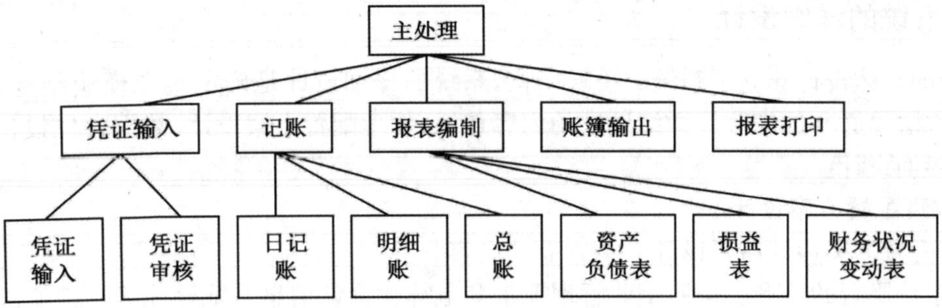

图 5—21 账务处理初始模块结构图

(2)事务分析法。对于事务型数据流图应采用事物分析法,其主要步骤如下:

①识别事务中心、事物接收部分和事务发送部分。

②设计结构图的顶层和第一层。顶层为事务中心处理模块,第一层为各事务处理模块,加上一个取事务模块和一个输出模块。

③为每个事务处理设计下层操作模块,将各模块中相同的处理操作分离出来,建立公共操作模块。

④设计细节模块,尽可能被操作模块共享。

使用事务分析法导出其模块的结构图,如图 5—22 所示。

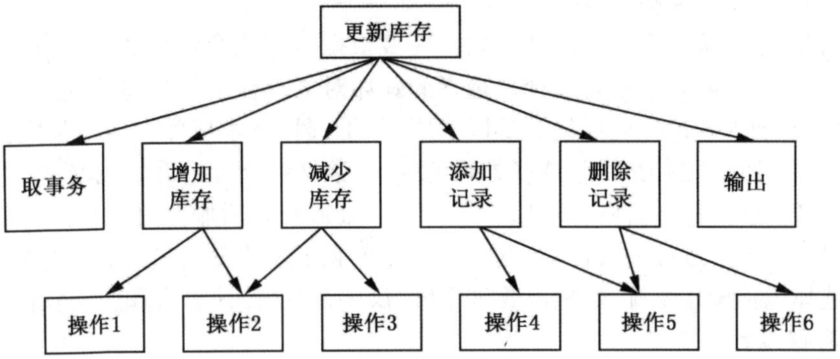

图 5—22 库存管理初始模块结构图

需要注意的是,交换型和事务型并不是必然分开使用的,在一个大型软件系统的数据流图或者模块结构图中,这两种结构往往是结合使用的。因此,这两种设计策略也是结合使用的。

5. 模块结构图的优化

初始模块结构图设计出来以后,还应进一步改进和优化。首先要根据模块设计原则对结构图进行分析和评价,找出不符合要求的模块,进行重新分解和组合。另外,应尽量降低模块接口的复杂性,但是会计软件应当具有符合国家统一标准的数据接口,满足外部会计监督需要;确保每一个模块单入口和单出口;观察模块中有无重复的功能,若有,应将这些重复功能提出来,新建模块共享等。

需要注意的是,对模块结构图全局的优化远远超过对局部的优化,若采取变动则需考虑这种变动对全局综合效益的影响。通过一系列的改进,软件结构不断完善,直到再也做不出实质性的修改,才算完成最终的模块结构图。

四、系统的详细设计

系统的总体设计建立了系统的模块结构，系统的详细设计是确定实现模块结构的技术手段、处理方法等必要的细节。详细设计的内容包括：物理配置方案设计、数据存储设计、编码设计、用户界面设计。

1. 物理配置方案设计

物理配置方案设计需要设计三个方面的内容。

(1)系统平台的选择。按照企业管理要求和电算化会计信息系统处理信息性能的强弱，可以选择的系统平台如下：①单业务系统。主要是各类常用的PC，它以数据库系统作为平台。②综合业务系统。它以计算机网络为系统平台。③集成系统。它是一个综合性强、规模大的系统，且系统平台复杂，涉及不同型号的机器、不同数据库、不同网络的信息传递和交换。

(2)计算机处理方式。在电算化会计信息系统中，处理会计数据有批处理、实时处理和分布式处理三种方式。①批处理，指先汇集数据，再集中成批处理，如会计期末结账。这种方式设计简单、成本低。但在业务发生和处理之间存在时间差，不能直接为管理者提供决策信息。②实时处理，指数据一旦输入，计算机马上进行处理。这种方式能够及时地提供会计信息，但成本较高，需要安装相应的计算机财务软件，且在系统安全和维护方面也需要采取相应的措施。③分布式处理，指在企业内各个部门配置一定数量的计算机，单机设备分散使用，并与中央服务器联网，构成企业会计信息网络处理系统。这种方式有助于系统服务器统一管理，系统使用也灵活方便，且安全性高。

(3)硬件和软件的选择原则。硬件和软件一般根据电算化会计信息系统和企业管理的需要，并考虑企业资源的限制来进行选择。选择的好坏对电算化会计信息系统的功能有很大的影响。具体来说，硬件的选择应尽量满足以下原则：①选择技术成熟稳定、操作方便的标准系列机型；②在资源约束范围内，尽量选择处理速度快、数据存储容量大的机器；③选择具有良好的兼容性、可扩容性与可维修性的硬件；④选择技术服务和售后服务好的供应商；⑤选择在一定时间内能保持一定先进性的硬件；⑥选择时考虑企业未来的发展和功能扩充的需要。

软件的选择包括操作系统、数据库管理系统、汉字系统、设计语言和应用软件包等。

2. 数据存储设计

系统详细设计的第二项工作是数据存储设计，这是电算化会计信息系统中的一个重要环节，这部分设计的成功与否，直接影响到整个系统设计的水平，对实现整个系统功能和提高系统运行效率有很大影响。因此必须充分考虑电算化会计信息系统的功能要求、数据的安全可靠性以及系统的可操作性等因素。对于需要归档的会计资料，在会计档案存储格式、元数据采集、真实性与完整性保障方面，应符合国家有关电子文件归档与电子档案管理的要求。

一般来说，数据存储设计包括数据库设计和数据库文件设计。

(1)数据库设计。数据库系统是计算机的应用系统，它由数据库、数据库管理系统、应用程序和数据库管理员组成。数据库系统主要任务是数据处理和数据管理。

1)数据库的主要特征。数据库有六大主要特征：①复杂性。在数据库中，不仅要描述同种记录之间的关系，还要描述不同记录、不同实体之间的关系。②独立性。数据的独立性包括物理独立性和逻辑独立性。物理独立性是指存储结构与逻辑结构之间的独立；逻辑独立性是指局部逻辑相对于总体逻辑的独立，当总体逻辑发生变化时，局部逻辑不会改变，而程序是根据局部逻辑编写的，所以系统程序可以不用修改。③共享性。数据可以做出任意组合，以最优方式满足用户的不同需要。④最小的冗余度。冗余度是指数据的重复率，最小的冗余度就是尽量减少数据的重复率。⑤安全性。电算化会计信息系统的数据由多个用户共享，应采取措施防止不合法的使用。⑥并发控制。因为电算化会计信息系统的数据可以同时被多个用户同时访问和修改，若不对操作加以控制，数据的存取和储存就有可能不正确。因此系统提供的并发控制，可以避免各个程序之间相互干扰。

2)数据模型。数据模型描述的是数据库中的数据结构，是用来创建数据库、维护数据库，并将数据库解释为外部活动模型的工具。它通常有三种形式：层次模型、网状模型和关系模型。层次模型是用树结构表示实体之间联系的模型。树结构是由结点和连线组成，结点表示的是实体的集合，连线表示的是两个实体之间的联系。层次模型必须是一对一或一对多的连接。在网状模型中，实体之间是多对多的关系，任何一个结点可以和任意多个结点连接。关系模型是用二维表格来描述实体与实体之间的联系，结构简单、直观，方便用户使用。

3)数据库系统结构。从逻辑关系上，数据库系统可分为以下三层结构：①概念模式。概念模式是数据库中间的一层，它是数据库设计的基本任务，用逻辑数据模型对企业或部门的数据进行描述。它考虑所有用户的要求，指出每个数据逻辑的定义及数据之间的逻辑关系。②外模式。外模式又称用户模式，是最靠近用户的一层，用逻辑数据模型对用户用到的数据进行描述。每个用户需要用的数据不同，不应让用户接触到不需要用的数据，因此外模式对每个用户来说并不统一。③内模式。内模式是存储模式，是数据库最里面的一层，它是物理存储设备上实际存储数据的集合。

4)概念模型设计。概念模型设计是用数据模型将用户对数据的要求明确表达出来，通常使用 E-R 模型。E-R 模型即实体—关系模型(Entity-Relationship)，由实体、关系和属性三种基本成分组成。以存货管理为例，其 E-R 模型如图 5—23 所示。

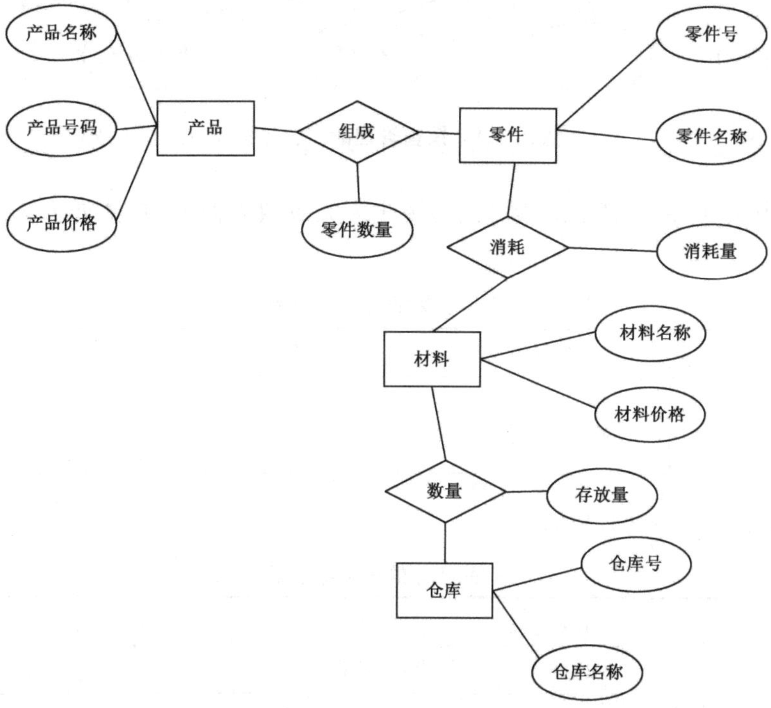

图 5—23　存货管理的 E-R 模型图

模型设计的主要步骤为:①划分和确定实体。②划分和确定关系。实体之间的关系必须是一对多的关系,不能是多对一的关系。③确定属性。④画出模型。

反复经过上述四个步骤,直到找到所有的实体集、关系集、属性集和属性值集为止。

5)逻辑结构设计。在概念模型中有实体和关系两类数据,分别用一个二维表来表示。实体所用的二维表的属性由实体的属性组成,关系所用的二维表的属性由关系的属性加上构成关系的每个实体的关键字组成。在关系数据库设计中,逻辑结构设计主要是将概念模型用最直接的方式转化为大多数用户接受的关系数据模型。

以销售管理为例,销售管理的概念模型如图 5—24 所示。

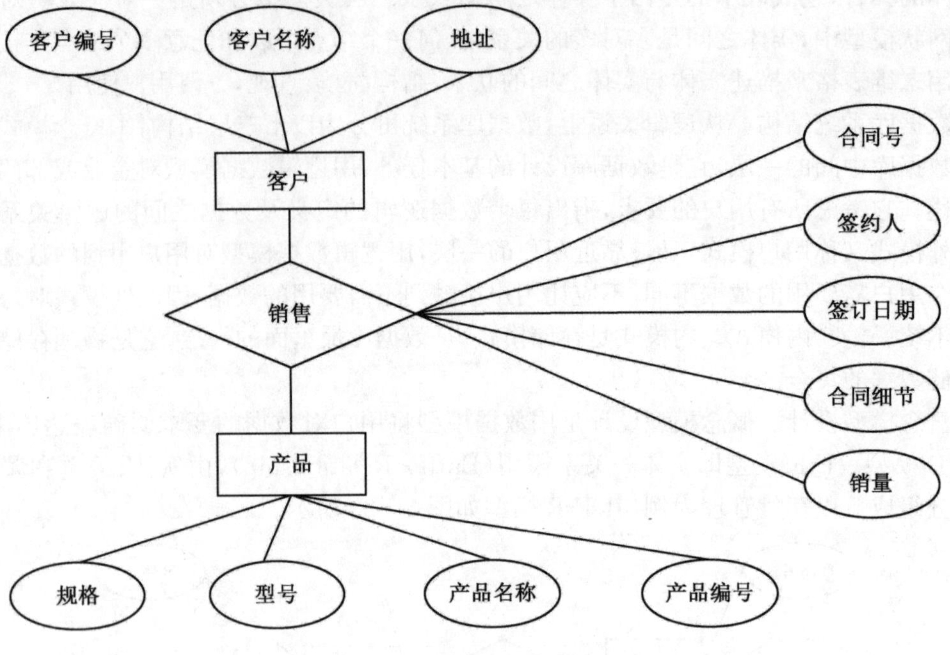

图 5—24 销售管理的概念模型图

根据上述方式,将销售管理的概念模型转化为关系数据模型,具体如表 5—14、表 5—15、表 5—16 所示。

表 5—14 客户实体的关系数据表

数据项	客户编号	客户名称	地址
类型	C	C	C
长度	6	20	30

其中,关键字 KEY=(客户编号)。

表 5—15 产品实体的关系数据表

数据项	产品编号	产品名称	型号	规格
类型	C	C	C	C
长度	8	16	10	10

其中,关键字 KEY=(产品编号)。

表 5-16　销售实体的关系数据表

数据项	合同号	客户编号	产品编号	合同细节	数量	签订日期	签约人
类型	C	C	C	C	N	D	C
长度	4	6	8	40	6	8	8

其中,关键字 KEY=(合同号)。

(2)数据库文件设计。数据库设计是从应用问题出发设计能满足用户需求的数据存储逻辑结构,数据库文件设计则是依据系统分析中编制的数据流图和数据字典,从文件的组织方式、存取方法、易于维护等方面来设计,将文件设计为可由计算机存取的物理形式。

1)数据库文件分类。按文件的组织形式,数据库文件可以分为顺序文件、索引文件和倒排文件。①顺序文件的特点是记录的物理顺序与逻辑顺序一致,处理时顺序访问。它操作简单、空间利用率高、存取速动快,因此使用极为普遍。但当数据量较大时,顺序文件的读取速度比较慢。一般来说,凭证库文件是顺序文件。②索引文件是指对文件按记录的关键字建立索引。它适用于文件的记录较多的情况。按关键字对索引文件进行查询,查询次数少,查询速度快。对数据表来说,根据关键字可以建立主索引、候选索引、普通索引和唯一索引。③倒排文件是用记录的非主属性值而不是关键字的值来建立索引以查找记录。倒排文件的工作原理与索引文件相似,不同的是,倒排文件使用非主属性值建立索引,因此它更适合于处理复杂查询。在设计数据库文件时,应根据会计业务使用文件的特点和要求,选择合适的文件组织形式和存取方法。

按文件的用途不同,数据库文件可以分为账务数据库文件、辅助型数据库文件和临时工作文件。①账务数据库文件是指为了满足账表输出要求的文件,它们是电算化会计信息系统中的核心文件。如总账文件、明细账文件、凭证文件等。②辅助型数据库文件是指服务于账务处理需要而建立的文件。如单位员工目录文件、客户信息文件、用户操作权限文件等。③临时工作文件是指处理中存放中间处理结果或为了方便处理而临时生成的文件。这类文件保存期短,通常在处理后即删除,如临时凭证文件库。

2)数据库文件的设计步骤。一般而言,数据库文件的设计步骤为:①详细了解系统硬件配置和有关软件中有关文件管理的功能与特点。②分析文件的使用条件,如文件的数据量、文件的使用率、文件的处理方式等。③确定文件的结构和属性。后续部分会详细介绍。④确定文件的存储介质、组织方式和存取方法。

3)数据库文件结构设计。在系统设计阶段,我们需要根据系统分析阶段确定的数据库文件的逻辑结构来确定数据库文件中包含哪些字段以及这些字段属于什么数据类型、具有哪些属性等。例如,我们可以定义"银行对账单"的数据库文件如表 5-17 所示。

表 5-17　银行对账单数据库文件结构表

字段序号	字段名	类型	长度	小数位	字段说明
1	KMDM	C	12		科目代码
2	DZDRQ	D	8		对账单日期
3	YHZY	C	20		银行摘要

续表

字段序号	字段名	类型	长度	小数位	字段说明
4	JSDJH	C	10		结算单据号
5	SFBZ	C	2		收/付标志
6	JE	N	14	2	金额
7	YDBZ	L	1		已达标志

在设计数据库文件结构的时候，应考虑以下因素：①数据的可扩充性。如科目编码字段的长度定义，要充分考虑新增科目的需要，定义一个合适的长度。②数据处理的效率。如字段用拼音命名，处理时效率大为提高。③数据的一致性及完整性。定义字段应以数据字典及代码体系为依据，使数据在存取和传递时，保持数据格式等的一致性和完整性。④数据的安全性。对重要的库文件应有安全保密措施，如设置保密口令、进行数据加密等。

4)数据库文件属性设计。确定了数据库文件的结构和组织方式后，还需要对文件属性进行限定，一般包括以下三种情况：①文件访问权限，即确定哪些操作员对哪些文件有读取权限，对哪些文件有修改保存权限。例如，记账凭证库文件只允许凭证录入员录入凭证和凭证审核员审核凭证。②文件读写特性，确定哪些文件是只读的，哪些文件是可修改的。例如填制凭证模块的功能列表文件是只读文件，记账凭证文件是可修改文件。③文件共享性，在网络电算化会计信息系统中，哪些数据库文件允许使用者在不同的工作站或终端访问，哪些不允许访问。

3. 编码设计

编码是用来表示事物名称、属性、状态等的符号或记号。虽然使用汉字表示会计信息，形象直观，容易被人理解，但用计算机进行处理时，会产生输入麻烦，浪费存储空间，不便于分类、校对、检索和汇总等缺点。因此，一般要对会计信息进行编码。编码设计是指根据系统所使用的各种会计信息来设计编码规则，目的是识别事物，高效率地进行数据的输入和处理工作。编码设计的意义、目的、编码要求和编码方法参见第四章。

(1)设计校验码。输入数据的正确性是后续数据处理正确性的保障。为了保证编码的正确性，可通过设置校验码来进行检验。校验码是通过某种数学方法对已有编码进行运算而获得的，并附在原编码的后面。计算方法有多种，下面以求和取模法为例来进行说明。

【例 5.3】 使用求和取模法计算原始编码的全码 39672485，取模质数为 7。

对原编码各码位求和 N=3+9+6+7+2+4+8+5=44

质数 M=7

取模求余 44/7=6 ……2(余数)

得校验位为 2

则全码为 396724852

(2)编码设计步骤。具体的设计编码工作可按如下步骤进行：①确定编码对象，明确编码目标；②分析编码的使用条件，如使用范围和使用频率等，确定编码方案；③设计编码管理制度，包括如何使用、如何修改以及如何删除等；④设计编码；⑤设计校验码；⑥编写编码设计文档。

4. 用户界面设计

用户界面是人与计算机相互交流的窗口，用户界面的友好程度影响到系统处理的效率和效果。用户界面应当使用中文并且提供对中文处理的支持,可以同时提供外国或者少数民族文字界面对照和处理支持。设计出通用的、灵活的、友好的界面对于电算化会计信息系统发挥更好的作用有着重要的意义。一般而言,用户界面设计包括输出设计和输入设计。

(1)输出设计。电算化会计信息系统的数据只有输出才能为用户所用,为用户提供准确、及时、适用的信息是评价电算化会计信息系统的重要标准。根据用户的需要和用户工作的特点,选择合适的输出方式输出设备和输出格式,是输出设计的主要内容。

1)确定输出方式。一般来说,输出方式主要有三种:①显示输出,指的是通过显示器,将输出的结果显示在显示器屏幕上。这种方式简单、高效、速度快、实时性强,但输出结果不能保存,因此主要用于查询。②打印输出,指的是通过打印机,将系统输出的信息打印在纸张上。例如,打印记账凭证、会计账簿、报表等。它主要适用于需要长期保存、上报或内部传递的单据、账簿、报表等。③磁盘输出和网络传输。磁盘输出和网络传输的数据就是会计数据本身,具体内容相同,不同的是输出的是电子格式,如果输出的是会计软件提供的加密数据格式,通常需要在相应的会计软件中才能打开文件查询;如果需要这些电子数据可以脱离会计软件本身查看,就需要将会计软件提供的加密格式转换为常用格式。磁盘输出和网络传输的数据常用的格式是 Excel 格式、Access 格式、DBF 格式和浏览器格式。

2)确定输出内容。首先要明确业务上的需要,包括使用目的、输出速度、频率、数量、安全性等要求;然后确定输出内容,包括信息形式、输出项目、数据结构、数据类型、位数及取值范围等。一般来说,会计软件应当提供符合国家统一会计准则制度的会计凭证、账簿和报表的显示和打印功能。这些输出结果一般都要在磁盘上进行保存和备份,出于管理或审计的需要,部分账簿和报表还需要打印输出,然后存档。但根据财政部颁布《关于印发〈企业会计信息化工作规范〉的通知》(财会〔2013〕20 号)中规定,企业内部生成的会计凭证、账簿和辅助性会计资料,同时满足下列六项条件的,可以不输出纸面资料:①所记载的事项属于本企业重复发生的日常业务;②由企业信息系统自动生成;③可及时在企业信息系统中以人类可读形式查询和输出;④企业信息系统具有防止相关数据被篡改的有效机制;⑤企业对相关数据建立了电子备份制度,能有效防范自然灾害、意外事故和人为破坏的影响;⑥企业对电子和纸面会计资料建立了完善的索引体系。

3)确定输出格式。输出格式是指打印或屏幕输出的表格格式。设计输出格式时,首先要符合会计制度中信息披露的要求,如包含完整的会计要素。报表通常分为标题、表头、表体和表尾四个部分,设计报表输出的格式时要考虑行距、列宽、字体、颜色等多方面因素,根据报表的行数和能打印的列数,确定报表是打印在一页上还是分页打印。总之,输出格式应符合要求、清晰美观、内容完整,便于用户阅读与理解。

(2)输入设计。输入工作主要是指数据的采集、整理和输入。它对整个系统的质量有决定性的影响,是保证后续工作能顺利进行的关键。一般来说,在遵循输入设计原则的基础上,输入设计包括输入方式选择、输入内容设计、输入格式设计和输入信息校验设计等内容。

1)输入设计的原则。输入设计有五大原则:①源点输入原则,是指哪个部门产生的数据就由该部门录入。这样一方面可以降低因为转抄而造成出错的概率,另一方面也容易修改和明确责任。②最少输入原则,是指在满足处理要求的前提下,尽量减少外部数据输入量,这样可以降低出错的概率。尽量做到一次输入、多次使用。如建立模式凭证、常用摘要等以减少直接输入。③原始数据输入原则,是指输入数据尽量以原始形式录入,降低因格式的转换而引起的输入错误的概率。④输入方式友好性原则,是指输入方式应该灵活方便,易于输入人员掌握,且输入速度要快捷。⑤尽早检验原则，是指尽量在数据源处对数据进行检验，这样能及时发现可能的错误，避免产生更大的损失。

2)输入方式选择。电算化会计信息系统的数据采集有两种方式：一种是由操作员在终端直接输入数据，如记账凭证的录入；另一种是由子系统向总账系统传递数据，如工资管理系统向总账系统传递支付工资的相关凭证。本节讨论的是第一种输入方式，可选择的方式有四种：①键盘鼠标输入，是指通过终端的显示器、键盘和鼠标完成数据输入工作。这种方式操作简单、硬件购置成本低廉，是使用频率最高的数据输入方式。②手写输入，是指使用具有汉字识别功能的电子笔向计算机输入信息，如汉王公司生产的汉王笔。这种方式简单方便、适用范围广，但需要购买专用的电子笔产品。③OCR 扫描输入，指的是使用具备模式识别功能的扫描仪扫描输入各种信息，如汉王 OCR 扫描仪。这种扫描方式录入数据快，但需购置相应的电子产品，成本较高。④语音输入，是指根据人的语音，将会计数据录入信息系统中。这种方式可用于长篇文字的录入或大量会计数据的输入，但需购置专门的语音输入识别设备。

以上四种方式各有优缺点，企业应根据自身的不同情况来进行选择，考虑成本因素、数据量的大小等。当会计数据的输入方式确定以后，就可以确定相应的输入设备了。一般来说，选择输入设备应考虑经济性，数据输入的速度、准确性和保密性，是否具备自动纠错功能，用户使用、携带和维护是否方便等因素。

3)输入内容设计。根据输出决定输入的原则，首先确定用户对输出信息的要求，再决定输入的信息内容。且在设计的时候应考虑所有子系统的数据输入情况，统筹规划各子系统应承担的输入数据内容，做到既不重复也不遗漏数据。详细的输入信息如表 5－18 所示。

表 5－18　　电算化会计信息系统输入输出数据表

子系统	输入数据	数据采集地点	输出数据
账务处理	银行首付款凭证 现金收付款凭证 转账凭证 银行对账单	财务科 银行	总账 科目汇总表 明细账 现金日记账 银行存款日记账 银行存款余额调节表 资产负债表
工资核算	工资固定数据 人员、工资变动数据 考勤记录 奖金分配记录 水电、房租费用 代扣款项	人事部门 生产部门 总务部	工资计算单 工资签收单 工资汇总表 工资分配表 工资转账凭证
固定资产核算	固定资产验收单 固定资产报废单 固定资产调拨单 固定资产报验单 固定资产修理单 固定资产卡片	设备管理部门 财务科	折旧、修理费用计提表 折旧、修理费用分配表 固定资产增减明细表 固定资产表 转账凭证

续表

子系统	输入数据	数据采集地点	输出数据
材料核算	材料验收入库单 材料领用单 材料销售单 材料结算凭证	物资供应部门 生产部门 销售部门 材料管理部门	材料入库汇总表 材料发出汇总表 材料分配表 材料库存资金动态表 材料差异分配表 转账凭证
成本核算	产品工时统计数 产品产量统计数 辅助生产交互使用数	成本核算员	辅助生产分配表 制造费用、管理费用分配表 产品成本计算单 生产费用表 制造费用、管理费用明细表 产品成本计算表
销售及利润核算	产品入、出库单 销售发票 银行汇款通知单	销售部门 银行	产品收发存明细表 销售收入汇总表 利润表 产品销售利润表
管理分析	制造费用、管理费用计划数 目标成本计划数 利润计划数 产值计划数 产量计划数 年度经营计划 各项经济指标计划	财务部门 企业管理部门	管理费用分析表 制造费用分析表 目标成本分析表 利润分析表 产值完成分析表

4)输入格式设计。输入格式的设计对于实现数据高效录入非常重要，在设计的过程中应注意：①会计数据的输入格式应该直观清晰，操作简便，贴近用户使用习惯。②输入数据时，少使用直接填写方式，多使用列表选择方式或自动转账形式。③格式尽量通用化，对不同种类的凭证可设置统一录入格式。④在一个屏幕上操作。这样用户可以随时看到完整的单据，便于视觉检查出错误。⑤对输入数据要有校验功能设计。

5)输入信息的校验设计。输入信息的校验对于保证输入信息的正确性有着重要的意义。设计输入信息的校验措施，有助于在系统的源头发现错误。常用的输入数据校验方法有如下四种：①目测校验法，指由操作员根据显示器的显示结果与手工填制的数据相比较，观察是否一致。但若长时间目测，眼睛容易产生疲劳，导致目测校验的效率降低。②二次输入法，指将一份数据由一位操作员分别录入两次或由两位操作员分别录入一次，由计算机自动进行校验。这种方法虽然花费的时间较长，但效率最高。③规则校验法，指设计人员根据待输入数据的特点，总结出该类数据应满足的规则或约束条件。若不满足这些规则，系统会提示错误，直至正确为止。这种校验在电算化会计信息系统中应用较多，如输入的月份必须在 1～12 之间，记账凭证的借贷方必须相等。值得注意的是，不满足逻辑规则的输入数据一定错误，但符合逻辑规则的输入数据并不一定正确。④校验码检验法，通过设置额外的校验码来判断录入的信息是否正确。这种方法很有效，但会增加编码的长度，加重数据处理的负担。

为更好地保证输入数据的正确性，可以将以上这些方法结合使用。在数据输入过程中需要进行严格的校验，当发现错误时，系统应当自动弹出“出错表”。“出错表”可以由以数据校验为目的的程序输入，也可以由一边处理一边做数据校验的程序输出，直到用户修改正确为止，否则不允许进入下一步操作。

五、系统设计说明书

撰写系统设计说明书是系统设计的最后一个步骤。它详细地描述了新系统的物理模型，是系统设计阶段的概括和总结，也是系统实施的重要依据。其主要内容如下：

1. 概述

系统设计说明书包括系统名称，用户及项目承担者的名称，系统的使用范围，与其他子系统的关系，开发新项目所需的条件及其他事项等。

2. 系统总体设计

系统总体设计主要包括系统模块结构图及子系统结构图和模块设计及说明书。模块设计说明书包括各模块的名称、功能、调用关系和局部数据项等。

3. 系统详细设计

系统详细设计主要包括物理配置方案设计、数据存储设计、编码设计和用户界面设计。其中，物理配置方案设计包括系统的物理结构设计和硬件、软件的选择等。数据存储设计包括数据库设计和数据库文件设计。用户界面设计包括输入和输出设计。详细描述每一项设计内容，有助于下一阶段的系统实施，提高系统开发的成功率。

4. 系统实施方案及说明

系统实施方案及说明包括实施方案、任务分工、每项任务的进度和经费预算、审批要求及应注意的事项等。

第四节　电算化会计信息系统的系统实施

电算化会计信息系统的实施是在系统分析和系统设计之后进行的工作，主要任务是把系统设计阶段得到的系统物理模型转变为可以运作的信息系统。它是解决“具体做”的问题。系统实施阶段的工作有电算化会计信息系统程序设计、系统安全问题、系统调试等，其中最主要的是程序设计。然后对完成的系统进行调试、测试和试运行，保证系统的正确运行。

一、程序设计

计算机程序是指一组指示计算机每一步动作的指令，通常使用某种程序设计语言编写。程序设计是指程序设计人员使用所选定的程序设计语言，根据系统设计得出的模块结构图，实现系统预先设定的功能，除此之外，还应具有保证软件高效运行和易于维护等性能。

1. 程序开发工具的选择

选择一个合适的信息系统程序开发工具对于成功实现系统是非常重要的，主要从以下几个方面进行考虑：(1)所选用的语言必须便于人机交互，提供友好、美观的方式，这对电算化会计信息系统使用者来说是非常重要的。(2)选用能支持丰富语言的软件开发工具，这将使系统的实施和调试变得更为容易。(3)考虑开发人员的能力，尽量选用开发人员所熟悉的语言。

2. 程序设计的原则

程序设计有四大原则：(1)稳定性。当硬件或软件出现故障或者输入错误数据时，系统可能发生崩溃而导致无法运行，因此要求系统对不同的环境要有一定的适应能力，具有自动备份和自我修复的功能，从而保证会计数据的安全。(2)可维护性。系统在运行过程中，难免会出现错误，这时就需要维护。一个完备的电算化会计信息系统最好应通过修改源程序代码来进行维护和改进。(3)高效性。运行效率指系统的程序运行速度和存储效率，在满足要求的前提下，程序设计应尽量保证用最快的速度和最少的存储空间完成规定操作。(4)可读性。程序开发工作往往不能由一个人独立完成，需要团队合作。因此程序员编写的程序应能让其他组员理解，具有可读性。主要是指使用意义明确的变量名和程序名等，在适当的地方插进必要的注解，采用标准的程序书写格式等。

3. 程序设计方法

根据程序开发路径的不同，程序设计方法可以分为：自上而下的程序设计方法和自下而上的程序设计方法。自上而下的程序设计方法指程序员首先编写软件结构的最高层次，然后编写下一层次，直到最低层次为止；自下而上的程序设计方法指从最低层次开始编写，直到最高层次为止。一般来说，自上而下的方法开发出的程序可读性好、条理分明、可靠性也比较高；而自下而上的方法设计出的程序往往是局部比较好，但整体结构比较差。

本书采用的结构化程序设计方法(Structured Programming，英文缩写 SP)的原则是自上而下、逐步求精。把整个程序设计过程分层，从顶层开始，逐步解决，每一步都是在前一步的基础上进行的，是前一步设计的具体化。它指导人们开发出正确又易于理解的程序。

(1)结构化程序设计的要点。结构化程序设计的要点是：①只使用三种基本结构，即顺序、选择和循环结构，且结构可以嵌套。②每个结构都必须是单入口和单出口。这样可使整个程序的控制流保持直线性，程序结构清晰易读。③无死循环语句。

(2)结构化程序的三种基本结构。结构化程序的三种基本结构是：①顺序结构。顺序结构是程序设计中最简单，也是最常用的结构，只需按照解决问题的顺序先后排列语句，依次执行。②分支结构。分支结构根据给定的判断条件和控制流程，执行不同的程序路径。③循环结构。循环结构指一段程序反复执行，直到该循环的循环条件不再满足为止。使用循环结构可以减少源程序不必要的重复书写，提高计算机的运算性能，它一般由循环变量、循环体和循环终止条件三个要素组成。

总之，结构化程序设计能够实现程序结构的模块化，具有结构清晰、易于阅读和修改、容易验证和可维护性等优点。因此，目前多种计算机程序语言都支持结构化程序设计。

4. 程序设计的步骤

程序设计人员必须认真阅读系统设计说明书，并且在对系统运行环境有了充分的了解之后，才能进行具体的程序设计。主要步骤如下：

(1)明确要求和条件。程序设计人员在接到一项任务时，首先应该仔细阅读系统设计的有关资料，弄清楚该程序设计的要求和条件，包括系统设计所提出的任务、功能和目标，各子系统、模块在系统中所处的位置及与之相关的环境条件。只有把这些基本情况明确了，才能进行程序的设计。

(2)了解新系统的硬件、软件使用环境。主要包括计算机硬件环境、操作系统、计算机编程语言和数据库管理系统等。

(3)绘制程序流程图。用统一规定的图形和流程线把数据的输入、加工运算、输出和存储等过程绘制的程序流程图，是编写算法的主要依据。它的主要符号和含义如表 5－19 所示，使用该表所示符号绘制银行对账单录入程序流程图如图 5－25 所示。

表 5—19 程序流程图的表示符号

程序框	名 称	表示功能
	起始框/终端框	表示一个算法的起始或结束
	输入框/输出框	表示算法的输入或输出信息
	处理框	表示赋值或计算等处理
	功能判断框	判断条件是否成立,成立用“Y”表示,不成立用“N”表示

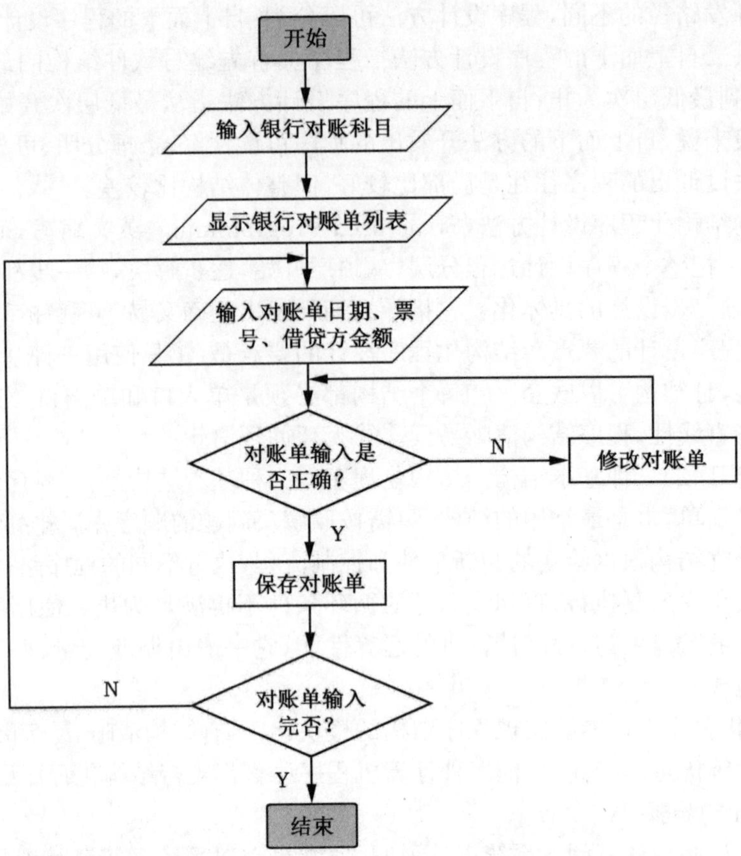

图 5—25 银行对账单录入程序流程图

(4)编写程序。编程就是采用一种程序设计语言,按照语法规则,把确定的流程描述出来。在编程过程中必须仔细考虑每个细节,严格遵守语法规则,准确使用各种语句,才能编写出高质量的程序。编程在程序设计的各个步骤中所花费的时间最长,所耗用的工作量最大。

(5)检查和调试程序。程序编写过程中,难免会出现各种各样的错误,包括语法错误、逻辑错误和输入输出格式错误等。因此,在程序编写完成后,要反复检查。为保证系统的成功运行,还要对程序进行检查和调试。

(6)编写程序设计说明书。在程序设计完成以后,应编写程序设计说明书。它是软件评价、软件修改和软件维护的重要参考资料,主要内容包括计算机程序,该程序需要使用的设备和操作步骤,以及出现意外情况时应采取的应变措施等。

二、软件测试工作

在电算化会计信息系统开发过程中，由于用户和开发人员交流的不完备，以及软件开发的复杂性、知识高度密集性等原因，出现错误是不可避免的。因此，对系统进行测试是必须的，它能保证系统的质量，提高系统的可靠性。资料表明，一般软件的测试工作量往往占软件开发总工作量的40%左右，对于一些安全性、稳定性要求高的特殊软件，比例达到60%～80%。

1. 设计测试用例

软件测试是根据软件的设计说明书和软件的内部程序结构来设计一批程序用例，并利用这些测试用例去运行程序，以发现软件错误的过程。所谓测试用例，是为了测试软件而人为设计的一组数据。它包括测试用数据和期望结果两部分内容。它将测试数据输入系统，程序运行将产生结果，将运行结果与期望结果进行比较，以发现程序错误。需要注意的是，结果不符说明程序肯定有错，但结果相符不能说明程序没有错误。因此，我们应该尽量设计一些能暴露程序错误的测试用例，用最少的人力、物力和时间的投入，尽可能多的发现软件中的错误，提高测试的效率。

2. 软件测试的原则

软件测试应遵从以下五大原则：(1)软件测试标准应符合系统功能设计要求。软件测试的目的是发现程序中不符合系统设计功能和要求，如果不能实现最初的设计功能就是最严重的错误。(2)软件测试越早越好。系统开发工作由各个环节构成，每个环节都会出现错误。错误发现得越早，就越容易解决，付出的代价也越低。因此，应将测试工作贯穿于系统开发的各个环节，尽早发现错误，及时纠正，提高软件质量。(3)测试人员不应当测试自己设计的程序。基于心理因素，人们总认为自己的工作没有错误。因此为了使测试发挥应有的效果，应由第三方人员对软件进行测试，最好由与源程序无关的程序员进行测试。(4)穷举错误是不可能的。即试图发现软件中所有的错误是不可能的。人们无法证明一个大型复杂的程序是完全正确的，只能依靠一定的技术手段，证明它在某种程度上是正确的。(5)测试规模应由小渐大。最初的测试应该在单个程序模块中，然后到子系统中，最后到整个系统；并且测试的重点应该集中在最容易出错的地方。

3. 软件测试方法

软件测试应贯穿于整个软件开发过程。测试的内容包括对单个模块进行测试、对子系统进行测试和对整个系统进行测试。

(1)对单个模块的测试。对单个模块进行测试是系统测试的基础，它的基本方法有静态测试和动态测试两种。

1)静态测试方法。静态测试是指在模块上机运行前，通过人工分析或逻辑证明来确认软件的正确性。它包括下面两种方法：①人工测试方法，指通过人工阅读分析及评审系统设计文档、程序资料等，以发现程序中的错误。据统计，好的人工评审可以发现30%～70%的编码和逻辑分析错误。②程序正确性证明，指使用逻辑推理和判断，证明程序是没有错误的。

2)动态测试方法。动态测试指模块上机测试。用上机来检查程序的执行状态，确认程序的正确性。白盒测试法和黑盒测试法是常用的两种方法。

白盒测试法是指测试者在考虑程序的内部结构和处理过程的条件下，测试程序的内部活动是否符合设计要求。白盒法测试者完全了解程序的内部结构和处理过程，他从程序的逻辑结构出发，按照程序内部逻辑结构测试和检验程序。从程序的逻辑结构出发，在不同点检查程序的执行状态。一般来说，白盒测试具体有语句覆盖、判断覆盖和条件覆盖三种方法。语句覆盖是指测试用例能使程序中的每个语句都执行一次；判断覆盖是指能够让程序中的每个判断语句至少获得一次"真"值和一次"假"值；条件覆盖是指使判断语句的每个可能项都出现。最彻底的白盒法应测试程序执行的每一条路径。

黑盒测试法不要求测试人员考虑软件的内部结构，以程序的功能作为测试的依据对程序进行测试。软件测试人员将程序看作一个黑盒，完全不考虑程序的内部结构和处理过程，只从程序接口进行测试，检查程序是否完成所规定的功能，是否可以很好地接受输入数据，产生正确的输出结果。黑盒测试法又具体包括等价类划分法和边界值分析法。等价类划分法是把所有可能输入的数据划分为有限数量的等价类，并用一个典型数值代表这一等价类数据。若这一典型数值没有查出错误，则这一等价类数据也应该查不出错误。边界值分析法是考虑数据在等于、大于或小于临界值时，测试结果是否出现错误。

(2)对子系统的测试。对子系统的测试通常有两种方法：①非渐增式测试，指先测试每个模块，再把所有模块按照设计要求组合在一起测试。该方法的优点是能够节约时间，充分利用人力，加快测试进度；缺点为一次组合所有模块，导致错误位置难以确定，并且最后才把模块组合在一起，导致接口错误发现的时间比较晚。②渐增式测试，指把前一次测试好的模块加上一个没有经过测试的模块进行测试，这样不断重复，直到所有的模块都测试完为止。这种方法的优点是容易发现出错模块；缺点为由于每个模块测试不止一次，导致测试效率较低、时间较长。

(3)对整个系统的测试。对整个系统的测试包括两方面的内容：①总调。所有的子系统测试完后，要进行系统总测试，又称总调。它的主要任务是检查子系统之间的数据通信和数据共享问题，验证系统功能、性能是否满足用户需求，档案是否正确完整等。②用户测试，指用户验收测试，即系统在实际环境中进行的真实数据测试。验收测试主要是将系统运行结果和原手工系统处理结果进行对比，以验证新系统运行的可靠性。

4. 软件测试的步骤

软件测试的步骤如图 5－26 所示：

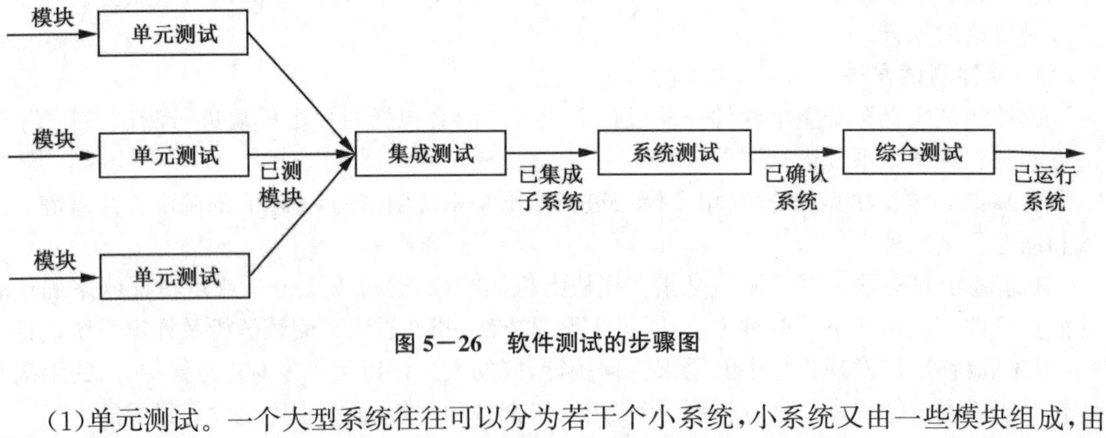

图 5－26　软件测试的步骤图

(1)单元测试。一个大型系统往往可以分为若干个小系统，小系统又由一些模块组成，由于这些模块是相对独立的，有着各自定义清晰的子功能，这样就可以把每一模块作为一个测试对象进行测试，从一个单一的模块开始测试。这样做的优点是便于分工，易于排除错误。对输入类程序，主要看输入画面是否符合要求，输入的数据是否已经存储到指定的地方，是否能对输入数据进行校验和修改等；对于处理类程序，主要看处理的方法是否正确，是否能得到预期的结果，异常情况能否得到特殊处理等；对于输出类程序，主要看能否通过打印机或显示器得到符合要求的账表数据，输出的格式是否正确等。

（2）集成测试。集成测试侧重于测试系统中各模块及组成的子系统之间接口关系的正确性，系统逻辑关系的正确性，以保证数据传送及调用关系的正确性。集成测试的数据至少是一个月的会计数据，在测试时，将计算机输出的报表和账页与手工编制的报表和账页进行核对，看是否一致。若有不同，仔细分析原因，是由于处理方法的不同，还是由于一方出错导致。

（3）系统测试。单元测试和集成测试正确之后，为进一步论证系统的可靠性，需要将系统的所有组成部分综合在一起测试，检查系统的各组成部分能否协调运行。用户应直接参与系统测试，尽量发现系统与需求不符的问题。在这个阶段，既需要继续原手工会计工作，还需要将数据输入新系统进行处理，并将两者的结果进行比较，以确认电算化会计信息系统的正确性和可靠性。

（4）综合测试。综合测试是指测试新系统与其他相关系统和环境的兼容性，如相关软件和硬件、网络环境、用户操作、运行时间和存储容量等。

三、系统调试

测试的目的是尽可能多的暴露程序中的错误，而调试则是进一步的诊断和改正错误。诊断错误是一项非常困难的工作。怎样纠正已发现的错误，是一个需要经验和技巧才能解决的问题。所以，电算化会计信息系统的调试对于保证系统质量有着重要的意义。在实际工作中，测试与调试总是交替进行的。

1. 系统调试的方法

系统调试的方法有以下几种：

（1）归纳法。归纳法是指首先分析错误征兆，每一个征兆都是线索。然后提出有关错误原因的假设，利用这些假设来解释测试结果。如果能得到满意的解释，那么错误的原因也就能找到，否则应继续提出新的假设，重复上述过程。

（2）原因排除法。原因排除法也称演绎法，是指对查出的错误提出错误原因的猜想，或者用表列出所有可能的原因，逐个检查和排除一部分假定，从其余的猜想中找出最大可能性因素，使确定错误的原因和范围逐步集中。

（3）回溯法。回溯法是指从发现错误的症状出发，沿反向路径，逐步向后追溯，直到发现错误的地方为止。这种方法比较适合于小型系统。

（4）试探法。试探法即根据对错误征兆的分析，猜想故障的大致位置，然后采用简单的纠错手段，在程序中加入显示语句等措施，进一步获取程序中被怀疑的地方的信息，以肯定或修改原来的猜想。这种方法效率较低，适用于结构比较简单的程序，对于比较复杂的程序，应与其他方法结合使用。

2. 系统调试的步骤

系统调试大致可以分为分调（也称程序调试）、联调和总调三个步骤。

（1）分调。分调也称程序调试、模块调试，是整个系统调试的基础，通常在编码阶段进行。调试的内容是对所设计的程序进行语法检查和逻辑检查。语法的错误一般可以由计算机自行检查出来，并给出错误报告；逻辑检查主要是检查程序在完成某项功能时，依据模块功能说明书和程序编制要求来判断使用的算法和逻辑的正确性。

（2）联调。联调也称子系统调试。它是在分调的基础上进行的，将分调后确定无误的模块连接在一起组成子系统，检查子系统的接口是否正确，功能是否达到了设计要求。通常情况下，联调分“自顶向下”和“自底向上”两种调试方法。

①自顶向下调试，是指先调试主控模块，然后将主控模块作为测试驱动模块，逐步添加下级模块作为桩模块进行测试，直到所有模块都连接起来完成测试为止。

②自底向上调试，是指从系统结构的最底层模块开始调试，然后将一个或多个模块组成模块组或子系统，对各个模块组或子系统进行联调。

在实际调试工作中，通常将这两种方法结合起来使用。

(3)总调。总调也称系统调试，通常在实际环境或是在模拟环境下进行，其主要内容是检查子系统间接口的正确性，系统总体运行是否能达到目标要求以及系统的再恢复功能等。

四、系统试运行

在系统调试工作结束以后、正式使用之前，需要与手工记账系统并行一段时间，即系统的试运行。系统的试运行能够发现软件中隐藏的缺陷或错误，并将新系统运行的结果与手工记账的结果进行比较，能够检验新系统能否达到预定的设计目标。新系统的试运行时间至少 3 个月，最好在会计年末进行，通常为每年的 10 月份到 12 月份。因为年末处理的会计业务多、数据量大，所以选择在年末试运行可以充分地检验新系统的性能和质量。在试运行前，应做好准备工作，确保新旧系统顺利接轨。整理系统运行所需的手工账务资料，使之规范化、标准化，以满足系统格式及其他方面的要求。如记账方法和核算程序的规范化，保证各会计科目的上月余额和年累计发生额的正确等。

一般而言，试运行阶段的主要工作包括：(1)系统的初始化、基础设置和输入各种基础数据。(2)输入各种业务的原始数据，记录系统试运行的输出结果。(3)将新系统的输出结果与手工记账结果相比较，如有不符，应分析原因。(4)对系统的实际运算速度、查询速度、输出速度等性能进行测试，以满足用户的需求。

系统试运行无误以后，还须经过评审、验收、领导同意以后才能进入正式运行阶段。

第五节　电算化会计信息系统的运行与维护

电算化会计信息系统开发出来经过测试和试运行以后，进入评审和验收阶段，验收通过之后就应准备在企业中正式运行。在系统正式运行之前，应做好相关的准备工作，如人员培训、建立相关管理制度等。由于新旧系统的转换不可能一天完成，所以在转换过程中，应让新旧系统并行一段时间。最后，当系统转换完成后，应建立相关的文档并进入日后的运行维护阶段。

一、系统评审和验收

电算化会计信息系统在试运行之后、正式运行之前，还需要对系统进行全面的评价，针对系统仍然存在的问题，进行必要的调整和管理以进一步调高系统的整体功能。

1. 系统的评审

系统评审的指标有多种，由于电算化会计信息系统可分为通用电算化会计信息系统和针对个别企业定点开发的电算化会计信息系统，所以应根据不同的指标进行评审，但主要评审的是合法性、合规性，审查软件的功能是否符合会计基本原理和我国法律、法规、规章的情况。

2. 系统的验收

验收针对的是软件的使用者，主要考察软件的使用质量是否达到用户的要求，常见的有：

①功能完备性。系统能否执行与会计工作需求一致的会计记账、会计核算操作；系统是否实现了最初设计的所用功能。②可靠性。能否正确执行各种会计处理；当硬件出现故障或数据录入出现严重错误时，能否较好地工作；对敏感数据是否有保密功能。③易用性。用户交互是否友好；执行任务是否快速。④可维护性。程序可读性如何，是否容易修改，功能是否容易扩展。⑤文档齐全。开发文档是否齐全，是否提供用户操作手册。

二、系统运行前的准备工作

在新系统投入运行之前需要做好以下准备工作：

(1)会计业务的规范化。会计业务的规范化包括凭证的规范化、会计核算程序的规范化、往来账的清理和银行账的清理等。

(2)人员培训。电算化会计信息系统操作人员的素质很大程度上决定了系统运行的效率，会计信息化需要懂计算机和会计的复合型人才。在系统投入使用之前，应对相关工作人员进行系统操作方面的培训，培训人员分为事务管理人员、系统操作人员和系统维护人员等。培训的内容包括新系统的工作原理、系统的基本结构和主要功能、系统各个模块的使用方法、计算机软件硬件知识、系统输入输出方式、系统可能出现的故障及排除方法和系统文档的使用方法。其中，系统维护人员的知识结构要求较高，既要熟悉企业的会计处理流程，又必须掌握计算机和软件的操作技能。对系统维护人员培训最好的方式是让他们参与系统的开发工作。

(3)人员分工。确定系统使用人员在系统中所承担的具体职责和任务，制定严密的内部控制和管理制度。例如，要求系统维护人员不能参与系统日常账务处理工作。

(4)规范系统输入数据的格式。统一规定系统中各种输入信息的书写格式和书写方法。

(5)准备系统初始化的各种数据。在对新系统进行初始化之前，应先对企业的财产账目进行正确性检验，准备系统初始化所需的各项信息，包括会计科目编码方案、科目期初余额和各种明细单据等。

三、系统转换方式

因为企业会计工作的连续性，所以决定了新旧系统的转换需要一个过程，旧系统逐步退出，新系统逐渐替代。系统转换包括数据转换，人员、设备、组织结构的调整，相关资料的移交等内容。系统转换的主要任务是平稳过渡，保证日常工作的正常运行。因为用户的管理状况和转换过程进度等具体要求不同，所以不同企业采用的系统转换方式也不相同。一般来说，新旧系统的转换方式主要有三种：直接转换、并行转换和分阶段逐步转换。

1. 直接转换方式

直接转换方式是在一个特定的时间点，旧系统立即停止运行，新系统开始运行，新旧系统直接转换。这种方式最简单，转换费用也最省，但是风险很大，如果新系统发生意外，将造成无法挽回的损失，因此实务中很少采用。直接转换过程如图 5－27 所示。

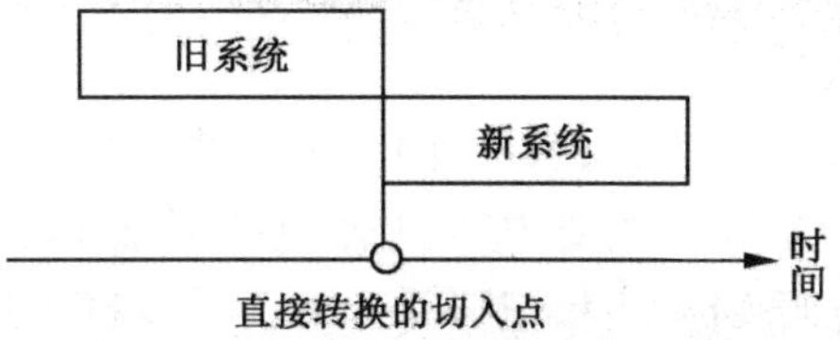

图 5－27　直接转换示意图

2. 并行转换方式

并行转换方式下，新旧系统有一段同时运行的时间，称为并行期间。在这段时间内，新旧系统处理同样的业务数据，使用老系统检验新系统的运行结果。用户的操作逐渐从旧系统转移到新系统，如果新系统出现问题，正常运行的旧系统就不会导致数据的丢失，风险较小。在此期间，系统操作人员也可以逐渐熟悉新系统，得到全面的培训。如果整个并行期间，新系统运行正常，则可以考虑新系统单独运行。这种方式比较安全，但是由于有新旧两个系统同时运行，因此系统的开销大、费用高，工作人员的任务也重。并行转换过程如图 5－28 所示。

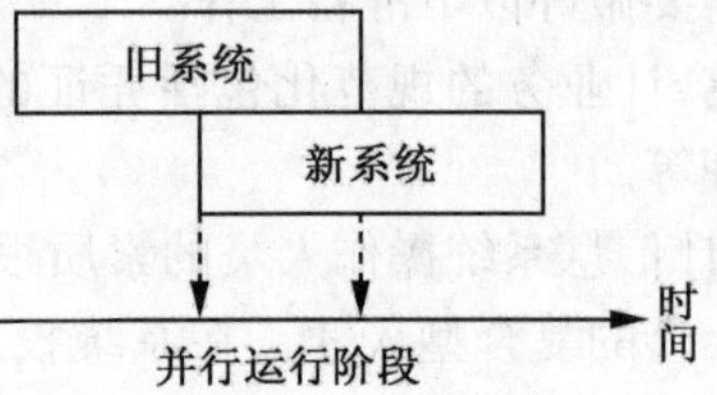

图 5－28 并行转换示意图

3. 分阶段逐步转换方式

分阶段转换是上述两种转换方式的结合，它减少了直接转换的高风险，也降低了并行转换的成本，适用于大规模的企业。这种企业部门较多，很难使用直接转换和并行转换，系统只能按照子系统分部门转换。这种转换方式的主要问题是接口比较复杂，旧系统某些功能切换给新系统时，两者之间的衔接问题是处理的重点，并且子系统和部门之间的转换顺序的确定也是一个难题。所以这种方式不适合新旧系统差异较大的情形。分阶段转换过程如图 5－29 所示。

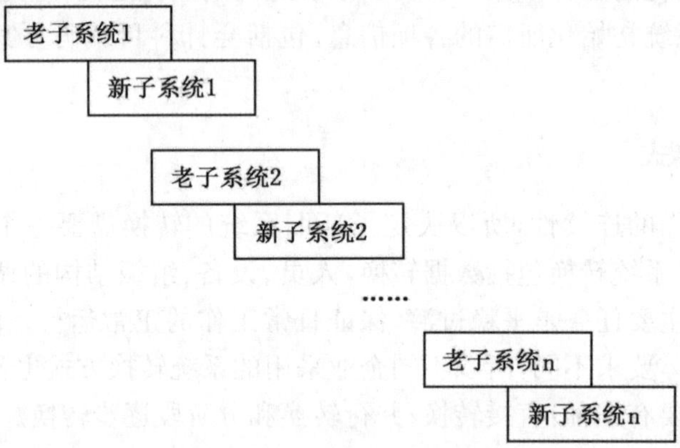

图 5－29 分阶段转换示意图

根据财政部颁布的《会计电算化管理办法》，新系统取代旧系统还应满足如下条件：

(1)新系统必须满足财政部发布的《会计核算软件基本功能规范》的要求。

(2)必须有熟练的操作人员。

(3)新系统与手工会计核算系统(旧系统)同时运行 3 个月以上，并且取得相一致的结果。

(4)建立严格的操作管理制度。主要内容包括：①明确操作人员的工作职责和工作权限；②建立完善的审核制度，防止原始凭证和记账凭证等会计数据未经审核而输入计算机；③对已输入计算机的原始凭证和记账凭证等会计数据未经审核而登记机内账簿的行为采取必要的预防措施；④必要的上机操作记录制度。

(5)建立严格的硬件、软件管理制度。主要内容包括：①保证机房设备安全和电子计算机正常运转；②会计数据和会计核算软件安全保密；③对会计核算软件进行修改必须经过审批。

(6)建立严格的会计档案管理制度。

四、系统维护

电算化会计信息系统移交给用户使用以后，可能会出现一些问题需要解决，这就是系统的维护工作。系统维护是软件开发生命周期的最后一个阶段，也是耗用时间最长的阶段。维护工作有着非常重要的作用，它影响了系统能否正常运行，决定了系统的使用寿命。

1. 系统维护的主要内容

一般情况下，系统维护有以下三种情况：数据维护、软件维护和硬件维护。具体内容参见第三章第三节。

2. 系统维护的注意事项

系统维护不是简单的修改代码，更重要的是对修改进行组织和控制，防止修改导致系统混乱。应注意的事项如下：

(1)避免修改的随意性。因为修改容易产生水波效应。水波效应是指一个模块的修改，可能导致出现或放大其他模块隐含的缺陷和错误，有时甚至可能出现一连串的新错误，因此修改一定要经过批准。水波效应过程如图 5—30 所示。

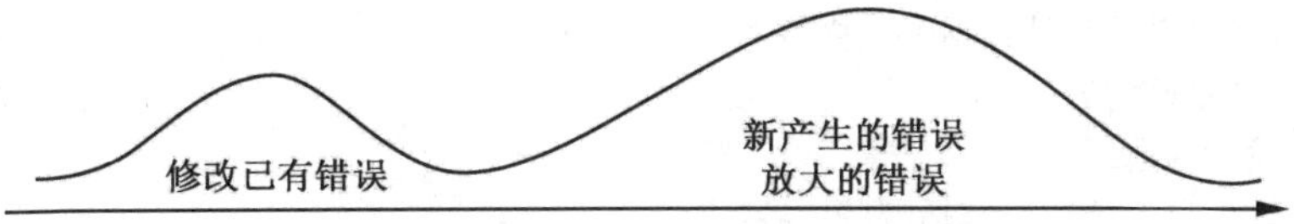

图 5—30　水波效应示意图

(2)保证充分的资源，包括合格的人员和必要的资金。

(3)经过必要的测试，修改的程序一定要按照规则进行测试。

(4)归档维护记录，对文档的修改，包括数据流图、数据字典等，一定要做好维护记录，并进行归档。

(5)规范修改工作，纠错有时工作量很大，因此需要清晰地记录要修改的问题和修改过程，填写问题报告单并经有关人员批准后再修改。问题报告单的格式如表 5—20 所示。修改完成后，需填写修改报告书。

表 5—20　　问题报告单

问题报告单						登记号	
						登记日期	
						发现日期	
项目名	代码	子程序	版本号	文档	数据库	测试用例	硬件
问题描述							
修改建议							
审批							

3. 系统使用和维护说明书

系统使用和维护说明书的基本内容如下：(1)有关的专业术语介绍和读者注意事项；(2)系统简介，包括系统功能、运行环境及性能指标等；(3)系统安装，包括硬件和软件的安装等；(4)初始化，指的是系统初始数据的输入；(5)运行说明、运行作业表、运行目的、操作步骤等；(6)非常规说明，指的是非常规情况下的操作说明。

当现有的软件系统经过长期使用，已基本不能满足需求，且维护的费用超过重新开发一个新系统时，就可以考虑重新开发一个新系统。这时，原有系统的生命周期结束，新系统的生命周期开始。

思考题

一、简答题

1. 软件工程的基本原则有哪些？
2. 软件工程方法学的层次体系主要包括哪几个部分？
3. 简述生命周期法开发阶段、任务与文档。
4. 简述生命周期法和原型法的异同点。
5. 简述面向对象法的含义。面向对象开发方法有哪些优缺点？
6. 电算化会计信息系统分析包括哪些内容？
7. 电算化会计信息系统设计需要遵守哪些原则？
8. 电算化会计信息系统设计包括哪些内容？
9. 详细设计包括哪些内容？
10. 简述输入设计的原则。
11. 电算化会计信息系统实施包括哪些内容？
12. 简述软件测试的方法。
13. 简述系统调试的方法。
14. 简述系统调试的步骤。

二、制表题

1. 编制银行对账单数据库文件结构表。
2. 编制电算化会计信息系统输入输出数据表。

三、绘图题

1. 请绘制电算化会计信息系统顶层数据流图。
2. 请绘制电算化会计信息系统第一层数据流图。
3. 请绘制电算化会计信息系统第二层数据流图——账务、报表子系统数据流图。
4. 请绘制科目汇总表核算程序的数据流图。
5. 请绘制电算化清理应收款的数据流图。
6. 请绘制事务型结构图。
7. 请绘制账务处理初始模块结构图。
8. 请绘制库存管理初始模块结构图。
9. 请绘制存货管理的 E-R 模型图。
10. 请绘制销售管理的概念模型图。
11. 请绘制银行对账单录入程序流图。
12. 请绘制软件测试的步骤图。

第六章
电算化会计信息系统审计

【要点提示】

- 电算化会计信息系统审计
- 内部控制系统审计
- 系统开发审计
- 数据文件审计
- 绕过计算机审计
- 通过计算机审计
- 利用计算机审计

第一节　电算化会计信息系统审计概述

一、电算化会计信息系统审计的产生

当企业进入信息时代，传统的会计职能因企业全面实施 ERP 软件而淡化，集成的信息系统将从企业生产、经营活动的每一个瞬间、每一个角落获取经济活动产生的所有信息。

由于企业的经营越来越依赖信息系统，除了传统意义上的经营风险、控制风险和财务风险之外，企业信息系统的安全风险导致的信息风险日益增长。德勤会计师事务所的高级合伙人鲍威尔说："今天计算机所关注的内容已从单纯关注被审计电子数据的取得、分析、计算等数据处理业务延伸到了对计算机可靠性、安全性进行连接和评价。"

作为一个商业工具，计算机的应用正在迅速增加，影响着审计线索的形式、经营活动的执行和监控以及整个控制环境。电算化会计信息系统审计是信息化环境下崭新的审计方式。把系统作为一个审计对象，让被审单位的信息都在审计监督范围内。审计人员对信息系统进行审计，首先了解单位情况掌握整个资料，然后通过系统分析、对照、比较，选择其中最薄弱的部分作为重点，找出核心问题在哪里，从总体上把握。

电算化会计信息系统审计与传统审计相比，虽然审计目标是相同的，但审计的技术和方法、审计作业方式发生了根本性的改变。随着审计环境、审计对象日益复杂，信息化发展日益加快，以手工审计为代表的传统审计已经越来越不能适应形势的需要，传统审计越来越快地向以计算机审计为代表的新的审计方式转变。及时探索和总结计算机审计的技术和方法，研究在信息化环境下审计的作业方式，是向广大审计工作者提出的一项重要任务，也是推进审计方式创新的一个关键问题。

二、电算化会计信息系统审计的含义

从 20 世纪 80 年代初起，会计电算化得到了快速发展。计算机系统应用于管理和会计系

统，使传统的手工数据处理系统转变为电算化数据处理系统，审计的对象也发生了重大的变化，对电子数据处理系统的审计及对手工数据处理系统的计算机辅助审计方法的研究，形成了一门将会计、审计、计算机技术、现代通信技术和网络技术相互融合的学科——计算机审计。

对于"电算化会计信息系统审计"，在不同时期对它的定义有所不同。一种观点认为它是以电子数据处理系统为对象进行的审计，又称为电子数据处理(EDP)审计；另外有人认为，它是以电算化会计信息系统为对象进行的审计，称为电算化会计信息系统审计；还有观点认为，电算化会计信息系统审计是以电子计算机为技术手段所进行的审计。前两种看法强调计算机审计的对象是电算化会计信息系统，而不管计算机审计的技术、方法和手段是电算化的还是人工的，第三种看法正好相反，它强调计算机审计的技术、方法和手段应是电算化的，而不管计算机审计的对象是电算化会计信息系统还是手工信息系统。

电算化会计信息系统审计是与传统手工审计相对的概念。传统的手工审计是指在手工操作下对手工信息系统所进行的审计；电算化会计信息系统审计则是随着电子计算机产生及其在审计中的应用，以及数据处理电算化的发展，随着电算化会计信息系统的产生和发展而出现的。电算化会计信息系统审计与传统的手工审计的目标与职能是一样的，都是监督被审单位财政财务收支的真实性、合法性和效益性。

全国人民代表大会常务委员会2006年2月颁布的《中华人民共和国审计法》中，规定了审计人员有权检查被审单位运用电子计算机管理财政收支、财务收支电子数据的系统，以及其他与财政收支、财务收支有关的资料和资产，为审计人员开展电算化会计信息系统审计提供了法律依据。

电算化会计信息系统审计依据范围比较广，包括电算化会计信息系统的管理制度、条例、法规、ISO质量管理体系、IT管理制度等。由于电算化会计信息系统比较复杂，在系统的开发、运行和维护过程中，需要执行一系列的规章制度和相关IT标准。只有在遵守这些相关标准的情况下，电算化会计信息系统才能安全、可靠地运行。审计人员在审计过程中，可以借鉴这些相关管理标准和制度来对电算化会计信息系统进行审计，例如，财政部印发的《企业会计信息化工作规范》(财会〔2013〕20号)就可以作为检查电算化会计信息系统是否规范的重要依据；《审计署关于印发信息系统审计指南——计算机审计实务公告34号的通知》(审计发〔2012〕11号)和《信息系统审计》(中国内部审计协会内部审计具体准则第28号)分别对国家审计、内部审计中的信息系统审计提出了指导性的意见、标准和规范。

三、电算化会计信息系统审计的特点

电算化会计信息系统审计有以下五大特点。

1. 审计线索的隐蔽性、易逝性

在手工会计系统中，纸质介质上的信息易于辨认、追溯，每一项会计处理都有文字记录和经手人签名，审计线索清晰可见。在电算化会计信息系统中，随着计算机软硬件水平及现代通信技术和网络技术的不断提高，纸面信息变成了磁性介质上的代码，这些线索是肉眼不可见的，容易被篡改、隐匿，也容易被转移、销毁或伪造。在实时系统中，由于存储介质的改变，一旦用户非法通过计算机系统的"防火墙"，就会极易破坏和篡改电子数据，有些数据只存在很短的时间就被新的数据所覆盖。在审计中，如果操作不当，很可能破坏系统的数据文件和程序，从而毁坏了重要的审计线索，甚至干扰被审系统的正常工作。

2. 审计范围的广泛性

在电算化会计信息系统中，原始数据一经输入，即由计算机按程序自动进行处理，中间一般不再经过人工干预。这样，系统的合法性、效益性和系统输出结果的真实性，不仅取决于输入数据、操作系统的工作人员，还取决于计算机的硬件和软件等。因此，要确定系统的合法性、效益性和系统输出结果的真实性，不仅要对输入数据、操作系统的工作人员及其打印输出的资料进行审查，还要对计算机的硬件、系统软件、应用程序和机内的数据文件进行审查，而这些内容在传统的手工审计中是没有的。另外，由于电算化会计信息系统投入使用后，对它进行修改非常困难，代价也非常昂贵，因此除了要对投入使用后的电算化会计信息系统进行事后审计外，审计人员还要对系统进行事前和事中审计。由此可见，电算化会计信息系统的审计范围比传统手工审计的范围更广泛。

3. 审计过程的风险

在审计过程中，由于会计电算化软件种类繁多，再加上更新换代、版本升级和各自的保密性，增加了历史文件难以提取的可能性，给审计工作带来了困难。对账户或交易的重大实质性测试往往离不开企业的实际数据，由于软件版本的更新和平台的迁移，难以从往年账套里提取这些历史数据，迫使审计人员不得不从浩如烟海的文档中采集整理历史数据，这不仅降低了审计效率，而且也给审计过程带来了更大的风险。

4. 内部控制的功能发生改变

会计电算化环境改变了会计凭证的形式。在电算化会计系统中，会计和财务的处理方法和处理程序发生了很大的变化，各类会计凭证和报表的生成方式、会计信息的存储方式和存储媒介也发生了很大的变化，原先反映会计和财务处理过程的各种记账凭证、汇总表等书面形式的资料减少了。由于网上办公、无纸化办公等的推行，每一项业务的有关信息由业务人员直接输入计算机，并自动记录，原来在核算过程中进行的各种必要的核对、审核等工作，有相当一部分变为由计算机自动完成了，原来书面形式的各类会计凭证转变为以文件、记录形式储存在磁性介质上。因此，电算化会计系统的内部控制与手工会计系统的内部控制制度有着很大的不同。在手工会计环境中，内部控制一般表现为对人的控制，通过建立岗位责任制，达到控制的目的，责任容易明确，结果也比较直观。在会计电算化环境下，内部控制转变为对人和机器两方面的控制，而且多数情况下是以对机器的控制为主。同时，计算机又容易受到电脑“黑客”的入侵和“病毒”的侵袭。

在相当长的时间里，由于人们对电算化会计信息系统比较陌生，内部控制措施不明确，审计方法不得要领，所以审计人员只得沿用对手工会计的审计方法，很少能够对内部控制进行有效的审计，漏洞较多，不足以确保会计系统的安全。因此，提高对内部控制的认识，加强对其内涵和技术的研究，重视对内部控制的审计，仍是当前会计电算化和审计领域的一个关键课题。一般情况下，审计人员的责任主要不是审计计算机硬件和会计软件系统的内部控制措施，而是审计应用单位制定的内部控制制度是否健全和真正有效执行。计算机硬件和系统软件无须审计人员去审计，而会计软件系统的输入、处理、输出和安全控制功能则应由专家去评审。我国过去对会计核算软件的两级评审制度，其实质就是对会计软件内部控制功能的审计。计算机技术在会计领域的广泛应用和不断发展，打破了原有的手工会计的格局，使传统的手工会计核算和账务处理程序发生了巨大的变革，对以凭证、账簿、报表及其他可见的审计线索为主要审计对象的传统审计在审计技术方法、审计档案保管以及审计人员知识技能等方面都产生了深刻的影响。

5. 信息处理过程中的错误有短时间内重复出现的可能

较之手工会计，电算化会计信息系统处理的集中化，加之计算机运算的高速性，计算机会计信息系统的输入过程比手工系统多了将人可读的数据转换为机器可读的代码，使得其处理结果发生错误的可能性大大提高，而一旦发生错误，就往往在短时间内产生连锁反应，使得多种文件、账簿以至整个系统失真。如果发生错误的原因在于系统受到攻击或系统程序、应用软件出现差错，则计算机就会连续重复执行同一错误操作，而且不易被察觉。

第二节 会计信息系统审计的内容

由于审计的具体目的不同，审计的内容也有所不同。从审计对象的含义来看，会计信息系统审计包括手工会计系统的计算机辅助审计和电算化会计信息系统审计。其中，电算化会计信息系统审计包括内部控制系统审计、系统开发审计、应用程序审计、数据文件审计等内容。审计人员利用计算机辅助审计，把计算机作为工具，将计算机及网络技术等各种手段引入审计工作，建立审计信息系统，帮助审计人员完成部分审计工作，实现审计工作的办公自动化。

一、手工会计信息系统计算机辅助审计的主要内容

从原理上来说，手工审计要做的审阅、复核、核对、比较、分析、计算等工作都可以利用计算机辅助执行。但是，在手工会计条件下，要利用计算机辅助审计，必须把有关资料输入计算机，才能由计算机进行有关的处理。因此，只有在计算机处理资料所节省的时间大于输入有关资料所耗用的时间、利用计算机审计的效益大于其成本的条件下，计算机辅助审计才是可取的。一般在审阅有关资料中就可以完成的审查工作，不需要计算机来完成，而对于需要做比较繁多的计算但需要输入的数据不太多，或者数据只需输入一次的，可以考虑利用计算机辅助审计。例如，利用计算机来审查被审单位材料成本差异的处理情况，利用计算机辅助审计抽样，利用计算机进行经济效益指标计算等。

二、电算化会计信息系统审计的主要内容

电算化会计信息系统审计通常包括五个方面的内容：内部控制系统审计、系统开发审计、应用程序审计、数据文件审计、对电算化会计信息系统安全性审计。

1. 内部控制系统审计

对电算化会计信息系统的内部控制系统进行审计，是为了对电算化会计信息系统的处理结果进行审计。内部控制审计包括两个方面：一是审查电算化的内部控制制度是否完善健全；二是测试已建立的内部控制制度的执行过程和执行结果。

首先要对电算化会计信息系统的内部控制系统进行了解。电算化会计信息系统的内部控制系统由两个子系统构成：一般控制和应用控制。一般控制是对系统运行环境方面进行控制，为应用程序的正常运行提供外围保障，包括组织控制、硬件和系统软件控制、系统安全控制、系统开发和维护控制等方面；应用控制是针对具体的应用系统的程序而设置的各种控制措施。虽然各应用系统有不同的目的、任务和运行规律，但每个应用系统均由输入、处理和输出三个部分构成，需要根据特定的应用系统设置相应的控制措施，所以可以把应用控制分为输入控制、处理控制和输出控制。应用控制的审计主要包括对数据输入控制、数据处理控制以及数据输出控制的审计。

(1)数据输入控制的审计。审计人员在对数据输入控制进行审计时,应注意检查经济业务的发生是否有批准文件,以保证数据输入的合规性;同时应注意检查所输入数据的正确性、完整性,数据是否被不正确地添加、复制或修改等情况。主要进行输入有效性测试,包括字符域控制的测试、信息合理性测试、数据范围控制的测试、信息有用性的测试、信息完整性的测试等。

(2)数据处理控制的审计。审计人员对输入过程控制进行审计时,应注意检查经济业务数据的来源是否可靠,资料是否完整、准确,有没有可能被篡改过;检查数据的处理方法是否正确,处理的步骤、使用的程序、结果的保存是否准确无误等。主要进行数据处理的有效性测试,采用的技术方法有综合测试法(ITF)、标记和跟踪法或借助审计软件。

(3)数据输出控制的审计。审计人员应注意审查输出的计算机处理结果是否准确无误,输出的结果是否按照规定及时提供给有关人员或部门,是否有必要的手续和记录等。主要进行控制总数、数据的勾稽关系和输出的合理性检验。

2. 系统开发审计

系统开发审计是对电算化会计信息系统开发过程进行的审计,是一种事前审计,它具有积极的意义。内部审计人员最适宜进行这种审计,因为他们在地理、人事关系、本单位的地位等方面都有很多有利条件。

系统开发审计,一方面要检查开发活动是否受到恰当的控制,以及系统开发的方法、程序是否科学、先进和合理;另一方面还要检查系统开发过程中是否产生了必要的系统文档资料,以及这些文档资料是否符合规范。

3. 应用程序审计

计算机是人与机器联系的纽带,对计算机应用程序进行审计,一是对嵌入应用程序中的控制措施进行测试,看是否按设计要求在运行中起作用;二是通过检查程序运算和逻辑的正确性达到实质性测试的目的。

应用程序决定了会计数据处理的合规性、正确性。对应用程序的审计,可以对程序直接进行审查,也可以通过数据在程序上的运行进行间接测试。对程序进行直接审查,可借助流程图作为工具;在对程序进行间接测试时,往往需要设计测试数据,测试数据可以是真实的,也可以是模拟的数据。

4. 数据文件审计

在电算化会计信息系统中,会计凭证、明细账、总账及会计报表的内容都以数据文件的形式存储在磁盘中,对数据文件进行审计,可以将文件打印输出进行检查,也可以在计算机内直接进行审查。

数据文件是计算机处理的对象和结果。数据文件的审计主要是对数据文件进行实质性测试,包括两方面内容:一是对各会计账户余额、发生额直接进行检查,确定项目是否漏记、资产计价是否正确、会计分录是否适当、会计事项的分期是否妥当、总账余额与明细账余额是否相等;二是对会计数据进行分析审核,即通过比率分析、趋势分析,检查有无例外情况和异常变动,从中找出不符合会计制度、原则的会计处理和错误的会计处理。

5. 对电算化会计信息系统安全性审计

这方面的审计,一般要求系统既具有手工控制,又具有程序控制。主要审计其是否有接触控制、后备控制和环境控制等方面的制度。

第三节　电算化会计信息系统审计的技术方法

电算化会计信息系统的应用，使会计核算手段、数据处理方式、信息存储介质等方面都发生了变化，因此也加速了审计理论、审计技术和方法的变革和创新。电算化会计信息系统审计的基本方法可归纳为三种：绕过计算机审计、通过计算机审计和利用计算机审计。

一、绕过计算机审计

在20世纪50年代中期至60年代中期，电算化管理信息系统还处于起步阶段，系统结构和应用环境简单，计算机没有得到广泛深入的应用，审计人员还未更新知识，未掌握计算机技术，因此他们通常绕过计算机进行审计。

1. 绕过计算机审计方法——"黑盒子"法

绕过计算机审计是指审计人员不审查机内程序和文件，只审查输入数据、打印输出资料及其管理制度的方法，又称"黑盒子"法。该方法认为电子计算机的核算过程相当于一个"黑盒子"，不管它里面的设计流程、系统层次结构、核算子系统、处理过程怎样，而只考虑输入的数据是否能够输出所需要的正确结果。

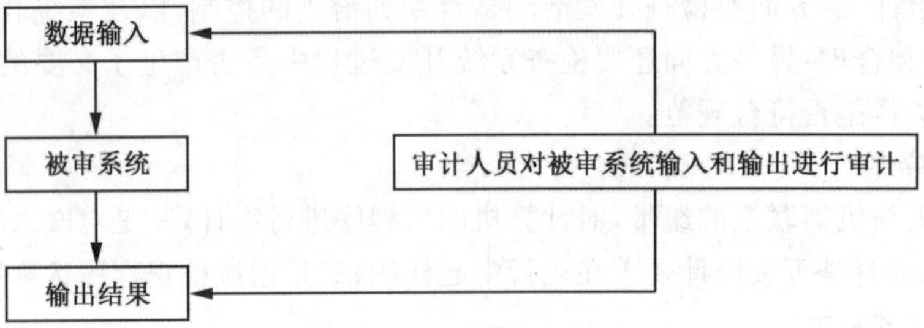

图6—1　绕过计算机审计流程图

2. 绕过计算机审计方法的理论基础——"黑箱原理"

绕过计算机审计方法的理论基础是"黑箱原理"。审计时，审计人员追查审计线索直到输入计算机，然后核对计算机的输入与输出，如果输入与输出不匹配，则可以肯定计算机的处理过程是错误的。这种方法既是进行程序审计的一种主要方法，又是了解计算机的处理功能以及检查处理正确性的有效方法。使用这种方法进行计算机审计时，一般由审计人员以抽查为基础，用事先准备的模拟数据进行输入，预先核算出数据的结果，等测试完后，与程序运行结果进行比较；也可以在输出结果之后，利用输入数据来核算验证，以便评价程序功能的优劣。这种审计方法是一种测试电子数据处理系统内部控制的方法，进行这种审计，应先将有关账户的明细账和总账进行打印，然后采用人工记账。这种审计方法在某些情况下，可能是对内部控制是否有效最切实的证据。

3. 绕过计算机审计方法的优点

绕过计算机审计方法主要有以下两大优点：

(1)审计技术简单。绕过计算机审计与手工会计信息系统的审计方法没有多大区别，它是计算机审计的初级阶段，在审计人员对计算机知识了解不多的情况下广泛采用这种方法。

(2)较少干扰被审系统的工作。在使用这种审计方法审计时,审计人员既不需要使用被审系统的计算机,也不需要查看被审系统的程序、计算机硬件,因此,也就不会干扰被审系统的工作,从而使审计工作易于得到被审单位的理解和支持。

4. 绕过计算机审计方法的缺点

绕过计算机审计方法主要有以下三大缺点:

(1)要求系统的打印文件必须充分。绕过计算机审计的方法首先要求系统的打印文件必须充分;也就是说,审计所需要的线索和证据都必须打印齐全。但由于打印出来的信息主要是必须上报的报表和内部管理所需的报告,只是为数有限的一部分,很可能审计中需要检查的一些数据文件没有打印出来。因此,在某些电算化系统中,绕过计算机所能取得的肉眼直接可见的审计线索和依据是不充分的。

(2)输入数据进入计算机经过简单的处理以后,即可打印输出。例如,将记账凭证输入计算机,经过简单地分类汇总,编成日记账后打印输出。这样,输入的记账凭证和输出的日记账并未经过很多的数据处理,审计人员很容易将输入的记账凭证和输出的日记账进行核对,如果存在问题,也容易被发现。但是如果输入数据经过多次计算,并反复进行分类、汇总、分配、归集等处理以后,就不可能从直观上看出输入与输出之间的联系。又如,在成本核算系统中,只看输入的费用和其他输入数据,再与输出的产品成本计算表进行比较,就很难确定成本报表的正确性。因此,在有的电算化系统中,单纯采用绕过计算机审计的方法,是不能取得足够的审计证据的。

(3)审计结果不太可靠。绕过计算机审计方法,只能依靠被审单位打印出来的书面资料进行审计,但这些资料是否真实,审计人员并没有把握。因此,审计人员如果过分依赖被审单位提供的书面资料进行审计,就有可能发生错误的判断。

二、通过计算机审计

随着电算化管理信息系统以及计算机技术发展日益复杂化,使得输入计算机中的数据与计算机输出的数据越来越缺少一一对应的关系。在某些系统中,采用了联机数据输入技术,输入数据时并没有产生和留下原始凭证,而且各原始数据在输入计算机后,立即就加以处理,数据文件随时都在更新,其打印结果一般具有滞后性。这些情况的出现,使得审计人员不得不“进入”计算机系统,以确定数据处理、内部控制、文件内容的正确性和可靠性。这种工作方法就是将计算机处理过程本身作为审计对象进行审计的方法,审计人员通过对原始凭证的输入、数据的处理和数据的输出直接审查,确定该系统对数据处理是否可靠、有效和安全,也即是通过计算机审计。

通过计算机审计是指除了审查输入和输出数据外,还要对计算机内的程序和文件进行审查。这种方法是以计算机系统作为基础的审计,计算机系统成了审计的对象。通过对系统的处理和控制功能的审查,确定凭证和账务文件审查的范围和数量。这种方法要求审计人员充分利用计算机专业知识,充分利用各个行业计算机软件系统所提供的各种可知信息及可利用的功能,来进行单位内部的账务以及计算机内部数据文件正确性的审计。一般的计算机软件系统都提供了丰富的维护及查询命令,一些常用命令也可以用来进行审计测试,对于软件系统,其表现的画面菜单选择功能以及各种查账、记账、复核、结账、打印程序都可以提供明确的审计线索。

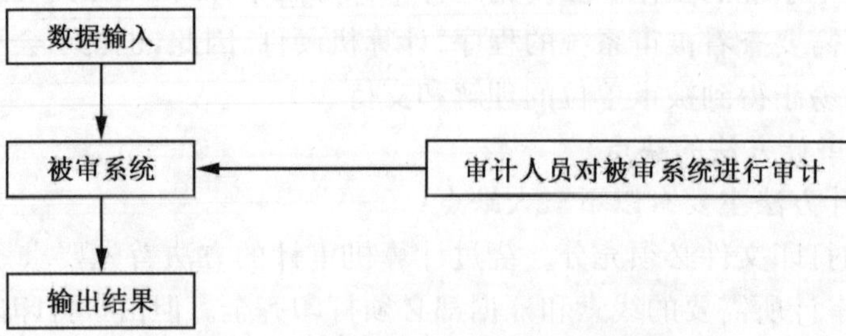

图 6—2 通过计算机审计流程图

1. 通过计算机审计方法的优点

通过计算机审计方法主要有以下两个优点：

(1)审计结果较为可靠。由于这种方法要求审查计算机内的程序和文件，这样就可以把系统进行数据处理的方法和原则审查清楚，从而得到对系统进行评价的可靠证据，审计结果较为可靠。

(2)审计的独立性较强。通过计算机审计方法直接对被审系统的各个运行部分进行审查，而不完全依靠系统的运行结果进行审查，因而较少依赖被审单位提供的书面资料，审计的独立性较强。

2. 通过计算机审计方法的缺点

通过计算机审计方法主要有以下两个缺点：

(1)要求审计人员具有较多的计算机知识。通过计算机审计方法要求审计人员具有较多的计算机知识，要了解被审系统所使用的操作系统、程序设计语言、数据的结构、系统的主要功能等，要使用一定的计算机辅助审计技术进行审查，这样对不懂计算机的审计人员有一定的难度。

(2)增加审计成本。通过计算机审计方法要使用计算机辅助审计技术，往往要购置或开发计算机辅助审计软件，要占用被审系统的工作时间，有时还要聘请计算机专家参加审计，这无疑会增加审计成本。

三、利用计算机审计

利用计算机审计是指利用计算机的设备和软件进行审计。计算机是一种先进的电子设备，被审单位可以利用计算机处理经济业务，审计人员也可以利用计算机进行审计。因此，计算机对审计的影响并不只是增加了审计的难度，在审计人员掌握了计算机技术后，还可以大大地提高审计效率。

审计中所使用的计算机程序包括审计软件和数据库管理系统等。审计软件有专用审计软件和通用审计软件。专用审计软件是为了对某个特定的系统或某个审计项目进行审计而研制的，如审计抽样软件、基建审计软件。通用审计软件是一组能够帮助审计人员获取、计算、分析电算化信息记录的程序，适用于多种审计工作。如利用通用审计软件可实现数据采集转换、数据分析、审计抽样、文件合并等功能。通用审计软件很容易使用，只需要具有一定的计算机知识。除了审计软件外，审计人员还可以利用电子表格(Excel)、数据库管理系统(Access、SQL Server、Oracle 等)、被审单位的系统子模块(如查询、财务分析等)进行数据筛选、查询、分析等工作。利用计算机审计的优缺点与通过计算机审计的优缺点基本相同。

上述三种基本方法各有一定的适用范围，一般来说，绕过计算机审计方法适用于比较简单的系统，而通过和利用计算机审计则适用于复杂的系统。通过和利用计算机审计是密切相关的，因为通过计算机审计往往也利用计算机的硬件和软件，因此，利用计算机审计也可以看作通过计算机审计的延伸。在计算机应用比较普及、应用水平较高的国家和地区，审计人员多数采用通过计算机审计方法和利用计算机审计方法；而在计算机应用较为落后的国家和地区，则仍然主要采用绕过计算机审计方法。

四、各种计算机审计方法的具体应用

本书只介绍计算机审计方法三个方面的具体应用：电算化会计信息系统的内部控制审计、电算化会计信息系统数据文件的审计、系统开发的审计。

1. 电算化会计信息系统的内部控制审计

一般来说，审计人员所采用的审计方法主要有面谈法、问卷调查法、审阅法、流程图法、测试法和观察法等。为了有效地防范计算机系统的审计风险，结合计算机审计的特点，应采用合理的方法和方法的组合，才能取得实效。

（1）面谈法。在进行一般控制审计时，可以通过与被审单位的领导与职工交谈，向会计电算化部门及各业务部门的人员询问了解有关的职责分离的控制是否得到执行。在对系统开发控制和程序修改控制审计时，向有关参与系统开发人员了解有无用户代表和内审人员参加，参加了哪些工作，现有的信息系统能否符合用户的要求等。另外还可以通过面谈了解内部控制的经济性，重大的错误是否得到及时、恰当的纠正，输出的资料是如何处置的，有无健全的检查、保管、分发制度等。面谈法的优点是简单、方便、快捷。

（2）问卷调查法。问卷调查法节省时间、调查面广。审计人员可以根据需要调查的情况设计调查问卷，获取信息，以判断有关的内部控制是否存在、是否可靠、有无得到执行。问卷调查法在内部控制审计的各个程序中都可以使用。使用这种方法要注意问卷调查表中问题的性质、提问技巧、调查表的布局设计等。

（3）审阅法。审阅法是指审计人员通过仔细审查和翻阅有关的书面文件和记录，借以查明资料以及所反映的记录是否公允、正确、合法、合规，从中发现错弊或疑点。审计人员在进行内部控制审计时，通过审阅内部审计人员留下的系统开发的工作底稿，了解系统开发的控制；通过审阅系统测试的数据及结果，检查系统在试运行阶段的运行情况，有无被修改，系统在正式投入使用前是否经过了最后批准；通过审阅有关系统访问控制的计算机日志，了解是否只有被授权人才可以访问特定程序或信息，对使用错误密码企图进入系统的情况，系统是否都做了记录并有专人调查。

（4）流程图法。通过流程图，可以对被审单位的信息系统结构有充分的了解，从而更有效地分析系统的运行过程。在计算机审计中，流程图可能是现成的，审计人员应该确定被审单位提供的流程图是否正确，防止被审单位造假。有时被审单位提供的流程图不够详细或者没有现成的流程图，审计人员应要求被审单位提供源程序，据此得到流程图，确定源程序中设置了哪些控制措施。对内部控制审计时，使用流程图法可以帮助审计人员分析和设计内部控制。审计人员还可以利用流程图找出系统中的薄弱环节。

（5）测试法。测试法是从计算机输入开始，跟踪某项业务直至计算机输出，以检验计算机应用程序、控制程序和系统可靠性的一种方法。在会计电算化环境下的内部控制审计中，使用测试法主要检查访问权控制的有效性，检查输入有效性控制的执行情况，如对账务处理应用程序中输入数据的数据类型、数据有效性、数据范围、逻辑关系、数据加工的内部控制的测试。测试贯穿于计算机审计的整个过程，是审计人员收集证据的重要技术。

(6)观察法。观察法是审计人员深入基层行业单位或计算机中心机房现场实际观察业务操作程序，以核实规章制度的贯彻落实情况的一种审计方法。计算机审计过程中要善于运用观察法观察计算机操作员是否按规定进行业务处理；操作员离岗时是否退出了业务画面，软件人员是否有到终端机代岗的现象等。

2. 电算化会计信息系统数据文件的审计

审计人员判断内部控制系统的可靠性之后，即可确定实质性测试时间和范围，检查系统信息的合法性、真实性和正确性。在电算化会计信息系统中，实质性测试的对象就是数据文件。对通过计算机打印输出在纸质账面上的数据，其审计方法同手工凭证中对凭证、账簿、报表的审计方法相同，而对磁性介质形式存储的数据文件的实质性测试则要借助计算机审计软件来完成，具体有处理数据文件的实质性测试方法和不处理数据文件的实质性测试方法。

(1)处理数据文件的实质性测试方法有以下几种：

①利用审计软件辅助审计。审计软件是为了执行一定的审计数据处理功能而设计的计算机程序。它可以从被审的数据文件中抽取和选定某些数据，根据审计目的进行计算和处理，并按照审计人员的要求输出审计信息。由于审计软件可直接访问被审系统的数据文件，因此，有助于审计人员对整个数据文件进行复核，可有效地执行大量数据的验算、重新分类及汇总等工作，并能详细检查数据文件的内容，可按审计人员制定的标准查找记录。

审计软件可用于比较两个不同数据文件内的相应记录，以确定数据的一致性，也可用于选择并打印审计样本。审计软件可采取随机抽样和判断抽样等方法，从被审的数据文件中选择所需的样本，汇总和重新组织数据，并执行分析工作。审计人员可运用审计软件检查被审数据文件中有关数据，并进行计算和分析，以评估被审系统中相应数据的正确性。审计署实施"金审工程"开发的现场审计实施系统(AO)就是专门针对审计人员而开发的集审计项目管理、审计实施取证、数据采集分析、审计抽样、报告撰写等功能于一体的综合性审计软件。

②利用数据库管理系统和实用程序审计数据文件。经常使用的应用软件有 Excel、Access、SQL Server、Oracle 等。这些应用软件中，本身就带有数据库管理的一些命令或实用程序，审计人员可以适当地运用这些程序，对数据文件进行查询、筛选、排序、统计、抽样、分析等审计工作。例如，审计人员使用 Excel 软件提供的函数和运算符对采集的固定资产数据进行折旧额的计算，并与被审单位实际计提金额进行比较。

(2)不处理数据文件的实质性测试方法有以下几种：

①顺查法。它是按照记账程序从原始凭证开始到账表输出为止依次进行检查核对的一种方法。这种方法能够按照业务发生的实际流程、记账程序的顺序仔细进行核对，便于检查错误，在各个行业计算机会计、资金、融资、管理临柜应用系统中，是一种日常使用的普遍方法。

②逆查法。它是按照记账程序相反的顺序从审计输出报表入手进行检查的一种审计方法。这种方法一般是在发现疑点之后，再有重点、有针对性地查账、查凭证。这是计算机临柜网点经常使用的一种方法。

③详查法。它是对所有的凭证、账表及记账过程进行详细、全面稽查的方法。一般在对重点项目和业务量小的单位，或已出现严重问题的单位审计时采用这种方法。

④抽查法。它是对某一段时期内业务处理过程或某一部分业务进行审查的一种方法。这

种方法又叫抽样法，它以某一段情况为样本进行重点审查以此来判断全面情况。这种方法省时省力、效率高，在计算机审计中是一种常用的方法。

⑤审阅法。它是通过审查和阅读有关资料，以鉴别资料本身及所反映的经济活动是否正确、真实、合法、合规、合理、有效的一种方法。用审阅法进行计算机审计时，主要对原始凭证、序时账、总账、明细账、各种输出报表和记账凭证的审阅。另外还包括对已归入档案的各种凭证的审阅和冻结、挂失申请书审阅以及解冻、解挂、提前销户申请书审阅。

⑥核对法。这是计算机审计工作中最常用的一种方法。它是将两种或两种以上的资料相对照，以核实其内容是否一致的一种审计方法。在计算机条件下的资金、融资、管理、会计信息系统中，主要包含以下几种核对内容：记账凭证与其经济用途、会计要素之间的核对，账账核对，账实核对，银企核对。

3. 系统开发的审计

系统开发的审计是指审计人员对会计信息系统开发过程中各项活动及由此产生的系统文档所进行的审核与评价，是一种事前审计。

系统开发的审计按照系统开发的流程可以划分为系统规划、系统分析与设计、系统实施、系统运行与维护四个审计阶段。在系统开发阶段，审计人员既不负责业务把关，也不直接参与程序的编写，其主要工作在于通过参与系统的分析、设计、测试，熟悉系统的结构、功能及系统的内部控制措施，了解内部控制的强弱，来保证系统的合法合规性、安全性及可审计性。

（1）系统规划阶段审计。系统规划阶段主要通过对现行系统进行初步调查，了解企业领导者在系统开发过程中的态度、各会计信息系统的使用部门及其责任权利和开发过程中的投入与产出，从而进行可行性分析。这个阶段一般可采用询问、约谈、调阅文档、复核、抽查以及实地观察等手工审计中经常用到的一些审计技术。

（2）系统分析与设计阶段审计。由于在会计电算化环境下，审计的可视性线索消失，因此在会计数据处理流程中，应设置审计接口，由计算机自动记录相关的审计线索，提供待测数据及比较标准。审计人员有权审查信息化系统的全部文档资料、技术参数，并对系统进行测试和评价。作为事前及事中审计，主要包括三方面的内容：一是审查系统的合法性、安全可靠性、可审计性及可维护性；二是审查系统的核心程序是否达到了预定的功能要求、内部控制是否严密、编写过程是否符合要求；三是对非法数据的容错能力、系统的抗干扰能力及应对突发事件的能力、系统恢复能力等进行测试。在系统评价过程中，关键是评价系统是否达到了原定设计与开发目标，尤其是可审计性最为重要。如果达不到，有权否定整个系统。在此阶段，一般也采用询问、约谈、调阅文档、复核、抽查以及实地观察等手工审计中经常用到的一些审计技术，如复核系统的输入输出设计，看其是否包括适当的审计线索；抽查程序中的代码设计，看其是否符合业务控制要求等。

（3）系统实施阶段审计。系统实施阶段包括程序设计、测试、系统调试、系统试运行、系统维护及编制用户使用说明书等，具体的审计方法是通过对系统设计的流程图进行正确性检查，向程序员询问是否设计会计信息系统的内部控制制度；利用处理模拟数据文件的实质性测试方法由审计人员自行设计一组数据，进行独立测试，测试结束后，对系统开发过程的适当性提出意见。

（4）系统运行与维护阶段审计。运行程序的审计方法可采用测试数据法、程序编码分析法、受控处理或再处理法、平行模拟法、嵌入审计程序法、标记和跟踪法。

① 测试数据法。它是指审计人员把一批预先设计的测试数据通过被审程序加以处理后，

将处理结果与审计人员的预期结果进行比较，从而确定被审程序的控制与处理功能是否恰当、有效。该方法属于抽样审计方法。

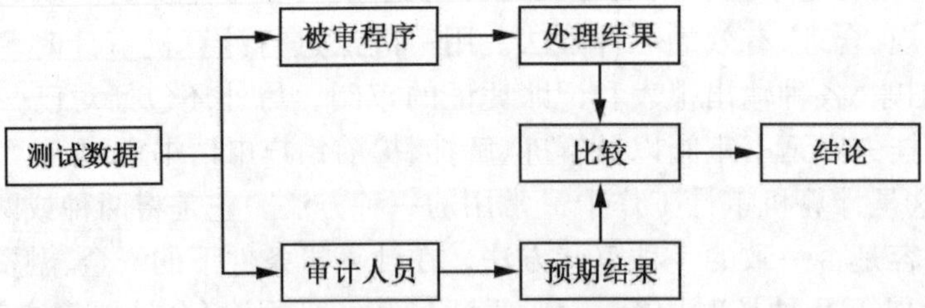

图 6—3 测试数据法流程图

测试数据的来源一般有被审单位以往设计的测试数据和由审计人员自行设计的测试数据两种，不管测试数据的来源如何，测试数据既包括正常、有效的业务数据，也包括不正常、无效的业务数据。审计人员建立测试数据时，尽可能使测试数据能够审查到被审程序的所有输入、处理、输出等控制功能。

测试数据法可用来审查系统的全部程序，也可用来审查个别程序，还可用来审查某个程序中的某个或某几个控制措施，以确定这些控制是否能发挥有效功能。它一般适用于三种情况：一是被审系统的关键控制建立在计算机程序中；二是被审系统的可见审计线索有缺陷，难以由输入直接跟踪到输出；三是被审系统的程序较多，用测试数据法比直接用手工方法进行审查更经济、效率更高。

测试数据法简单易行，适用范围广，对审计人员的计算机水平要求不高。它的其中一个缺点是仅能检查那些审计人员考虑到的控制，另一个缺点是无法绝对保证处理测试数据的程序与被审单位在一定期间内实际使用的是同一个程序。

②程序编码分析法。它是指比较两个独立保管的被审程序版本，以确定被审程序是否经过了改变。审计人员使用由审计部门自己保管的、经以前审查其处理和控制功能恰当的被审程序副本与被审单位现在使用的应用程序进行比较，发现任何程序的改动，并评估这些改变带来的后果。这种方法不仅适用于源程序编码之间的比较，也可用于目标程序码之间的比较。

该方法要求审计人员具有程序编写的专业知识。它的缺点是审计较慢、费用较高，同时审计人员知识的限制使得对程序编码进行全面逐行的复查较为困难。

③受控处理或再处理法。它是指审计人员通过现场监督被审系统对实际业务的处理过程，查明被审程序的处理和控制功能是否恰当有效的方法。该方法包括初次处理有关数据和对被审单位早期在其计算机系统已进行处理的数据重新进行处理。受控处理法简单、省时省力，不需要较高的计算机知识，不需要建立专门的模拟程序。受控再处理法是指在被审单位正常业务处理以外的时间里，由审计人员亲自进行或在审计人员的监督下，把某一批处理过的业务进行再处理，比较两次处理的结果，已确定被审程序有无被非法篡改，被审程序的处理和控制功能是否恰当有效。采用这种方法的前提是以前对此程序进行过审查，并证实它原来的处理和控制功能是恰当、有效的。因此，这种方法不能用于对被审程序的首次审计。

④平行模拟法。它是指审计人员自己编写或请计算机专业人员编写的具有与被审程序相同处理和控制功能的模拟程序，用该程序处理当期的实际数据，把处理结果与被审程序的处理结果进行比较，以评价被审程序的处理和控制功能是否可靠的一种方法。

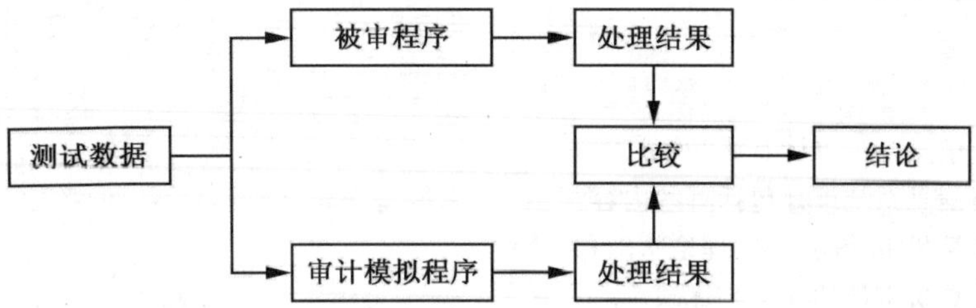

图6—4　平行模拟法流程图

采用这种方法所分析的数据，可以是在被审单位系统和审计人员系统中运行的测试数据，也可以是过去在被审单位系统中运行的实际数据。

采用平行模拟法的优点在于，它能独立地处理实际数据，不依赖于被审单位的人力和设备，审计结果较为准确。其缺点与测试数据法的缺点相似，输出结果的一致仅说明被处理数据的结果正确，并不意味着数据处理逻辑是一致的，并且开发模拟系统难度较大且成本较高。

⑤嵌入审计程序法。它是指在被审系统的设计和开发阶段，在被审的应用程序中嵌入为执行特定的审计功能而设计的程序段，审计人员利用程序段来收集感兴趣的资料，并建立一个审计控制文件用来存储这些资料，最后通过审核这些资料来确定被审程序的处理和控制功能的可靠性。

嵌入审计程序法的优点是在被审单位处理业务数据的同时获取审计证据，它可以弥补在数据处理后进行测试时难以确信被审程序是否有实际应用程序的缺陷。另外，只要被审程序开始运行，审计程序段就处于监督状态，它可以弥补事后审计线索不充分的缺陷。可以说这是一种最有效，也是最可靠的审计方法，但它需要在系统设计和开发阶段就设计好审计专用的程序段，而正是这一点，在目前状况下难以实现。同时，它还要求当系统修改时，审计程序段也要做相应的修改，审计程序段的安全性要求更高。

⑥标记和跟踪法。它是一种对给定的业务，跟踪被审程序处理步骤的审计技术，一般可由追踪软件来完成，也可以利用某些高级语言或数据库管理系统的跟踪指令来实现。

采用这种方法可列示被审程序中的指令执行情况以及执行顺序，也能查出被审程序中的非法指令。但在跟踪标记业务过程中，由于标记业务的不恰当，可能会忽略程序中一些主要逻辑点的审计。标记技术要求嵌入审计程序，并要求审计人员具有较高的计算机专业知识。

在使用上述计算机审计技术的情况下，审计计划都应考虑审计人员的技能、风险水平和各种工具对特定审计内容的有效性。

计算机技术的飞速发展，给审计人员带来了大量益处，同时也给审计工作带来了新的风险。因此，审计人员必须以风险为导向，以“安全、可靠、有效和效率”为目标，制定科学合理的实施方案，采取针对性的审计方法，以提高审计质量，加强经济监督，使审计真正起到“经济卫士”的作用。

思考题

1. 电算化会计信息系统审计有哪些特点?
2. 电算化会计信息系统审计包括哪些内容?
3. 简述绕过计算机审计的含义、理论基础和优缺点。
4. 简述通过计算机审计的含义和优缺点。
5. 简述会计电算化数据文件的审计方法。
6. 简述电算化会计信息系统开发的审计方法。

第二篇

会计电算化应用

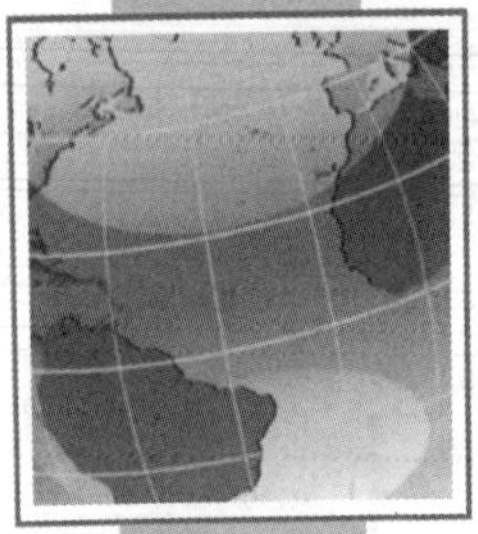

第七章 子系统选用、软件平台搭建、ERP 系统初始化

【要点提示】

- 电算化会计信息系统的基本功能结构
- ERP 系统初始化
- 账套
- 年度账
- 引入账套
- 输出账套

实现会计电算化，特别是企业使用 ERP 系统进行企业管理，子系统（软件模块）的选用、会计软件安装及 ERP 系统初始化是构建电算化会计信息系统前期需要解决的问题。

第一节　电算化会计信息系统各子系统的选用

电算化会计信息系统与企业业务流程和运营过程联系紧密，其各子系统的选用应满足企业业务流程和运营过程的管理要求。

一、电算化会计信息系统与企业业务流程的联系

工业企业是从事工业产品生产和销售、以营利为目的的经济组织，其运营过程主要包括采购、生产和销售三个阶段。企业首先以货币资金进行材料采购，使货币资金转化为储备资金；然后利用机器设备、人员进行加工生产，生产产成品；最后销售产成品，获得货币资金。而电算化会计信息系统应反映、监督企业的运营过程。电算化会计信息系统与企业业务流程的联系如图 7—1 所示。

二、用友 U8 V10.1 的常用子系统

用友 ERP-U8 中常用的子系统是财务会计子系统和供应链子系统。财务会计子系统和供应链子系统的数据关系参见图 7—2。

三、电算化会计信息系统的基本功能结构

电算化会计信息系统的各子系统与企业的业务流程和运营过程密切联系。电算化会计信息系统的功能结构设计和数据关联需从企业的实际需求出发，符合企业的业务流程和运营过程。电算化会计信息系统的结构是指电算化会计信息系统各组成部分的构成框架；电算化会

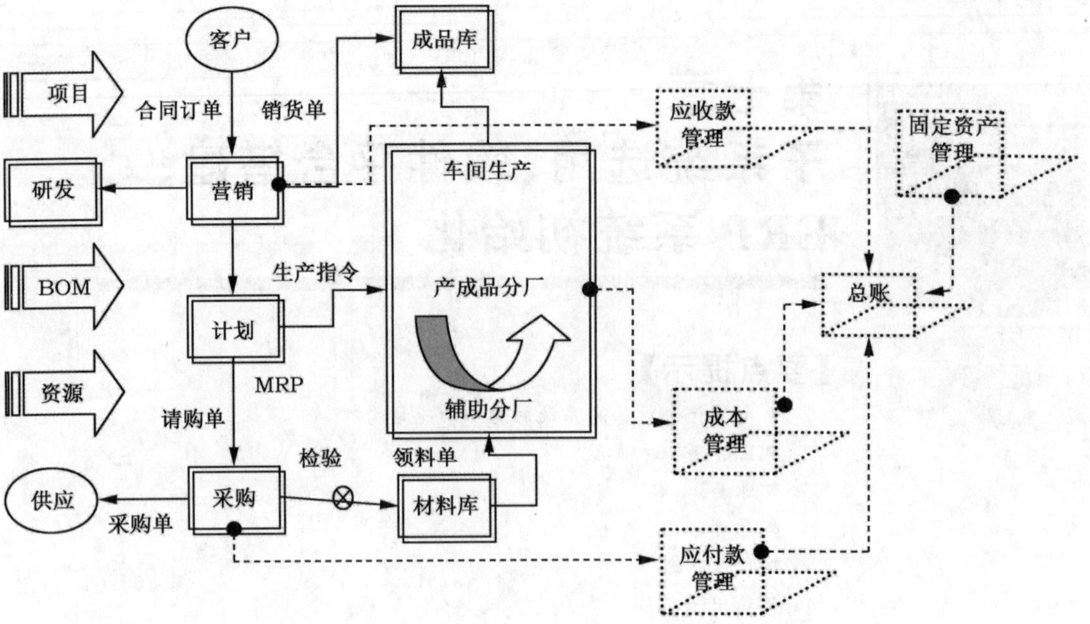

图 7—1 电算化会计信息系统与企业业务流程的联系图

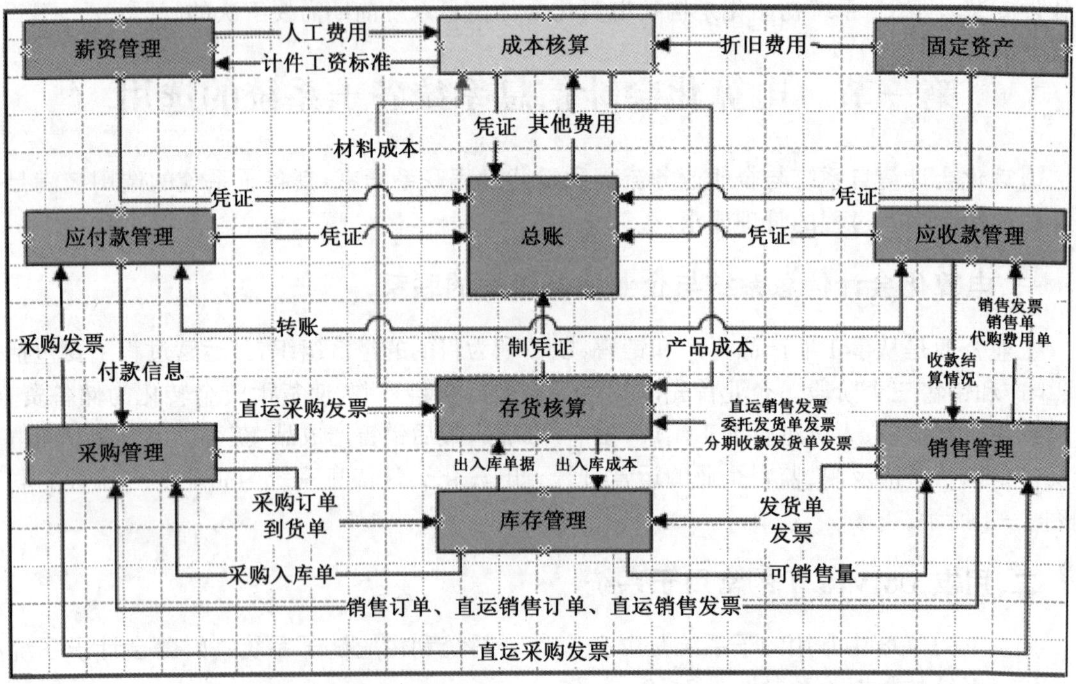

图 7—2 财务会计子系统和供应链子系统的数据关系图

计信息系统的功能结构是指从会计信息使用者的角度看，由相互有信息关联的多个会计核算和管理功能部件组成的结构。对应于企业业务流程和运营过程，电算化会计信息系统的每个子系统又可以划分为若干管理具体业务和核算的子系统。电算化会计信息系统的基本功能结构如图7—3所示。

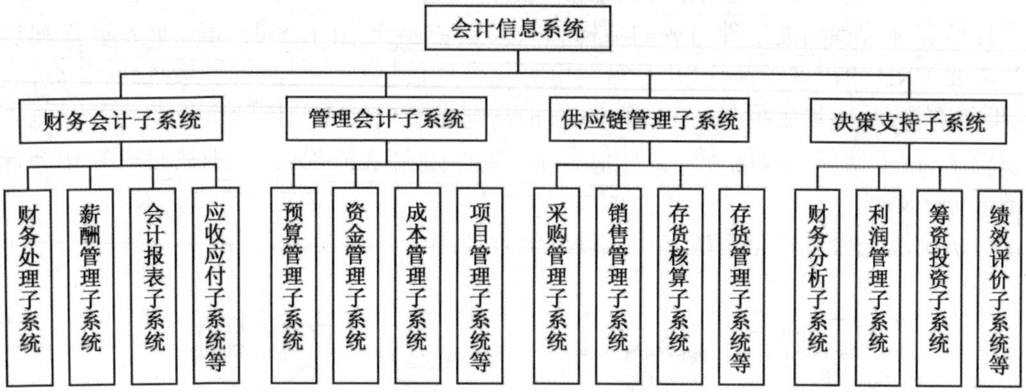

图7—3　电算化会计信息系统基本功能结构图

电算化会计信息系统按功能划分(或按系统的层次划分),可分为四个子系统:电算化财务会计子系统(是基础,面向大众)、电算化管理会计子系统(面向管理会计工作)、电算化供应链管理子系统(面向进销存的管理工作)和电算化会计决策支持子系统(又称为会计专家系统,面向企业领导决策层)。其中:(1)电算化财务会计子系统目前常细分为:账务处理(又称总账)、职工薪酬核算(又称工资核算)、报表、应收款、应付款、固定资产等子系统。除报表子系统外,各子系统均以账务处理为核算中心,通常以转账机制凭证为接口,构成一个完整的会计核算子系统。报表子系统主要从账务处理子系统取数,也可以从其他子系统取数。(2)电算化管理会计子系统需从电算化财务会计子系统中取数。电算化管理会计子系统的管理内容主要有:预算管理、资金管理和成本管理。(3)电算化供应链管理子系统的内容主要有:采购管理、销售管理、存货核算。(4)电算化会计决策支持子系统的内容主要有:财务分析、利润管理、筹资投资、绩效评价。以计算机为工具,使用会计辅助决策支持软件,利用会计核算和会计管理系统提供的会计信息以及外部数据,通过数学模型的定量分析,提供多种可供选择的方案来辅助会计决策。

四、电算化会计信息系统各子系统的选用模式

依据企业的业务核算和运营管理的需要进行电算化会计信息系统各子系统的选用。电算化会计信息系统各子系统的选用通常有以下三种选择模式。

1.“账务处理＋薪酬核算＋报表管理”模式

“账务处理＋薪酬核算＋报表管理”模式最简洁地满足基本账表及薪酬核算的要求,是小微企业常用的模式。企业的实际经济业务比较简单,业务数据量不多的小微企业,可以选择使用“账务处理＋薪酬核算＋报表管理”模式,即需要选择三个子系统:账务处理子系统、薪酬核算子系统和报表管理子系统。

2.“账务处理＋应收＋应付＋薪酬核算＋报表管理”模式

企业的实际经济业务多,特别是往来业务较多的中小型企业,可以选择使用“账务处理＋应收＋应付＋薪酬核算＋报表管理”模式,即需要选择五个子系统:账务处理子系统、应收款管理子系统、应付款管理子系统、薪酬核算子系统和报表管理子系统。

3. 部门级电算化会计信息系统模式

电算化会计信息系统的功能结构，是指从会计信息使用者的角度看，由相互有信息关联的多个会计核算和管理功能部件组成的结构。从大型企业或集团公司来看，业务核算和运营管理可能需要ERP的很多子系统，几乎需要电算化会计信息系统的四个子系统（财务会计、管理会计、供应链管理、决策支持）的全部子系统；但从财务部门独立使用的电算化会计信息系统的各子系统来看，依据部门级电算化会计信息系统的一般处理流程而言，则只是电算化会计信息系统的部分子系统。

部门级电算化会计信息系统的一般处理流程如图7－4所示。

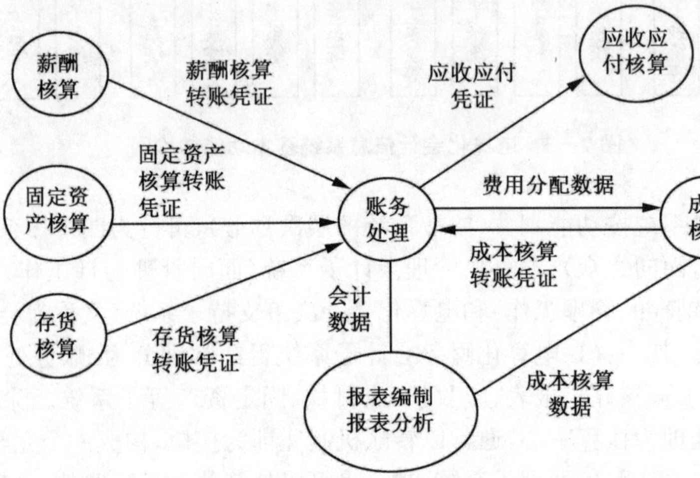

图7－4 部门级电算化会计信息系统的一般处理流程图

依据部门级电算化会计信息系统的一般处理流程，财务部门独立使用的电算化会计信息系统，即部门级电算化会计信息系统的子系统通常包含九个子系统。财务部门独立使用的部门级电算化会计信息系统的子系统功能结构如图7－5所示。

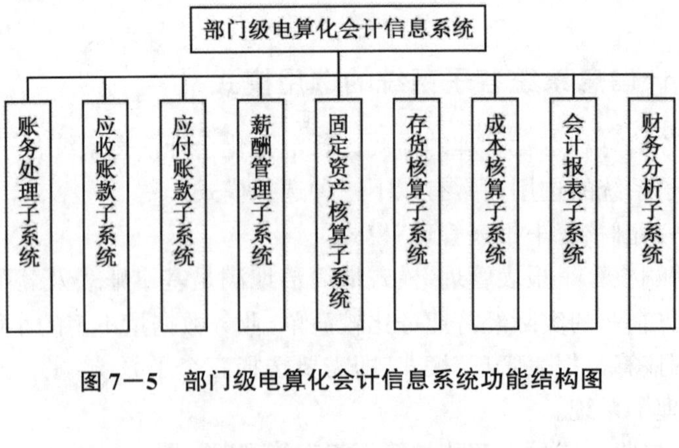

图7－5 部门级电算化会计信息系统功能结构图

第二节 软件平台基础环境搭建

本节以用友ERP-U8 V10.1为例，重点讲述如何完成软件平台基础环境搭建。

一、用友 U8 V10.1 平台架构

用友 U8 V10.1 系统包括财务管理、供应链管理、生产制造、人力资源、决策支持、集团应用、零售管理、分销管理、系统管理集成应用等模块，重点解决企业多年业务持续经营的需要，支持跨年财务、跨年业务、跨年分析，并充分考虑国外企业在华投资和国内企业向海外发展的国际化运营模式的需求，提供多语言（简体中文、繁体中文、英语）支持。用友 U8 V10.1 平台架构如图 7－6 所示。

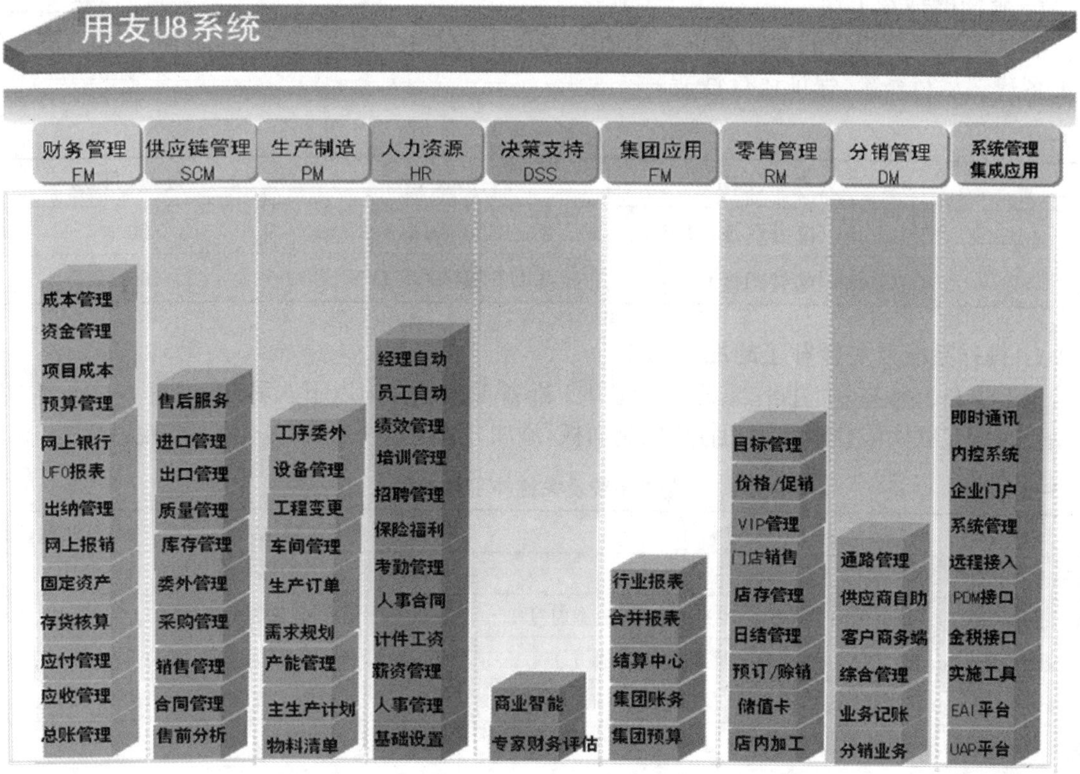

图 7－6　用友 U8 V10.1 平台架构图

二、系统技术架构

用友 ERP-U8 应用系统采用三层架构体系，即逻辑上分为数据库服务器、应用服务器和客户端。安装模式分为以下三种：单机应用模式、网络应用模式但只有一台服务器、网络应用模式且有两台服务器。

1. 单机应用模式

单机应用模式，是将数据库服务器、应用服务器和客户端安装在同一台计算机上。为满足教学使用需求，让每个学生能实验各种会计岗位的工作，学校等教学单位一般安装单机应用模式，本节软件平台基础环境搭建也是以安装单机模式为例进行讲解。

2. 网络应用模式但只有一台服务器

网络应用模式但只有一台服务器，是将数据库服务器和应用服务器安装在同一台计算机上，而将客户端安装在另一台计算机上。

3. 网络应用模式且有两台服务器

网络应用模式且有两台服务器，是将数据库服务器、应用服务器和客户端分别安装在三台计算机上。

三、基础环境搭建的准备工作

基础环境搭建的准备工作主要包括以下五项准备工作：硬件、操作系统及关键补丁、NET运行环境、数据库环境和其他注意事项。

1. 硬件的准备工作

满足基础环境搭建的硬件准备工作通常为以下两种（参见表7—1），推荐使用四核、4GB以上客户端运行系统，保证运行性能。

表7—1 硬件性能表

	处理器(CPU)	内存(RAM)	硬盘(HD)
1	Conroe(酷睿双核) 2.66G	2GB DDR	60G
2	Conroe(酷睿四核) 2.66G	4GB DDR/8GB DDR	60G

2. 操作系统及关键补丁的准备工作

满足基础环境搭建的操作系统及关键补丁准备工作通常为以下八种（参见表7—2），需注意的是：IIS即互联网信息服务，可通过"控制面板|添加/删除程序|Windows组件"来完成安装。

表7—2 操作系统及关键补丁需求表

操作系统及关键补丁	IE(默认)	IIS(默认)
Windows XP＋SP2(及以上版本补丁)	IE6.0＋Sp1(或IE7、IE8、IE9)	IIS 5.1
Windows 2003 Server＋SP2(包括R2)(及以上版本补丁)	IE6.0＋Sp1(或IE7、IE8、IE9)	IIS 6.0
Windows Server 2003(X64)＋SP2(及以上版本补丁)	IE6.0＋Sp1(或IE7、IE8、IE9)	IIS 6.0
Windows Server 2003(IA64)＋SP2(及以上版本补丁)	IE6.0＋Sp1(或IE7、IE8、IE9)	IIS 6.0
Windows Vista＋SP1(及以上版本补丁)	IE7.0(或IE8、IE9)	IIS 7.0
Windows Server 2008＋SP1(包括R2)(及以上版本补丁)	IE7.0(或IE8、IE9)	IIS 7.0
Windows2008 R2(SP1或以上版本补丁)	IE7.0(或IE8、IE9)	IIS 7.0
Windows7(SP1或以上版本补丁)	IE7.0(或IE8、IE9)	IIS 7.0

3. NET运行环境的准备工作

基础环境搭建需要.NET Framework 2.0 Service Pack 1以上。

4. 数据库环境的准备工作

基础环境搭建需要配置数据库环境的要求有以下三种情况：(1)Microsoft SQL Server 2000＋SP4；(2)Microsoft SQL Server 2005＋SP2；(3)Microsoft SQL Server 2008＋SQL Server 2005_BC。实际进行基础环境搭建时，依据系统要求任选其一数据库环境即可。

需要说明的是：为支持正版软件使用，更大程度保障数据安全，同时防止相关使用盗版法律诉讼事件的发生，请联系相关单位购买正版SQL软件并获取安装方法；所需SQL Server版本的关键补丁可以从微软网站或U8安装光盘上获得。安装步骤在此不进行赘述。

5. 其他注意事项

基础环境搭建时，除需要进行以上四项准备工作外，还需要注意以下五个方面。

(1)检查硬盘空间是否够用。安装前应检查硬盘空间是否够用，最简单的检查方法是查看该磁盘“属性”中的“可用空间”，如果不够用，则应清理该硬盘。

(2)查看所安装电脑的机器名是否满足要求。“用友 ERP-U8”软件安装的机器名中不能带“—”符号，不能是中文字符。如果所安装电脑的机器名不能满足要求，应在“我的电脑”属性中更改计算机名。

(3)查杀计算机病毒(预防、检查和治理)。查杀计算机病毒是为了保证系统和磁盘的“干净”，以方便会计信息系统的正常运行。

(4)关闭杀毒软件。安装前建议关闭所有杀毒软件，否则有些文件可能无法写入或导致报错。

(5)校准系统日期和时间。会计软件在处理会计数据和输出会计信息时，通常需要考虑具体的日期或会计期间。例如实际工作中，账务处理是分会计期间进行的，日期有误会影响账务处理的结果。同时对教学用账务处理软件而言，日期甚至不能运行。因此，在安装会计软件前最好校准系统日期。根据系统管理和软件运行管理的需要，在校准系统日期后，还需要校准系统时间。校准系统日期和时间最快捷的方法是：双击桌面右下角的时间，系统会在桌面上弹出“日期/时间”界面，在“日期/时间”界面中，调整时间和日期后，单击[确定]按钮。建议时间格式为 yyyy-mm-dd。

四、用友 U8 V10.1 软件的安装及配置

1. 用友 U8 V10.1 软件的安装步骤

用友 U8 软件的安装有以下六个步骤.

(1)双击用友 ERP-U8 V10.1 安装程序中的 setup.exe 文件，进行安装，如有需要可以阅读“安装手册”。

(2)单击[下一步]按钮，选择“我接受许可协议中的条款”，单击[下一步]按钮，输入“用户名”和“公司名称”。

(3)根据提示单击[下一步]按钮，安装类型选择“全产品”，语种资源可以根据需要进行勾选，如图 7—7 所示。

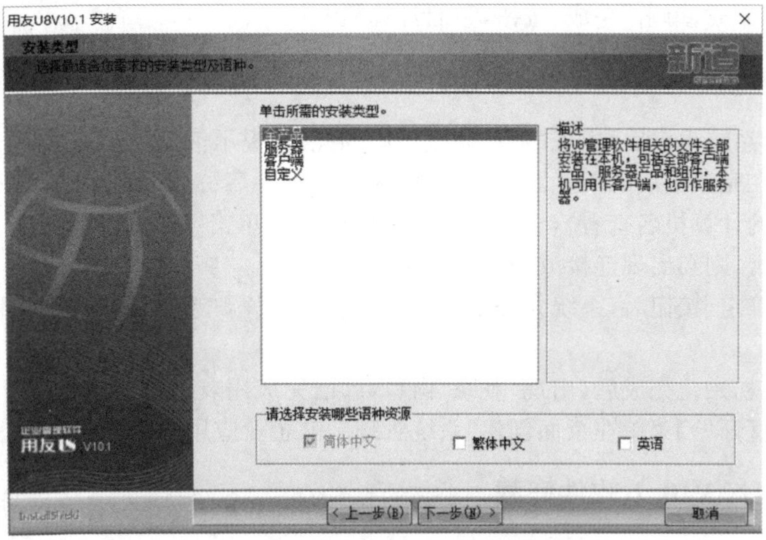

图 7—7　用友 U8 V10.1 安装类型

(4)单击[下一步]按钮,进行环境检测,查看"基础环境"和"缺省组件"是否已经全部满足,"可选组件"可以不安装,如图 7—8 所示。

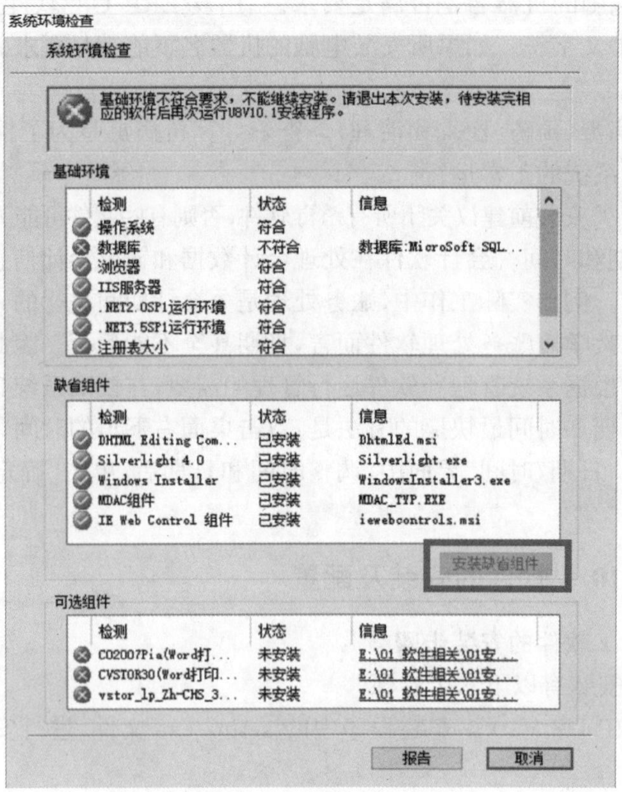

图 7—8 系统环境检查

(5)若有未满足的条件,则安装不能继续进行,并提示出未满足的项目。环境检测通过以后,单击[确定]按钮进行安装,此过程较长,需要耐心等待。

(6)待安装完成,单击[完成]按钮,重启计算机。

2. 用友 U8 V10.1 软件安装后的配置

安装完成,系统重启后,出现"正在完成最后的配置"提示信息。

(1)在"正在完成最后的配置"提示信息中输入数据库名称(即为本地计算机名称,可通过"系统属性"中的计算机名查看),SA 口令为数据库密码,单击[测试连接]按钮,测试数据库连接。若一切正常,则会出现连接成功的提示信息。

(2)单击[确定]按钮后,系统会提示是否初始化数据库,单击[是]按钮,提示"正在初始化数据库实例"。

(3)数据库初始化完成后,出现"登录"窗口,即已完成用友 ERP-U8 V10.1 的安装。如果需要,可以通过【开始】菜单在桌面创建"系统管理"和"企业应用平台"的快捷方式。

五、用友 U8 V10.1 软件卸载

软件运行出现异常问题或者不需使用以后,可以通过卸载从计算机中删除。双击用友 ERP-U8 V10.1 安装程序中的 setup.exe 文件,进行移除卸载。

提示“准备安装”，执行完成后出现如图 7—9 所示界面。

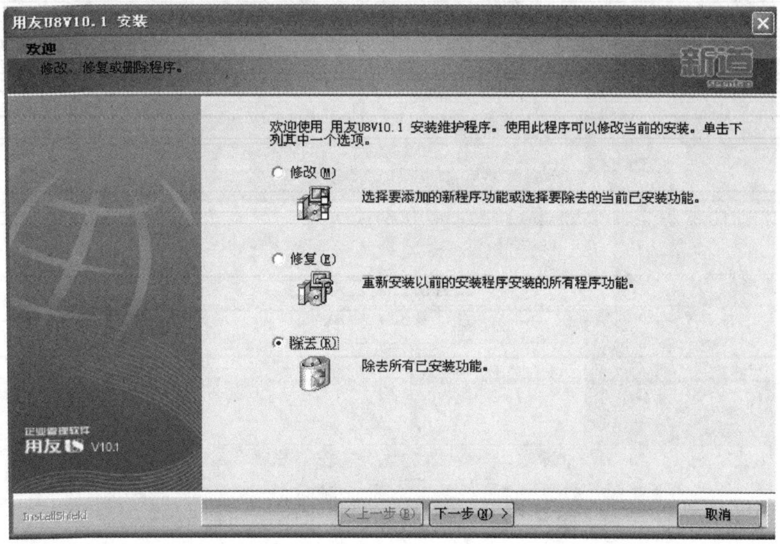

图 7—9　用友 U8 V10.1 修改、修复或除去界面

勾选“除去”选项，单击[下一步]按钮，出现如图 7—10 所示界面。

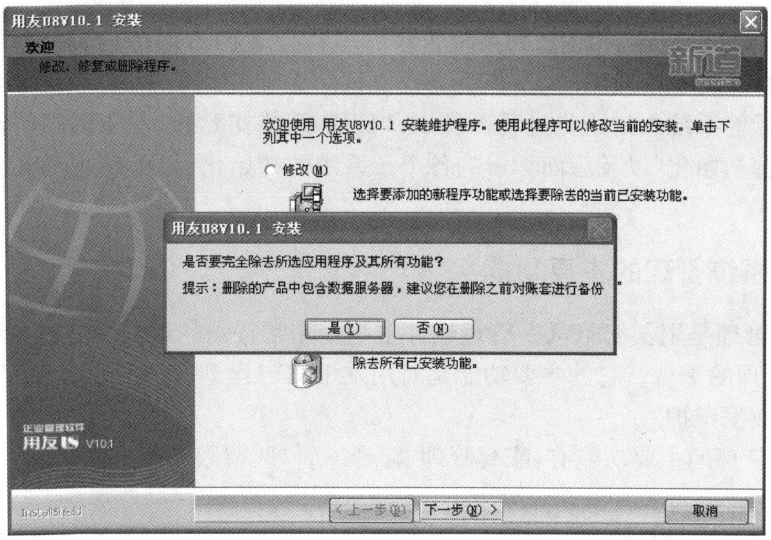

图 7—10　用友 U8 V10.1 卸载确认

单击[是]按钮，完成卸载工作，参见图 7—11。

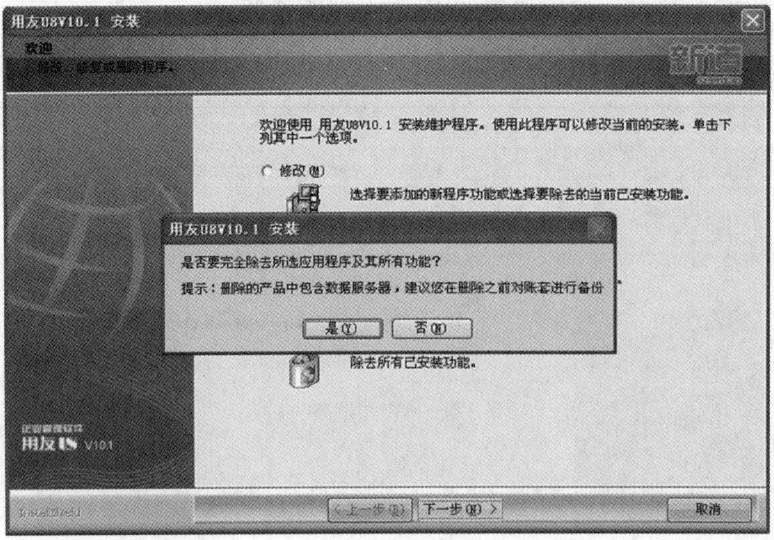

图 7—11 用友 U8 V10.1 完成卸载

第三节 ERP 系统初始化

ERP 系统初始化包含了 ERP 的系统管理和基础设置两方面的内容。其中，系统管理中账套的创建过程是将一个通用的 ERP 系统变成某个企业专用的 ERP 软件系统的重要过程，也可以说是对软件系统的初始化过程。所以，“ERP 系统初始化”是 ERP 软件系统的总体初始化，它与“账套初始化”以及后面学习的各个子系统的初始化（如账务处理初始化）之间，是依次包含关系。

一、ERP 系统管理的主要功能

ERP 系统管理是用友 ERP-U8 管理软件中一个非常特殊的组成部分，它提供了对各子系统集中、统一管理的平台。它的主要功能是对用友 ERP-U8 管理软件的各个子系统进行统一的操作管理和数据维护。

ERP 系统管理的主要功能有：账套管理、账套库管理、权限管理、视图管理。

1. 账套管理

账套是指一组相关联的数据，每一个企业或每一个核算部门的数据在系统内部都体现为一个账套。一个账套相当于我们日常生活中所说的一套账。

在用友 ERP-U8 系统中，可以为多个企业或企业内部的多个独立核算的部门分别建立账套，且各账套之间相互独立，数据互不影响，使软件得到最大程度的利用。用友 ERP-U8 管理软件最多允许建立 999 个账套。账套管理包括账套的建立、修改、删除、引入和输出。

2. 账套库管理

账套库管理的是年度账。每个账套中一般存放不同年度的数据，账套与年度账的关系如图 7—12 所示。为方便管理，不同年度的数据存放在不同的数据表中，称为年度账。这里所称的年度账与我们日常生活中所说的××年的账的含义基本相同。在用友 ERP-U8 系统中，每个账套里都存放有企业或企业内部某个独立核算部门的不同年度的数据，称为年度账。这样，对不同核算单位、不同时期的数据就可以更加方便地进行操作管理。账套库管理包括年度账的建立、账套库初始化、清空账套库数据、引入、输出和数据卸出等内容。

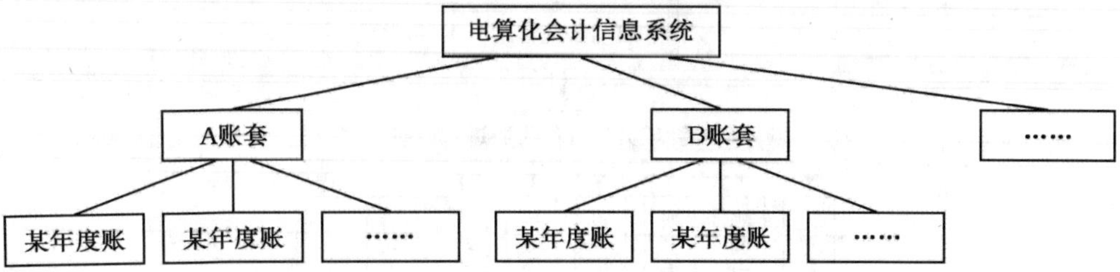

图 7—12　账套与年度账的关系图

3. 权限管理

为了保证系统及数据的安全，系统管理模块提供了系统操作员及操作权限的集中管理功能。操作员管理包括操作员的增加、修改、删除等操作。操作员权限的管理（即财务人员的工作分配）包括操作员权限的增加、修改、删除等操作。

4. 视图管理

对企业来说，财务软件系统运行安全和数据安全是十分重要的，用友 ERP-U8 系统设立了安全保障机制。在系统管理模块【视图】菜单中，设置了数据自动备份、清除系统运行过程中的异常任务、清除单据锁定、上机日志等，可以监控并记录整个系统的运行过程和存在的安全问题。

二、ERP 系统管理的操作流程

首次使用 ERP 系统，其操作流程与平时不同，应特别注意。

1. 新用户操作流程

首次使用 ERP 系统的操作流程参见图 7—13。

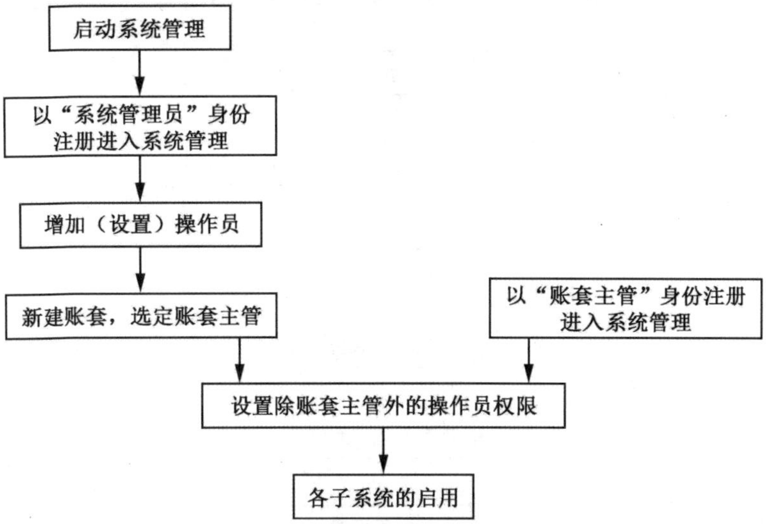

图 7—13　首次使用本系统的操作流程图

2. 老用户操作流程

(1)系统管理员操作流程参见图 7—14。

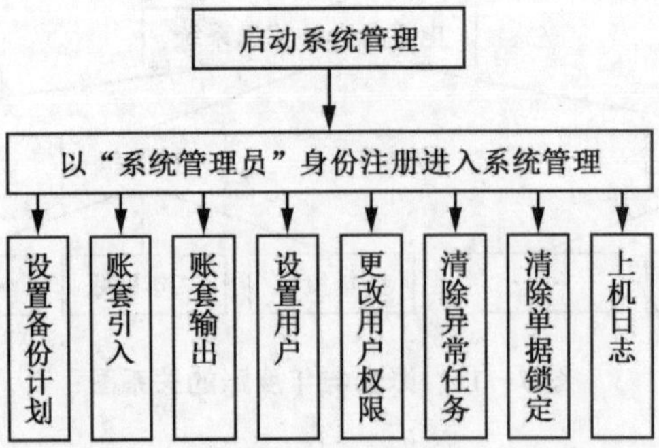

图 7—14　系统管理员操作流程图

(2)账套主管平时的操作流程参见图 7—15。

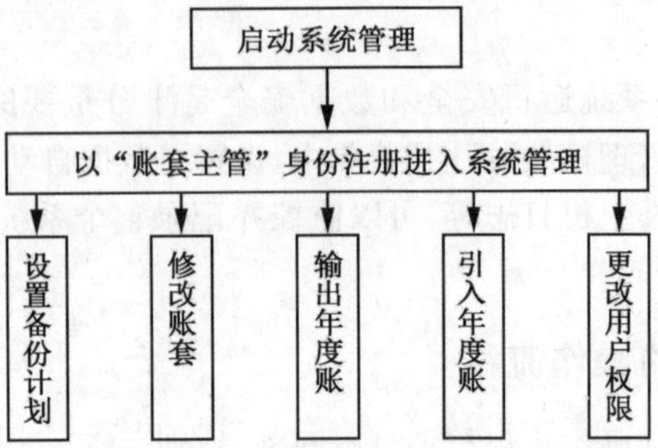

图 7—15　账套主管平时的操作流程图

(3)账套主管次年年初及以后各年年初的操作流程参见图 7—16。

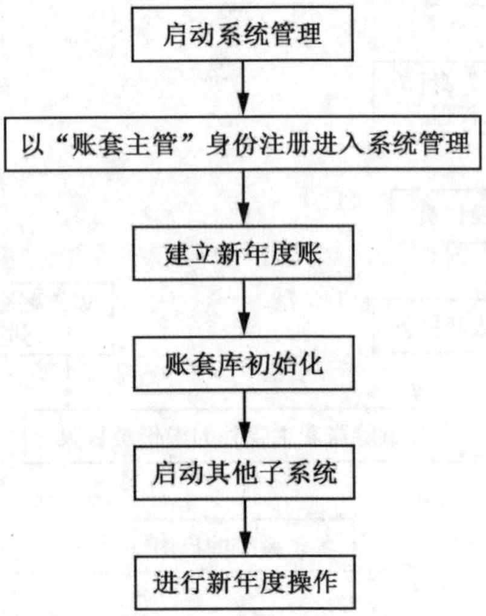

图 7—16　账套主管次年年初及以后各年年初的操作流程图

三、ERP系统管理的主要内容及操作方法

系统允许以系统管理员和账套主管两种身份注册进入系统管理。系统管理员负责整个系统的总体控制和维护工作，可以管理该系统中所有的账套。以系统管理员身份注册进入系统管理，可以进行账套管理和操作员设置及其权限管理。以账套主管的身份注册进入系统管理，可以对所管账套进行修改、管理账套库以及设置该账套操作员权限等。

1. 系统操作员管理(即定义操作员)

(1)设置内容：操作员姓名(即增加操作员或称定义操作员)。

(2)使用该功能模块的人员：系统管理员。

(3)使用该功能模块的时间：①在设置账套后，首次使用时；②新增会计人员时。

(4)对系统操作员进行管理的主要内容。

一是增加操作员(最好先定义一名账套主管)。该操作适用于系统安装后首次进行操作员设置和会计人员增加的情形。操作步骤为：①单击功能菜单中的[增加]按钮，系统弹出一个用于增加操作员的界面；②在给定界面的相应位置输入操作员的编号、姓名；③选择用户类型和认证方式；④输入口令、确认口令；⑤输入所属部门、E-mail地址、手机号；⑥在给定界面中单击[增加]按钮，表示增加一个操作员的确认；⑦增加下一个操作员则重复以上②～⑤的操作步骤；⑧增加完毕，单击[×]按钮或[取消]退出。

二是删除操作员。该操作适用于会计人员减少或已确认的增加操作员错误的更正。操作步骤为：①在"用户管理"界面中单击欲删除的操作员；②单击功能菜单中的[删除]按钮；③回复[是(Y)]按钮，即可删除该操作员。

三是修改操作员信息。在增加操作员时如果发现操作员设置的有些内容错误，移动光标到位，便可进行相应的修改。对操作员已确认的输入错误，其修改的操作步骤是：①在"用户管理"界面中单击欲修改的操作员；②双击鼠标将该操作员信息置于修改状态；③可进行姓名、口令、所属部门的修改；④修改完毕，单击[×]按钮或[取消]退出。

四是刷新操作员信息。只要使用了"用户管理"功能对操作员设置进行了增加、修改、删除等操作，就必须进行"刷新"操作，以保证系统管理中操作员设置内容的正确无误。此功能在用友ERP-U8软件中尤为重要。其操作很简单，只需在"用户管理"界面中单击[刷新]按钮即可。

2. 账套管理

账套通常是指采用账务处理软件为本单位建立的一套账簿文件。账务软件提供多套账使用功能进行账套管理。账套管理包括账套的创建、修改、删除、输出和引入等内容。

(1)创建新账套。创建新账套也称设置新账套、建立新账套、创建账套或建立核算单位。创建新账套简称为设一套账或建一套账。每一个会计核算单位都应单独设立一套账。如果所使用的账务处理软件只提供一套账，就只能供一个会计核算单位使用，则无该步骤，使用该软件的单位可以(也只能)使用账务处理软件提供的那套账。如果所使用的账务处理软件具有提供多套账的功能，则该步骤必不可少。例如：某企业下设分厂单独核算、下设服务公司单独核算，那么该企业应单独设立一套账、各分厂应各单独设立一套账、服务公司应单独设立一套账。

1)设置内容：账套号、账套名称(即核算单位名称)、启用会计期、单位信息、核算类型等基础参数。

2)使用该功能模块的人员：由软件设计者指定的人员，通常是系统管理员。

3)使用该功能模块的时间。正常使用该功能模块的时间是电算化会计信息系统初始化的第一项工作。如果已设账套既不能满足当前需要,又无修改的价值,则应设置新账套,也可以先删除无用的已设账套,再设置新账套。

4)主要的上机操作有五大步骤。

第1步:进入创建账套的功能模块。①以系统管理员(Admin)的身份注册进入"系统管理"界面;②在系统管理界面的【账套】菜单下单击[建立],系统弹出"创建账套—建账方式"界面,默认"新建空白账套",单击[下一步]按钮,进入"创建账套—账套信息"界面(参见图7-17)。

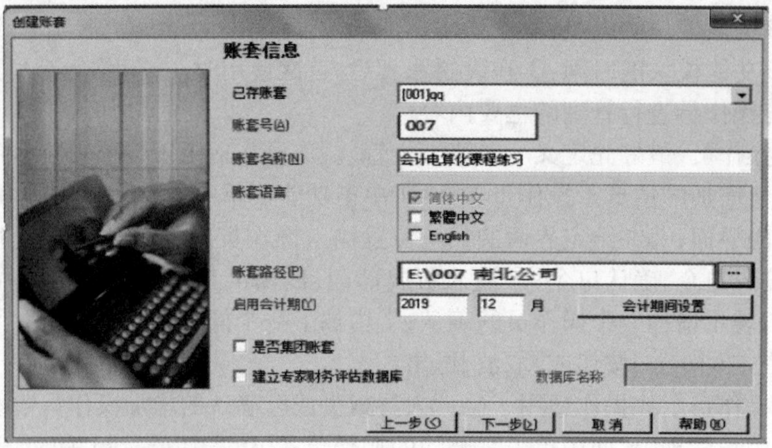

图7-17 "创建账套—账套信息"界面图

注:①已存账套:系统将已经存在的账套以下拉列表框形式在此栏目中显示,用户只能参照,而不能输入或修改,其作用是明晰已经存在的账套,避免在新建账套时重复建立。账套号:每个账套用一个3位数字代码表示,称为账套号。账套号不能重复,账套编号为3位数值,取值范围是001~999。

②账套名称:用来输入新建账套的名称,用户必须输入。本例输入"会计电算化课程练习"。

③账套路径:用来输入新建账套所要被保存的路径,可以不做修改,系统默认的路径为"C:\U8soft\Admin",用户可以直接修改,还可以单击后面的按钮选择路径。

④启用会计期:用来输入新建账套将被启用的时间,用户必须输入,系统默认为计算机系统日期,也可直接输入,但不能超过系统时间。单击[会计期间设置]按钮,可设置账套的启用年度和月度。

⑤是否集团账,不是"集团账"这项不选择。

第2步:输入账套号、账套名称;选择账套路经和启用会计期。在"账套信息"界面的[账套号]项中确认系统所分配新建账套的编号或输入所建账套号,在[账套名称]项中输入新建账套的名称(通常用核算单位名称),在[账套路经]项中默认或选择新的账套路经,在[启用会计期]项中默认启用该账套的年与月(应与系统时间一致)。

第3步:输入单位信息。①在创建账套界面中单击[下一步]按钮,进入"单位信息"界面;②在"单位信息"界面中输入单位名称、机构代码、单位简称、单位域名、单位地址、法人代表、邮政编码、联系电话、传真、电子邮件、税号、备注一和备注二。

第4步:输入核算类型。在"单位信息"界面中单击[下一步]按钮,进入"核算类型"界面(参见图7—18)。①确认本币代码、本币名称,选择企业类型、行业性质、科目预置语言和账套主管;②在"核算类型"界面中默认[按行业性质预置科目]选项。

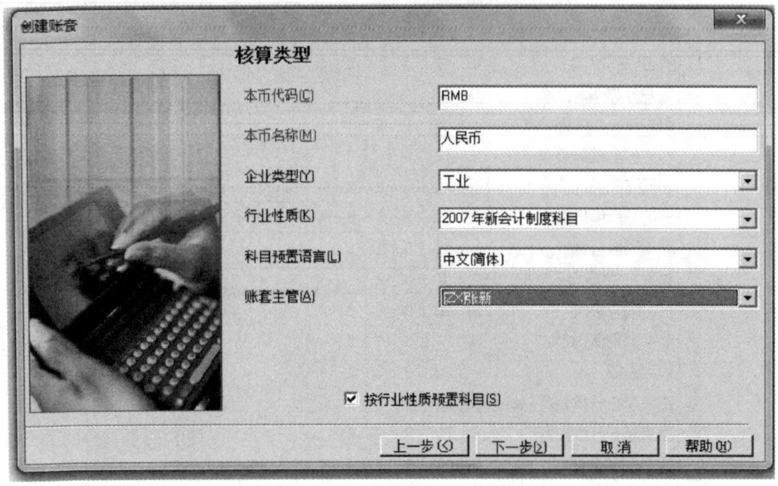

图7—18 "核算类型"界面图

第5步:输入基础信息。①在"核算类型"界面中单击[下一步]按钮,进入"基础信息"界面。②选择"存货是否分类""客户是否分类""供应商是否分类"和"是否有外币核算",单击[完成]按钮。③在系统提示"创建账套—开始"界面中单击[完成]按钮。④在系统提示"可以创建账套了吗?"的提示框中,单击[是]按钮即可完成创建新账套的操作。同时,系统弹出"编码方案"界面(参见图7—19)。⑤在"编码方案"界面,系统显示所有编码的系统默认值,比如科目编码级次设为4、2、2、2。对分类编码方案的系统默认值可不做修改,直接采用;如果本单位有特别要求,也可修改其系统默认值;单击[确认]按钮,系统确认分类编码方案后,系统弹出"数据精度定义"界面。⑥在"数据精度定义"界面,系统显示所有数据精度的系统默认值,比如存货数量小数位为2。对数据精度的系统默认值可不做修改,直接采用;如果本单位有特别要求,也可修改其系统默认值。⑦单击[确认]按钮,系统提示"创建账套{××××××××}成功"界面。⑧在系统提示界面中,单击[确认]按钮。创建账套工作即告圆满完成。

注:不同的账务软件,操作步骤会有所不同。

(2)修改账套。系统运行一段时间后,如果发现账套的某些信息需要修改或补充,以便使信息更加真实准确地反映企业的实际情况,可以通过修改账套功能来完成。还可通过此功能查看账套信息。系统要求只有账套主管才有权力注册使用账套修改功能,系统管理员无权修改账套。因此,如果要修改某一账套信息,首先应在启动系统管理后,以账套主管的身份登录注册系统管理,并选择要修改的账套。

注:并非账套的所有信息都能修改,只有部分数据可以修改。例如:账套信息界面只能修改"账套名称",其他信息是未使用的才可以修改。

(3)删除账套。如果已设账套既不能满足当前需要,又无修改的价值,则应删除该账套。系统未单独设立【删除账套】菜单,而是放在【输出账套】菜单下。为避免误删除,系统要求先输出账套数据,再删除账套,并且要求再一次确认"真要删除该账套吗?",单击[是]按钮即可删除该账套。

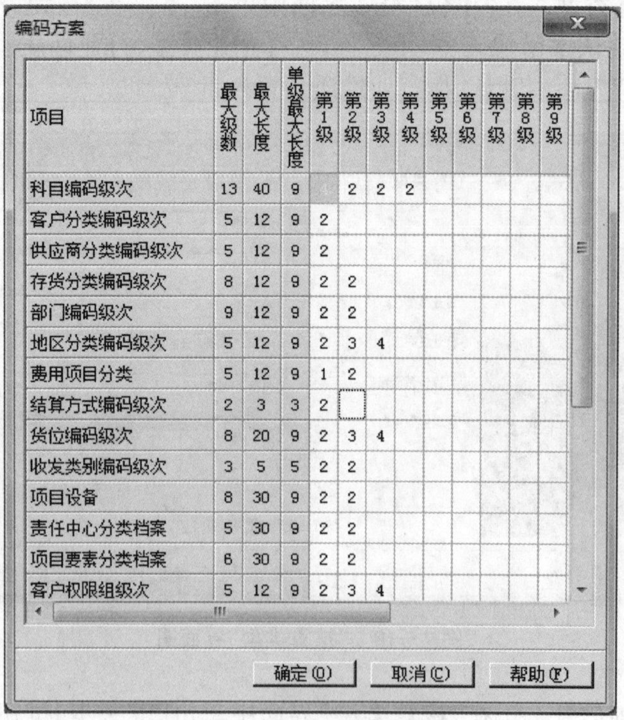

图 7—19 “编码方案”界面图

(4)输出账套。输出账套又称数据备份或备份账套数据，是将用友 ERP-U8 应用系统所产生的账套数据备份到硬盘、U 盘、移动硬盘或光盘中保存起来。其目的是长期保存，防备意外事故造成的硬盘数据丢失、非法篡改和破坏；能够利用备份数据，使系统数据得到尽快恢复以保证业务正常进行。输出账套功能不仅可以完成数据的备份操作，而且还可以完成账套的删除操作。输出账套主要的上机操作步骤如下：

①以系统管理员(Admin)的身份注册进入“系统管理”窗口。选择【账套】→【输出】菜单，打开“账套输出”对话框，单击“账套号”右侧的下拉列表按钮，选择“[007]会计电算化课程练习”，如图 7—20 所示。

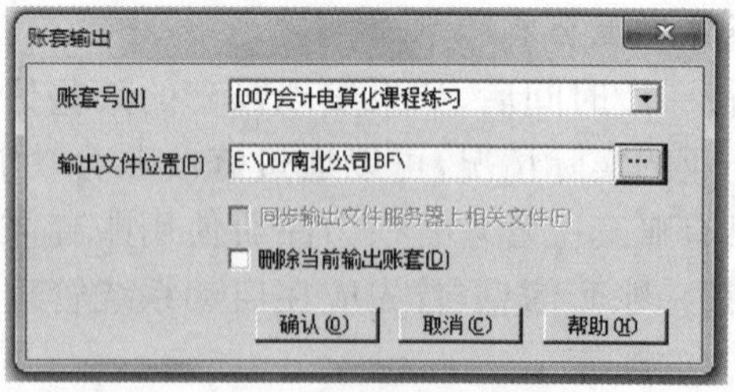

图 7—20 “账套输出”对话框图

②单击[确认]按钮，经过拷贝备份数据文件和压缩进程，系统进入“选择账套备份路径”对话框，选择相应的路径后(最好选择专为账套数据建立的文件夹)。单击[确定]按钮，系统弹出“硬盘备份完毕”对话框。

③单击[确定]按钮，结束账套输出操作。

注：①只有系统管理员(Admin)有权限进行账套输出。②在输出或删除账套时，必须关闭该账套的所有系统模块。③在输出账套数据前，最好专门为账套数据建立一个文件夹。④如果要删除账套，先选中账套，再选中图 7—20 的“删除当前输出账套”选择框，按上面的步骤执行就可以删除账套了。

(5)引入账套。引入账套又称数据恢复或恢复账套数据，是指将系统外的硬盘、U 盘、移动硬盘或光盘上备份的某账套数据引入本系统中。引入账套的目的是：当系统数据被破坏时，将硬盘、U 盘、移动硬盘或光盘上的最新备份数据恢复到系统中。系统还允许将系统外某账套数据引入本系统中，从而有利于集团公司的操作，子公司的账套数据可以定期被引入母公司系统中，以便进行有关账套数据的分析和合并工作。为此，集团公司的管理人员应在创建账套之前就预先做好规划，为每个子公司分配不同的账套号，以避免引入子公司数据时因账套号相同而被覆盖。

引入账套数据主要有以下三个操作步骤：

①以系统管理员(Admin)的身份注册进入“系统管理”窗口，选择【账套】→【引入】菜单，进入“引入账套数据”对话框。

②选择需引入的账套数据，单击[打开]按钮，系统进入“请选择账套备份文件”界面，可以将账套引入到账套的默认路径中；单击[确定]按钮，也可重新设置引入账套的存放路径。

③系统经过一段恢复过程，最后系统弹出“账套[007]引入成功”对话框，单击[确定]按钮，完成引入账套操作。

3. 操作权限的管理

系统中操作权限的管理相当于日常工作中财务人员的工作分配。对系统操作员权限实行统一管理，一方面可以避免与业务无关的人员对系统进行操作；另一方面可以对系统所包含的各个子系统的操作进行协调，以保证系统及其数据的安全性和保密性。操作员权限的集中管理包括定义角色、设置用户和设置功能权限等。功能权限的分配在“系统管理”中进行设置，只有系统管理员和该账套的主管有权进行权限设置，但两者的权限又有所区别。系统管理员可以指定某账套的账套主管，还可以对各个账套的操作员进行权限设置。而账套主管只能对所管辖账套的操作员进行权限设置。

(1)使用该功能模块的各具体操作方法的公用步骤。使用该功能模块的各具体操作方法的公用步骤即为进入操作员权限设置界面的步骤：以系统管理员或账套主管的身份登录后，单击功能菜单【权限】下的[权限]选项，系统将弹出“操作员权限”设置界面。

(2)设置或取消账套主管的具体操作步骤。设置或取消账套主管的操作只能由系统管理员进行。一个账套中最好只设一个账套主管。

①在“操作员权限”界面中选取欲设置或取消账套主管的操作员所在行。

②在“操作员权限”界面中单击选中账套主管的所有权限。如果需取消账套主管，将账套主管的所有权限的对钩标记去掉。

(3)给操作员赋权限的具体操作步骤。系统默认账套主管自动拥有全部权限，因此无须给账套主管赋权限。首次使用时，需给除账套主管之外的所有系统操作员赋权限；会计人员内部工作调整时需增加权限。

①在“操作员权限”界面中单击选中需赋权限的操作员。

②单击[修改]按钮，系统给出左半部分的修改权限。

③在该界面的“财务会计”项目中，单击“总账”前的小方框(即在该小方框中标上“√”标

记),表示给该操作员赋给"总账"的全部权限。

④如果只赋"总账"的部分权限,需找出"总账"下的各功能菜单,再单击该功能菜单前的小方框(即在该小方框中标上"√"标记),即表示给该操作员赋给"总账"的某部分功能权限。

⑤单击[退出]按钮,系统提示"是否保存对操作员{××}的修改?",单击[是]按钮返回。

(4)权限赋错修改的具体操作步骤。权限赋错的修改与给操作员赋权的具体操作步骤相同。单击该功能菜单前的小方框,原有小方框中的标记"√"消失,即表示取消了"总账"的某部分功能权限。

(5)删除操作员权限的具体操作步骤。

①在"操作员权限"界面中单击选中需删除权限的操作员。

②在右侧的权限显示区中,点取需删除的权限。

③单击[删除]按钮,在系统弹出的"删除:[×××]所有权限吗?"提示框中,单击[是]按钮,即可删除权限。

(6)刷新的具体操作步骤。在"操作员权限"界面单击[刷新]按钮。

(7)退出操作员权限管理。在"操作员权限"界面单击[退出]按钮。

4. 统一安全机制的视图管理

视图管理功能包括:刷新、清除异常任务、清除单据锁定和上机日志。

(1)刷新。系统管理的一个很重要的用途是对系统运行进行实时监控。以系统管理员身份进入系统管理后,可以看到系统管理的功能列表分为上下两个部分;上半部分列示的是正登录到系统管理的子系统,下半部分列示的是登录的操作员在子系统中正在执行的功能。这两个部分的功能均是动态的,都会根据系统的执行情况而自动变化。如果想看到最新的情况,就需要启用"刷新"功能来适时刷新功能列表的内容。

(2)清除异常任务。清除异常任务主要是针对网络环境下使用财务软件的情况。系统管理员对每一个登录系统的子系统定时轮巡检查,如果发现死机、网络阻断等异常情况,就在子系统相对应的任务栏的"运行状态"框内显示"异常"。此时,单击"系统管理"对话框【视图】菜单的【清除异常任务】菜单,系统就会把这些异常任务所申请的系统资源予以释放,并恢复可能被破坏的系统数据库和用户数据库。同时,"运行状态"框内也将清除这些异常任务。

(3)清除单据锁定。使用过程中,由于不可预见的原因造成单据锁定时,有关的操作不能正常进行,此时单击"系统管理"对话框【视图】菜单的【清除单据锁定】菜单,即可恢复正常功能的使用。

(4)上机日志。上机日志是系统安全的组成部分。为了保证系统的安全运行,系统随时对各个产品或模块的每个操作员的上下机时间、操作的具体功能等情况都进行登记,形成上机日志,以便使所有的操作都有所记录。

用户可以对上机日志进行一般查询、过滤查询、删除、刷新、排序、输出等操作。

注:①只有系统管理员(Admin)才可以使用上机日志功能。②上机日志是由系统自动记录的,只可查看和删除,不能修改。③对上机日志的删除操作,可以与过滤功能结合起来使用,即可以先过滤,然后再将过滤出来的内容执行删除操作。④上机日志是动态的,它随着系统的使用情况不断发生变化。如果想要查看最新的上机日志,就要适时地执行刷新功能。

四、ERP系统的进入方法及启用次序

在系统管理中,按照预先设定的参数创建的新账套是无该公司的数据的。因此需要根据

公司的实际情况对新账套进行基础设置,即进行账套的初始化工作。

借助计算机强大的信息平台,可实现系统内各子系统间数据的高度共享。基础信息是系统运行的基础,在启用新账套之前,应根据企业的实际情况,事先做好基础数据的设置工作。

1. 进入ERP系统的操作方法

(1)进入"企业应用平台"界面。

方法一:在"桌面"上双击"企业应用平台"图标,系统弹出"U8登录"界面。

方法二:在"桌面"上单击[开始]按钮,鼠标依次指向"程序""用友ERP-U8V10.1""企业应用平台",再单击"企业应用平台",系统弹出"U8登录"界面。

(2)在"操作员"栏目中输入账套主管的名称或具有权限的系统操作员。

(3)在"密码"栏目中输入该操作员的正确密码。

(4)如果需要修改该操作员的密码,其操作步骤为:①选中[改密码]选项,单击[确定]按钮;②输入新口令,确认新口令;③单击[确认]按钮,即可为该操作员设置新的密码。

(5)单击"账套"栏目中的[▼]按钮选定账套。

(6)在"操作日期"栏目中选择或输入合适的操作日期。

(7)单击[登录]按钮即可进入"U8新道教育—UFIDAU8"界面。

2. 电算化会计信息系统各子系统的启用次序

ERP系统的基本信息设置主要包括系统启用、编码方案和数据精度三项操作。编码方案和数据精度已在系统管理中介绍过了,此处不再赘述。下面只介绍系统启用的次序。

电算化会计信息系统各子系统的启用次序分四个层次,同一层次子系统的启动不区分先后顺序;第1层次是三个子系统:总账、采购管理、销售管理;第2层次是五个子系统:库存管理、存货核算、工资管理、资金管理、固定资产管理;第3层次是两个子系统:应收款管理、应付款管理;第4层次是一个子系统:成本管理。电算化会计信息系统各子系统的启用次序关系参见图7—21。

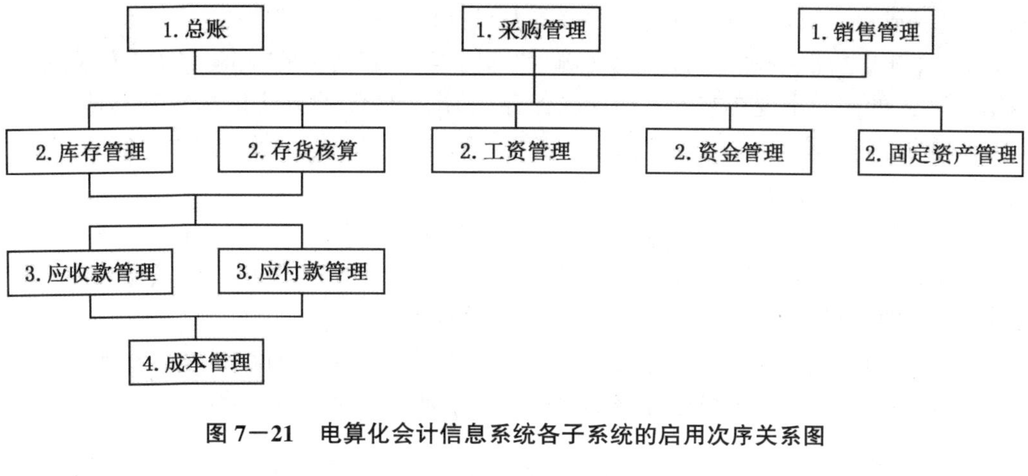

图7—21 电算化会计信息系统各子系统的启用次序关系图

五、ERP系统的基础档案

ERP系统的基础档案的内容较多,用户可以在软件的"基础设置"部分加以统一设置,也可以在进入各子系统后分别进行设置。设置基础档案之前首先确定基础档案的分类编码方案,基础档案的设置必须遵循分类编码方案中的级次和各级编码长度的设定。

机构人员中主要包括设置部门档案和人员档案两部分内容。应先设置部门档案,在部门档案设好的基础上再设置人员档案,每个职员都应有归属部门。

1. 部门档案

在会计核算中,下一级常常需要向业务上有隶属关系的上一级报送数据。建立部门档案的目的就是为了按部门分类、汇总和管理。在系统初始化时,应先确定核算单位的中间机构层次。一个企业一般有唯一的机构模型。例如:南北联合股份有限公司的机构如图 7—22 所示。

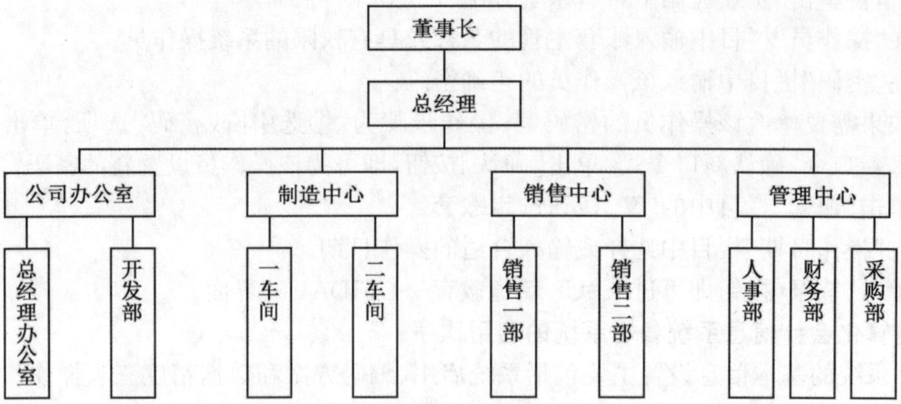

图 7—22 南北联合股份有限公司机构图

部门编号应符合编码级次原则。部门编号和名称必须录入,必须唯一。负责人先不输入,暂时为空。部门属性可以是管理部门、技术部门、销售部门、生产部门等部门分类属性,也可以为空。电话、地址和备注栏可以为空。

(1)建立部门档案。建立部门档案的操作步骤如下:①进入“企业应用平台”;②在“企业应用平台”的【基础设置】选项中,选择【基础档案】→【机构人员】→【部门档案】菜单,打开“部门档案”窗口;③单击[增加]按钮,按编码规则输入“部门编码”和真实的“部门名称”,输入完毕单击回车确认,输入的部门出现在左上方即为已保存;④按步骤③的方法依次输入其他部门,系统显示已录入的部门档案,如图 7—23 所示;⑤直至全部输入完成后,单击上方“部门档案”右侧的[×]按钮,完成部门档案建立。

(2)修改部门档案。首先将光标定位到要修改的部门,单击[修改]按钮,除部门编号不能修改外,其他信息均可修改。修改完毕后,单击上方“部门档案”右侧的[×]按钮,回复“是否保存对当前档案的编辑”,单击[是]按钮完成部门档案的修改。

(3)删除部门档案。首先将光标定位到要删除的部门,单击[删除]按钮后在弹出的系统提示对话框中单击[是]按钮,即可删除该部门。若部门被其他对象引用后则不能删除。

2. 人员档案

人员档案主要用于设置公司管理人员的信息资料,以方便地进行个人往来核算和管理。

(1)建立人员档案。建立人员档案的操作步骤如下:①在“基础设置”选项中,单击【基础档案】→【机构人员】→【人员档案】菜单,打开“人员档案—部门职员”窗口;②单击[增加]按钮,显示“增加人员档案”对话框,依次输入有关信息;③单击[保存]按钮保存设置;④重复步骤②、③的操作,继续输入其他职员;⑤直至全部输入完成后,单击[退出]按钮,完成人员档案建立。

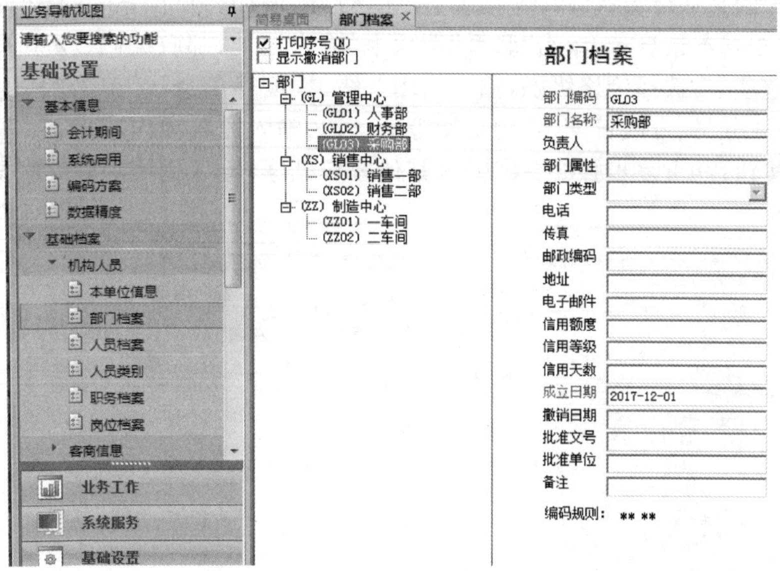

图 7—23 部门档案图

(2)修改人员档案。在“人员档案—部门”窗口中,将光标定位到要修改的职员上,单击[修改]按钮或双击要修改的职员信息即可进入修改状态。除职员编码不能修改外,其他信息均可修改。如果想修改职员编码,可先删除本职员信息,再增加该职员信息;再增加时输入新的职员编码,即可回避职员编码不能修改的问题。修改完毕后单击[保存]按钮即可。

(3)删除人员档案。在“人员档案—部门”窗口中,将光标定位到要删除的职员上,单击[删除]按钮后,在弹出的系统提示对话框中单击[是]按钮即可删除该人员档案。

注:人员档案资料一旦被使用将不能被修改或删除。

3. 客商信息

企业的客商信息通常是客户和供应商的相关信息。如果企业的客户和供应商较多,查找不便,就应对客户和供应商分别进行分类管理;在分类的基础上再进行客户和供应商的档案管理。建立客户及供应商分类后,必须将客户及供应商设置在最末级的客户及供应商分类之下。如果对客户及供应商没有进行分类管理的要求,则在建账时无须也不能设置客户及供应商分类,此时可直接建立客户及供应商档案;若在建账时选择了客户及供应商分类,就必须先建立客户及供应商分类,再增加客户及供应商档案。

(1)客户分类。客户分类的方法有多种,如何分类应依据管理的要求。例如可以按客户的性质分类:批发(PF)、零售(LS)、代销(DX)、专柜(ZG)。客户分类的操作步骤如下:①在“企业应用平台”的“基础设置”选项中,选择【基础档案】→【客商信息】→【客户分类】菜单,打开“客户分类”窗口;②在“客户分类”窗口中,单击[增加]按钮,并在“类别编码”框中输入“PF”,在“类别名称”框中输入“批发”;③输入完毕单击回车确认,输入的客户分类出现在左上方即为已保存;④重复步骤②、③的操作,设置其他客户分类,完成后单击[退出]按钮。

注:已被引用的客户分类不能被删除。

(2)客户档案。客户档案主要用于设置往来客户的信息,便于对客户及业务数据进行统计和分析。建立客户档案的操作步骤如下:①在“企业应用平台”的“基础设置”选项中,选择【基础档案】→【客商信息】→【客户档案】菜单,打开“客户档案”窗口;②在“客户档案”窗口中,将光标定位选定客户的某一分类;③单击[增加]按钮,打开“增加客户档案”对话框;④单击“基本”选项卡,输入客户基本信息;⑤单击“联系”选项卡,输入地址、邮政编码、联系人、电话等信息;⑥单击“信用”选项卡,选择价格级别,输入信用等级、额度等信息;⑦单击“其他”选项卡,输入分管部门、专营业务员、发展日期、停用日期等信息;⑧输入完各项内容后,单击[保存]按钮或[保存并新增]按钮;⑨重复步骤③~⑧输入其他客户档案,输入完毕后,单击[退出]按钮。参见图7—24。

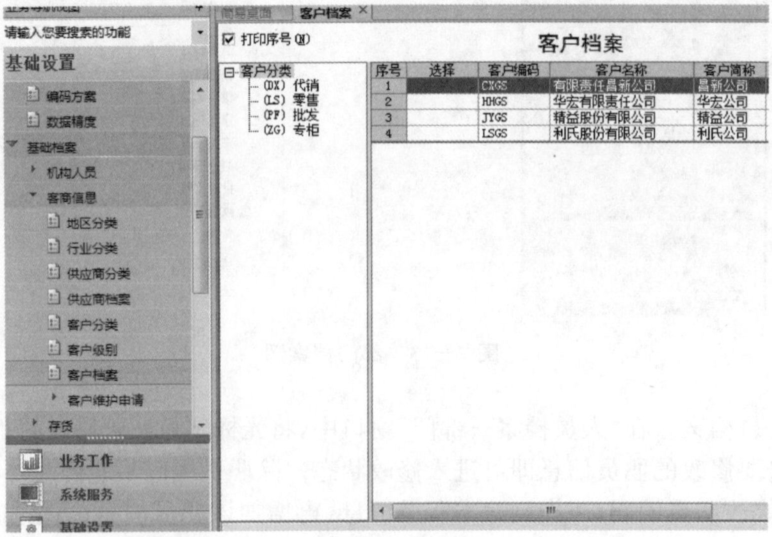

图7—24 客户档案图

(3)供应商分类。供应商分类的方法有多种,如何分类应依据管理的要求。例如可以按供应商的性质分类:原料供应商(YL)、成品供应商(CP)。供应商分类的操作步骤如下:①在“企业应用平台”的“基础设置”选项中,单击【基础档案】→【客商信息】→【供应商分类】菜单,打开“供应商分类”窗口;②在“供应商客户分类”窗口中,单击[增加]按钮,输入“类别编码”和“类别名称”;③单击[保存]按钮或[保存并新增]按钮;④重复步骤②、③的操作,继续设置供应商。完成后单击[退出]按钮。

注:已被引用的供应商分类不能被删除。

(4)供应商档案。企业经营过程中涉及的供应商较多,如果需要进行往来管理,那么必须将企业中供应商的详细信息录入供应商档案中。建立供应商档案直接关系到对供应商数据的统计、汇总和查询等分类处理。供应商档案建立方法与客户档案建立方法类似。

设置供应商档案需要注意的是以下内容与客户档案设置不同:①单价是否含税。是指所购货物的单价中是否含有税金,可以是含税价格也可以是不含税价格。②对应条形码。用于存货进行条形码管理时,若存货条形码中有供应商信息,则需要在对应供应商中输入对应编码信息。

(5)地区分类。企业可根据自身管理要求决定是否对客户、供应商的所属地区进行相应的分类。如果企业需要对客户和供应商按地区进行统计,就需要建立地区分类体系,以便于对业务数据按地区进行统计、分析。在采购管理、销售管理、库存管理和应收应付管理系统中,填写客户和供应商档案时,所属地区栏目要填写。

六、ERP 系统的数据权限

为满足经济管理和会计内部控制的需要，除在“系统管理”设置完成的功能级权限分配外，还应设置完成数据级权限分配和金额级权限分配。数据权限通常包括三个部分：数据权限控制设置、数据权限分配和金额权限分配。

1. 数据权限控制设置

数据权限控制设置分记录级和字段级两级控制。设置在本账套中需要对哪些业务对象进行数据权限控制。数据权限控制设置的操作步骤如下：(1)在“企业应用平台”的“系统服务”选项中，选择【权限】→【数据权限控制设置】；(2)双击“数据权限控制设置”选项，打开“数据权限控制设置”对话框；(3)针对 16 个记录级业务对象和 105 个字段级业务对象，选择是否进行控制，选中该数据前面的“是否控制”复选框，选择“√”。需要注意的是：只有进行数据权限控制设置后，才能进行后续的数据权限设置和金额级权限分配。

2. 数据权限分配

(1)数据权限分配的前提。进行数据权限设置的前提是：在系统管理中已设置角色和用户，且已进行功能权限分配，在“系统服务”中已进行数据权限控制设置。

(2)数据权限分配的作用。数据权限设置的作用是：设置用户、用户组所能操作的档案，单据的数据权限用于控制后续业务处理允许编辑、查看的数据范围。

(3)数据权限分配的分类。数据权限分配包括记录权限分配和字段权限分配两种。记录权限分配是指对具体业务对象进行权限分配。使用前提：在“数据权限控制设置”中选择控制至少一个记录级业务对象。字段权限分配是对单据中包含的字段进行权限分配，主要从安全保密性考虑。使用前提：在“数据权限控制设置”中选择控制至少一个字段级业务对象。

(4)数据权限分配的设置方法及操作步骤。两种权限的分配设置方法及操作步骤基本相似，这里以记录级权限分配为例说明其操作步骤。

注：账套主管不参加数据权限分配。

①在“企业应用平台”的“系统服务”选项中，选择【权限】→【数据权限设置】；

②双击“数据权限设置”选项，打开“权限浏览”窗口；

③在“权限浏览”窗口中，选中要分配权限的用户或角色；

④单击[授权]按钮，显示“记录权限设置”对话框；

⑤根据当前所选的用户或角色及业务对象进行一级会计科目的选择工作；

⑥选择该用户，对分配对象是否拥有“查账”“制单”权限进行控制；

⑦单击[保存]按钮，保存设置，返回“数据浏览”窗口，显示设置结果。

3. 金额权限分配

金额权限分配功能用于分配用户可使用的金额级别，对业务对象提供金额权限控制。在进行金额权限设置前应先进行金额级别设置。

(1)金额级别设置。金额级别设置的操作步骤如下：①在“企业应用平台”的“系统服务”选项中，选择【权限】→【金额权限分配】；②在“金额权限设置”窗口，单击[科目级别]按钮；③依次进行某一科目的级别一、级别二直至级别六的设置；④单击回车确认，保存设置。

(2)金额权限设置。金额权限设置主要是制定用户的金额权限级别。其操作步骤如下：①在“金额权限设置”窗口，单击[增加]按钮；②依次指定某一用户的金额权限控制级别；③单击[保存]按钮，保存设置。

思考题

1. 电算化会计信息系统与业务流程有何联系？
2. 用友 ERP-U8 安装运行需要什么样的环境？
3. 如何安装与卸载用友财务软件？请简要说明。
4. 请绘制新用户使用用友 ERP-U8 的操作流程。
5. 请绘制账套主管平时的操作流程。
6. 请绘制账套主管次年年初及以后各年年初的操作流程。
7. 如何建立账套及设置账套参数？
8. 请绘制电算化会计信息系统各子系统的启用次序关系图。
9. 如何输出和引入账套数据？

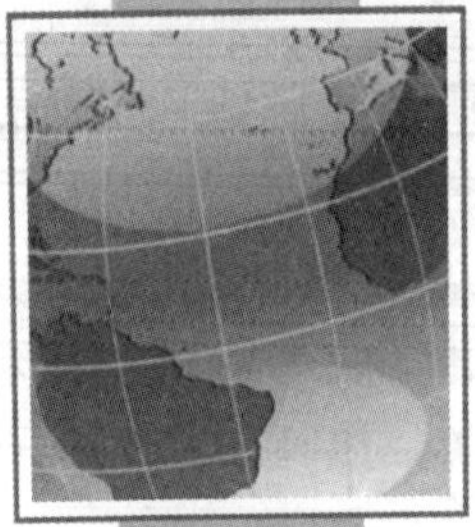

第八章 账务处理子系统应用

【要点提示】

- 账务处理
- 会计科目代码
- 组码
- 群码
- 助记码

【案例导入】

● 南北公司采用账务处理子系统，进行账务处理子系统的系统初始化：建立会计科目（总账及各级明细账）、采用部门核算、采用客户辅助核算、采用供应商辅助核算。进行日常账务：录入记账凭证、审核、修改、记账；定义自动转账凭证、期间损益结转等。

● 账套主管进行总账子系统的系统初始化；凭证操作员进行录入记账凭证、修改；账套主管记账凭证审核、记账；出纳进行出纳工作。

在人工会计核算中，没有单纯的“账务处理”这一概念。在会计电算化中，习惯上把设置账户、复式记账、填制和审核会计凭证、登记账簿这四种会计核算方法简称为“账务处理”。作为进行会计账务处理的子系统，通常简称为账务处理子系统。这样确定的目的是为了加强各种会计核算间的联系，方便实现会计电算化。英语中将账务处理子系统称为总账子系统。用友ERP-U8使用的就是“总账子系统”这一概念。该“总账子系统”中的“总账”与我国的总分类账（简称总账）的含义不同，是指所有账，包括总分类账、明细分类账、日记账、多栏账、辅助账等。故在本书中“账务处理子系统”与“总账子系统”含义相同，可简称为总账子系统，甚至简称为总账。

第一节　账务处理子系统概述

一、会计电算化账务处理与人工账务处理的比较

会计电算化账务处理和人工账务处理是从会计数据的处理技术来区分的。通常将使用电子计算机来处理会计数据的方式称为会计电算化账务处理；而将使用算盘、纸、笔、计算器等来处理会计数据的方式称为人工账务处理。我国会计电算化的账务处理是在人工账务处理的基础上直接采用计算机处理会计数据后形成的，因此两者之间具有一定的相同点；但是，与人工账务处理相比，又具有自身的特点。

1. 会计电算化账务处理与人工账务处理的相同点

无论是采用会计电算化进行账务处理，还是采用传统的人工方式进行账务处理，二者都有以下相同点。

(1)会计目标一致。无论是人工账务处理还是会计电算化账务处理，其会计目标均是为信息使用者提供对其经济决策有用的会计信息。

(2)遵循统一的会计法规和会计准则。会计法规是进行会计工作的法律依据，会计准则是用来规范企业会计行为的统一会计标准，会计准则作为一种"制度安排"，已经成为协调不同利益团体之间经济利益分配格局的制度基础。会计电算化的账务处理仍应严格执行统一的会计法规和会计准则，从而在措施上和技术上杜绝可能的失误。

(3)遵循相同的会计理论和会计方法。会计电算化虽然会引起会计理论和会计方法上的变化，但其变化是渐进性的，而非突变性的，不会动摇基本的会计理论和基本的会计方法。例如：复式借贷记账的基本原理，设置账户、复式记账、填制和审核会计凭证、登记账簿等基本会计核算方法不会动摇，仍需遵循。

(4)处理相同的经济业务。无论是人工账务处理还是会计电算化的账务处理，对同一企业而言，都是处理相同的经济业务；处理的经济业务不会因会计数据处理的技术和方法而改变。

(5)编制财务会计报告、保存会计档案的要求相同。无论是人工账务处理还是会计电算化的账务处理，都应依据《企业财务会计报告条例》的规定：企业应当根据真实的交易、事项以及完整、准确的账簿记录等资料，并按照国家统一的会计制度规定的编制基础、编制依据、编制原则和方法，编制财务会计报告。

会计档案是会计核算的重要历史资料，必须按规定妥善保管。有关制度规定，实现会计电算化的单位，会计档案的保管要求比照人工核算进行。实现会计电算化后，虽然存储介质发生了一些变化，部分会计数据和会计信息的格式发生了一些变化，但会计档案仍需保存。

2. 会计电算化账务处理与人工账务处理的不同点

采用会计电算化进行账务处理与采用传统的人工方式进行账务处理，由于处理方式发生了变化，二者的不同点如表8－1所示。

表8－1 会计电算化账务处理与人工账务处理的不同点

比较的项目	人工举例说明	电算化举例说明
处理工具不同	算盘、纸、笔、计算器	电子计算机
电算化账务处理程序(会计核算形式)趋于简化	记账凭证核算形式、科目汇总表核算形式、汇总记账凭证核算形式、日记总账核算形式等	科目汇总表核算形式 汇总记账凭证核算形式
会计数据和会计信息的载体不同，其保管形式也有差异	纸张 (防霉、防潮)	纸张 软盘、硬盘、光盘等 (防霉、防潮、防磁化)
会计工作的岗位设置不同	按会计事务的不同性质设置工作岗位；业务核算：工资、材料等	按数据的不同形态设置工作岗位 数据准备组、系统运行组等
内部控制方式不同	账证、账账、账表、账实核对(签字、盖章)	可通过会计软件的有关功能实现(姓名、权限、口令)

续表

比较的项目	人工举例说明	电算化举例说明
会计人员的知识结构不同	会计专业知识 骨干：会计师	会计专业知识、计算机基础知识、会计电算化基础知识 骨干：中高级会计电算化人才
会计管理职能上的不同，提供的会计信息的质量也不同	记账、算账、报账 主要采用货币量度，部分辅助量度	除记账、算账、报账外，可参与计划、分析、预测、决策等；提供的会计信息更详细、可采用各种辅助量度

二、账务处理的数据传递及处理流程

1. 账务处理子系统与其他子系统之间的数据传递关系

账务处理子系统（即总账子系统）是会计核算子系统的核心。一般来说，工业企业的会计核算子系统通常分为账务处理、职工薪酬、会计报表、固定资产、存货、成本核算、销售、应收款、应付款等核算子系统。各核算子系统之间以账务处理子系统为核心，除报表管理子系统外，其他核算子系统均通过机制转账凭证为接口，向账务处理子系统传送各核算子系统生成的机制转账凭证。而报表管理系统主要从账务处理子系统自动提取账簿数据、自动生成各种会计报表。许多单位通常会选用账务处理、职工薪资管理和报表管理三个基本核算子系统，账务处理子系统可以独立运行。

账务处理子系统与其他子系统之间的数据传递关系如图 8—1 所示。

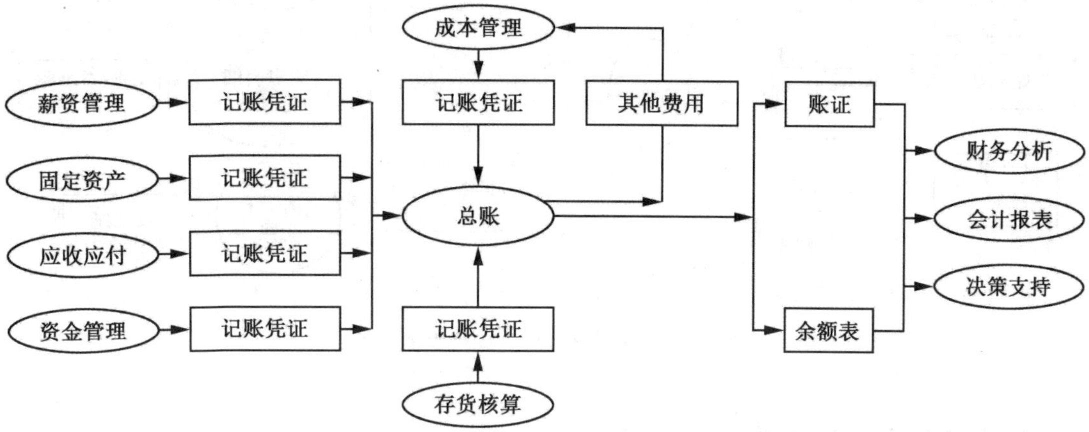

图 8—1　账务处理子系统与其他子系统之间的数据传递关系图

2. 人工账务处理核算流程

账务处理是从审核原始凭证、编制记账凭证开始，经历审核、记账、对账、结账等一系列会计处理工作。在人工方式下，根据企业业务的特点，可以采用的账务处理程序一般有五种：记账凭证核算程序、日记总账核算程序、科目汇总表核算程序、汇总记账凭证核算程序和多栏式日记账核算程序。每种账务处理程序的区别主要体现在对总账登记的方法和依据有所不同。其中，科目汇总表核算程序是相对采用较多的一种核算程序，也是账务处理软件常采用的一种核算程序。

科目汇总表核算程序的具体处理流程如图 8—2 所示。

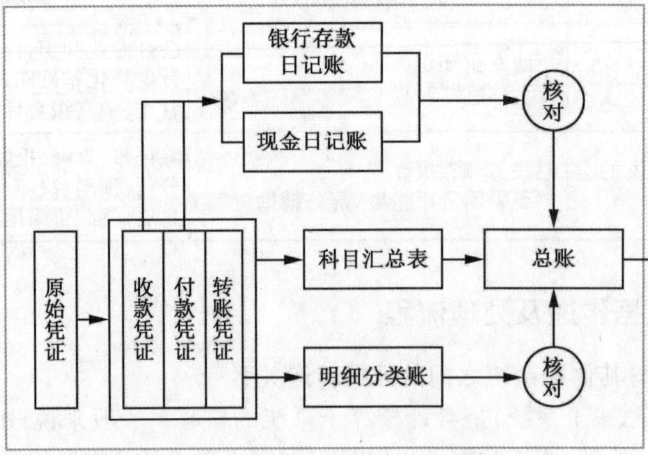

图 8—2　科目汇总表核算程序图

3. 会计电算化账务处理数据流程

会计电算化账务处理数据流程如图 8—3 所示。

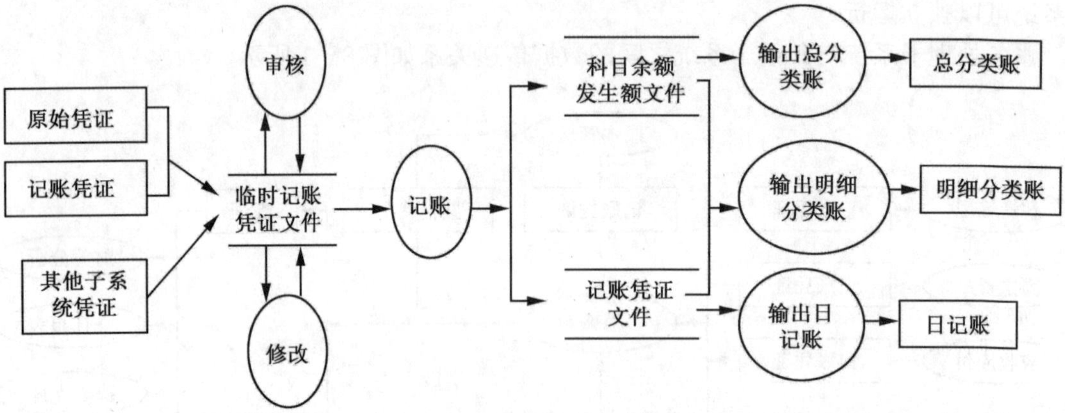

图 8—3　电算化账务处理数据流程图

三、账务处理子系统的主要功能

账务处理子系统提供账务处理所必需的各项功能，除此之外，还利用计算机特有的运行方式、存储方式等，提供其他进一步方便会计核算工作的功能。账务处理子系统所包含的主要功能结构如图 8—4 所示。

四、会计科目代码的设置

会计科目代码设置是整个账务处理子系统极为重要的工作，它对账务处理过程和结果会产生重要影响。

1. 设置会计科目代码的意义

在人工账务处理中，会计科目主要用文字形式表示。但在会计电算化账务处理中，文字形

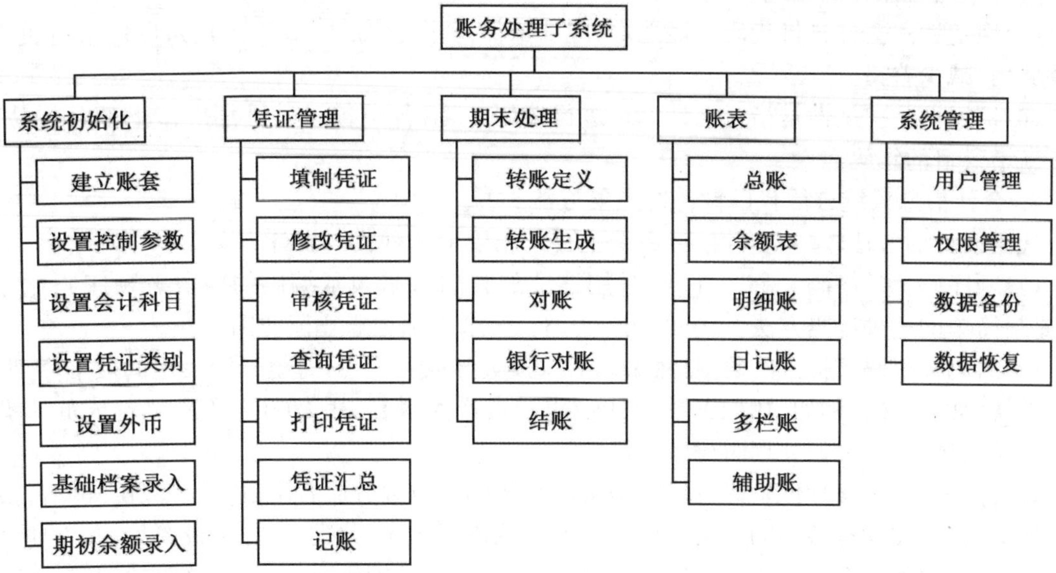

图 8—4　账务处理子系统功能结构图

式的会计科目存在三个明显的缺点：(1)占用存储空间大；(2)不便于计算机处理；(3)影响凭证录入速度。

使用会计科目代码的意义有三点：(1)节省内外存的存贮空间，提高机器的处理效率；(2)便于反映会计科目间的逻辑关系，便于分类与汇总；(3)便于计算机识别，有利于录入输出的处理，可以大大减少凭证中汉字的录入量。

2. 电算化方式下使用会计科目编码的目的

电算化方式下使用会计科目编码的目的有以下几个方面：

(1)保证会计科目唯一性。一个科目代码唯一地标识一个会计科目，可以避免二义性，保证会计科目的唯一性。

(2)简化会计数据表现形式。文字形式的会计科目(汉字科目)名称较长，有些二级科目、三级科目直接使用时不容易识别。会计科目代码既可以表示会计科目，又能判断会计科目的属性(如资产、负债、所有者权益等)和级别(如一级、二级、三级等)，所以使用会计科目代码，可以简化会计科目的表现形式，有利于会计数据的录入、处理、存储和传输。

(3)方便对会计数据的加工处理。计算机识别代码的速度要比文字快得多，会计科目使用代码，可以方便对会计数据的加工处理，特别是便于分类与汇总、记账和录入、输出，其运行的效率和精度都会大大提高。

3. 会计科目的编码要求

会计科目的编码要求有以下几个：

(1)单义性。单义性又称唯一性、单一性。一个代码只能代表一个会计科目。

(2)适用性。适用性要能反映科目间的层次关系，便于计算机识别和分类汇总处理。

(3)通用性。通用性又称统一性、标准化或行业化。各级科目的编码原则与标准应是统一的，便于信息共享。例如一级科目代码应采用财政部在行业会计制度中规定的代码。

(4)简明性。会计科目编码应尽量简短，尽量选择最小值代码。做到既节约存贮空间，又便于人工录入及计算机处理。

(5)稳定性。会计科目代码一经选定,应尽量保持稳定(如3～5年不变),以便于有关人员熟练使用,减少差错。

(6)扩展性。扩展性是指对会计科目进行编码时,对各类各级科目都应留下部分空位,以便于新增科目的编码。

4. 会计信息系统进行代码设计的主要方法

代码设计的方法较多,会计信息系统主要采用以下四种代码设计方法。

(1)顺序码。顺序码又称为序码,是用连续的自然数来表示编码的对象。顺序码比较直观,是最简单的一种编码方法。例如:用1、2、3、4…来表示记账凭证的编号。

(2)组码。组码又称区间码,是将编码对象按类分成若干组,每组分配一定的数字序列,表示一个特定的含义。例如:用"1001～1999"表示资产类科目,用"2001～2999"表示负债类科目。组码的扩充性好,但处理时比较麻烦。

(3)群码。群码又称位别码、位码,是将所编代码按位数分成若干段,某一段由某一位或某几位组成,每一段均有特定的含义。群码能方便地进行排序、分类、合并和校验处理,方便添加数据;但占用位数较多,不便于记忆。会计科目在多级分类编码时,常采用群码的编码方法。

例如:科目编码10020101,表示三级明细会计科目:"银行存款——工行存款——人民币存款"。将该代码按位别排列就能很清楚地看出群码的编码方法。

其中:	1002	01	01
	银行存款	工行存款	人民币存款
	(一级科目)	(二级科目)	(三级科目)

(4)助记码。助记码是把编码对象的名称用英文或拼音的缩写作为代码,以方便记忆和调用。例如:凭证的摘要"提取现金",可用助记码表示为:TQXJ。

5. 会计科目的编码方法

会计科目中的一级科目编码采用组码编码方法,明细科目代码采用群码编码方法。

会计科目代码的第一段为4位,表示一级科目代码,这也是财政部在《企业会计制度》中的规定;第二段通常为2位,表示二级科目代码;第二段的位数,各单位可以根据本单位最多的一个科目的二级科目位数确定,通常选2位,可以选3位,也可以选1位;第三段表示三级科目代码,通常选2位,可以选3位,也可以选1位;第四段表示四级科目代码,以此类推。二级科目及其以下科目的代码位数应根据本单位的实际情况及发展状况设置。

(1)科目代码的级长或称科目代码的结构。这是指科目代码共分几段,每段各有几位。科目代码常用的结构是4—2—2,它表示科目代码共分3段,第一段为4位,表示一级科目代码;第二段为2位,表示二级科目代码;第三段为2位,表示三级科目代码。即科目代码的级长是8位。

(2)科目代码的结构限制。科目代码的结构限制了账务处理软件核算的深度和总账科目下所属的明细科目的个数。例如科目代码为4—2—2结构,说明该科目最多只能核算到三级,二级和三级明细科目最多只能设99个,即一级科目最多只能下设99个二级明细科目,同一个二级科目最多只能下设99个三级明细科目。因此,可以说科目代码的结构对整个账务处理软件的核算能力有至关重要的影响。

目前,绝大多数通用账务处理软件都提供代码结构的定义功能,由用户自己确定本单位的科目分几段,自己确定每一级的科目采用几位代码。

(3)设置科目代码的方法。设置科目代码时,先对一级科目编码,然后再向下对明细科目编码。明细科目的编码应由上级科目编码加上明细科目自身的编码组成。其中,明细科目自身的编码常采用按数字顺序编号的方式。例1:科目代码“1121”表示“应收票据”,“112101”表示“应收票据——商业承兑汇票”;例2:科目代码“5101”表示“制造费用”,“510102”表示“制造费用——二车间”,“51010203”表示“制造费用——二车间——修理费”。

(4)账务处理软件还需设置的代码。实际使用账务处理软件时,除应设置会计科目代码外,还应设置各使用人员的口令(密码)、往来单位(客户、供应商)代码、往来个人(内部职工)代码、记账凭证摘要代码(常采用汉字操作系统的词组代码方式)、常用记账凭证代码等。

第二节　账务处理子系统的初始化

账务处理子系统的初始化又称为账务处理子系统的初始设置,它是应用账务处理子系统的最基础工作,在此结合企业本身的实际情况,建立适合于企业自己的应用账务处理子系统的应用环境,将一个通用的账务处理子系统改造为适合该企业核算要求的“专用账务处理子系统”。系统初始化的含义有广义和狭义之分。其广义含义是指各系统的初始化,例如,ERP系统初始化、账套初始化、账务处理子系统初始化等各子系统初始化。使用ERP系统时,它们应该是依次包含关系。如果只是使用ERP系统中的总账和报表系统,也可以将各初始化合并在账务处理子系统初始化中一并进行。在讲解某一子系统时,其系统初始化采用的是其狭义含义,即指本系统的系统初始化。例如,在讲解账务处理子系统时,其系统初始化讲的就是账务处理子系统的“系统初始化”。

在会计电算化系统中,账务处理子系统的“系统初始化”有两重含义:(1)电算化会计软件初次使用时的初始设置;(2)正常使用会计软件过程中的周期性初始化(如账务处理的年初)。

一、账务处理子系统初始化前的准备工作

账务处理子系统初始化前的准备工作,对未建立账簿体系的新建企业和已建有账簿体系的企业有所不同。

1. 新建企业使用账务处理软件前的人工准备工作

(1)根据本单位的经济业务情况设置会计科目。

(2)确定各科目的期初余额(三个等式)。

期初借方余额之和=期初贷方余额之和

总账科目余额=有关明细科目余额之和

上级科目余额=下级科目余额之和

对以上两项工作最好列表做人工准备作业,如表8—2所示。

表8—2　　设置会计科目及余额表

科目代码	科目名称	期初余额	数量单位	辅助核算	账页格式

(3)准备系统初始化所用的其他原始资料。其他原始资料主要有凭证类型、银行结算方式、会计核算形式、结账日期等内容。

(4)明确财务人员使用账务处理软件的工作分工。账务处理子系统初始化前应明确账套主管、凭证录入员、审核记账员、出纳、会计主管等。

2. 已建有账簿体系的账务处理人工准备工作

(1)整理本单位所用全部科目;

(2)清理各个会计科目的期初余额;

(3)确认凭证类型、银行结算方式、往来单位、下属单位、各部门的名称;

(4)列出记账凭证的常用标准摘要语及其代码,列出常用的记账凭证;

(5)列出期末结转费用、成本、利润等业务的各种结转记账凭证及凭证中科目的金额来源与结转顺序、结转时间;

(6)初次编制银行存款余额调节表所需的企业未达账、银行未达账及两者的期末余额;

(7)确认本单位涉及的外币业务所用的币种与汇率;

(8)确认会计电算化后,财务人员的工作分工及操作要求。

二、账务处理子系统初始化的操作流程

账务处理子系统初始化是正常进行账务处理的前提条件。要做好这项工作,必须清楚账务处理子系统初始化的操作流程,而操作流程依据所使用 ERP 系统的模块多少而有所区别。

1. 综合的账务处理子系统初始化操作流程

如果只使用 ERP 系统中的总账和报表系统,也可以将各初始化合并在账务处理子系统初始化中一并进行。综合的账务处理子系统初始化操作流程如图 8—5 所示。

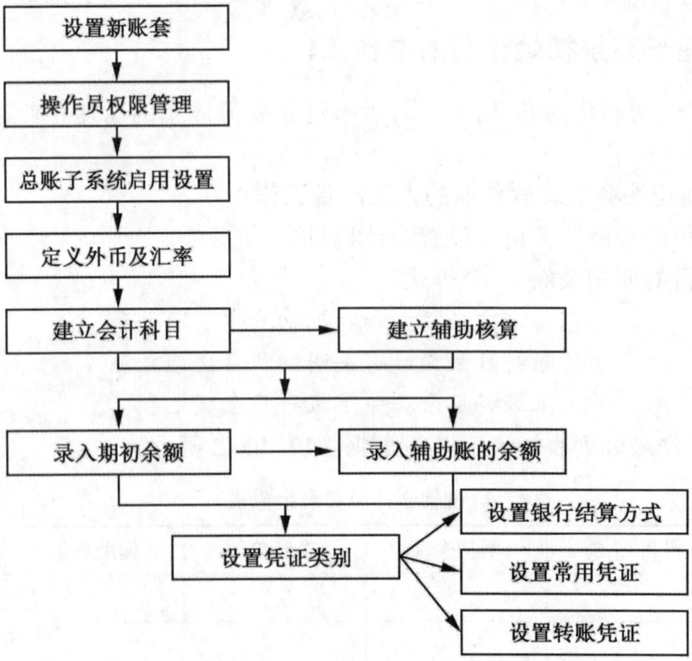

图 8—5 综合的账务处理子系统初始化操作流程图

2. 单独的账务处理子系统初始化操作流程

在 ERP 系统已进行初始化、并且账套也进行初始化后，账务处理子系统初始化的操作流程如图 8—6 所示。

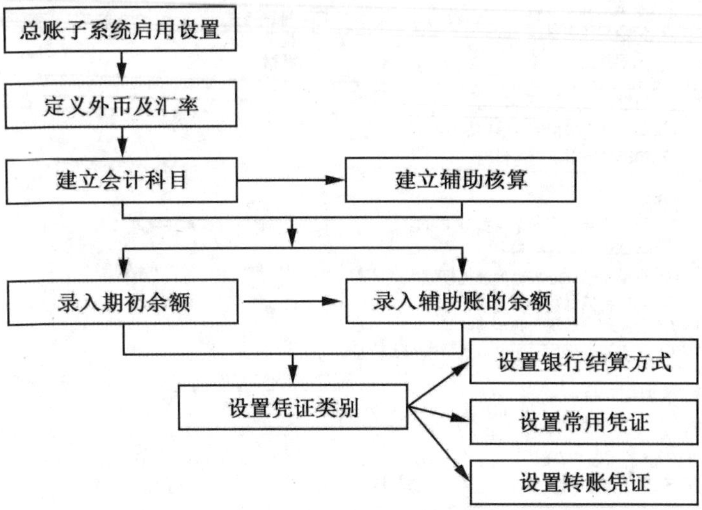

图 8—6　单独的账务处理子系统初始化操作流程图

三、账务处理子系统初始化的工作内容及方法

账务处理子系统初始化的工作内容较多，主要包括：总账子系统启用设置、定义外币及汇率、建立会计科目、录入期初余额、录入辅助账的余额、设置凭证类别、设置结算方式、设置常用摘要、设置常用凭证和设置内部转账凭证。其中，建立会计科目、录入期初余额、录入辅助账的余额和设置凭证类别是必设项目；而其余是选设项目。还需要说明的是，设置常用摘要、设置常用凭证和设置内部转账凭证这三项内容可以在使用或生成前设置。

1. 总账子系统启用设置

总账子系统启用设置，有些软件会自动提示进行设置，有些软件已进行基本设置，使用者可依据需要进行设置，有些软件则无此功能。

进行总账子系统启用设置路径一：在“企业应用平台”的【基础设置】选项中，选择【业务参数】→【财务会计】→【总账】菜单，打开“总账设置”窗口

进行总账子系统启用设置路径二：在“企业应用平台”的【业务工作】选项中，选择【财务会计】→【总账】→【基础设置】→【选项】菜单，打开“总账设置”窗口

用友 ERP-U8 的总账子系统启用设置中的凭证设置选项如图 8—7 所示。用友 ERP-U8 的总账子系统启用设置中的权限设置选项如图 8—8 所示。先单击[编辑]按钮，选定需进行的控制后，再单击[确定]按钮保存设置。

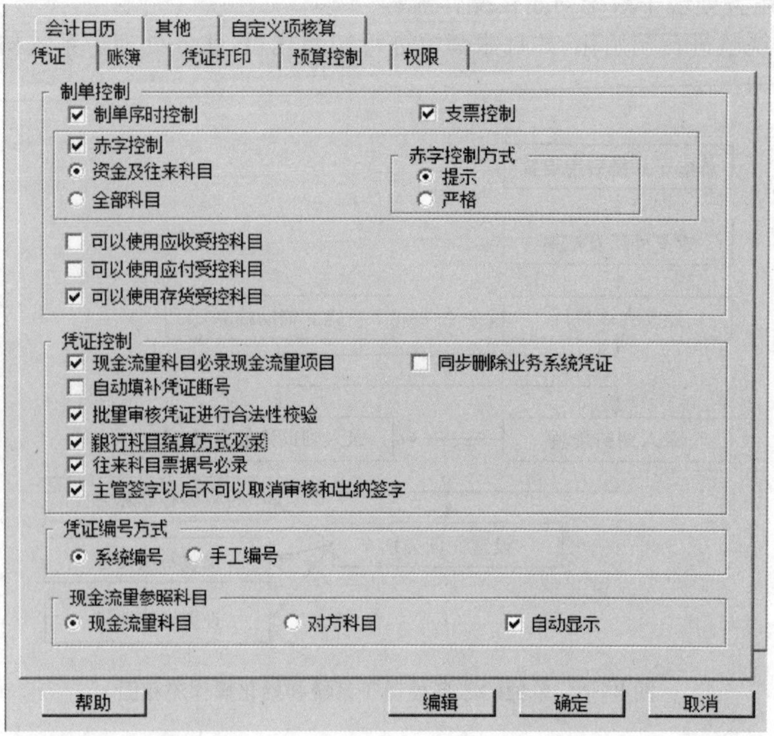

图 8—7　用友 ERP-U8 的总账子系统启用设置中的凭证设置选项图

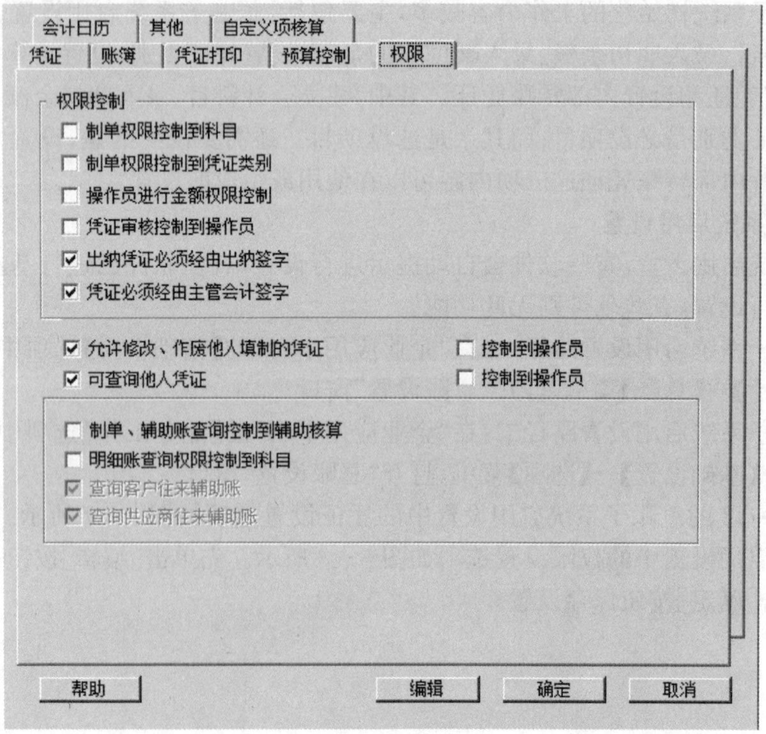

图 8—8　用友 ERP-U8 的总账子系统启用设置中的权限设置选项图

2. 定义外币及汇率

定义外币及汇率是为进行外币核算而专设并且选用的功能。有些软件无此功能。

(1)增加外币。

①在"企业应用平台"的【基础设置】选项中,选择【基础档案】→【财务】→【外币设置】菜单,打开"外币设置"窗口,如图8—9所示。

②单击[增加]按钮,选择汇率,录入外币名称、外币符号等信息。

将光标移到要删除的外币上,用鼠标单击[删除],即可删除当前外币。注意:已经使用的外币不能删除。

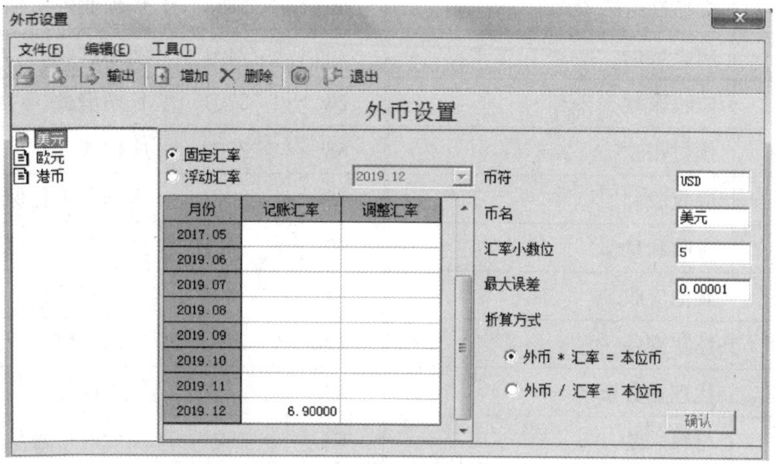

图8—9 "外币设置"窗口图

(2)删除外币。将光标移到要删除的外币上,用鼠标单击[删除],即可删除当前外币。请注意,已经使用的外币不能删除。

注:①在"填制凭证"中所用的汇率应先在此进行定义,以便制单时调用,减少录入汇率的次数和差错。②当汇率变化时,应预先在此进行定义,否则,制单时不能正确录入汇率。③对于使用固定汇率(即使用月初或年初汇率)作为记账汇率的用户,在填制每月的凭证前,应预先在此录入该月的记账汇率,否则在填制该月外币凭证时,将会出现汇率为零的错误。④对于使用变动汇率(即使用当日汇率)作为记账汇率的用户,在填制该天的凭证前,应预先在此录入该天的记账汇率。

3. 建立会计科目

建立会计科目又称为科目设置、账户设置,是对原有人工科目进行优化组合及更详细、更具体的分类设置。建立会计科目是企业初始建账的重要环节,为登记账簿、编制财务会计报表奠定基础。一级会计科目必须按照最新会计制度和企业会计准则的规定设置,大部分通用财务软件中已分行业预设了一级会计科目即总账科目,二级及以下明细科目由各使用单位根据实际情况,在满足核算和管理要求的基础上,自行设定。工业企业一级会计科目的设置如表8—3所示。

表 8—3　会计科目代码及科目名称表(工业企业)

顺序号	科目代码	科目名称
		一、资产类
1	1001	库存现金
2	1002	银行存款
3	1012	其他货币资金
4	1101	交易性金融资产
5	1121	应收票据
6	1122	应收账款
7	1123	预付账款
8	1131	应收股利
9	1132	应收利息
10	1221	其他应收款
11	1231	坏账准备
12	1321	代理业务资产
13	1401	材料采购
14	1402	在途物资
15	1403	原材料
16	1404	材料成本差异
17	1406	库存商品
18	1406	发出商品
19	1407	商品进销差价
20	1408	委托加工物资
21	1411	周转材料
22	1461	融资租赁资产
23	1471	存货跌价准备
24	1501	持有至到期投资
25	1502	持有至到期投资减值准备
26	1503	可供出售金融资产
27	1511	长期股权投资
28	1512	长期股权投资减值准备
29	1521	投资性房地产
30	1531	长期应收款
50	2211	应付职工薪酬
51	2221	应交税费
52	2231	应付利息
53	2232	应付股利
54	2241	其他应付款
55	2314	代理业务负债
56	2401	递延收益
57	2501	长期借款
58	2502	应付债券
59	2601	未到期责任保证金
60	2621	独立账户负债
61	2701	长期应付款
62	2702	未确认融资费用
63	2711	专项应付款
64	2901	递延所得税负债
		三、共同类
65	3101	衍生工具
66	3201	套期工具
67	3202	被套期项目
		四、所有者权益类
68	4001	实收资本
69	4002	资本公积
70	4101	盈余公积
71	4103	本年利润
72	4104	利润分配
73	4201	库存股
		五、成本类
74	5001	生产成本
75	5101	制造费用

续表

顺序号	科目代码	科目名称	顺序号	科目代码	科目名称
31	1532	未实现融资收益	76	5201	劳务成本
32	1601	固定资产	77	5301	研发支出
33	1602	累计折旧	六、损益类		
34	1603	固定资产减值准备			
35	1604	在建工程	78	6001	主营业务收入
36	1605	工程物资	79	6051	其他业务收入
37	1606	固定资产清理	80	6101	公允价值变动损益
38	1701	无形资产	81	6061	汇兑损益
39	1702	累计摊销	82	6111	投资收益
40	1703	无形资产减值准备	83	6301	营业外收入
41	1711	商誉	84	6401	主营业务成本
42	1801	长期待摊费用	85	6402	其他业务支出
43	1811	递延所得税资产	86	6403	营业税金及附加
44	1901	待处理财产损溢	87	6601	销售费用
二、负债类			88	6603	财务费用
			89	6604	勘探费用
45	2001	短期借款	90	6701	资产减值损失
46	2101	交易性金融负债	91	6711	营业外支出
47	2201	应付票据	92	6801	所得税费用
48	2202	应付账款	93	6901	以前年度损益调整
49	2203	预收账款			

(1)建立会计科目的内容。建立会计科目的内容包括确定各级会计科目的科目编码、科目名称、科目类型、账页格式、辅助核算等项目。

1)会计科目编码。设计会计科目编码首先从一级科目开始,逐级向下设置明细科目。一级科目编码按财政部规定设置;明细科目编码依据使用单位核算和管理的要求,按照参数设置中对科目编码级次和级长的规定进行设置。通常的方法是同级科目按顺序排列,以序号作为本级科目编码,再加上上级科目编码,组成本级科目全部编码。编码设计时必须注意科目级长,如设定为两位,第1个明细科目应以“01”表示。

2)会计科目名称。会计科目名称是指会计科目的汉字名称,是证、账、表上显示和打印的标志,是企业与外部交流信息所使用的标志。因此在定义时,一级科目必须严格按照会计制度规定的科目名称录入,应做到规范化、标准化。

3)科目类型。工业企业的会计科目在2007年前分为五大类,即资产、负债、所有者权益、成本、损益;2007年后增加了“共同类”科目。如果本单位无须使用共同类科目,仍可使用原有的五大类会计科目。

4)账页格式。规定每个科目的会计账页格式,账页格式一般有金额式(即三栏式)、外币金额式、数量金额式和数量外币式等种类。

5)辅助核算。辅助核算又称为辅助账设置。辅助核算的标识一般要求设在最底层的科目上,但为了查询方便,其上级也可以设辅助账类。辅助账一经定义并已使用,则不要进行随意修改,以免造成账簿数据的混乱。

①人工核算与辅助核算(部门核算)比较,参见图 8—10。

图 8—10 人工核算与辅助核算(部门核算)比较图

②辅助核算(部门核算)的具体设置,参见图 8—11。

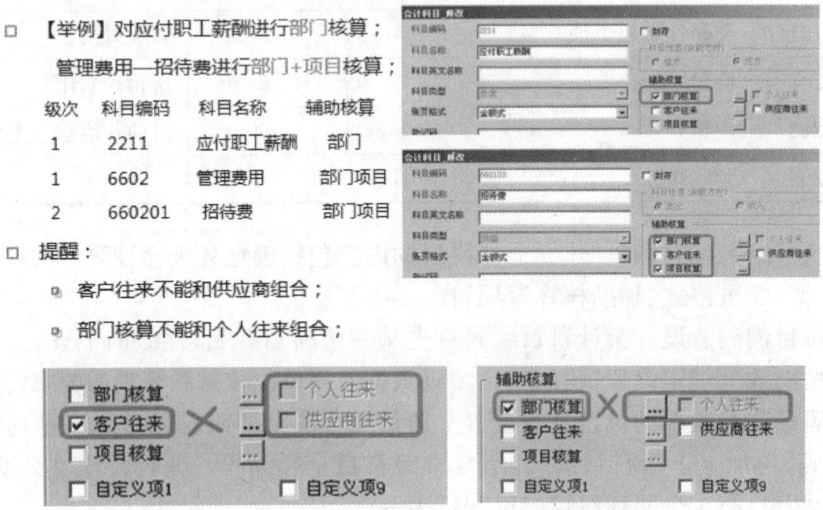

图 8—11 辅助核算(部门核算)的具体设置图

(2)使用建立会计科目功能模块的人员。一般的账务处理软件规定,只要赋有“建立会计科目”权限的软件操作员都可使用该功能模块;也有些账务处理软件规定使用该功能模块的人员是账套主管。

(3)使用建立会计科目功能模块的时间。使用建立会计科目功能模块的时间有三种:①首次使用系统；②上年结账后的下年年初；③平时允许增加同级科目。

(4)建立会计科目的上机操作。

1)增加会计科目。增加的会计科目编码要符合编码规则，编码不能重复，编码不能越级；科目一经使用，例如已录入余额、录入凭证等，已使用末级的会计科目不能再增加下级科目；即不允许做科目升级处理，只能增加同级科目。增加会计科目的操作方法：①在“企业应用平台”的【基础设置】选项中，选择【基础档案】→【财务】→【会计科目】菜单，打开“新增会计科目”窗口，如图 8－12 所示；②单击[增加]按钮，打开“新增会计科目”对话框，录入待增加的会计科目的相关信息，如增加“银行存款——工行存款——结算户”，如图 8－9 所示；③录入完成后，单击[确定]按钮。

图 8－12　“会计科目”窗口图

2)复制一个会计科目。为提高会计科目的录入速度，有些会计软件提供了“复制一个会计科目”的功能。如果新增会计科目与某一已设置好的会计科目相似，可以使用科目复制功能增加新科目，如果有不同之处，在新科目上略做修改即可，不用重新录入该科目的所有内容。复制一个会计科目的操作方法：在“会计科目”窗口，找到被复制的科目；点击【编辑】菜单下的【复制】，增加一新科目；在新增窗口修改不同之处；点击[确定]即可。

3)成批复制会计科目。在新增会计科目过程中可能会遇到新增会计科目的下级科目与一个已设置好的科目的下级明细科目类似，可以将本账套或其他账套中的相似的下级科目复制给某一科目，能大幅度减少重复设置的工作量，提高正确率和一致性。

在本账套内成批复制会计科目的操作方法：选择【编辑】菜单下的【成批复制】，显示“成批复制”窗口，如图 8－13 所示。例如：原材料的明细科目与材料采购的明细科目相同，可采用如图所示的操作方法。

4)修改会计科目。会计科目依据使用情况，可进行部分内容或全部内容的修改。非末级科目及已使用的末级科目不能再修改科目编码。修改会计科目应遵循“自下而上”的原则，即先修改下一级科目，然后再修改本级科目。如果本科目已被使用过(制过单、已录入期初余额、定义过转账凭证或常用凭证)，则不能修改该科目。如要修改该科目必须先删除已使用记录，再行修改，修改完毕后要将余额及凭证补上。修改会计科目的操作方法：①在“企业应用平台”的【基础设置】选项中，选择【基础档案】→【财务】→【会计科目】选项，打开“会计科目”窗口；②将光标移至要修改的会计科目处，双击该科目或单击[修改]按钮进入“会计科目_修改”窗

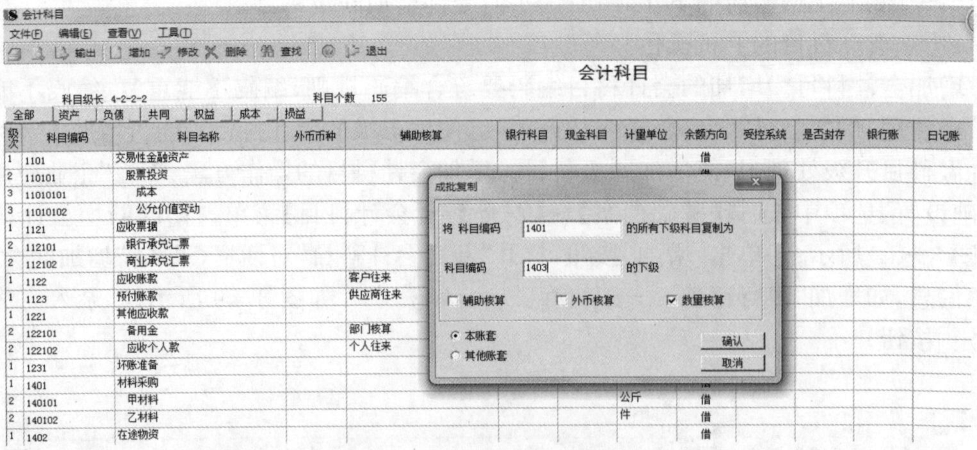

图 8－13 “成批复制”窗口图

口;③单击[修改]按钮,进入修改状态;④进行相应项目的修改;⑤修改完毕后,单击[确定]按钮。继续修改要修改的科目,直至将所有科目修改完毕为止。

5)删除会计科目。删除会计科目应遵循“自下而上”的原则,即先删除下一级科目,然后再删除本级科目。如果本科目已被使用过(制过单、已录入期初余额、定义过转账凭证或常用凭证),则不能删除该科目。如要删除该科目必须先删除已被使用过的内容,再进行删除。删除会计科目的操作方法:在“会计科目”窗口,选中要删除的会计科目;单击[删除]按钮,再单击[确定]按钮即可删除;否则,单击[取消]按钮。

6)指定现金总账、银行存款总账。指定现金总账和银行存款总账的目的是为了出纳管理使用。使用“出纳签字”功能、“银行对账”功能、查询现金日记账、银行存款日记账前,必须指定现金、银行存款总账科目。指定现金总账、银行存款总账的操作方法:单击【编辑】菜单下的【指定科目】项;系统弹出“指定科目”窗口,如图 8－14 所示,用户在此用[＞]选择现金、银行存款的总账科目;选择完毕后,用鼠标单击[确认]按钮即可。

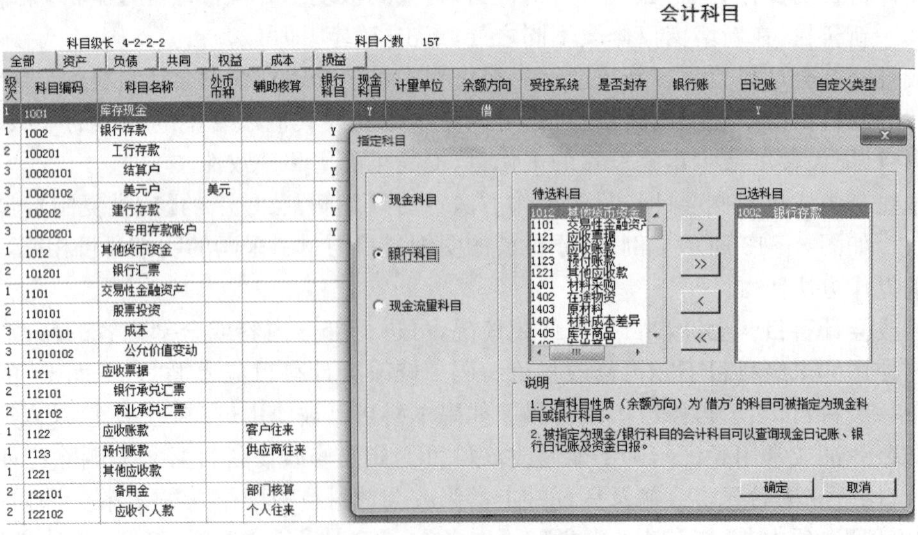

图 8－14 “指定科目”窗口图

4. 录入期初余额

(1)使用录入期初余额功能模块的人员。一般的账务处理软件规定,只要赋有"录入期初余额"权限的软件操作员都可使用该功能模块;也有些账务处理软件规定使用该功能模块的人员是账套主管。

(2)使用录入期初余额功能模块的时间。使用录入期初余额功能模块的时间有两种:①首次使用系统录入会计科目后;②上年结账后的下年年初,在使用"结转上年余额"功能后调整期初余额。

(3)录入期初余额的方法有以下两种:

1)年初建账,只需录入年初余额。有些软件只需录入最末级余额,其他上级余额由软件自动计算填列,例如用友 ERP-U8。有些软件需录入最末级余额和一级科目余额,中间级余额由软件自动计算填列,并核对一级科目余额和最末级余额之和的录入是否相等。

2)非年初建账,是指 2～12 月的月初建账,其录入期初余额的方法有五种:①录入年初余额和开始使用月份的月初余额;②录入年初余额和元月至使用软件前各月的发生额;③录入年初和元月至使用软件前各月的累计发生额;④录入年初余额和开始使用月份的月初余额及元月至使用软件前各月的发生额;⑤录入月初余额和元月至使用软件前各月的累计发生额,年初余额由软件计算填列(用友 ERP-U8 采用该方法)。

(4)录入期初余额的操作步骤。不同的账务软件,操作步骤会有所不同。用友 ERP-U8 录入期初余额的操作步骤为:

1)年初建账只需录入年初余额。2～12 月的月初建账,录入月初余额和元月至使用软件前各月的累计发生额,年初余额由软件计算填列。①在"总账子系统"窗口,单击【设置】菜单下的"期初余额"选项,系统会显示"期初余额录入"窗口,如图 8－15 所示。②需调整余额方向的,应先将光标定在需调整余额方向的科目所在行,再单击[方向]按钮,在系统弹出的窗口中单击[是]按钮便可调整余额方向。(无须调整余额方向的科目,该步骤可省去。)③将光标定在需录入余额的有关栏,如"累计借方""累计贷方""期初余额"的某一栏,直接录入该科目的有关余额数据即可。

图 8－15　"期初余额录入"窗口图

注：①若年初启用，该软件只要求录入最末级科目的期初余额（即年初余额），上级科目的余额由系统根据上下级科目的平衡关系自动计算出来；若年中启用，则只要录入末级科目的期初余额及累计借方发生额、累计贷方发生额，上级科目的余额及累计借贷方发生额和年初余额由软件系统自动计算出来。②如果某科目已定义为数量、外币核算，必须先录入本位币余额，再录入期初数量、外币余额。③若期初余额有外币、数量余额，则必须有本币余额。

重复②、③两个步骤可将所有科目的期初余额都录入计算机。

2)刷新。在“期初余额录入”窗口单击[刷新]按钮刷新数据。

3)试算平衡。试算平衡的操作步骤：①在“期初余额录入”窗口单击[试算]按钮，可查看期初余额试算平衡表，检查期初余额是否平衡；一般来说，应进行“资产＝负债＋所有者权益”的试算平衡；用友 ERP-U8 的“期初余额试算平衡表”显示的是“资产＋成本”＝“负债＋权益＋损益”。②如果试算平衡而且正确无误，可单击[退出]按钮，返回“总账子系统”窗口，进行下一步操作。如果试算不平衡，就应采用录入期初余额的方法修改；修改完毕，再进行刷新、试算平衡。

4)对账。对账的操作步骤：①在“期初余额录入”窗口单击[对账]按钮，系统给出“对账”窗口；②在“对账”窗口中单击[开始]按钮，对当前期初余额进行对账；③如果对账后没有发现错误，则单击[取消]按钮；如果对账后发现错误，可先单击[对账错误]按钮，让系统把对账中发现的问题列出来，然后再单击[取消]按钮退出对账状态。

5. 录入辅助账的余额

在建立会计科目时没有定义任何辅助核算的单位，该步骤无须进行。

录入期初余额时随同录入辅助账余额，其操作步骤如下：

(1)双击“应收账款”科目所在行的“期初余额”，进入“辅助期初余额”录入窗口；

(2)在“辅助期初余额”录入窗口单击[往来明细]按钮，进入“期初往来明细”窗口；

(3)单击[增行]按钮，即可进行某一客户明细数据的录入；

(4)一个客户的期初数据录入完毕，单击回车键确认。

(5)依次将全部客户的期初数据录入完毕，单击[汇总]按钮汇总往来明细。

(6)单击[退出]按钮，退出，返回“期初余额录入”窗口。

“期初往来明细”窗口如图 8－16 所示。

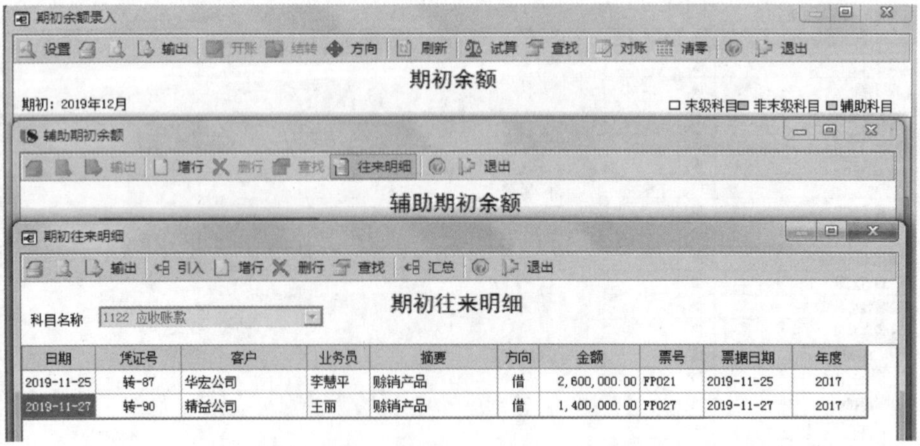

图 8－16　客户期初往来明细录入图

注:①无论往来核算在总账还是在应收应付系统,有往来辅助核算的科目都要按明细录入数据。②在录入辅助核算期初余额之前,必须先设置各辅助核算目录。

6. 设置凭证类别

为便于凭证管理、查询凭证、记账、汇总和查账,大多数单位对记账凭证进行分类编制,但分类方法不尽相同。

(1)使用设置凭证类别功能模块的人员。一般的账务处理软件规定,只要赋有"设置凭证类别"权限的软件操作员都可使用该功能模块;也有些账务处理软件规定使用该功能模块的人员是账套主管。

(2)使用设置凭证类别功能模块的时间:①首次使用系统时;②上年结账后的下年年初;③年中可增设凭证类别。

(3)凭证分类方式。实际工作中,凭证有以下四种常用分类方式供使用单位根据需要选择:①记账凭证;②收款凭证、付款凭证、转账凭证;③现金凭证、银行凭证、转账凭证;④现金收款凭证、现金付款凭证、银行收款凭证、银行付款凭证、转账凭证。凭证分类并不影响记账结果。

(4)凭证分类对科目的限制要求。某些类别的凭证在制单时对科目有一定限制。财务软件在定义凭证类别时,同时对凭证中"必有"或"必无"科目进行设定,用来控制填制凭证时使用凭证类别的正确性;即在填制凭证时,如果使用凭证类别与此处限定不符,系统会提示(提醒)修改凭证类别。

用友软件系统有五种限制类型供选择:

1)借方必有。制单时,此类凭证借方至少有一个限制科目发生。

2)贷方必有。制单时,此类凭证贷方至少有一个限制科目发生。

3)凭证必有。制单时,此类凭证无论借方还是贷方,至少有一个限制科目发生。

4)凭证必无。制单时,此类凭证无论借方还是贷方,均不能有一个限制科目发生。

5)无限制。制单时,此类凭证可使用所有合法的科目,科目由用户录入,可以是任意级次的科目,科目之间用逗号分隔,数量不限,也可参照录入,但不能重复录入。凭证类别定义并使用以后,不能进行修改,否则会造成不同时期凭证类别的混乱,影响查询和打印。

(5)设置凭证类别的上机操作步骤:①在"企业应用平台"的【基础设置】选项中,选择【基础档案】→【财务】→【凭证类别】菜单,打开"凭证类别预置"窗口,如图8－17所示。②选择凭证分类方式,单击[确定]按钮。③进入"凭证类别设置"窗口;光标定位在限制类型下方的"无限制",单击[修改]按钮。④选择各凭证类型的具体"限制类型",录入"限制科目";完成后如图8－17所示。单击[退出]按钮退出。

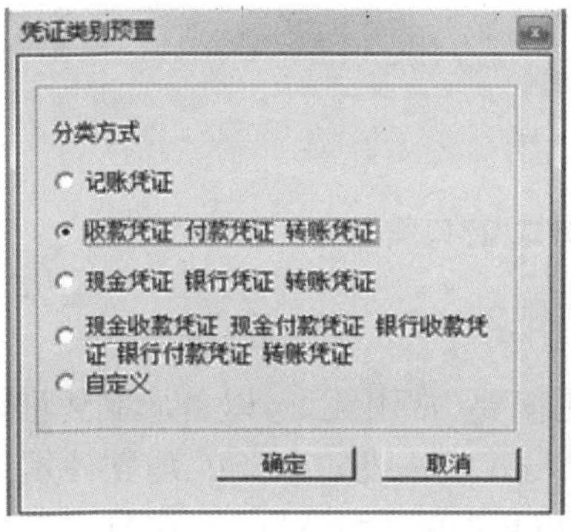

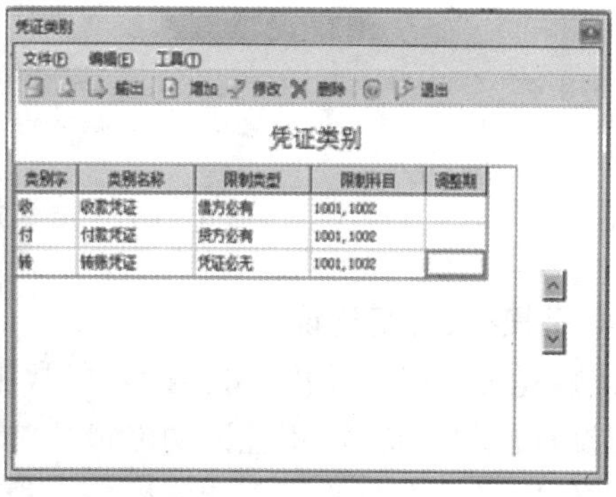

图8－17　凭证类别选择及自定义图

7. 设置结算方式

为了便于资金结算管理和提高银行自动对账的效率，系统提供了设置与管理银行结算方式的功能，用来建立和管理用户在经营活动中所涉及的结算方式。它与财务结算方式一致，如现金结算、支票结算等。结算方式设置的主要内容包括：结算方式编码、结算方式名称、票据管理标志等。结算方式编码用于标识某结算方式，用户必须按照结算方式编码级次的先后顺序进行录入，录入值必须唯一。结算方式名称是汉字名称，用于显示输出。支票管理是账务处理子系统为辅助银行出纳对银行结算票据的管理而设置的功能，类似于人工系统中的支票登记簿的管理方式。结算方式一旦被引用，便不能进行修改和删除的操作。结算方式最多可以分为2级。结算方式编码级次的设定在“账套初始设置”中进行。

(1)国内外使用的结算方式。根据中国人民银行颁布的《银行结算办法》规定，企业事业单位的各项经济事项往来，除了按照国家现金管理规定的范围使用现金外，其余均应通过银行办理转账结算。①国内结算方式，主要有银行汇票、商业汇票、银行本票、支票、汇兑、委托收款、托收承付、信用卡等。②国际结算方式，主要有汇款、托收、信用证和跟单信用证。

(2)使用设置结算方式功能模块的人员。一般的账务处理软件规定，只要赋有有关权限的软件操作员都可使用该功能模块；也有些账务处理软件规定使用该功能模块的人员是账套主管。

(3)使用设置结算方式功能模块的时间：①首次使用系统时；②平时允许增加、修改和删除。

(4)设置结算方式的操作步骤：①在“企业应用平台”的【基础设置】选项中，选择【基础档案】→【收付结算】→【结算方式】菜单，进入“结算方式”窗口。②单击工具栏上的[增加]按钮，依次录入结算方式编码和结算方式名称，如有票据管理要求，则选中[是否票据管理]复选框，单击[保存]按钮，该结算方式即在左侧列表框中显示，如图8－18所示。③单击[退出]按钮，结束结算方式设置，返回“总账子系统”窗口。

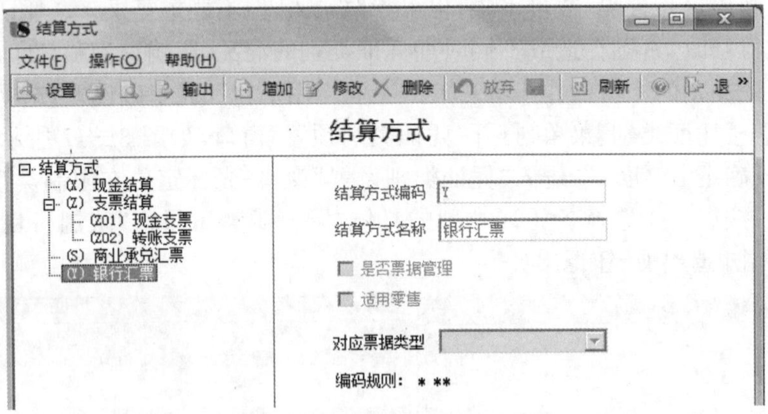

图8－18 “结算方式”窗口图

8. 设置常用摘要、常用凭证

为提高记账凭证的录入速度，可先设置好常用摘要、常用凭证，以备填制凭证时调用。

(1)使用设置常用摘要、常用凭证功能模块的人员。一般的账务处理软件规定，只要赋有有关权限的软件操作员都可使用该功能模块。最好由“填制凭证”的操作员来设置，以充分满足填制凭证的需要。

(2)使用设置常用摘要、常用凭证功能模块的时间:①首次使用系统时;②调用常用摘要、常用凭证前;③平时允许增加、修改和删除。

(3)设置常用摘要的操作步骤:①在“企业应用平台”的【基础设置】选项中,选择【基础档案】→【其他】→【常用摘要】选项,系统显示“常用摘要”窗口。②在“常用摘要”窗口,单击[增加]按钮,录入摘要编码(最好设为助记码,以方便调用)、摘要内容,相关科目栏可输可不输。如果在某条常用摘要后输有相关科目,在填制凭证调用该常用摘要时,就可以同时调用该相关科目,可提高凭证录入的效率。③重复第②步骤,可定义其他常用摘要。④定义完毕,单击[退出]按钮,返回“总账子系统”窗口。

(4)设置常用凭证的操作步骤:①在“总账子系统”窗口,单击【凭证】菜单下的“常用凭证”选项,系统显示“常用凭证”窗口一(即“常用凭证”的档案窗口,如图8—19所示)。

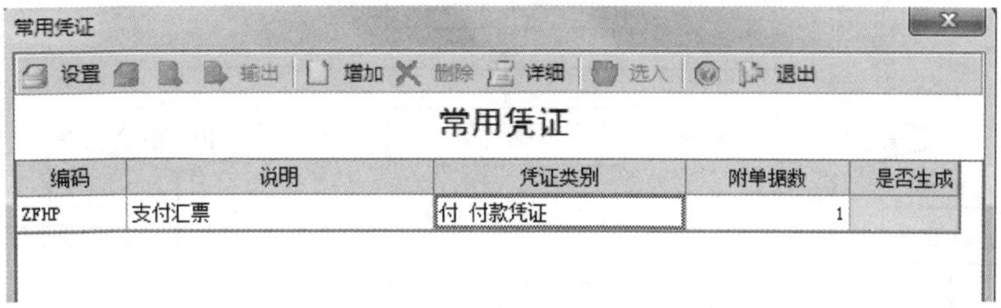

图8—19　“常用凭证”的档案窗口图

②在“常用凭证”窗口,单击[增加]按钮,录入常用凭证编码(最好设助记码,以方便调用)、说明(最好录入常用凭证的摘要,以方便调用),录入或选择凭证类别。选择凭证类别的方法是:先双击凭证类别框,再单击该框中的“▼”符号选择。

③单击[详细]按钮,系统显示“常用凭证”窗口二(即某一张“常用凭证”的具体内容窗口,如图8—20所示)。

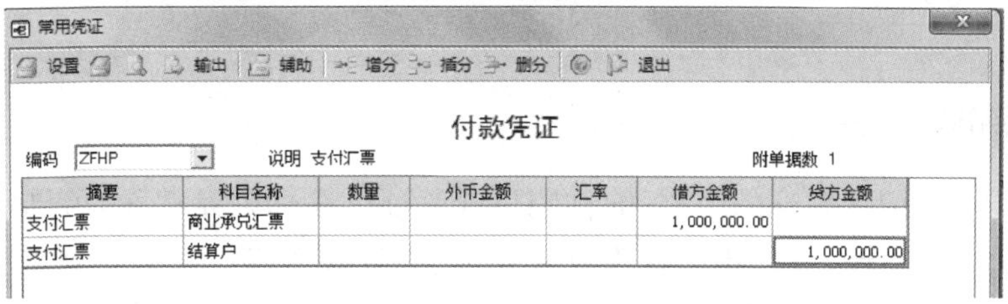

图8—20　某一张“常用凭证”的具体内容窗口图

④单击[增分]按钮,确认或修改该张常用凭证的摘要、录入科目编码。

⑤该张常用凭证各科目借贷方金额能确定的,可在此录入;不能确定的,在此可为空(即不输)。

⑥单击[退出]按钮,退回“常用凭证”窗口一。

⑦重复第②～⑤的步骤,可定义其他常用凭证。

⑧定义完毕,单击[退出]按钮,退回“总账子系统”窗口。

第三节 日常账务处理

总账子系统初始设置完成后,便可进行日常账务处理了。日常账务处理的任务是根据原始凭证编制的记账凭证或其他子系统的记账凭证录入账务处理子系统中,经审核后,完成记账工作。根据记账数据进行查询和打印输出各种账表,同时对部门、往来等辅助账进行管理。

账务处理子系统的日常处理流程一般为:单→证→账。

注:流程中的"单"是单据的简称,也是会计原理中所讲的原始凭证;"证"是记账凭证的简称;"账"是账簿的简称。

用友 ERP-U8 总账子系统日常账务处理的主要功能与主要流程如图 8—21 所示:

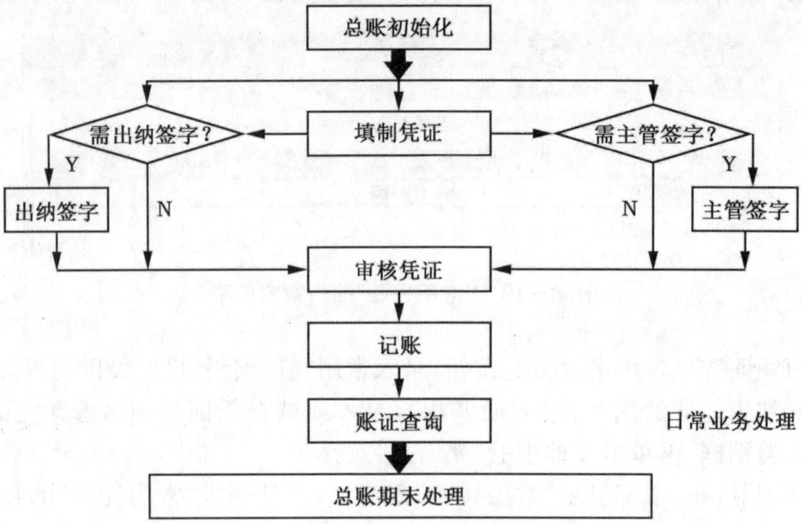

图 8—21 总账子系统日常账务处理的主要功能与主要流程图

一、填制凭证

填制凭证是填制记账凭证的统称,简称制单或制证。在理论界常称为编制会计分录,简称编分录、做分录。在会计电算化中还称为录入凭证、凭证录入等。在日常账务处理中,工作量最大的是填制记账凭证。会计电算化后的账务处理工作除记账凭证需人工处理外,其他工作基本上可以由账务处理软件自动进行处理。可以说,填制凭证是日常账务处理的关键内容,电子账簿数据的真实性、准确性完全依赖于记账凭证,所以必须确保准确完整地录入记账凭证;否则,"录入的是垃圾,输出的必定是垃圾"。

在会计电算化账务处理工作中,用户可以直接在账务处理软件中根据审核无误的原始凭证填制记账凭证(即常说的前台处理),也可以先由人工制单后再集中录入计算机(即常说的后台处理)。一般来说,凭证量不多、会计基础及会计电算化基础较好或使用网络版的用户可采用前台处理方式;而在第一年使用或人机并行阶段,则比较适合采用后台处理方式。

1. 录入凭证时需要考虑的问题

记账凭证的内容一般包括三个部分:一是凭证头部分;二是凭证正文部分;三是辅助核算

内容。如果录入的会计科目定义有辅助核算要求，则应录入辅助核算内容，否则无须录入辅助核算内容。

（1）凭证头部分。凭证头部分包括凭证类别、凭证编号、凭证日期和附单据数等（需要说明的是，如果只设一种通用记账凭证，不需要填制凭证类别）。

1）凭证类别。选择系统初始化时设置的凭证类别或名称。

2）凭证编号。会计电算化后的凭证编号分为自动编号和人工编号两种方式。凭证编号由凭证类别编号（或类别名）和凭证顺序号组成，如收 0001、收 0002 等。目前一般的商品化账务处理软件通常采用的方法是：允许用户根据需要设置凭证类型，但所有凭证类型一般采用相同的颜色和统一的凭证格式，软件每月对每类凭证自动从 1 号开始连续编号。

3）凭证日期。凭证日期包括年、月、日。凭证日期应随凭证号的递增而有所递增。采用序时控制时，凭证日期应大于等于启用日期，但不能超过日历日期。正常情况下，通常是以软件操作员进入系统时确认的系统日期作为凭证日期。但当业务日期与系统日期不一致时，可修改系统日期。需注意的是，下一张凭证的日期不能在上一张凭证的日期之前。

注：①有些软件提示的凭证日期为“年—月—日”的形式，有些软件默认当年，只提示“月—日”的凭证日期。凭证日期无须连续。

②首次使用账务处理子系统填制凭证，填制的第一张凭证的日期必须与系统日期、建账日期一致，或在建账日期之后。

4）附单据数。指本张记账凭证所附原始凭证的张数，需直接录入。

（2）凭证正文部分。凭证的正文部分，包括摘要、科目、方向、金额等。

1）摘要。凭证摘要是记账凭证所反映的经济业务内容的简要说明。在账务处理子系统中，一般不是将一张凭证作为一条记录，而是将每一个账户（科目）作为一条记录。因此，填制凭证时，每一个账户（科目）前都需填写摘要（即要求每行都要有摘要内容）。有些账务处理软件除第一个账户（科目）前需录入摘要外，其他账户（科目）前的摘要系统会自动复制，有些账务处理软件则未提供自动复制功能，但可人工复制。如果凭证有多个摘要（即同一张凭证中不同行的摘要内容可以不同），可录入或修改。每行的摘要将随该行会计科目在明细账、日记账中出现。为录入方便、提高录入速度，最好对摘要内容进行相应的规范，并设置常用摘要，供填制凭证时调用，以提高录入速度。

2）科目。在科目名称栏下无须直接录入汉字科目名称，最快捷的方法是录入助记码；其次是录入科目编码，由计算机自动转换为科目名称。助记码必须在建立科目时已经定义，录入的科目编码应是最底层的科目编码。在科目名称栏下录入科目时，还可以采用账务处理软件提供的参照方法。

3）方向。每一科目的发生额均应有它的方向，即借方或贷方。

4）金额。金额不能为“0”；红字以“—”号表示；每张凭证的会计科目借贷双方的金额必须平衡。有些账务处理软件将“方向”和“金额”合并称为“借方金额”“贷方金额”。

（3）辅助核算的内容。如果在科目设置时定义了相应的“辅助账”，则在录入每张凭证涉及辅助核算的科目时，系统会弹出相应辅助核算的窗口，要求同时录入辅助核算的内容，如：科目有部门核算要求时，要求录入对应的部门名称等。

注：①在凭证的“合计”处系统会显示自动计算出每笔记账凭证的借方发生额和贷方发生额。②制单人签字。由系统根据进入本功能时录入的操作员姓名自动进行制单人签字。③跨期录入凭证。跨期录入凭证是指本期未结账而直接录入下期凭证的功能（提示：只允许录入凭

证、审核凭证,不允许记账)。它能保证当月凭证记当月账,尤其是在年终决算的编制过程中方便、灵活。跨期录入凭证实质上与我们常说的“日清月结”不矛盾。

2. 记账凭证录入时的正确性控制

记账凭证录入时发生的错误一般分为逻辑性错误和非逻辑性错误两类。

(1)逻辑性错误。逻辑性错误是指实际情况下不可能出现的数据被录入。比如:数据越界(月份超过 12,2 月的日超过 28、29,大月的日超过 31 等);数据类型不匹配(金额中录入字母);凭证有借无贷,借贷不等;转账凭证中出现库存现金、银行存款科目等。这类错误在账务处理子系统设计时基本都有考虑,可通过逻辑检测出来并给予提示。

(2)非逻辑性错误。非逻辑性错误是指逻辑上完全正确而与实际情况不符的错误。比如:将库存现金科目输成了银行存款,将 500 输成了 5 000 等。这类错误在账务处理子系统设计时无法考虑,也不能通过逻辑检测出来,只能由审核发现或由操作员自己检查发现并更正。

3. 增加一张新凭证

(1)增加一张新凭证的操作方法。

1)在“总账子系统”中,选择【凭证】→【填制凭证】菜单,进入“填制凭证”窗口。

2)在“填制凭证”窗口中单击[增加]按钮或 F5,增加一张新凭证,系统会给出一张“记账凭证”格式。

3)录入凭证头部分。录入凭证头部分的操作步骤:①直接录入或参照选择凭证类别。根据填制凭证的需要,在光标所位于的左上角“凭证类别”处,直接录入类别字或参照选择已设置的凭证类别。②选择或录入【制单日期】:2019.12.01,即选择或录入本张记账凭证的日期。③录入【附单据数】,即录入该记账凭证所附原始凭证的张数,录入阿拉伯数字后单击回车键确定。如果本张凭证没有原始凭证,可以直接单击回车键。

注:凭证号无须录入,系统会根据有关规定自动分配一个凭证号。

4)录入凭证正文部分。录入凭证正文部分的操作步骤:在此我们所讲的凭证正文部分包括摘要、各级科目和借贷方金额。①录入摘要或调用常用摘要;②在【科目名称】栏录入或选择科目;③录入【借方金额】;④重复以上操作步骤录入下一个科目的凭证内容。

注:①借方金额和贷方金额不能同时为零。②如果最后一个科目前的各科目金额录入准确,最后一个科目的金额可以按等号键“=”由系统自动填列。如果提示的录入行已输满,凭证内容仍未录入完毕,可单击[增行]按钮增加录入行。当记账凭证为复合凭证时常会出现此种情况。

5)录入辅助核算内容。在此,我们以会计业务“(1)12.1 收到银行通知,用工行结算户的转账支票支付到期的商业承兑汇票 1 000 000 元”中的会计科目“银行存款——工行存款——结算户”(科目代码 10020101)为例,介绍录入辅助核算内容的两种方法。

在录入科目代码 10020101 后,系统会弹出“辅助项”对话框,如图 8—22 所示。

录入辅助核算内容的操作步骤:①参照选择结算方式:支票;②录入转账支票号:ZZ2019123789;③参照选择发生日期:2017.12.01;④单击[确认]按钮,从辅助项录入返回录入凭证正文;⑤录入贷方金额 1 000 000。

6)保存凭证。如果该张凭证录入完毕并且准确无误,应单击[保存]按钮保存该张凭证。

(2)填制凭证(录入)过程中发现错误的更正。录入过程中发现错误的类型不同,其修改方法也有所不同。

1)字符录入错误的更正。①在录入时,错将某字符输为另一字符,可以先将光标移动到

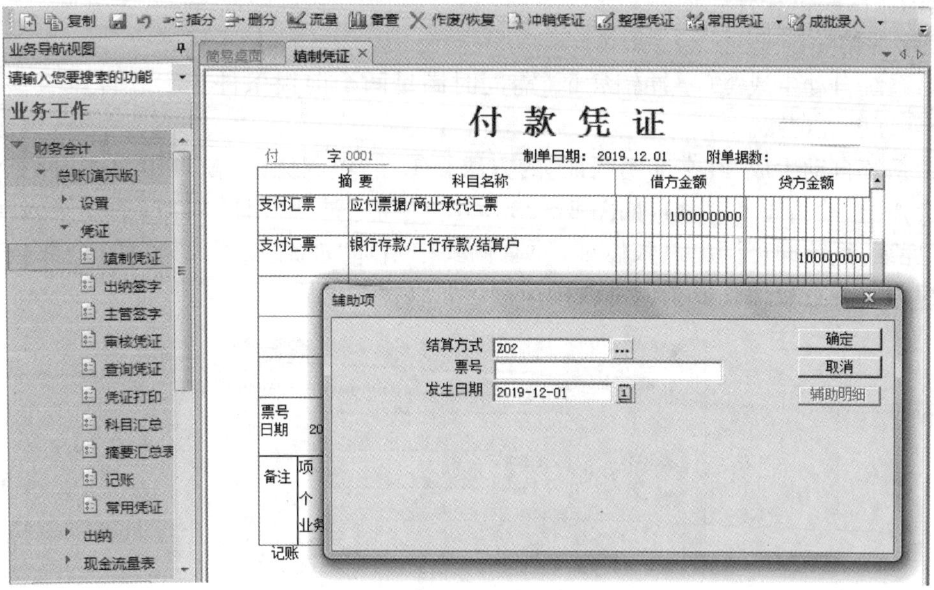

图 8—22　“辅助项”对话框图

位，在“改写”状态下直接录入正确的字符；②多输的字符，可将光标移动到位，点击“Delete”键删除；③漏输的字符，可将光标移动到位，在“插入”状态下插入漏输的字符。

2)多输会计科目：放弃或删除。

3)漏输会计科目：插入。

4)某一科目的辅助核算内容漏输或错输：补充或修改。

5)整张凭证输错：①凭证未保存前可放弃或修改为正确的凭证；②凭证已保存，如果无修改价值或因凭证类别不同无法修改，可删除凭证。

4. 生成常用凭证

(1)“生成常用凭证”需同时满足两个前提条件。①软件具有该类功能；②需生成的凭证已填制完毕。

(2)生成常用凭证的方法。在“填制凭证”窗口，单击[常用凭证]右侧的向下箭头，选用下拉菜单【生成常用凭证】，就可将该张凭证生成常用凭证保存起来，以备再填类似凭证时调用。

5. 复制一张新凭证

(1)“复制一张新凭证”需同时满足两个前提条件。①软件具有该类功能；②被复制的凭证已填制并保存在“填制凭证”中。

(2)复制一张新凭证的方法。①在“填制凭证”窗口中找到被复制的凭证；②单击[制单]按钮或按“Ctrl+F”键，即可直接复制。

6. 调用常用凭证

(1)“调用常用凭证”需同时满足两个前提条件。①软件具有该类功能；②已设置常用凭证。

(2)“调用常用凭证”的方法。①在“填制凭证”窗口中，单击[常用凭证]右侧的向下箭头，在其下拉菜单中选用【调用常用凭证 F4】，系统会弹出“调用常用凭证”窗口。②在“调用常用凭证”窗口录入或参照选择所需的一张常用凭证，系统即可调出该张常用凭证。③依据需要直接保存或稍做修改再保存凭证。

7. 红字冲销凭证

(1)由系统自动生成“红字冲销凭证”需同时满足两个前提条件。①软件具有该类功能；②需冲销凭证已经记账。

(2)由系统自动生成“红字冲销凭证”的方法。①在“填制凭证”窗口中单击[冲销凭证]按钮，系统会弹出“冲销凭证”窗口，如图 8—23 所示。②在“冲销凭证”窗口，选择录入所需的一张已记账凭证，系统即可调出该张凭证，原有摘要中增加“冲销×××”字样，全部金额是“红字”。③根据需要直接保存或稍做修改再保存这张红字冲销凭证。

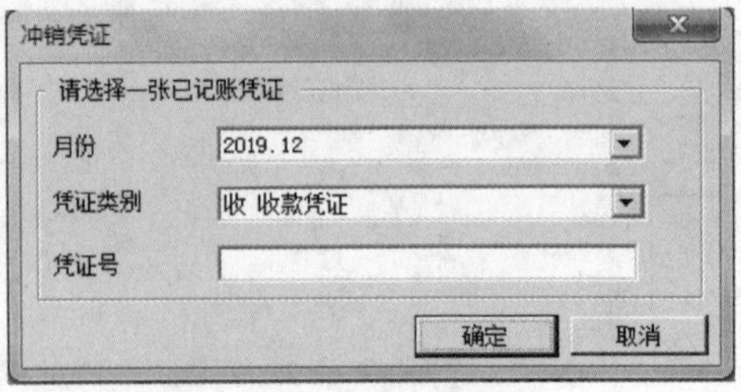

图 8—23 “冲销凭证”窗口图

8. 生成自动结转凭证

(1)由系统自动“生成自动结转凭证”需同时满足三个前提条件。①软件具有该类功能；②已设置自动结转凭证；③自动结转凭证前的相关凭证已审核记账。

(2)由系统自动“生成自动结转凭证”的方法。生成自动结转凭证的操作步骤为：①在“总账”系统窗口中，单击【期末】菜单下的“转账生成”项，系统会弹出“转账生成”窗口，如图 8—24 所示；②在“转账生成”窗口，根据需要选择有关项目后，单击[确定]按钮，系统会生成一张选定的“自动结转凭证”；③单击[保存]按钮，系统会将该张凭证自动传入总账子系统的“填制凭证”处并保存。

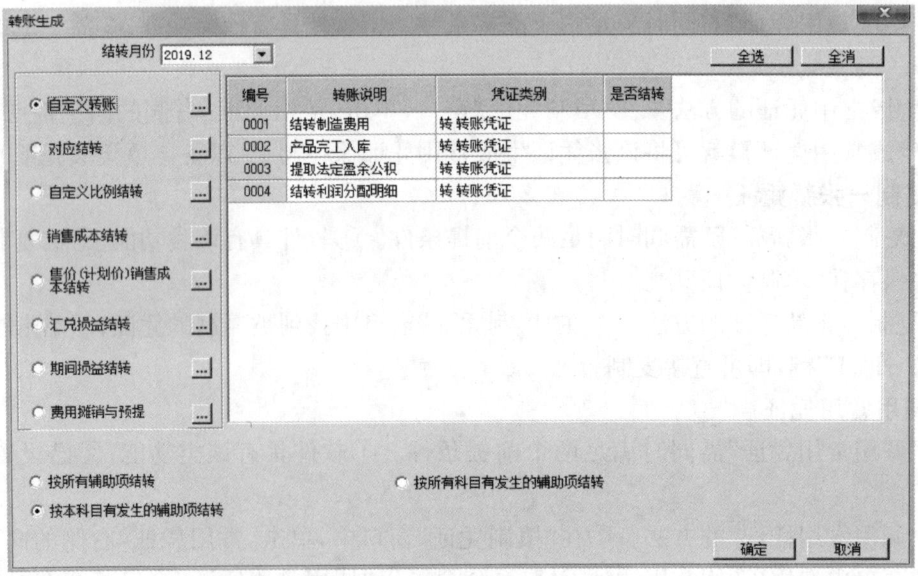

图 8—24 “转账生成”窗口图

9. 由其他子系统自动生成凭证

由其他子系统自动生成凭证，在生成时单击[保存]按钮会自动传入总账子系统。

(1)“由其他子系统自动生成凭证”需同时满足两个前提条件。①软件具有该类功能；②其他子系统与总账子系统属于同一账套。

注：在总账子系统中不能修改此类凭证(对总账子系统而言属外部凭证)。

(2)“由其他子系统自动生成凭证”的方法。其他子系统生成凭证时，单击[保存]按钮，其他子系统会将该张凭证自动传入总账子系统的“填制凭证”处并保存。

二、审核凭证

会计电算化后的审核凭证，不仅包括人工审核的内容，而且还强调人工编制的凭证与计算机中录入凭证的一致性检查。有些软件的审核凭证中还包括收款凭证、付款凭证的出纳签字内容。出纳人员可通过“出纳签字”功能对填制凭证中的库存现金、银行存款科目的金额进行检查核对，审核认为错误或有异议的记账凭证，应交由制单人修改后再审核。“出纳签字”功能是为加强各单位的库存现金、银行存款的收支管理而设置的。

1. 更换操作员

更换操作员是指在填制凭证后，应更换另一个具有审核权限的操作员来审核凭证。例如，系统遵照会计内部控制规定，限定“制单和审核不能是同一人”；发生这些情况都需要更换操作员。更换操作员的操作步骤：(1)在【文件】菜单中单击其下拉菜单【重新注册】，系统弹出“注册[企业应用平台]”窗口；(2)在“注册[企业应用平台]”窗口，更换操作员(例如将填制凭证的操作员更换为审核员)；(3)录入更换后的操作员密码；(4)单击[确认]按钮。

2. 审核当月所有凭证

以审核凭证人员且非制单人注册进入总账子系统。审核凭证的操作步骤为：

(1)在【凭证】菜单中，单击其下拉菜单【审核凭证】，系统弹出“凭证审核”选项，如图8－25所示。

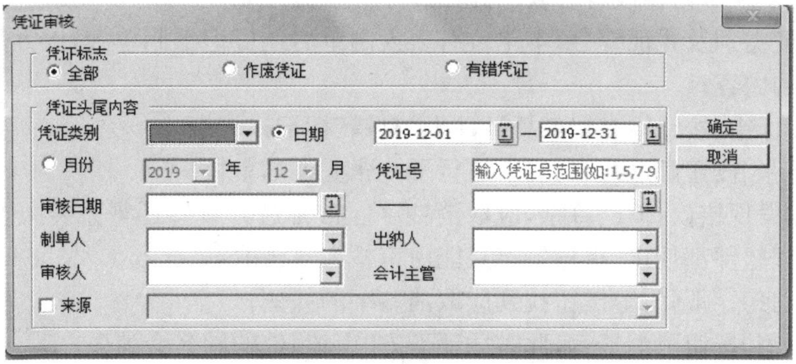

图8－25　“凭证审核”选项图

(2)在“凭证审核”选项中单击[确定]按钮，系统弹出“凭证审核列表”对话框，如图8－26所示。

(3)在“凭证审核列表”对话框中鼠标双击确认，系统给出第一张待审核凭证。

(4)确认该凭证正确无误后，单击[审核]按钮，在凭证底部的“审核”处，系统将自动签上该审核操作员的姓名，并提供下一张待审核的凭证。如果发现该凭证有错，可单击[标错]按钮给

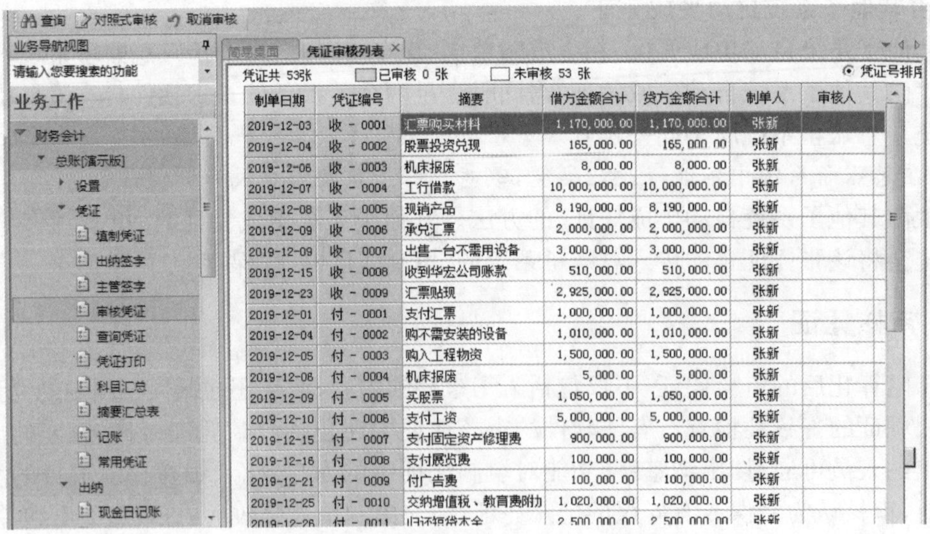

制单日期	凭证编号	摘要	借方金额合计	贷方金额合计	制单人	审核人
2019-12-03	收 - 0001	汇票购买材料	1,170,000.00	1,170,000.00	张新	
2019-12-04	收 - 0002	股票投资兑现	165,000.00	165,000.00	张新	
2019-12-06	收 - 0003	机床报废	8,000.00	8,000.00	张新	
2019-12-07	收 - 0004	工行借款	10,000,000.00	10,000,000.00	张新	
2019-12-08	收 - 0005	现销产品	8,190,000.00	8,190,000.00	张新	
2019-12-09	收 - 0006	承兑汇票	2,000,000.00	2,000,000.00	张新	
2019-12-09	收 - 0007	出售一台不需用设备	3,000,000.00	3,000,000.00	张新	
2019-12-15	收 - 0008	收到华宏公司账款	510,000.00	510,000.00	张新	
2019-12-23	收 - 0009	汇票贴现	2,925,000.00	2,925,000.00	张新	
2019-12-01	付 - 0001	支付汇票	1,000,000.00	1,000,000.00	张新	
2019-12-04	付 - 0002	购不需安装的设备	1,010,000.00	1,010,000.00	张新	
2019-12-05	付 - 0003	购入工程物资	1,500,000.00	1,500,000.00	张新	
2019-12-06	付 - 0004	机床报废	5,000.00	5,000.00	张新	
2019-12-09	付 - 0005	买股票	1,050,000.00	1,050,000.00	张新	
2019-12-10	付 - 0006	支付工资	5,000,000.00	5,000,000.00	张新	
2019-12-15	付 - 0007	支付固定资产修理费	900,000.00	900,000.00	张新	
2019-12-16	付 - 0008	支付展览费	100,000.00	100,000.00	张新	
2019-12-21	付 - 0009	付广告费	100,000.00	100,000.00	张新	
2019-12-25	付 - 0010	交纳增值税、教育费附加	1,020,000.00	1,020,000.00	张新	
2019-12-26	付 - 0011	归还短贷本金	2,500,000.00	2,500,000.00	张新	

图 8—26 “凭证审核列表”对话框图

有错的凭证注上“有错”标记,并应单击[下张]按钮,审核下一张待审核的凭证。

(5)审核完毕,单击“审核凭证”右侧的[×]按钮,返回“凭证审核列表”对话框。

除以上逐张审核凭证的方法外,有些软件还提供成批审核凭证的方法。单击【批处理】菜单下的【成批审核凭证】,系统自动对当前范围内的所有未审核凭证执行审核。

3. 对审核结果的处理

对不同的审核结果应使用不同的处理方法。

(1)审核时发现正确的凭证。对凭证审核时发现正确的凭证,其操作步骤为:单击[审核]按钮进行审核签字,系统自动将进入“审核凭证”功能的审核人姓名签在记账凭证下方的“审核”处。同时系统自动给出下一张未审核的凭证。

(2)审核时发现有错误或有异议的凭证。

①记下凭证类别及凭证编号,本单位有多人制单时还应记下制单人,以方便修改人员快速查找到需修改的内容;

②可单击[标错]按钮给有错的凭证注上“有错”标记;

③单击[下张]按钮翻过此张凭证,进行下一张凭证的审核。

(3)审核时发现错误,但已签字,应取消签字。常言道:“解铃还得系铃人”。为分清责任,一般的账务处理软件都规定,审核签字只能由审核人自己取消。

①单击[上张]、[下张]等按钮找到应取消签字的凭证;

②单击[取消]按钮取消签字,此时凭证下方“审核”处的姓名会消失。

需要说明的是,对审核签字后发现有错误的凭证,除使用以上逐张凭证取消审核签字的功能外,有些软件还提供成批取消审核的方法。单击【审核】菜单下的【成批取消审核】,系统自动对当前范围内的所有已审核凭证执行取消审核。

4. 审核时应注意的问题

(1)凭证一经审核签字,便不能进行修改、删除。如果想修改或删除已审核签字的凭证,必须先取消审核。

(2)取消审核只能由审核人自己进行。

(3)采用人工制单的用户,在人工制单上审核完后还需要对录入机器中的凭证进行审核,以保证机内记账凭证与手写的一致。

(4)人工签名难以模仿、伪造,修改时也很容易留下痕迹,它是人工会计识别会计人员工作责任的有效方法之一。账务处理软件中的"签章"不留笔迹,它是在进入软件系统时,当审核人员身份(姓名、权限、密码)确认之后,执行审核签字功能后由系统自动生成。因此必须注意密码的保密性。

三、出纳签字

为加强对库存现金日记账和银行存款日记账的管理,保证库存现金日记账和银行存款日记账的账簿记录正确无误,系统设置了出纳签字功能。此处系统所称的"出纳凭证"是指涉及企业库存现金的收入与支出、银行存款的收入与支出的凭证。

1. 出纳签字功能的选用设置

企业可根据实际需要决定是否对出纳凭证进行出纳签字管理。

(1)选用"出纳凭证必须经由出纳签字"功能。在【总账】系统中,选择【设置】→【选项】菜单,选择【权限】选项卡,在"权限控制"下方的"出纳凭证必须经由出纳签字"前的选项小方框,加上对勾标记。选用了"出纳凭证必须经由出纳签字"功能,记账前系统会检查出纳凭证是否已由出纳签字。如果没选用"出纳凭证必须经由出纳签字"功能,出纳凭证可由出纳签字,也可不签字。

(2)指定"现金总账""银行存款总账"科目。如果在系统初始化时已指定科目,在此无须再指定。此处的"指定科目"的目的是让系统确认涉及"现金总账""银行存款总账"科目的凭证是"出纳凭证",即指定"出纳凭证"。

2. 出纳签字的操作步骤

出纳签字分为单张凭证出纳签字和成批凭证出纳签字两种情况。

(1)单张凭证出纳签字。

①在"总账"系统,选择【凭证】→【出纳签字】菜单,进入"出纳签字"对话框。

②录入条件或确认系统默认的条件后,单击[确认]按钮,显示符合条件的凭证一览表。

③单击[确定]按钮调出第一张凭证,或双击某一待签字的凭证调出待签字的那张凭证。

④出纳人员在确认该张凭证的"库存现金"或"银行存款"的金额记录正确后,单击[签字]按钮,凭证底部的"出纳"处系统会自动签上出纳员姓名;若想对已签字的凭证取消签字,可单击[取消]按钮。

⑤单击[下张]按钮,调出第二张需要签字的凭证,单击[签字]按钮,第二张凭证底部的"出纳"处又自动签上出纳员姓名,重复此操作直至所有凭证都签完为止。

⑥单击"出纳凭证"右侧[×]按钮,完成出纳签字操作。

(2)成批出纳签字。为了提高工作效率,系统提供对已审核的凭证进行成批签字的功能。具体操作步骤为:在"出纳签字"窗口中选择【批处理】的下拉菜单【成批出纳签字】菜单,系统自动对当前范围内的所有未签字凭证执行签字。选择【批处理】的下拉菜单【成批取消签字】菜单,系统自动对当前范围内的所有已签字凭证执行取消签字。

(3)补充录入结算方式和票号功能。如果在录入凭证时没有录入结算方式和票据号,系统提供在出纳签字时还可以补充录入。在"出纳签字"窗口选择【票据结算】,列示所有需要进行填充结算方式、票据号、票据日期的分录,包括已填写的分录;填制结算方式和票号时,针对票据的结算方式进行相应支票登记判断。

注:①已签字的凭证,不能填写票据,只能取消签字后才能进行。②凭证一经签字,就不能被修改、删除,只有被取消签字后才可以进行修改或删除。取消签字只能由出纳人自己进行。③凭证合并状态可以进行出纳签字,但不能填补结算方式和票号。

四、主管签字

有些企业为加强对会计人员填制凭证的管理,会采用所有凭证必须由主管会计签字后才有效的管理模式,或者凭证的发生额超过一定限额必须由主管会计签字后才有效的管理模式。但软件有该类功能才能使用。

1. 所有凭证必须由主管会计签字后才有效的管理模式

所有凭证必须由主管会计签字后才有效的管理模式,在软件中设定其他会计人员制作的凭证必须经主管会计签字才能记账。

(1)在总账子系统中设置"凭证必须由主管会计签字"。在【总账】系统中,选择【设置】→【选项】菜单,选择【权限】选项卡,在"权限控制"下方的"凭证必须由主管会计签字"前的选项小方框,单击鼠标加上对勾标记。

(2)所有凭证必须经主管会计签字。在所有凭证必须由主管会计签字后才有效的管理模式下,主管会计必须在凭证上签字;主管会计没签字的凭证,不能记账。

进行主管会计签字的操作方法:①在【总账】系统中,选择【凭证】→【主管签字】菜单,系统会弹出"主管签字"窗口。②在"主管签字"窗口,直接单击[确认]按钮,选择当月所有凭证供主管签字;也可以选择本月的部分凭证供主管签字。③在"主管签字凭证列表"中双击某行或单击[确定]按钮显示该张凭证。④确认无误后,点击[签字]按钮,凭证右上方显示当前操作员姓名加红色框,表示这张凭证主管已签字。

如果要取消签字,只需点击[取消]按钮,凭证上的签字标志取消,表示当前凭证取消主管签字。取消签字只能由签字人进行。

2. 设定凭证限额必须由主管会计签字后才有效的管理模式

为加强对会计人员填制凭证的管理,各使用单位在内部控制的设定时,可以确定当凭证的发生额超过一定限额(比如10万元、20万元、50万元等)必须由主管会计签字后才有效。这种管理模式,系统不能直接控制,即主管会计不签字的凭证也可以记账。

(1)不能在总账子系统设置"凭证必须由主管会计签字"。因为只有超过限额的部分凭证才需要"主管会计签字",所以系统不能设置"凭证必须由主管会计签字"功能。如果已在"凭证控制"下方的"凭证必须由主管会计签字"前的选项小方框加上了对勾标记,应取消,即将"凭证必须由主管会计签字"前的选项小方框中的对勾标记去掉。

(2)挑选超过限额的部分凭证由主管会计签字。签字方法与上述方法相同。需要注意的是,哪些凭证需由"主管会计签字",系统无法控制,全由"主管会计"自己根据本单位的内部控制要求确定。如果漏掉"主管会计签字"或者所有凭证均由"主管会计签字",系统均能记账。

3. 哪些情况主管会计不能签字

(1)已签字凭证不能再签字。

(2)未经授权的凭证不能签字。

(3)取消签字必须由签字人本人取消。

(4)签字人与制单人不能是同一人,未签字凭证不能再取消签字。

（5）签字前先对凭证进行合法性检查（有错凭证不能签字），未通过合法性检查的凭证不能签字。

五、修改凭证

为保证账簿数据的正确性，进而保证提供会计信息的正确性，任何时候发现凭证有错误，都需要修改凭证更正错误。需要说明的是，更正错误的凭证仍需审核、记账。

1. 在凭证审核时发现凭证错误的修改

在凭证审核时发现凭证的错误通常有以下几种：凭证内容输错、漏输凭证、多输凭证、非法凭证。不同的凭证错误，其修改方法有所不同。

（1）在审核时发现凭证内容输错的修改方法。在审核时发现凭证内容输错，返回"填制凭证"窗口，由制单人直接修改该凭证的错误内容。

（2）在审核时发现漏输凭证的修改方法。在审核时发现漏输凭证，只能追加凭证。如果按照会计业务的处理要求，必须插入凭证；但系统一般不提供插入凭证功能，要想满足会计业务的处理要求，可将插入凭证后的凭证删除后，录入该凭证；然后再补上已删除的凭证。为提高凭证录入速度，删除凭证前可生成常用凭证。

（3）删除多输凭证及无效凭证。在审核时发现多输凭证、非法凭证，有两种修改方法：修改成其他凭证或删除。

删除凭证的注意事项有：无效的未签字的多余凭证可以删除，但系统未提供直接删除功能。必须先作废，再删除；整理凭证就是将作废的凭证删除，并提示是否进行断号整理。其操作步骤为：①在"总账子系统"中，选择【凭证】→【填制凭证】菜单，进入"填制凭证"窗口，查找到需删除的凭证。②单击[作废/恢复]按钮，凭证左上角显示"作废"字样，表示已将该凭证作废。③有些作废凭证不想保留，可以通过凭证整理功能将这些凭证彻底删除，并利用留下的空号对未记账凭证重新编号。操作步骤如下：首先单击[整理凭证]按钮；其次选择要整理的月份，单击[确定]按钮后，显示作废凭证整理列表；最后选择要删除的作废凭证，单击[确定]按钮，系统将这些凭证从数据库中删除掉，并对剩下的凭证重新排号。

2. 记账后及结账后发现凭证错误的修改

记账后发现凭证有错误，通常可采用两种修改方法：不留修改痕迹的修改方法、留有修改痕迹的修改方法。结账后发现凭证有错误，如果想修改，必须先取消结账，再采用记账后发现凭证有错误的两种修改方法。

（1）不留修改痕迹的修改方法。结账后发现凭证有错误，可采用不留修改痕迹的修改方法来修改。

1）不留修改痕迹的修改方法示意图，如图 8－27 所示。

2）不留修改痕迹的修改步骤：①取消结账。②恢复到记账前状态。③取消凭证审核签字、取消出纳签字、取消主管签字。④直接修改凭证。由制单人直接修改凭证，如果系统已设置"允许修改、作废他人填制的凭证"，也可以由非制单人直接修改凭证。⑤审核签字、出纳签字、主管签字。⑥记账。

（2）留有修改痕迹的修改方法。记账后发现少量凭证错误，通常采用留有修改痕迹的修改方法修改。针对不同的错误内容，其具体的修改方法也会有所不同。

①凭证摘要、科目、辅助核算等内容正确，而金额多记错误，采用红字冲销法（也称负数更正法）。具体做法是：填制一张科目与原凭证科目相同，而金额为"'－'多记金额"的凭证。

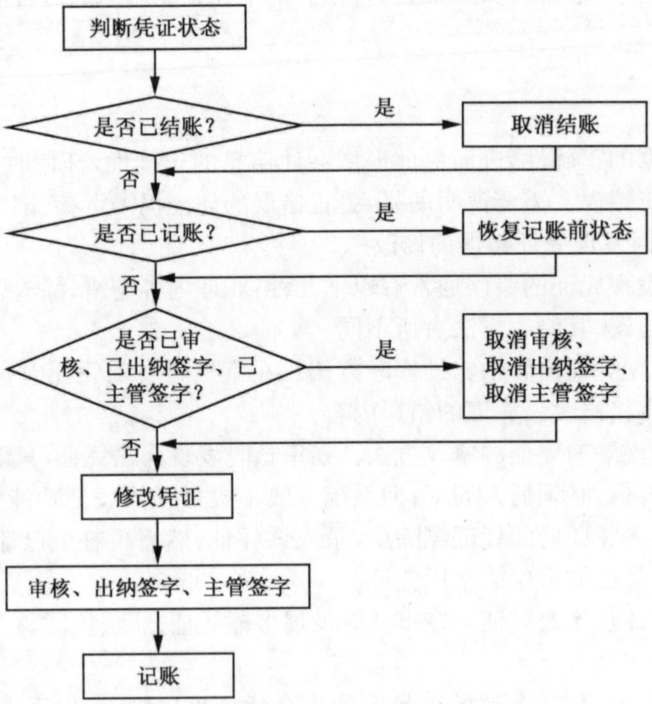

图 8—27　不留修改痕迹的修改方法示意图

②凭证摘要、科目、辅助核算等内容正确，而金额少记错误，采用蓝字补充法（也称补充更正法）。具体做法是：填制一张科目与原凭证科目相同，而金额为“少记金额”的凭证。

③科目错误与辅助账错误的凭证，采用红字冲销法（即负数更正法）。具体做法是：先填制一张科目与原凭证科目相同，而金额为“‘－’金额”的凭证；再填制一张正确的凭证。

六、记账

记账又称登账、过账或凭证入账。在计算机中记账有模拟记账和正式记账之分。

1. 模拟记账

模拟记账是指虽未正式记账，但在查询时能查到记账状态的账簿数据；用友 ERP-U8 的做法是查询时选择“包括未记账凭证”选项。也有软件专设有“模拟记账”功能，菜单中有【模拟记账】，或按钮中有【模拟记账】。

2. 正式记账

正式记账从表面来看相当于传统记账，实际上通常的做法是在已审核的凭证库的记账字段作已记账标记（Y、T 或√）。

(1)为保证正常记账，防止断电或不正常中断的策略有以下几种：

①安装不间断电源（UPS），从硬件上解决。

②记账前先用备份功能将凭证数据备份到硬盘或 U 盘上，一旦发生故障，再由硬盘或 U 盘恢复，从人工方式上解决。

③由计算机记账模块在记账前自动做一次强制备份，把记账前的数据备份到硬盘的另一个地方。如果记账不成功，计算机会自动恢复到记账前的状态，再重新记账。该方法是软件自

动解决的方法。

以上三种方法中以第三种为最优。

(2)不能记账的情形有以下几种：

①上月未结账时，本月不能记账。

②未审核凭证不能记账；作废凭证不需审核即可直接记账，但不做数据处理，相当于一张空凭证的记账。

③在第一次记账时，若期初余额试算不平衡，系统将不允许记账。

(3)记账时的注意事项有以下几个方面：

①在记账过程中，不得中断退出。

②所选范围内的凭证如有不平衡凭证，系统将列出错误凭证，并重选记账范围。

③记账之前非正常中断，可以直接重新记账。

④记账过程一旦断电或其他原因造成中断后，系统将自动调用“恢复记账前状态”恢复数据，然后再重新记账。

(4)正式记账的操作步骤。记账凭证经审核签字后，即可用来登记总账和明细账、日记账、部门账、往来账、项目账以及备查账等。用友 ERP-U8 系统记账采用向导方式，记账过程比较明确。

①在“总账”系统，选择【凭证】→【记账】菜单，进入“记账”对话框，如图 8—28 所示。

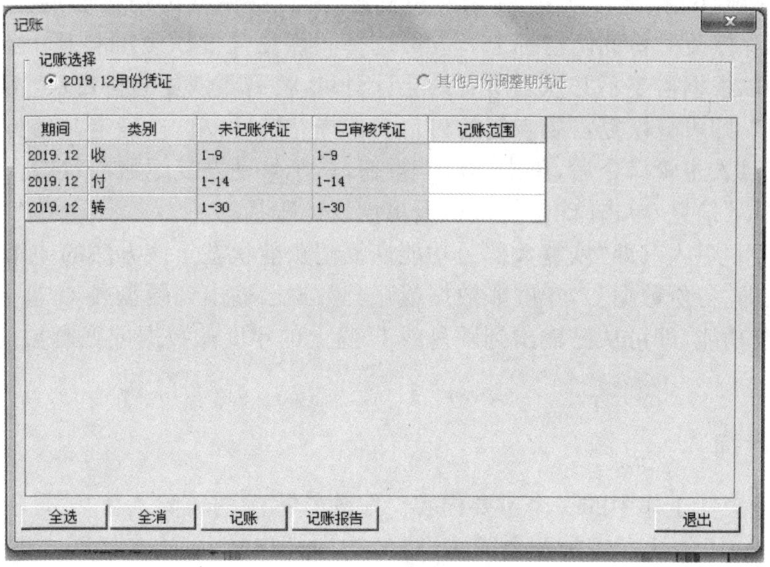

图 8—28　“记账”对话框图

②选择本次记账范围。系统默认“全选”，可单击[全选]按钮或直接单击[下一步]按钮默认“全选”；也可录入连续编号范围，例如“1—4”表示 1 号至 4 号凭证；也可录入不连续编号，例如“5，6，9”表示第 5 号、6 号、9 号凭证为此次要记账的凭证。

③显示记账报告，是经过合法性检验后的提示信息，例如你此次要记账的凭证中有些凭证没有审核或未经出纳签字，属于不能记账的凭证，你可根据提示修改后，再记账。

④进行记账。当以上工作都确认无误后，单击[记账]按钮，系统开始登录有关账簿，包括正式总账、明细账；数量总账与明细账；外币总账与明细账；项目总账与明细账，部门总账与明

细账;个人往来总账与明细账,银行往来账等有关账簿。

(5)恢复到记账前状态。恢复到记账前状态,又称取消记账、反记账。

1)发生哪些情况应恢复记账前状态。发生以下三种情况时应恢复记账前状态:①记账时发生不正常中断;②记账过程一旦断电或其他原因造成中断后,系统将自动调用“恢复记账前状态”恢复数据,然后再重新记账;③记账后发现凭证错误较多,全部通过填制凭证修改其错误工作量太大。

2)恢复记账前状态的方法。恢复记账前状态,在实际工作中有三种方法:①用软件的“恢复到记账前状态”的有关功能;②用硬盘备份的数据恢复到记账前状态;③用U盘备份的数据恢复到记账前状态。

3)如何进行恢复记账前状态的操作。恢复记账前状态,既可以使用软件具有的自动恢复功能,又可以使用“恢复数据”功能。

方法一:使用软件具有的自动恢复功能恢复记账前状态。①在期末对账窗口,按下“Ctrl＋H”键,显示【凭证】的下拉菜单【恢复记账前状态】功能,再次按下“Ctrl＋H”键隐藏此菜单。②在“总账”系统中,单击【凭证】菜单中的【恢复记账前状态】功能,进入“恢复记账前状态”对话框,如图8－29所示。③选择恢复方式:最近一次记账前状态、××××年××月初状态。最近一次记账前状态一般用于记账时系统造成的数据错误的恢复。××××年××月初状态是恢复到指定的月初未记账时的状态。例如,如果登录时间为2019.12,则系统提示可恢复到2019.12初状态。④选择是否恢复“往来两清标志”和选择恢复两清标志的月份,系统根据选择在恢复时,清除恢复月份的两清标志。⑤可选择只恢复需要恢复的科目。系统提供灵活的恢复方式,你可以根据需要不必恢复所有的会计科目,将需要恢复的科目从“不恢复的科目”选入“恢复的科目”,即可只恢复需要恢复的科目。选择完毕后,单击[确定]按钮,系统提示“录入主管口令”。⑥录入主管口令后,单击[确认]按钮,系统自动恢复记账前状态。⑦恢复完毕,显示“恢复记账完毕”信息,单击[确定]按钮,退出恢复记账状态。

方法二:使用“引入”(即“恢复数据”)功能恢复记账前状态。该方法的使用前提是:记账前状态已“输出”(即“备份数据”),年度账数据或账套数据已输出到硬盘或U盘上。使用“引入”(即“恢复数据”)功能,即可从已输出到硬盘或U盘上的年度账数据或账套数据中恢复记账前状态。

七、账簿查询

账簿查询是会计工作中的一个重要内容。账簿查询的内容除人工方式下的日记账、明细账和总分类账外,还包括发生额及余额表、过滤查询、即时生成的多栏账查询和辅助账查询。通用账务处理软件一般都具有专门的账簿查询功能,能方便地实现:总账⟷明细账⟷凭证联查;有些软件在各个账簿查询结果窗口,还提供打印、打印预览和数据输出三项功能。账簿查询一般应在记账后进行,但有些软件提供未记账凭证的模拟记账数据查询,使各单位能随时了解各科目的明细情况和最新余额。有些软件还提供未记账凭证的汇总查询。

1. 日记账的查询

按现行会计制度规定,日记账主要包括现金日记账和银行存款日记账两种。有些软件还提供选定科目的日记账查询。用友ERP-U8的现金日记账和银行存款日记账在“出纳管理”中查询;选定科目的日记账在查询前要在“会计科目”中设成“日记账”。可根据管理的需要将一些科目设成“日记账”,然后就可以将这些设成“日记账”的科目作为日记账查询了。

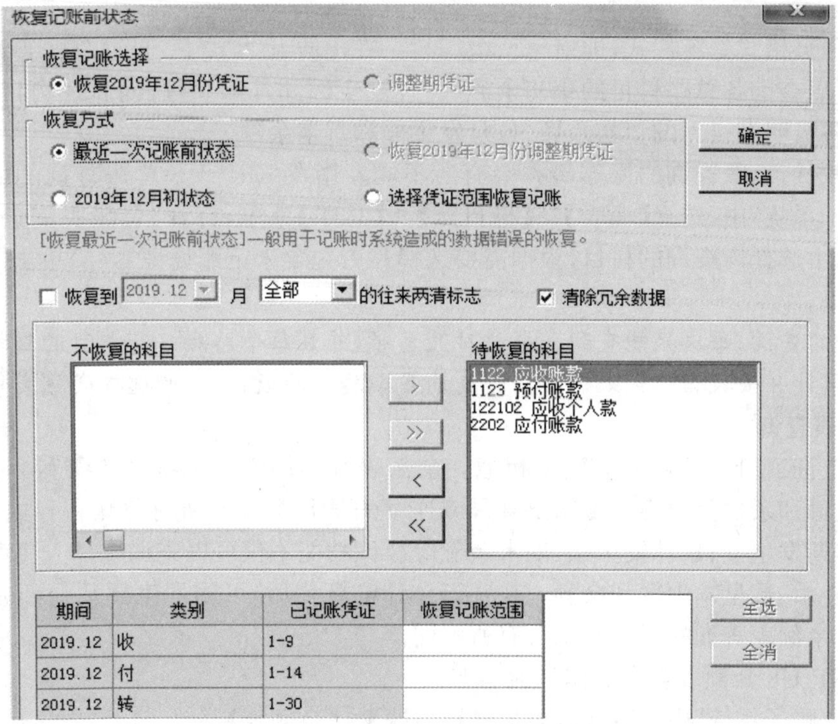

图 8—29 "恢复记账前状态"对话框图

(1)根据管理的需要将一些科目设成"日记账"。将会计科目设成"日记账"的操作方法:①在"企业应用平台"的【基础设置】选项中,选择【基础档案】→【财务】→【会计科目】菜单,打开"会计科目"窗口。②将光标移至需设置成"日记账"的会计科目处,双击该科目或单击[修改]按钮进入"会计科目_修改"窗口。③单击[修改]按钮,进入修改状态。④选择"日记账"选项,即单击"日记账"选项,在选项前打"√"。⑤选择"日记账"完毕后,单击[确定]按钮。继续修改要选择"日记账"的科目,直至将所需科目均选择完毕为止。

(2)任意科目的日记账查询方法。任意科目的"日记账"查询方法:①在"总账子系统"中,选择【账表】→【科目表】→【日记账】菜单,打开"日记账查询条件"窗口,如图 8—30 所示。②选择要查询的科目和条件后,单击[确认]按钮,即可查询所选科目的日记账。

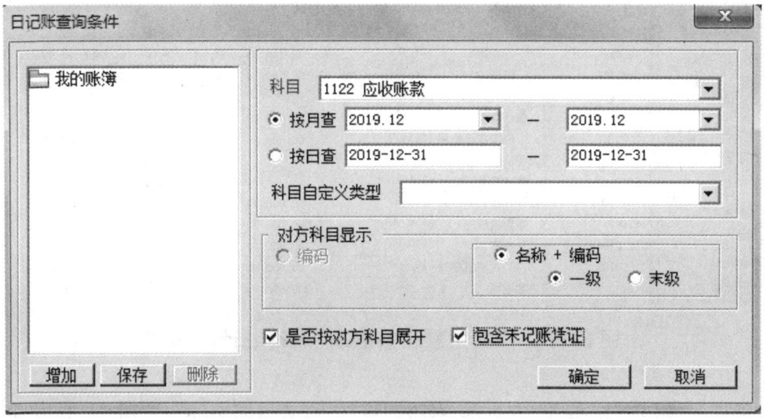

图 8—30 "日记账查询条件"窗口图

2. 总账查询

总账的账页格式是三栏式，即借、贷、余三栏。在电算化方式下，通过总账查询功能，一般来说，不仅可以查询各总账科目的年初余额、各月发生额和月末余额，而且还可以联查到所有二级及以下各级明细科目的年初余额、各月发生额和月末余额。

不同的软件，总账查询的操作步骤会有所不同。用友 ERP-U8 总账查询的操作步骤为：(1)在“总账子系统”中，选择【账表】→【科目账】→【总账】菜单，打开“总账查询条件”对话框。(2)在科目框中选择需查询的科目，根据需要选择是否包含未记账凭证。(3)单击[确定]按钮，显示查询结果。

注：此处的查询，每次只能查到一个科目的总账，并且每个总账只有本月的期初余额、当前合计和当前累计 3 条数据。如果需要同时查询多个总账的数据，一般选择余额表查询。

3. 余额表查询

余额表查询窗口与总账窗口基本相似。余额表查询用于查询统计各级科目的本期发生额、累计发生额和余额等内容。可输出某月或连续的某几个月的所有总账科目或明细科目的期初余额、本期发生额、累计发生额、期末余额等。该功能不仅可以查询统计人民币金额，还可以查询统计外币、数量发生额和余额。在实行会计电算化后，可用发生额及余额表代替总账。不同的软件，余额表查询的操作步骤会有所不同。

用友 ERP-U8 余额表查询操作步骤如下：

(1)在“总账子系统”中，选择【账表】→【科目账】→【余额表】菜单，打开“发生额及余额查询条件”对话框。

(2)选择或默认起止月份，选择科目范围或不输(不输科目范围，系统默认所有科目)，默认或重选科目级次，录入余额范围或不输(不输余额范围，系统默认所有余额)，选择科目类型和外币名称或不选，根据需要选择是否包含未记账凭证项；单击[确认]按钮，则显示查询统计结果，如图 8－31 所示。

科目编码	科目名称	期初余额		本期发生		期末余额	
		借方	贷方	借方	贷方	借方	贷方
1001	库存现金	1,000.				1,000.00	
1002	银行存款	12,892		26,600,340.00	27,537,218.00	11,955,122.00	
100201	工行存款	11,479		23,592,340.00	24,122,218.00	10,949,122.00	
10020101	结算户	11,465		23,592,340.00	24,122,218.00	10,935,322.00	
10020102	美元户	13,800				13,800.00	
100202	建行存款	1,413,		3,008,000.00	3,415,000.00	1,006,000.00	
10020201	专用存款账户	1,413,		3,008,000.00	3,415,000.00	1,006,000.00	
1012	其他货币资金	1,170,			1,170,000.00		
101201	银行汇票	1,170,			1,170,000.00		
1101	交易性金融资产	150,00		1,050,000.00	150,000.00	1,050,000.00	
110101	股票投资	150,00		1,050,000.00	150,000.00	1,050,000.00	
11010101	成本	140,00		1,030,000.00	130,000.00	1,040,000.00	
11010102	公允价值变动	10,000		20,000.00	20,000.00	10,000.00	
1121	应收票据	2,460,		2,925,000.00	5,042,000.00	343,000.00	

图 8－31 “发生额及余额表”查询统计结果图

(3)在查询窗口中可单击右上方账页格式下拉列表，显示所选科目不同账页格式的余额表。

(4)在余额表中,单击[累计]按钮,系统将显示或取消借贷方累计发生额;将光标移到具有辅助核算的科目所在行,单击[专项]按钮,可联查到相应科目的辅助总账或余额表。

(5)在余额表中单击[过滤]按钮,录入要过滤的科目编码或通配符,单击[确定]按钮,可以对科目进行过滤。例如:"1??? 01"表示查一级科目首位为1,且二级科目为01的所有科目,"?"为单个编码通配符。

4. 明细账查询

明细账查询功能用于平时查询各账户的明细发生情况(即单一条件查询),还可按任意条件的组合查询明细账。在查询过程中可包含未记账凭证的内容。明细账查询有三种格式:普通明细账、按科目排序明细账和月份综合明细账。不同的软件,明细账查询的操作步骤会有所不同。用友ERP-U8明细账查询操作步骤如下:

(1)在"总账子系统"中,选择【账表】→【科目账】→【明细账】菜单,打开"明细账查询条件"对话框,选择【按科目范围查询】单选项。

(2)单击[确认]按钮,显示选定的明细账查询结果。

(3)单击科目下拉列表框可查看其他科目;双击某行或单击[凭证]按钮,可查看相应的凭证;单击[总账]按钮可查看此科目的总账;单击[锁定]按钮,可锁定摘要列。

(4)查询完毕后,单击[退出]按钮返回。

5. 多栏账查询

在总账子系统中,多栏账常分为普通多栏账和综合多栏账两种形式。大多数软件只提供一种多栏账查询形式,有些软件提供两种多栏账查询形式,还有些软件不提供多栏账查询形式。各种软件的多栏账定义及查询方法各有不同。

(1)普通多栏账查询。在总账子系统中,普通多栏账是由系统将要分析科目的下级科目自动生成的"多栏账"。一般资产、费用类科目分析其下级科目的借方发生额,负债、收入类科目分析其下级科目的贷方发生额,并允许随时调整。多栏账的栏目内容可自定义,可以对科目的分析方向、分析内容、输出内容进行定义,同时可定义多栏账格式,便于满足核算管理需要。不同的软件,普通多栏账查询的操作步骤会有所不同。用友ERP-U8普通多栏账的使用步骤:定义多栏账查询格式→查询多栏账。在查询普通多栏账前,应先定义多栏账查询格式。

1)定义多栏账查询格式。用友ERP-U8定义多栏账查询格式的操作步骤如下:①在"总账子系统"中,选择【账表】→【科目账】→【多栏账】菜单,进入"多栏账"窗口。②在"多栏账"窗口单击[增加]按钮,显示"多栏账定义"窗口,如图8-32所示。③下拉框中选择多栏账"核算科目",自动携带显示多栏账名称,如果你需要别的名称可以在"多栏账名称"处直接修改。④定义多栏账分析栏目。系统提供两种定义方式:自动编制栏目和手动编制栏目。建议先进行自动编制再进行手动调整,以提高录入效率。自动编制:单击[自动编制]按钮,系统将根据所选核算科目的下级科目自动编制多栏账分析栏目。例如,核算科目为管理费用6602,则执行自动编制,系统将自动把6602的下级科目设为多栏账分析栏目。分析方向与科目性质相同。手动编制:单击[增加栏目]按钮可自行增加栏目,选择栏目后按[删除栏目]按钮可删除该栏目,用鼠标双击表中栏目,或单击空格键可编辑修改栏目。单击[∧]和[∨]按钮可调整栏目的排列顺序。⑤点击[选项]按钮可对多栏账格式进行设置,在"格式预览"中可看到选择不同选项对多栏账格式的影响。多栏账共有两种输出格式:分析栏目前置式和分析栏目后置式。分析栏目前置:即将分析栏目放在余额列之前进行分析。如增值税多栏账可采用这种方式。

分析栏目后置：即将分析栏目放在余额列之后进行分析。与人工多栏账保持一致。⑥如果修改选项后想按新的选项设置栏目，可再单击[自动编制]按钮，系统将按新的设置重新编制。定义完毕后单击[确定]按钮即可。

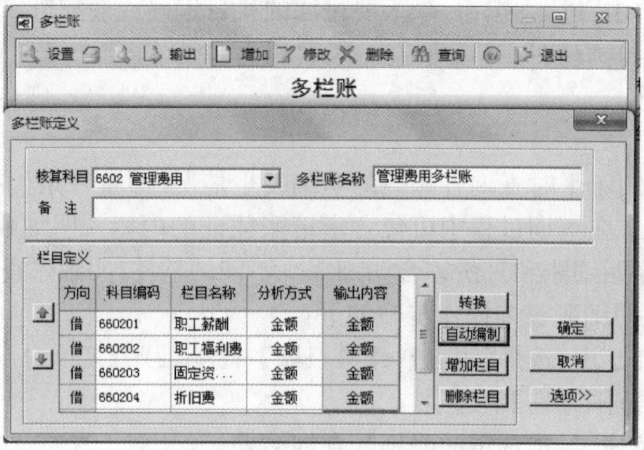

图 8—32 “多栏账定义”窗口图

2)查询多栏账。查询多栏账的操作步骤为：①在“总账子系统”中，选择【账表】→【科目账】→【多栏账】菜单，进入“多栏账”窗口。②选择已定义好的需查询的“多栏账”，单击[查询]按钮，或双击需查询的“多栏账”；在多栏账查询条件窗口选择所要查询的多栏账及查询月份，单击[确认]按钮，屏幕显示多栏账查询结果。单击“F8”键可切换科目编码和科目名称，如图8—33 所示。

多栏账查询

多栏账

多栏 管理费用多栏账　　　　月份：2019.12-2019.12

2019年		凭证号数	摘要	借方	贷方	方向	余额	借方				
月	日							职工薪酬	职工福利费	定资产修理	折旧费	无形资产摊销
12	10	转-0012	分配工资费用	15,000.00		借	15,000.00	15,000.00				
12	10	转-0013	提取职工福利费	21,000.00		借	36,000.00		21,000.00			
12	15	转-0017	计提无形资产摊销	600,000.00		借	636,000.00					600,000.00
12	15	转-0018	计提固定资产折旧	200,000.00		借	836,000.00				200,000.00	
12	30	转-0032	[冲销2019.12.10 转	-15,000.00		借	821,000.00	-15,000.00				
12	30	转-0033	[更正2019.12.10 转	150,000.00		借	971,000.00	150,000.00				
12	31	转-0039	期间损益结转		971,000.00	平						
12			当前合计	971,000.00	971,000.00	平		150,000.00	21,000.00		200,000.00	600,000.00
12			当前累计	2,942,000.00	2,942,000.00	平		2,121,000.00	21,000.00		200,000.00	600,000.00

图 8—33 多栏账查询结果图

(2)综合多栏账查询。在总账子系统中，综合多栏账是用户自定义的多栏账。用户可根据实际管理需要将不同的科目及不同级次的科目形成新的多栏账，以满足多科目综合管理。

有些软件要求由用户自定义多栏账，一次定义，可多次查询。在此我们仍以用友 ERP-U8“总账子系统”为例，介绍“应交增值税”多栏账的定义和查询方法。

1)多栏账的定义操作步骤：①在“总账子系统”中，选择【账表】→【科目账】→【综合多栏账】菜单，进入“多栏账”窗口。②单击[增加]按钮，打开“综合多栏明细账定义”对话框。③录入“多栏账名称”：应交增值税多栏账；单击[增加]按钮，打开“综合多栏账栏目定义”对话框。④录入“栏目组名”：借贷方多栏；在“核算科目”下拉列表框中选择“应交增值税”科目，选择“输出余额”项。⑤单击[增加栏目]按钮，增加“应交增值税”的下级明细科目为综合多栏账的栏目，其中 22210101～21710104 为借方，其余均为贷方。如图 8－34 所示。⑥单击[确定]按钮，返回“查询条件”对话框。

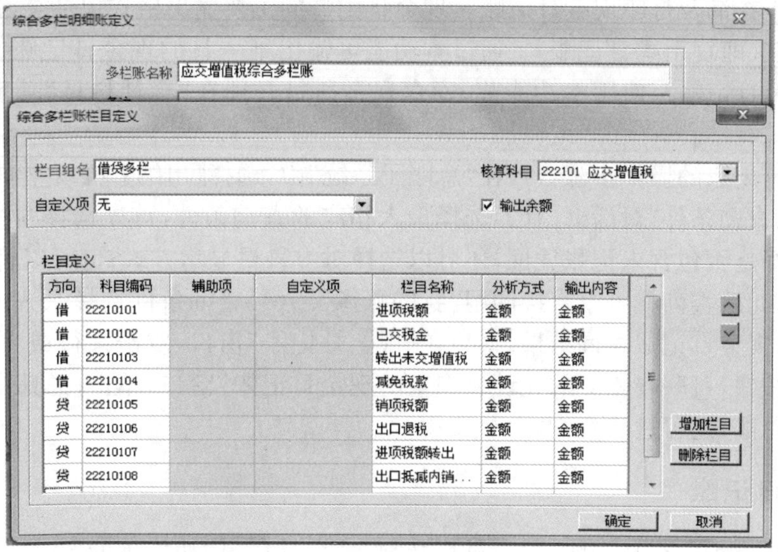

图 8－34　综合多栏账栏目定义图

2)多栏账的查询操作步骤为：①在“总账子系统”中，选择【账表】→【科目账】→【综合多栏账】菜单，进入“多栏账”窗口。②选择需查询的综合多栏账名称，单击[查询]按钮，或双击需查询的“多栏账”。③录入查询条件后，单击[确认]按钮，显示“应交增值税多栏账”查询窗口。

6. 辅助账查询

参见本章第五节中的有关查询内容。

第四节　出纳管理

库存现金、银行存款是企业的货币资金，管好、用好具有特性的货币资金是现代企业管理的一项重要内容。出纳管理功能参见图 8－35。

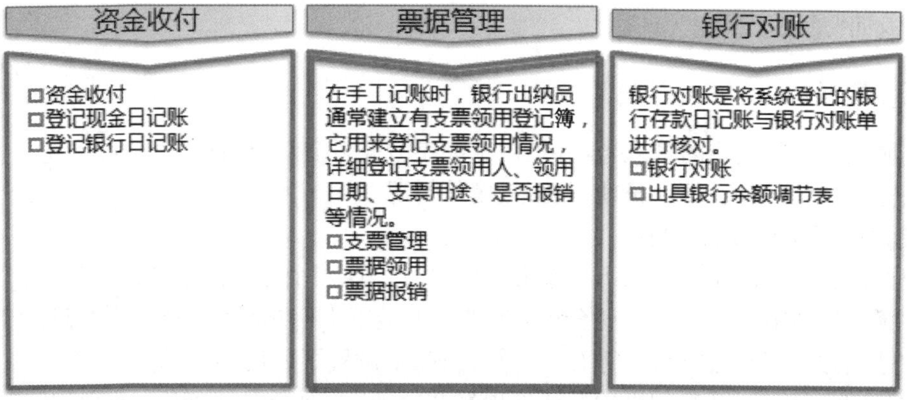

图 8－35　出纳管理功能图

一、现金日记账

本功能用于查询及打印现金日记账。现金日记账的主要输出格式包括金额式日记账和外币金额式日记账(即复币式日记账)。通过本功能可输出某一日的现金日记账,还可输出任意一个月份的现金日记账。使用本功能前,库存现金科目必须在"会计科目"功能下的"指定科目"中预先指定。

查询现金日记账的操作步骤:(1)在"总账子系统"中,选择【出纳】→【现金日记账】菜单,打开"现金日记账查询条件"对话框。(2)选择录入相应的查询条件:首先选择"按月查"或"按日查"方式,再选择是否包含未记账凭证,还可以选择对方科目显示方式;也可以将查询条件保存为"我的账簿",此后查询就可以直接调用"我的账簿"。(3)查询条件选择录入后,单击[确认]按钮,屏幕显示现金日记账查询结果。(4)在"现金日记账"窗口,双击某行或将光标定在某行再单击[凭证]按钮,可联查相应的凭证。(5)在"现金日记账"窗口,单击[总账]按钮可查看此科目的三栏式总账;还可过滤查询。

二、银行日记账

本功能用于查询银行日记账,银行科目必须在"会计科目"功能下的"指定科目"中预先指定。当需要查询银行存款科目某日或某月的发生额及余额情况时,可调用本功能。其查询方式与现金日记账查询方式基本相同,只是银行日记账多一栏"结算号"。

三、资金日报表

资金日报表是反映库存现金、银行存款某日发生额及余额情况的报表,在企业财务管理中占据重要的位置。会计电算化的资金日报表功能是查询、输出或打印资金日报表,提供当日借、贷金额合计和余额以及发生的业务量等信息。

查询××××年××月××日资金发生情况的操作步骤为:(1)在"总账子系统"中,选择【出纳】→【资金日报】菜单,屏幕显示"资金日报表查询条件"窗口。(2)选择录入日期、选择科目级次、选择是否"包含未记账凭证"、选择是否"有余额无发生额也显示"选项。(3)单击[确认]按钮,屏幕显示"资金日报表"窗口。(4)在"资金日报表"窗口,单击[日报]按钮可查询并打印光标所在的科目的日报单;单击[昨日]按钮可查看库存现金、银行存款的昨日余额;单击[退出]按钮,返回"总账子系统"窗口。

四、支票登记

为了加强企业对支票的管理,软件提供了支票登记功能。出纳员通常可以建立支票登记簿,详细登记支票领用人、领用日期、是否报销等情况。

1. 使用支票登记簿的设置

使用支票登记簿前应进行以下三个方面的设置。这三个方面的设置缺一不可。

(1)在【基础档案】→【财务】→【会计科目】的"指定科目"功能中已指定为"银行总账"科目。

(2)在【基础档案】→【收付结算】→【结算方式】中设置了所用的"结算方式"。

(3)在总账子系统的【基础设置】→【选项】的"凭证"选项卡中,选定了"支票控制"选项。

2. 使用支票登记簿管理支票的过程

使用支票登记簿通常分以下两个程序:

(1)领用支票。当有人领用支票时,出纳员进入"支票登记"功能登记支票的领用日期、领用部门、领用人、支票号、备注等。

(2)支票支出后的报销。当支票支出后,经办人持原始单据(发票)到财务部门报销,会计人员据此填制记账凭证;当在系统中录入该凭证时,系统要求录入该支票的结算方式和支票号;在填制完成该凭证后,系统自动在支票登记簿中将该号支票写上报销日期,该号支票即为已报销。支票登记簿中的报销日期栏,一般是由系统自动填写的,但对于有些已报销而由于人为原因造成的系统未能自动填写报销日期的支票,用户可进行人工填写。

3. 进行支票登记的操作步骤

当有人领用支票时,出纳员在支票登记簿进行支票登记的操作步骤如下:

(1)在"总账子系统"中,选择【出纳】→【支票登记簿】菜单,打开"银行科目选择"对话框,选择银行科目,如"10020101 银行存款——工行存款——结算户",单击[确定]按钮,显示"支票登记"窗口。

(2)单击[增加]按钮,录入领用日期、领用部门、领用人、支票号、预计金额等领用支票的信息。

(3)单击[保存]按钮,保存记录。

(4)单击[退出]按钮,退出"支票登记"窗口。

在进行支票登记时,领用日期和支票号码必须录入,其他内容可录入,也可不录入;报销日期不能在领用日期之前;已报销的支票可成批删除。

五、银行对账

在会计电算化方式下,对"银行存款"在科目设置时定义为"银行账"辅助账类的科目,填制凭证时录入有关数据,系统会自动生成本单位"待核银行存款日记账",期末就可以由计算机根据对账依据,将待核银行存款日记账与银行对账单进行自动核对、勾销。由于生产经营的连续性和会计工作方法的一致性,每个会计期间都可能存在未达账项;所以首次进行银行对账前,应录入初始未达账,以保证银行对账工作的正确性。

1. 总账子系统涉及"银行对账"的业务处理流程

总账子系统涉及"银行对账"的业务处理流程,参见图 8—36。

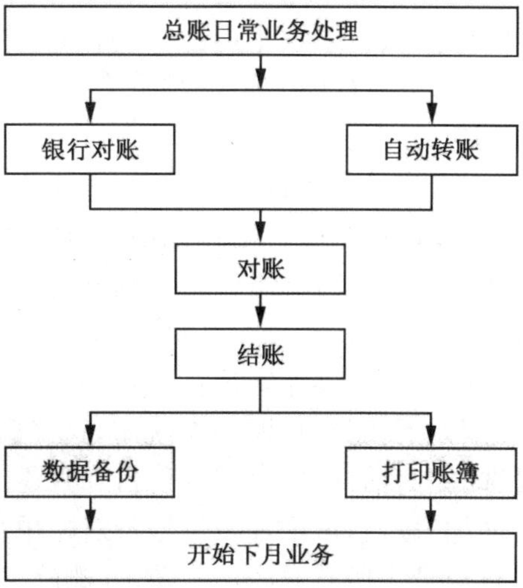

图 8—36 总账子系统涉及"银行对账"的业务处理流程图

2. 银行对账初始化

银行对账初始化又称为初始未达账、录入初始未达账、初始化银行存款余额调节表等。该工作的主要内容是录入进行电算化账务处理前的企业和银行双方的期初余额及未达账项。在具体录入时,双方的未达账内容最好统一口径,以方便计算机自动对账。银行对账初始化只需在系统转换时进行一次即可,使用计算机进行银行对账后便无须再进行此项工作。

(1)录入银行对账的期初余额。由具有权限的操作员进入总账子系统,选择【出纳】→【银行对账】→【银行对账期初录入】菜单,在"银行科目选择"窗口选择科目,进入"银行对账期初",如图 8—37 所示。

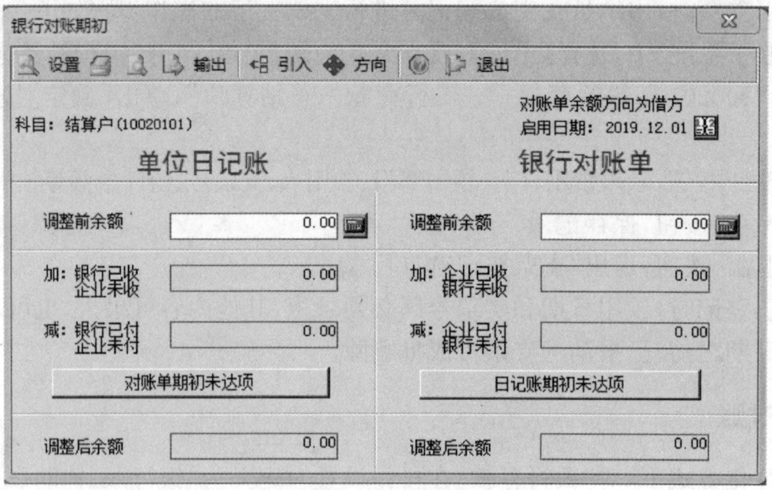

图 8—37 银行对账期初图

在"银行对账期初"窗口,分别录入单位日记账和银行对账单的"调整前余额"。

(2)录入企业未达账。企业未达账是指同一笔经济业务,由于时间差造成银行已记账而企业未记账的款项。可细分为两部分:银行已收企业未收和银行已付企业未付。其具体数据通常集中在银行存款余额调节表的左下方(即在"单位日记账"的调整前余额下方)。

(3)录入银行未达账。银行未达账是指同一笔经济业务,由于时间差造成银行未记账而企业已记账的款项。可细分为两部分:银行未收企业已收和银行未付企业已付。其具体数据通常集中在银行存款余额调节表的右下方(即在"银行对账单"的调整前余额下方)。

3. 每期期末的银行对账工作

每期期末的银行对账的主要工作是录入银行对账单、自动对账、人工对账、输出银行存款余额调节表、查询对账勾对情况、核销银行账。电算化银行对账数据流程图参见图 8—38。

(1)录入银行对账单。要实现计算机自动进行银行对账,在每月月末对账前,必须将银行提供的纸质银行对账单录入计算机,存入"对账单文件"。如果银行能提供磁盘或光盘的银行对账单文件,可以使用软件功能或计算机操作知识将其转换为所使用软件的"对账单文件"。

录入银行对账单的操作步骤如下:①在总账子系统中,选择【出纳】→【银行对账】→【银行对账单】菜单,打开"银行科目选择"对话框,选择银行科目和月份后单击[确定]按钮,屏幕显示"银行对账单"窗口。②单击[增加]按钮,可增加一笔银行对账单数据记录,录完金额单击回车键可继续录入第二笔对账单,直至录完所有对账单。单击[删除]按钮,可删除一笔银行对账单数据记录;单击[过滤]按钮,可按条件过滤对账单供查询。③录入完毕后,单击[保存]按钮,再

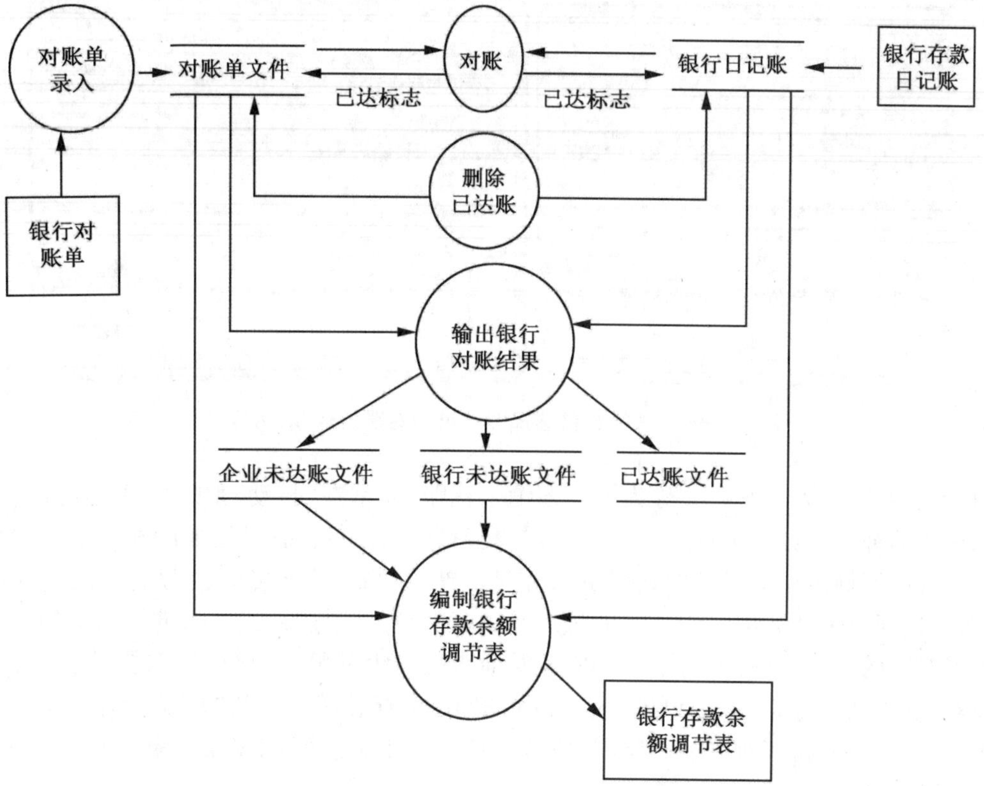

图 8－38　电算化银行对账数据流程图

单击[退出]按钮返回总账子系统。

(2)自动对账。一般软件都提供银行对账的两种对账方式:自动对账和人工对账。两种对账方式可以单独使用,也可以结合使用;结合使用时,一般先使用自动对账方式,然后再使用人工对账方式。自动对账又称为自动银行对账,是指计算机根据对账依据自动将“对账单文件”和“待核银行存款日记账”进行核对、勾销相同的经济业务,找出已达账项;剩余的即为未达账项。人工对账是操作员依据目测核对、勾销双方相同的经济业务,找出已达账项。

1)对账依据。待核银行存款日记账与银行出具的对账单进行对账的对账依据应根据需要选择,其中“方向相同、金额相同”是必选条件,其他可选条件有“结算票号相同”“结算方式相同”“日期”等。对账的依据通常是“方向＋金额”和“结算方式＋结算号＋方向＋金额”。对于已核对上的银行业务,系统将自动在银行存款日记账和银行对账单双方写上两清标志“○”。为保证自动对账工作的顺利、圆满完成,录入凭证与录入银行对账单时,相关数据应全部正确录入;对账前,企业应将银行存款的收付款业务全部入账,以减少未达账项。

2)自动对账的操作步骤:①在总账子系统中,选择【出纳】→【银行对账】→【银行对账】菜单,打开“银行科目选择”对话框;选择银行科目和月份后单击[确定]按钮,显示“银行对账”窗口,如图 8－39 所示。②单击[对账]按钮,显示“自动对账条件”对话框,如图 8－39 所示。③录入“截止日期”,选择“日期相差? 之内”,选中“结算方式相同”“结算票号相同”复选框;如果取消这 3 个条件的限制,则以最大条件进行银行对账。④单击[确定]按钮,显示自动对账窗口,自动对账两清的记录为“○”标志,已两清的记录背景加重显示。⑤单击[检查]按钮,检查对账是否正确,如果有错误,应该进行调整。⑥单击[取消]按钮,可以取消自动勾对的标志。

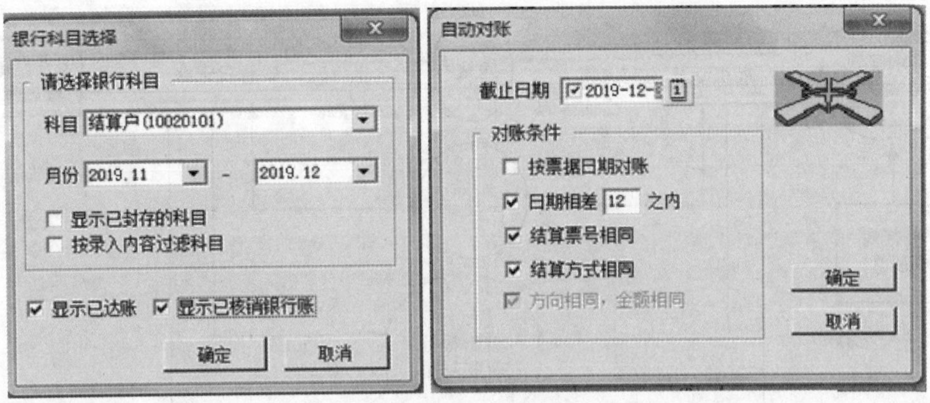

图 8—39 "银行科目选择"及"自动对账条件"对话框图

(3)人工对账。人工对账又称为人工核销未达账，通常在"自动对账"完成之后进行，是对"自动对账"的补充。如果银行对账单的录入内容和待核银行存款日记账的相同业务发生录入口径不一致或不规范录入或某项数据录入有误，"自动对账"功能可能会对这些已达账项无法勾对，而将其视为未达账项。为了保证对账更彻底准确，可通过人工对账进行调整勾对。

人工对账的操作步骤：①对于一些应勾对而未勾对上的账项，可分别双击"两清"栏，进行人工勾对，显示两清标志"Y"。②对账完毕后，单击[检查]按钮，打开"对账平衡检查"对话框，显示银行对账结果；检查对账如有错误，应进行调整。单击[确认]按钮结束检查。③单击[退出]按钮返回总账子系统。

(4)输出银行存款余额调节表。自动对账或人工对账后，计算机自动整理汇总未达账和已达账，生成银行存款余额调节表。我们通过查询银行存款余额调节表，可了解对账结果。

输出银行存款余额调节表的操作步骤：①选择【出纳】→【银行对账】→【余额调节表查询】菜单，打开"银行存款余额调节表"窗口。②将光标定在选定的银行科目行上，单击[查看]按钮或双击该行，即可显示该银行账户的银行存款余额调节表。③单击[打印]按钮，可打印银行存款余额调节表；单击[详细]按钮，可查看银行存款余额调节表的详细情况。单击[输出]按钮，可输出指定格式的调节表文件。④单击[退出]按钮可退出银行存款余额调节表状态。

(5)查询对账勾对情况。要想进一步了解对账后双方的已达账项和未达账项的明细情况，可查询对账勾对情况。如果银行存款余额调节表调整后的余额相等，应重点查询是否有遗漏勾对的已达账项；如果余额调节表有错误，则应重点查询有关错误的录入数据或有关错误的勾销数据，提供修改依据。具体操作步骤是：首先进入【银行对账】下的【查询对账勾对情况】菜单。然后选择银行科目，屏幕显示"查询银行勾对情况"窗口。用户可以通过单击【银行对账单】和【单位日记账】选项卡切换显示对账情况。

(6)核销银行账。在电算化方式下，用于银行对账的银行存款日记账和银行对账单数据是会计核算的辅助数据。通过银行存款余额调节表和对账勾对情况的查询，确定银行对账正确无误后，已达账项数据已无保留价值，可通过"核销银行账"功能核销用于对账的银行存款日记账和银行对账单的已达账项，让系统内只保留未达账，以达到方便有关数据的查询和清理计算机硬盘空间的目的。

使用"核销银行账"功能核销后的已达账项会消失，且不能被恢复。如果对账有错误，就不能使用"核销银行账"功能，以免其影响以后的对账正确性，因此本功能最好在下月录入银行对账单之前使用。需要说明的是，本核销功能并不影响银行存款日记账的查询和打印。

第五节　往来管理及人员管理

人工方式下对往来账款的管理主要是通过应收账款、应收票据、预付账款、其他应收款、应付账款、应付票据、预收账款、其他应付款、其他应交款等会计科目来进行。在电算化系统中，并不一定对以上所有科目进行管理，而是根据企业会计与财务管理的需要对其中的某些科目进行管理；具体地讲，是对科目的辅助核算设置为往来属性（个人往来、客户往来、供应商往来）的会计科目进行管理。

一、往来管理

往来管理的全部内容有：系统初始化（往来客户、供应商、个人代码设置、期初余额），记账（单独记账或随总账、明细账和日记账一起记账），显示（查询）、打印催款单，核销（销账），账龄分析，维护管理。系统的往来管理主要包括客户往来管理、供应商往来管理和个人往来管理三个部分的内容。

1. 客户往来管理

客户往来管理的内容主要包括：客户往来余额表、客户往来明细账、客户往来两清、客户往来催款单、客户往来账龄分析。

（1）客户往来余额表。主要包括客户科目余额表、客户余额表、客户三栏余额表、客户项目余额表、客户部门余额表、客户业务员余额表、客户分类余额表、客户地区分类余额表。

1）可查询客户往来余额的内容。①客户科目余额表，用于查询某往来科目下所有客户的发生额和余额情况。②客户余额表，用于查询某个往来客户所有科目下的发生额和余额情况。③客户三栏余额表，用于查询某客户往来科目下其在各月的发生额和余额情况。④客户项目余额表，用于查询带有客户、项目辅助核算科目的发生额和余额情况。⑤客户部门余额表，用于查询某客户往来科目下各部门及其往来客户的发生额和余额情况。⑥客户业务员余额表，用于查询某客户往来科目下各业务员及其往来客户的发生额和余额情况。⑦客户分类余额表，用于查询某客户往来科目下所有客户分类的发生额和余额情况。⑧客户地区分类余额表，用于查询某客户往来科目下所有地区分类的发生额和余额情况。

2）客户往来科目余额表查询的操作步骤为：①在总账子系统中，选择【账表】→【客户往来辅助账】→【客户往来余额表】→【客户科目余额表】菜单，打开“客户科目余额表”对话框。②根据实际情况，选择要查询的科目、月份范围、科目余额范围、余额方向、是否包含未记账凭证、是否显示信用额度等内容，输入查询条件后单击[确定]按钮，系统显示满足录入查询条件的“客户科目余额表”。③在“客户科目余额表”窗口中，单击[查询]按钮，调出条件录入窗口，重新录入查询条件重新查询；单击[明细]按钮，可以联查到当前科目、当前月份范围的明细账，也可以在当前的某个客户的记录条上双击，联查到当前科目、当前月份范围的明细账；单击[详细]按钮，可以查看明细客户往来的数据，再次单击该按钮，隐去明细信息；单击[累计]按钮，可以查看年初至今的累计信息，再次单击该按钮，隐去累计信息。

（2）客户往来明细账。主要包括客户科目明细账、客户明细账、客户三栏明细账、客户部门明细账、客户项目明细账、客户业务员明细账、客户分类明细账、客户地区分类明细账、客户多栏明细账。

1)可查询客户往来明细账的内容。①客户科目明细账,用于查询指定科目下各往来客户的明细账情况。②客户明细账,用于查询某个往来客户所有科目的明细账情况。③客户三栏明细账,用于查询某个往来客户某个科目的明细账情况。④客户部门明细账,用于查询某客户往来科目下各部门及其往来客户的明细账。⑤客户项目明细账,用于查询带有客户、项目辅助核算科目的明细账。⑥客户业务员明细账,用于查询某客户往来科目下各业务员及其往来客户的明细账。⑦客户分类明细账,用于查询某客户往来科目下各客户分类及其往来客户的明细账。⑧客户地区分类明细账,用于查询某客户往来科目下所有地区分类的明细账。⑨客户多栏明细账,查看某个指定的上级科目的多栏明细账。

2)客户往来科目明细账查询的操作步骤为:①在总账子系统中,选择【账表】→【客户往来辅助账】→【客户往来明细账】→【客户明细账】菜单,打开"客户明细账"对话框。②根据实际情况,选择要查询的科目、分类、月份范围、明细对象、是否包含未记账凭证等内容,单击[确定]按钮,打开"客户明细账"窗口。③在"客户明细账"窗口中,单击[查询]按钮,调出条件录入窗口,重新录入查询条件重新查询;单击[总账]按钮,可以联查到当前客户、当前月份范围的总账,也可以在当前的记录条上双击鼠标,联查到当前客户、当前月份范围的总账;单击[凭证]按钮,联查当前记录所对应的凭证;单击[摘要]按钮,可自定义摘要的显示组成。

(3)客户往来两清。对已达往来账应该及时做往来账的两清工作。两清是指将已达账项打上已结清的标志。

1)客户往来的两清方式。主要有以下两种:①自动勾对,是指计算机自动将所有已结清的往来业务打上标记"○"。②人工勾对,是指如果某些款项不能自动判断,可以通过人工辅助核对,即按指定键对已达账项打上"Y"标记。

2)客户往来账勾对的操作步骤为:①在总账子系统中,选择【账表】→【客户往来辅助账】→【客户往来两清】菜单,打开"客户往来两清"对话框。②在【科目】框中,选择"1122 应收账款";在【客户】框中,选择"华宏公司";截止月份:选择"2019.12";并选择相应的勾对方式。③单击[确定]按钮,显示"客户往来两清"窗口,单击[自动]按钮,即可进行自动勾对,并在"两清"栏自动打上勾对标志"○";若发现有应该勾对而没有勾对的,可双击在其后的"两清"栏,进行人工勾对,并在"两清"栏上显示标志"Y"。④若想取消勾对或想重新勾对,可单击工具栏上的[取消]按钮进行自动取消,也可双击"两清"栏人工取消两清标志。

(4)客户往来催款单。催款单是对客户的欠款催还的管理方式。主要限制使用在设置有辅助核算的应收账款的科目。

1)催款单的格式及内容。催款单根据不同的行业预置不同的格式,主要包括两个部分:系统预置的文字性叙述(可修改或自己填写)和由系统自动取数生成的应收账款对账单。催款单还可以打印所有客户的应收账款情况,也可以选择某一个客户打印催款单,催款单中可以按条件显示所有的账款和未核销的账款金额。

2)客户往来催款单查询的操作步骤为:①在总账子系统中,选择【账表】→【客户往来辅助账】→【客户往来催款单】菜单,打开"客户往来催款"对话框,如图 8-40 所示。②录入查询科目、分析对象、范围、截止日期、是否包含未记账凭证等信息。若对账龄区间不满意,可单击【账龄区间设置】按钮进行设置。③单击[确定]按钮,打开"客户往来催款单"窗口。④单击工具栏上的[设置]按钮,打开"客户催款单设置"对话框,录入函证信息、银行名称和银行账号等。⑤录入完毕后,单击[确定]按钮。⑥设置完成后,可单击工具栏上的[预览]按钮,进入"打印预览"窗口,选择【文件】→【页面设置】菜单,可对催款单的显示格式进行修改。

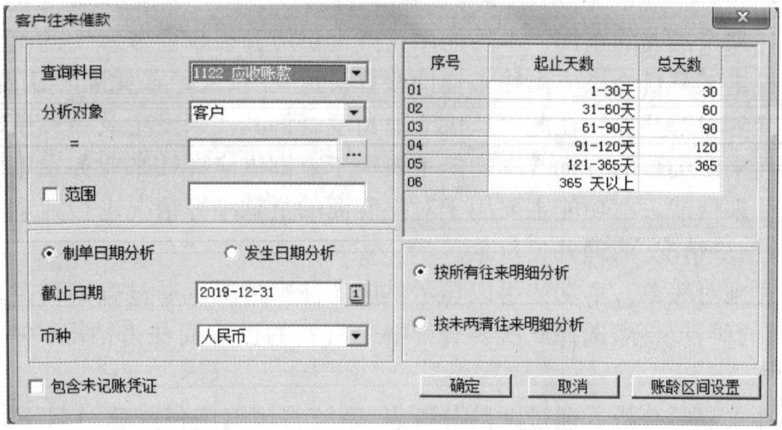

图 8—40 “客户往来催款”对话框图

(5)客户往来账龄分析。往来账款的账龄分析是往来管理的重要功能之一。账龄是指某一往来业务从发生之日起到结清之日止的时间期限。通过账龄分析表对往来账款拖欠时间的整理归类和分析，了解企业管理人员收款工作的效率，以便正确确定今后的销售策略，并能根据各种应收账款过期的时间和历史资料，估计坏账损失。通过账龄分析表，系统将输出应收账款科目下所指定的、各个账龄期间内各往来客户应收账款的分布情况，计算出各种账龄应收账款占总应收账款的比例，以帮助财务人员了解、分析应收账款的资金占用情况，便于企业及时催收款项。

往来账龄分析的操作步骤为：①在总账子系统中，选择【账表】→【客户往来辅助账】→【客户往来账龄分析】菜单，打开“客户往来账龄”对话框，如图 8—41 所示。②录入查询科目、分析对象、范围、截止日期、是否包含未记账凭证等信息。③单击[确定]按钮，打开“客户往来账龄”窗口。④单击工具栏上的[详细]按钮，可以查询各个客户账龄的详细情况。⑤单击[比率]按钮可查询客户各账龄区间段的金额占总额的百分比。

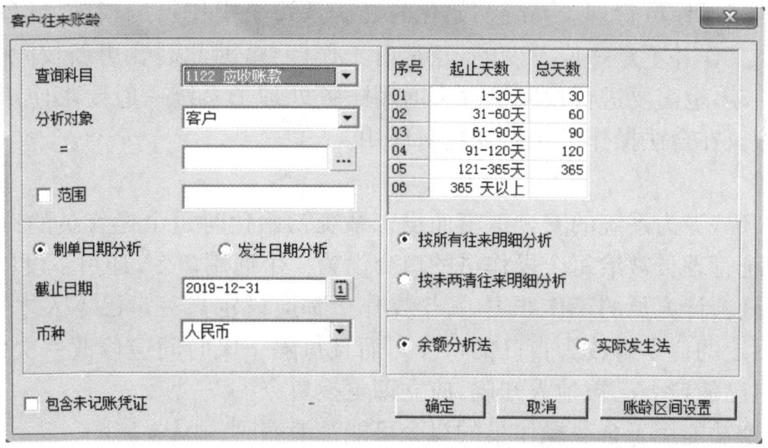

图 8—41 “客户往来账龄”对话框图

2. 供应商往来管理

由于供应商往来管理与客户管理基本相同，所以，供应商往来管理可参照上述客户往来管理。

(1)供应商往来余额表的查询。本功能用于查询供应商往来业务发生的汇总情况。当【会计科目】建立时设定某科目为供应商往来辅助核算科目;在录入记账凭证时认真填写系统弹出的辅助信息框并经审核记账后,在此可从供应商角度查询其往来发生及余额情况。

(2)供应商往来明细账的查询。本功能主要用于查询供应商往来业务发生的详细情况。

(3)供应商往来两清。本功能主要用于对供应商的货款结算情况进行清理,以方便及时了解供应商的货款结算情况,清理外欠货款。

(4)供应商往来对账单。本功能可以显示供应商往来情况。通过查询科目,显示所有具有供应商科目属性的科目名称,选择此次要查询哪个科目的供应商往来情况。查询方法与客户往来催款单相同。

(5)供应商往来账龄分析。通过账龄分析表,系统将输出应付账款科目下所指定的、各个账龄期间内各供应商往来应付账款的分布情况。查询方法与客户往来账龄分析相同。

3. 个人往来管理

个人往来管理功能适用于个人往来业务较多的企业或单位。个人往来是指企业与单位内部职工发生的往来业务。使用个人往来管理功能可以完成个人余额查询统计、个人往来明细账查询输出、个人往来清理、个人往来对账、个人往来催款单、个人往来账龄分析和打印催款单等。使用个人往来管理功能前需先在设置会计科目时将需使用个人往来核算科目的账类设为个人往来。个人往来管理的具体操作过程与客户往来管理相似,这里不再重复。

二、人员管理

这里所讲的人员管理是指对账务处理软件的操作人员进行管理,主要是对于使用账务处理软件的操作员在使用权限和系统安全上实行一定的控制管理,以分清业务范围,明确工作职责,保证系统运行的安全可靠。具体来说,在软件使用中进行人员管理,主要有权限管理、修改口令和查看上机日志共三个方面的内容。

1. 权限管理

权限管理即指操作员管理。系统初始化时已确认每个操作员的权限。但在实际工作中,会计人员的具体工作并不是一成不变的,经常有工作调整,因此需要更新权限。同时,由于会计人员的增减变动,也需要进行权限管理。通用账务处理子系统一般要求使用该功能模块的人员是账套主管。在合法操作员工做变更时使用。

2. 修改口令

口令又称密码,专为系统的安全保密而设。系统初始化时每个操作员的口令是由系统管理员设定的,系统管理员常给每个操作员的口令设为一个通用口令,还可不设口令。为了系统的安全运行,明确会计人员的工作职责,每个操作员都应设定只有自己本人才知道的口令(即将系统管理员设定的口令修改为自己的口令),而且每隔一段时间应修改一次口令,以防原口令泄露。如果自己的口令已被他人知晓,应立即更换口令。

(1)修改口令功能用于合法操作员的口令可能被泄露时。

(2)使用该功能模块的人员:通用账务处理子系统一般要求是任何合法操作员。

(3)使用该功能模块的时间:在得知口令可能被泄露时。

(4)修改口令的操作步骤为:①注册“企业应用平台”,进入“注册[企业应用平台]”窗口。②录入操作员、密码;选定“改密码”项,如图 8—41 所示。③选择账套、会计年度、操作日期。

④单击[确定]按钮，系统弹出“设置操作员口令”窗口，如图 8－42 所示。⑤录入“新口令”并“确认新口令”，单击[确定]按钮，即可完成“修改口令”工作。

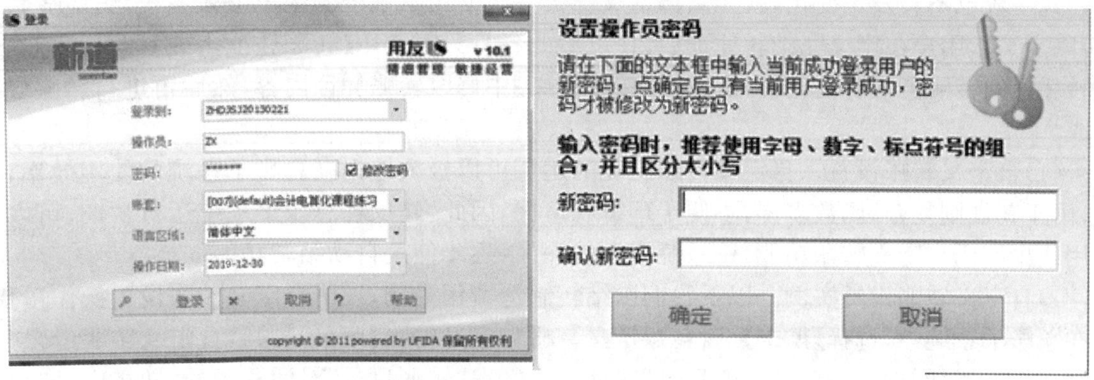

图 8－42　“注册[企业应用平台]”及“修改密码”窗口图

3. 查看上机日志

上机日志又称上机记录。其记录的主要内容是操作员使用会计软件的上机与下机时间及操作的具体功能等情况。上机日志功能是为保证系统的安全运行、提供审计线索而设置。大部分通用会计软件都提供自动登记上机操作记录（即上机日志）的功能，并提供给系统管理员显示、打印上机日志的权限。由于上机操作记录日积月累会占用很多磁盘空间，建议定期清理（每月或至少两月清理一次），删除上机日志的部分或全部记录。定期清理既可以减少硬盘占用空间，又可以减少备份数据。

第六节　期末处理

期末常指月末或年末。期末处理是指会计人员在每个会计期末都需要完成的一些特定的会计工作。

一、期末结转业务

期末结转业务主要包括结转费用、结转成本（生产成本与销售成本）和结转损益三大类。在电算化方式下，期末结转业务既可以采用与人工方式相同的方法，又可以采用常用凭证的方法，还可以采用账务处理子系统根据用户定义的结转凭证自动生成的方法。期末人工结转是直接像人工一样：查找需结转的账簿数据，填制结转凭证。在这三种方法中，自动生成的方法为最优，采用常用凭证的方法次之。

期末结转业务所涉及的转账凭证分为外部转账凭证和内部转账凭证。外部转账凭证是指将其他专项核算子系统生成的凭证转入账务处理子系统中；内部转账凭证是指在总账子系统内部把某个或某几个会计科目中的余额或本期发生额结转到一个或多个会计科目中。这里只介绍内部转账凭证。系统内部自动结转主要包括费用归集的结转、费用分摊的结转、税金计算的结转、提取各项费用的结转、部门核算的结转、个人核算的结转、客户核算的结转和供应商核算的结转等。转账定义分为七个部分，包括：自定义转账设置、对应结转设置、销售成本结转设置、售价（计划价）销售成本结转、汇兑损益结转设置、期间损益结转设置、自定义比例结转。

1. 定义结转凭证

定义结转凭证在系统初始化时定义一次即可，只要有关业务没发生变化，其转账凭证的转账公式一般也不会发生变化，就无须再定义。第一次使用本系统的用户进入系统后，应先执行【转账定义】，用户在定义完结转凭证后，在以后的各月只需调用【转账凭证生成】即可。但当某结转凭证的转账公式有变化时，需先在【转账定义】中修改转账凭证内容，然后再进行转账凭证生成。

(1)自定义转账设置。自定义转账功能的运用可以极大地提高总账子系统的使用效率，但是，由于其规则复杂、函数多样，不便于理解和掌握，因此，建议在总账子系统运行初期，可以不使用或少使用自定义转账功能，待系统应用的深入，逐步使用自动结转功能。

1)自定义转账设置实例。以下我们以结转制造费用为例，说明自定义转账设置操作步骤。①在总账子系统中，选择【期末】→【转账定义】→【自定义转账】菜单，打开“自定义转账设置”对话框，单击[增加]按钮，打开“转账目录”对话框。②在“转账目录”对话框中的“转账序号”文本框中录入“0001”，在“转账说明”文本框中录入“结转制造费用”，在“凭证类别”下拉列表中选择“转转账凭证”，然后单击[确定]按钮。③单击[增行]按钮，在“科目编码”栏下单元格中录入“50010104”，在“方向”栏下单元格中选择“借”。④在“金额公式”栏下的单元格，引导录入公式。⑤单击[增行]按钮，依次设置其他科目和引导录入公式。⑥单击[保存]按钮，保存已设置的自定义转账凭证，参见图 8—43。

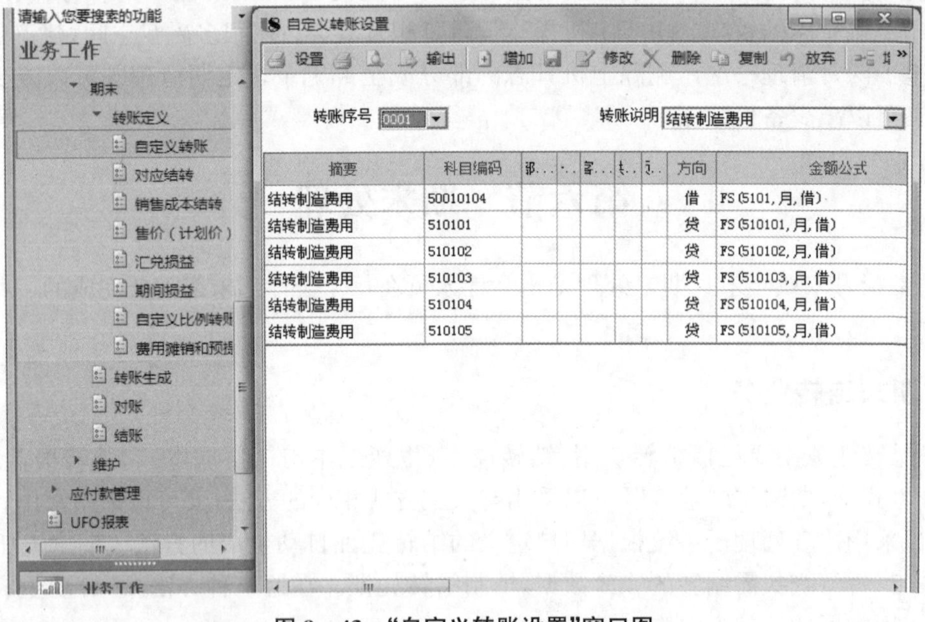

图 8—43 “自定义转账设置”窗口图

2)金额公式中常用函数的基本格式。函数的基本格式为：函数名(科目编码，会计期间，方向，辅助项 1，辅助项 2)，例如：QM(1001，月)的执行结果为取 1001 科目结转月份的期末余额，结转月份可在生成转账凭证时选择。函数定义说明：

①期初余额：QC(科目编码，会计期间，方向，辅助项 1，辅助项 2)。

②期末余额：QM(科目编码，会计期间，方向，辅助项 1，辅助项 2)。

③发生净额：JE(科目编码，会计期间，辅助项 1，辅助项 2)。

④发生额：FS(科目编码，会计期间，方向，辅助项 1，辅助项 2)。

⑤累计发生额：LFS(科目编码，会计期间，方向，辅助项 1，辅助项 2)。

⑥对方科目数值：JG(科目)或 JG(　)。

⑦借贷平衡差额函数：CE(　)。

(2)对应结转设置。对应结转不仅可以进行两个科目一对一结转，还可以进行科目的一对多结转。对应结转的科目可为上级科目，但其下级科目的科目结构必须一致，即具有相同的明细科目，如有辅助核算，则两个科目的辅助账类也必须一一对应。对应结转一般针对资产、成本或费用类科目，且只结转期末余额，结转时转出科目方向根据其在科目词典中的余额方向确定，即若余额方向为"借"则从贷方转出，否则从借方转出，转入科目方向与转出科目方向相反。

以下我们以结转本年利润为例，说明对应转账设置的操作步骤：①在总账子系统中，选择【期末】→【转账定义】→【对应结转】菜单，打开"对应结转设置"对话框，录入编号为"0005"、凭证类别为"转转账凭证"、摘要为"结转本年利润"、转出科目编码为"4103"。②单击[增行]按钮，在"转入科目编码"处录入"410415"，在"结转系数"处录入"1.0"，如图 8－44 所示。③单击[保存]按钮保存此笔结转业务。④单击[增加]按钮，重复步骤①～③录入其他对应结转业务。定义完成后，单击[退出]按钮退出。

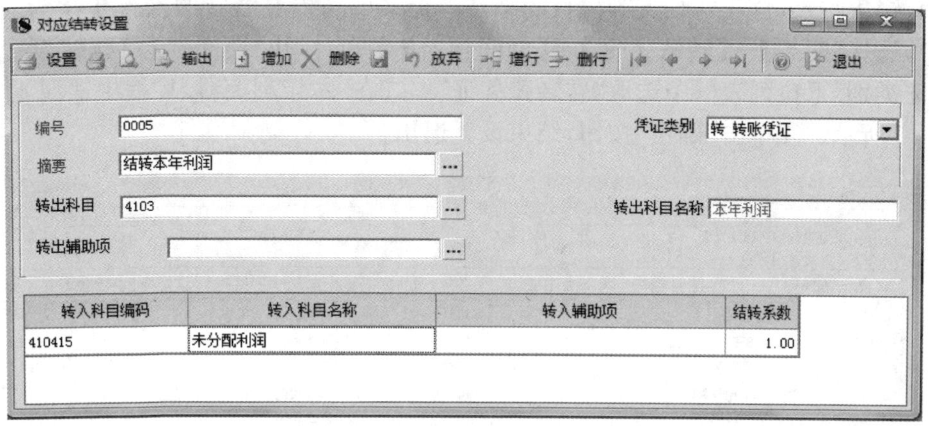

图 8－44　"对应结转设置"对话框图

在定义对应结转时，如果同一凭证转入科目有多个，并且同一凭证的结转系数之和为 1，那么最后一笔结转金额为转出科目余额减当前凭证已输出的余额。

(3)销售成本结转设置。销售成本结转是将月末商品(或产成品)销售数量乘以库存商品(或产成品)的平均单价计算各类商品销售成本并进行结转。在总账子系统中，建立会计科目时，如果库存商品、主营业务收入和主营业务成本等科目下的所有明细科目都有数量核算，且这 3 个科目下级科目的结构均一一对应，录入完成后，系统自动计算出所有商品的销售成本。定义销售成本结转的操作步骤为：①在总账子系统中，选择【期末】→【转账定义】→【销售成本结转】菜单，打开"销售成本结转设置"对话框。②选择凭证类别为"转转账凭证"，录入库存商品科目、商品销售收入科目、商品销售成本科目。根据核算需要，选择"按商品销售(贷方)数量结转"或"按库存商品数量(金额)结转"方式。③单击[确定]按钮，完成销售成本结转的设置。

(4)售价(计划价)销售成本结转。售价(计划价)销售成本结转功能提供按售价(计划价)结转销售成本或调整月末成本。售价(计划价)销售成本结转的操作步骤为：①在总账子系统中，选择【期末】→【转账定义】→【售价（计划价）销售成本结转设置】菜单，打开“售价（计划价）销售成本结转”对话框。②在“差异额计算方法”区域中，选择“售价法”或“计划价法”；在“凭证类别”下拉列表框中选取“转账凭证”；录入“库存商品科目”“商品销售收入科目”“商品销售成本科目”；在“差异科目”录入框中录入“销售成本差异”科目。③在“月末结转方法”区域中，选择“月末结转成本”或“月末调整成本”单选项。有些商业企业月中发生销售业务时不计算成本，在月末按当月销售情况结转成本；有些工业企业平时在发生销售业务时即结转成本，到月末对成本及差异科目进行调整。④在“差异率计算方法”区域中，选择“综合差异率”或“个别差异率”单选项。综合差异率即按当前结转科目的上一级科目取数计算出当前科目的差异率，若当前结转科目为一级科目，则按该科目本身取数计算差异率。若当前结转的是项目，则按其隶属的科目进行计算。个别差异率即按当前结转科目或项目本身取数计算差异率。⑤在“差异率计算公式”区域中，单击 4 个科目后面的下拉箭头可选择“期初余额、期末余额、本期借方、本期贷方、本期净额”选项，录入科目之间的“＋”“－”运算符号。⑥单击[确定]按钮，完成销售成本结转的设置。

（5）期间损益结转设置。期间损益结转用于在一个会计期间终了将损益类科目的余额结转到本年利润科目中，从而及时反映企业利润的盈亏情况。主要是对于管理费用、销售费用、财务费用、销售收入、营业外收支等科目的结转。定义期间损益结转的操作步骤为：①在总账子系统中，选择【期末】→【转账定义】→【期间损益】菜单，打开“期间损益”结转设置对话框。②在“凭证类别”下拉列表框中选取“转转账凭证”。③在“本年利润科目”框中选择 4103 科目，如图 8－45 所示。④单击[确定]按钮，结束设置退出。

期间损益结转设置

凭证类别 转 转账凭证　　本年利润科目 4103

损益科目编号	损益科目名称	损益科目账类	本年利润科目编码	本年利润科目名称	本年利润科目账类
600101	A产品		4103	本年利润	
600102	B产品		4103	本年利润	
6011	利息收入		4103	本年利润	
6051	其他业务收入		4103	本年利润	
6061	汇兑损益		4103	本年利润	
6101	公允价值变动损益		4103	本年利润	
6111	投资收益		4103	本年利润	
630101	处置固定资产损益		4103	本年利润	
640101	A产品		4103	本年利润	
640102	B产品		4103	本年利润	
6402	其他业务成本		4103	本年利润	
6403	营业税金及附加		4103	本年利润	
6411	利息支出		4103	本年利润	
660101	展览费		4103	本年利润	

每个损益科目的期末余额将结转到与其同一行的本年利润科目中. 若损益科目与之对应的本年利润科目都有辅助核算，那么两个科目的辅助账类必须相同　。损益科目为空的期间损益结转将不参与

图 8－45　期间损益结转设置图

2. 生成转账凭证

在定义结转凭证后，每月月末执行自动生成结转凭证功能，即可由计算机自动生成人工需填制的结转凭证，经审核记账后便可真正完成结转工作。

计算机自动生成的结转凭证的金额，来源于已记账的账簿数据。因此每月月末在进行计算机自动生成结转凭证前，应将此前的所有经济业务制单、审核、记账；否则，计算机自动生成的结转凭证的数据可能有错误。对于一组相关结转凭证,必须严格按会计业务的顺序依次进行结转凭证的生成、审核、记账,以保证凭证金额的取数正确无误。

(1)生成自定义转账凭证。自定义转账凭证是企业根据自身业务需要所采取的转账方式。独立自动结转凭证可以在任何时候用于填制机制凭证,通常一个独立自动结转凭证每月只使用一次。在产生机制凭证时,自动结转凭证中的摘要、借贷标志、会计科目直接作为凭证的内容存入凭证临时文件;同时,系统根据金额计算公式自动计算结果存入机制凭证的金额栏。转账凭证生成后,并未记账。

根据已设置的转账定义生成自动结转凭证的操作步骤为:①在总账子系统中,选择【期末】→【转账生成】菜单,打开“转账生成”对话框,如图 8－46 所示。②默认结转月份;或单击结转月份下拉列表框,重新选择要结转的月份。③单击“自定义转账”单选项,选择需要结转的自定义转账凭证,在“是否结转”栏下双击鼠标打上“Y”,表示该转账凭证将执行结转;但[全选]按钮要慎用,因为很可能几个自定义转账凭证之间有数据联系;选错可单击[全消]按钮,全部取消选择要结转的凭证。④单击[确定]按钮,系统开始进行结转计算,计算完毕进入凭证生成窗口,若凭证类别、制单日期等与实际情况有出入,可直接在当前凭证上进行修改。⑤单击【保存】按钮,此时在凭证上显示“已生成”标志。

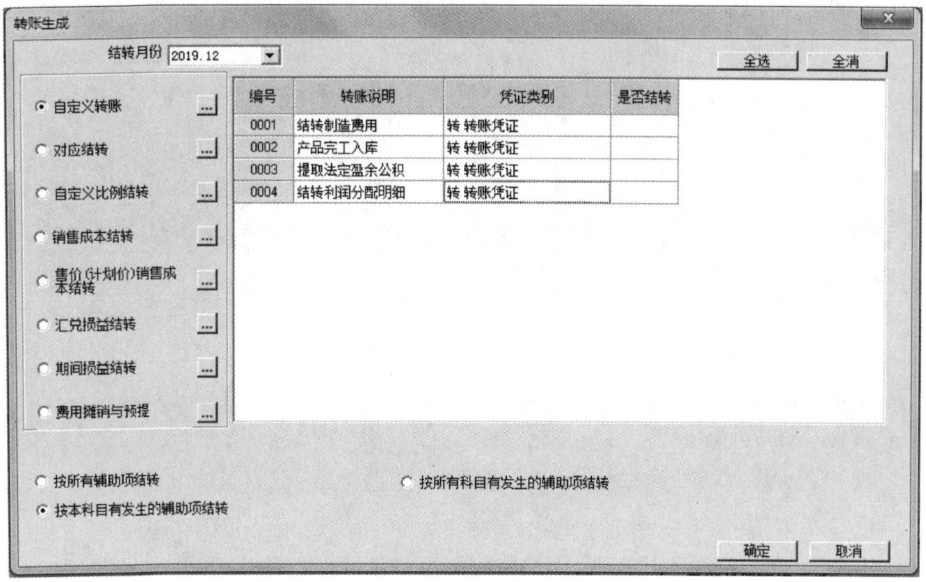

图 8－46 “转账生成”对话框图

(2)生成对应结转凭证。生成对应结转凭证的操作与生成自定义转账凭证的操作基本相同。结转时应视实际情况按照合理的先后顺序逐一生成。其操作步骤为:①单击“对应结转”,显示并选择要结转的转账凭证。②在“是否结转”处双击鼠标打上“√”,表示该转账凭证将执行结转,或点击[全选](全部选择)、[全消](全部取消)选择要结转的凭证。③单击[确定]按钮,系统开始结转计算。

(3)生成销售成本结转凭证。生成销售成本结转凭证的操作与生成自定义转账凭证的操作基本相同。按全月平均法结转销售成本的操作步骤为:①单击“全月平均销售成本结转”,则屏幕显示成本科目信息。②单击[确定]按钮,屏幕显示销售成本试算表。金额栏即为计算出的销售成本。③录入凭证类别、摘要后,单击[确定]即按计算结果生成转账凭证。

(4)生成售价(计划价)销售成本结转凭证。操作步骤为:①单击“售价销售成本结转”,则屏幕显示成本科目信息。②单击[确定]按钮,屏幕显示销售成本试算表,金额栏即为计算出的销售成本。③单击[显示/隐藏]按钮可显示/隐藏详细计算信息。

(5)生成期间损益结转凭证。期间损益结转既可以按科目分别结转,也可以按损益类型结转,又可以按全部结转。建议按损益类型结转,以符合会计业务处理要求。生成期间损益结转凭证之前,应先将所有未记账凭证审核记账,否则,生成的凭证数据可能有误。生成期间损益结账凭证的操作步骤为:①在总账子系统中,选择【期末】→【转账生成】菜单,打开“转账生成”对话框,单击【期间损益结转】单选项。②默认结转月份;或单击“结转月份”下拉列表框,重新选择要结转的月份。③建议不默认“类型”下的“全部”选项,而在“类型”下拉列表框先选“收入”项,如图 8－47 所示。④单击[全选],全部选择要结转的收入类科目;或单击[全消]按钮全部取消。⑤单击[确定]按钮,系统开始进行结转计算,计算完毕进入凭证生成窗口,若凭证类别、制单日期等与实际情况有出入,可直接在当前凭证上进行修改。⑥单击[保存]按钮,此时在结转的收入类期间损益凭证上显示“已生成”标志。⑦重新在“类型”下拉列表框再选“支出”项;重复④～⑥的操作步骤,系统自动生成结转支出类期间损益凭证。⑧单击[退出]按钮,返回“转账生成”对话框。

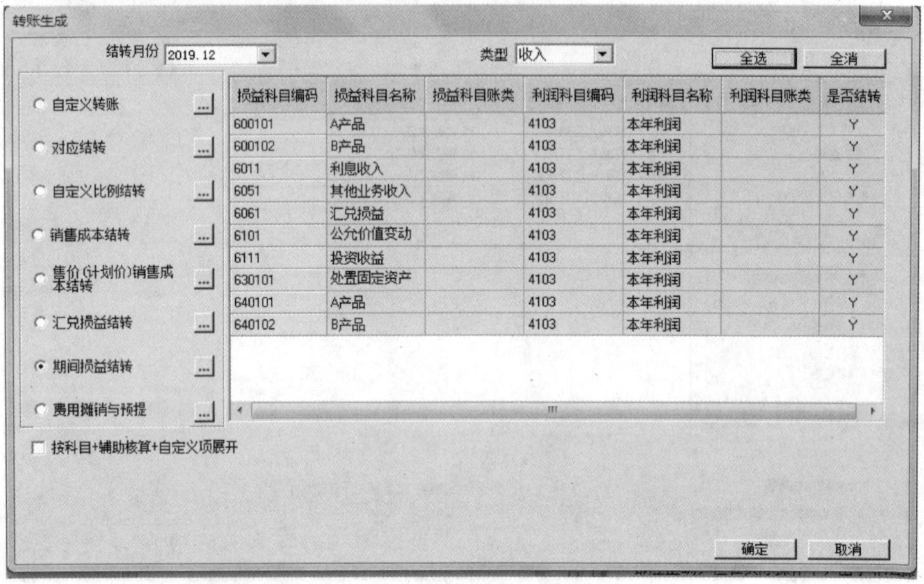

图 8－47 “转账生成”期间损益“收入”类图

二、对账及试算平衡

在电算化方式下,从理论上讲,只要记账凭证录入正确,计算机自动记账后各种账簿都应正确;但在实际操作中,由于非法操作、计算机病毒或其他原因有时可能会造成某些数据被破坏,因而会引起账证不符或账账不符的情况发生。

1. 对账

对账是对账簿数据进行核对,以检查记账是否正确以及账簿是否平衡,保证账证相符和账账相符。它主要通过核对总账与明细账、总账与辅助账数据来完成账账核对。实际工作中,可经常使用本功能进行对账,至少每月一次,一般在月末结账前进行。对账的操作步骤为:(1)在总账子系统中，选择【期末】→【对账】菜单，打开“对账”窗口。(2)选择要对账的月份并单击[选择]按钮，或双击要进行对账月份的“是否对账”栏，此时“是否对账”栏显示“Y”符号。(3)选择核对内容，单击[对账]按钮，系统开始自动对账；在对账过程中，单击[停止]按钮，可停止对账。若对账结果为账账相符，则在“对账结果”栏中显示“正确”；若对账结果为账账不符，则对账月份的对账结果处显示“错误”，单击[错误]按钮可查看引起账账不符的原因。

2. 试算平衡

操作步骤为：(1)在上述“对账”窗口，选择要试算平衡的月份。(2)单击[试算]按钮，可进行试算平衡；单击[打印]按钮，可打印试算平衡表。

这里需要注意的是：若账簿“选项”中的“往来控制方式”为“客户往来业务由应收系统核算”或“供应商往来业务由应付系统核算”，则在总账子系统中，不能对客户往来、供应商往来账进行核对；但可到应收、应付系统中进行核对。

三、结账

在人工方式下，结账实际上是计算和结转各账簿的本期借、贷方发生额与期末余额，并终止本期的账务处理工作。在电算化方式下，由于一般软件在记账时都随时计算出各账簿的本期借、贷方发生额与当时的余额，所以电算化方式下的结账实际上就是在有关库(凭证库、账簿库)中做“结账”标记，终止本期的账务处理工作。按会计制度要求，每月只能结一次账，即结账工作每月只能进行一次。结账后就不能再录入本月记账凭证，也不能进行其他有关账务处理工作。

1. 结账前应注意的事项

(1)将当月的会计业务全部入账，结转费用、成本和损益。即要求当月的账务处理工作全部正确进行完毕。

(2)结账只能由有结账权限的操作员进行。

(3)已结账月份不能再填制凭证。

(4)结账前要进行数据备份。结账前可用U盘、移动硬盘或本地硬盘做结账前备份，以防结账过程中断或结账内容有错用于恢复到结账前状态。如果软件本身具有恢复到结账前状态(即取消结账)的功能，可以不单独做结账前的数据备份。

2. 结账顺序

电算化会计信息系统各子系统的启用顺序分为四个层次，结账有严格的顺序；电算化会计信息系统各子系统的结账顺序也分为四个层次。电算化会计信息系统各子系统的结账顺序关系参见图8－48。

3. 结账操作步骤

与人工会计处理一样，采用会计电算化方式每月月底也需要进行结账处理。结账的操作顺序是首先选择结账月份，其次进行账簿核对，然后进行数据备份。若结账错误，可取消结账。结账的操作步骤为：(1)在总账子系统中选择【期末】→【结账】菜单，系统显示“结账”对话框，单击要结账的月份。(2)单击[下一步]按钮，显示“核对账簿”对话框，单击[对账]按钮，系统对要结账的月份进行账账核对，在对账过程中，可单击[停止]按钮中止对账过程，对账完成后，在提示框中显示“对账完毕”的信息。(3)对账完成后，单击[下一步]按钮，显示“月度工作报告”对话框；若需打印，单击[打印月度工作报告]按钮即可打印。(4)单击[下一步]按钮，显示“完成结账”对话框；若符合结账要求，系统将进行结账，否则不予结账。(5)在结账过程中，可以单击

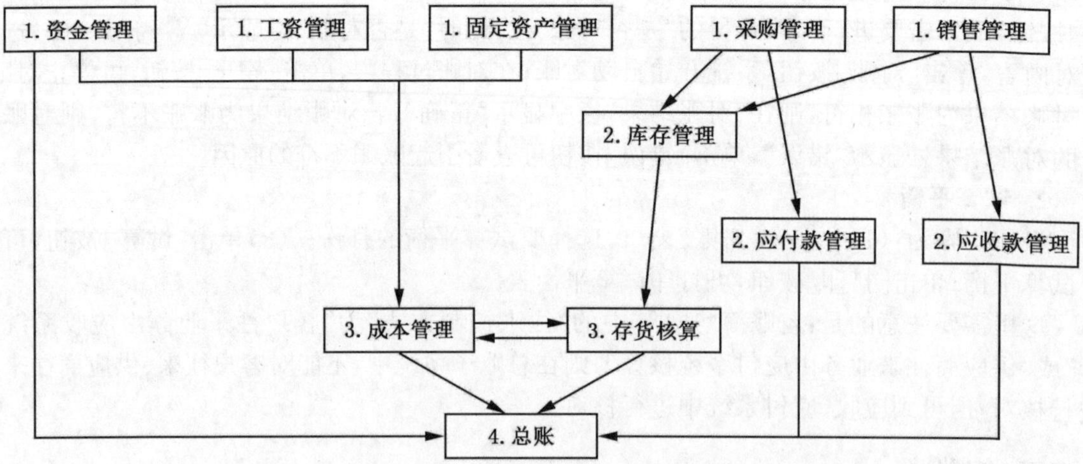

图 8-48　电算化会计信息系统各子系统的结账顺序关系图

[取消]按钮，取消正在进行的结账操作。

4. 不能结账的情形

(1)上月未结账，则本月不能结账。

(2)上月未结账，则本月不能记账，但可以填制凭证、复核凭证。

(3)本月还有未记账凭证时，则本月不能结账。

(4)若对账不符，则不能结账。

5. 取消结账的方法

如取消某月的结账状态，可在结账初始窗口中选择要取消结账的月份，按“Ctrl＋Shift＋F6”组合键后，输入账套主管的口令即可。

四、数据管理

数据管理的主要目的是保证账务处理子系统中账务数据的安全可靠。常用数据管理的主要内容有以下四项：

1. 备份数据

备份数据又称数据备份、数据拷贝、输出数据；用友软件称其为年度账输出。有些软件提供的数据是按年进行的，即每次备份都是从元月 10 日一直备份到当前月份。每个月的备份盘都含有年初至本月的数据，可以重复使用，一年只需要做 2 套备份数据。用友软件提供的备份数据就是按年进行的。有些软件提供的数据是按月进行的，即每次备份都应指定月份，一年至少要有 12 套备份数据。

(1)发生哪些情况应备份数据？

发生应备份数据的情况有：①每月的账务工作处理完毕(最好在结账前)；②会计年度终了，进行结账前；③硬盘需要整理前；④更新软件版本前。

(2)如何进行数据备份？

备份数据应定期制作，至少一个月一次，备份 2 套，要写清数据备份的时间并加以妥善保存。用友软件的年度账输出操作步骤如下：①以账套主管身份注册进入【系统管理】模块。②单击【年度账】菜单下的“输出”功能，系统弹出“输出年度数据”窗口。③在“选择年度”处列示出需要输出的当前注册账套年度账的年份(为不可修改项),单击[确认]进行输出。在系统进行输出过程中系统有一个进度条,任务完成后,系统会提示输出的路径(此处系统只允许选择本地的磁盘路径)。

注:如果将“删除当前输出账套”同时选中,在输出完成后系统会确认是否将数据源从当前系统中删除。

2. 恢复数据

恢复数据又称数据恢复;用友软件称其为年度账引入,是指使用已备份到硬盘、U盘或光盘上的数据,恢复账务处理软件的硬盘数据文件。恢复数据会将硬盘中账务处理软件的现有数据覆盖,容易造成错将硬盘上的新数据变为已备份的旧数据。因此,只要软件数据未损坏,就不要进行恢复数据的处理。如果需要恢复往年数据,必须先将硬盘中账务处理软件的现有数据备份出来,以保存最新的数据;然后再恢复往年数据。

年度账的引入操作与账套的引入操作基本一致,不同之处在于引入的是年度数据备份文件(由系统输出的年度账的备份文件,前缀名统一为uferpyer)。引入年度账的数据时,应先准备好数据备份盘,然后按设定的步骤进行操作:(1)以账套主管身份注册进入“系统管理”模块。(2)在系统管理窗口单击【年度账】的下级菜单【引入】。(3)选择要引入的年度账套数据备份文件和引入路径,单击[打开]按钮表示确认;如想放弃,则单击[放弃]按钮。

3. 恢复记账前状态

恢复记账前状态又称取消记账或反记账,是指将记账内容作废,让软件中的账务数据回到记账操作前的状态,它本身是一个数据恢复过程。恢复记账前状态,既可以使用软件具有的自动恢复功能,又可以使用“恢复数据”功能。需要注意的是,使用“恢复数据”功能进行恢复记账前状态的操作后,该次记账后填制的凭证等数据会丢失,请慎用此功能。保险的办法是在恢复前做好备份,这样恢复出错时能返回记账后状态。如果财务软件具有自动恢复功能,就可使用该方法进行恢复记账前状态的操作。

(1)以账套主管身份注册进入总账子系统。

(2)在【期末】→【对账】窗口,按下“Ctrl+H”键、输入账套主管的口令后显示【凭证】菜单中的“恢复记账前状态”功能。

注:再次按下“Ctrl+H”键隐藏此菜单。

(3)选择恢复方式:①最近一次记账前状态。这种方式一般用于记账时系统造成的数据错误的恢复。②××××年××月初状态。恢复到指定月初未记账时的状态,如果登录时间为2019.12,则系统提示可恢复到2019年12月月初状态。

(4)选择是否恢复“往来两清标志”和选择恢复两清标志的月份,系统根据选择在恢复时,清除恢复月份的两清标志。

(5)可以根据需要不必恢复所有的会计科目,将需要恢复的科目从“不恢复的科目”选入“待恢复的科目”,即可只恢复需要恢复的科目。

4. 删除以前年度的数据

删除以前年度的数据又称清空以前年度的数据。对业务量大的企事业单位,在计算机硬盘上保留多年的会计数据所占存储空间太大,可能会影响软件系统的正常运行。建议在计算机硬盘存储容量许可的情况下,在机内保留上一年或近三年的会计数据,以方便查询或做比较分析。当删除的以前年度数据需查询时,可做数据恢复。

(1)删除以前年度数据应注意的问题:①被删除年度的数据已用U盘、可移动硬盘或可写光盘做好备份;②被删除年度的账表已被打印出来;③决不能删除当年数据。

(2)删除以前年度数据的操作步骤。一般的账务处理软件,删除以前年度数据的操作步骤基本相同,均为单击该功能菜单即可。

第七节　下年年初账务处理

这里所讲的下年年初账务处理工作,是指实现电算化账务处理工作后的第二年年初及以后各年年初的账务处理工作。一般情况下,企业应是持续经营的,其会计工作是一个连续性的工作,只是为了核算方便,才人为地将其进行了会计分期。会计分期主要是将持续经营的时间划分为月份和年度。在会计电算化方式下,每月份的各账簿月末余额在执行“结账”功能时已自动结转到下月月初,无须专门进行月末余额的结转;而每到年末,启用新年度账时,就需要结转有关上年年末余额。

下年年初账务处理工作应在上年底的账务处理工作全部完成后方可进行。其最基本的工作内容是:建立年度账→结转上年数据。其较复杂的工作内容是:建立年度账→调整会计科目及辅助账的设置→调整凭证分类→结转上年数据→调整账簿的年初余额→调整辅助账年初余额→对账。

一、下年年初账务处理最简化工作步骤

建立年度账即设置账簿,简称建账。此时的建立年度账与系统初始化稍有不同,系统初始化时系统自动建立的年度账只是生成账簿数据库结构,即生成的是空账簿数据库,账簿数据库中无任何账簿数据;而下年年初账务处理工作中的建立年度账,生成的账簿数据库中带有除金额之外的有关数据。一般的通用账务处理子系统要求使用该功能模块的人员是账套主管。

1. 建立年度账

在已使用总账子系统的次年年初及以后各年年初建账的操作步骤是:(1)以账套主管身份注册,并选定账套,进入“系统管理”窗口。(2)在“系统管理”窗口中,单击【年度账】的下拉菜单【建立】,系统显示“账套”和“会计年度”两个栏目。(3)单击[确认]按钮,对新建年度账进行确认。

2. 结转上年数据

使用软件功能,按提示操作。

二、下年年初需调整科目的账务处理工作步骤

建立年度账→调整会计科目→结转上年数据→调整账簿的年初余额→对账。

三、下年年初需调整多项内容的账务处理工作步骤

建立年度账→调整会计科目及辅助账的设置→调整凭证分类→结转上年数据→调整账簿的年初余额→调整辅助账年初余额→对账。

思考题

1. 简述会计电算化账务处理子系统与人工账务处理子系统的相同点和不同点。
2. 简述账务处理子系统初始化的操作流程。
3. 简述账务处理子系统初始化的工作内容及方法。
4. 简述日常账务处理的主要工作内容。
5. 简述记账后发现账簿错误,“留痕迹”的修改方法。
6. 简述结账后发现账簿错误,“不留痕迹”的修改方法。
7. 简述出纳管理的主要功能。
8. 绘制会计信息系统各子系统的结账次序关系图。
9. 简述下年年初账务处理最简化工作步骤。
10. 简述下年年初需调整科目的账务处理工作步骤。
11. 简述下年年初需调整多项内容的账务处理工作步骤。

第九章 薪资管理子系统应用

【要点提示】

- 初始设置
- 工资账套
- 多类别工资核算
- 基本工资数据
- 工资数据替换
- 工资分摊

第一节 薪资管理子系统概述

职工薪资是指企业为获得职工提供的服务而给予各种形式的报酬以及其他相关支出，包括职工工资、奖金、津贴和补贴、职工福利费和各种保险费等。职工薪资是企业中的人工耗费，是构成产品成本的重要要素，正确核算和管理职工薪资可以有效地控制成本中的人工费用。手工进行职工薪资的核算，财务人员需要投入大量的时间和精力，并且容易出现错误，利用计算机可以有效地提高职工薪资核算的准确性和及时性。

通过薪资的核算与管理，向总账子系统和成本核算子系统提供有关凭证以及人工成本费用信息，为正确计算产品成本提供信息，为企业管理信息子系统和决策支持子系统提供有效的数据支持，为企业的人力资源管理制定有效的激励政策提供信息支持。

一、薪资管理子系统的功能

在企业中，人事管理部门向财务部门提供职工工资和劳保福利信息，财务部门进行工资的计算、汇总、分配和发放，月末编制工资报表。

薪资管理子系统的主要功能有以下几个方面：

1. 初始设置

主要用于将通用的薪资管理子系统转换成适合企业实际需要的薪资管理子系统。初始的职工工资基本信息由人事管理部门提供，在系统初始化时输入并审核。初始设置包括建立工资账套、基础信息设置和某工资类别的初始设置。

(1)建立工资账套。建立工资账套包括四项：参数设置、扣税设置、扣零设置和人员编码设置。

(2)基础信息设置。基础信息设置包括：部门设置、人员类别设置、人员附加信息设置、工资项目设置、银行名称设置和工资类别设置。

除计时工资外，用友 U8 V10.1 系统还支持计件工资核算。计件工资设置包括计件要素设置和计件工价设置。

(3)某工资类别的初始设置。如果工资类别选择“多个”,需要进一步对某一类工资类别进行初始设置。包括设置该类人员的人员档案、工资项目、定义工资项目计算公式、设置所得税纳税基数和录入基本工资数据。

2. 日常业务核算

薪资日常业务核算主要包括本月工资结算、工资费用分配和月末处理。

工资结算是指应付职工工资、代扣款项、个人所得税的计算和实发工资的计算,与企业的工资计算方法有关。每个月单位向银行提供给定文件格式的软盘,委托银行代发职工工资。

工资费用分配是指工资费用按照部门汇总,进行工资分摊,并按照工资的用途生成相应的凭证传递到总账子系统中。

薪资管理子系统每月需要进行期末处理,对当前会计期间进行结账后,其他相关系统才能进行期末处理。

各工资类别日常业务处理完毕后,需要进行工资类别汇总,从而实现统一工资核算的功能。

3. 报表管理及统计分析

工资报表主要提供工资管理所需要的基本报表,为制定合理的工资管理提供详细的信息。通过报表查询系统可以全面了解企业工资总额、分部门工资构成、人员情况等信息。

二、薪资管理子系统的特点

职工薪资的核算与管理是财会部门的基本业务之一,薪资管理子系统与其他子系统相比较具有以下特点:

1. 薪资管理涉及面广、政策性强

薪资管理涉及单位很多部门和每一位职工。如单位内部涉及人事管理部门、劳动部门、职工所在部门等。此外,代发工资时还涉及银行部门,缴纳个人所得税时涉及税务部门,缴纳住房公积金时涉及房屋管理部门,缴纳医疗保险、养老保险时涉及保险公司等。

薪资计算的正确与否关系到职工的切身利益。各种奖金、补贴、津贴以及扣款等要严格按照国家规定或单位制度规定进行计算,政策性要求高。

2. 薪资项目构成繁多,原始数据来源分散

我国大多数企业职工薪资项目较多,不仅包括基本工资,还包括奖励工资、职务工资、各种补贴、各种社会保险和各种扣款等。计算职工薪资的原始数据不仅来源于人事管理部门,还有一部分原始数据来源于其他部门,如考勤记录出自劳动部门、计件工资的产量统计出自生产部门等。为了保证财务部门及时取得相应的数据,财务部门必须加强与各部门的沟通,同时建立完善的数据采集管理制度。

3. 薪资的计算重复性大、有规律

在职工薪资项目中,有一些数据每个月基本不变,也有一些数据可能每个月不同。计算职工薪资时,只需要调整每一职工有关变动的数据,所以职工薪资的计算每个月重复性大,但有一定规律。

4. 薪资处理的及时性、准确性要求高

职工薪资的发放时间性要求很强,企业必须按照规定的时间计算和发放职工薪资,并且要保证职工薪资的计算准确无误。

三、薪资管理子系统与其他子系统之间的数据传递关系

薪资管理子系统与其他子系统之间的数据传递关系，如图 9—1 所示。

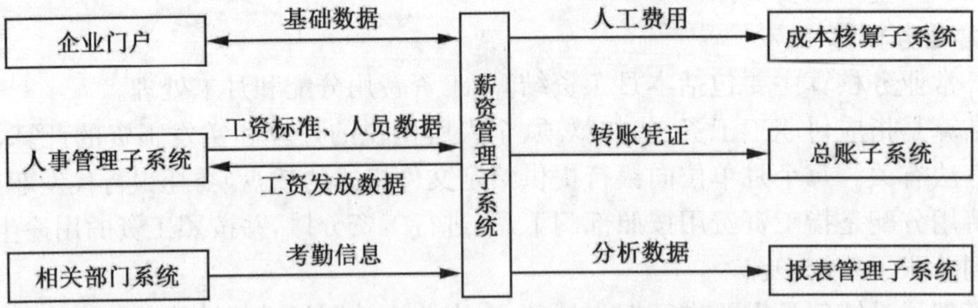

图 9—1　薪资管理子系统与其他系统之间的关系图

薪资管理子系统无论是单独设一个账套处理业务，还是与总账共用一个账套，薪资管理子系统均需要与基础设置共享基础数据。例如，需要在系统管理中设置薪资管理子系统操作员，需要在企业门户中启用薪资管理子系统。

薪资管理子系统与人事管理系统实现人员档案信息以及工资发放标准等数据的共享；职工薪资子系统与相关部门实现与人员考评相关的考勤信息的共享。

薪资管理子系统与成本核算子系统、总账子系统和报表管理子系统存在数据传递关系。职工薪资管理子系统可以向成本核算子系统传送各类人员的工资费用合计数据，可以将工资费用分摊的结果生成转账凭证，传递到总账子系统进行账务处理，也可以向报表管理子系统提供分析数据。

四、薪资管理子系统的应用方案

企业管理模式不同，薪资管理的模式也不同。薪资管理子系统一般提供单类别工资核算和多类别工资核算两种应用方案。

1. 单类别工资核算的应用方案

一个企业如果所有员工的工资项目和工资计算方法都相同，就可以对全部员工采用统一的工资核算应用方案，也就是选择系统提供的单类别工资核算应用方案。

2. 多类别工资核算的应用方案

一个单位可以按周或一个月多次发放工资，或者一个单位存在不同类别人员，他们的工资项目和工资计算公式不同，但仍需要进行统一工资核算管理，则需要选择系统提供的多类别工资核算应用方案。例如，企业职工包括正式职工、临时职工和退休职工三类，临时职工可以采用计件工资，退休职工工资不再代扣个人所得税。

如果一个单位目前只有一个工资类别，建议也选择多类别工资核算，以便业务模式发生重大变化时可以轻易而快速地修改软件设置以符合业务流程。

五、薪资管理子系统的数据文件

薪资管理子系统的数据文件主要有以下几个：

1. 职工工资数据文件

职工工资数据文件是用来存放职工工资的基础数据。薪资管理子系统一般按数据变动频

率分为基本不变数据文件和变动数据文件。基本不变数据文件是指固定不变的数据或在较长时间内很少变动的数据，例如职工的姓名、职工编号、职工的基本工资等。变动数据文件是指每月都有可能发生变动的数据，可以是数值大小的变动或有无的变动，例如考勤记录、产量数据、奖金、病事假等。

各个单位工资项目的设置差别很大，为了便于各单位设置具体的工资项目，该数据库一般由用户在工资项目设置时定义其结构，并依据定义的结构描述文件自动生成职工工资数据文件，如表 9－1 所示。

表 9－1　职工工资数据文件的数据结构

字段名	类型	宽度	说　明
FIELD-NAME	C	10	存放设置的工资项目名称，是生成工资数据文件的字段名
FIELD-TYPE	C	1	存放生成的工资数据文件中相应字段的类型
FIELD-LEN	N	3	存放生成的工资数据文件中相应字段的长度
FIELD-DEC	N	3	存放生成的工资数据文件中相应字段的小数位

在规模较大、数据量较多的企业，应建立基本不变数据文件，供系统长期使用，每月核算都可以调用这些基本不变数据。变动数据文件在月初初始化后每月输入。

在规模小、数据量不多或每月变动数据较少的企业，可以将基本不变数据和变动数据集中只设置一个工资计算文件。具体方法是根据上月工资计算文件复制本月工资计算文件，将本月工资计算文件中的变动数据项全部清零后，重新输入变动数据，以此进行工资计算。

2. 工资计算文件

工资计算文件按月设置，文件中每个职工都有一条记录。文件用来存放职工代码、职工姓名、工作类别、基本工资、应发工资、个人所得税、实发工资等个人工资项目的计算结果。这个文件有时与工资数据文件合在一起设置。

3. 工资汇总文件

工资汇总文件按部门设置，用来存放各部门工资汇总数据，便于输出工资汇总表和票面分解一览表。该文件结构包括部门代码、职工人数、基本工资、应发工资、个人所得税、实发工资等各级部门工资项目的计算结果。

4. 工资费用分配文件

工资费用分配文件用来存放各部门各工作类别人员的工资数据，以此生成工资费用分配表、福利费分配表、工会经费分配表等计提表和机制转账凭证，如表 9－2 所示。

表 9－2　工资费用分配文件的数据结构

字段名	类型	宽度	说　明
部门代码	C	5	
工作类别	C	5	
科目代码	C	9	存放工资等记账凭证中的借方科目
应付工资	N	12	存放汇总的应付工资数据
福利费	N	12	存放汇总的福利费数据
工会经费	N	12	存放汇总的工会经费数据

5. 工资项目计算公式库文件

工资项目计算公式库文件存放工资项目的计算公式，如表 9—3 所示。

表 9—3　　工资项目计算公式库文件的数据结构

字段名	类型	宽度	小数位	说　明
序号	C	2		决定工资项目计算公式运算的先后顺序
项目名称	C	10		是已经设置的工资项目名称，计算公式的结果值是该项目的值
计算公式	C	50		是由一定的算术运算符号组成

六、薪资管理子系统的操作流程

薪资管理子系统的操作流程如图 9—2 所示。

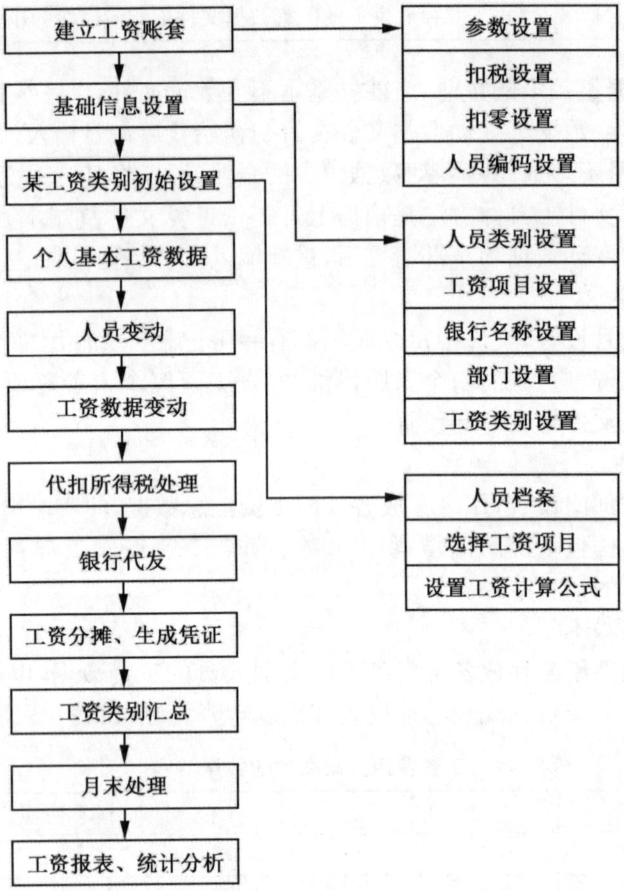

图 9—2　薪资管理子系统操作流程图

第二节　薪资管理子系统的初始设置

薪资管理子系统初始启用之前，人事管理部门需要向财务部门提供详细的人事行政信息，财务部门依据这些资料整理出必要的数据，做好启动薪资管理子系统的数据准备工作。例如设置企业职工的编码方案、划分人员类别、设置所使用的工资项目、整理每个职工薪资的基础数据等。为了建立计算机的应用环境，在进行工资业务核算之初，需要进行一次性初始设置。

一、建立工资账套

工资账套与企业核算账套不同。企业核算账套在系统管理中建立，是针对整个系统的，而工资账套只针对系统中的薪资管理子系统。应当首先在系统管理中建立企业核算账套，然后才能在薪资管理子系统建立工资账套，工资账套实质是企业核算账套的一个组成部分。

企业核算账套建立后，账套主管在用友 ERP-U8 V10.1 的企业应用平台中启用薪资管理子系统和计件工资管理系统。启用后，具有相应操作权限的操作员就可以登录人力资源中的薪资管理子系统。第一次进入薪资管理子系统时，系统自动启动建账向导，进入工资账套的建立。以后启动薪资管理子系统，系统不再提示。

工资账套建账向导分为四个步骤：参数设置、扣税设置、扣零设置和人员编码设置。

1. 参数设置

首次启动薪资管理子系统，系统自动进入建账向导。如图 9—3 所示。

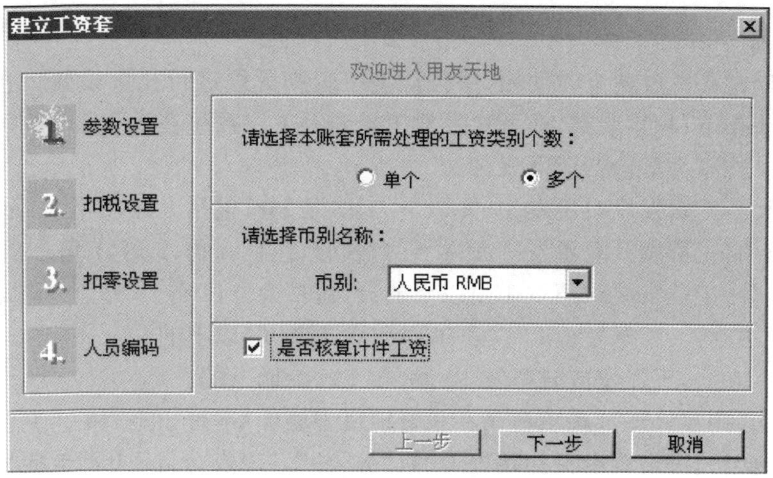

图 9—3　建立工资账套：参数设置

(1)工资类别个数。选择“单个”或者“多个”。单个即是单类别工资核算应用方案，多个即是多类别工资核算应用方案。

(2)币别名称。用来选择工资核算系统中使用的货币，如果选择账套本位币以外的其他币种，则还需在工资账套参数维护中设置汇率，核算币种经过一次工资数据处理后即不能再修改。

(3)是否核算计件工资。计件工资是指按照合格产品的数量和预先规定的计件单位来计算的工资。它不直接用劳动时间来计量劳动报酬，而是用一定时间内的劳动成果来计算劳动报酬。由于计时工资和计件工资的核算方法不同，在薪资管理子系统中对于企业是否存在计件工资特别设置了确认选项。选中该项，系统在工资项目中自动增加“计件工资”项目。

2. 扣税设置

扣税设置是选择在工资计算中是否由单位进行代扣个人所得税处理。选择后，系统将自动在工资项目中生成“代扣税”，并自动进行代扣税金的计算，如图 9－4 所示。如果这里不设，在使用过程中也可以进行设置。

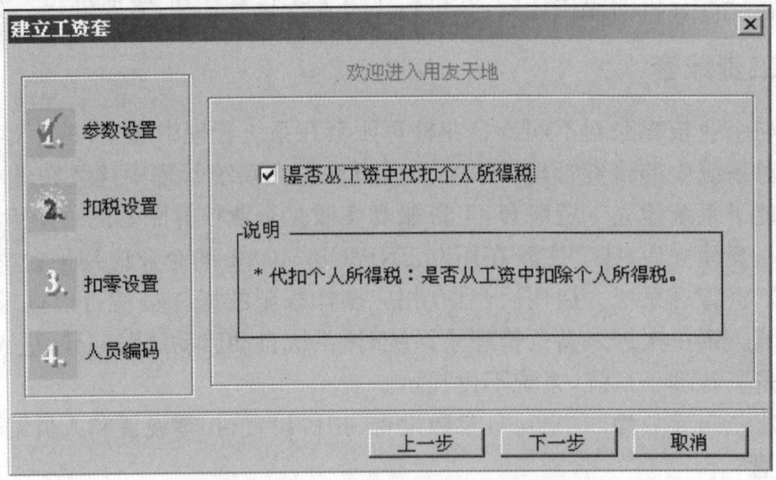

图 9－4 建立工资账套：扣税设置

3. 扣零设置

扣零设置通常在发放现金时使用，银行代发工资则无须进行扣零设置。扣零是指每次发放工资时将零头扣下，积累取整，在下次发放工资时补上。系统在计算工资时将依据扣零类型进行扣零计算。扣零类型包括以下五种：

(1)扣零至元：工资发放时不发 10 元以下的元、角、分，包括 5 元，2 元，1 元。

(2)扣零至角：工资发放时不发 1 元以下的角、分，包括 5 角，2 角，1 角。

(3)扣零至分：工资发放时不发 1 角以下的分，包括 5 分，2 分，1 分。

(4)扣零到 100 元：工资发放时不发 100 元(含 100 元)以下的。

(5)扣零到 10 元：工资发放时不发 10 元(含 10 元)以下的。

一旦选择了“扣零处理”，系统自动在工资项目中增加“本月扣零”和“上月扣零”两个项目，用户不必在计算公式中设置有关扣零处理的计算公式，“应发合计”中不包括“上月扣零”，“扣款合计”中也不包括“本月扣零”。

4. 人员编码设置

人员编码设置要求对员工进行统一编码，人员编码同公共平台的人员编码保持一致。

注：建账完成后，部分建账参数可以在【设置】菜单的【选项】中进行修改。

二、基础信息设置

1. 工资项目设置

工资项目设置是指定义工资核算所涉及的项目名称、类型、宽度、增减项等。在薪资管理子系统【设置】菜单中，执行“设置”→“工资项目设置”。如图 9－5 所示。

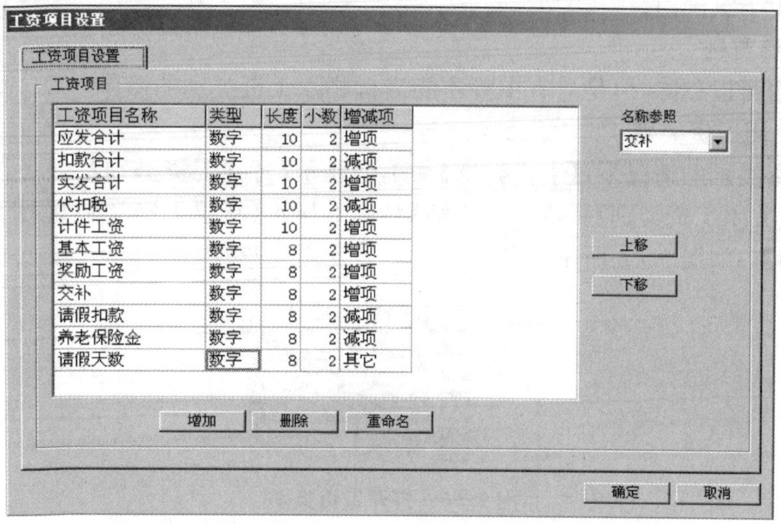

图 9—5　工资项目设置

薪资管理子系统提供了一些固定的工资项目，包括“应发合计”“扣款合计”和“实发合计”，它们是工资账中不可缺少的工资项目。如果在工资建账时设置了“扣零处理”，则系统在工资项目中自动生成“本月扣零”和“上月扣零”两个项目；如果选择了“扣税处理”，则系统在工资项目中自动生成“代扣税”项目。系统提供的这些固定工资项目不能删除和重命名，其他项目可以根据企业实际情况设置或者参照设置。

工资项目设置中的“增项”是指直接计入应发合计，“减项”是指直接计入扣款合计，“其他项”是指不计入应发合计，也不计入扣款合计。

注：如果企业采用多类别工资核算应用方案，应将所有工资类别涉及的工资项目进行设置，以便于以后进行选择使用。例如企业设置了在职职工和外聘人员两个工资类别，这两个工资类别所涉及的工资项目在此都要设置。

2. 银行名称设置

企业委托银行代发工资时，需要确定银行名称、银行账号长度和录入时需要自动带出的银行账号长度三项内容。所有工资类别所涉及的银行都要进行设置。

在企业应用平台“基础设置”中，执行“基础档案”→“收付结算”→“银行档案”，在“银行档案”对话框中增加银行名称。

银行名称和银行账号长度都不得为空。银行要求所有人员的银行账号长度必须相同，因为银行系统只有在银行账号为定长时，才能对银行账号进行合法检查。录入时需要自动带出的账号长度是指在录入“人员档案”的银行账号时，从第二个人开始，系统根据在此定义的长度自动带出银行账号的前 n 位，如果录入 7，就自动带出 7 位，这样可以提高录入速度。

三、工资类别管理

1. 新建工资类别

工资类别是指在一套工资账中，根据不同情况而设置的工资数据管理类别。在【工资类别】菜单中，单击【新建工资类别】。企业可以把职工分为在职职工和外聘人员两个工资类别，两个工资类别同属于一套工资账。每一个工资类别设置完毕后，要选择这一类别所包含的部门以及是否选定下级部门。

2. 删除工资类别

工资类别也可以删除，但是只有主管才能进行删除工资类别的操作。

3. 打开、关闭工资类别

在打开工资类别的情况下，【工资类别】菜单下显示【打开工资类别】和【关闭工资类别】两个选项。单击【关闭工资类别】后，【工资类别】菜单下显示【新建工资类别】【打开工资类别】和【删除工资类别】。如图 9－6 所示。

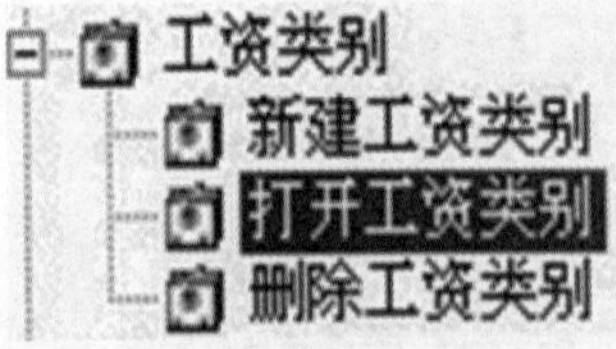

图 9－6　打开工资类别

第三节　某工资类别的初始设置

薪资管理子系统进行了初始设置后，就要对各个工资类别（如"在职职工"和"外聘人员"）进行初始设置，因为薪资管理子系统是按照工资类别来进行管理的。

打开工资类别，进入某个工资类别，例如进入"在职职工"类别。

一、设置人员档案

人员档案是用于登记工资发放人员的姓名、职工编号、所在部门、人员类别等信息，职工的有关信息发生增减变动也需要先在本功能中处理。人员档案只能针对某个工资类别进行设置。

人员档案提供了人员的增加、修改、删除、替换等功能。设置人员档案有利于企业对各部门职工工资进行管理。

薪资管理子系统各工资类别中的人员档案来自企业应用平台基础档案中的人员档案。企业应用平台中设置的人员档案是企业全部职工信息，而薪资管理子系统中的人员档案是需要进行工资发放和管理的人员。在薪资管理子系统中具体操作步骤如下：

1. 进入"设置"→"人员档案"对话框。

2. 对话框中单击工具栏上[批增]按钮，打开"人员批量增加"对话框。

3. 单击左侧的"人员类别"列表框，选择其中的人员类别，所选人员类别下的人员档案出现在右侧列表框中。

4. 修改人员档案信息，补充输入银行账号信息，确定该人员是否需要核算计件工资。人员编号、人员姓名、人员类别等在薪资管理子系统不能修改，因为它来源于企业应用平台的人员档案信息，如果要修改只能到企业应用平台中操作。增加人员也是到企业应用平台中操作。

二、选择工资项目

本单位各种工资类别所需要的全部工资项目在系统初始设置的基础信息中已经建立了。

由于企业工资类别不同，各个工资类别的工资项目也不同，因此在进入某个工资类别后，应选择本工资类别所需要的工资项目。这种工资项目的选择，只能在系统初始设置中已设定的工资项目中进行选择，即选择“参照中”的工资项目，而不能设置新的工资项目。

在【设置】菜单中，单击【工资项目设置】。

注：(1)工资项目只能选择一次。(2)已使用的工资项目，不能修改、删除。(3)在此设置的工资项目的顺序将决定工资表中的项目顺序。(4)要修改或增加“参照中”的工资项目，只能回到系统初始设置的基础信息中进行操作。

三、定义工资项目计算公式

定义工资项目计算公式就是定义工资项目之间的运算关系。不仅各个工资类别的工资项目不同，工资项目间的计算公式也不一定相同。因此，为了避免出现差错，在工资项目选择完全正确后，才能定义工资项目间的公式。公式中工资项目的排列顺序，决定着系统执行工资计算的先后顺序。

注：(1)没有选择的工资项目，不允许在计算公式中出现。(2)定义公式时，可以使用各种参照输入项目。(3)定义公式时，要注意工资项目的先后顺序，先得到的数应先定义公式。

举例：交通补贴计算公式的设置。

交补＝iff(人员类别＝″经理″，500，300)

该公式表示人员类别是经理的交通补贴是500元，除经理以外其他各类人员的交通补贴是300元。

操作步骤为：

1. 单击[增加]按钮，从工资项目下拉列表中选择“交补”。

2. 单击【函数公式向导输入】，打开“函数向导——步骤之1”对话框。

3. 在“函数名”列表中选择“iff”函数，右侧出现对应的函数说明及范例。

4. 单击[下一步]，打开“函数向导——步骤之2”对话框。

5. 单击“逻辑表达式”右侧的参照按钮，打开“参照”对话框。

6. 从下拉列表中选择“人员类别”，从人员类别列表中选择“经理”，单击[确认]返回“函数向导——步骤之2”。

7. 在“算数表达式1”文本框中输入“500”，在“算术表达式2”文本框中输入“300”，单击[完成]，返回“公式设置”界面。

8. 公式定义完成后，单击[公式确认]，系统将对公式进行逻辑合法性检查，不符合逻辑的，系统将给出错误提示。单击[确认]按钮进行保存。如图9—7所示。

四、设置所得税纳税基数

“个人所得税申报表”是个人纳税情况的记录，系统提供对表中栏目的设置功能。操作步骤为：

1. 进入“设置”→“选项”对话框。

2. 单击【编辑】按钮，单击【扣税设置】选项卡，单击“实发合计”下拉列表框，从中选择“计税工资”。

“个人所得税申报表”中“收入额合计”对应的工资项目默认为“实发合计”，但是在工资计算中，“实发合计”项目中已经扣除了代扣个人所得税和其他一些代扣项目；而“应发合计”项目

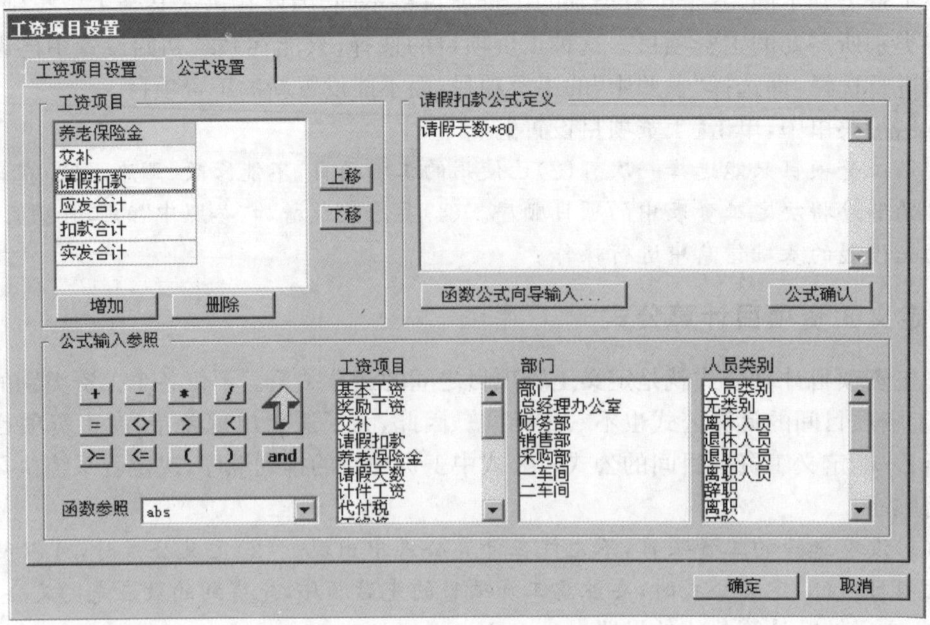

图 9—7　工资项目计算公式设置

又没有扣除职工应该负担的"五险一金"。所以应该用其他工资项目作为扣税标准,这样需要在第二节工资项目设置时单独为应税所得设置一个工资项目,如"计税工资",该工资项目的"增减项"为"其他",并定义其计算公式,在此选择"计税工资"作为个人所得税申报表的"收入额合计"的对应项目。

3. 单击【税率设置】,打开"个人所得税申报表——税率表"对话框。

4. 查看个税免征额即扣税基数为 5 000.00 元。税率表是否与国家现行规定一致,如果不一致则需要进行修改。2019 年开始执行的 7 级超额累进个人所得税税率如表 9—4 所示。

表 9—4　　2019 年开始执行的 7 级超额累进个人所得税税率

级数	全年应纳税所得额	按月换算	税率	速算扣除数
1	不超过 36 000.00 元	不超过 3 000.00 元	3%	0
2	超过 36 000.00 元至 144 000.00 元的部分	3 000.00<X≤12 000.00	10%	210.00
3	超过 144 000.00 元至 300 000.00 元的部分	12 000.00<X≤25 000.00	20%	1 410.00
4	超过 300 000.00 元至 420 000.00 元的部分	25 000.00<X≤35 000.00	25%	2 660.00
5	超过 420 000.00 元至 660 000.00 元的部分	35 000.00<X≤55 000.00	30%	4 410.00
6	超过 660 000.00 元至 960 000.00 元的部分	55 000.00<X≤80 000.00	35%	7 160.00
7	超过 960 000.00 元的部分	超过 80 000.00 元	45%	

五、录入基本工资数据

第一次使用薪资管理子系统必须将所有人员的基本工资数据输入计算机。在以后的正常使用中,只需对个别变动性的工资项目数据进行调整,即可生成当月的工资数据。工资变动数据处理之前，需要事先设置好工资项目及计算公式。

录入的个人基本工资数据是不需要进行公式定义的项目，其余各项均由系统根据计算公式自动计算生成。

在【业务处理】菜单中，单击【工资变动】进行录入。

注：在工资类别一“在职职工”初始设置完成后，再进行工资类别二“外聘人员”的初始设置，设置方法和工资类别一相同。不同的是，如果工资类别二中的职工核算采用计件工资，就要使用计件工资系统。

使用计件工资系统操作步骤如下：(1)设置人员档案：在“企业应用平台——基础档案——人员档案”中设置，然后在薪资管理子系统进入工资类别二“外聘人员”中，设置发放工资人员的其他必要信息。(2)计件要素设置：在计件工资系统完成。(3)工序设置：在“企业应用平台——基础档案”中，在“生产制造——标准工序资料维护”进行。(4)计件工价设置、计件工资录入：在计件工资系统完成。

第四节　薪资业务日常核算

薪资业务核算对不同类别人员也是分别进行的。即在工资类别一处理完后，进行工资类别二的处理。

一、人员变动处理

人员变动是指日常核算业务中对人员的增加、减少、调转部门等情况进行处理，以便于随时调整工资数据。在企业应用平台中，进入“基础设置”→“基础档案”→“机构人员”→“人员档案”对话框进行处理。

1. 人员增加

企业在经营过程中，如果人员增加，需要输入新人员的人员档案资料。在人员档案界面，单击[增加]按钮。

2. 人员调转部门

企业有关人员在内部各部门之间的调动，要修改人员档案，但是其中人员编号不能变更。在人员档案界面，选择要修改的人员记录，单击[修改]按钮，就可以对人员档案进行修改。

3. 人员档案数据替换

在人员档案界面直接修改信息，适用于对个别人员档案进行修改。当一批人员的某个工资项目的内容都修改为某个数据，可以使用数据替换功能，以提高工作效率。在人员档案界面，单击[替换]按钮。

二、工资数据变动处理

每个月可以根据工资数据变动情况，对个人工资数据进行录入、修改或删除。在【业务处理】菜单，单击【工资变动】进行操作。

1. 录入或修改工资项数据

需要录入或修改某个人员的工资数据，可以利用系统提供的“筛选”或“定位”功能，把所要修改的人员过滤出来，然后再进行修改。如把本月有关人员的病假天数、事假天数、奖金的数据录入薪资管理子系统中。

2. 工资数据替换

适用于符合条件人员的同一工资项目数据做统一替换。在【业务处理】菜单，单击【工资变动】中的“替换”功能进行设置。例如，人员类别中所有职员的“基本工资”每人增加 50 元，可以采用“替换”功能进行统一变动。如图 9－8 所示。

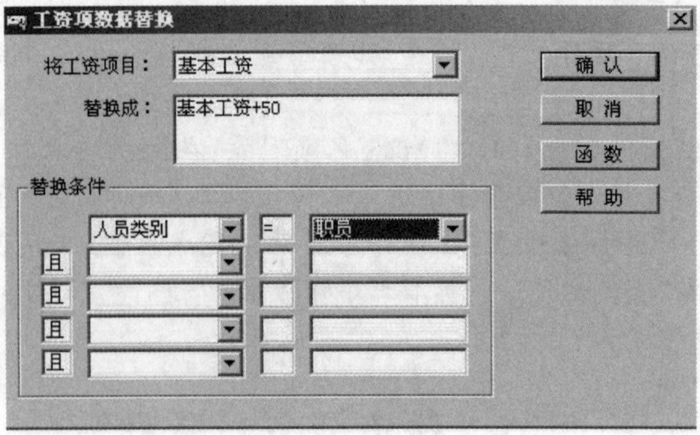

图 9－8　工资项数据替换

3. 数据的计算与汇总

在修改了某些数据、重新设置了计算公式，或者进行了数据替代操作后，就要调用【工资变动】中的“计算”和“汇总”功能，对个人工资数据重新计算汇总。

工资变动后，没有进行工资数据的计算和汇总，退出系统时会提示是否进行工资计算和汇总。

4. 查看工资分钱清单

工资分钱清单是按单位计算的工资发放分钱票面额清单。会计人员根据查看分钱清单表从银行取款并发给各部门。采用银行代发工资的企业，不必进行此项操作。

执行此功能必须在个人数据输入调整完之后，如果个人数据在计算后又做了修改，须重新执行本功能，以保证数据正确。在【业务处理】菜单中，单击【工资分钱清单】，包括部门分钱清单、人员分钱清单和工资发放取款单三种。

5. 生成银行代发文件

在“银行代发一览表”界面，单击[传输]按钮，或右击选项单项下的“磁盘输出”，就可以按照单位设置的格式和设定的文件名，将数据输出到指定的磁盘，生成银行代发文件。

6. 查询个人所得税申报表

个人所得税是由单位代税务部门扣的。在第三节所得税栏目设置后，系统会自动根据职工的月工资计算应纳税额。操作步骤为：

(1)在【业务处理】菜单，单击【扣交所得税】，进入“个人所得税申报模板”界面。

(2)选择“上海”地区“扣缴个人所得税报表”，打开“所得税申报”对话框，单击[确定]按钮，进入“上海扣缴个人所得税报表”窗口。

(3)查看完毕退出。

7. 工资分摊

工资是企业的一项重要费用，需要对工资费用进行分摊、计提、计算及分配，编制转账凭证并记账。

工资分摊就是对工资额及根据工资额计提的各项费用确定应归属的费用项目，确定应借、应贷科目，并制作自动转账凭证，传递到总账子系统。

(1)分摊类型设置。第一次使用工资分摊功能，应首先进行工资分摊设置。所有与工资相关的费用及基金均需建立相应的分摊类型名称及分摊比例，如应付工资、应付福利费、职工教育经费、住房公积金等。

操作步骤为：

①在【业务处理】菜单中，单击[工资分摊]。

②在【工资分摊】界面，单击[工资分摊设置]。

③进入【分摊类型设置】界面，单击[增加]。

④进入【工资分摊类型设置】界面，在界面中定义“计提类型名称”和“分摊计提比例”。如图 9—9 所示。

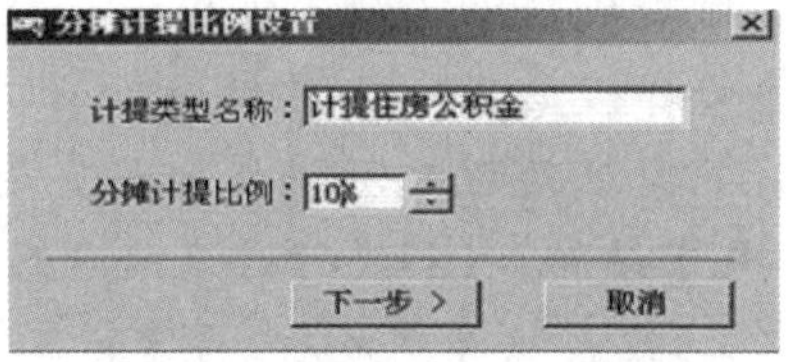

图 9—9 分摊计提比例设置

⑤单击[下一步]，进入【分摊构成设置】，所有构成项目均可参照输入。如图 9—10 所示。

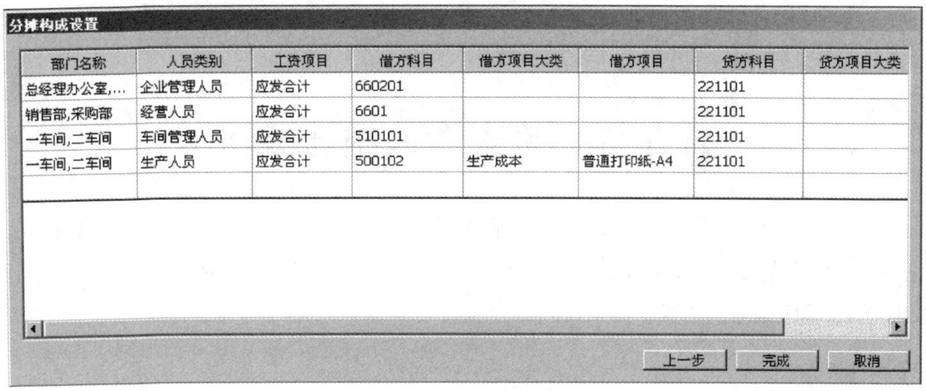

分摊构成设置

部门名称	人员类别	工资项目	借方科目	借方项目大类	借方项目	贷方科目	贷方项目大类
总经理办公室,…	企业管理人员	应发合计	660201			221101	
销售部,采购部	经营人员	应发合计	6601			221101	
一车间,二车间	车间管理人员	应发合计	510101			221101	
一车间,二车间	生产人员	应发合计	500102	生产成本	普通打印纸-A4	221101	

上一步 完成 取消

图 9—10 分摊构成设置

⑥单击[完成]，返回“分摊类型设置”对话框，可以继续其他设置。

(2)生成转账凭证。对于应付的工资、应付的福利费、职工教育经费、住房公积金等分别生成相应的转账凭证，凭证自动传递到总账子系统，避免二次录入。

操作步骤为：

①在【业务处理】菜单中，单击[工资分摊]。

②在【工资分摊】界面，选择本次计提费用类型、参与核算部门、月份、计提分配方式和明细到工资项目。

③以上设置完成后，进入【应付工资一览表】，从“类型”下拉列表中选择不同的分摊类型，系统显示相应的一览表。

④单击“制单”功能，选择“凭证字”，确认“凭证日期”，单击[保存]，凭证左上方显示红字“已生成”字样，表明该凭证已传递到总账子系统。

注:(1)生成凭证时的操作员必须是在总账子系统有权制单的人。(2)日期必须大于或等于总账子系统会计期的最大凭证日期。(3)查询凭证到【统计分析】菜单中【凭证查询】。可以进行凭证的删除(未审核凭证)和冲销(已记账凭证,进行红字冲销)。在总账子系统中进行凭证查询、审核、记账等操作,但不能修改或删除。(4)在“应付工资一览表”界面,也可以单击[批制]按钮,一次生成所有本次参与分摊的“分摊类型”所对应的全部凭证。

8. 月末处理

月末处理是将工资当月数据经过处理后结转到下月。每月工资数据处理完毕后均需进行月末结转。对当前会计期间的薪资管理子系统进行结账后,其他相关系统才能进行期末处理。在【业务处理】菜单中,单击[月末处理]。

工资项目中,有的项目是变动的,即每月的数据均不相同,在每月工资处理时,均需将其数据清为零,尔后输入当月的数据,此类项目即为清零项目。

注1:(1)月末处理只能在会计年度的1~11月份进行。(2)月末处理只有主管人员才能执行。(3)如果选择多个工资类别,月末处理对不同类别人员是分别进行的。(4)如果本月工资数据未汇总,系统不允许进行月末结转。(5)进行月末处理后,当月数据不允许修改。

注2:在工资类别一“在职职工”日常核算完成后,再进行工资类别二“外聘人员”的日常核算。操作步骤为:(1)计件工资汇总处理:在计件工资系统进行。(2)工资变动处理、工资分摊处理和月末处理:都在薪资管理子系统中的工资类别二“外聘人员”进行。

9. 年末结转

在新的一年到来时,账套主管在服务器上登录系统管理,选择【年度账】中的【结转上年数据】,可以将上年工资数据经过处理后结转本年。

第五节　薪资数据统计分析

本月工资业务处理完成后,相关工资报表数据可以同时生成,这与手工处理不同。薪资管理子系统提供了多种形式的工资报表,报表是按照一定的格式由系统设定的,系统同时提供了修改表和新建表的功能。

一、我的账表

我的账表主要功能是对薪资管理子系统中的所有报表进行管理,有工资表和工资分析表。如果系统提供的报表不能满足企业的需要,还可以启用自定义报表功能,新增账表夹和设置自定义报表。

二、工资表

工资表用于本月工资的发放和统计,主要完成查询和打印各种工资表的工作。工资表包括一些由系统提供的原始表:部门工资汇总表、工资发放签名表、工资发放条、工资卡、人员类别汇总表等报表。

操作步骤为:

1. 在【统计分析】菜单中,单击[工资表]。

2. 在【工资表】界面,选择要查看的表,单击[查看]按钮,在弹出对话框中输入查询条件,即可得到相应的查询结果。

3. 可以单击【修改表】按钮，打开【修改表】界面，选择工资项目，单击[删除]；单击[增加]按钮，增加工资项目。

三、工资分析表

工资分析表是以工资数据为基础，对部门、人员类别的工资数据进行分析和比较，产生各种分析表，供管理人员决策使用。

操作步骤为：

1. 在【统计分析】菜单中，单击[工资分析表]。
2. 在【工资分析表】界面，选择相应的分析表，单击[确认]按钮。
3. 输入条件，再单击[确认]，即可进入相应的界面。

第六节　薪资数据维护

一、工资类别的汇总

在多类别工资核算中，以部门编号、人员编号、人员姓名为标准，将此三项内容相同人员的工资数据做合计。如果需要统计所有工资类别本月发放工资的合计数，或某些工资类别中的人员工资都由一个银行代发，希望生成一套工资数据传递到银行，则可使用此项功能。具体操作步骤为：

1. 执行“工资类别”中的“关闭工资类别”。
2. 执行“维护”中的“工资类别汇总”，打开“选择工资类别”对话框。
3. 选择要汇总的工资类别，单击[确认]，打开“选择工资类别”对话框。
4. 执行“工资类别”中的“打开工资类别”，打开“选择工资类别”对话框。
5. 选择“998 汇总工资类别”，单击[确认]，查看工资类别汇总后的各项数据。

二、人员信息复制

在多类别工资核算中，如果新建工资类别中的人员与已建工资类别的人员信息相同时，可以使用人员信息复制功能，将已建立的工资类别中的人员信息复制到新建工资类别中。

思考题

1. 薪资管理子系统一般提供哪两种应用方案？
2. 简述薪资管理子系统的特点以及与其他子系统之间的数据传递关系。
3. 薪资管理子系统的主要数据文件有哪些？
4. 简述薪资管理子系统的操作流程。
5. 工资账套与企业核算账套有何不同？
6. 人员类别设置有何作用？
7. 为什么要在薪资管理子系统的初始设置中设置工资项目？
8. 什么是工资分摊？应如何进行操作？
9. 为什么要进行月末处理？

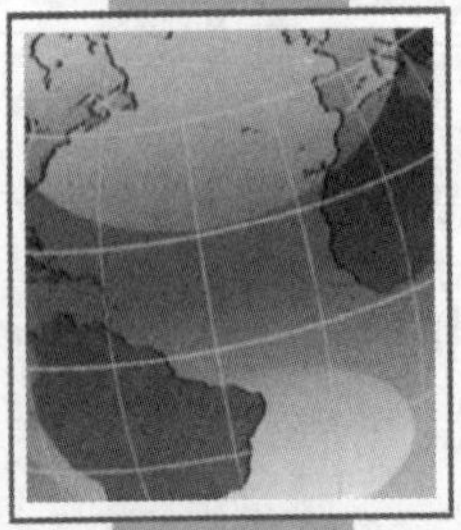

第十章
固定资产管理子系统应用

【要点提示】

- 固定资产子账套
- 系统控制参数
- 固定资产卡片
- 数据传递关系
- 固定资产与财务接口
- 部门对应折旧科目

第一节　固定资产管理子系统概述

固定资产是指为生产商品、提供劳务、出租或经营管理而持有的，使用年限超过一年，单位价值较高的劳动资料。固定资产是企业赖以生存的物质基础，在企业的资产总额中占有很大的比重，固定资产的结构、状况、管理水平直接影响着企业的竞争力，关系到企业的运营与发展。

固定资产管理子系统适用于对固定资产进行核算和管理的各类企业和行政事业单位，帮助企业的财务部门对固定资产总值、累计折旧数据进行动态管理，为总账子系统提供相关凭证，协助设备管理部门做好固定资产的各项指标管理和分析工作。

一、固定资产管理子系统的主要功能

在固定资产管理子系统中，要反映和监督固定资产的增加、减少、保管、使用以及清理、报废等情况，保证固定资产的安全和完整，提高固定资产的使用效率。在固定资产的预期使用期间，其价值将随着固定资产的使用而逐渐转移，形成企业的成本费用，构成产品成本的组成部分。

固定资产管理子系统的主要功能有以下几种：

1. 初始设置

初始设置是首次使用固定资产管理子系统时，对系统进行的初始化工作。初始设置是选择、确定本系统核算和管理的基本原则和方法以及录入期初信息，主要包括建立固定资产子账套、基础设置和固定资产初始卡片录入。

建立固定资产子账套是设置系统控制参数，主要包括系统启用、折旧信息、编码方式以及账务接口的设置。

基础设置是系统运行的基础数据，包括选项设置、部门档案设置、固定资产类别设置、固定资产增减方式设置等。

固定资产初始卡片录入是把企业启用固定资产管理子系统之前的固定资产信息通过卡片的形式录入系统中去。

2. 日常业务处理

日常业务处理主要包括因为固定资产增加、减少、资产变动的卡片管理和凭证处理。当企业有新增、减少固定资产或固定资产发生其他变动时，填制固定资产卡片后，系统自动生成的记账凭证转入总账子系统。

3. 折旧管理

根据用户定义，自动对各项固定资产每期计提一次折旧，并自动生成折旧分配表，然后制作记账凭证，将本期的折旧费用传递给成本核算系统。

4. 月末对账和结账

月末，依据系统固定资产初始化向导的财务接口，自动与财务系统对账，并根据对账结果和初始设置决定是否结账。

5. 账表管理

固定资产管理子系统提供了丰富的统计报表和管理报表，帮助企业从多角度查询固定资产信息，进行固定资产统计分析及各种资产折旧费用和成本分析，并为企业进行固定资产投资、保养、修理等提供决策依据。

二、固定资产管理子系统的特点

1. 数据存储量大，数据在计算机内保存时间长

企业固定资产不仅价值高，种类也多，使用时间较长，根据管理的需要每一张固定资产卡片的项目也比较多，系统需要长时间跨年度保留每一项固定资产的详细资料，所以数据存储量大。企业为了保留必要的审计线索，即使已经处置的固定资产其资料也必须保留一定时间。

2. 日常数据处理较少

固定资产管理子系统在初始设置时需要输入大量的详细数据，固定资产管理子系统正常运行之后，一般只有在购入新的固定资产以及固定资产数据发生变动等情况下需要输入新数据，月末需要计提固定资产折旧。除此之外，需要处理的数据一般很少。日常数据处理与其他业务系统相比明显要低，减少了出错的可能性。

3. 数据综合查询和统计要求较强

在生成账表的过程中，要经常使用固定资产的各项数据，以满足企业管理的需要。固定资产管理子系统日常查询的数据比日常数据处理要多，所以系统应该具有较强的查询和统计分析功能。

三、固定资产管理子系统与其他子系统之间的数据传递关系

固定资产管理子系统与总账子系统、成本核算子系统和报表管理子系统都有数据传递，其具体关系如图 10－1 所示。

固定资产管理子系统录入的初始余额可以直接传递到总账子系统，作为固定资产相关科目的初始余额；固定资产管理子系统中资产的增加、减少、原值和累计折旧的调整、折旧计提等业务处理可自动生成记账凭证，并将有关转账凭证传输到总账子系统，在总账子系统中可以对记账凭证进行查询、审核和记账，同时通过对账保持固定资产账目与总账的平衡。

固定资产管理子系统可以为成本核算子系统提供折旧费用数据，形成成本对象的折旧要

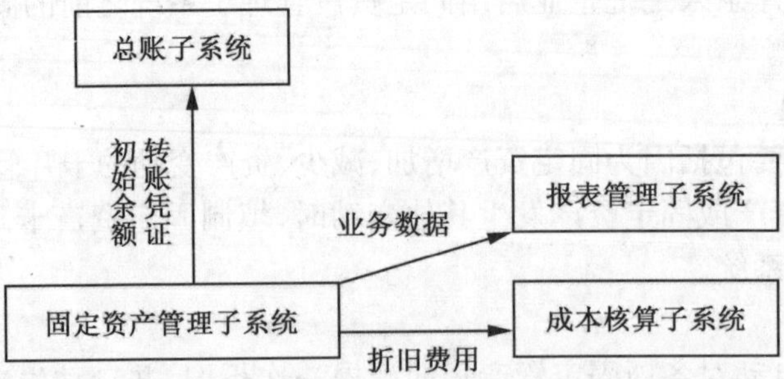

图 10－1 固定资产管理子系统与其他系统之间的关系图

素费用。

报表管理子系统可以通过相应的取数函数从固定资产管理子系统中提取分析数据，编制用户需要的固定资产统计和分析报表。

四、固定资产管理子系统的数据文件

1. 固定资产卡片文件

固定资产卡片文件是固定资产主文件，用来存储所有固定资产卡片数据。每一项独立的固定资产占一条记录，每条记录包括若干字段，固定资产卡片编号是关键字。当一个会计期间结束后，自动用固定资产增减变动文件、内部调动文件去更新此文件。固定资产卡片文件一般包括的字段如下：

卡片编号	固定资产代码	固定资产名称	类别编号
类别名称	规格型号	使用部门名称	生产厂家
存放地点	购入日期	原值	使用年限
已使用年限	总工作量	预计净残值	折旧方法
累计折旧	附件名称	附件金额	保管人
减少标记			

2. 固定资产增加文件

当企业取得一项新的固定资产时，填制固定资产卡片输入本文件中。固定资产增加文件的结构与固定资产卡片文件的结构基本相同，只是它是一个临时文件，会计期末根据本文件对固定资产卡片文件予以更新。

3. 固定资产减少文件

当企业发生固定资产减少业务时，填制固定资产减少通知单输入本文件。会计期末根据本文件对固定资产卡片文件予以更新。

4. 固定资产内部调动文件

当企业发生固定资产内部转移业务时，填制固定资产内部调动通知单输入本文件。会计期末根据本文件对固定资产卡片文件予以更新。

5. 折旧费用统计文件

固定资产计提折旧时，不仅按部门统计折旧额，还要按成本费用科目统计折旧额，这样既可以得到各个部门固定资产计提的折旧额，又可以得到不同部门计提折旧所对应的费用科目应负担的折旧额。

表 10—1　折旧费用统计文件的数据结构

字段	字段名	类型	宽度	小数位
1	部门代码	C	4	
2	部门名称	C	20	
3	费用科目代码	C	12	
4	费用科目名称	C	20	
5	折旧额	N	12	2

五、固定资产管理子系统的操作流程

固定资产管理子系统提供了企业单位应用方案和行政事业单位应用方案两种方案供选择，其差别在于行政事业单位整个账套不提折旧。从操作流程看，所有与折旧有关的在行政事业单位操作流程中均不体现。企业单位应用方案可划分为系统初始及基础设置、日常业务处理和期末处理三个部分，其操作流程如图 10—2 所示。

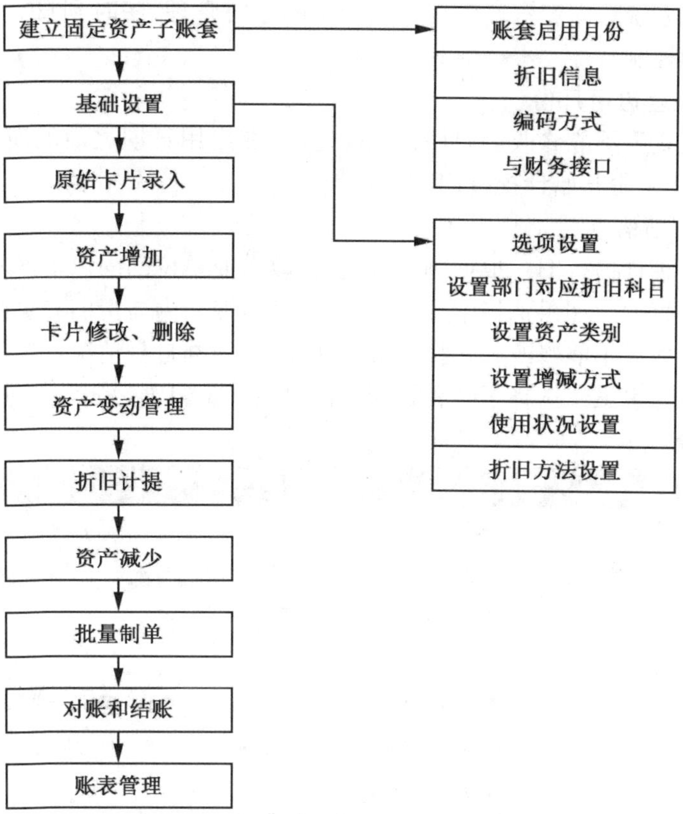

图 10—2　固定资产管理子系统操作流程图

第二节　固定资产管理子系统的初始设置

固定资产管理子系统使用前，在用友 ERP-U8 V10.1 中的“基础设置”→“基本信息”→“系统启用”选中“FA 固定资产”，启用该系统。

首次使用固定资产管理子系统时，应根据单位的具体情况，进行固定资产管理子系统的初始设置，建立一个适合本单位需要的固定资产子账套，同时进行基础设置和录入原始卡片。

一、建立固定资产子账套

建立固定资产子账套，实质是进行系统参数设置，这关系到系统以后的操作流程处理。固定资产子账套建立的前提，是在系统管理中建立会计核算账套，并启动注册。

第一次使用固定资产管理子系统时，系统自动提示进行账套初始化，打开“固定资产初始化向导”对话框，系统通过六个步骤，自动引导用户完成固定资产建账过程。

1. 固定资产账套的约定及说明

在约定及说明中，显示了固定资产的基本信息和管理的基本原则。仔细阅读相关条款，选择[我同意]按钮。系统对固定资产管理采用严格的序时管理，序时到日。对固定资产的任何操作都是序时自动控制。

2. 固定资产账套启用月份

启用日期只能查看不能修改。启用日期确定后，在启用日期之前的所有固定资产都将作为期初数据，在启用月份开始计提折旧。

3. 固定资产折旧信息

选择本账套是否计提折旧。根据制度规定，行政事业单位的固定资产不计提折旧，企业的固定资产需要计提折旧。如果选择本账套不计提折旧，账套内与折旧有关的功能都不能使用，该选择在初始化完成后不能修改。选择折旧方法，然后根据自身情况选定折旧汇总分配周期。如图 10－3 所示。这里虽然选择了某种折旧方法，但在设置固定资产类别或定义具体固定资产时可以更改设置。

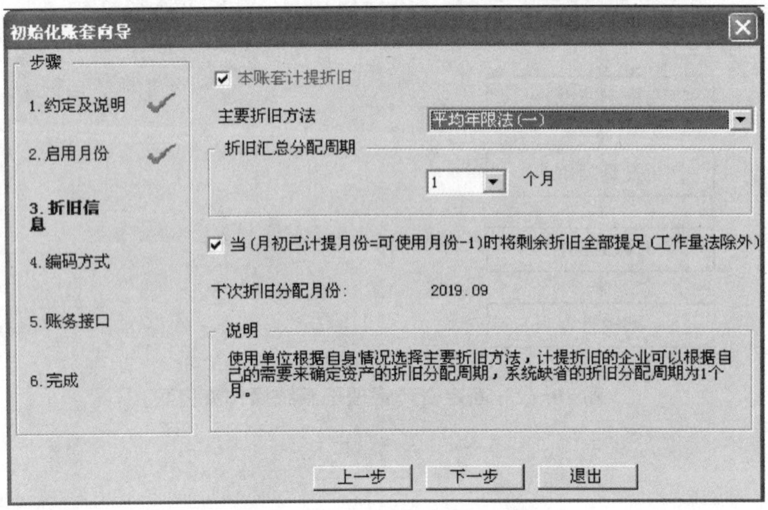

图 10－3　固定资产折旧信息

4. 固定资产编码方式

固定资产类别是各单位根据核算和管理的需要对固定资产所做的分类。固定资产类别编码是进行固定资产分类管理的基础和依据，可以设定级数和每一级的编码长度，见图10－4。

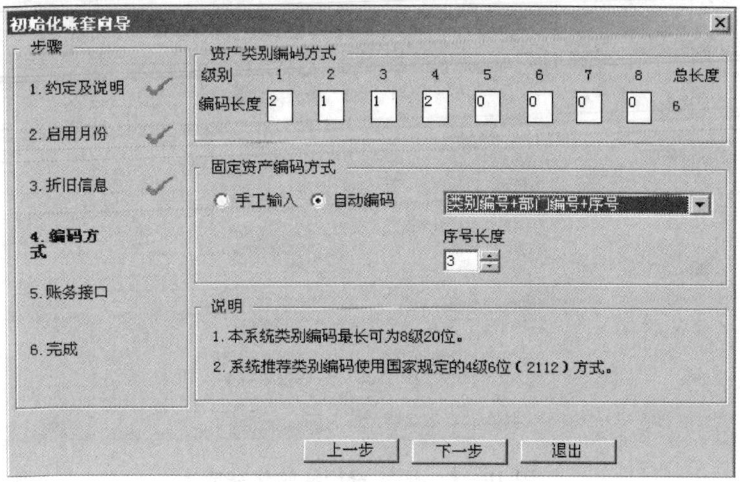

图10－4　固定资产编码方式

固定资产编码是资产的管理者给固定资产所编的编号，固定资产编码可以采用手工输入和自动编码两种方式。采用自动编码形式可以简化输入固定资产卡片，同时根据编号可以了解固定资产的基本信息，便于对固定资产进行管理。

注：(1)系统提供的资产类别编码长度最多可设置8级20位，但推荐采用国家规定的4级6位方式，即2112。(2)系统提供了几种形式的固定资产自动编码，只能选择一种。一经设定，不得修改。

5. 固定资产与财务接口

只有存在对应的财务系统时才可以选择“与财务系统进行对账”，并要求选择对账科目：固定资产对账科目和累计折旧对账科目。如果希望严格控制系统间的平衡，不能选择“在对账不平情况下允许固定资产月末结账”。如图10－5所示。

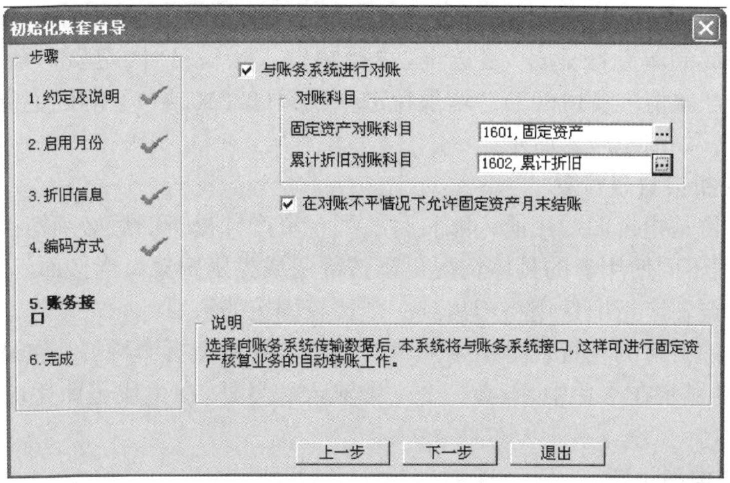

图10－5　固定资产与财务接口

6. 完成初始化

仔细审查系统给出的汇总报告,没有问题则单击[完成]。如图 10—6 所示。

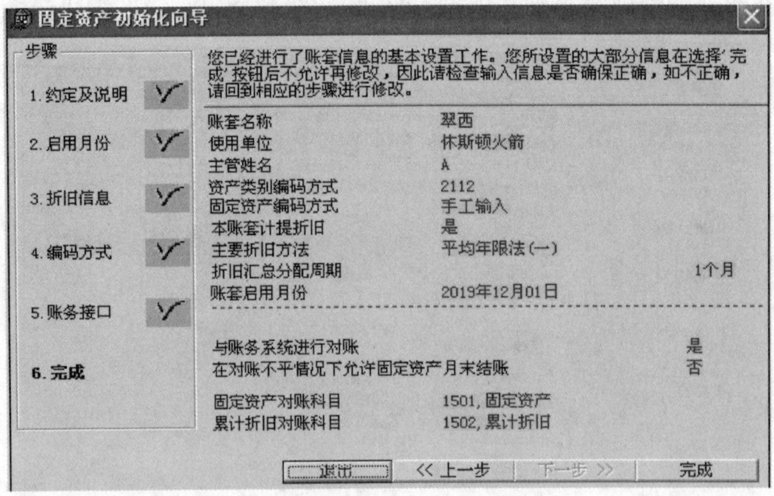

图 10—6 固定资产初始化完成

建账完成后,如果需要对账套中的某些参数进行修改,可以重新设置,在【设置】菜单中的【选项】操作。但是有些设置不允许修改,只能通过"重新初始化账套"功能实现,该功能操作将清空该子账套所做的一切工作。

二、基础设置

把手工记账时的基础数据,结合企业自身对固定资产管理的要求,在固定资产账套内进行基础数据设置。基础设置是系统运行的数据基础。在【设置】菜单中进行操作。

1. 选项设置

选项包括在账套初始化中设置的参数和其他一些在账套运行中使用的参数或判断。账套初始化中一些参数在这里可以修改。在【设置】菜单,单击[选项],界面中有五个页签,单击[编辑],修改其中的可修改项。

打开"与财务系统接口"选项卡,进行补充参数设置。选中"业务发生后立即制单"和"月末结账前一定要完成制单登账业务"复选框,选择缺省入账科目"固定资产(1601)""累计折旧(1602)""固定资产减值准备(1603)""增值税进项税额(22210101)"和"固定资产清理(1606)",单击[确定]按钮。如图 10—7 所示。

2. 部门对应折旧科目设置

对应折旧科目是指折旧费用的入账科目。固定资产计提折旧后必须把折旧数据归入成本或费用科目,根据不同使用者的具体情况可以按部门或类别归集。当按部门归集折旧费用时,某一部门内的固定资产折旧费用将归集到一个比较固定的科目。

部门对应折旧科目的设置就是给企业每个部门选择一个折旧科目。在录入固定资产卡片时,该科目将自动显示在卡片中,不必一个一个输入。另外,在生成记账凭证时系统会自动默认。

3. 固定资产类别设置

固定资产类别设置是指定义固定资产的分类编码和分类名称。企业固定资产的种类繁

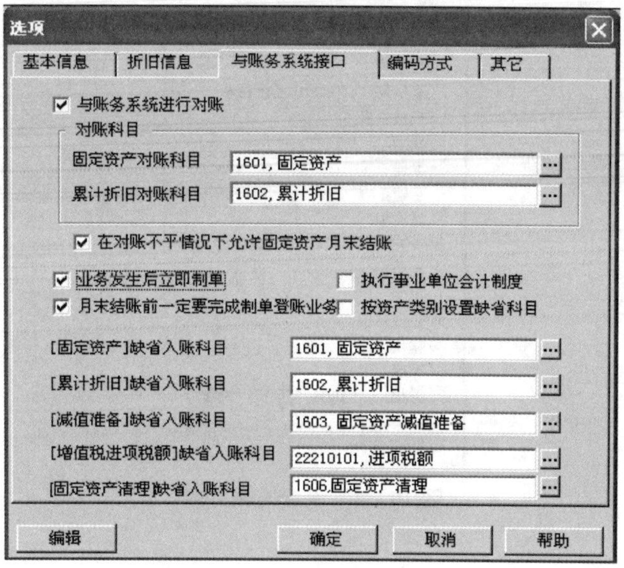

图 10—7　选项设置

多，要做好固定资产核算工作，必须科学地对固定资产进行分类，为固定资产的核算和统计管理提供依据。

设置资产类别中可以新增、修改和删除一个固定资产类别。

注：(1)非明细级类别不能修改和删除。(2)系统已使用的类别(录入卡片时选用过)不允许增加下级类别和删除。

4. 固定资产增减方式设置

增减方式包括固定资产增加方式和减少方式两类。系统内置了一些增减方式。在设置增减方式时同时要设置该增减方式的对应入账科目。当固定资产发生增减变动生成凭证时，系统会默认采用这些科目，如果入账科目发生了修改，可以即时修改。

设置增减方式中可以新增、修改和删除一种固定资产增减方式。如图 10—8 所示。

注：(1)增减方式系统设置了两级，可以根据需要自行增加。(2)非明细级增减方式和已使用的增减方式不能删除。(3)如果系统提供的报表中有“固定资产盘盈盘亏报告表”，系统缺省的增减方式中“盘盈、盘亏、毁损”不能修改和删除。

5. 固定资产使用状况设置

从固定资产核算和管理的角度，需要明确固定资产的使用状况，一方面可以正确地计算和计提折旧；另一方面便于统计和分析固定资产的使用情况，提高固定资产的利用效率。

系统设置的使用状况分为两级，一级使用状况只能有三种：使用中(包括在用、季节性停用、经营性出租、大修理停用)、未使用和不需用；一级使用状况不能增加、修改和删除。在一级使用状况下可以增加二级使用状况。

6. 折旧方法设置

折旧方法设置是系统自动计提折旧的基础。系统既可以选择常用的折旧计算方法，还可以自定义折旧方法。正在使用的折旧方法(包括类别设置中已选用或录入的卡片已选用)不允许删除。

增减方式名称	对应入账科目
增减方式目录	
增加方式	
直接购入	100201, 工行存款
投资者投	
捐赠	
盘盈	
在建工程	
融资租入	
减少方式	
出售	
盘亏	
投资转出	
捐赠转出	
报废	
毁损	1606, 固定资产清理
融资租出	
拆分减少	

图 10-8　设置增减方式

三、固定资产原始卡片录入

原始卡片是指固定资产管理子系统使用之前的资产卡片记录。为了保持历史资料的连续性,在使用固定资产系统进行核算前,必须将原始卡片资料录入系统。

凡是设置过代码的项目,既可以使用代码输入,也可以使用选择输入。这样既可以提高输入速度,又可以减少输入错误。

操作步骤为:

1. 单击【卡片】中的【录入原始卡片】,系统弹出“资产类别参照”对话框,选择录入卡片所属的资产类别,以便确定卡片的样式。

2. 单击[确定],进入“固定资产原始卡片录入”窗口。

四、期初对账

全部原始卡片录入完成后,可以执行“处理”→“对账”命令,将目前固定资产系统明细账与总账子系统进行对账,以确保固定资产明细账与总账相符。

第三节　固定资产日常业务处理

日常业务核算的任务是完成与固定资产有关的经济交易或会计事项的确认、计量和记录,主要包括涉及企业的固定资产卡片管理、固定资产增减管理、固定资产变动管理。

一、固定资产卡片管理

固定资产卡片管理是对固定资产管理子系统中所有卡片进行综合管理的功能操作,通过卡片管理可完成卡片查询、卡片修改、卡片删除、卡片打印等。在【卡片】菜单中【卡片管理】界面进行操作。

1. 卡片查询

在固定资产卡片管理界面,系统提供了卡片查询条件选择,可以查看固定资产分类信息。

在卡片管理列表中，选中要查看的卡片记录行，双击该记录行，查看固定资产卡片详细信息。

2. 卡片修改

当发现固定资产卡片录入有错误，或使用过程中需要修改卡片内容时，可通过卡片修改功能实现。通过"卡片修改"功能修改错误后，修改前的内容在任何状态下都看不到，这种修改是一种无痕迹修改。

3. 卡片删除

卡片删除功能是指把卡片资料彻底从系统内清除，而不是固定资产清理或减少。该功能只有在下列两种情况下才有效：

第一，当月录入的卡片若发现卡片录入有错误，可以通过"卡片删除"功能实现。删除后如果该卡片不是最后一张，卡片编号保留空号。

第二，通过"固定资产减少"功能减少的固定资产，《会计档案管理办法》规定固定资产卡片必须在固定资产报废清理后保管 5 年，本系统在账套"选项"中设定了删除的年限，超过了该年限后，才能使用"卡片删除"功能。在设定的年限内，不允许删除。

注：(1)不是本月录入的卡片，不能删除。(2)已制作过凭证的卡片删除时，应该先删除相应凭证，才能删除卡片。(3)卡片做过一次月末结账后不能删除。填制过变动单或评估单的卡片删除时，应该先删除相关的变动单或评估单。

4. 卡片打印

固定资产卡片可以打印输出，系统提供了三种卡片打印方式：打印单张卡片、打印卡片列表和批量打印卡片。

二、固定资产增减管理

当企业有新增、减少固定资产或固定资产发生其他变动时，要填制固定资产卡片，同时系统会自动生成记账凭证，转入总账子系统中。

1. 固定资产增加

企业在日常经营过程中，可能通过购建、外单位转入、捐赠、盘盈等方式增加企业固定资产。在固定资产卡片中选择输入新增加的固定资产信息内容。该部分资产通过【卡片】菜单中【资产增加】录入系统中。

例如，2019 年 12 月 3 日企业购入一辆汽车，录入系统的时间是 2019 年 12 月 5 日，则该卡片可通过【资产增加】功能录入。

注：(1)卡片中"开始使用日期"栏的年份和月份不能修改。(2)新卡片录入的第一个月不提折旧，折旧额是空或零。(3)卡片的查询、修改和删除，可以在有关菜单中完成。(4)固定资产增加，该资产需要填制凭证，填制凭证有两种途径：在业务发生后立即制单或者在期末批量制单。

2. 固定资产减少

固定资产减少的途径可分为固定资产的出售、报废、毁损、盘亏等。系统提供了固定资产减少的批量操作，为同时清理一批固定资产提供了方便。该部分资产通过【卡片】菜单中【资产减少】录入系统中。

注：(1)当月减少的固定资产当月计提折旧，所以在计提折旧后才可以进行"资产减少"的操作。(2)固定资产减少，该资产需要填制凭证，填制凭证的途径与固定资产增加相同。

三、固定资产变动管理

固定资产变动是指对与计算有关的项目所做的调整，包括固定资产原值变动、部门转移、使用状况变动、使用年限调整、折旧方法调整、净残值（率）调整、工作总量调整、累计折旧调整、资产类别调整等。这种变动要求制作“变动单”作为原始凭证。

在【卡片】菜单中【变动单】进行处理。

第四节　固定资产月末处理

一、减值准备处理

固定资产减值准备处理通过【卡片】菜单中【变动单】进行处理。

1. 计提减值准备

企业应当在期末或者至少在每年年度终了，对固定资产逐项进行检查。如果由于市价持续下跌，或技术陈旧等原因导致其可回收金额低于账面价值，则应当将可回收金额低于账面价值的差额作为固定资产减值准备。固定资产减值准备应当按单项资产计提。

2. 转回减值准备

如果已计提的固定资产价值又得以恢复，应在原已计提的减值准备范围内转回。

二、折旧处理

1. 计提本月折旧

系统每期计提折旧一次，根据使用者录入系统的资料自动计算每项资产的折旧，并自动生成折旧分配表，然后编制记账凭证，将本期的折旧费用自动登账。执行计提折旧功能后，系统将自动把计提的各项资产当期折旧额累加到月初的累计折旧上。自动计提折旧是固定资产管理子系统的主要功能之一。

2. 查看折旧清单

折旧清单把所有应计提折旧的固定资产所计提折旧数额进行列表。可以查看单期的折旧清单和全年的折旧清单，全年的折旧清单中列出了各资产在12个计提期间的月折旧额、本年累计折旧等信息。

操作步骤为：

(1)单击【处理】菜单中【计提本月折旧】，弹出系统提示“计提折旧后是否要查看折旧清单？”。

(2)单击[是]，系统再次提示。

(3)单击[是]，稍后，系统计提折旧完毕，自动打开“折旧清单”。

3. 折旧分配表

为了编制记账凭证，本期计提折旧后，自动生成折旧分配表，把计提折旧额分配到有关的成本和费用中。折旧分配表可以包括部门折旧分配表和类别折旧分配表两种类型，只能选择一种类型制作记账凭证。

根据在初始化或选项中选择的折旧分配汇总周期来确定生成折旧分配凭证的时间。如果选定的是1个月，则每期计提折旧后自动生成折旧分配凭证；如果选定的是3个月，则只有到

3 的倍数的期间，即第 3、6、9、12 期间计提折旧后才自动生成折旧分配凭证。如图 10－9 所示。

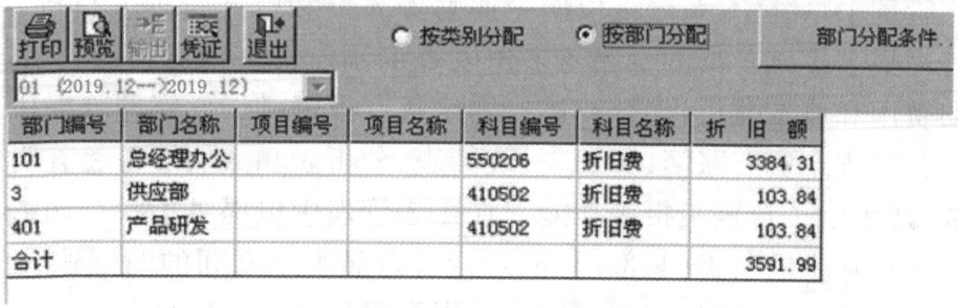

部门编号	部门名称	项目编号	项目名称	科目编号	科目名称	折旧额
101	总经理办公			550206	折旧费	3384.31
3	供应部			410502	折旧费	103.84
401	产品研发			410502	折旧费	103.84
合计						3591.99

图 10－9　折旧分配表

注：在折旧费用分配表界面，可以单击“制单”功能制单，也可以以后利用“批量制单”功能进行制单。

三、制单处理

1. 填制记账凭证

发生固定资产增加、减少、卡片修改涉及原值和累计折旧变动、原值变动、折旧分配等需要填制记账凭证。固定资产管理子系统生成凭证后，自动传递到总账子系统，在总账子系统中进行审核和记账。

填制记账凭证可以采取两种方法，即“立即制单”和“批量制单”。当在“选项”中设置了“业务发生后立即制单”，则发生需要制单的相关业务后，系统自动调出不完整凭证供修改。如果在“选项”中未设置“业务发生后立即制单”，可以利用系统批量制单来完成制单工作。批量制单是在月末结账前批量完成制单并自动传输到总账子系统，避免了多次制单的烦琐。单击【处理】菜单中【批量制单】进行处理。

注：如果业务发生时没有制单的，该业务自动排列在批量制单表中。

2. 查询、修改、删除记账凭证

固定资产管理子系统所产生凭证的查询、修改和删除，可通过【处理】菜单中【凭证查询】来完成。

注：(1)记账凭证的修改和删除只能在本系统完成，总账子系统无权删除和修改。(2)在总账子系统进行凭证的审核和记账。

四、对账和结账处理

系统在运行过程中，应保证固定资产管理子系统的固定资产价值和总账子系统中固定资产科目的数值相等。而两个系统的资产价值是否相等，通过执行系统提供的对账功能实现。对账操作不限制执行的时间，任何时候均可对账。系统在执行月末结账时自动对账一次。如果对账平衡了，就可以进行月末结账。

单击【处理】菜单中【对账】，系统自动完成对账工作并给出对账结果。

根据制度规定，每月都需要进行月末结账。本期不结账就不能处理下期业务。结账后当期数据不能再修改，如有错，只能先进行反结账功能，然后再进行修改。

五、账表管理

在固定资产管理子系统中，系统可以向企业财务人员和资产管理人员提供固定资产的各类统计报表和管理报表信息。帮助企业从多角度查询固定资产信息，进行固定资产统计分析及各种资产折旧费用和成本分析，为企业进行固定资产投资、保养、修理等提供决策依据。

账表管理中包括固定资产账簿、折旧表、统计表、分析表和减值准备表五类。另外，系统为了满足实际需要，还提供了自定义报表功能。在账表管理中也提供了联查功能，例如在账簿中通过双击固定资产总账中的某类(某部门)记录行可以显示该期间的明细账；通过双击明细账中记录行可以显示原始卡片；通过双击明细账计提折旧记录行可以显示记账凭证。

单击【账表】菜单中【我的账表】进行查询。

思考题

1. 简述固定资产管理子系统的特点及与其他子系统之间的数据传递关系。
2. 固定资产管理子系统的主要数据文件有哪些？
3. 简述固定资产管理子系统的操作流程。
4. 固定资产管理子系统如何保证与财务系统数据的一致性？
5. 简述固定资产管理子系统的主要功能。
6. 为什么要建立固定资产子账套？
7. 在基础设置中为什么设置部门对应折旧科目？
8. 为什么在基础设置时，系统需要设置固定资产类别？
9. 为什么要进行月末对账？

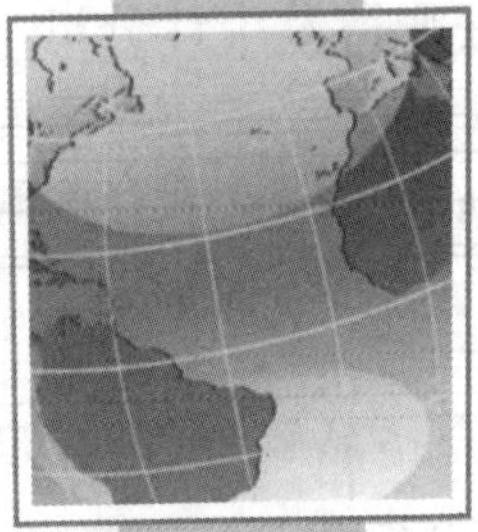

第十一章
库存管理和存货核算子系统应用

【要点提示】

- 库存管理子系统
- 存货核算子系统
- 库存控制
- 入库业务处理
- 出库业务处理

第一节　库存管理和存货核算子系统应用模式

库存管理和存货核算子系统应用有三种应用模式:集成应用模式、联合应用模式和独立应用模式。

一、集成应用模式

当库存管理与采购管理、销售管理、存货核算集成使用时,在采购管理系统中录入采购入库单,在销售管理系统中录入发货单,审核后自动生成销售出库单传递到库存管理子系统,在库存管理子系统中只录入除采购入库、销售出库之外的其他单据,并完成对各种出入库单据的审核。

二、联合使用模式

当存货核算与库存管理联合使用时,在库存管理子系统中录入各种出入库单据,并进行审核,在存货核算子系统中对各种出入库单据记账,生成凭证。

三、独立应用模式

如果库存管理子系统单独使用,那么所有的出入库单据均由库存系统填制。

如果存货核算子系统单独使用,那么所有的出入库单据均由存货核算子系统填制。

第二节　库存管理子系统应用

库存管理子系统主要供仓库管理人员管理存货的入库、出库业务及其他相关业务。库存管理子系统的主要功能是对采购管理系统、销售管理系统及库存管理子系统填制的各种出入库单据进行审核,并对存货的出入库数量进行管理。

一、库存管理子系统的主要内容

库存管理子系统的主要内容有：日常收发存业务处理、库存控制和库存账簿及统计分析。

1. 日常收发存业务处理

库存管理子系统除管理采购业务、销售业务形成的入库和出库业务外，还可以处理仓库间的调拨业务、盘点业务、组装拆卸业务、形态转换业务等。

2. 库存控制

库存管理子系统支持批次跟踪、保质期管理、委托代销商品管理、不合格品管理、现存量（可用量）管理、安全库存管理，对超储、短缺、呆滞积压、超额领料等情况进行报警。

3. 库存账簿及统计分析

库存管理子系统可以提供出入库流水账、库存台账、受托代销商品备查簿、委托代销商品备查簿、呆滞积压存货备查簿供用户查询，同时提供各种统计汇总表。

二、库存管理子系统与其他子系统的数据关系

库存管理子系统与采购管理子系统、销售管理子系统、存货核算子系统有密切的数据关系，参见图11－1。除此之外，库存管理子系统还与“系统管理”和“基础设置”有数据关系。

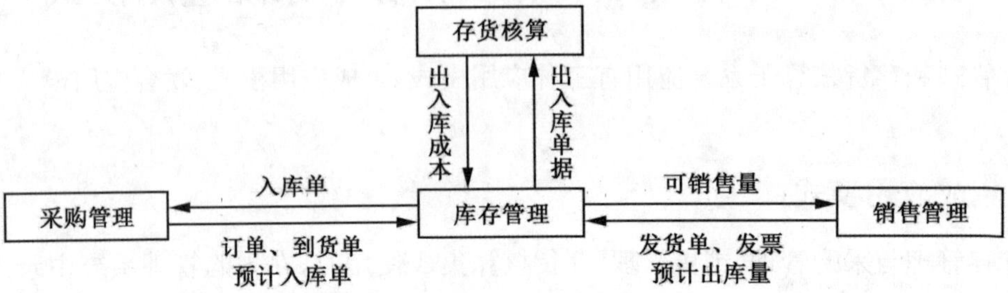

图11－1　库存管理子系统与其他子系统的数据关系图

三、库存管理子系统的日常业务处理

库存管理子系统日常业务处理的主要内容有：入库业务处理、出库业务处理和其他业务。

1. 入库业务处理

入库业务处理的主要内容有：采购入库、产成品入库和其他入库。

（1）采购入库。对于工业企业而言，采购入库主要是采购的原材料、包装物等入库。

（2）产成品入库。对于工业企业，企业对原材料及半成品进行一系列的加工后，形成可销售的商品，然后验收入库。只有工业企业才有产成品入库单，商业企业没有此单据。

需要说明的是：产成品一般在入库时是无法确定产品的总成本和单位成本的，因此，在填制产成品入库单时，一般只有数量，没有单价和金额。

产成品入库的业务处理流程参见图11－2。

（3）其他入库。库存管理子系统的日常业务处理中的其他入库是指除了采购入库、产成品入库之外的其他入库业务。如调拨入库、盘盈入库、组装拆卸入库、形态转换入库等业务形成的入库单。

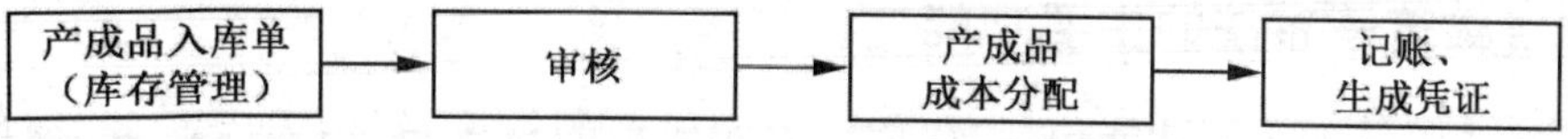

图 11—2　产成品入库的业务处理流程图

2. 出库业务处理

出库业务处理主要内容有：

(1)销售出库。工业企业主要是销售产成品出库，商业企业主要是销售各类商品出库。

(2)材料领用出库。工业企业生产过程需要领用材料，此时需要办理材料领用出库手续。

(3)其他出库。其他出库指除销售出库、材料出库之外的其他出库业务，如维修、办公耗用、调拨出库、盘亏出库、组装拆卸出库、形态转换出库等。

3. 其他业务

其他业务的主要内容有：

(1)库存调拨。库存管理子系统中提供了调拨单用于处理仓库之间存货的转库业务或部门之间的存货调拨业务。

如果调拨单上的转出部门和转入部门不同，就表示是部门之间的调拨业务；如果转出部门和转入部门相同，但转出仓库和转入仓库不同，就表示是仓库之间的转库业务。

(2)盘点。库存管理子系统中提供了盘点单用来定期对仓库中的存货进行盘点。存货盘点报告表，是证明企业存货盘盈、盘亏和毁损，据以调整存货实存数的书面凭证，经企业领导批准后，即可作为原始凭证入账。

系统提供两种盘点方法：按仓库盘点，按批次盘点。还可对各仓库或批次中的全部或部分存货进行盘点，盘盈、盘亏的结果可自动生成出入库单。

(3)组装拆卸业务。组装是指将多个散件组装成一个配套件的过程。组装单相当于两张单据，一张是散件出库单，另一张是配套件入库单。配套件和散件之间是一对多的关系。配套件和散件之间的关系，在产品结构中设置。用户在组装之前应先进行产品结构定义，否则无法进行组装。

拆卸是指将一个配套件拆卸成多个散件的过程。拆卸单相当于两张单据，一张是配套件出库单，另一张是散件入库单。配套件和散件之间是一对多的关系。配套件和散件之间的关系，在产品结构中设置。用户在组装拆卸之前应先进行产品结构定义，否则无法进行拆卸。

(4)形态转换。由于自然条件或其他因素的影响，某些存货会由一种形态转换成另一种形态，如煤块由于风吹雨淋、天长日久变成了煤渣，活鱼由于缺氧变成了死鱼等，从而引起存货规格和成本的变化，因此库管员需根据存货的实际状况填制形态转换单，或叫规格调整单，报请主管部门批准后进行调账处理。

第三节　存货核算子系统应用

存货核算子系统主要供会计人员针对企业存货的收发存业务进行核算，掌握存货的耗用情况，及时准确地把各类存货成本归集到各成本项目和成本对象上，为企业的成本核算提供基础数据。

一、存货核算子系统的主要功能

存货核算子系统的主要功能包括：存货出入库成本的核算、暂估入库业务处理、出入库成本的调整、计划价/售价调整、存货跌价准备的处理、生成凭证等。

二、存货核算子系统与其他子系统的数据关系

存货核算子系统与采购管理子系统、销售管理子系统、库存管理子系统、成本管理子系统、总账子系统有密切的数据关系，参见图11—3。

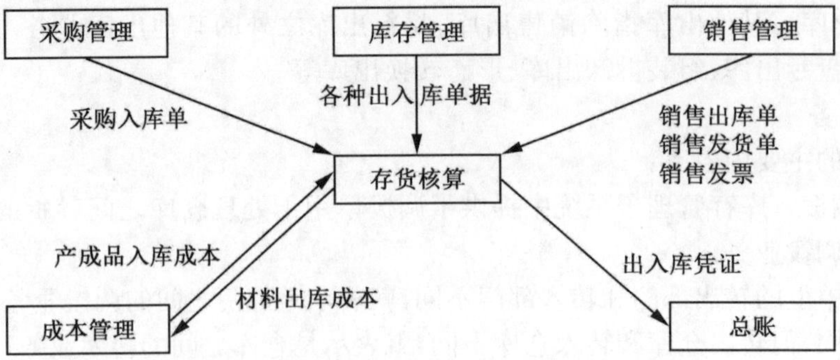

图11—3 存货核算子系统与其他系统的数据关系图

三、存货核算子系统日常业务处理

存货核算子系统日常业务处理的主要内容有以下四个方面：

1. 入库业务

入库业务处理的主要内容有：采购入库、产成品入库、其他入库。

(1)采购入库。采购入库单在库存管理子系统中录入，在存货核算子系统中可以修改采购入库单上的入库金额，采购入库单上"数量"的修改只能在该单据填制的系统进行。

(2)产成品入库。产成品入库单在填制时一般只填写数量，单价与金额既可以通过修改产成品入库单直接填入，也可以由存货核算子系统的产成品成本分配功能自动计算填入。

(3)其他入库。大部分其他入库单都是由相关业务直接生成的，如果与库存管理子系统集成使用，可以通过修改其他入库单的操作对盘盈入库业务生成的其他入库单的单价进行输入或修改。

2. 出库业务

出库业务处理的主要内容有：销售出库、材料领用出库、其他出库。

需要说明的是：在存货核算子系统可以修改出库单据上的单价或金额。

3. 调整业务

出入库单据记账后，发现单据金额错误，如果是录入错误，通常采用修改方式进行调整。但如果遇到由于暂估入库后发生零出库业务等原因所造成的出库成本不准确或库存数量为零而仍有库存金额的情况，就需要利用调整单据进行调整。

调整单据包括入库调整单和出库调整单。它们都只针对当月存货的出入库成本进行调整，并且只调整存货的金额，不调整存货的数量。

4. 生成凭证

在存货核算子系统中，可以将各种出入库单据中涉及存货增减和价值变动的单据生成凭证传递到总账。

对比较规范的业务，在存货核算子系统的初始设置中可以事先设置好凭证上的存货科目和对方科目，系统将自动采用这些科目生成相应的出入库凭证，并传送到总账。

第四节　存货核算子系统的期末业务处理

存货核算子系统的期末业务处理的主要内容有以下三个方面：

一、月末处理

当存货核算子系统日常业务全部完成后，进行月末处理，系统自动计算全月平均单价及本会计月出库成本，自动计算差异率(差价率)以及本会计月的分摊差异/差价，并对已完成日常业务的仓库/部门做处理标志。

二、与总账对账

为保证业务与财务数据的一致性，需要进行对账。将存货核算子系统记录的存货明细账数据与总账系统存货科目和差异科目的结存金额和数量进行核对。

三、期末结账

存货核算子系统期末处理完成后，就可以进行月末结账。如果是集成应用模式，必须采购管理、销售管理、库存管理全部结账后，存货核算子系统才能结账。

思考题

1. 简述库存管理和存货核算子系统应用模式。
2. 简述库存管理子系统的主要内容。
3. 简述库存管理日常业务处理的主要内容。
4. 简述存货核算子系统的主要功能。
5. 简述存货核算子系统日常业务处理的主要内容。
6. 简述存货核算子系统的期末业务处理的主要内容。

第十二章 供应链、采购及应付款管理子系统应用

【要点提示】

- 供应链管理子系统
- 财务业务一体化
- 采购管理子系统
- 应付款管理子系统
- 产品科目设置

【案例导入】

- 接第七章、第八章的南北公司的案例，进行供应链、应付子系统、采购子系统的初始化，账套主管进行其基础设置。
- 企业在日常业务中如何通过软件来处理采购入库业务及相关账表查询。
- 企业在日常业务中如何通过软件来处理各种往来业务及相关账表查询。

供应链管理子系统是从财务部门延伸到业务部门并实现财务业务一体化管理的最明显的表现形式。财务业务一体化通常是指总账子系统和购销存业务(即供应链)相连。财务业务一体化管理结构如图 12—1 所示。

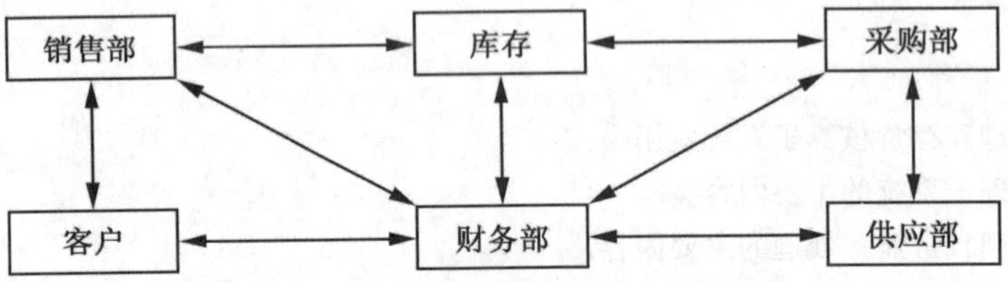

图 12—1 财务业务一体化管理结构图

第一节 供应链管理子系统应用

供应链管理子系统由六个子系统构成：物料需求计划、采购管理、销售管理、库存管理、存货核算、GSC 质量管理。其中，GSC 质量管理子系统仅仅适用于医药商业企业。一般企业主要应用的是采购管理、销售管理、库存管理和存货核算四个子系统。

一、供应链管理子系统的主要功能

供应链管理子系统的基本任务是管理采购订单、采购入库单和采购发票；管理销售订单、

销售发货单、销售出库单和销售发票；管理各种存货的入库和出库业务；核算应收应付账款，核算物资采购、销售收入和税金，核算存货入库成本、出库成本和结余成本。以用友 ERP-U8 为例，其功能结构如图 12—2 所示。

图 12—2　供应链管理子系统功能结构图

二、供应链管理子系统的业务处理流程

供应链管理子系统的应用，从根本上解决了将财务数据与业务数据割裂开的做法，使资金流与物流、信息流同步，协同运作、快速反应，并相互制约，加快了企业对市场的反应速度，提高了决策的有效性。供应链管理的实质是物流、信息流、资金流的优化管理，使财务信息可以“见树又见林，不再是信息孤岛！”

1. 从物流上看其业务处理流程

(1)入库流程。入库业务的入口是入库单，在采购管理子系统中录入采购入库单；在库存管理子系统中录入产成品入库单和其他入库单，形成入库业务，增加库存；入库的各种单据在存货核算子系统中记账，登录存货明细账；再依据记账后的入库单自动生成记账凭证，并将记账凭证传递到总账子系统中，审核后登录总账。

(2)出库流程。出库业务的入口是出库单，在销售管理中录入发货单、委托代销出库单，在库存管理中根据发货单生成销售出库单；在库存管理中录入材料出库单和其他出库单，形成出库业务，减少库存；出库的各种单据在存货核算中记账，登录存货明细账；再依据记账后的出库单自动生成记账凭证，并将记账凭证传递到总账子系统中，审核后登录总账。

(3)库存管理流程。库存管理对入库单和出库单统一进行管理，并根据盘点表自动生成盘盈入库单或盘亏出库单。

2. 从资金流上看其业务处理流程

采购管理子系统、库存管理子系统、存货核算子系统和销售管理子系统各子系统之间的数据流程见图 12—3。

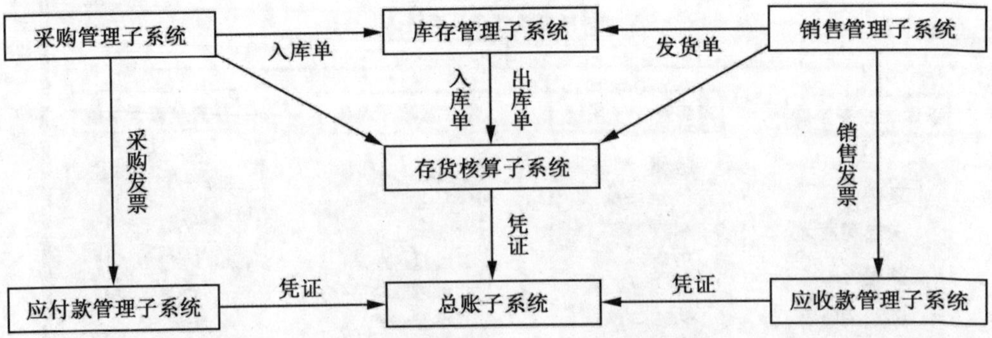

图 12—3　供应链系统业务处理数据流程图

(1)采购管理子系统的业务处理流程。在采购管理子系统中录入采购发票,对采购入库单进行结算,形成应付账款,到应付款管理子系统中对结算后的采购发票制单,生成应付款凭证;在应付款管理子系统中录入付款单并付款,核销应付款,对付款后的付款单制单,生成付款凭证。

向库存管理子系统传递采购入库单,追踪存货的入库情况,把握存货的畅滞信息,减少盲目采购,避免库存积压;向应付账款管理系统传递采购发票,形成企业的应付账款;应付账款系统为采购管理子系统提供采购发票的核销情况。

(2)库存管理子系统的业务处理流程。接收从采购和销售管理子系统中传递来的各种出入库单;向存货核算子系统传递经审核后的出入库单和盘点数据;接收存货核算子系统传递过来的出入库存货的成本。

(3)存货核算子系统的业务处理流程。接收采购、销售和库存管理子系统中传递的已审核的出入库单,进行记账,并生成记账凭证;向库存管理子系统传递出入库的存货成本;向采购管理子系统和销售管理子系统传递存货信息;接收成本管理系统中传递的产成品单位成本,进行产成品成本的分配。

(4)销售管理子系统的业务处理流程。在销售管理子系统中录入销售发票,审核后形成应收账款,到应收款管理子系统中对审核后的销售发票制单,自动生成应收款凭证;在应收款管理子系统中录入收款单并收款,核销应收款,对收款后的收款单制单,自动生成收款凭证。

向库存管理子系统传递销售出库单,冲减库存管理子系统的货物现存量,同时库存管理子系统为销售管理子系统提供可供销售存货的现存量;向应收账款管理系统传递销售发票,形成企业的应收账款;应收账款管理系统为销售管理子系统提供销售发票的核销情况。

三、供应链管理子系统初始化

供应链管理在四个子系统同时启用的情况下,要依照一定的顺序进行操作。供应链管理一般还将采购管理子系统与应收款管理子系统、销售管理子系统与应付款管理子系统结合起来使用。各个子系统之间存在复杂的数据传递关系。在初始设置中,不仅要考虑子系统内部的数据联系与提取,还要充分利用系统外部资源,使购销存系统之间数据连接,各部门共享系统数据，从而使信息资源的综合利用更为有效和充分。为此在供应链管理子系统初始化时，必须先设置各个子系统统一使用的公用参数，按照系统规定的启用顺序依次进行相应的初始设置。

1. 供应链账套参数设置

供应链账套参数主要是设置各个系统公用的及各自特有的基本信息，这些基本信息确定系统的子系统结构、管理组织、业务和财务信息，以及各子系统运行的前提。设置时，先手工整理一份资料，为系统设置节省时间并提高准确性，同时要充分考虑本企业业务发展的情况，为今后业务扩展留有余量。

(1)供应链公用参数设置。供应链各个子系统启动时，必须先选择账套选项，设置好账套中的每个参数，其中包括以下七种公共参数选项：①存货有无辅助计量单位；②是否允许零成本出库；③有无成套件管理；④有无远程应用；⑤存货是否分类；⑥客户是否分类；⑦供应商是否分类。这七个公用参数，如果在基础设置中已确定，在此不允许修改。

(2)供应链业务参数设置。

1)采购管理子系统的参数设置。采购子系统在账套参数设置中，其业务选项有两种：①有无外币采购业务。企业若有外币采购业务，选中此项，可进行相关的外币业务处理。选定后，不能修改。②有无受托代销业务。此项属于商品流通企业的业务范围，在此不做介绍。

2)销售管理子系统的参数设置。销售子系统在账套选项中的业务选项有两种。业务范围有无外币业务与采购管理设置相同。有无零售日报业务是指在相关账表中包含零售日报的数据，选定此项，可作为与前台销售收款子系统的接口。销售管理子系统的参数设置主要有以下八种：①有无外币业务；②销售报价是否含税；③是否有客户信用额度控制；④是否有最低售价控制；⑤有无委托代销业务属于商业范畴；⑥有无销售调拨业务；⑦可否超订量发货；⑧销售计划金额是否含税。

3)库存管理子系统的参数设置。库存管理子系统的业务参数主要包括以下五个：①有无批次管理；②有无组装拆卸业务；③有无最高最低报警；④有无保质期管理；⑤有无形态转换业务(如果有存货因自然或其他因素的影响，会由一种形态转换成另外一种形态的情况，可选定此项)。例如，启动库存管理子系统，将业务范围设置为：有批次管理，无保质期管理，有组装拆卸业务，有最高最低报警，无形态转换业务。

4)存货核算子系统的参数设置。存货核算子系统的业务参数包括四项：①核算方式的选择；②零成本出库选择；③暂估处理方式；④资金占用规划选择。例如，启动存货核算子系统，将业务范围设置为：核算方式按存货核算，暂估方式为月初回冲，零成本出库，选择上次出库成本，资金占用规划为按存货分类。

2. 供应链管理子系统的初始设置

供应链初始数据设置情况见表12－1。

表12－1　　供应链系统期初数据表

系统名称	操　作	内　容	说　明
采购管理	录入	暂估入库期初余额 在途存货期初余额	暂估入库(货到单未到) 在途存货(单到货未到)
	记账	采购期初数据	无期初数据也要执行期初记账，否则无法开展日常业务

续表

系统名称	操　作	内　容	说　明
库存、存货	录入并记账	存货期初余额及差异	库存和存货公用期初数据
销售管理	录入并审核	委托代销期初余额	

(1)采购管理子系统的初始设置。采购管理子系统中的基础设置内容包括存货分类、地区分类、供应商分类、供应商档案、存货档案、仓库档案、常用摘要、采购类型、自定义项等。前七项内容在前面章节已设置完成,本章仅介绍采购类型。

①采购类型的定义。采购类型不分级次,属于自行设定的项目,一般根据企业实际需要设立。操作时,进入企业应用平台,"基础设置"→"基础档案"→"业务"→"采购类型",单击[增加]按钮,在出现的空白记录行输入采购类型的编码、名称、入库类别等内容后按回车键,使增加的采购类型存入系统。

②期初余额的录入。期初暂估入库是在启用采购管理子系统之前,还未取得供货单位的采购发票,不能进行采购结算的业务,在此需要输入采购入库单,形成期初数据。操作时,在"业务工作"菜单中,选择"采购入库",单击"采购入库单",单击[增加]按钮,输入日期,选择入库类别、仓库、部门等信息,输入数量、单价和存货编码后,单击[保存]按钮即可。录入期初在途存货是指在启用日期之前,将在途存货业务的存货余额录入系统。操作时,在"业务工作"菜单中选择"采购发票",单击"普通采购发票",单击[增加]按钮,以下操作与上例相同。

③期初记账。执行采购管理子系统中的"设置"→"采购期初记账",完成期初记账工作。

(2)销售管理子系统的初始设置。销售管理子系统可以与库存管理、存货核算、应收款管理、总账等子系统联用,通过销售管理功能,能帮助企业的销售部门管理各项销售事务,提供详尽的查询分析,帮助销售管理人员及时了解各种销售情况,以便适时调整销售策略,实现利润最大化。

销售管理的初始设置包括存货分类、存货档案、客户分类、客户档案、部门档案、仓库档案、收发类别、销售类型、结算方式、本企业开户银行、币种、付款条件等项。大多数项目在其他章节已详细介绍过,在此仅对不同的内容加以说明。

①销售类型的定义。销售类型是单位为了按销售类型对销售业务数据进行统计和分析而进行的自定义项目。例如单位可把销售分成本地销售、外地销售、集中销售、零售销售等类别。定义销售类型时,在设置界面,选择"基础档案"中的"业务"→"销售类型",单击[增加]按钮,在空白行分别输入相关内容:销售类型编码;销售类型名称(此两项不能重复,具有唯一性);出库类别,是指收发类别中的收发标志为发的那部分,即输入销售类型所对应的出库类别,在此既可直接输入出库类别编号或名称,又可以通过参照选择输入;是否默认值,是用于标识销售类型在单据录入或修改被调用时是否作为调用单据的销售类型的默认取值。通过双击销售类型的增加行可修改增加的内容;点击[删除]按钮,能实现对该销售类型的删除。

②费用项目的设定。费用项目是指销售业务中的代垫费用、销售支出费用等。操作时,选取【基础档案】→【业务】→【费用项目】菜单,单击[增加]按钮输入费用项目编码、名称、备注等内容,完成费用项目的定义,费用项目的内容可以修改和删除。

③初始余额的录入。首次使用销售管理子系统处理日常销售业务之前,必须把系统启用之前发生而未处理完的单据,通过期初单据录入功能输入系统。操作时,在销售管理子系统界面,选取【设置】→【期初录入】中的【期初发货单】菜单,进入"期初发货单"界面,输入发货单号,

选择客户名称、销售部门、发运方式、付款条件、销售类型、发货地址等项目填入仓库、货物名称、规格型号、数量等内容，单击[增加]按钮系统自动填入发货日期，如果不符，可进行修改，单击[保存]按钮，初始余额录入系统。

期初发货单的增、删、改及审核的操作，只能在第一个业务期间月末结账之前进行。

(3)库存管理子系统初始设置。库存管理子系统的基础设置内容，在前面章节均已设置完毕。在此仅介绍初始余额的录入操作。第一次使用库存管理子系统，必须输入所有末级存货的期初数据。如果库存管理子系统与存货核算子系统同时使用，那么，本系统的期初数据是两个子系统共用的。在录入期初数据之前，应将库存的结存数与存货核算的结存数核对一致后，统一录入两个子系统的期初结存数量、结存金额，再进行统一期初记账。

①录入期初金额。操作时，选取【初始设置】菜单下的【期初结存】，进入“期初结存”录入界面，选择要输入期初余额的仓库后，计价方式自动显示在仓库右边，选择存货编码、输入数量、入库日期和批号，单击[保存]按钮。

②批审。期初数据录入完毕，必须经过“批审”后以保证数据的正确。操作是直接单击[批审]按钮即可。

③对账。期初数据录入完毕，还应进行“对账”。操作是直接单击[对账]按钮即可。

(4)存货核算子系统初始设置。存货核算子系统的初始设置内容，除了存货科目、对方科目、受控科目、存货设置等几项内容外，其他与“库存管理”系统的初始设置内容完全相同，本节只对其余不同的内容加以说明。

①存货科目的设置。存货科目是指在存货核算子系统生成的凭证中，所需要的各种存货科目及差异科目。操作时，选取【初始设置】，单击【存货科目】菜单，进入存货科目设置界面，单击[增加]按钮，在增加的新记录上输入表中要求填写的各个项目：仓库、存货分类、存货科目及差异科目。其中，存货科目只能按已设置的会计科目选择输入，不能输入其他子系统的控制科目；差异科目是在存货核算子系统中采用计划成本计价时，在此按已设置的会计科目选择输入，不能输入其他子系统的控制科目。如果存货核算子系统与总账子系统集成使用，在本系统必须设置存货科目，以利于系统自动生成凭证。

②对方科目设置。对方科目是指在存货核算子系统生成凭证所需要的存货对方科目所对应的会计科目。如果存货核算子系统集成使用，为保证系统自动生成凭证，应设置存货对方科目。对方科目应按“收发类别＋存货分类＋部门＋成本对象＋存货”来设置存货的对方科目。操作时，选取【初始设置】，选中【对方科目】菜单，进入对方科目设置界面，单击[增加]按钮，输入收发类别与对方科目信息，输入对方科目时，必须输入科目表中已设置的末级科目，但不能输入其他子系统的控制科目，输入完毕按回车键，系统自动保存。如果要修改某对方科目则双击该项即可修改；如果要删除某项设置，则将光标放在该项上按[删除]按钮即可。

③期初差异。工业企业中按计划价核算存货出库成本时，产生的期初差异账在初次使用存货核算子系统时，应输入存货的期初差异余额。输入时，存货的核算若为按部门核算，其存货的差异按核算部门输入；若是按仓库核算，其存货的差异按核算仓库输入。

第二节　应付款管理子系统应用

应付账款核算通常有三种模式：(1)业务量大，且需要记录发票、付款、核销、票据管理等详细过程的单位，需在应付款管理子系统核算并进行相应管理；(2)业务量适中或偏大，可在“总账子系统"的"供应商往来"辅助账中核算;(3)业务量小且供应商少,可直接在"总账子系统"中将供应商设为明细科目核算。

应付款管理主要实现企业与供应商业务往来账款进行核算与管理,以采购发票、其他应付单等原始单据为依据,记录采购业务及其他业务所形成的应付款项,处理应付款项的支付、冲销等情况;提供票据处理的功能,实现对应付票据的管理。此外,应付账款系统还提供各种分析报表,如账龄分析表、周转分析、欠款分析、付款情况分析以及信用报警单等,通过各种分析报表,企业可以清楚地掌握自己的信用利用情况,据此调整支付政策,提高财务管理能力。根据对供应商往来款项核算和管理的程度不同,系统提供了"详细核算"和"简单核算"两种供应商往来款项应用方案可供选择。不同的应用方案,其系统功能、产品接口、操作流程等均不相同。本章后续内容均以"详细核算"应用方案为标准展开。

一、应付款管理子系统与其他子系统的主要关系

应用"详细核算"方案时应付款管理子系统与其他子系统的关系如图 12—4 所示:

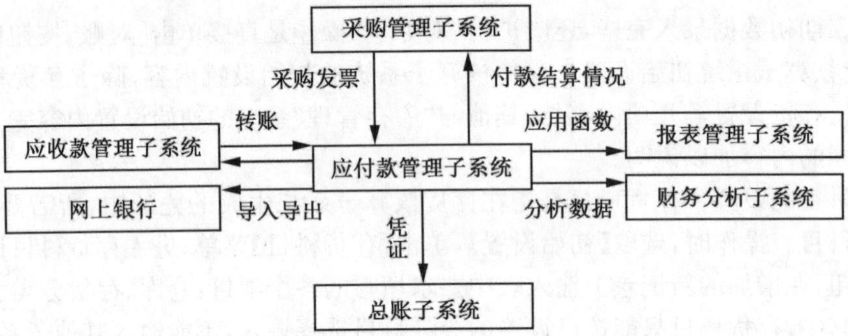

图 12—4 应付款管理与其他子系统的关系图

应用"详细核算"方案时应付款管理子系统与其他子系统的关系说明:(1)采购管理子系统向应付款管理子系统传递已结算的采购发票,由应付款管理子系统生成凭证,并根据发票进行付款结算处理。应付款管理子系统为采购管理子系统提供采购发票的付款结算情况。(2)应付款管理子系统向总账子系统传递凭证,并能够查询其所生成的凭证。(3)应付款管理子系统与应收款管理子系统之间可以进行转账处理,如应付冲应收,同时对既是客户又是供应商的往来业务对象,可以同时查询应收和应付往来明细。(4)应付款管理子系统向 UFO 报表管理子系统提供应用函数。(5)应付款管理与网上银行进行付款单的导入和导出。

二、应付款管理子系统的主要功能

以用友 ERP-U8 为例,应付款管理子系统的功能结构如图 12—5 所示。

三、应付款管理子系统初始设置

1. 应付款管理的参数设置

应付款管理的参数设置有多种,本节主要介绍常规参数设置、凭证选项设置、权限与预警设置的主要内容。

(1)常规参数设置。进行常规参数的设置,参见图 12—6。

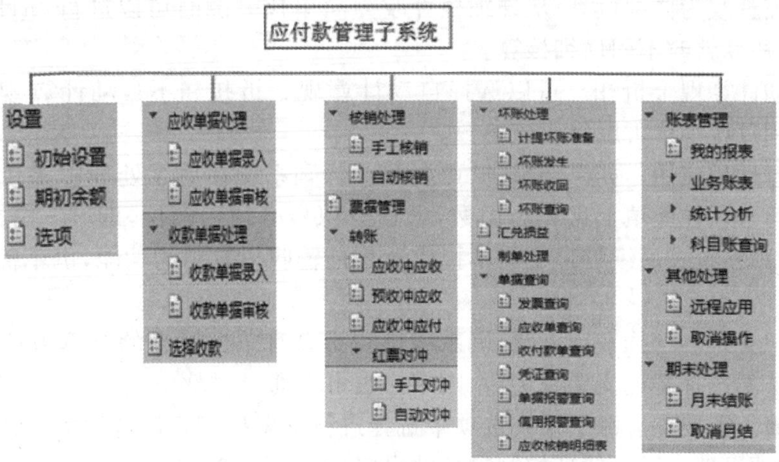

图 12—5　应付款管理子系统功能结构图

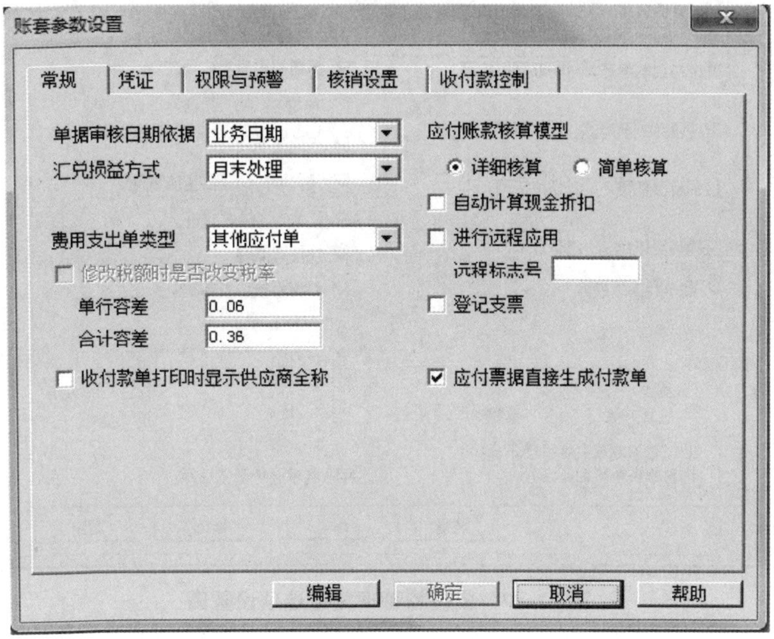

图 12—6　应付款管理常规选项设置

①单据审核日期依据：单据日期、业务日期。因为单据审核后才能记账，故单据审核日期依据单据日期还是业务日期，决定业务总账、业务明细账、余额表等的查询期间取值。在账套使用过程中，可以随时将选项从按单据日期改成按业务日期。在账套使用过程中，若需要将选项从按业务日期改成按单据日期，需要判断当前未审核单据中有无单据日期在已结账月份的单据。若有，则不允许修改；否则才允许修改。

②汇兑损益方式有外币余额结清时计算和月末计算两种方式。在账套使用过程中可以修改该参数。

③应付账款核算有简单核算和详细核算两种模型。用户必须选择其中一种方式，缺省系统选择详细核算方式。该选项在系统启用时或者还没有进行任何业务时(包括期初数据录入)

才允许从简单核算改为详细核算;从详细核算改为简单核算随时可以进行,但用户要慎重,一旦有数据,简单核算就改不回详细核算。

④是否自动计算现金折扣。可以选择自动计算现金折扣和不自动计算现金折扣两种方式。在账套使用过程中你可以修改该参数。

⑤是否进行远程应用。如果选择进行远程应用,则系统在后续处理中提供远程传输收付款单的功能。但必须在此填上远程标识号,远程标识号必须为两位,即 01－99。如果选择不进行远程应用,则系统在后续处理中将不提供远程传输收付款单的功能,也不需要填上远程标识号。

⑥是否登记支票。选择登记支票,则系统自动将具有票据管理的结算方式的付款单登记支票登记簿。若不选择登记支票登记簿,则用户也可以通过付款单上的[登记]按钮,进行手工填置支票登记簿。需要在总账子系统选项中选择进行支票控制。该选项可以随时修改。

(2)凭证选项设置。进行凭证控制参数的设置,参见图 12－7。

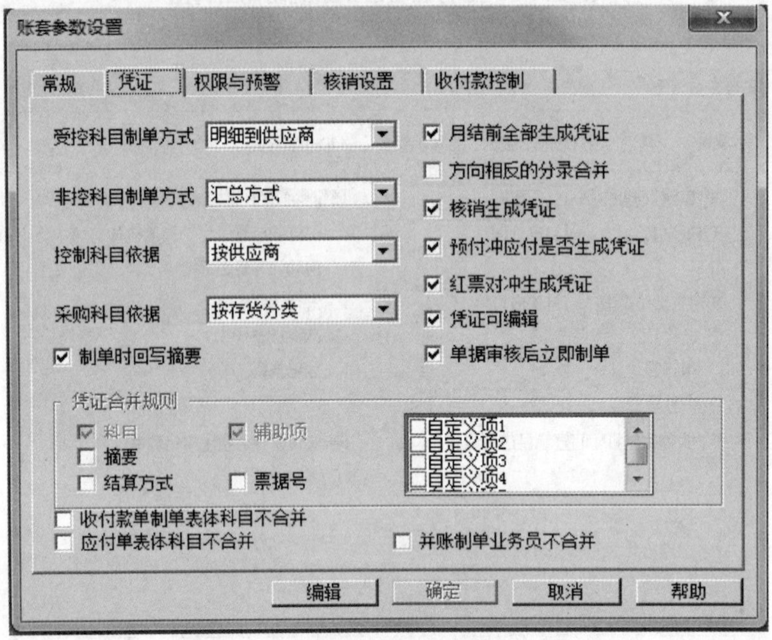

图 12－7　应付款管理凭证选项设置图

①受控科目制单方式有明细到供应商和明细到单据两种方式。在账套使用过程中,可以随时修改该参数的设置。受控科目在合并分录时若自动取出的科目相同,辅助项为空,则不予合并成一条记录。

②非控科目制单方式:明细到供应商、明细到单据和汇总制单。在账套使用过程中,可以随时修改该参数的设置。非受控科目在合并分录时若自动取出的科目相同,辅助项为空,则不予合并成一条记录。

③控制科目依据。应付控制科目是指所有带有供应商往来辅助核算并受控于应付款管理子系统的科目,应在会计科目中进行设置。本系统提供的控制科目依据有按供应商分类、按供应商、按地区三种依据。在账套使用过程中,可以随时修改该参数的设置。

④采购科目依据有按存货分类和按存货设置存货采购科目两种。账套使用过程中,可以

随时修改该参数的设置。

⑤月结前是否全部生成凭证。如果选择“是”,则月末结账时,没有完全制单不可以结账;如果选择“否”,则月末结账时,没有完全制单也可以结账。

⑥方向相反的分录是否合并。缺省系统选择不合并分录,该选项可以随时修改。

⑦核销是否生成凭证。核销是否需要生成凭证,有“否”“是”两种选择。缺省为否,可以随时修改。选择“否”时,不管核销双方单据的入账科目是否相同均不需要对这些记录进行制单。选择“是”,则需要判断核销双方的单据其当时的入账科目是否相同,不相同时,需要生成一张调整凭证。

⑧预付冲应付是否生成凭证。预付冲应付是否需要生成凭证,有“需要”“不需要”两种选择。缺省系统选择需要进行制单,该选项可以随时修改。

⑨红票对冲是否生成凭证。可以选择需要或不需要。缺省系统选择需要进行制单,该选项可以随时修改。选择需要生成凭证的情况下,月末结账时需要对红票对冲处理分别检查有无需要制单的记录;在选择不需要生成凭证的情况下,月末结账时不需要检查红票对冲处理制单情况。

(3)权限与预警设置。进行权限与预警参数设置,参见图12—8。

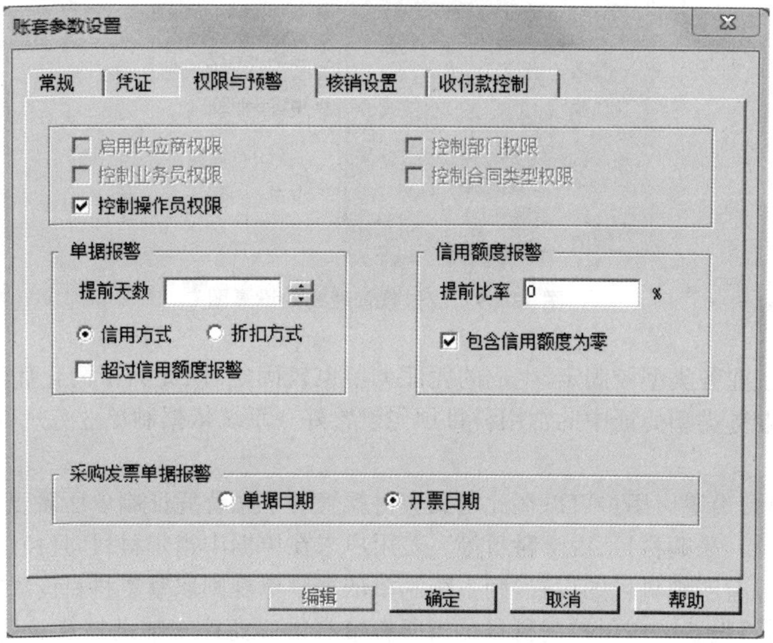

图12—8 应付款管理权限与预警选项设置图

①是否启用供应商权限。选择启用:则在所有的处理、查询中均需要根据该用户的相关供应商数据权限进行限制。选择不启用:则在所有的处理、查询中均不需要根据该用户的相关供应商数据权限进行限制。系统缺省不需要进行数据权限控制,该选项可以随时修改。

②是否启用部门权限。选择启用:则在所有的处理、查询中均需要根据该用户的相关部门数据权限进行限制。选择不启用:则在所有的处理、查询中均不需要根据该用户的相关部门数据权限进行限制。系统缺省不需要进行数据权限控制,该选项可以随时修改。

③是否根据单据自动报警:根据信用方式分为自动报警、根据折扣方式自动报警、不进行

自动报警三种选择。选择自动报警时,需输入预警提前天数。在账套使用过程中可以修改该参数。

④是否根据信用自动报警。系统缺省选择需要自动预警,该选项可以随时修改。该参数的作用范围仅限于在本系统中增加发票和应付单时。信用额度控制值选自供应商档案的信用额度。

信用比率=信用余额/信用额度

信用余额=信用额度-应付账款余额

选择根据信用额度进行自动预警时,需要输入预警的提前比率,且可以选择是否包含信用额度=0 的供应商。

2. 凭证科目设置

初始设置的重点是进行科目的设置,见图 12-9。

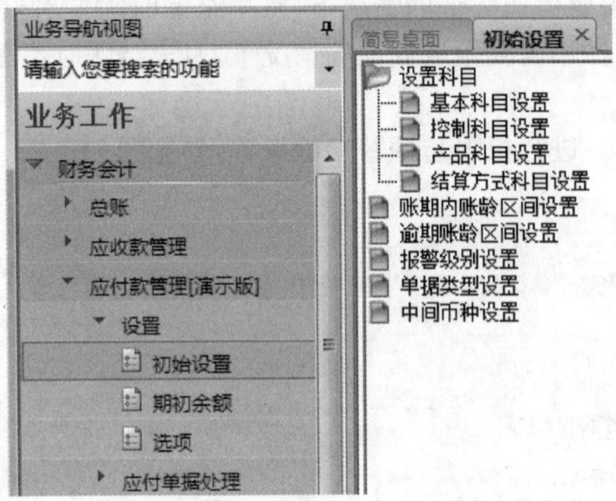

图 12-9 应付款管理初始设置图

由于本系统业务类型较固定,生成的凭证类型也较固定,因此为了简化凭证生成操作,可以在此处将各业务类型凭证中的常用科目预先设置好。系统依据制单业务规则将设置的科目自动带出。

(1)基本科目设置。用户可以在此定义应付款管理子系统凭证制单所需要的基本科目、应付科目、预付科目、采购科目、税金科目等。若用户未在单据中指定科目,且控制科目设置与产品科目设置中没有明细科目的设置,则系统制单依据制单规则取基本科目设置中的科目设置。

(2)控制科目设置。应付控制科目是指所有带有供应商往来辅助核算并受控于应付款管理子系统的科目。在会计科目中设置应付科目和预付科目。控制科目设置有按供应商分类、按供应商、按地区三种依据。在账套使用过程中,可以随时修改该参数的设置。

①按供应商分类设置。操作方法:在【设置科目】→【控制科目设置】中系统列示供应商分类,进行控制科目设置。

②按供应商设置。可以针对不同的供应商在每一种供应商下设置不同的应付科目和预付科目。这种设置适合特殊供应商的需要。操作方法:在【设置科目】→【控制科目设置】中系统列示供应商明细,进行控制科目设置。

③按地区设置。可以针对不同的地区分类设置不同的应付科目和预付科目。例如,将供应商分为华东、华南、东北等地区,可以在不同的地区分类下设置科目。按地区设置,则在【设

置科目】→【控制科目设置】中系统列示地区分类，提供进行控制科目设置。

(3)产品科目设置。产品科目设置是指进行采购科目、应交增值税科目的设置。系统提供两种设置产品采购科目的依据，即按存货分类和按存货设置存货采购科目。账套使用过程中，可以随时修改该参数的设置。

①按存货分类设置。存货种类较多时选择该设置。操作方法：在【设置科目】→【产品科目设置】中系统列示存货分类，进行产品科目设置。

②按存货设置。如果存货种类不多，就可以直接针对不同的存货设置不同的科目。操作方法：在【设置科目】→【产品科目设置】中系统列示产品明细，进行产品科目设置。

(4)结算方式科目设置。结算方式科目设置是指进行结算方式、币种、科目的设置。对于现结的发票、收付款单，系统依据单据上的结算方式查找对应的结算科目，系统制单时自动带出。

3. 账龄区间设置

为了对应付账款进行账龄分析，应首先在此进行账龄区间设置。该子系统的账龄区间分两类：账期内账龄区间设置、逾期账龄区间设置。以下以账期内账龄区间设置为例。

设置账期内账龄区间的操作方法：选择【设置】菜单下的【初始设置】项，在左边的树型结构列表中点击【账期内账龄区间设置】。

(1)增加账龄区间。操作方法：点击鼠标右键，选择弹出菜单中的【增加】项；或者点击工具栏中的[增加]按钮，即可在当前区间之前插入一个区间。插入一个区间后，该区间后的各区间起止天数会自动调整。

(2)修改账龄区间。可以修改在账龄区间输入的天数，系统会自动修改该区间以及其后的各区间的起止天数。最后一个区间不能修改。

(3)删除账龄区间。操作方法：点击鼠标右键，选择弹出菜单中的【删除】项；或者点击工具栏中的[删除]按钮，即可删除当前区间。删除一个区间后，该区间后的各区间起止天数会自动调整。最后一个区间不能删除。

4. 报警级别设置

报警级别设置的【操作步骤】：选择【设置】菜单下的【初始设置】项，在左边的树型结构列表中点击“报警级别设置”。

(1)增加报警级别。操作方法：点击鼠标右键，选择弹出菜单中的【增加】项；或者点击工具栏中的[增加]按钮，即可在当前级别之前插入一个级别。插入一个级别后，该级别后的各级别比率会自动调整。

(2)修改报警级别。可修改输入的比率，系统会自动修改该级别以及其后的各级别的比率。最后一个区间不能修改。

(3)删除报警级别。操作方法：点击鼠标右键，选择弹出菜单中的【删除】项；或者点击工具栏中的[删除]按钮，删除当前级别。删除一个级别后，该级别后的各级别比率会自动调整。最后一个区间不能删除。

5. 单据类型设置

单据类型设置是指用户将本单位的往来业务与单据类型建立对应关系的工作，达到快速处理业务以及进行分类汇总、查询、分析的效果。

(1)单据的类型。系统提供了发票和应付单两大类型的单据。

如果同时使用采购管理子系统，则发票的类型包括采购专用发票、普通发票、运费发票和废旧物资收购凭证等；如果单独使用应付款管理子系统，则发票类型只包括前两种。发票是系统默认类型，不能修改删除。

应付单记录采购业务之外的应付款情况。在本功能中，由你设置应付单的不同类型。你可以将应付单划分为不同的类型，以区分应付货款之外的其他应付款。例如，你可以将应付单分为应付费用款、应付利息款、应付罚款、其他应付款等。

(2)单据类型设置的操作步骤。选择【设置】菜单下的【初始设置】项，在左边的树型结构列表中点击“单据类型设置”。①增加：点击鼠标右键，选择弹出菜单中的【增加】项；或者点击工具栏中的[增加]按钮，就可以增加一个新的单据类型。②修改：修改一个单据类型的名称。③删除：点击鼠标右键，选择弹出菜单中的【删除】项；或者点击工具栏中的[删除]按钮，删除当前的单据类型。

应付单中的“其他应付单”为系统默认类型，不能删除、修改。你只能增加应付单的类型，发票的类型是固定的，不能修改、删除。不能删除已经使用过的单据类型。

6. 期初余额

通过期初余额功能，用户可将正式启用账套前的所有应付业务数据录入到该子系统中，作为期初建账的数据，系统即可对其进行管理，这样既保证了数据的连续性，又保证了数据的完整性。初次使用本系统时，要将上期未处理完全的单据都录入本系统，以便于以后的处理。进入第二年度处理时，系统自动将上年度未处理完全的单据转成为下一年度的期初余额。在下一年度的第一个会计期间，可以进行期初余额的调整。

(1)录入期初余额的要求。

①期初数据必须是账套启用会计期间前的数据；

②录入期初余额包括未结算完的发票和应付单、预付款单据、未结算完的应付票据；

③与总账子系统对账、记账；

④对期初发票、应付单、预付款、票据进行后续的核销、转账处理；

⑤在应付业务账表中查询期初数据。

(2)期初新增单据业务规则。期初发票是指还未核销的应付账款，在系统中以单据的形式列示，已核销部分金额不显示。期初应付单是指还未结算的其他应付单，在系统中以应付单的形式列示，已核销部分金额不显示。期初预付单是指提前支付的供应商款项，在系统中以付款单的形式列示。期初票据是指还未结算的票据。

年结时，系统将所有单据的原始单据编码结转到下年，新增的期初单据其单据编码根据编码方案自动生成。上年结转下来的期初单据可以删除，但不允许修改。用户可新增期初单据。期初余额与总账子系统对账：根据受控科目进行一一对账。

第三节　采购与应付款管理子系统业务处理

用户可根据实际情况进行采购流程的定制。本系统适用于各类工业企业和商业批发企业，帮助企业对采购业务的全部流程进行管理。

采购管理子系统与其他子系统的数据关系参见图 12－10。

一、采购业务流程

该部分介绍的采购业务流程包括全面的采购业务流程和财务流程处理、采购业务的常用

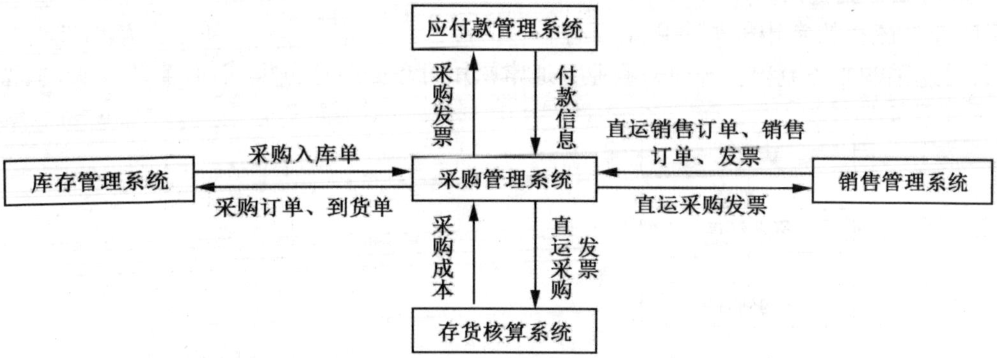

图 12—10 采购管理子系统与其他子系统的数据关系图

流程和采购业务流程的常用种类。

1. 全面的采购业务流程和财务流程处理

采购管理子系统既可以单独使用,又可以与库存管理子系统、销售管理子系统、存货核算子系统、应付款管理子系统集成使用(参见图 12—11),提供完整、全面的采购业务流程和财务流程处理。

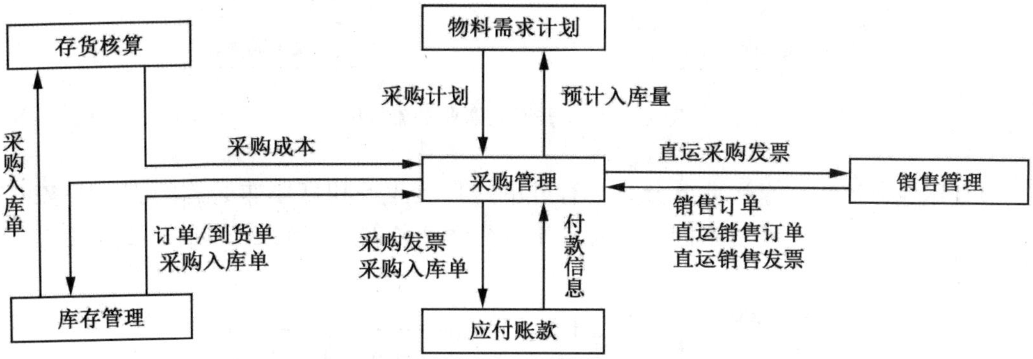

图 12—11 全面的采购业务流程和财务流程处理图

2. 采购业务的常用流程

采购业务的常用流程主要包括六项流程:要采购什么? 什么时间要? 什么时间去采购? 如何进行采购? 收到货物,检查、确认,支付货款。完整的采购流程如图 12—12 所示。

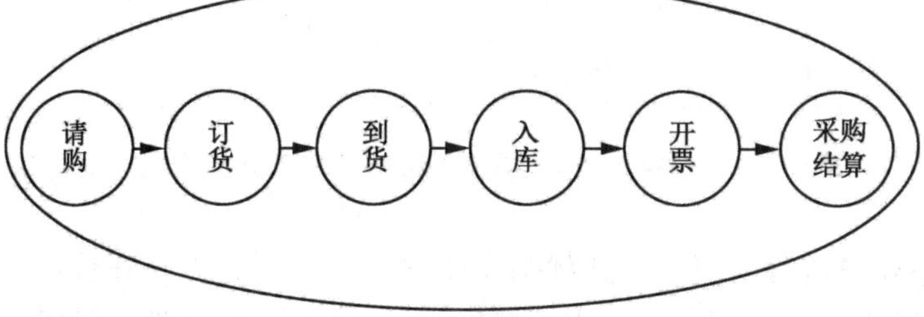

图 12—12 完整的采购流程图

3. 采购业务流程的常用种类

采购业务流程的常用种类有以下三种：

(1)普通采购业务流程。普通采购业务通常采用订单必有业务模式，其流程参见图 12－13。

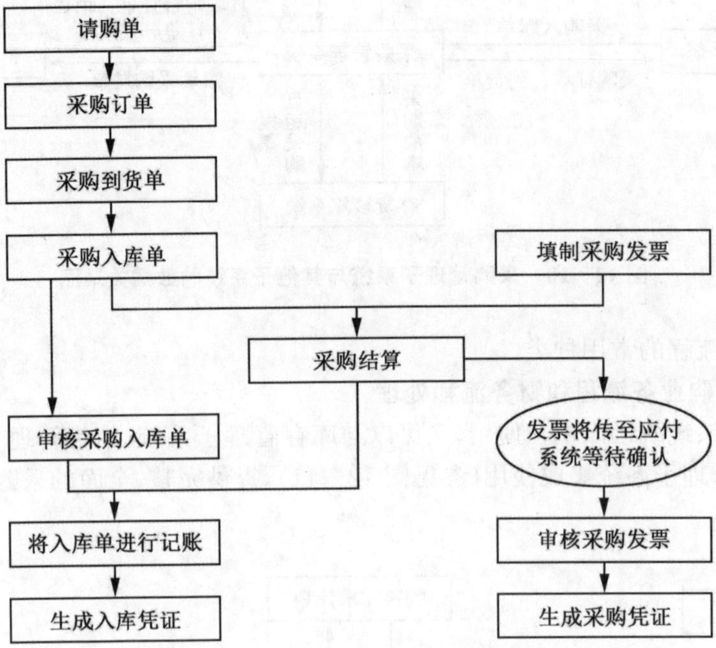

图 12－13 普通采购业务流程图

(2)直运业务流程。直运业务分为必有订单的直运业务和订单非必有的直运业务两种类型。其类型不同，工作流程也不同。必有订单的直运业务的工作流程参见图 12－14。

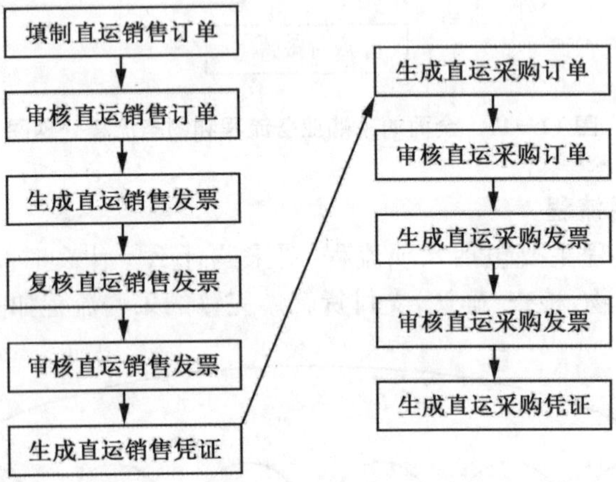

图 12－14 必有订单的直运业务的工作流程图

(3)受托代销业务流程。对于受托代销商品，必须选中[是否受托代销]，并且把存货属性设置为外购。由于受托代销商品一般用于销售，还可设置销售属性。设置为受托代销商品的存货不能用于非受托代销商品的采购业务。采购计划、采购请购单、销售订单可参照生成。受托代销订单，只能参照受托代销存货。

二、采购业务流程的组合

依据采购业务流程的控制和管理要求，在实际运用采购管理子系统时，可以采用采购业务流程的不同组合方式，或者说可以在四种采购业务流程的组合中任选其一。

1. 采购业务流程的组合 1

采购业务流程中，最简单的组合是"采购业务流程的组合 1"，对采购业务流程的控制少，管理要求也低。采购业务流程的组合 1 的操作参见图 12—15。

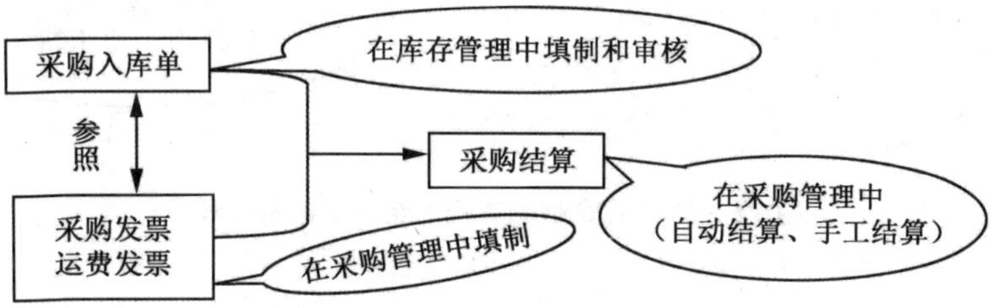

图 12—15　采购业务流程的组合 1 的操作

2. 采购业务流程的组合 2

采购业务流程的组合 2 相对于采购业务流程的组合 1 而言，增加了"到货单"的控制。采购业务流程的组合 2 的操作参见图 12—16。

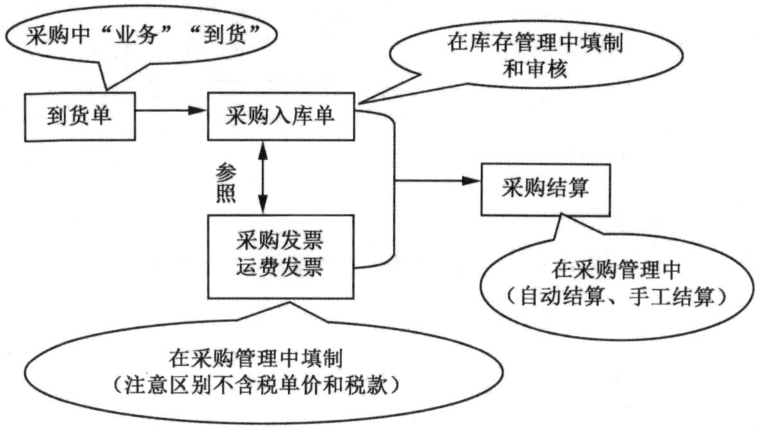

图 12—16　采购业务流程的组合 2 的操作

3. 采购业务流程的组合 3

采购业务流程的组合 3 相对于采购业务流程的组合 1 而言，增加了"订单"的控制。采购业务流程的组合 3 的操作参见图 12—17。

4. 采购业务流程的组合 4

采购业务流程的组合 4 是采购业务流程的严格控制和管理要求到位的一种组合。采购业务流程的组合 4 的操作参见图 12—18。

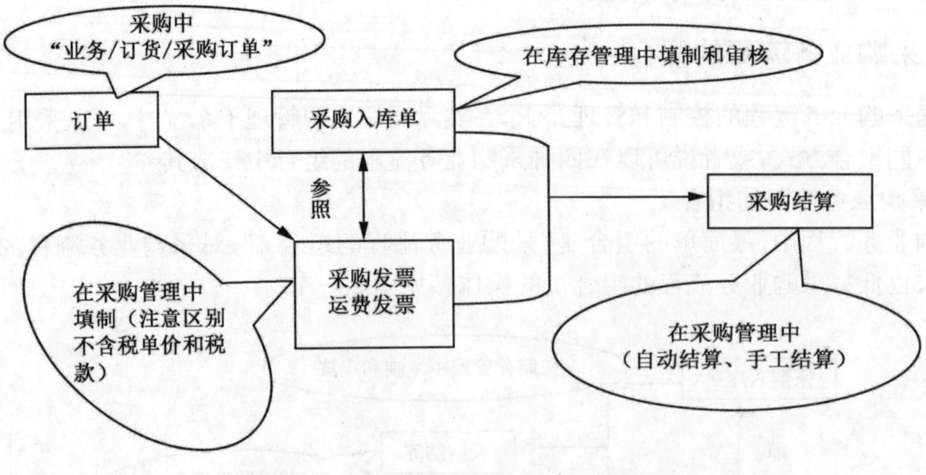

图 12—17 采购业务流程的组合 3 的操作图

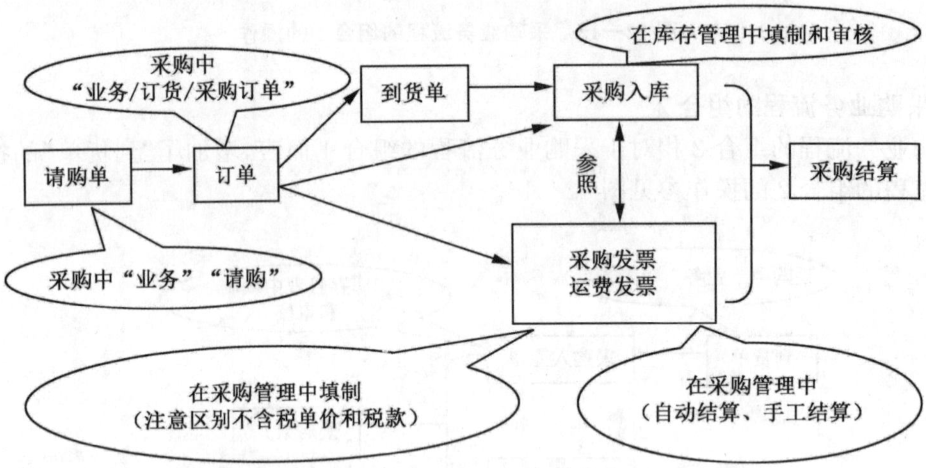

图 12—18 采购业务流程的组合 4 的操作图

三、采购管理业务处理

采购管理业务主要包括采购请购、采购订单、采购到货单、采购入库单、采购发票、采购结算、采购入库单记账、采购入库单生成凭证、月末结账共九个部分。其中，前六个部分属于完整的采购流程的内容，而后三个部分属于财务人员应进行的采购管理的相应业务工作。

1. 采购请购

采购请购是指企业内部向采购部门提出采购申请。请购是采购业务处理的起点，在此描述和生成采购的需求，如采购什么货物、采购多少、何时使用、谁用等内容；同时，也可为采购订单提供建议内容，如建议供应商、建议订货日期等。由总调负责审核请购单，采购部门根据审核后的请购单进行采购，已审核或已执行的单据可以关闭。

【例 12.1】 2019 年 12 月 28 日，业务员徐敏利向上海钻石手表厂询问钻石男表的价格（120 元/只），觉得价格合适，向上级主管提出请购要求，请购数量为 400 只。

操作路径:【采购管理】→【请购】→【请购单】

增加一张采购请购单,按照业务情况填制完毕并进行审核。

2. 采购订单

采购订单是企业与供应商之间签订的采购合同、购销协议等,主要内容包括采购什么货物、采购多少、由谁供货、什么时间到货、到货地点、运输方式、价格、运费等。它可以是企业采购合同中关于货物的明细内容,也可以是一种订货的口头协议。企业根据采购需求,与供货单位之间签订采购合同、购销协议,采购部门根据审核后的请购单和供应商接洽成功后,在系统中填制采购订单(合同),如果有对应的请购单或采购计划或销售订单(直运业务)应该参照以上单据生成。由采购主管负责审批。

采购订单可以手工录入,也可以参照请购单、销售订单、采购计划、直运销售订单生成。采购订单可以修改、删除、审核、弃审、变更、关闭、打开。已审核未关闭的采购订单可以参照生成采购到货单、入库单、采购发票。

【例 12.2】 2019 年 12 月 28 日,上级主管同意向上海钻石手表厂订购钻石男表 400 只,单价为 120 元/只,要求 2019 年 12 月 31 日到货。

操作路径:【采购管理】→【采购订货】→【采购订单】

增加一张采购订单,按照业务情况可手动填制,也可以通过拷贝采购请购单方式填制,填制完毕进行审核。

3. 采购到货单

采购到货单是采购订货和采购入库的中间环节,一般由采购业务员根据供货方通知或送货单填写,确认对方所送货物、数量、价格等信息,以入库通知单的形式传递到仓库作为保管员收货的依据。

采购到货单是可选单据,用户可以根据业务需要选用;但启用《质量管理》时,对于需要报检的存货,必须使用采购到货单。

【例 12.3】 2019 年 12 月 31 日,收到订购的 400 只钻石男表。

操作路径:【采购管理】→【采购到货】→【到货单】

增加一张采购到货单,按照业务情况可以手动填制,也可以通过拷贝采购订单方式填制,填制完毕进行保存。

4. 采购入库单

采购入库单是根据采购到货签收的实收数量填制的单据。

对于工业企业,采购入库单一般指采购原材料验收入库时所填制的入库单据。

对于商业企业,采购入库单一般指商品进货入库时所填制的入库单据。

采购入库单按进出仓库方向分为:蓝字采购入库单、红字采购入库单;按业务类型分为:普通采购入库单、受托代销入库单(商业)。

红字入库单是采购入库单的逆向单据。在采购业务活动中,如果发现已入库的货物因质量等因素要求退货,则对采购业务进行退货单处理。

如果发现已审核的入库单数据有错误(多填数量等),也可以填制退货单(红字入库单)原数冲抵原入库单数据。原数冲回是将原错误的入库单,以相等的负数量填单。

【例 12.4】 2019 年 12 月 31 日,将收到的 400 只钻石男表入手表仓库。

操作路径:【采购管理】→【采购入库】→【采购入库单】

增加一张采购入库单,在采购入库单界面中单击“生单”,在过滤条件中选择“采购到货单”，先单击[过滤]按钮，找到前面填制的到货单，填写好仓库，自动生成采购入库单，填制完毕进行审核。

5. 采购发票

采购发票是供应商开出的销售货物的凭证，系统将根据采购发票确认采购成本，并据以登记应付账款。

企业在收到供货单位的发票后，如果没有收到供货单位的货物，可以对发票压单处理，待货物到达后，再输入系统做报账结算处理；也可以先将发票输入系统，以便实时统计在途货物。

(1)采购发票按业务性质分类，可分为蓝字发票和红字发票。

(2)采购发票按发票类型分类，可分为以下三种

①增值税专用发票。增值税专用发票的单价为无税单价。

②普通发票。普通发票包括普通发票、废旧物资收购凭证、农副产品收购凭证、其他收据，这些发票的单价、金额都是含税的。普通发票的默认税率为0%，可修改。

③运费发票。运费主要是指向供货单位或提供劳务单位支付的代垫款项、运输装卸费、手续费、违约金(延期付款利息)、包装费、包装物租金、储备费、进口关税等。运费发票的单价、金额都是含税的。运费发票的默认税率为7%，可修改。

【例12.5】 2019年12月31日，收到上述业务的专用发票一张。

操作路径:【采购管理】→【采购发票】→【专用采购发票】

增加一张采购专用发票，按照业务情况可以手动填制，也可以通过拷贝采购入库单方式填制，填制完毕进行保存。

6. 采购结算

采购结算也称采购报账，是指采购核算人员根据采购入库单、采购发票核算采购入库成本；采购结算的结果是采购结算单，它是记载采购入库单记录与采购发票记录对应关系的结算对照表。

采购结算从操作处理上分为自动结算和手工结算两种方式。另外，运费发票可以单独进行费用折扣结算。

【例12.6】 2019年12月31日，进行采购结算。

操作路径:【采购管理】→【采购结算】→【自动结算】(见图12—19)

7. 采购入库单记账

单据记账用于将用户所输入的单据登记存货明细账、差异明细账、差价明细账、受托代销商品明细账、受托代销商品差价账。

先进先出、后进先出(现已取消)、移动平均、个别计价这四种计价方式的存货在单据记账时进行出库成本核算；全月平均、计划价、售价法计价的存货在期末处理处进行出库成本核算。

【例12.7】 2019年12月31日，采购入库单记账。

操作路径:【存货核算】→【业务核算】→【正常单据记账】

设定好过滤条件，找到采购入库单，单击选择区域，打上选择标志，再单击[记账]按钮。

8. 采购入库单生成凭证

生成凭证用于对本会计月已记账单据生成凭证，并可对已生成的所有凭证进行查询显示；所生成的凭证可在总账子系统中显示及生成科目总账。

【例12.8】 2019年12月31日，采购入库单生成凭证。

操作路径:【存货核算】→【财务核算】→【生成凭证】

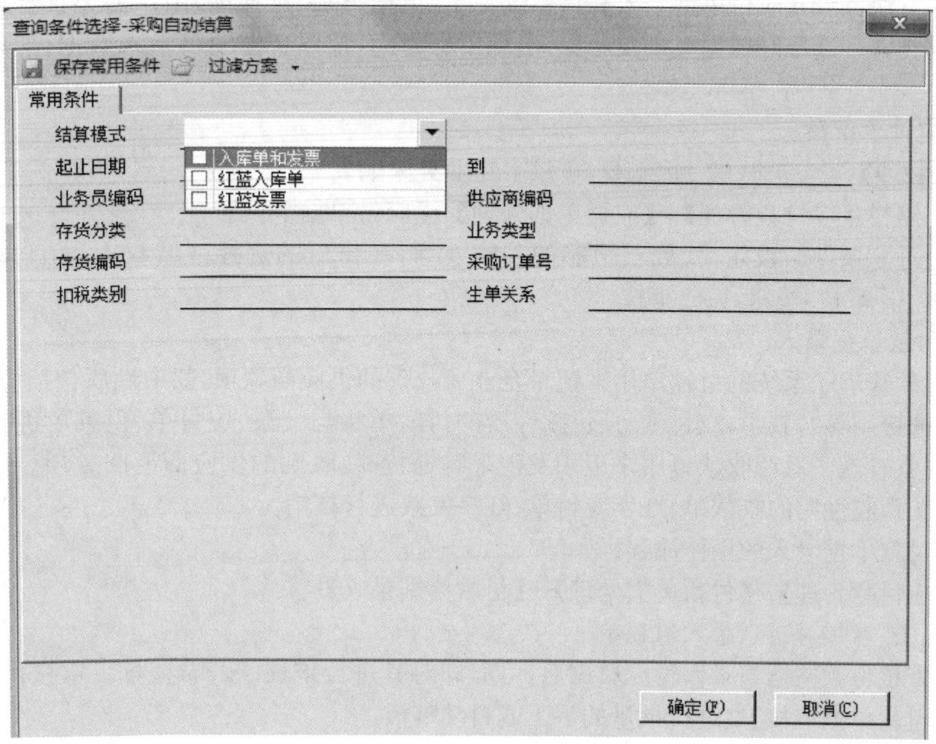

图 12—19 采购自动结算图

单击[选择]按钮，设定好过滤条件，找到采购入库单，单击选择区域，打上选择标志，单击[确定]按钮，再单击[生成]按钮，生成入库单记账凭证，系统自动将本凭证传递到总账子系统。

9. 月末结账

月末结账是逐月将每月的单据数据封存，并将当月的采购数据计入有关账表中。采购管理子系统月末结账可以连续将多个月的单据进行结账，但不允许跨月结账。月末结账后，该月的单据将不能修改、删除。该月未输入的单据只能视为下个月单据处理。

月末结账的操作流程：(1)用鼠标单击【业务】下的【月末结账】，屏幕显示月末结账对话框；(2)选择结账的月份，必须连续选择，否则不允许结账；(3)用鼠标单击[结账]按钮，计算机自动进行月末结账，将所选各月采购单据按会计期间分月计入有关账表中；(4)月末结账后，如果发现已月末结账月份的某单据输入有错误，需要取消结账进行修改，可以选中【月末结账】中的月份，用鼠标单击[取消结账]，将该月的月末结账取消。

四、应付款管理业务处理

采购管理子系统产生的采购发票等应付单据将转到应付款管理子系统，并进行审核、核销和制单，生成凭证后，传递到总账子系统。对于采购管理子系统生成的应收单据，不需要再录入。

注：上述业务继续在本系统进行处理，只需在应付款管理子系统中从【应付单据审核】开始进行业务处理。

1. 应付单据录入

操作路径：【应付款管理】→【日常处理】→【应付单据处理】→【应付单据录入】

操作方法:点击【应付单据录入】时,系统弹出“单据类别”选择框,用户需要选择要新增单据的单据类别。选择好单据类别及单据,出现单据界面,按照单据项目录入数据,然后保存并审核。

2. 应付单审核

【例 12.9】 2019 年 12 月 31 日,审核上述业务采购发票。

操作路径:【应付款管理】→【应付单据处理】→【应付单据审核】

通过过滤条件的设定,找到已填制的采购发票,在窗口的选择区域双击,打上选定标志“Y”,再单击[审核]按钮,完成审核。

3. 付款单据录入

应付款管理子系统的付款单用来记录企业所收到的供应商款项,款项性质包括应付款、预收款、其他费用等。其中,应付款、预付款性质的付款单将与发票、应付单、付款单进行核销勾对。应付款管理子系统收款单用来记录发生采购退货时,收到的供应商退回款项。该收款单可与应付、预收性质的收款单、红字应付单、红字发票进行核销。

(1)付款单据录入的操作流程。

①【应付款管理】→【付款单据处理】→【付款单据录入】;

②点击[增加]按钮,录入付款单。

(2)审核付款单据。录入付款单据后,可立即对其进行审核。若希望批量审核付款单,则也可在【付款单据审核】处进行批量的手工或自动审核。

(3)应付核销。核销就是指确定付款单与原始的采购发票、应付单之间的对应关系的操作。如果在录入付款单据时,希望立即指明付款业务是付的哪几笔采购业务的款项,可以对该付款单进行核销处理。若在点击[核销]按钮之前尚未对付款单进行审核,可直接点击[核销]按钮,则系统在后台直接审核该付款单,并提示是否制单。在制单完成或不制单后,进入核销界面,进行核销处理。若希望批量处理核销业务,则不在此进行核销处理,到【核销处理】中进行统一处理。但【核销处理】进行的核销处理,不可以处理异币种之间的核销。对于单据核销情况,可到【单据查询】中进行明细查询。

(4)制单处理。若用户不进行批量制单,系统在此提供用户及时制单功能,即总账子系统启用后,在对结算单进行审核后,系统会询问是否要立即制单。若选择“是”,则立即显示当前结算单的凭证界面;如果不想立即制单,可以在“制单处理”功能中集中处理,则选择“否”,回到当前结算单卡片界面,只是该结算单处于已经审核状态。在付款单及原始的发票、应付单都已制单后,且核销双方的控制科目不同时,在选项中选择核销制单的前提下,可以在【制单处理】中对核销处理进行制单。

4. 付款单据审核

(1)操作路径。

【应付款管理】→【付款单据处理】→【付款单据审核】

(2)单张审核。进入单据界面,系统显示所选的单据格式及最后一次操作的单据。用鼠标点击[上张]、[下张]、[首张]、[末张]按钮,查找需要审核/弃审的单据;或点击[定位]按钮,利用定位功能查找需要审核/弃审的单据。审核当前单据:点击[审核]按钮,系统将当前单据审核,并将当前操作员写入表尾“审核人”,同时[审核]按钮变为[弃审]按钮。弃审当前单据:点击[弃审]按钮,系统将当前单据弃审,取消“审核人”,同时[弃审]按钮变为[审核]按钮。

(3)批量审核。进入批量处理界面,输入过滤条件。按[批审]或[批弃]按钮,则将符合过滤条件的单据带入，如没有则系统提示“没有符合条件的单据”。点击[选择]，则选择当前行；再点击，则取消选择；可[全选]、[全消]。选单完毕，按[确认]则所选单据被审核/弃审，执行完毕系统显示“批量审核(弃审)完毕”。

5. 收付款核销处理

单据核销的作用是解决收回客户款项核销该供应商应付款的处理，建立收款与应付款的核销记录，监督应付款及时核销，加强往来款项的管理。

(1)手工核销。手工核销是指由用户手工确定付款单核销与它们对应的应付单的工作。通过本功能可以根据查询条件选择需要核销的单据，然后手工核销，加强了往来款项核销的灵活性。

操作步骤为：①点击【核销处理】→【手工核销】，进入核销过滤条件界面。②选择需要进行核销处理的供应商，输入结算单、被核销单据过滤条件，点击[确认]按钮，进入单据核销界面。余额已经为0的表体记录不在此列表中显示。核销时可以修改本次结算金额，但是不能大于该记录的原币余额。③用户手工输入本次结算金额，上下列表中的结算金额合计必须保持一致，点击[保存]按钮，即可完成本次核销操作。用户也可手工输入本次结算金额后，点击[分摊]按钮，系统将当前结算单列表中的本次结算金额合计自动分摊到被核销单据列表的本次结算栏中。核销顺序依据被核销单据的排序顺序。用户可更改当前被核销单据的排序，可通过点击[栏目一单据]按钮，即可进行单据列表顺序的设置。④点击[保存]按钮，系统自动保存该结算单核销信息。⑤核销界面中点击[退出]按钮，则可退出单据核销功能。

(2)自动核销。自动核销是指用户确定收款单核销与它们对应的应付单的工作。通过本功能可以根据查询条件选择需要核销的单据，然后系统自动核销，加强了往来款项核销的效率性。

操作步骤为：(1)点击【核销处理】→【自动核销】，进入核销过滤条件界面；(2)输入过滤条件，点击[确认]按钮，自动核销时提供进度条，使用户能够知道核销进程；(3)核销完成后，提交自动核销报告，显示已核销的情况和未核销的原因。

6. 转账处理

(1)应付冲应付。应付冲应付是指将一家供应商的应付款转到另一家供应商中。通过本功能将应付款业务在供应商之间进行转入、转出，实现应付业务的调整，解决应付款业务在不同供应商间入错户或合并户问题。

操作步骤为：①单击【应付款管理】菜单项下【转账】中的【应付冲应付】；②在货款、其他应付款和预收款复选框中选择需要处理的单据；③输入转出户、转入户等过滤条件，单击[过滤]按钮，系统会将该转出户所有满足条件的单据全部列出。可手工输入并账金额，金额大于0，小于等于余额。

(2)预付冲应付。预付冲应付用以处理供应商的预付款和该供应商应付欠款的转账核销业务。

操作步骤为：①选择【应付款管理】菜单项下【转账】中的【预付冲应付】；也可以进行单个供应商的预付冲抵应付款工作，则在“预付款”页签中输入过滤信息；②点击[过滤]按钮，系统会将该供应商所有满足条件的应付款的单据类型、单据编号、单据日期、单据金额、转账金额等项目列出；③可以在转账金额一栏里输入每一笔应付款的转账金额。

(3)应付冲应收。用某供应商的应付账款，冲抵某客户的应收款项。系统通过应付冲应收功能将应付款业务在供应商和客户之间进行转账，实现应付业务的调整，解决应收债权与应付债务的冲抵。

操作步骤为:①选择【应付款管理】菜单项下【转账】中的【应付冲应收】;②用应付款冲抵应收款,则需选中“应付冲应收”;③用预收款冲抵预付款操作,则需选择“预收冲预付”;④如果需要红字应付单冲销红字应收单,则可以将“负单据”复选框选中;⑤点击“应付”页签,输入过滤条件;⑥点击[过滤]按钮,系统会将该供应商所有满足条件的应付款的单据类型、单据编号、日期、金额等项目全部列出。可以在转账金额一栏里输入每一笔应付款的转账金额。

注:操作步骤中的②③④是根据需要任选其一的操作步骤。

(4)红票对冲。用某供应商的红字发票与其蓝字发票进行冲抵,分为手工冲销和自动冲销:

1)手工冲销。①选择【应付款管理】菜单项下【转账】→【红票对冲】→【手工对冲】。②输入需要进行红票对冲的供应商、币种、方向。输入红票过滤条件、蓝票过滤条件后,点击[确认]按钮,屏幕会显示该供应商所有满足条件的红字及蓝字单据。③系统自动将红票原币余额带入红票的对冲金额中,用户可修改,但对冲金额不能大于原币余额。④用户可在冲销单据中输入对冲金额,点击[保存]按钮,保存对冲操作;用户也可通过[分摊]按钮,将红票金额依据蓝字单据顺序分摊到对冲金额中,蓝字单据顺序可通过点击[栏目—蓝票]进行列表顺序的设置,点击[保存]按钮,保存对冲操作。

2)自动冲销。①选择【应付款管理】菜单项下【转账】→【红票对冲】→【自动对冲】;②输入进行红票对冲的过滤条件如日期、供应商、币种;③输入后,点击[确认]按钮,进行自动对冲。自动对冲时提供进度条,显示自动对冲进程,执行完毕后,显示自动红冲报告,显示红冲金额或错误原因。

7. 制单处理

制单即生成记账凭证,并将记账凭证传递至总账子系统记账。系统在各个业务处理的过程中都提供了实时制单的功能;除此之外,系统提供了一个统一制单的平台,可以在此快速、成批生成凭证,并可依据规则进行合并制单等处理。

【例 12.10】 2019 年 12 月 31 日,根据上述已审核的采购发票生成记账凭证。

操作路径:【应付款管理】→【制单处理】

通过过滤条件的设定,找到已审核的采购发票,设定好凭证类别,单击[全选]按钮,再单击[制单]按钮,完成制单。

8. 恢复操作

对原始单据进行了审核、对收款单进行了核销等操作后,发现操作失误,可将其恢复到操作前的状态,进行修改。

操作方法:在菜单条上选取【其他处理】→【取消操作】;在“操作类型”下拉框中选择恢复的类型。系统提供了如下类型:

(1)恢复单据核销前状态。

①输入过滤条件后,系统将满足恢复条件的收款单列出。

②在恢复标志一栏里双击鼠标,表示要将此张收款单恢复到核销前的状态。

③点击[确认]按钮,保存此次操作;点击[取消]按钮,取消此次操作。

注:①如果付款单日期在已经结账的月份内,就不能被恢复;②如果付款单在核销后已经制单,应先删除其对应的凭证,再进行恢复。

(2)恢复其他转账处理前状态。

①输入过滤条件后，系统将满足恢复条件的处理列出。

②在恢复标志一栏里双击鼠标，表示要将此次业务恢复到处理前的状态；也可以在有标记的一栏里双击鼠标，取消选择。

③选择完成后，点击[确认]按钮，保存此次操作；点击[取消]按钮，取消此次操作。

注：①如果转账处理日期在已经结账的月份内，就不能被恢复；②如果该处理已经制单，应先删除其对应的凭证，再进行恢复。

9. 月末结账

当月月底结束时，于每月自然月最后一天，在采购管理子系统已月末结账的前提下可以进行应付款管理子系统结账，再有新业务则为下月单据。

操作步骤为：①【应付款管理】→【期末处理】→【月末结账】。②选择结账月份，用鼠标单击[确认]按钮，系统开始进行合法性检查。如果检查通过，系统立即进行结账操作，结账后结账月份的已经结账显示为“是”；如果检查未通过，系统会提示不能结账的原因。

当某月结账发生错误时，可以按[取消月结]恢复结账前，正确处理后再结账。不允许跳月取消月末结账。只能从最后一个月逐月取消。

注：(1)应付款管理子系统与采购管理子系统集成使用，应在采购管理子系统结账后，才能对应付款管理子系统进行结账处理。

(2)当选项中设置审核日期为单据日期时，本月的单据(发票和应付单)在结账前应该全部审核。

(3)当选项中设置审核日期为业务日期时，截至本月末还有未审核单据(发票和应付单)，照样可以进行月结处理。

(4)如果本月的结算单还有未审核的，不能结账。

(5)当选项中设置月结时必须将当月单据以及处理业务全部制单，月结时若检查当月有未制单的记录时不能进行月结处理。

(6)当选项中设置月结时不用检查是否全部制单，无论当月有无未制单的记录，均可以进行月结处理。

(7)如果是本年度最后一个期间结账，建议将本年度进行的所有核销、转账等处理全部制单。

(8)如果是本年度最后一个期间结账，建议本年度外币余额为0的单据的本币余额结转为0。

思考题

1. 供应链管理子系统包括哪些功能？
2. 如何进行供应链管理子系统初始化？
3. 简述应付账款核算的三种模式。
4. 应付款管理子系统初始设置时录入期初余额的要求有哪些？
5. 采购管理子系统传递到应付款管理子系统中的应付单据应如何进行后续的业务处理？
6. 应付款管理业务处理中单据核销的作用是什么？

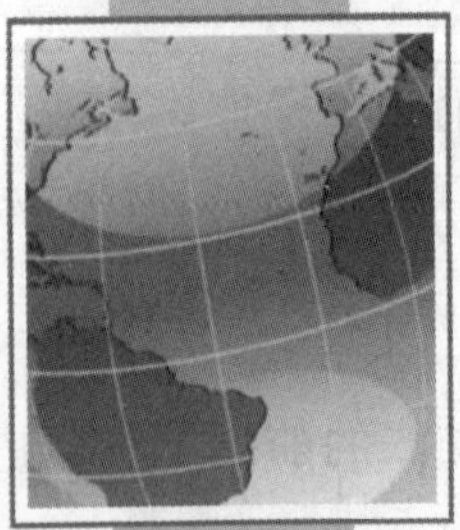

第十三章 销售与应收款管理子系统应用

【要点提示】

- 销售管理子系统
- 应收款管理子系统
- 单据类型设置
- 设置报警级别
- 销售出库单生成凭证
- 自动核销
- 红票对冲

【案例导入】

- 南北公司的销售与应收账款的基础档案的设置和系统初始化、销售与应收款管理子系统业务处理。
- 账套主管进行基础档案的设置和系统初始化。
- 销售与应收款管理子系统业务处理有两个有内控关系的操作员进行。

第一节 销售管理子系统应用概述

销售是企业生产经营活动的最后一个环节，是指企业因向客户出售产品、商品或提供劳务而取得收入的过程。企业只有通过销售获得必要的货币资金才能使企业资金运动持续进行下去，企业的再生产过程才能得以进行。因此，销售核算和管理是企业会计工作的主要内容。

一、销售管理子系统的主要功能

销售管理子系统一般包括从基本的报价到最后的销售发票，进行正常销售业务和委托代销等业务处理的整个销售业务全过程。销售管理子系统主要进行价格管理、客户管理；主要处理销售报价、销售预订单、销售订货、销售发货并掌握销售计划的执行情况；主要进行销售开票、代垫费用、费用支出，并给出统计表、明细表、销售分析表、客户分析表、费用分析表、综合分析表；动态反映各种销售业务数据，便于企业及时了解销售相关信息，进行销售信用控制。

销售管理子系统如果与库存管理子系统联用，销售发货单、销售发票或委托代销发货单等新增后会自动冲减库存管理子系统中的存货现存量，经审核后自动生成销售出库单传递给库存管理子系统。同样，库存管理子系统为销售管理子系统提供了可用于销售的存货现存量，如果有存货核算子系统与销售管理子系统联用，存货核算子系统将把计算出的存货销售成本传递给销售管理子系统。如果与应收款管理子系统联用，则该系统为销售管理子系统提供销售发票、销售调拨单的收账结算情况以及代垫费用核算情况。销售管理子系统还提供销售统计、输出账表和销售分析数据，包括销售增长分析、货物流向分析、销售结构分析、账龄分析和销售毛利分析等。

二、销售管理子系统与其他子系统的主要关系

销售管理子系统主要与系统管理、应收款管理、库存管理和存货核算等子系统关系密切。销售管理子系统与其他子系统的主要关系如图 13－1 所示。

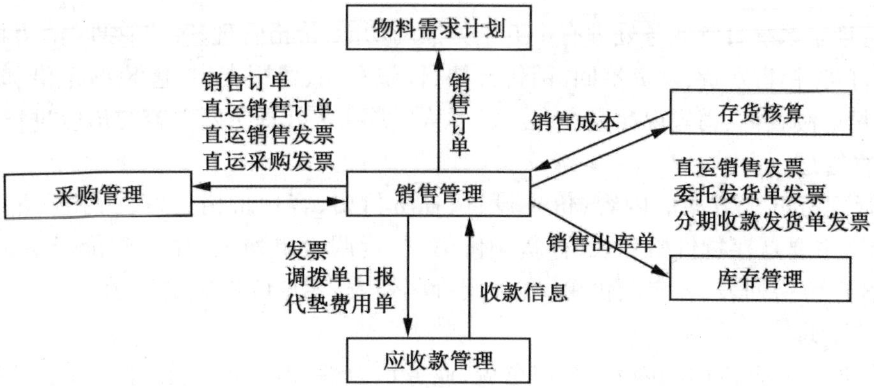

图 13－1　销售管理子系统与其他子系统的主要关系图

三、销售管理子系统与应收款管理子系统的业务流程

企业的实际销售活动一般是从客户签订合同开始的。合同签订后，常根据合同收取定金（或预收款），并由计划部门安排生产，在规定交货期按合同结算并开出提货单供客户提货；或者按合同金额收款并开出收款凭证和提货单。如果是采用延期付款方式进行的销售，则需用户开具商业汇票，或记录客户的有关信息及合同付款期，以备日后进行结算。在进行业务处理的同时，根据有关单据登记产品销售收入、销售成本、销售费用、销售税金及附加和应收账款等明细账。必要时根据销售记录编制销售收入汇总表、销售费用汇总表、销售税金及附加汇总表和应收账款账龄分析表等。销售管理子系统与应收款管理子系统的业务流程如图 13－2 所示。

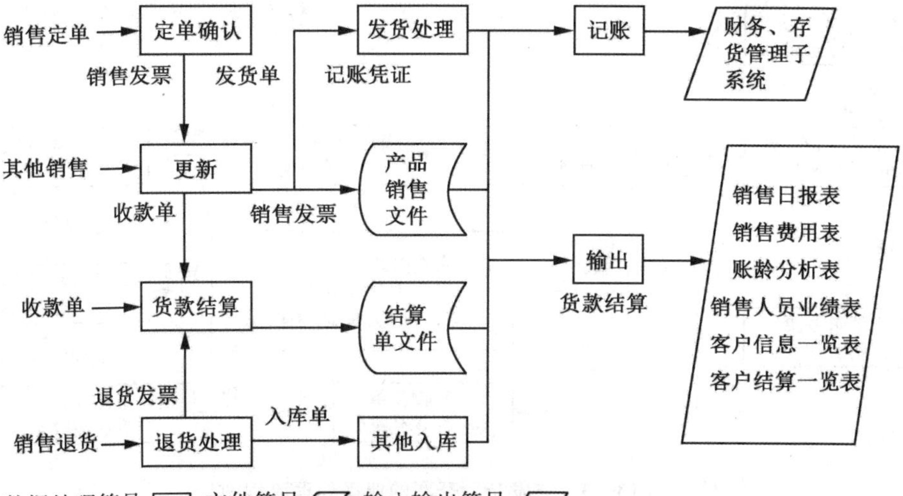

注：数据处理符号：▭，文件符号：◫，输入输出符号：▱。

图 13－2　销售管理子系统与应收款管理子系统的业务处理流程图

四、销售管理子系统的初始设置

销售管理子系统的初始设置包括设置销售管理系统业务处理所需要的各种销售业务的销售选项、活动类型设置、客户价值模型设置、允限销设置、信用审批人及销售期初数据。

五、销售管理子系统日常业务处理的主要内容

销售管理子系统日常业务处理有十五个方面的功能：价格管理、客户管理、销售报价、销售预订单、销售订货、销售发货、发货签回、销售开票、代垫费用、费用支出、包装物租借、防伪税控、销售计划、质量追溯查询、销售现存量查询。以下从日常业务处理主要内容的角度进行介绍。

1. 价格管理

价格管理有五个方面的内容：价类设置、存货价格、客户价格、大类折扣和批量折扣。其中：存货价格主要是存货价格列表、存货调价单、存货调价单列表、存货调价历史记录；客户价格主要是客户价格列表、客户调价单、客户调价单列表、客户调价历史记录。

2. 客户管理

客户管理有三个方面的内容：客户全貌、业务员全貌和活动管理。其中，活动管理有四项内容：活动计划、活动计划管理、活动录入和活动列表。

3. 销售报价、销售订货管理

销售报价是企业向客户提供货品、规格、价格、结算方式等信息，双方达成协议后，销售报价单可以转为有效力的销售合同或销售订单。企业可以针对不同客户、不同存货、不同批量提出不同的报价、扣率。在销售业务流程中，销售报价环节是可省略的。

销售订货处理是指企业与客户签订销售合同，在系统中体现为销售订单。若客户经常采购某产品，或客户是我们的经销商，则销售部门无须经过报价环节即可输入销售订单。如果前面已有对客户的报价，也可以参照报价单生成销售订单。在销售业务流程中，订货环节也是可选的。

4. 销售发货业务

销售发货业务主要包括以下两个方面的内容：

(1)先发货后开票。先发货后开票的业务处理流程如图 13－3 所示。

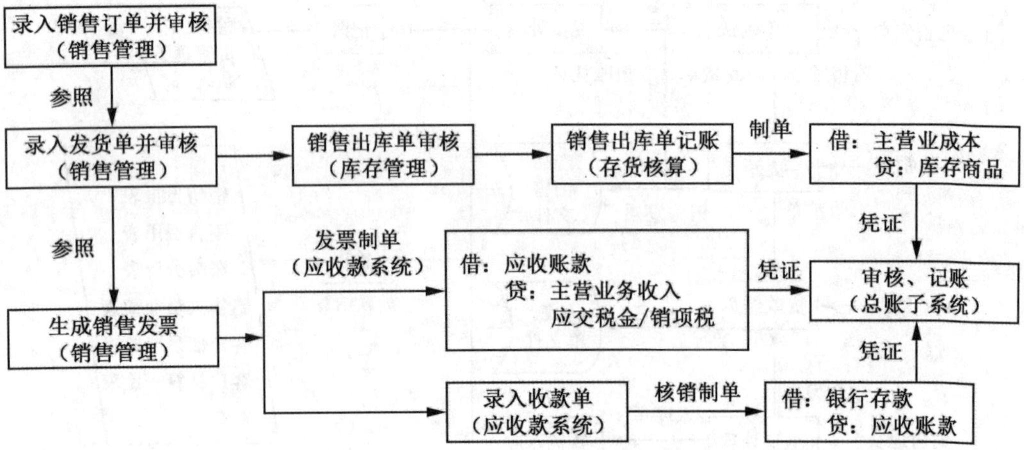

图 13－3　先发货后开票的业务处理流程图

(2)开票直接发货。开票直接发货与先发货后开票销售业务模式不同的是:①根据销售订单填制销售发票并审核;②审核后的销售发票自动生成相应的发货单、销售出库单以及应收账款;③将数据传递到库存管理子系统和应收款管理子系统。

5. 以订单为中心的销售业务

销售订单是反映由购销双方确定的客户购货需求的单据,它可以是企业销售合同中关于货物的明细内容,也可以是一种订货的口头协议。以订单为中心的销售业务是标准、规范的销售管理模式,订单是整个销售业务的核心。整个业务流程的执行都会涉及销售订单,通过销售订单可以跟踪销售的整个业务流程,见图 13-4。

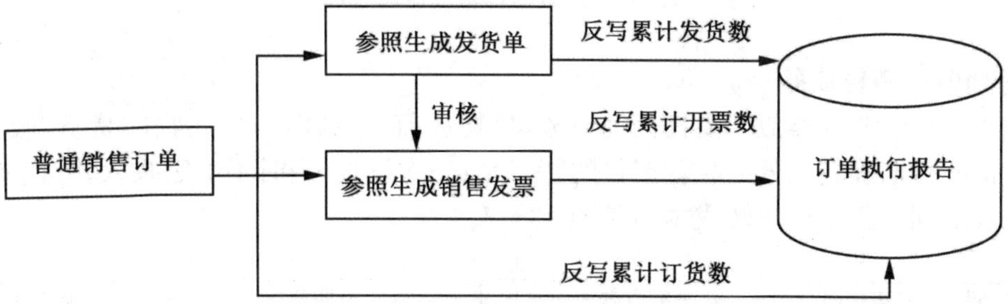

图 13-4　以订单为中心的销售业务流程图

6. 委托代销业务

委托代销业务是指企业将商品委托他人进行销售但商品所有权仍归本企业的销售方式,委托代销商品销售后,受托方与企业进行结算,并开具正式的销售发票,形成销售收入,商品所有权转移,见图 13-5。

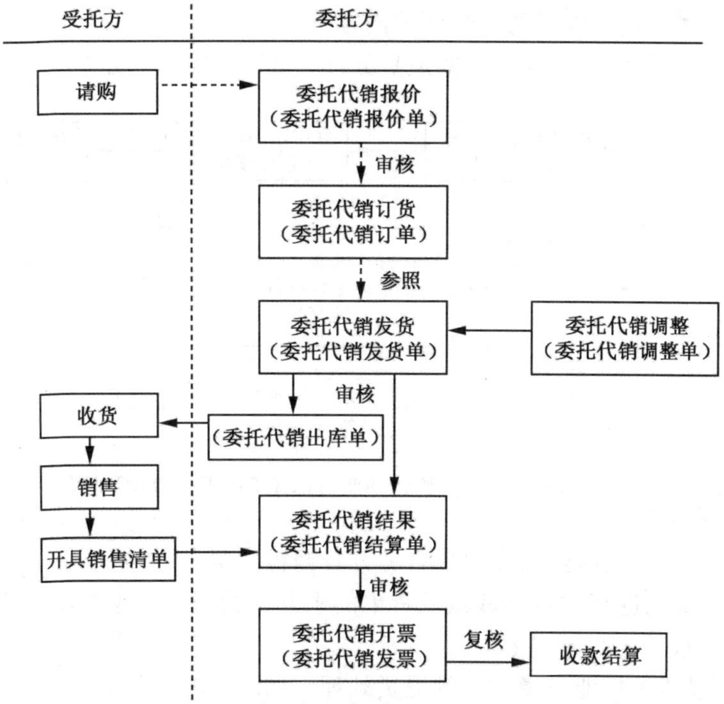

图 13-5　委托代销业务流程图

7. 直运销售业务

直运销售业务是指产品无须入库即可完成的购销业务，由供应商直接将商品发给企业的客户；结算时，由购销双方分别与企业结算，企业赚取购销间差价。见图 13—6。

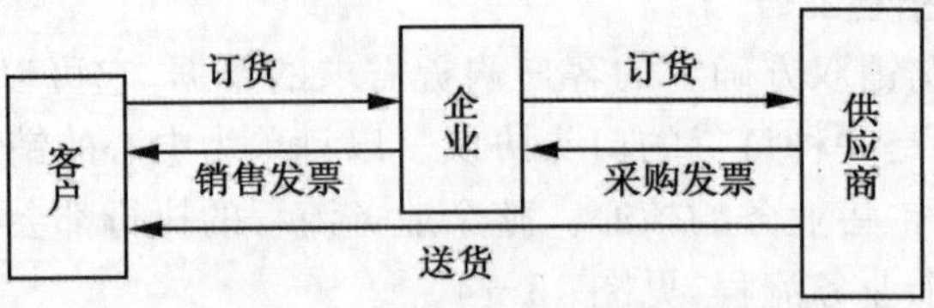

图 13—6 直运销售业务流程图

8. 分期收款销售业务

分期收款销售业务类似于委托代销业务，货物提前发给客户，分期收回货款，收入与成本按照收款情况分期确定。分期收款销售的特点是：一次发货，当时不确定收入，分次确定收入，在确定收入的同时配比性地转成本。见图 13—7。

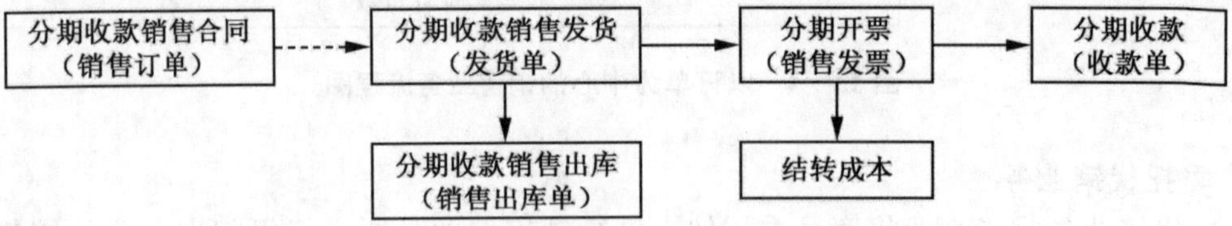

图 13—7 分期收款销售业务流程图

9. 销售退货业务

销售退货业务主要包括以下两个方面的内容：

(1)先发货后开票销售业务模式下的退货处理。如图 13—8 所示。

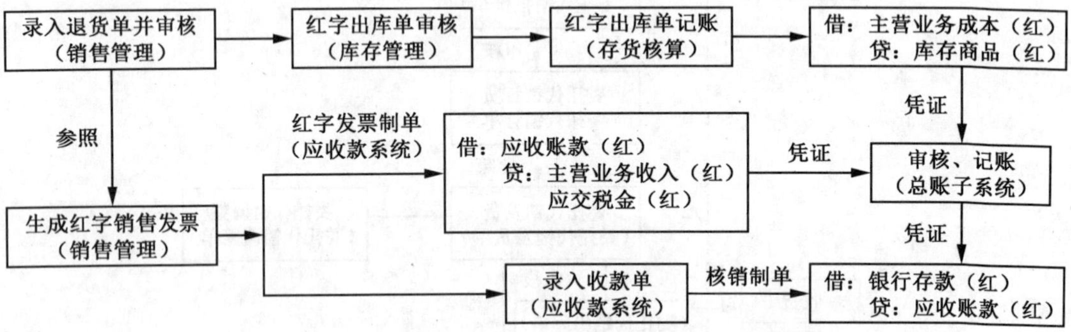

图 13—8 先发货后开票销售业务模式下的退货处理流程图

填制退货单，然后开票时红蓝发票单合并开具销售发票。

参照发货单生成的退货单自动冲减发货单的未开票数量。开票时参照发货单即可，开票数量为冲减后的数量。

(2)开票直接发货销售业务模式下的退货处理。如图 13—9 所示。

开票后的退货参照原有合同进行退货单录入，根据退货单开具红字销售发票，冲减原有应

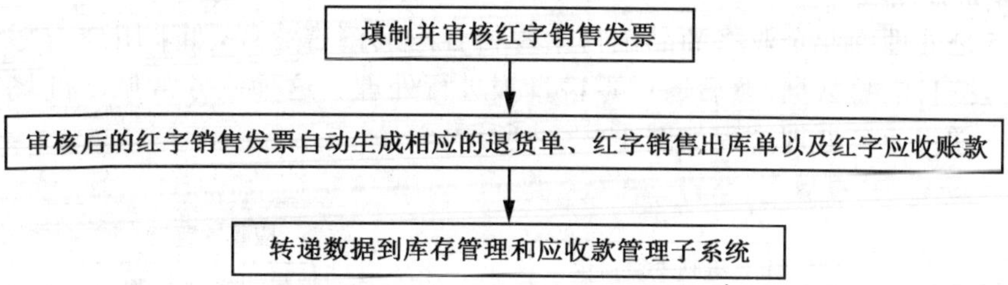

图 13—9　开票直接发货销售业务模式下的退货处理流程图

收账款，账务往来会计在应收账款系统进行红蓝票对冲。

操作路径：【销售管理】→【销售发货】→【退货单】

【销售管理】→【销售开票】→【红字专用销售发票】

【应收款管理】→【转账】→【红票对冲】→【自动对冲】

10. 现收业务

现收业务的处理流程如图 13—10 所示。

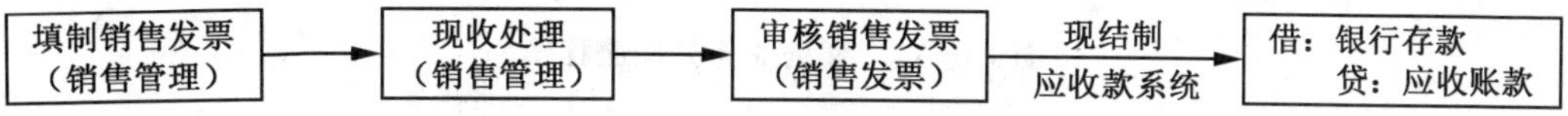

图 13—10　现收业务的处理流程图

11. 销售调拨业务

销售调拨业务的处理流程：(1)当发生销售调拨业务时，在销售管理子系统中填制并审核销售调拨单；(2)审核后的销售调拨单自动生成发货单，同时分仓库生成销售出库单并传递到库存管理子系统进行审核；(3)审核后的销售调拨单自动生成应收账款并传递到应收款管理子系统；(4)与一般销售业务不同的是，在应收款管理子系统中根据销售调拨单生成的凭证不含税金。销售调拨业务流程如图 13—11 所示。

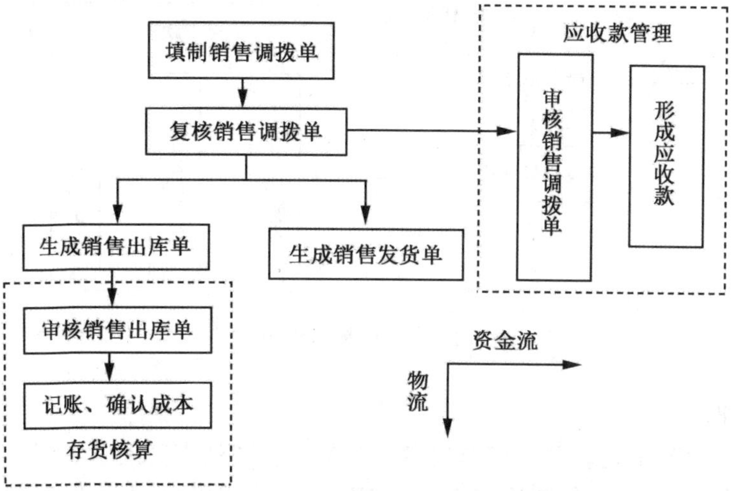

图 13—11　销售调拨业务流程图

12. 零售业务处理

零售业务是处理商业企业将商品销售给零售客户的销售业务，如果用户有零售业务，相应的销售票据是按日汇总数据，然后通过零售日报进行处理。这种业务常见于商场、超市及企业的各零售店。零售业务处理流程如图13—12所示。

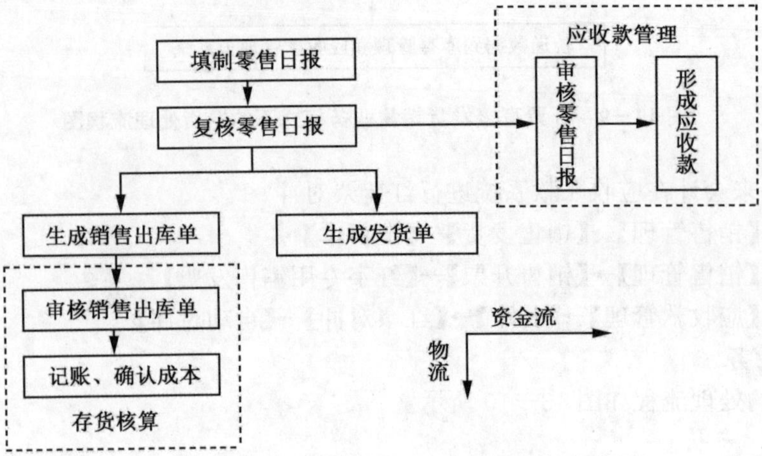

图13—12 零售业务处理流程图

13. 代垫运费

代垫运费是指在销售业务中，随货物销售所发生的（如运杂费、保险费等暂时代垫），将来需向对方单位收取的费用项目。代垫费用实际上形成了用户对客户的应收款，代垫费用的收款核销由应收款管理系统处理，本系统仅对代垫费用的发生情况进行登记。代垫运费流程如图13—13所示。

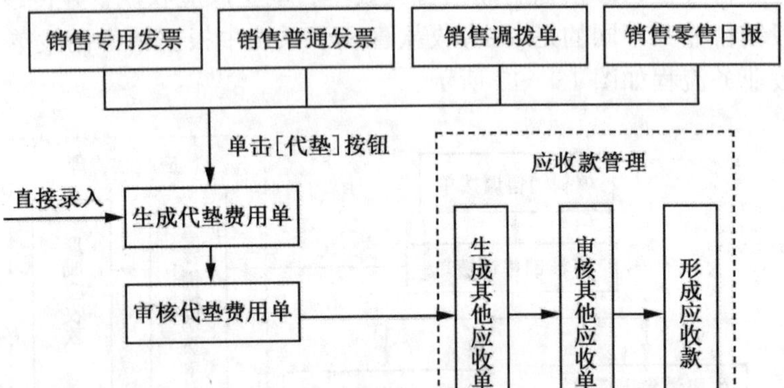

图13—13 代垫运费流程图

14. 单据查询

通过销售的"报价单列表""预订单列表""订单列表""列表""发货签回单列表""销售发票列表""代垫费用单列表""销售费用支出单列表""包装物租借统计表""销售计划列表"进行查询。

六、销售报表及分析

查询销售管理子系统提供的销售统计表、销售分析表、客户分析表、费用分析表、综合分析表，实现对销售业务的事中控制和事后分析的管理。

第二节　应收款管理子系统应用概述

应收账款核算通常有三种模式：(1)业务量大，且需要记录发票、收款、核销、票据管理等详细过程的单位，需在应收款管理子系统核算并进行相应管理；(2)业务量适中或偏大，可在“总账子系统”的“客户往来”辅助账中核算；(3)业务量小且供应商少，可直接在“总账子系统”中将客户设为明细科目核算。

应收款管理子系统主要用于核算和管理企业与客户之间的往来款项。一方面，要对销售业务、其他应收业务产生的应收款项以及对这些应收款项的收回进行处理，及时、准确地提供客户的往来账款余额资料；另一方面，应收款管理子系统还提供各种分析报表，如账龄分析表、欠款分析、周转分析、回款情况分析等，通过各种分析数据，为企业制定销售政策提供依据，从而提高企业财务管理能力。本节以用友 ERP-U8 为应用环境，对应收款管理子系统进行介绍。

一、应收款管理子系统的应用方案及功能结构图

应收款管理子系统主要实现企业与客户业务往来账款的核算与管理，在应收款管理子系统中，以销售发票、费用单、其他应收单等原始单据为依据，记录销售业务及其他业务所形成的往来款项，处理应收款项的收回、坏账、转账等情况；提供票据处理的功能，实现对应收票据的管理。

1. 应收款管理子系统的两种应用方案

根据对客户往来款项核算和管理的程度不同，系统提供了“详细核算”和“简单核算”两种应用方案。不同的应用方案，其系统功能、产品接口、操作流程等均不相同。

(1)“详细核算”应用方案。如果在企业销售业务中应收款核算与管理内容比较复杂，需要追踪每一笔业务的应收款、收款等情况，并希望对应收款项进行各种分析；或者需要将应收款核算到产品一级；那么可以选择该方案。

采用“详细核算”应用方案，系统能提供的功能有：①记录应收款项的形成，包括由于商品交易和非商品交易所形成的所有应收项目；②处理应收项目的收款及转账情况；③对应收票据进行记录和管理；④随应收项目的处理过程自动生成凭证，向总账子系统进行传递；⑤对外币业务及汇兑损益进行处理；⑥提供针对多种条件的各种查询及分析。本节后续内容均以“详细核算”应用方案为标准展开。

(2)“简单核算”应用方案。如果销售业务中应收账款业务并不十分复杂，或者现销业务很多，则可以选择“简单核算”应用方案。在该方案中，应收款管理子系统只是连接总账子系统与业务子系统的一座桥梁，即只是对销售管理子系统生成的发票进行审核并生成应收款凭证传递到总账子系统，而不能对发票进行其他的处理，也不能对往来明细进行实时查询、分析。此时，往来明细只能在总账子系统中进行简单的查询。在该方案下，其主要功能包括：①接收销售系统的发票，对其进行审核；②对销售发票进行制单处理，传递给总账子系统。

具体选择哪一种方案，可以在应收款管理子系统的选项中通过“应收账款核算模型”来设置。

2. 应收款管理子系统的功能结构

以用友 ERP-U8V10.1 为例，应收款管理子系统的功能结构如图 13—14 所示。

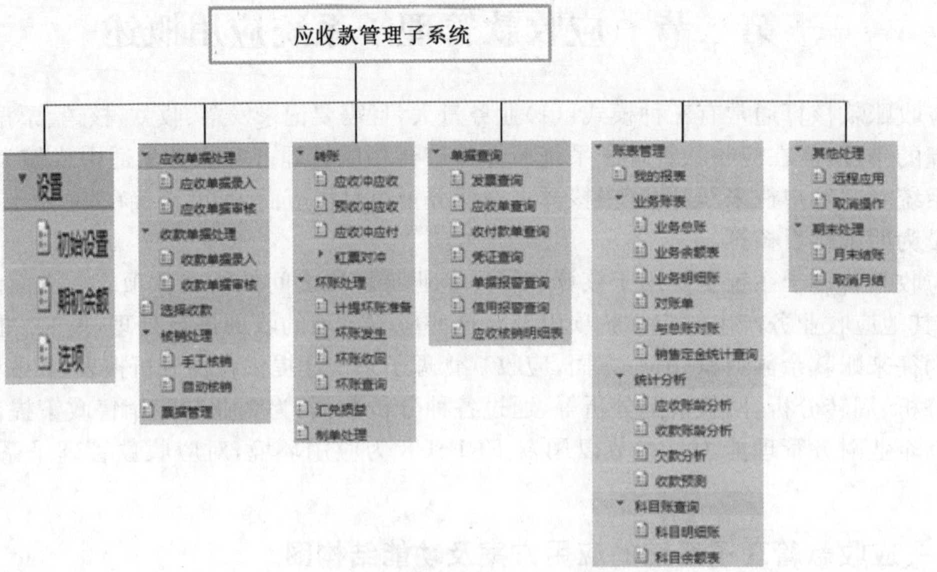

图 13—14 应收款管理子系统的功能结构图

二、应收款管理子系统与其他子系统的主要关系

应用“详细核算”方案时，应收款管理子系统与其他子系统的关系如图 13—15 所示。

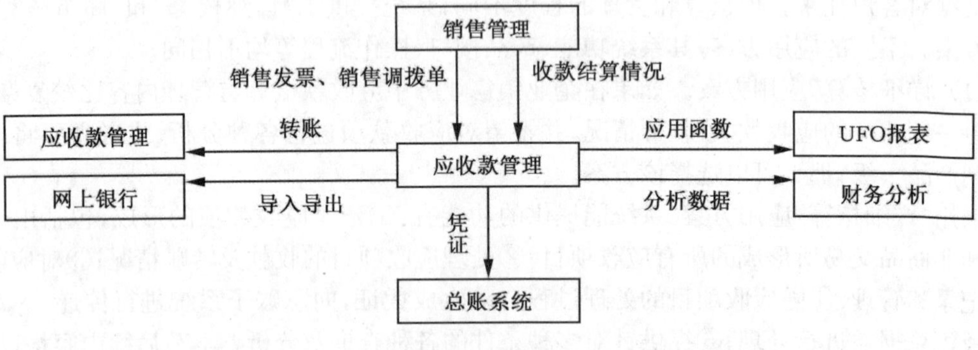

图 13—15 应收款管理与其他子系统关系图

应收款管理子系统与其他子系统之间主要有六个方面的关系：(1)销售管理子系统向应收款管理子系统提供已复核的销售发票、销售调拨单以及代垫费用单；在应收款管理子系统中对发票进行审核并据以进行收款结算处理，生成凭证；应收款管理子系统为销售管理子系统提供销售发票、销售调拨单的收款结算情况以及代垫费用的核销情况。(2)应收款管理子系统向总账子系统传递记账凭证，并能够查询其所生成的记账凭证。(3)应收款管理子系统与应付款管

理子系统之间可以进行转账处理，如应收冲应付；并且对于既是客户又是供应商的往来业务对象，可以同时查询应收和应付往来明细。(4)应收款管理子系统可以向财务分析系统提供各种分析的数据。(5)应收款管理子系统可以向 UFO 报表子系统提供应用函数。(6)应收款管理子系统与网上银行进行付款单的导入和导出。

三、应收款管理子系统操作流程

应收款管理子系统操作流程如图 13－16 所示。

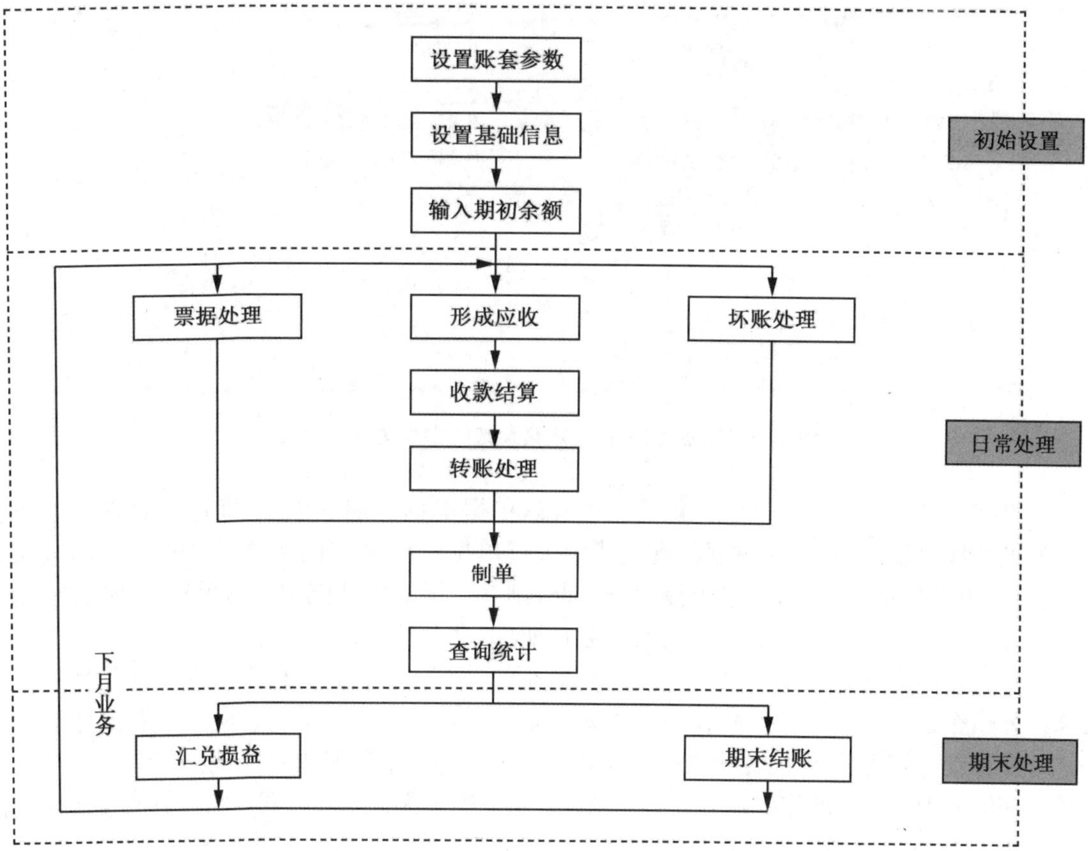

图 13－16　应收款管理子系统操作流程图

四、应收款管理子系统初始设置

初始设置即系统初始化，其作用是建立应收款管理的基础数据，确定使用哪些单据处理应收业务，确定需要进行账龄管理的账龄区间。

1. 应收款业务参数设置

在运行应收款管理子系统前，应设置应收款管理子系统运行所需要的账套参数，以便系统根据所设定的参数进行相应的处理。参数设置是应收款管理子系统运行的基础设置，其设置质量直接影响业务处理质量。参数设置的内容主要包括：应收账款核销方式、控制科目的依据、存货销售科目、制单方式、坏账处理方式、汇兑损益计算方式、预收款核销方式和现金折扣显示等。

(1)账套参数设置。账套参数设置的常规选项包括单据审核日期依据、汇兑损益方式、坏账处理方式、代垫费用类型、应收账款核算模型、现金折扣是否显示等,如图 13－17 所示。

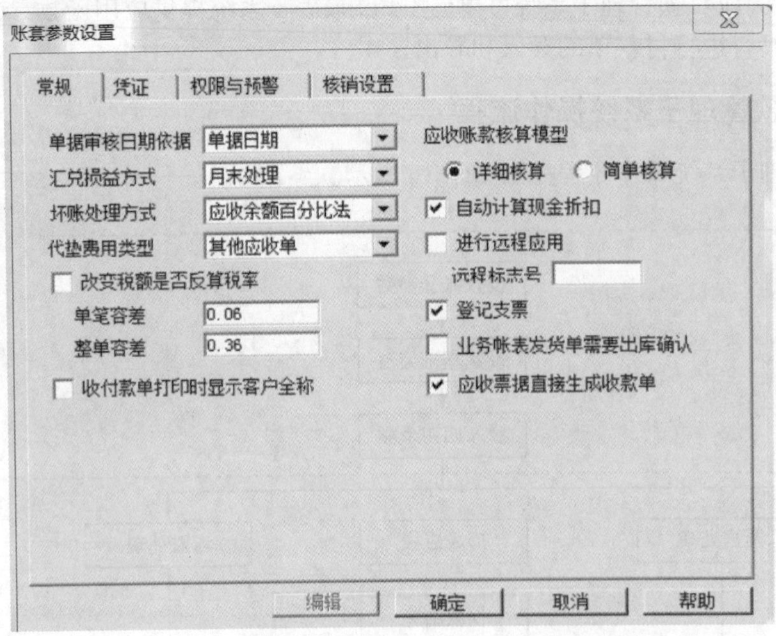

图 13－17　应收款管理账套参数的常规选项设置图

①单据审核日期依据。系统提供了两种确认单据审核日期的依据,即单据日期和业务日期。如果选择单据日期,则在单据处理功能中进行单据审核时,自动将单据的审核(即入账日期)记为该单据的单据日期;如果选择业务日期,则在单据处理功能中进行单据审核时,自动将单据的审核日期(即入账日期)记为当前业务日期(即登录日期)。

②汇兑损益方式。系统提供了两种汇兑损益的计算方式,即外币余额结清时计算和月末计算。外币余额结清时计算是指仅当某种外币余额结清时才计算汇兑损益;月末计算是指每个月末计算汇兑损益。汇兑损益方式在账套使用过程中可以随时进行修改。

③坏账处理方式。坏账处理方式具体来说是指坏账损失的处理方式,共有两种:直接转销法和备抵法。其中,直接转销法是指只在实际发生坏账时,才将坏账损失计入当期损益,同时冲销应收款项;备抵法是指按期估计坏账损失,形成坏账准备,当某一应收款项全部或部分被确认为坏账时,应根据其金额冲减坏账准备。同时转销相应的应收款项金额的一种核算方法。在账套使用过程中,如果当年已经计提过坏账准备,则此参数不可以修改,只能在下一年度修改。

④代垫费用类型。代垫费用类型具有解决从销售管理子系统传递的代垫费用单在应收款管理子系统中用何种单据类型进行接收的功能。系统默认为其他应收单,用户也可在单据类型设置中自行定义单据类型,然后在系统选项中进行选择。该选项随时可以更改。

⑤应收账款核算模型。系统提供了两种应收账款核算模型:简单核算和详细核算。用户必须选择其中一种方式,系统默认选择详细核算方式。选择简单核算是指应收款管理子系统只是完成将销售传递过来的发票生成记账凭证传递给总账子系统这样的模式。在总账子系统中以记账凭证为依据进行往来业务的查询。如果销售业务以及应收账款业务不复杂,或者现销业务很多,则可以选择此方案。选择详细核算是指应收、应付可以对往来进行详细的核算、

控制、查询和分析。如果销售业务以及应收款核算与管理业务比较复杂,或者需要追踪每一笔业务的应收款及其收款等情况,或者需要将应收款核算到产品一级,就需要选择详细核算。该选项在系统启用时或者还未进行任何业务,包括期初数据输入,才允许进行选择设置和修改。

⑥现金折扣是否显示。该选项包括显示现金折扣和不显示现金折扣两种方式。如果为了鼓励客户在信用期间内提前付款而采用现金折扣政策,就可以选择显示现金折扣,系统会在"核销处理"中显示"可享受折扣"和"本次折扣",并计算可享受的折扣;如果选择了"不显示现金折扣",则系统既不计算也不显示现金折扣。在账套使用过程中,该参数可以修改。

(2)凭证控制科目设置。凭证控制科目设置包括"受控科目制单方式""非控科目制单方式""控制科目依据"和"销售科目依据"等,如图13—18所示。

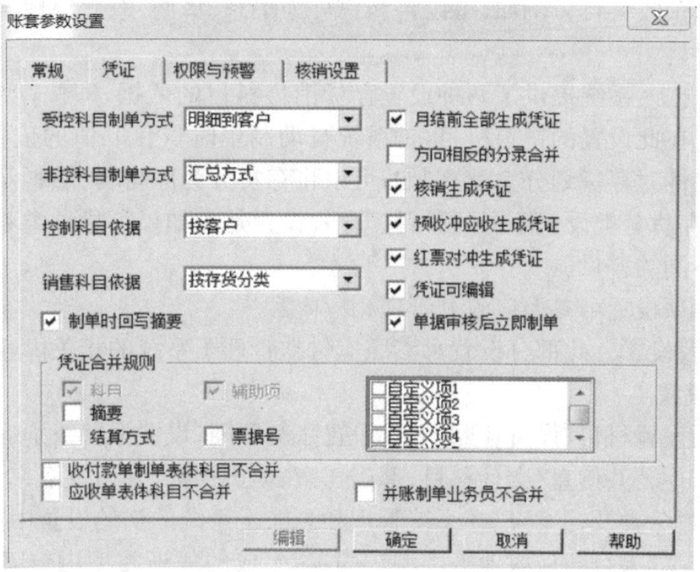

图13—18　应收款管理凭证控制科目设置图

①受控科目制单方式。有两种制单方式可供选择,即明细到客户方式和明细到单据方式。明细到客户是指当将一个客户的多笔业务合并生成一张凭证时,如果核算这多笔业务的控制科目相同,系统将自动将其合并成一条记录。这种方式的目的是在总账子系统中能根据客户来查询其详细信息。明细到单据是指当将一个客户的多笔业务合并生成一张凭证时,系统会将每一笔业务形成一条记录。采用这种方式的目的是在总账子系统中也能查看到每个客户的每笔业务的详细情况。受控科目在合并分录时若自动取出的科目相同,辅助项为空,则不予合并成一条记录。在账套使用过程中,可以随时修改该参数的设置。

②非控科目制单方式。有三种制单方式供选择,即明细到客户方式、明细到单据方式和汇总制单方式。明细到客户是指将一个客户的多笔业务合并生成一张凭证时,如果核算这些多笔业务的非控制科目相同,且其所带辅助核算项目也相同,则系统将自动将其合并成一条记录。这种方式的目的是在总账子系统中能够根据客户来查询其详细信息。明细到单据是指当将每个客户的多笔业务合并生成一张凭证时,系统会将每一笔业务形成一条记录。这种方式的目的是在总账子系统中也能查看到每个客户的每笔业务的详细情况。汇总制单是指将客户的多笔业务合并生成一张记账凭证时,如果核算这多笔业务的非控制科目相同,且其辅助核算项目也相同,则系统将自动将其合并成一条记录。这种方式的目的是精简总的数据,在总账子

系统中只能查看该科目的一个总的发生额。非受控科目在合并分录时若自动取出的科目相同,辅助项为空,则合并成一条,在账套使用过程中可以随时修改该参数的设置。

③控制科目依据。控制科目在应收款管理子系统中是指所有带有客户往来辅助核算的科目。系统提供了三种设置控制科目的依据,即按客户分类、按客户分类和按地区分类。按客户分类设置是指客户分类是根据一定的属性将往来客户分为若干大类的设置,例如,可以将客户根据时间分为长期客户、中期客户和短期客户;也可以根据客户的信用度将客户分为优质客户、良性客户、一般客户和信用较差客户等。在这种方式下,可以针对不同客户分类设置不同的应收科目和预收科目。按客户设置是指可以针对不同的客户在每一户名下设置不同的应收科目和预收科目。这种设置适合特殊客户的需要。按地区设置是以针对不同的地区分类设置不同的应收科目和预收科目。例如,可以将客户分为华东、华南、东北等地区,并可以在不同的地区分类下设置科目。

④销售科目依据。系统提供了两种设置存货销售科目的依据,即按存货分类和按存货设置存货销售科目。在此设置的销售科目,是系统自动制单时科目取值的依据。按存货分类设置是根据存货的属性对存货划分大类,例如,可以将存货分为原材料、燃料及动力、产成品等大类,可以针对这些存货分类设置不同的科目。存货设置是指如果存货种类不多,可以直接针对不同的存货设置不同的科目。

该窗口中其他项设置可参照应收款管理相应内容。

(3)权限和报警设置。此部分设置可参照应付款管理子系统的相关内容设置。

2. 基本信息设置

基础信息包括设置科目、设置坏账准备、设置账龄区间、设置报警级别、设置单据类型和中间币种设置等。其他公共信息(会计科目、部门档案、职员档案、外币及汇率、结算方式、付款条件、地区分类和客户分类及档案)已在系统管理和总账子系统的初始设置中完成。

(1)设置科目。如果企业应收业务类型较固定,生成的凭证类型也较固定,为了简化凭证生成操作,可在此处将各业务类型凭证中的常用科目预先设置好。

①基本科目设置。用户可以在此定义应收款管理子系统凭证制单所需要的基本科目,包括应收科目、预收科目、销售收入科目、税金科目等。若用户未在单据中指定科目,且控制科目设置与产品科目设置中没有明细科目的设置,系统制单则依据制单规则取基本科目设置中的科目设置,如图 13-19 所示。

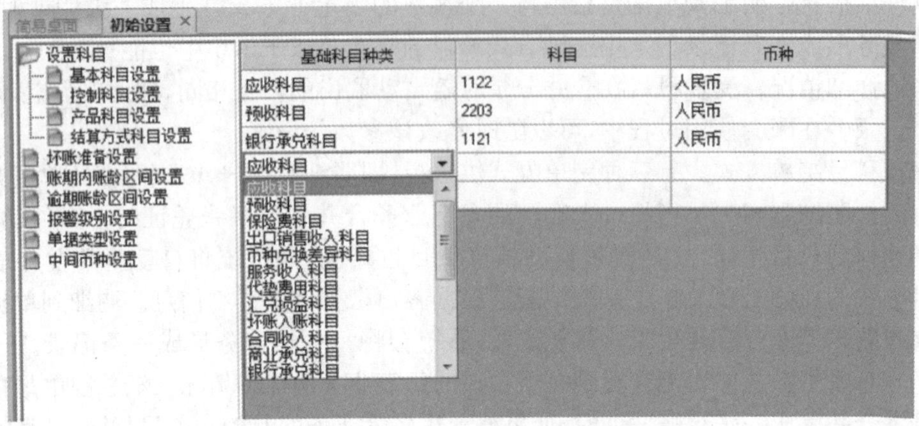

图 13-19 基本科目设置图

②控制科目设置。在此进行应收科目和预收科目的设置，依据在系统初始中的控制科目来显示设置。应收控制科目是指所有带有客户往来辅助核算并受控于应收款管理子系统的科目，应在会计科目中进行设置。本系统提供了三种设置控制科目的依据，即按客户分类、按客户、按地区。

③产品科目设置。在此进行销售收入科目、应交增值税科目和销售退回科目的设置，依据在系统初始中的销售科目选项来显示设置。本系统提供了两种设置存货销售科目的依据，即按存货分类和按存货设置存货销售科目。在此设置的销售科目，是系统自动生成记账凭证时科目取值的依据。

④结算方式科目设置。在此进行结算方式、币种和科目的设置。对于现结的发票和收付款单，系统依据单据上的结算方式查找对应的结算科目，系统生成记账凭证时自动带出。

(2)设置坏账准备。应收款管理子系统可以根据发生的应收业务情况，提供自动计提坏账准备的功能。计提坏账处理方式包括应收余额百分比法、销售余额百分比法和账龄分析法，如图 13—20 所示。

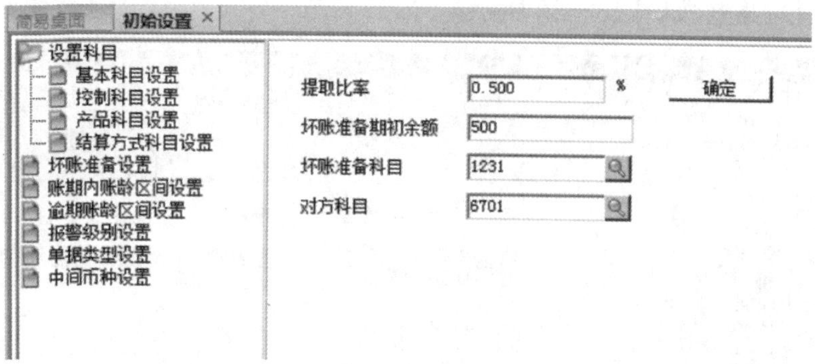

图 13—20　设置坏账准备图

(3)设置账龄区间。为了对应收账款进行账龄分析，评估客户信誉，并按一定的比例估计坏账损失，应首先在此设置账龄区间，如图 13—21 所示。

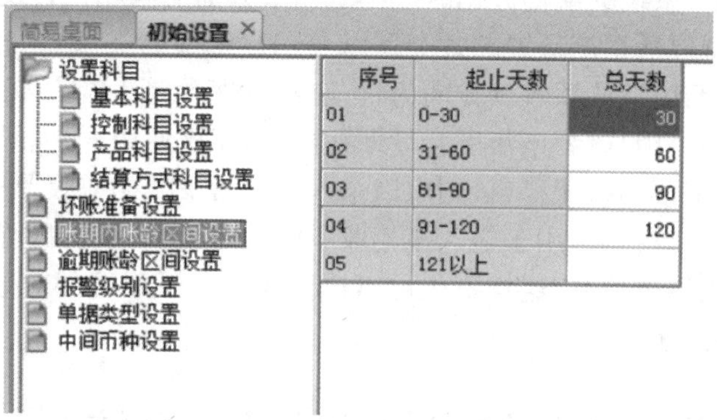

图 13—21　设置账龄区间图

(4)设置报警级别。通过对报警级别的设置，将客户按照客户欠款余额与其授信额度的比例分为不同的类型，以便于掌握各个客户的信用情况。

(5)设置单据类型。单据类型设置是指用户将自己的往来业务与单据类型建立对应关系，达到快速处理业务以及进行分类汇总、查询和分析的效果。系统提供了发票和应收单两大类型的单据。如果同时使用销售管理子系统，则单据类型包括销售专用发票、普通发票、销售调拨单和销售日报。如果单独使用应收款管理子系统，则单据类型不包括后两种。发票是系统默认类型，不能修改及删除。

应收单记录销售业务之外的应收款情况。在本功能中，可以将应收单划分为不同的类型，以区分应收货款之外的其他应收款。例如，可以将应收单分为应收代垫费用款、应收利息款、应收罚款、其他应收款等。应收单的对应科目可自己定义。

(6)中间币种设置。中间币种设置用于核销单据和被核销单据按照中间币种设置的汇率折算后，进行核销或转账处理。

3. 期初余额

初次使用本系统时，要将启用应收款管理子系统前未处理完的所有客户的应收账款、预收账款、应收票据等数据录入到本系统，以便于以后的核销处理。当进入第二年度处理时，系统自动将上年度未处理完的单据转为下一年度的期初余额。在下一年度的第一个会计期间里，可进行期初余额的调整，如图 13－22 所示。

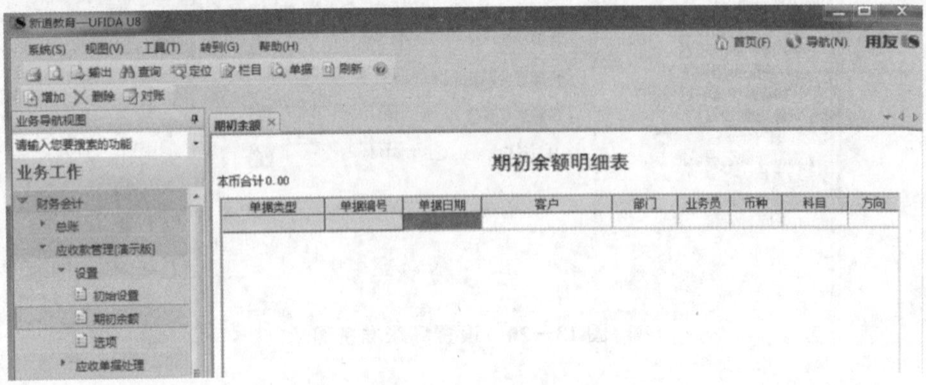

图 13－22　输入期初余额图

输入应收款管理子系统的期初数据时应注意两个方面的问题：(1)发票和应收单的方向包括正向和负向，其类型包括系统预置的各类型以及用户定义的类型。如果是预收款和应收票据，则不用选择方向，系统默认预收款方向为贷，应收票据方向为借。(2)单据日期必须小于该账套启用期间(第一年使用)或者该年度会计期初(以后年度使用)。如果在初始设置的基本科目设置中设置了承兑汇票的入账科目，则可以录入该科目下期初应收票据，否则不能录入期初应收票据。单据中的科目栏目，用于输入该笔业务的入账科目，该科目可以为空。建议在录入期初单据时，最好录入科目信息，这样不仅可以执行与总账子系统的对账功能，而且可以查询正确的科目明细账和总账。

第三节　销售与应收款管理子系统业务处理

销售管理子系统在销售进行过程的应收款及收到货款环节都与应收款管理子系统有紧密的联系。销售管理子系统产生的销售发票等应收单据将传递到应收款管理子系统，并进行审核、结算和制单；生成凭证后，传递到总账子系统。

一、销售管理子系统业务处理

销售管理子系统业务处理主要有销售报价、销售订货、销售发货单、销售出库单、销售开票、销售出库单记账、销售出库单生成凭证、销售退货处理和月末结账九项内容，其中销售出库单记账、销售出库单生成凭证、销售退货处理和月末结账均属于会计工作。

1. 销售报价

销售报价是企业向客户提供货品、规格、价格、结算方式等信息，双方达成协议后，销售报价单转为有效力的销售合同或销售订单。企业可以针对不同客户、不同存货、不同批量提出不同的报价、扣率。销售报价单是可选单据，用户可根据业务的实际需要选用。

【例 13.1】 2019 年 12 月 31 日，北京王府井百货想购买电扇 100 台，向批发部李林了解价格，批发部报价为 150 元/台，填制并审核销售报价单。

操作路径：【销售管理】→【销售报价】→【销售报价单】

增加一张销售报价单，按照业务内容填写报价单，填制完毕保存并审核。如图 13—23 所示。

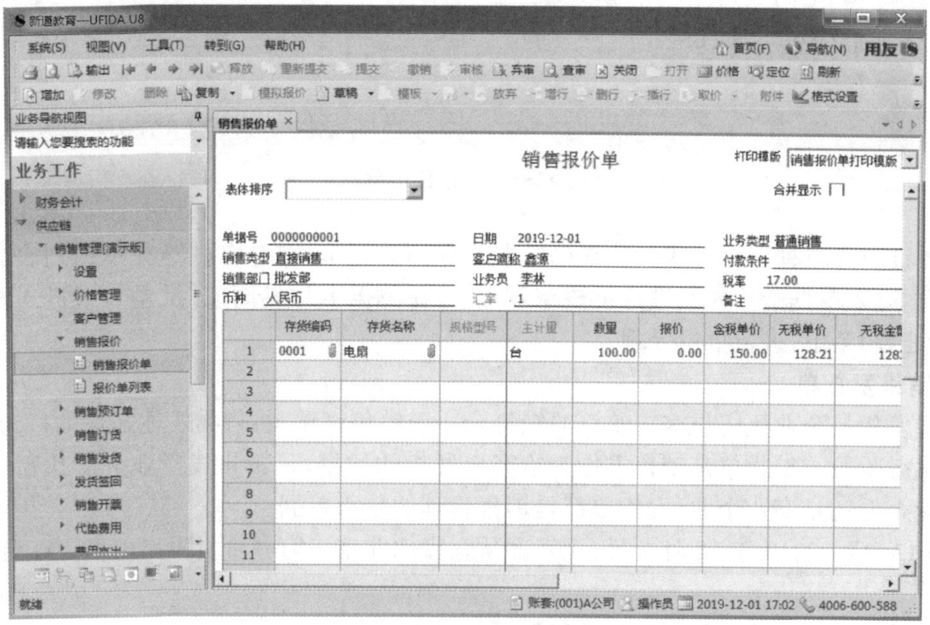

图 13—23　销售报价单图

2. 销售订货

销售订货是指由购销双方确认的客户的要货需求的过程，用户根据销售订单组织货源，并对订单的执行进行管理、控制和追踪。销售订单是反映由购销双方确认的客户要货需求的单据，它可以是企业销售合同中关于货物的明细内容，也可以是一种订货的口头协议。销售订单对应于企业的销售合同中订货明细部分的内容，但不能完全代替销售合同，没有关于合同中付款内容的描述。

【例 13.2】 2019 年 12 月 7 日，北京王府井百货购买电扇 100 台，每台为 150 元，填制并审核销售定单。

操作路径：【销售管理】→【销售订货】→【销售订单】

增加一张销售订单，单击[报价]，出现参照报价单窗口，输入过滤条件，单击[显示]按钮，找到填写完毕的报价单,单击选择区域,选择完毕后,单击[确认]按钮,完成销售订单的录入,填制完毕保存并审核。如图 13—24 所示。

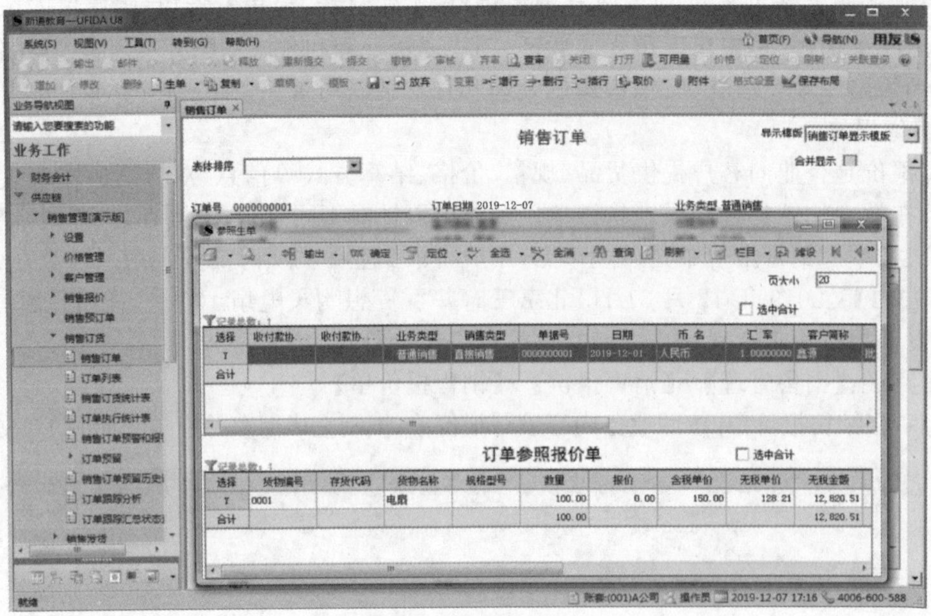

图 13—24 销售订单图

销售订单有三种审核方式:(1)在单据卡片界面进行审核/弃审;(2)在单据列表界面双击单据记录,进入单据卡片界面进行审核/弃审;(3)在单据卡片界面按[批量],或进入相应单据的【批量处理】菜单,进行批量处理。

3. 销售发货单

销售发货是企业执行与客户签订的销售合同或销售订单,将货物发往客户的行为,是销售业务的执行阶段。发货单是销售方作为给客户发货的凭据,是销售发货业务的执行载体。无论是工业企业还是商业企业,发货单都是销售管理的核心单据。

【例 13.3】 2019 年 12 月 7 日,批发部从仓库向北京王府井百货发出电扇 100 台,每台为 150 元。

操作路径:【销售管理】→【销售发货】→【发货单】

增加一张发货单,出现选择订单窗口,输入过滤条件,单击[显示]按钮;找到填写完毕的订单,单击选择区域选择订单;选择完毕后,单击[确认]按钮;选择电扇仓库,完成发货单的录入;填制完毕保存并审核。如图 13—25 所示。

可以选择多个订单合并发货或拆分处理:双击选择对应的销售订单,按“Ctrl”键可以选择多条记录,进行合并发货。一式五联,总调进行填制,分别传到仓库、财务、客户(代出门证)、总调(存根)、销售部。

4. 销售出库单

销售出库单是销售出库业务的主要凭据,在库存管理子系统中用于存货出库数量核算,在存货核算子系统中用于存货出库成本核算(如果存货核算销售成本的核算选择依据销售出库单)。对于工业企业,销售出库单一般是指产成品销售出库时所填制的出库单据。对于商业企业,销售出库单一般是指商品销售出库时所填制的出库单。

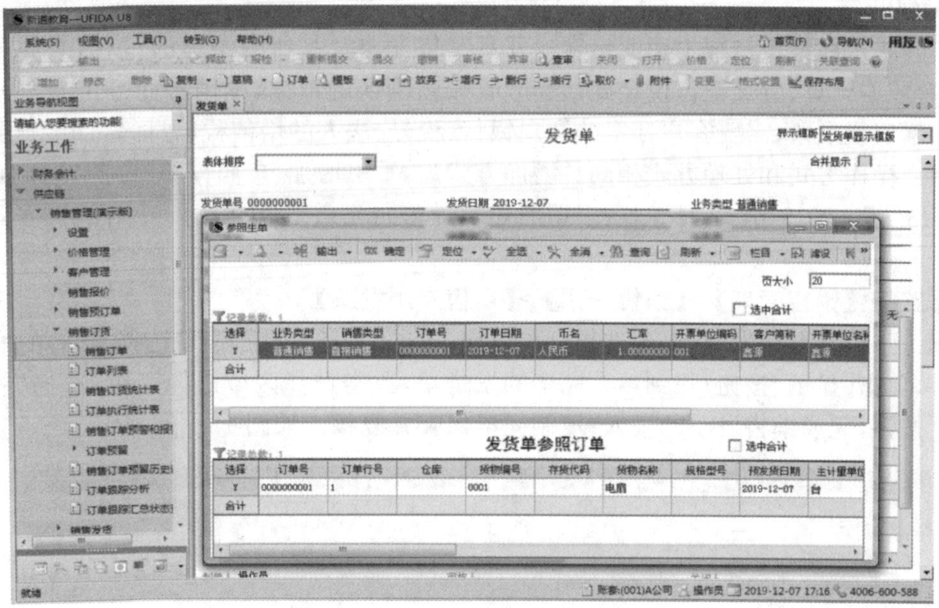

图 13－25 参照订单生成发货单图

销售出库单按进出仓库方向分为蓝字销售出库单和红字销售出库单；按业务类型分为普通销售出库单、委托代销出库单和分期收款出库单。参见普通销售、委托代销业务、分期收款业务。

【例 13.4】 2019 年 12 月 7 日，审核上述业务生成的销售出库单。

操作路径：【库存管理】→【出库业务】→【销售出库单】

销售出库单会根据发货单由系统自动生成，进入销售出库单窗口后，可以找到需要审核的销售出库单，单击[审核]按钮，完成审核工作。如图 13－26 所示。

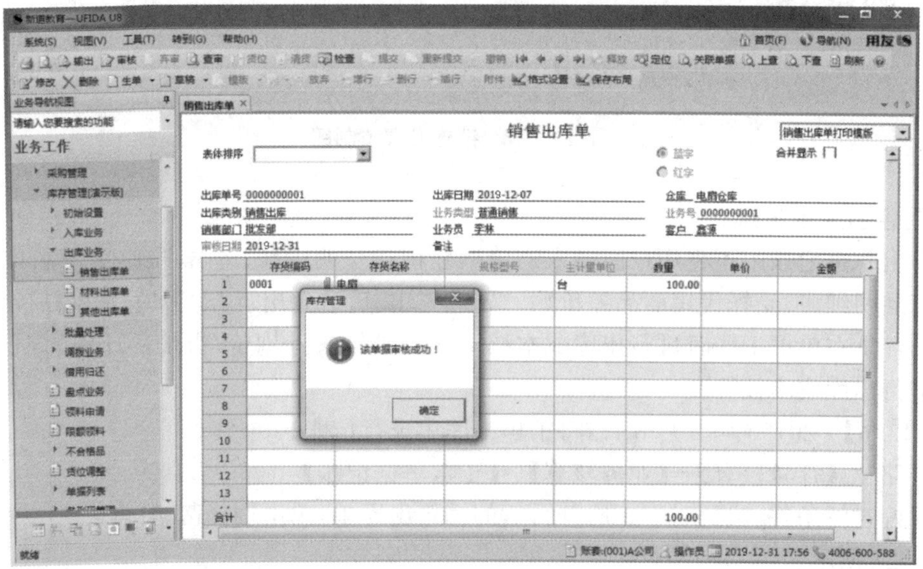

图 13－26 销售出库单审核图

5. 销售开票

销售开票是在销售过程中企业给客户开具销售发票及其所附清单的过程，它是销售收入确认、销售成本计算、应交销售税金确认和应收账款确认的依据，是销售业务的重要环节。专用发票为增值税发票，需要客户档案的开户银行、税号、法人的增值税信息，普通发票则为商业零售发票。操作方式和处理方式相同。增加方式为：手工增加、参照订单、参照发货单。

【例 13.5】 2019 年 12 月 8 日，根据前述发货单向北京王府井百货开出销售专用发票一张。

操作路径：【销售管理】→【销售开票】→【销售专用发票】

增加一张销售专用发票，出现选择订单窗口；单击[发货]按钮，出现选择发货单窗口；输入过滤条件，单击[显示]按钮；找到填写完毕的发货单，单击选择区域选择订单；选择完毕后，单击[确认]按钮，完成销售发票的录入；填制完毕保存并复核。如图 13—27 所示。

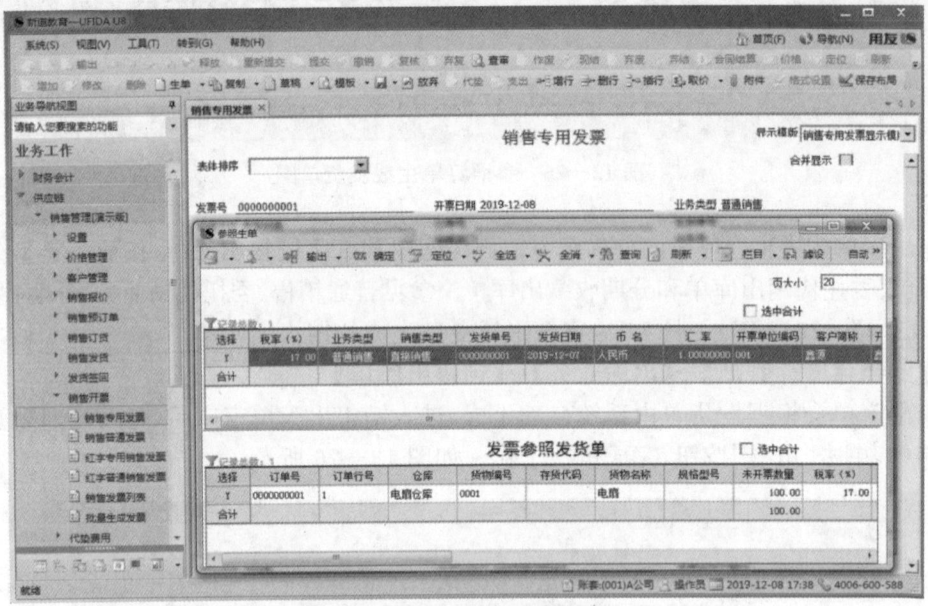

图 13—27 销售发票填制图

6. 销售出库单记账

销售出库单记账用于将用户所输入的单据登记存货明细账、差异明细账/差价明细账、受托代销商品明细账、受托代销商品差价账。先进先出、后进先出、移动平均、个别计价这四种计价方式的存货在单据记账时进行出库成本核算；全月平均、计划价/售价法计价的存货在期末处理时进行出库成本核算。

【例 13.6】 2019 年 12 月 8 日，将销售出库单进行记账。

操作路径：【存货核算】→【业务核算】→【正常单据记账】

设置好过滤条件，找到对于王府井百货的销售出库单，单击选择区域；再单击[记账]按钮。如图 13—28 所示。

7. 销售出库单生成凭证

销售出库单生成凭证用于对本会计月已记账单据生成凭证，并可对已生成的所有凭证进行查询显示；所生成的凭证可在总账子系统中显示及生成科目总账。

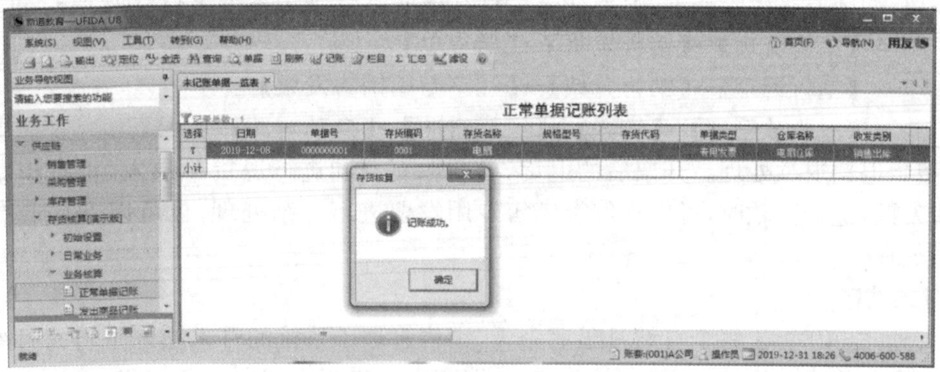

图 13—28　销售出库单记账图

【例 13.7】 2019 年 12 月 9 日，销售出库单生成凭证。

操作路径：【存货核算】→【财务核算】→【生成凭证】

单击[选择]按钮，设定好过滤条件；找到销售出库单，单击选择区域；打上选择标志，单击[确定]按钮；再单击[生成]按钮，生成出库单记账凭证；系统自动将本凭证传递到总账子系统。

8. 销售退货处理

销售退货处理分以下三种情况：未开票前退货、开票后退货处理、退货退票退款处理。

(1)未开票前退货。填制退货单，然后开票时红蓝发货单合并开具销售退货单。

操作路径：【销售管理】→【销售发货】→【退货单】

销售退货单参照销售发货单生成，如图 13—29 所示。

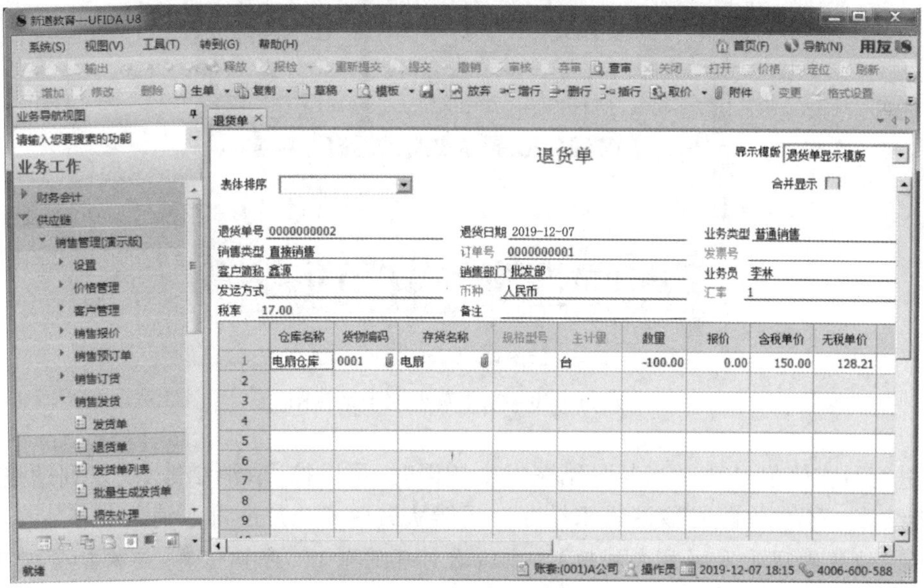

图 13—29　销售退货单图

参照发货单生成的退货单自动冲减发货单的未开票数量。开票时参照发货单即可，开票数量为冲减后的数量。

(2)开票后退货处理。开票后的退货，参照原有合同进行退货单录入，根据退货单开具红字销售发票，冲减原有应收账款，财务往来会计在应收款管理子系统进行红蓝票对冲。

操作路径：【销售管理】→【销售发货】→【退货单】

【销售管理】→【销售开票】→【红字专用销售发票】

【应收款管理】→【转账】→【红票对冲】→【自动对冲】

(3)退货退票退款处理。开票后的退货，参照原有合同进行退货单录入，根据退货单开具红字销售发票；进行退款时，可以在红字销售专用发票进行现结处理，也可以在应收款管理中进行付款处理。

9. 月末结账

当月月底结束时，于每个自然月最后一天，销售管理子系统的月末结账是将每月的销售单据逐月封存，并将当月的销售库数据记入有关账表中。进行系统内业务结账，再有新业务则为下月单据。

(1)进行销售月末结账的方法。

操作路径：【销售管理】→【月末结账】

进入【月末结账】，屏幕显示月末结账对话框；用鼠标单击[结账]按钮，系统开始进行合法性检查。如果检查通过，系统立即进行结账操作，结账后结账月份的已经结账显示为“是”；如果检查未通过，系统会提示您不能结账的原因。月末结账如图 13—30 所示。

图 13—30 销售管理期末结账图

(2)进行月末恢复结账。当某月结账发生错误时，可以按[取消结账]恢复到结账前，正确处理后再结账。不允许跳月取消月末结账。只能从最后一个月逐月取消。

注：(1)销售管理子系统月末处理后，才能进行库存管理、存货核算、应收款管理子系统的月末处理；(2)如果销售管理子系统要取消月末处理，必须先通知库存管理、存货核算、应收款管理子系统的操作人员，要求他们的子系统取消月末结账；(3)如果库存管理、存货核算、应收款管理中的任何一个子系统不能取消月末结账，那么也不能取消销售管理子系统的月末结账；(4)若应收款管理、库存管理、存货核算子系统已结账，销售管理不能取消结账。

二、应收款管理子系统业务处理

销售管理子系统产生的销售发票等应收单据将传递到应收款管理子系统，并进行审核、结算和制单；生成凭证后，传递到总账子系统。对于销售管理子系统生成的应收单据，不需要再录入，只需要在应收款管理子系统中从审核开始进行业务处理。

1. 应收单据录入

操作路径：【应收款管理】→【应收单据处理】→【应收单据录入】

操作流程：(1)系统弹出“单据类别”选择框，用户需要输入要新增单据的单据类别。(2)选择完单据的类型、名称和方向后，点击[确认]按钮，屏幕即会出现该类型单据新增单据界面，可以输入有关栏目。点击[取消]按钮，系统会取消刚才的操作。(3)参照栏目说明，进行单据录入。录入完成后，按[保存]按钮，即可保存当前新增单据。

如果当前正处于增加状态，则新增加的单据类型、单据名称和单据方向与上一张单据相同。若新增加的单据名称、类型或方向与上一张不同，则需要退出单据录入功能，返回单据处理主界面，点击[增加]按钮，重新选择单据类别进行单据录入。

2. 应收单审核

应收单审核分为自动批审、手工批审、批量弃审和单张审核四种情况。

(1)自动批审。用鼠标点击【应收单据处理】下的【应收单据审核】，系统显示查询条件框。输入查询条件后，可以点击[批审]按钮，系统根据当前的过滤条件将符合条件的未审核单据全部进行后台的一次性审核处理；批审完成后，系统提交单据批审报告，自动批审报告显示成功的张数以及明细审核单据。

(2)手工批审。操作步骤为：①可在输入过滤条件后，进入单据列表界面，进行选择。在选择标志一栏里，双击鼠标选中，则表示要将该张单据审核。可以[全选]图标将所有的单据全部选中；点击[全消]图标取消所做的选择。②选择单据后，单击[审核]图标将当前选中的单据全部审核。③批审完成后，系统提交单据批审报告，显示审核成功的张数以及未成功单据的张数。

(3)批量弃审。操作步骤为：①用户可在输入弃审单据的过滤条件后，点击[确认]按钮；②进入已审核单据列表界面，通过点击[全选]、[全消]按钮将列表中的记录全部打上选择标志或取消选择标志；③在需要进行弃审的结算单上打上选择标志，点击[弃审]按钮，对当前应收单进行批量弃审；④批量弃审完成后，系统提交单据批量弃审报告，报告显示弃审成功的张数以及明细单据。

(4)单张审核。操作步骤为：①在审核列表界面，可双击单据记录或点击[单据]按钮，则进入单据卡片界面，直接单击[审核]按钮将当前单据审核；②已收款销售发票审核的处理；③当审核的发票是已经做过现结处理的，则系统在审核过滤时需要选择“现结”记账的同时，后台还将自动进行相应的核销处理。对于发票有剩余的部分，作应收账款处理。

【例 13.8】　2019 年 12 月 31 日，审核上述业务销售发票。

操作路径：【应收款管理】→【应收单据处理】→【应收单据审核】

通过过滤条件的设定，找到已填制的销售发票，在窗口的选择区域双击，打上选定标志“Y”；再单击[审核]按钮，完成审核。如图 13－31 所示。

3. 收款单增加

操作路径：【应收款管理】→【收款单据处理】→【收款单据录入】

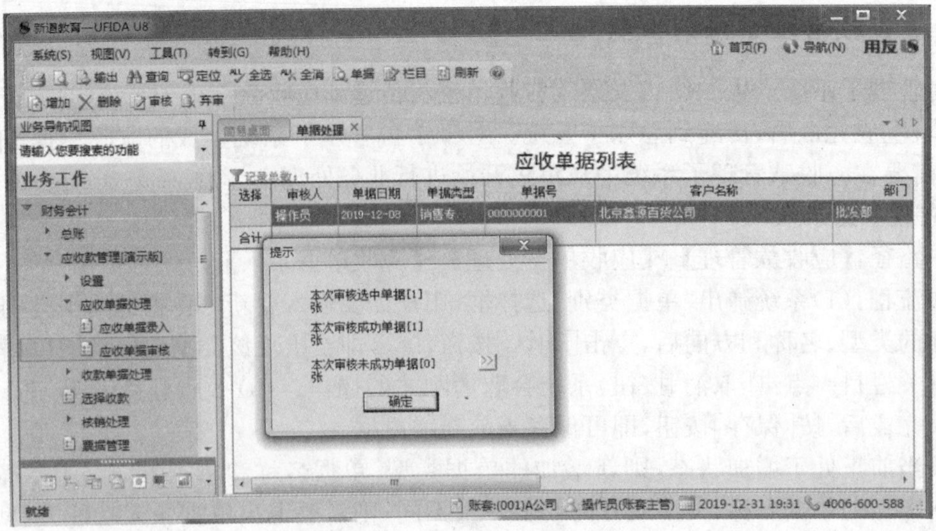

图 13—31 应收单据审核图

应收款管理子系统的收款单用来记录企业所收到的客户款项，款项性质包括应收款、预收款、其他费用等。其中，应收款、预收款性质的收款单将与发票、应收单、付款单进行核销勾对。应收款管理子系统的付款单用来记录发生销售退货时，企业开具的退付给客户的款项。该付款单可与应收、预收性质的收款单、红字应收单、红字发票进行核销。

操作步骤为：点击[增加]按钮，录入收款单；录入后，点击[审核]按钮对其进行审核。

需要说明的是：(1)若用户不进行批量制单，系统在此提供用户及时制单功能，即总账子系统启用后，在对结算单进行了审核后，系统会询问是否要立即制单。若选择“是”，则立即显示当前结算单的凭证界面；如果不想立即制单，可以在“制单处理”功能中集中处理，则选择“否”，回到当前结算单卡片界面，只是该结算单处于已经审核状态。若希望批量审核收付款单，则也可在【收款单据审核】处进行批量的手工或自动审核。(2)此时如果希望立即指明这一次收款是收的哪几笔销售业务的款项，可以对该收款单进行核销处理。核销就是指确定收款单、付款单与原始的发票、应收单之间的对应关系的操作。若在点击[核销]按钮之前尚未对收付款单进行审核，可直接点击[核销]按钮，则系统在后台直接审核该收付款单，并提示是否制单。在制单完成或不制单后，进入核销界面，进行核销处理。若希望批量处理核销业务，则不应在此进行核销处理，到【核销处理】处进行统一处理。但【核销处理】处进行的核销处理，不可以处理异币种间的核销。对于单据核销情况，可到【单据查询】中进行明细查询。(3)在收付款单及原始的发票、应收单都已制单后，且核销双方的控制科目不同时，在选项中选择核销制单的前提下，可以在【制单处理】处对核销处理进行制单。

4. 收款单审核

操作路径:【应收款管理】→【收款单据处理】→【收款单据审核】

(1)单张审核。操作步骤为：①进入单据界面，系统显示所选的单据格式以及最后一次操作的单据。②用鼠标点击[上张]、[下张]、[首张]、[末张]按钮，查找需要审核/弃审的单据；或点击[定位]按钮，利用定位功能查找需要审核/弃审的单据。③审核当前单据：点击[审核]按钮，系统将当前单据审核，并将当前操作员写入表尾“审核人”，同时[审核]按钮变为[弃审]按钮。④弃审当前单据：点击[弃审]按钮，系统将当前单据弃审，取消“审核人”，同时[弃审]按钮变为[审核]按钮。

(2)在单据列表界面选择要审核/弃审的单据。操作步骤为:①进入单据列表界面,显示过滤界面。②输入过滤条件,点击[过滤]可过滤出符合条件的单据列表记录。③用户可以点击工具栏[过滤]按钮重新查询。④将光标移到要审核/弃审的单据的任一行,或点击[定位]按钮,利用定位功能查找要审核/弃审的单据,双击单据行进入该单据查询状态,进行单据审核/弃审。

(3)在批量处理界面进行批审/批弃。操作步骤为:①进入批量处理界面,输入过滤条件;②按[批审]或[批弃]则将符合过滤条件的单据带入,如没有则系统提示"没有符合条件的单据";③点击[选择],则选择当前行;④再点击,则取消选择;⑤可[全选]、[全消];⑥选单完毕,按[确认]则所选单据被审核/弃审,执行完毕系统显示"批量审核(弃审)完毕"。

5. 核销处理

单据核销的作用是解决收回客户款项、核销该客户应收款的处理,建立收款与应收款的核销记录,监督应收款及时核销,加强往来款项的管理。

(1)手工核销。由用户手工确定收款单核销与它们对应的应收单的工作。通过本功能可以根据查询条件选择需要核销的单据,然后手工核销。手工核销加强了往来款项核销的灵活性。

操作步骤为:①点击【核销处理】→【手工核销】,进入核销过滤条件界面。②选择需要进行核销处理的客户,输入结算单、被核销单据过滤条件,点击[确认]按钮。③进入单据核销界面,上边列表显示该客户可以核销的结算单记录,下边列表显示该客户符合核销条件的对应单据。④用户手工输入本次结算金额,本次结算,上下列表中的结算金额合计必须保持一致,点击[保存]按钮,即可完成本次核销操作。⑤用户也可手工输入本次结算金额后,点击[分摊]按钮,系统将当前结算单列表中的本次结算金额合计自动分摊到被核销单据列表的本次结算栏中。核销顺序依据被核销单据的排序顺序。用户可更改当前被核销单据的排序,可通过点击[栏目—单据]按钮,即可进行单据列表顺序的设置。⑥点击[保存]按钮,系统自动保存该结算单核销信息。⑦核销界面中点击[退出]按钮则可退出单据核销功能。

注:(1)结算单列表显示结算单表体明细记录,包括款项类型为应收款和预收款的记录,而款项类型为其他费用的记录不允许在此作为核销记录,核销时可以选择其中一条表体记录进行。余额已经为0的表体记录不用在此列表中显示。(2)核销时,结算单列表中款项类型为应收款的记录其缺省的本次结算金额=该记录的原币余额;款项类型为预收的记录其缺省的本次结算金额为空。(3)核销时可以修改本次结算金额,但是不能大于该记录的原币余额。

(2)自动核销。自动核销是指用户确定收款单核销与它们对应的应收单的工作。通过本功能可以根据查询条件选择需要核销的单据,然后系统自动核销,加强了往来款项核销的效率性。

操作步骤为:①点击【核销处理】→【自动核销】,进入核销过滤条件界面。②输入过滤条件,点击[确认]按钮,自动核销时提供进度条,使用户能够知道核销进程。③核销完成后,提交自动核销报告,显示已核销的情况和未核销的原因。

6. 其他转账处理

(1)应收冲应收。应收冲应收是指将一家客户的应收款转到另一家客户中。通过本功能将应收款业务在客户之间进行转入、转出,实现应收业务的调整,解决应收款业务在不同客户间入错户或合并户问题。

操作步骤为:①单击【转账】菜单项下的【应收冲应收】。②在货款、其他应收款和预收款复选框中选择需要处理的单据。③输入转出户、转入户等过滤条件。④单击[过滤]按钮,系统会将该转出户所有满足条件的单据全部列出。可手工输入并账金额,金额大于0,小于等于余额。

(2)预收冲应收。处理客户的预收款和该客户应收欠款的转账核销业务。

操作步骤为:①选择【转账】菜单项下的【预收冲应收】。②也可以进行单个客户的预收冲抵应收款工作,则在“预收款”页签中输入过滤信息。③输入完成后,点击[过滤]按钮,系统会将该客户所有满足条件的应收款的单据类型、单据编号、单据日期、单据金额、转账金额等项目列出。④可以在转账金额一栏里输入每一笔应收款的转账金额。

(3)应收冲应付。用某客户的应收账款,冲抵某供应商的应付款项。系统通过应收冲应付功能将应收款业务在客户和供应商之间进行转账,实现应收业务的调整,解决应收债权与应付债务的冲抵。

操作步骤为:①选择【转账】菜单项下的【应收冲应付】。②用应收款冲抵应付款,则需选中“应收冲应付”。③选择“预收冲预付”,则可选择预收款冲抵预付款操作。

(4)红票对冲。红票对冲是用某客户的红字发票与其蓝字发票进行冲抵,分为手工冲销和自动冲销:

1)手工冲销。操作步骤为:①选择【转账】→【红票对冲】→【手工对冲】。②输入需要进行红票对冲的客户、币种、方向。③输入红票过滤条件、蓝票过滤条件后,点击[确认]按钮,屏幕会显示该客户所有满足条件的红字及蓝字单据。系统自动将红票原币余额带入红票的对冲金额中,用户可修改,但对冲金额不能大于原币余额。④用户可在冲销单据中输入对冲金额,点击[保存]按钮,保存对冲操作;用户也可通过[分摊]按钮,将红票金额依据蓝字单据顺序分摊到对冲金额中,蓝字单据顺序可通过点击[栏目—蓝票]进行列表顺序的设置,点击[保存]按钮,保存对冲操作。

2)自动冲销。操作步骤为:①选择【转账】→【红票对冲】→【自动对冲】。②输入进行红票对冲的过滤条件如日期、客户、币种。③输入后,点击[确认]按钮,进行自动对冲。④自动对冲时提供进度条,显示自动对冲进程,执行完毕后,显示自动红冲报告,显示红冲金额或错误原因。

7. 制单

制单即生成记账凭证,并将凭证传递至总账子系统记账。系统在各个业务的处理过程中都提供了实时制单的功能;除此之外,系统提供了一个统一制单的平台,可以在此快速、成批生成凭证,并可以依据规则进行合并制单等处理。

【例 13.9】 2019 年 12 月 31 日,根据已审核的销售发票生成记账凭证。

操作路径:【应收款管理】→【制单处理】

通过过滤条件的设定,找到已审核的销售发票,设定好凭证类别,单击[全选]按钮,再单击[制单]按钮,完成制单。

8. 凭证删除

通过凭证查询来查看、修改、删除、冲销应收款管理子系统传递到总账子系统中的凭证。

操作步骤为:(1)【单据查询】,选择【凭证查询】。(2)通过时间范围下拉框选择要查询凭证的日期范围。(3)点击[查询]按钮,调出查询条件界面,选择查询条件。(4)点击[单据]按钮,联查当前原始单据。原始单据界面中提供打印、预览功能。(5)点击[凭证]按钮,联查当前凭证。(6)点击[修改]按钮,修改当前凭证。(7)点击[删除]按钮,删除当前凭证。(8)点击[冲销]按钮,可作红字冲销。

注:当凭证处于已记账状态时,不能修改和直接删除凭证,只能红字冲销,即生成一张与该凭证方向、金额相同的红字凭证,原蓝字凭证所涉及的单据或处理回到原未制单状态。但已审核未记账、未审核的凭证不能做凭证红冲处理。

9. 恢复操作

对原始单据进行了审核、对收款单进行了核销等操作后,发现操作失误,可将其恢复到操作前的状态,进行修改。

操作步骤为:(1)在菜单条上选取【其他处理】→【取消操作】。(2)在"操作类型"下拉框中选择恢复的类型。系统提供了恢复单据核销前状态:输入过滤条件后,系统将满足恢复条件的收款单列出。(3)在恢复标志一栏里双击鼠标,表示要将此张收款单恢复到核销前的状态。(4)选择完成后,点击[确认]按钮,保存此次操作。(5)点击[取消]按钮,取消此次操作。

10. 月末结账

当月月底结束时,于每个自然月最后一天,在销售管理子系统的月末结账的前提下可以进行应收款管理子系统结账,再有新业务则为下月单据。

操作步骤为:(1)【应收款管理】→【期末处理】→【月末结账】。(2)进入【月末结账】,屏幕显示月末结账对话框。(3)用鼠标单击[结账]按钮,系统开始进行合法性检查。(4)如果检查通过,系统立即进行结账操作,结账后结账月份的"已经结账"栏目显示为"是";如果检查未通过,系统会提示不能结账的原因。

注:(1)应收账款管理模块与销售管理模块集成使用,应收账款模块应在销售管理模块结账后,才能对应收账款模块进行结账处理;(2)当选项中设置审核日期为单据日期时,本月的单据(发票和应收单)在结账前应该全部审核;(3)当选项中设置审核日期为业务日期时,截至本月末还有未审核单据(发票和应收单),照样可以进行月结处理;(4)如果本月的结算单还有未审核的,不能结账;(5)当选项中设置月结时必须将当月单据以及处理业务全部制单,则月结时若检查当月有未制单的记录时不能进行月结处理;(6)当选项中设置月结时不用检查是否全部制单,则无论当月有无未制单的记录,均可以进行月结处理;(7)如果是本年度最后一个期间结账,建议将本年度进行的所有核销、坏账、转账等处理全部制单;(8)如果是本年度最后一个期间结账,建议本年度外币余额为0的单据的本币余额结转为0。

思考题

1. 销售管理子系统的主要功能有哪些?
2. 开票直接发货与先发货后开票销售业务模式的区别在哪里?
3. 应收款管理子系统主要包括哪些功能?
4. 输入应收款管理子系统的期初数据时应注意哪些问题?
5. 销售管理子系统结账时要注意哪些问题?
6. 简要描述应收款管理的业务处理过程。

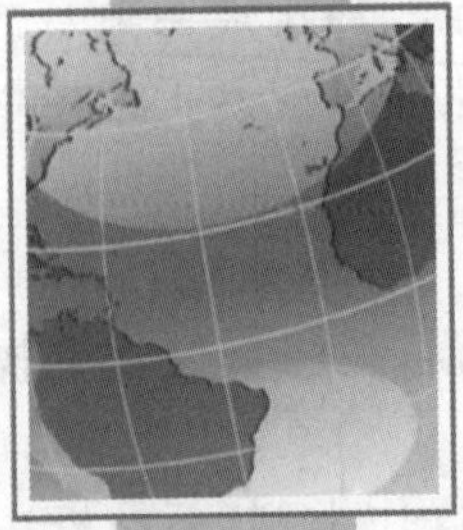

第十四章 报表管理子系统应用

【要点提示】

- 报表管理子系统
- UFO 报表的两种状态
- 关键字
- 表页
- 报表文件
- 单元公式
- 审核公式
- 审核报表
- 表页透视

【案例导入】

● 依据第七章账务的实验题二的数据资料，编制 2019 年 12 月的利润表(按财政部规定的要求编制)、资产负债表两个外部报表和内部报表。

第一节　报表管理子系统概述

报表管理子系统是财务软件的一个独立子系统，它为企业内部各管理部门及外部相关部门综合反映企业一定时期财务状况、经营成果和现金流量的会计信息提供了软件支持。报表管理子系统既可以编制企业对外报送的各种报表，也可以编制企业内部所需要的各种报表。它的任务是设置报表样式、编制报表公式，从总账子系统或其他业务子系统中提取有关的会计数据，自动生成各种会计报表，并能对报表的正确性进行审核、汇总，生成各种分析图，并按预定的格式输出各种会计报表。

一、会计报表的分类、报表管理子系统的分类

依据有关的分类标准，可对会计报表和报表管理子系统进行分类。

1. 会计报表的分类

会计报表是根据日常会计核算资料定期编制的，综合反映企业某一特定日期财务状况和某一会计期间经营成果、现金流量的总结性书面文件。按照会计报表的服务对象(使用对象)划分，会计报表可分为内部报表和外部报表两大类。按照会计报表编制的会计期间划分，会计报表可分为日报、月报、季报、半年报和年报五大类。

2. 报表管理子系统的分类

报表管理子系统按照软件系统的功能和使用情况，可分为三类：专用报表管理子系统、通

用报表管理子系统和财经电子表系统。其中，专用报表管理子系统是专为某企业或某集团开发的报表管理子系统；通用报表管理子系统是针对很多企业或很多集团开发的报表管理子系统，商品化的会计报表软件即为通用报表管理子系统；财经电子表系统通常是指 Excel，可用该通用的电子表软件编制会计报表。

二、报表管理子系统与其他子系统的数据传递关系

报表管理子系统主要从账务处理子系统自动提取编制报表所需的账簿数据，自动生成各种外部会计报表。除从账务处理子系统传递数据外，还可以从薪资、应收款、应付款、固定资产、采购、库存、存货核算、销售等各子系统传递数据，以生成各管理部门需要的内部会计报表。

三、报表管理子系统的功能

使用报表管理子系统，首先应了解其基本功能。

1. 按人工编制会计报表设置功能

报表管理子系统，按人工编制会计报表的工作来看，应具备四大功能。

(1)编制个别(单个)会计报表。编制个别(单个)会计报表的主要功能：①格式定义；②数据来源定义；③报表生成；④审核查询；⑤打印；⑥报表数据管理(备份、恢复、删除)。

(2)编制汇总会计报表。编制汇总会计报表的主要功能：①初始化；②数据采集；③审核；④汇总；⑤查询；⑥打印。

(3)编制合并会计报表。编制合并会计报表的主要功能：①建立合并工作底稿；②数据采集；③输入抵消分录；④定义合并公式；⑤合并；⑥查询；⑦打印。

(4)会计报表分析。会计报表分析的主要功能：①定义分析指标；②定义数据来源；③分析数据生成(报表生成)；④图形分析；⑤查询；⑥打印；⑦分析结果。

2. 按报表管理思想设置功能

报表管理子系统的主要功能有文件管理、格式管理、数据处理、图表功能和打印功能五种，有些报表软件还提供二次开发功能。

(1)报表管理子系统主要功能结构。

参见图 14—1 所示。

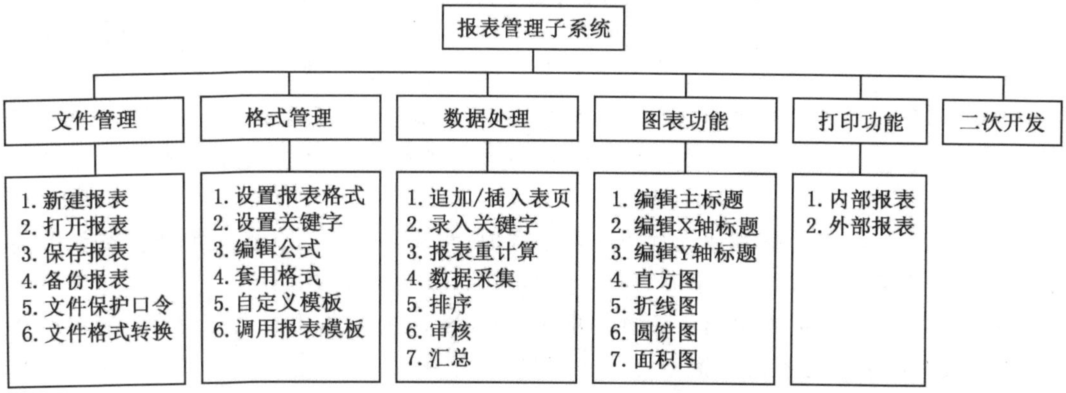

图 14—1　报表管理子系统主要功能结构图

(2)报表管理子系统基本术语简介。

了解报表管理子系统的基本术语,有助于我们更好、更快的学习报表管理子系统。以下以用友 ERP-U8 为例介绍 UFO 报表的基本术语。

注:UFO 在这里是 Ufide Friend Office 的英文缩写,中文含义是“用户友好办公”,其中 Ufide 是用友公司的英文缩写。

1)UFO 报表的两种状态。UFO 报表分为格式状态和数据状态。这两种状态在报表管理子系统的左下角有红字标识的按钮,可通过单击该按钮进行两种状态的转换,区分这两种状态是学习编制报表的关键。

2)表页。表页是由若干行和若干列组成的一个二维表,具有相同的格式而数据不同的每张报表称为一个表页,一般表示为第 1 页、第 2 页……,又可用@1、@2 等方法表示。表页是报表管理子系统存储数据的基本单位。

3)报表文件。一个或多个报表以文件的形式保存在存储介质中就称为报表文件。每个报表文件都有一个名字,例如“资产负债表”“利润表”。经常将报表文件简称为报表。

4)单元。报表中由行和列确定的方格称为单元,专门用于填制各种数据。它是组成报表的最小单位。单元名可以用所在行和列的坐标来表示,一般采用所在列的字母和行的数字表示,例如,A3 表示报表中的第 1 列第 3 行所对应的单元。

①单元属性包括单元类型、对齐方式、字体颜色等。其中,对齐方式和字体颜色与 Excel 大同小异。实际使用报表管理软件时需注意其单元类型。

②单元类型:可分为表样型、字符型和数值型三种,具体要在设置报表时进行定义。

5)区域。区域也叫块,区域由一张表页上的一组相邻单元组成的矩形块;自起点单元至终点单元是一个完整的长方形矩阵。在描述一个区域时,开始单元(左上角单元)与结束单元(右下角单元)之间用冒号“:”连接,用于表示区域的名称。例如,C4:D9 表示从 C 列第 4 行到 D 列第 9 行所围成的区域。在 UFO 报表中,区域是二维的,最小的区域可只包含一个单元,最大的区域是一个表页的所有单元(即整个表页)。

6)组合单元。组合单元是指由同行或同列相邻的两个或更多的单元组成的区域。这些可以组合的单元必须是同一种单元类型,报表处理时组合单元被视为一个单元。组合单元的名称既可以用区域名称表示,又可以用该区域中的某一单元的名称来表示。例如把 B2 到 B4 定义为一个组合单元,这个组合单元可以用“B2:B4”或“B2”“B3”“B4”来表示。

7)关键字。关键字是 UFO 报表管理子系统中一个比较重要的概念,是一个特殊的数据单元,可以唯一标志一个表页,用于在大量表页中快速选择表页,也是报表取数的重要依据,是连接报表和账套及其他业务数据的桥梁与纽带。每个报表可以定义多个关键字。关键字一般包括:单位名称、单位编号、年、月、日等,也可以自定义关键字,关键字在报表格式状态下以红字显示。

8)报表格式。报表的基本结构称为报表格式(也称表样格式),在报表管理子系统中,每一张表只能有一张表样格式,如同购买的一本空白报表,但可反复使用。

9)单元公式。单元公式是指报表单元中的各种公式,例如单元公式、取数公式、审核公式等,是设计报表时成功与否的关键。

四、报表管理子系统的业务处理流程

以用友 ERP-U8 的 UFO 报表为例,报表管理子系统的业务处理流程如图 14－2 所示。

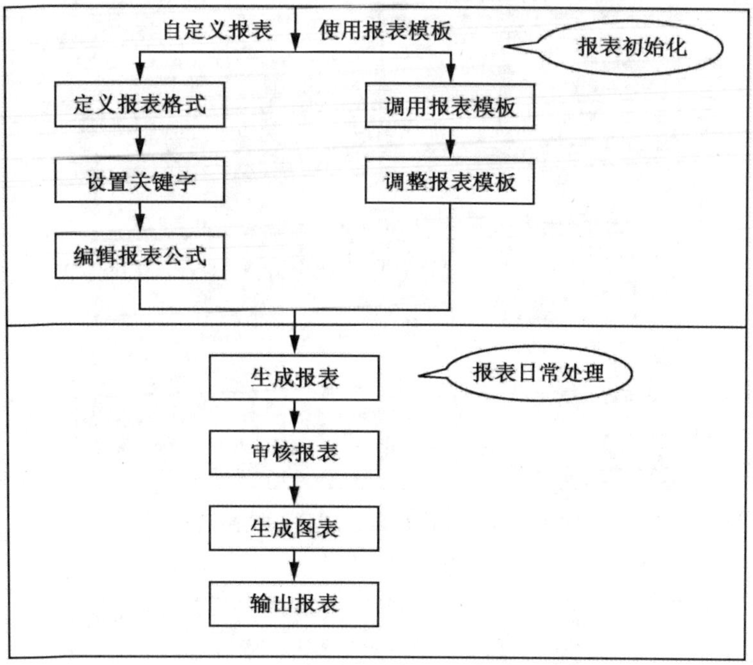

图 14—2　报表管理子系统业务处理流程图

第二节　使用报表模板编制会计报表

每到会计期末都要编制会计报表，这也是人工状态下工作量比较大的一项工作。而在报表管理子系统中，利用报表管理子系统中提供的功能（模板或格式）调用报表模板，能快速地编制会计报表。在用友 UFO 报表管理子系统中，使用报表模板编制会计报表的操作流程是：新建报表→找报表模板→选择所需用报表的模板→另存为自己的报表→生成报表数据（录入关键字→表页重算）。

进入用友 UFO 报表管理子系统的基本方法是：在企业应用平台的【业务】选项卡中，选择【财务会计】→【UFO 报表】菜单，进入 UFO 报表管理子系统，关闭“日积月累”窗口。

一、新建报表

进入用友 UFO 中，可直接“新建报表”。如果尚未使用用友 UFO 报表子系统，则需先启动 UFO 报表子系统。

进入用友 UFO 报表管理子系统后，选择【文件】→【新建】菜单或点击[新建]按钮，如图 14—3 所示。将自动创建一个如同电子表格一样的空报表文件，文件名显示在标题栏中，为“report1”。

二、寻找报表模板

在“格式状态”选择【格式】→【报表模板】菜单，如图 14—4 所示。UFO 报表管理子系统会弹出“报表模板”的选择窗口。

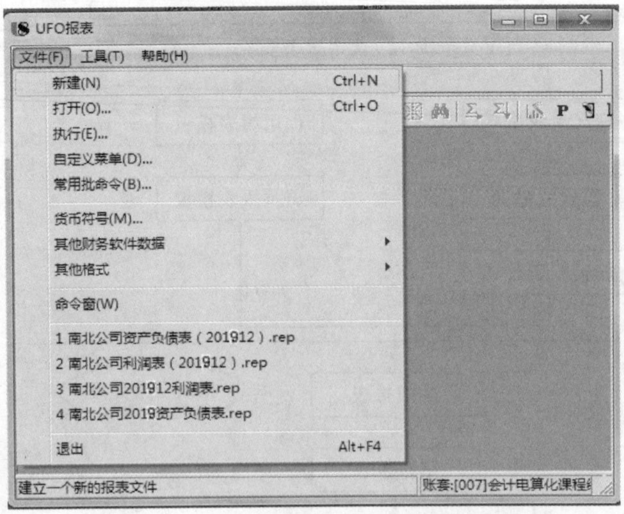

图 14-3　UFO 报表管理子系统窗口图

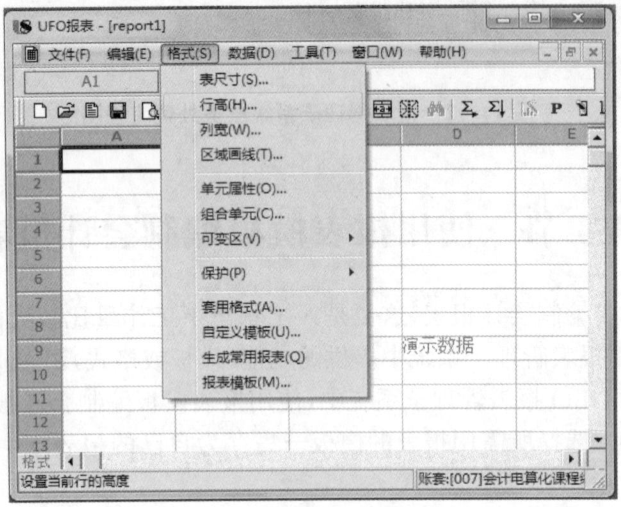

图 14-4　格式菜单选项窗口图

三、选择所需用的报表模板

在“报表模板”选择窗口选择所需用报表的模板，有以下四个操作步骤：(1)在“报表模板”选择窗口的“您所在的行业”，选择所需用的选项，例如选“2007 年会计制度科目”选项。(2)在“报表模板”选择窗口的“财务报表”，选择所需的选项，例如选“资产负债表”选项。(3)在“报表模板”选择窗口单击[确定]按钮，系统弹出“模板格式将覆盖本表格式！是否继续?”提示对话框。(4)单击提示对话框中的[确定]按钮，当前报表格式自动被覆盖。

四、另存为自己的报表

新建报表并选好报表模板后，应另存为自己的报表。其操作步骤为：(1)在选择【文件】→【另存为】菜单，打开“另存为”提示对话框。(2)在“另存为”提示对话框中的“文件名”文本框中输入自己所需用的表名，例如“利润表”或“利润表 2019”等。(3)单击[另存为]按钮，即可保存此表。

五、生成报表数据

在 UFO 报表管理子系统中，会计报表的数据包括报表单元的数值和字符，以及游离于单元之外的关键字。数值单元只能生成数字，而字符单元既能生成数字又能生成字符。数值单元和字符单元既可以由公式生成，又可以由键盘输入，而关键字必须由键盘输入。定义报表格式及公式在格式状态下进行，生成报表数据在数据状态下进行，这两种状态在报表管理子系统的左下角有标识，通过单击进行转换。生成报表数据最简化的操作步骤为：录入关键字→表页重算。

1. 录入关键字

每一张表页均对应不同的关键字，输出报表时表页的关键字会随同单元一起显示。

录入关键字的操作步骤为：(1)选择【数据】→【关键字】→【录入】菜单，打开“录入关键字”对话框。(2)输入具体的关键字，例如：在“单位名称”文本框中输入具体的单位名称，在“年”文本框中输入“2019”，在“月”文本框中输入“12”，在“日”文本框中输入“31”。(3)单击[确认]按钮。

2. 表页重算

在完成上面第三步骤后系统出现“是否重算表第 1 页？”提示对话框，单击[是]按钮，系统会自动根据公式计算本月份的数据。如果在报表数据采集完成后，认为账套数据有误，可以先行调整总账子系统，然后再生成报表数据。

表页重算的操作步骤为：(1)选择【数据】→【表页重算】菜单，打开“是否重算第 1 页？”对话框；(2)单击[是]按钮，系统会自动在初始的账套和会计年度范围内根据单元公式计算生成数据。如果编制报表中出现单元公式不正确，可以在“格式”状态下进行修改，然后再执行上面第(1)和(2)步进行报表重算。整表计算时是将该表的所有表页全部进行生成报表数据，而表页重算仅是将本表页生成数据。

注：除使用报表模板能快速编制会计报表外，使用此前或他人已定义好的报表格式来编制自己的报表也属另一快速编制报表的方法。参照已有报表的操作步骤为：(1)打开参照的报表。(2)另存为自己的报表。(3)按本单位现有要求修改报表格式及公式。(4)生成报表数据：①录入关键字；②表页重算。

第三节　自定义报表

当调用系统中的报表模板不能满足需要时，可使用自定义报表的方法编制会计报表以适应个性化需要。使用自定义报表的方法编制会计报表，其一般处理流程分为会计报表初始设置(报表管理子系统初始化)和报表数据处理(编制会计报表)两大操作步骤。编制会计报表较复杂的处理流程为：会计报表初始设置、报表数据处理、审核报表、汇总报表、合并报表、报表舍位平衡，共六大操作步骤。

一、报表管理子系统初始化

报表管理子系统初始化又称为会计报表初始设置。报表管理子系统把编制过程分格式和数据两种状态。会计报表就其表中区域(即内容的多少)是否常有变化而言,可分为固定表(如对外会计报表)和可变表(如对内会计报表中的主要产品单位成本表等)两类;就其报表结构的复杂性而言,可分为简单表和复合表。简单表从数学上来讲,一般是指标准的二维表。而复合表的结构要比简单表复杂,通常是简单表的某种组合。该类初始设置可一次设置、多次使用。如果报表格式出现变化或表中的数据来源发生变化,该类初始设置就需要修改变化的内容,否则就无须再进行该类初始设置。在此我们只介绍固定表或称简单表的初始设置,固定表的初始设置主要有四个操作步骤:创建新表、报表格式设计、定义关键字、报表公式设计。

1. 创建新表

(1)创建新表的操作方法。选择【文件】→【新建】菜单,将自动创建一个如同电子表格一样的空报表文件,文件名显示在标题栏中,为"report1",如图 14－5 所示。

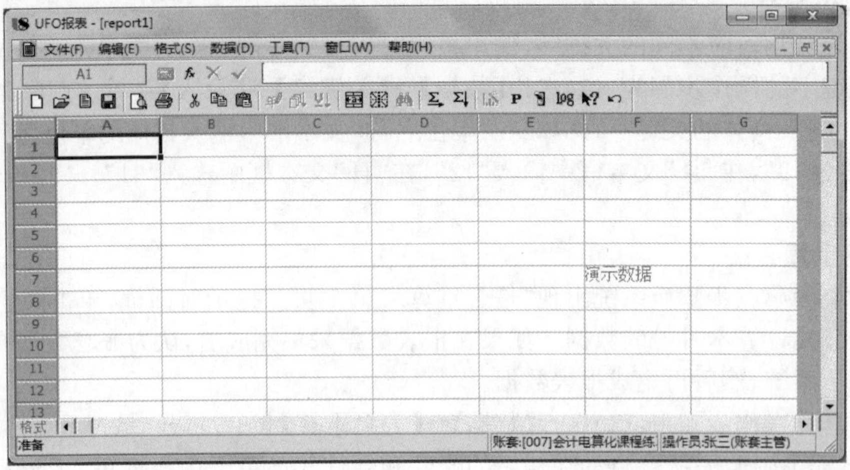

图 14－5 UFO 报表子系统的空白表图

(2)报表窗口的部件。报表窗口主要由以下九大部件组成:标题栏、菜单栏、编辑栏、工具栏、全选钮/行标/列标/当前单元、格式/数据按钮、页标/页标滚动钮、水平滚动条/垂直滚动条、状态栏。

①标题栏。标题栏显示软件的名称和当前文件名。位于报表窗口的第一行。在标题栏右侧的三个按钮,其形状和含义与 Word、Excel 相同,它们分别是最小化按钮、最大化按钮或还原按钮、关闭窗口按钮。

②菜单栏。菜单栏显示报表的菜单,如文件、编辑、格式、数据等。位于报表窗口的第二行。

③编辑栏。编辑栏用于编辑单元格的内容。位于报表窗口的第三行,即菜单栏的下方。编辑栏左侧的显示框为名字框。在格式状态下,用于显示当前选中区域的名称;在数据状态下,用于显示当前选中区域的名称和表页号。当前单元中已有的内容将自动显示在右侧的编辑框中。

④工具栏。工具栏显示报表处理常用功能菜单的图标。当鼠标移动到图标上并稍做停留时,系统在图标下方会显示该工具的简单提示;在图标左下角的状态栏中系统显示该图标能够完成的功能。用鼠标拖动工具栏可移动工具栏的显示位置,使用【工具】菜单中的【工具栏】菜单,可以隐藏或显示工具栏。

⑤全选钮/行标/列标/当前单元。这部分内容与 Excel 的工作表页面的有关内容基本相同。

⑥格式/数据按钮。格式/数据按钮位于报表的左下方。按钮字面显示是“格式”或“数据”,单击该按钮,可实现格式状态与数据状态的转换。

⑦页标/页标滚动钮。单击某页标,可使其成为当前表页。白色页标表示该张为当前表页。页标滚动钮位于报表标签显示区的页标之后,当表页数较多,所有页标无法同时显示出来时,使用页标滚动钮,页标随之移动,可使要找的页标显示出来,但当前表页不变。

⑧水平滚动条/垂直滚动条。水平滚动条位于报表的下方。水平滚动条的两端有两个按钮,按向左按钮可使屏幕显示表页左边的内容,按向右按钮可使屏幕显示表页右边的内容。水平滚动条中有一个滚动块,把鼠标放在滚动块上,按住左键拖动滚动块可左右移动显示表页。垂直滚动条位于报表的右侧。其操作方法与水平滚动条基本相同。

⑨状态栏。状态栏位于水平滚动条的下方,用于动态显示操作的相关信息。

2. 报表格式设计

报表格式设计即为设置报表的空表结构。当用户需设计的报表在报表模板中不存在时,需要采用用户自行设计的方法。用户在设计内部会计报表时一般采用该方法。一般来说,该方法不仅适合于会计报表的设计,而且适合于其他表的设计。设置报表的结构时,首先应定义报表的尺寸,然后再确定报表的具体结构。

(1)定义表尺寸。定义表尺寸相当于定义电子表格的大小,具体来说,表尺寸是指报表长有多少行、宽有多少栏。以“利润表”为例,该表的长为 21 行(包括表头 3 行、表栏 1 行、表体 16 行),宽为 4 栏(即项目、行次、本月数、本年累计数)。为显示美观,可在报表的大标题前空一行,在报表的末尾空一行,在报表的左右两侧各空一栏,即可将“利润表”的表尺寸设置为长 23 行、宽 6 栏。在 UFO 中,定义表尺寸的操作步骤为:①单击【格式】的下拉菜单【表尺寸】,系统将弹出“表尺寸”对话框。②在“表尺寸”对话框中,将系统默认的行数修改为 22,将系统默认的列数修改为 5。③单击[确认]按钮,定好表尺寸。此时屏幕上清晰地显示 22 行 5 列,其余的部分都变成了灰色。

(2)在设计过程中发现表尺寸有误的修改。发现表尺寸有误,可分错误的具体情况采取不同的修改方法。①当报表的行列设计都有错误时,可采用重设“表尺寸”的方法,其操作步骤与定义表尺寸相同。②当少设计了报表的行或列时,可通过【编辑】的下拉菜单【插入】或【追加】下的“行”菜单增加行数、“列”菜单增加列数。③当多设计了报表的行或列时,可通过“编辑”的下拉菜单“删除”下的“行”菜单删除行数、“列”菜单删除数列。

(3)定义行高和列宽。根据报表的大小和文字及数据的多少来设计行高和列宽,以美观大方且能够放下本栏最宽数据为原则,此行高和列宽可以用数值来设定,也可以在表行标识的行分隔线处,当鼠标呈现“╪”时,用鼠标拖动来设定行高;在表列标识的列分隔线处,当鼠标呈现“╫”时,用鼠标拖动来设定列宽。

(4)设置报表的具体结构。虽说报表的具体结构由表头、表栏、表体和补充资料四部分组成。但设计时不一定要按表头、表栏、表体和补充资料的顺序设计。为使表头放在适当的位置,设计时可留下表头所占的行数,先设计表栏和表体,再设计表头,最后设计补充资料。在此,我们仍以“利润表”为例说明其操作方法。

1)表栏的设计。表栏包括表的栏目名称和各栏目的宽度。例如“项目”栏:22 个汉字或 44 个字符;“行次”栏:2 个汉字或 4 个字符;“本月数”栏:14 位数字;“本年累计数”栏:18 位数字。

实际操作中可先不确定各栏目的宽度，待表体中各栏最宽的项目输入后，再通过列宽调节区调整各栏目的应有宽度。即可以在列宽调节区中的表列标识的列分隔线处，当鼠标呈现"+"时，用鼠标拖动来设定列宽。将鼠标移动到A列与B列的列标之间，待鼠标指针变为左右箭头时，向左拖动鼠标至A列调为2～10个字符。如果该报表前不空栏，则本步骤可省略。顺序输入项目、行次、本月数、本年累计数四个栏目的名称（输入时汉字前及汉字间暂时不留空）。可单击【格式】菜单下的【行高】，将栏目所在行放大。可单击【工具】菜单下的【显示风格】，在"显示风格"对话框中，定义字形、字体、字号和显示颜色。

2）表体的设计。"利润表"中，项目、行次、本月数、本年累计数四个栏目至补充资料间的内容就是我们所讲的表体。其中"项目"栏下的"一、主营业务收入"至"五、净利润"，"行次"栏下的1～30属报表格式中的固定内容，应在格式设计时直接填写，这部分固定内容属表样；而每个项目的"本月数""本年累计数"属报表格式中的非固定内容，会随各单位经营情况的变化而变化，在报表格式设计时这部分非固定内容属数值型，并需留出相应的填写位置。一般来说，表体的设计可分为六大步骤。

①按《企业会计制度》规定的格式，在B列"项目"栏下输入具体内容，将鼠标移动到B列与C列的列标之间，待鼠标指针变为左右箭头时，向右拖动鼠标直至B列的文字全部能看见为止。

②先在C列与D列的列标之间向左拖动鼠标直至C列能看见"行次"两个汉字（最好在"行次"前后各空一个字符位，以方便在该列上方存放××××年）；再按《企业会计制度》规定的格式，在C列"行次"栏下输入具体内容；选中C6:C21区域，单击工具栏中的[居中]按钮。

③根据本单位该表的"本月数""本年累计数"中的最大数字的位数，同时考虑发展的需要确定"本月数"栏、"本年累计数"栏的宽度。选中D6:E21区域，单击【格式】菜单下的【单元属性】，在"单元属性"对话框中，选中【单元类型】下的【数值】，选中"数字格式"下的【逗号】，单击[确认]按钮，确定"本月数""本年累计数"两栏的数值类型和数字格式。

④单击报表左上角的全选钮，选中当前表页的所有单元；单击【工具】菜单下的"显示风格"，在"显示风格"对话框中，将"网格颜色"设为白色，系统将不显示网格线。

⑤选中B5:E21区域，画表格线。方法一：单击【格式】菜单下的【套用格式】，在系统弹出的对话框中选择【标准式】即可。方法二：单击【格式】菜单下的【区域画线】，在系统弹出的对话框中选择【网线】后，单击[确认]按钮，系统会自动将"利润表"中的表格线画好。

⑥将各栏目的汉字间加上适当的空格，选定栏目所在行（用鼠标点中第5行的行标），单击工具栏上的[居中]按钮，将各栏目名称设为满意的格式。

3）表头的设计。表头包括大标题和副标题两部分。大标题"利润表"，只有一行；副标题即小标题有两行，"会企02表"占一行，"编制单位:""年""月""单位:元"占一行。

①定义大标题"利润表"。a. 选中B2:E2区域（A1:C1为空）；b. 单击【格式】菜单下的【组合单元】，在其弹出的对话框中点取【按行组合】；c. 输入"利润表"（汉字间最好留些空）；d. 单击工具栏上的[居中]按钮；e. 可单击【格式】菜单下的"行高"，将大标题"利润表"所在行放大。f. 可单击【工具】菜单下的【显示风格】，在"显示风格"对话框中，定义字形、字体、字号和显示颜色。其中d、e、f三个步骤可根据需要选用。

②定义副标题。a. 选中E3单元，输入"会企02表"；单击工具栏上的[右对齐]按钮；b. 选中B4单元，输入"编制单位:"和本单位的名称；c. 选中E4单元，输入"单位:元"，单击工具栏上的[右对齐]按钮；d. 可单击【工具】菜单下的"显示风格"，在"显示风格"对话框中，定义

字形、字体、字号和显示颜色。

注:C4、D4 留待存放关键字“年”和“月”。

4)表尾的设计。“利润表”的补充资料是报表正文底部后的一段辅表。辅表的格式设计方法与“利润表”的格式设计方法完全相同。

3. 定义关键字

关键字是可以唯一标识某会计报表中的一张具体数据表的特殊数据单元。关键字有多种,如单位编号、单位名称、年、季、月、日。我们仍以“利润表”为例,需要编制汇总会计报表或合并会计报表的单位,最好选用单位名称、年和月三个关键字。对一般单位而言,只需选择年、月两项关键字。在此我们介绍年、月两项关键字的定义方法。

(1)定义关键字“年”。定义关键字“年”的操作步骤:①选中 C4 单元,单击【数据】菜单下的【关键字】后的【设置】菜单,在系统弹出的“设置关键字”对话框中选择【年】后,单击[确定]按钮。②单击【数据】菜单下的【关键字】后的【偏移】菜单,在系统弹出的“定义关键字偏移”对话框中的“年”后输入偏移量“0”,单击[确定]按钮。该步骤可放在定义关键字的最后一步一起定义各个关键字的偏移量。

(2)定义关键字“月”。定义关键字“月”的操作步骤:①选中 D4 单元,单击【数据】菜单下的【关键字】后的【设置】菜单,在系统弹出的【设置关键字】对话框中选择【月】后,单击[确定]按钮。②单击【数据】菜单下的【关键字】后的【偏移】菜单,在系统弹出的“定义关键字偏移”对话框中的“月”后输入偏移量“2”或“3”,单击[确定]按钮。该步骤可放在定义关键字的最后一步一起定义各个关键字的偏移量。

如果关键字定义有误或有变化,需要修改关键字的设置及显示位置。其方法是先单击【数据】菜单下的【关键字】后的【取消】菜单,将错的关键字取消,然后再按以上方法进行重新设置。如果修改同一关键字,可直接重设。

(3)保存已定义好的报表格式。为安全起见,该部分内容设置好后,最好先保存起来。其操作方法是:①单击【文件】菜单下的【保存】菜单,系统弹出“另存为”的对话框;如果此前已保存过该报表的格式,系统就不会弹出“另存为”的对话框,此后的操作步骤省略。②在“另存为”对话框中,输入“文件名”:“LRB”或“利润表”。③单击[保存]按钮即可。

4. 报表公式设计

会计报表的数据是与编制单位及编制时间相关的,不同单位不同会计期间的报表数据是不同的,但其获取数据的来源和计算方法则相对稳定。会计报表公式主要包括单元公式、审核公式和舍位平衡公式。

(1)单元公式。在用友 UFO 报表管理子系统中,报表公式被称为单元公式,它是指报表或报表单元中的各种公式。单元公式是报表数据来源的一个重要组成部分。它既可以将数据单元赋值为数值,也可以赋值为字符。为了减少录入公式的失误,报表管理子系统提供了参照录入功能和各种取数函数。

1)从总账子系统取数的公式(即账务函数)。从账中取数是会计报表数据的主要来源,账务取数函数架起了报表管理子系统和总账等其他子系统之间进行数据传递的桥梁。账务取数函数的使用可以实现报表管理子系统从账簿、凭证中采集各种会计数据生成报表,实现账表一体化。账务取数公式是报表管理子系统中使用最为频繁的一类公式,此类公式中的函数表达式最为复杂,公式中往往使用多种取数函数,每个函数中还要说明如取数的科目编码、取数的会计期间、发生额或余额、方向、账套号等参数。

账务函数的基本格式如下所示：

函数名(科目编码,会计期间,[方向],[账套号],[会计年度],[编码 1],[编码 2])

以上格式中的“(　)”是函数的参数项,科目编码和会计期间是必选参数项,“[　]”表示可选参数。函数表面上很复杂,而实际用到的参数常常只有 4、5 个,还有一些是默认的,比如说账套号、会计年度等,会计期间常常被设为关键字,所以实际用起来还是不复杂的。

①函数名。格式中的函数名即账务取数函数,主要有 8 种,如表 14－1 所示。

表 14－1　　账务取数函数表

总账函数	金额式	数量式	外币式
期初余额函数	QC(　)	SQC(　)	WQC(　)
期末余额函数	QM(　)	SQM(　)	WQM(　)
发生额函数	FS(　)	SFS(　)	WFS(　)
累计发生额函数	LFS(　)	SLFS(　)	WLFS(　)
条件发生额函数	TFS(　)	STFS(　)	WTFS(　)
对方科目发生额函数	DFS(　)	SDFS(　)	WDFS(　)
净额函数	JE(　)	SJE(　)	WJE(　)
汇率函数	HL(　)		

②科目编码也可以是科目名称,即“总账科目编码”或“明细科目编码”。使用时必须用英文半角的双引号括起来。

公式 FS("1001",全年,"借",007,2019),表示取 2019 年度 7 号账套全年 1001 科目的借方发生额。公式 FS("1001",全年,"借",007,年),表示取报表中登录时所选年度的全年 1001 科目的借方发生额。公式 FS("1001",季,"借"),表示取报表中关键字“季”的 1001 科目的借方发生额。公式 FS("1001",月,"借"),表示取报表中关键字“月”的 1001 科目的借方发生额。

③会计期间可以是“年”“季”“月”等变量,也可以是用具体数字表示的年、季、月。一般直接用报表关键字或者写日期来指定,会计期间也可以直接用数字或者一个带引号的日期来表示,含义如下：

1～12:表示 1～12 月。例如,公式 FS("1001",5,"借"),表示取 5 月份的 1001 科目的借方发生额。

21～24:表示 1～4 季度。例如,公式 FS("1001",21,"借"),表示取一季度 1001 科目的借方发生额。

41～93:表示第 1 周～第 53 周。例如,公式 TFS("1001",41,"借"),表示取第 1 周 1001 科目的借方发生额。

1001～1136:表示第 1 旬～第 36 旬。例如,公式 TFS("1001",1001,"借"),表示取第 1 旬 1001 科目的借方发生额。

"月/日/年,月/日/年":表示一个时间段。例如,"3/15/2019"表示 2019 年 3 月 15 日;"3/15/2019,4/15/2019"表示 2019 年 3 月 15 日～4 月 15 日。公式 TFS("1001","3/15/2019","借"),表示取 2019 年 3 月 15 日 1001 科目的借方发生额;公式 TFS("1001","3/15/2019,4/15/2019","借"),表示取 2019 年 3 月 15 日至 4 月 15 日 1001 科目的借方发生额。

④方向即指账簿的“借”“贷”或默认值。如果在公式中没有显示注明取科目哪个方向，则取默认方向。默认方向的含义是：如果该科目是借方余额，则取借方余额数；如果是贷方余额，则取贷方余额数。对一些可能出现借方余额也可能出现贷方余额的科目必须指定取数方向。另外，对于取数为发生额的函数 FS(　)，在定义科目取数方向时也必须指定“借”或“贷”。

⑤账套号为账套的数字编码，缺省时系统默认为第一套账。在取数时，可以指定从哪个账套中取数。例如，公式 FS("1001",月,"借",001)表示从账套 001 中取数。账套号也可以省略不写，例如公式 FS("1001",月,"借")表示从默认账套中取数。在数据菜单中有一项账套初始功能，用于指定默认账套。比如常用的账套是 001，那么在此指定 001 账套为默认账套。定义账务函数时如果不写账套号，则 UFO 自动从 001 账套中提取数据。

⑥会计年度即为数据取数的年度，可省略。会计年度参数项在取数时，可以指定从一个账套的某个会计年度中取数。会计年度有两种形式：

一是指定 4 位会计年度。例如，公式 FS("1111",1,"借",001,2019)，表示取账套 001 中 2019 年 1 月的借方发生额。

二是省略不写，此时系统会按照账套初始功能中定义的会计年度来取数且只受登录会计年度影响。若在格式状态下定义了关键字“年”，则输入的关键字“年”的值对它没有影响。例如，某公司已建立 2019 年度的报表及取数公式，公式省略“会计年度”，形如 FS("1111",1,"借",001)。进入 2019 年后，若要计算 2019 年度相关数据，则不用修改公式，只需要把“账套初始”设为 2019 年即可。

三是写“年”字，如果已经在格式状态下定义好了报表关键字“年”，在数据状态下输入关键字“年”的值，这种写法将取报表关键字“年”的值。例如公式 FS("1111",1,"借",001,年)，当报表中关键字“年”输入 2019 时，此公式表示取 2019 年数据；当关键字“年”为 2019 时，此公式表示取 2019 年数据。如果报表中没有定义关键字“年”，则按照机器时间所在年度取数。

⑦编码 1 和编码 2 与科目编码的核算账类有关，可以取科目的辅助账，如职员编码、客户编码等，如无辅助核算则可省略。有辅助核算函数的公式格式为：

函数名(科目编码，会计期间，方向，账套号，辅助核算单位)。

2)自本表本页取数的主要函数。从本表本页取数最基本的是直接引用具体单元格即可获取该单元格内的数据。如 D5＝E5 即表示 D5 单元格等于 E5 单元格内的数据。一张报表中有些项目是通过对本表本页其他单元格进行计算得到的，常见的诸如求和、求平均值、计数、求最大值、求最小值等运算。例如用 PTOTAL(A4:D8)表示求区域 A4 到 D8 单元的总和。本表本页取数函数参见表 14－2。

表 14－2　　本表本页取数函数表

函数名	函　数	函数名	函　数
求　和	PTOTAL(　)	最大值	PMAX(　)
平均值	PAVG(　)	最小值	PMIN(　)
计　数	PCOUNT(　)	方　差	PVAR(　)
		偏方差	PSTD(　)

注：这些取数的主要函数的“(　)”中应注明区域。如果直接提取本表本页某一单元的值，直接使用单元符号即可。例如“固定资产净值”等于“固定资产原价”减“累计折旧”得到的，应

在"固定资产净值"项目栏单元公式中输入"C11－C12"来表示。

3)自本表他页取数的函数。编辑此类公式应注意报表处理软件中的表页选择函数的函数名及参数个数与参数格式。特别是如何描述历史上的会计期间。对于取自本表其他表页的数据,可以利用某个关键字作为表页定位的依据或者直接以页标号作为定位依据,指定取某张表页数据。

方法一:采用某个关键字作为表页定位的依据从本表他页取数。该方法使用 SELECT(　)函数来完成从本表他页取数工作。以"利润表"为例,E 列为"本年累计数"的取数公式为:E6＝D6＋select(D6,年@＝年 and 月@＝月＋1)。

方法二:直接以页标号作为表页定位的依据从本表他页取数。例如:本表 D5 单元的数据从本表的第三张表页的 C5 取得。其取数公式为:D5＝C5@3。

4)从其他报表取数的函数。在进行报表与报表之间取数时,不仅要考虑数据取自哪一张表的哪一单元,还要知道数据来源于哪一页。从其他报表取数的函数是:＜报表名＞[.REP]＞单元。例如,元月份"资产负债表"(本表表页为 1)中的"未分配利润"(假定为 H39)需要从元月份"利润表"(本表表页为 1)的"净利润"(假定为 D21)中取数。其取数公式可写为:H39＝"利润表"＞D21@1。

5)UFO 报表定义"单元公式"的操作步骤。UFO 报表定义"单元公式"的操作必须在格式状态下进行。进入 UFO 报表,如果报表处于关闭状态,应先打开报表;如果报表在数据状态下,可单击[格式/数据]按钮将其转换为格式状态,然后进行如下的操作步骤便可为每个单元格定义单元公式。在 UFO 报表中输入"单元公式"的操作有直接输入公式、利用函数向导输入公式两种方法。下面以货币资金为例,具体介绍两种方法的使用。

①直接输入公式的操作步骤。该方法适用于对 UFO 报表公式、函数运用了解较深入的用户使用。采用直接输入公式法输入公式可提高速度。该方法主要有四大操作步骤:

a. 选中需要定义公式的某一单元。

b. 单击编辑栏中的[*fx*]按钮或按[＝]键,系统弹出"定义公式"窗口;也可在【数据】菜单中指向【编辑公式】,然后单击【单元公式】项,系统弹出"定义公式"窗口。

c. 在"定义公式"窗口输入单元公式;需要注意的是:凡是公式中涉及数学符号的均需输入英文半角字符。

d. 单击[确认]按钮,选中的单元出现"公式单元"字样,该单元公式定义完毕。

②利用函数向导输入公式的操作步骤。为了减少学习记忆的时间和录入公式的失误,UFO 报表管理子系统提供了函数向导(即参照录入)功能。该方法适用于对 UFO 报表公式、函数运用不太了解的用户使用。利用函数向导输入公式法输入公式简单直观。在此,以设置资产负债表的账务取数公式为例介绍采用函数向导进行报表公式设计的具体步骤:

a. 选定要赋值的单元,例如把光标停放在"货币资金"年末数项目的赋值处。

b. 单击编辑栏中的[*fx*]按钮,打开"定义公式"对话框;也可在【数据】菜单中指向【编辑公式】,然后单击【单元公式】项,系统弹出"定义公式"窗口,如图 14－6 所示。

c. 在"定义公式"窗口单击[函数向导]按钮,进入"函数向导"对话框,如图 14－7 所示。

d. 在对话框左边的"函数分类"列表框中选择"用友账务函数"选项(财务函数表明该数据取自总账子系统,如果数据取自其他子系统,则使用其他函数)。

e. 在对话框右边的"函数名"列表框中选择某函数,如"期末(QM)"选项(说明该数据取自总账某个科目的期末数)、发生额选"发生(FS)"。

图 14—6　“定义公式”对话框图

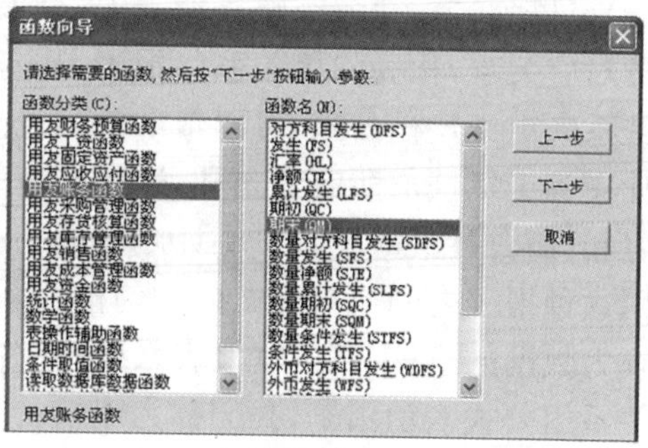

图 14—7　“函数向导”对话框图

f. 单击[下一步]按钮，进入“用友账务函数”对话框，如图 14—8 所示。此时可以在“函数录入:”文本框中直接录入公式。为了减少差错，常使用系统提供的“参照”进行录入，方法为：单击[参照]按钮，进入“账务函数”对话框，如图 14—9 所示，“账套号:”可选择“默认”，也可选择具体的账套号或输入所需账套号；“会计年度”应选择“默认”，科目可直接输入科目代码或按[...]按钮选择科目代码，“期间”“方向”可选择“默认”，根据需要选择“截止日期”及“是否包含未记账凭证”复选框。

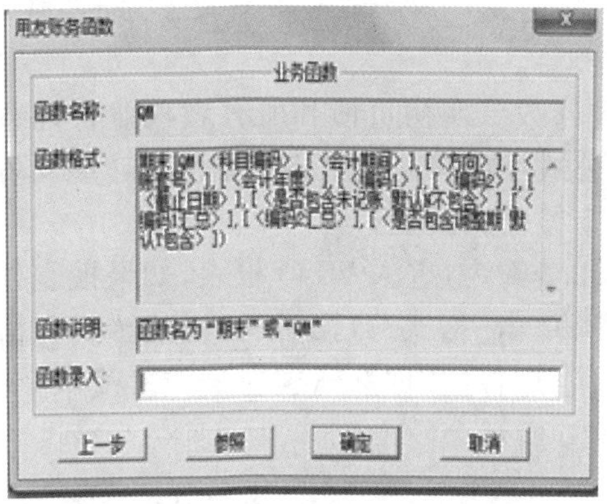

图 14—8　“用友账务函数”对话框图

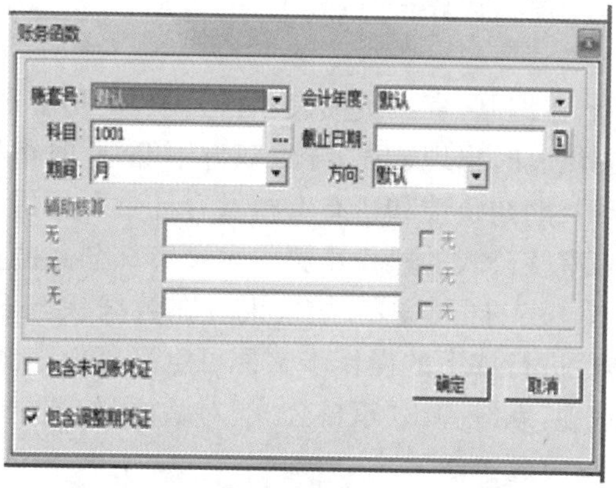

图 14—9　“账务函数”对话框图

g. 单击[确定]按钮，返回“用友账务函数”对话框，此时，“函数录入:”文本框中已有所选数据 QM("1001",月,,,年,,)；在“QM("1001",月,,,年,,)”后输入“+”符号，单击[参照]按钮，再次进入“账务函数”对话框；根据单元的计算关系分别按上述步骤录入“1002”和“1012”两个科目。

h. 单击[生成]按钮，返回到“定义公式”对话框。再单击[确定]按钮，完成公式的录入。在报表格式状态下该单元显示“单元公式”字样，表明此单元已经定义了公式。

i. 依次按各单元的取值要求把所有单元公式编辑完。

6)保存已定义好的单元公式。为安全起见，该部分内容设置好后，应及时保存起来。其操作方法有两种。

方法一：单击[保存]按钮。

方法二：单击【文件】菜单下的【保存】菜单，系统弹出“另存为”的对话框；输入或选择“文件名”：“ZCFZB”或“资产负债表”；单击[保存]按钮即可。

(2)审核公式。在各类财务报表中，每个数据都有明确的经济含义，并且数据间往往存在着某种对应关系，称为勾稽关系。报表中的各个数据之间一般都存在某种勾稽关系，利用这种勾稽关系来定义审核公式，可以帮助我们进一步检验报表编制的正确性。如资产负债表的资产合计应等于负债与所有者之和，这种平衡关系就是勾稽关系。如在一个报表中，小计等于各分项之和；而合计又等于各个小计之和等。在实际工作中，为了确保报表数据的准确性，我们经常用这种报表之间或报表之内的勾稽关系对报表进行勾稽关系检查。一般来说，我们称这种检查为数据的审核。UFO 报表系统对此特意提供了数据的审核公式，它将报表数据之间的勾稽关系用公式表示出来，我们称为审核公式。

1)审核公式的作用。审核公式可以验证表页中数据的勾稽关系，也可以验证同表不同表页间的勾稽关系，还可以验证不同报表之间的数据勾稽关系。

2)审核公式的组成。审核公式由验证关系公式和提示信息两部分组成。定义报表审核公式，首先要分析报表中各单元之间的关系，来确定审核关系，然后根据确定的审核关系定义审核公式，其中审核关系必须确定正确，否则审核公式会起到相反的效果，即由于审核关系不正确导致一张数据正确的报表被审核为有错误，而编制报表者又不知错在何处。

3)审核公式的格式。审核公式的格式如下：

＜算术或单元表达式＞＜逻辑运算符＞＜算术或单元表达式＞〔MESS“说明信息”〕

其中逻辑运算符有：等于“＝”、大于“＞”、小于“＜”、小于等于“＜＝”、大于等于“＞＝”、不等于“＜＞”等。

例：在编制“资产负债表”时，要求“期初资产合计数＝期初负债和所有者权益合计数”，如果编制该表时出现错误，导致双方不等，此时审核公式在审核时应报告出错信息：“期初资产总计数＜＞期初负债和所有者权益合计数”，再进行审核公式设置。

4)审核公式的操作步骤。定义审核公式的操作步骤为：进入 UFO 报表，如果报表处于关闭状态，应先打开报表；如果报表在数据状态下，可单击[格式/数据]按钮将其转换为格式状态，然后进行如下的操作步骤便可定义审核公式。①选择【数据】→【编辑公式】→【审核公式】菜单选项，系统弹出“审核公式”对话框，如图 14－10 所示。

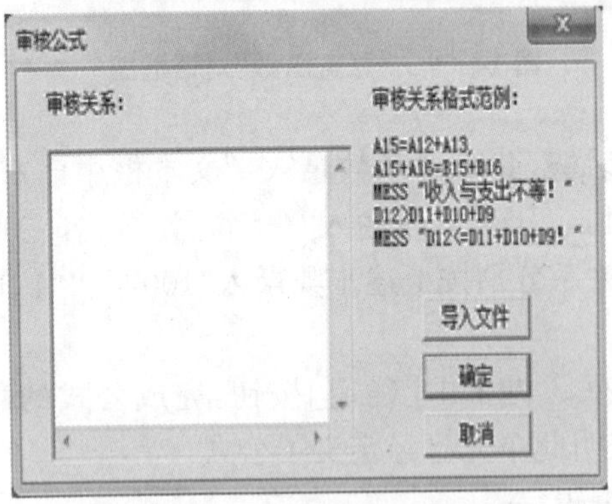

图 14－10 “审核公式”对话框图

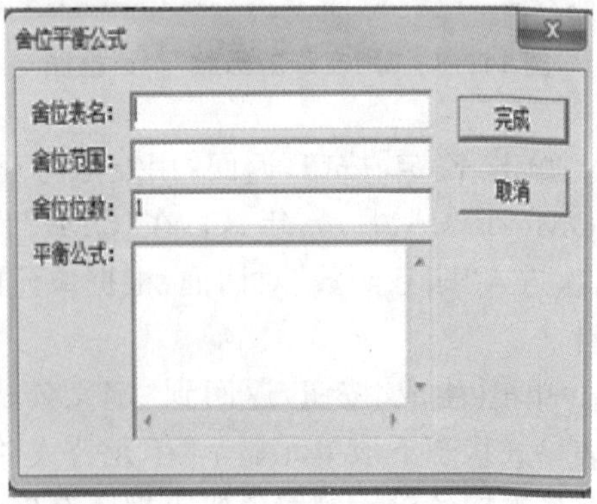

图 14－11 “舍位平衡公式”对话框图

②在【审核公式】对话框中“审核关系”下方的对话框中输入：

C41＝G41　MESS“年初数中 资产＜＞负债＋所有者权益”

D41＝H41　MESS“期末数中 资产＜＞负债＋所有者权益”

③单击[确定]按钮，完成审核公式的录入，其他审核公式以同样的方法录入。

(3)舍位平衡公式。定义舍位平衡公式是为了重新调整报表数据进位后小数位的平衡关系。在报表汇总时，各个报表的数据计量单位有可能不统一，有的以“元”为单位，有的以“千元”或“万元”为单位。这时需要对报表的数据进行位数转换，将报表的数据单位由个位转换为百位、千位或万位，如将“元”转换成“千元”，这种操作可称为进位操作。进位操作以后，原来的平衡关系可能会因为小数位的四舍五入而被破坏，因此就需要对进位后的数据平衡关系重新调整，使舍位后的数据符合指定的平衡关系。

1)舍位平衡公式的格式。

REPORT“＜舍位表文件名＞”

RANGE＜区域＞[,＜区域＞]＊

WEI＜位数＞

[FORMULA＜平衡公式＞[,＜平衡公式＞＊]]

注：平衡公式中涉及的数据应完全包含在参数＜区域＞所确定的范围之内，否则平衡公式无意义。

2)定义舍位平衡公式应注意的事项。为了完整、准确地定义舍位平衡公式，我们首先应把握有关注意事项：①每条公式占一行，各公式之间用半角的逗号隔开，最后一条公式不能用逗号等各种符号。②舍位平衡公式中只能使用半角的“＋”“－”符号，不能使用其他运算符及函数。③公式的左边只能是一个不带页号和表名的单元。④一个单元只能在公式的等号右边出现一次。⑤平衡公式书写顺序应为统计过程的逆方向。⑥执行舍位平衡必须在数据状态下进行。

3)定义舍位平衡公式的操作步骤。在 UFO 报表中的舍位平衡公式应在格式状态下定义，应在数据状态下执行。在 UFO 报表中定义舍位平衡公式，应按以下操作步骤进行：①在【数据】菜单中选择【编辑公式】→【舍位公式】，系统弹出“舍位平衡公式”窗口。②在“舍位平衡公式”窗口中的“舍位表名”编辑框内输入欲舍位的表名，例如对各分公司利润表汇总后的表名 LRBHZ；在“舍位范围”编辑框内输入欲参加舍位的区域范围，例如 D6:D21(表示整个表都进行舍位平衡运算)；在“舍位位数”编辑框内输入欲舍去的位数“3”(表示由元舍位到千元)；在“平衡公式”编辑框内输入平衡公式，例如：D9＝D6－D7－D8，D14＝D9＋D10－D11－D12－D13，D19＝D14＋D15＋D16＋D17－D18，D21＝D19－D20。如果还有其他平衡关系，可以在平衡公式栏继续输入，但要注意每个公式占一行或各公式之间有逗号“，”隔开。③单击【完成】按钮，舍位平衡公式定义完毕。

5. 保存报表格式

为安全起见，各部分内容设置好后，都应及时保存起来。最简单的保存方法是单击[保存]按钮。该方法适用于报表格式的部分内容已保存过的情况。

如果是第一次保存，则应执行以下步骤：(1)在【文件】菜单中单击其下拉菜单【保存】，系统弹出“另存为”对话框。(2)在“另存为”对话框的“保存在”的编辑框内输入报表文件名，例如“利润表”，保存文件类型选择系统默认的文件格式＊.REP，即报表文件。(3)单击[保存]按钮。

二、报表数据处理

报表管理子系统中的报表数据处理即是日常会计工作中所称的编制会计报表。报表数据处理是指系统自动根据已设计好的报表格式和已定义好的报表单元公式自动生成会计报表，所以在会计电算化中编制会计报表又称为生成会计报表。编制报表的过程是在人工控制下由计算机自动完成的，报表管理子系统利用已经设置好的报表结构文件，运用其中的单元公式从相应的数据源中采集数据，填入相应的单元中从而得到报表数据。报表数据处理主要包括生成报表数据、审核报表数据和舍位平衡操作等工作。

根据现行会计制度的规定，应于每个会计期末编制会计报表(外部报表)；根据本公司的要求，在需要时应编制内部会计报表，但常用的内部会计报表也需定期编制(例如管理费用明细表、主要产品销售情况表等)。需要注意的是：同一格式的会计报表在不同会计期间可以生成具有不同数据的报表表页，例如一月份的"资产负债表""利润表"和二月份的"资产负债表""利润表"都是用同一格式的"资产负债表""利润表"生成的。并且"资产负债表""利润表"等月报必须在月末将本月的经济业务全部处理完毕后才能生成。若在月中进行报表生成，即使所有报表公式都正确也会生成一张数据错误的报表。UFO 报表管理子系统能将多达 99 999 张相同格式的报表放置在一个报表格式文件中管理，并且在每张表页之间建立联系，使数据查找方便而迅速。

下文我们以编制"利润表"为例，介绍定期编制会计报表的具体操作步骤。

1. 转换为数据状态

因为在 UFO 报表管理子系统中设置报表和编制报表是两种不同的状态，设置报表是在格式状态进行的，而编制报表必须在数据状态进行，所以当报表编制好以后要从格式状态转化为数据状态。打开前面已编好格式的"利润表"，并将报表状态由"格式"转为"数据"，即单击报表左下角的[格式]按钮使之变为[数据]按钮，也可以使用"Ctrl+D"快捷方式将报表状态由"格式"状态转为"数据"状态。

2. 定期编制会计报表的简捷步骤

使用简捷步骤定期编制会计报表的前提条件是：本表的所有数据均能根据有关公式自动取数并已有空白表页。使用简捷步骤定期编制会计报表只有"录入关键字"和"报表计算"两个步骤。

(1)录入关键字。会计报表最常用的关键字是日期。会计报表是一种时效性很强的文件，因此报表数据与编制日期有着密切的关系，在定义报表结构时可以不用指定日期，但是在生成报表时必须确定其日期。

关键字是表页定位的特定标识。仅仅在格式中设置关键字还不够，只有在录入关键字后关键字才能真正成为表页的鉴别标志，并为表页间、表表间的取数提供依据。

①选择[数据]→【关键字】→【录入】菜单项，系统弹出"录入关键字"对话框。

②在"录入关键字"对话框中，录入已定义的关键字。例如在"单位名称"文本框中输入"东方股份有限公司"，在"年"文本框中输入"2019"，在"月"文本框中输入"12"，在"日"文本框中输入"31"。

③在"录入关键字"对话框中，单击[确认]按钮。

(2)报表计算。报表计算在 UFO 报表管理子系统中采用的是"表页重算"功能。"表页重算"功能是根据设置报表时定义的有关公式自动取数放入会计报表的表页中。表页重算可在前面录入关键字完毕，单击[确认]按钮，系统弹出"是否重算第 1 页？"对话框时，回答系统提示"是"后，由系统自动根据公式生成该页报表。也可通过以下操作完成：①在[数据]菜单中单击【表页重算】，系统弹出"是否重算第 1 页？"对话框；②在"是否重算第 1 页？"对话框中单击[是]

按钮，系统会自动在初始的账套和录入关键字范围内根据公式生成该页报表。

如果编制报表中出现单元公式不正确时，可以在"格式"状态下重新进行修改设计，然后再执行上面的①②步进行报表重算。整表计算时是将该表的所有表页全部进行计算，而表页重算仅是将本表页的数据进行计算。如果在报表数据采集完成后，认为账套数据有误，可以先行调整总账子系统，然后再打开 UFO 报表管理子系统。

需要说明的是：如果在格式状态下改动了单元公式，进入数据状态时系统会提示"是否全表重算？"在 UFO 报表管理子系统中没有单设"显示或打印会计报表"功能，在重计算时即显示出有数据的该张报表。

3. 定期编制会计报表的常用步骤

数据处理工作在数据状态下进行，并且一般是针对某一特定表页进行的，因此在数据处理时还涉及表页的操作，例如表页的增加、删除等。使用常用步骤定期编制会计报表有三个步骤：增加表页、录入关键字、报表计算。

(1)增加表页。报表格式设计完毕，首次打开报表，在数据状态下系统默认只有一张表页，故首次编制会计报表时该步骤可以省略。除首次编制会计报表外，一般来说在以后每次编制会计报表前应增加一张表页。对月报而言，如果首次编制会计报表时是在元月份，除每次编制会计报表前增加一张表页的方法外，还可 1 年内一次性增加本年度的其他月份的 11 张表页；在以后年度的元月份增加 12 张表页，以后年度的其他月份则无须再增加表页。

增加表页可以通过插入表页或通过追加表页方式来实现。插入表页是在当前表页后面插入一张空表页或 n 张空表页，追加表页是在已有表页的最后一张表页后再增加一张空表页或 n 张空表页。

1)插入表页的操作步骤。①选择【编辑】→【追加】→【表页】菜单项，系统弹出"插入表页"对话框。②在"插入表页"对话框中，选择系统默认的 1 张表页，也可输入"插入表页数量"，例如 11 张。③在"插入表页"对话框中单击[确认]按钮。

2)追加表页的操作步骤。按会计工作的习惯，常采用追加表页的方法来增加表页。追加表页的操作步骤为：①选择【编辑】→【追加】→【表页】菜单项，系统弹出"追加表页"对话框。②在"追加表页数量"对话框中，可选择系统默认的 1 张表页，也可在文本框中输入追加表页的数量，例如"11"。③在"追加表页"对话框中单击[确认]按钮。

(2)录入关键字。录入关键字的操作步骤与前面介绍的"定期编制会计报表的简捷步骤"中的"录入关键字"的操作步骤相同。

(3)报表计算。报表计算的操作步骤与前面介绍的"定期编制会计报表的简捷步骤"中的"报表计算"的操作步骤相同。

4. 少数数据不能取数的编表步骤

少数数据不能取数的编表有四个步骤：增加表页、录入关键字、填制报表数据、报表计算。

(1)增加表页。增加表页仍需要插入表页或通过追加表页方式来实现。步骤与前面介绍的"定期编制会计报表的常用步骤"中的"增加表页"的步骤相同。

(2)录入关键字。录入关键字的操作步骤与前面介绍的"定期编制会计报表的简捷步骤"中的"录入关键字"的操作步骤相同。

(3)填制报表数据。少数数据不能取数的填制报表数据有以下两种方法：①将无法自动取得的数据直接写在单元公式中。②直接在数据单元中录入无法自动取数的数据(前提条件是本单元未定义公式)。

（4）报表计算。报表计算的操作步骤与前面介绍的“定期编制会计报表的简捷步骤”中的“报表计算”的操作步骤相同。

5. 透视数据编制会计报表

透视是指采用从某一张表或多张表中抽取具有某种特定经济含义的数据，形成一张“虚表”的方法。透视数据的操作步骤为：（1）打开表文件，进入数据状态。（2）选定需要透视的第1张表页（注：只能对所选表页及此后的表页数据进行透视）。（3）选定透视区域。（4）保存报表。

6. 采集外部数据编制会计报表

采集外部数据的操作步骤：（1）打开表文件，进入数据状态。（2）进行数据采集：①选择菜单【数据】下的【数据采集】；②在“数据采集”对话框中选定要采集数据的文件名；③点击［采集］按钮或双击该文件名执行数据采集。（3）保存报表。

7. 表页排序

UFO报表管理子系统提供有表页排序功能，可以按照表页关键字的值或者按照报表中的任何一个单元的值重新排列表页。表页排序时需选择的“第一关键值”是指根据什么内容对表页进行排序；“第二关键值”是指当有表页的第一关键值相等时，按照此关键值排列；“第三关键值”是指当有多张表页用第一关键值和第二关键值还不能排列时，按照第三关键值排列。

表页排序的操作步骤为：

（1）单击［数据/格式］按钮，进入数据状态；如果已在数据状态，该步骤应省略。

（2）选取【数据】→【排序】→【表页】菜单选项，系统弹出“表页排序”对话框；如图14－12所示，也可以点击“常用工具栏”中的表页排序按钮“”进行操作。

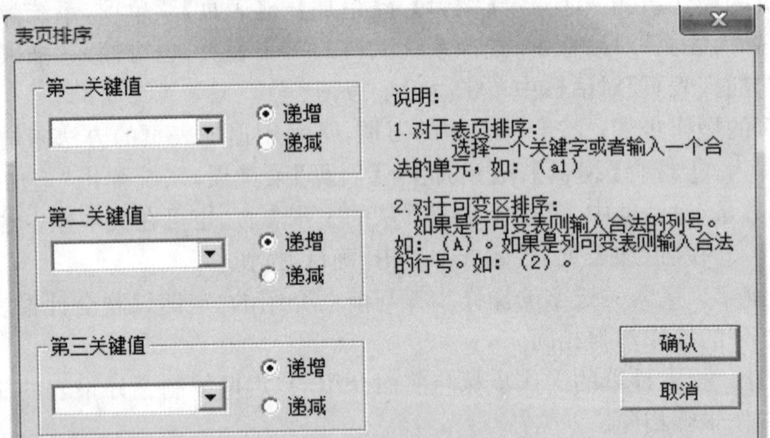

图14－12 “表页排序”对话框图

（3）在“表页排序”对话框中的“第一关键值”编辑框中，选择一个关键字；再选择“递增”或“递减”顺序。例如，选择“第一关键字值”为“年”，表页排序方向选择“递增”。

（4）依次定义第二和第三关键值。

（5）在“表页排序”对话框中单击［确认］按钮，系统将自动对报表的各表页按年份递增顺序排列，如果年份相同，则按月份递增顺序排列。

注：以关键字为关键值排序时，空值表页在“递增”时排在最前面，在“递减”时排在最后面。

例如：以关键字“单位名称”递增排序，“单位名称”为空的表页排在第1页。以单元为关键值排序时，空值作为零处理。

三、审核报表

审核报表是由报表管理子系统自动根据报表中已经设置的报表勾稽关系即“审核公式”对已经生成的报表进行审核，验证生成报表数据的正确与否。审核在数据状态下执行。审核以后，如果生成的报表数据正确，状态栏会显示系统提示“审核完全正确”；否则状态栏会显示用户在定义审核公式时编辑输入的错误信息的提示。

在实际应用中，只要报表中数据发生变化，都必须进行审核。通过审核不仅可以找出一张报表内部的问题，还可以找出不同报表文件中的问题。执行审核功能后，系统将按照审核公式逐条审核表内关系。当报表数据不符合勾稽关系时，会提示错误信息。导致审核时出现错误的原因可能有：单元公式出现语法错误，审核公式本身错误，账套数据源错误等。如果出现错误提示，需要对错误进行修改，然后再重新计算，并再次进行审核，直到不出现任何错误信息为此。

审核报表的操作有三个步骤：(1)选择【数据】→【审核】菜单项。(2)依据已定义的“审核公式”，系统自动对报表数据进行审核。(3)系统在状态栏显示审核结果，例如“审核完全正确”或“××错误”。

“审核报表”需要注意的是：如果审核出错误，应返回修改错误；如果关键字数据有错误，应重新录入关键字；如果报表结构有错误，应在格式状态下修改有关错误的结构；如果计算公式有错误，应在格式状态下修改有关错误的计算公式；如果账簿数据有错误，应在“总账”系统中修改。有关错误修改完毕后，应再进行表页重算、审核报表的操作，检验是否还有错误，如果审核出错误还应返回修改错误；如果审核完全正确，则可进行其他操作。

四、汇总报表

汇总会计报表主要是指由行政管理部门根据所属企业报送的会计报表，对其各项目进行加总编制的会计报表。汇总会计报表的编报范围，主要是以企业的财务隶属关系作为确定的依据，即以企业是否归其管理，是否是其下属企业作为确定编报范围的依据。编制汇总会计报表的目的主要是满足有关行政部门或国家掌握了解整个行业或整个部门所属企业的财务经营情况。汇总会计报表主要采用简单的算术加总方法编制。虽然汇总会计报表主要采用简单的算术加总方法编制，但是仍较为烦琐。我们利用UFO报表提供的表页汇总功能可以快速、简捷地完成汇总会计报表的工作。

UFO的表页汇总功能是把整个报表的数据进行立体方向的叠加，汇总后的数据可以存放在本报表的最后一张表页或生成一个新的汇总报表。表页汇总时，可以汇总指定报表中的所有表页，也可以只汇总符合指定条件的表页。

假定一行政管理部门有多个隶属企业，该行政管理部门下属企业的报表已装入UFO报表中，各报表的关键字都为“单位名称”“年”“月”或“日”。在此我们以“利润表”为例，介绍汇总会计报表的编制方法。假定在软件使用中各企业的“利润表”文件名统称为“LRB. REP”，汇总后的“利润表”文件名为“HZLRB. REP”。其汇总会计报表的操作步骤如下。

(1)打开报表文件“LRB. REP”，单击[格式/数据]按钮，进入数据状态。

(2)选择【数据】→【汇总】→【表页】菜单项，系统弹出“表页汇总—步骤1/3”对话框。

(3)在“表页汇总一步骤 1/3”对话框中,单击“汇总到新的报表”单选钮,并在【报表名】后的编辑框中输入路径和新的报表名。省略路径表示新报表存在当前目录下。如果输入的报表名是一个已存在的报表。系统将删除此报表的原有内容。

(4)在“表页汇总一步骤 1/3”对话框中,单击[下一步]按钮,系统弹出“表页汇总一步骤 2/3”对话框。

(5)在“表页汇总一步骤 2/3”对话框中,如果汇总全部表页,则无须输入条件,直接单击[下一步]按钮,系统弹出“表页汇总一步骤 3/3”对话框。元月份可采用此方法。如果汇总部分表页,则必须在【表页汇总条件】中输入条件。表页汇总条件可以是单元的值,也可以是关键字的值,还可以是表页号。表页汇总条件可以有很多个,它们之间是“并且”或“或者”的关系。单击[并且]、[或者]、[加入]按钮,可以使表页汇总条件进入“表页汇总条件编辑框”。如果用户对 UFO 报表比较熟悉,也可以直接在“表页汇总条件编辑框”中输入和修改汇总条件。

①以单元的值为汇总条件。在左边编辑框中输入单元名称,在中间编辑框中选择关系运算符(例如>=,=,<=等),在右边编辑框中输入单元的值(数值型数据直接输入,字符型数据应加上双引号)。

②以关键字的值为汇总条件。在左边编辑框中选择已定义的关键字,在中间编辑框中选择关系运算符,在右边编辑框中选择关键字的值。例如:“年=2001 AND 月=1”表示汇总 2001 年元月的“利润表”。

③以表页号为汇总条件。在左边编辑框中输入表页号函数“MREC( )”,在中间编辑框中选择关系运算符,在右边编辑框中输入表页号的值。例如:“MREC( )>= 1 AND MREC( )<= 12”表示汇总第 1 页到第 12 页的表页。

(6)在“表页汇总一步骤 3/3”对话框中,选取“按关键值汇总”,在关键值列表框中选择一个关键值。

(7)单击[完成]按钮,系统即完成报表汇总工作。

第四节　分析会计报表

一般来说,分析会计报表采用的方法有文字分析、图表分析、文字图表分析等。这里我们所说的文字分析主要是指采用汉字和数字对会计报表进行分析;图表分析主要是指直接对会计报表进行分析或将会计报表的数据对比、趋势和结构等列成表,并对该表采用直方图、折线图等对会计报表进行直观的分析;文字图表分析主要是指既使用文字,又采用图表对会计报表进行分析。在此,我们分别介绍文字分析与图表分析的方法。

一、文字分析会计报表

采用文字分析的方法分析会计报表是传统会计工作广泛使用的一种分析方法。最常见的会计报表文字分析报告是在文字编辑软件(或称文字处理软件)中撰写的,例如在 Word 等文字编制软件中撰写会计报表的分析报告。

在 UFO 报表中没有专设会计报表的文字分析功能,但可以在各个会计报表的后面紧接着撰写分析报告。该种情况下,应在格式状态下撰写分析报告,其分析报告最好是一份标准的分析报告,其中的数字最好位于某个单元中,以方便使用公式取数或计算。

在 UFO 报表中,还可以使用【工具】菜单下的【字处理】菜单项撰写会计报表的分析报告。

二、图表分析会计报表

UFO 报表中，为方便进行会计报表数据的直观分析，特提供了图表分析功能。

UFO 报表中的图表是利用报表文件中的数据直接生成的，图表与报表数据存在着密切的联系，当报表数据发生变化时，图表也会随之变化。如果删除报表数据，图表也会随之消失。生成图表的报表文件可以是外部会计报表，也可以是内部会计报表，还可以是在内、外部会计报表的基础上编写的分析报表。UFO 报表的图表格式提供了直方图、圆饼图、折线图、面积图四大类 10 种格式的图表。

一个报表文件可以生成多个图表，最多可以保留 12 个图表。各图表以窗口的形式存在。图表并不是独立的文件，它的存在依附于源数据所在的报表文件，只有打开报表文件后，才能打开有关的图表。图表可以命名。在打开报表文件后，可以选择图表名打开图表，可以修改、保存或删除图表。与报表文件一样，图表可以打印输出。

在此我们以"利润表"为例，介绍打开会计报表以后图表分析的方法步骤。

1. 追加图形显示区域

追加图形显示区域是指在取数会计报表之后，增加若干行或列，作为专门的图形显示区域，以免插入的图形和报表数据重叠在一起，影响阅读。

需要说明的是，追加图形显示区域（即追加若干行或列），应在格式状态下进行。操作步骤为：(1)在【编辑】菜单中选定【追加】，然后单击"行"选择项，系统弹出"追加行"对话框。(2)在"追加行"对话框中，输入需要追加的行数，例如"6"。(3)单击[确认]按钮。

2. 选取数据区域

选取数据区域是指确定图表对象反映的数据区域，区域不能少于 2 行×2 列，否则系统会提示出现错误。

系统把选取数据区域的第一行和第一列默认为 X、Y 轴的标注（即 X、Y 轴上的注释），其余为数据区。如果选取数据区域的第一行和第一列在每张表页上不一样，系统会以第一页上的第一行和第一列为 X、Y 轴的标注。选取数据区域的操作步骤：(1)单击[格式/数据]按钮，进入数据状态。(2)在报表文件中用鼠标拖动选取一个数据区域，例如"利润表"的表栏自"项目"至"本月数"，选取"主营业务收入"和"主营业务成本"。

3. 插入图表对象

图表对象可以在报表的任何区域插入，但为了不与报表的数据重叠，一般将图表对象插入事先已增加的图形显示区域内。在 UFO 报表中，允许同时插入多个图表对象。插入图表对象的操作步骤如下：

(1)单击【工具】菜单中的【插入图表对象】。

(2)在报表工作区按住鼠标左键拖动至适当大小后放开鼠标，系统弹出"区域作图"对话框（如图 14—13 所示）。

(3)在"区域作图"对话框中，默认"数据组"中的【行】，即系统以行为 X 轴、列为 Y 轴作图；也可在"数据组"中选【列】，则系统以列为 X 轴、行为 Y 轴作图。

(4)在"操作范围"中默认【当前表页】或选择【整个报表】。默认【当前表页】，系统就利用当前表页中的数据作图；选择【整个报表】，系统会利用所有表页中的数据作图。

(5)在有关编辑框中分别输入"图表名称""图表标题""X 轴标题""Y 轴标题"。

(6)在列出的图表格式中选择一种图，例如"成组直方图"。

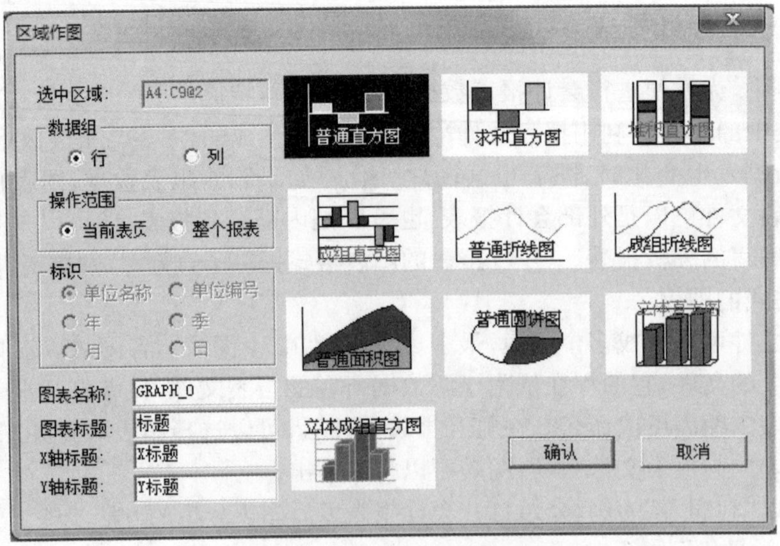

图 14－13 “区域作图”对话框图

(7)单击[确认]按钮,系统即显示出指定的图示。

插入图表对象以后,系统自动进入图表对象的编辑窗口,菜单和快捷按钮会发生一些变化,这时可以对图表对象进行编辑。在正常状态下,单击选中图表对象,可以拖动、拉伸图表对象。双击图表对象,还可以进入图表对象编辑窗口,在图表编辑窗口可以定义图表对象的图形格式、定义图表的标题及数据组。

单击图形区域以外的区域,即可回到正常报表处理状态。

4. 编辑图表对象

编辑图表对象主要用于对插入图表对象输入的有关内容进行修改。

(1)编辑标题。标题可以在插入图表对象时输入,也可以在以后随时编辑输入。操作步骤为:①双击图表对象的任意部位,图表即被激活,此时,图表及图形四周均出现 8 个黑点。②在【编辑】菜单中单击【主标题】,系统弹出“编辑标题”对话框。③在“请输入标题”编辑框中输入标题。④单击[确认]按钮。

X 轴标题与 Y 轴标题的编辑方法与主标题相同。

(2)改变主标题的字形、字体。操作步骤为:①单击要改变的主标题,使之激活。②在【编辑】菜单中单击【标题字体】,系统弹出“标题字体”对话框。③在“字体”框中选中隶书,在“字号”框中选中 12 号。④选取“加下划线”和“加删除线”可以修饰标题。⑤单击[确认]按钮。

需要说明的是:主标题的字形、字体、字号可以改变,但 X、Y 轴标题的字形、字体、字号是无法改变的。

(3)定义数据组。操作步骤为:①在【编辑】菜单中单击【定义数据组】,系统弹出“定义数据组”对话框。②在对话框中选择“以一列数据为一组进行比较”。③单击[确认]按钮,图形将作相应的变化。

需要说明的是:可以通过“定义数据组”功能来改变 X、Y 的坐标轴。

(4)改变图表格式。改变图表格式功能用于进行图形格式间的转换。UFO 报表提供了 10 种图形格式,单击【工具栏】中的图形可以改变图形格式;在[格式]菜单中选取相应的图形格式菜单项,也可以完成相应图形格式的转换。

需要说明的是：在 UFO 报表提供的 10 种图形格式中，普通直方图、立体直方图、圆饼图、面积图只能显示第一行或第一列的数据。

(5)对象置前/对象置后。对象置前/对象置后功能用于在一张报表里插入多个图表对象发生相互重叠时，使某图表对象显示在最前端或隐藏在其他图表对象之后。

操作步骤为：①选定图表对象；②单击鼠标右键，系统弹出快捷菜单；③在快捷菜单中，单击“对象置前/对象置后”项即可完成操作。

5. 删除图表

操作步骤为：(1)选择要删除的图表，使它成为当前图表窗口。(2)在【图表】菜单中单击【删除】，当前图表即被删除。

6. 关闭图表

图表操作完后，应及时关闭图表。关闭图表功能是使系统退出图表窗口，返回“格式/数据”窗口。其操作方法为：单击【图表】菜单中的“退出”，系统即关闭图表，并且在关闭图表的同时将自动保存图表。

第五节　会计报表输出

会计报表输出是报表管理子系统的重要功能之一。会计报表输出按输出方式不同，通常分为屏幕查询输出、图形输出、磁盘输出、打印输出和网络传送五种类型。其中的磁盘输出常采用 Windows 等操作系统的复制、发送等方法，也可采用报表管理子系统的“另存为”的方法。故本节只介绍屏幕查询输出、图形输出、打印输出和网络传送四种类型的输出方法。

一、会计报表屏幕查询输出

会计报表屏幕查询输出简称查询输出，又称屏幕输出、屏幕显示、显示输出，它是最为常用的一种输出方式。不同的报表管理子系统，其查询输出操作的具体方法会有不同。在此，我们主要介绍 UFO 报表的会计报表屏幕查询输出的操作方法。

在 UFO 报表中，编制报表时系统随即显示出会计报表数据，也可以说，在编制报表时系统即时自动提供会计报表的查询输出。查询已编好的会计报表，通常采用以下操作步骤。

1. 打开报表

无论对会计报表进行什么操作，都必须首先打开报表。可以说，打开报表是对已存在的会计报表进行操作的第一步骤。如果报表已处于打开状态，则该步骤可以省略。在 UFO 报表中，打开报表有两种操作方法：简捷操作和正常操作。

(1)采用简捷操作方法打开报表。进入 Windows 操作系统，无须进入 UFO 报表，便可采用简捷操作方法打开报表。其操作方法是：在资源管理器中双击需打开的报表，计算机会自动调用 UFO 报表管理子系统并打开该报表。

(2)采用正常操作方法打开报表。此处我们所讲的正常操作方法是指在进入 Windows 操作系统，并进入 UFO 报表之后，打开报表的方法。操作步骤：①选择【文件】→【打开】菜单项，系统弹出“打开”对话框。②在“打开”对话框中，选择需要打开的报表文件名，例如“利润表”。③再在“打开”对话框中，单击[打开]按钮即可打开选定的报表文件。

2. 表页查找

表页查找是指查找已打开报表的某一表页。通常有逐一翻页查找和快速查找两种方法。

表页查找前可先进行表页排序，表页排序的操作步骤参见前文。

(1)逐一翻页查找。逐一翻页查找主要是指单击某一表页的页标查找表页的方法。该方法适用于报表表页较少，且各表页的页标能在报表下方显示出来，或者用页标滚动钮能很方便地找出需查找表页的页标这两种情况。其操作方法是：单击需查找表页的页标，或者用页标滚动钮显示出需查找表页的页标之后，再单击需查找表页的页标。

(2)快速查找。快速查找通常称为定位查找，是指以某关键字或任意单元为查找依据，直接迅速找到某表页的方法。该方法适用于报表表页多，且需查找的各表页的页标不能在报表下方显示出来，即使用页标滚动钮也不能很方便地找出需查找表页的页标这两种情况。或者说，当采用逐一翻页查找方法费时费力时，应采用快速查找方法。快速查找分为查找表页和查找可变区，查找表页是根据给定的条件，在报表中找到符合条件的表页，并使它成为当前表页。查找可变区是根据给定的条件，在当前表页的可变区中找到符合条件的可变行(列)，并使它成为当前可变行(列)。

快速查找表页的操作步骤为：

①选择【编辑】→【查找】菜单项，系统弹出“查找”对话框(见图14－14)。

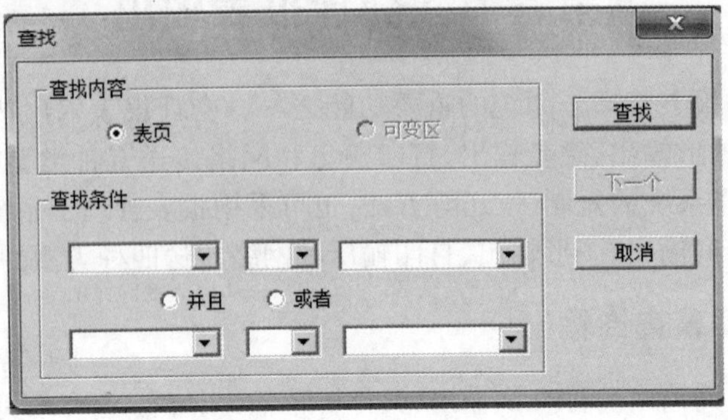

图14－14 “查找”对话框图

②在“查找”对话框中的“查找内容”选项里选择“表页”。

③在“查找”对话框中的“查找条件”里分别选择或输入有关查找条件，例如“月”“<=”“2”等。

④单击[查找]按钮，系统会将第一个符合条件的表页作为当前表页显示在屏幕上。

⑤单击[下一个]按钮，系统会自动查找下一个符合条件的表页。

需要说明的是：如果没有符合条件的表页或查找到最后一个表页时，系统将在报表左下角状态栏显示“满足条件的记录未找到!”。

3. 表页透视

表页透视是指把连续的多张表页的某局部内容同时显示在一个平面上。使用表页透视功能可以达到快速查找连续的多张表页同一部分内容的目的。其操作步骤为：

(1)单击要透视的第一张表页的页标。

(2)选择【数据】→【透视】菜单项，系统会弹出“多区域透视”对话框。

(3)在“多区域透视”对话框内输入区域范围，例如：D6：D21。

注：区域范围可以是单元，也可以是区域，还可以是不连续的多个区域。在输入区域范围时，不同的区域之间要用英文的逗号“,”隔开。在“输入列标字串”项中输入对区域数据的含义

描述。

(4)在“多区域透视”对话框内单击[确认]按钮，系统自动将透视结果显示在对话框里。

(5)在“透视”对话框内单击[保存]按钮，并回答保存的文件名就可以将透视结果保存下来。

(6)透视完毕，应单击[确认]按钮返回。

4. 外观显示设置

为使查询的表页清晰、方便、美观地显示在屏幕上，我们可以使用外观显示设置功能定义报表的显示风格和显示比例。外观显示设置只改变了报表的屏幕显示外观，而报表的实际内容、颜色、比例并没有改变。即外观显示设置只影响屏幕显示，而不影响报表的真实内容和打印输出。

(1)定义显示风格。定义显示风格主要是定义单元类型的颜色显示。

操作步骤为：①选择【工具】→【显示风格】菜单项，或按 F5 键，系统弹出“显示风格”对话框。②在“显示风格”对话框中的“单元类型颜色显示”选择框里，选择“标准颜色：数值—蓝色、字符—紫色、表体—绿色”。③在“显示风格”对话框中的“网格颜色”线条选择框里，选择某色，例如灰色。④在“显示风格”对话框中单击[确认]按钮即可。

(2)定义显示比例。定义显示比例是指为查询方便，将报表放大或缩小一定比例。定义显示比例常用于报表较大的情况。在报表较大的情况下，正常一屏不能完全显示报表的全貌，通过定义显示比例将该报表缩小到能在一屏上纵览全表，方便阅读和进行各行列的数据对比分析。显示比例在 30%与 300%之间。

操作步骤为：①在【工具】菜单中单击【显示比例】，系统弹出“显示比例”对话框。②在“显示比例”对话框中输入具体的显示比例。③在“显示比例”对话框中单击[确认]按钮即可。

二、会计报表图形输出

会计报表图形输出属于先进的输出方法。不同的报表管理子系统，其图形输出操作的具体方法也会有不同。在 UFO 报表中，根据报表的数据生成图形时系统随即显示出会计报表的有关图形；也可以说，根据报表的数据生成图形时系统即时自动提供会计报表的图形输出。会计报表图形输出既可以随报表数据一起输出，又可以单独输出会计报表图形。

会计报表的图形输出通常包括以下操作内容。

1. 打开图表窗口

图表窗口是一个特殊的窗口，它与图表对象窗口不同。在图表窗口中看到的仅仅是图表文件，只能对图表文件进行操作，不能观察报表的格式和数据。要在图表窗口中操作图表，首先要打开图表窗口。

打开图表窗口既可以在格式状态下操作，又可以在数据状态下操作。在报表窗口中，单击【工具】菜单中的【图表窗口】，即可打开图表窗口。

2. 打开图表

操作步骤为：(1)在图表窗口中，单击【图表】菜单中的【打开】，系统弹出“打开图表”对话框；(2)在“打开图表”对话框中，选择本报表文件已有的一个图表名；(3)单击[确认]按钮。

3. 显示图表

图表以窗口的形式存在，一个图表窗口只能显示一个图表，当报表文件带有多个图表时，可以利用工具栏上的图标快速查看各个图表。

4. 图表对象预览与打印

图表对象预览与打印功能用于只预览与打印图表对象，不预览与打印报表的数据。如果要将图表和报表一起打印，可以选取【文件】菜单中的“打印”。如果一个报表中存在多个图表对象，图表对象预览与打印功能只对最上层的图表对象有效。可以利用对象置前/对象置后功能将需要打印的图表对象放置在最上层。

操作步骤为：(1)选定图表对象。(2)单击鼠标右键，系统弹出快捷菜单。(3)在快捷菜单中，单击【对象预览】或【对象打印】。

三、会计报表打印输出

会计报表一般都要求打印输出，它是会计报表较常用的一种输出方式。打印报表是指将编制出来的报表以纸介质的形式表现出来，打印输出是将报表进行保存、报送有关部门而不可缺少的一种报表输出方式。不同的会计报表，打印输出的要求会不同，例如，资产负债表、利润表等月报要求每月打印，而现金流量表只需年末打印。不同的报表软件系统，其打印输出操作的具体方法会有不同。在打印之前必须在报表管理子系统中做好打印的有关设置，以及报表打印的格式设置，并确认打印机已经与主机正常连接。打印报表之前可以在预览窗口进行预览。

在 UFO 报表中，显示的会计报表数据可随即打印；也可以说，在显示会计报表时单击工具栏中的打印按钮即可打印输出会计报表。每个会计报表在首次打印时，最好采用页面设置、打印设置、打印预览和打印四个步骤；而之后打印时，可只进行“打印”一个步骤。

1. 页面设置

使用“页面设置”功能，可以设置报表的页边距、缩放比例、页首和页尾。

(1)页边距。页边距是指起始打印位置、末尾打印位置与打印纸边界的距离。页边距分为上边距、下边距、左边距和右边距四种。上、下边距范围是 4～106 毫米，缺省为 11 毫米；左、右边距范围是 4～88 毫米，缺省为 9 毫米。设置方法同一般文档设置边距方法相同，这里就不再赘述了。

(2)缩放比例。缩放比例即指缩放倍数，系统规定在 0.3～3 倍之间。

(3)页首和页尾。一般将表头设置为页首，将表尾设置为页尾。设置的页首和页尾在分开打印时每一张纸上都打印一遍。一般是报表很大，需多页打印时才需要设置页首和页尾。但外部会计报表按要求是一张完整的报表，即使一张纸打印不下，也只有采用粘贴的方法将多张纸上的报表数据粘贴为一张完整的报表。

如果一张表页的长度和宽度大于设定纸张的长度和宽度，这张表页将分为几张打印纸打印。报表的表头打印在第一页上，报表的表尾打印在最后一页上，中间的几页只有数据没有表头和表尾。

为了使分开打印的几页都有相同的表头和表尾，应把表头设为页首，把表尾设为页尾，设定的页首和页尾在分开打印的每一张纸上都打印一遍，使所有纸上有相同的表头、表尾和不同的报表数据。可以把几行设为页首和页尾，打印时在纸的上端打印页首，在纸的底端打印页尾；也可以把几列设为页首和页尾，打印时在纸的左端打印页首，在纸的右端打印页尾。

(4)“页面设置”的操作步骤。①在【文件】菜单中单击【页面设置】，系统弹出“页面设置”对话框(见图 14－15)；②在“页面设置”对话框中，输入或默认相关数据；③在“页面设置”对话框中，单击[确认]按钮。

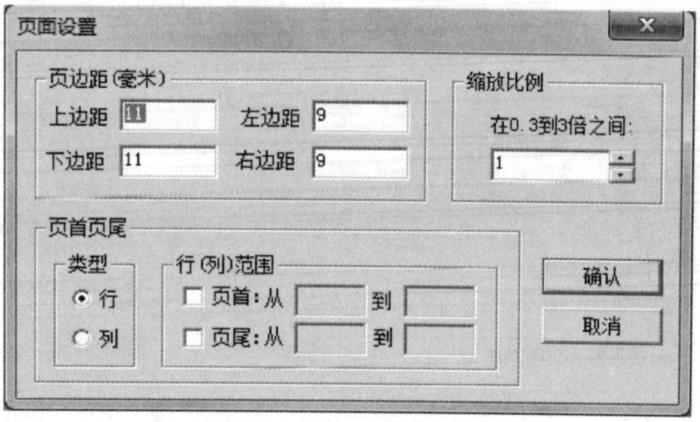

图 14－15　“页面设置”对话框图

2. 打印设置

打印设置功能用于设置用户所使用打印机类型、纸张大小、纸张来源、打印方向等信息。如果一张表页的长度和宽度大于设定纸张的长度和宽度，这张表页将分为几张打印纸打印。这种情况就要首先考虑打印的分页及如何分页问题，如何进行打印的具体设置。

(1)自动分页与强制分页。系统提供的自动分页功能是按照表页的自然页进行分页，但是有时自动分页会影响报表的美观或是不能满足用户的需要，因此提供了“强制分页”功能。由于强制分页功能用于打印输出，并不是从本质上改变表格式，所以在格式状态和数据状态均可进行此项操作。若只对行或只对列进行分页，则将光标移到相应行的第 1 列单元或相应列的第 1 行单元中，然后选择【工具】→【强制分页】菜单，系统将以该单元的上边线框为分界画出一条横向虚线，或以该单元的左边线框为分界画出一条纵向虚线，即该页将照此虚线按行或列划分为 2 页。若欲同时对行和列进行分页，则将光标移到相应单元，选择【工具】→【强制分页】菜单，系统将以该单元的左上角为分页点画出十字状虚线，即该页将按此虚线划分为 4 页；若想恢复分页前的状态，选择【工具】→【取消全部分页】菜单，则可恢复分页前的状态。

(2)打印设置的操作步骤。①在【文件】菜单中单击【打印设置】，系统弹出“打印设置”对话框(见图 14－16)。②在“打印设置”对话框中，选择所使用的打印机名称(即打印机类型)、纸张大小、纸张来源、打印方向。③单击[确定]按钮。

3. 打印预览

打印预览功能是指打印报表之前对报表进行的屏幕显示，以方便我们及时调整打印输出报表的外观设置。打印预览既可以在格式状态下进行，也可以在数据状态下进行。在格式状态下预览的是空表格，在数据状态下预览的内容包括格式和数据。选择【文件】→【打印预览】菜单，可以随时观看报表实际打印效果。

操作步骤为：(1)单击需要打印的表页页标，使之成为当前表页。(2)在【文件】菜单中单击【打印预览】，系统进入打印预览窗口。(3)在预览窗口可以直接进行打印；可以单击[缩放]按钮放大或缩小报表文件。(4)单击[关闭]按钮，可以关闭预览窗口。

4. 打印

打印报表功能是指由打印机打印输出纸质的会计报表。打印报表既可以在格式状态下进行，又可以在数据状态下进行。在格式状态下打印的是空表格，在数据状态下打印的内容包括格式和数据。

(1)打印报表。会计期末打印输出报表是在数据状态下打印报表。

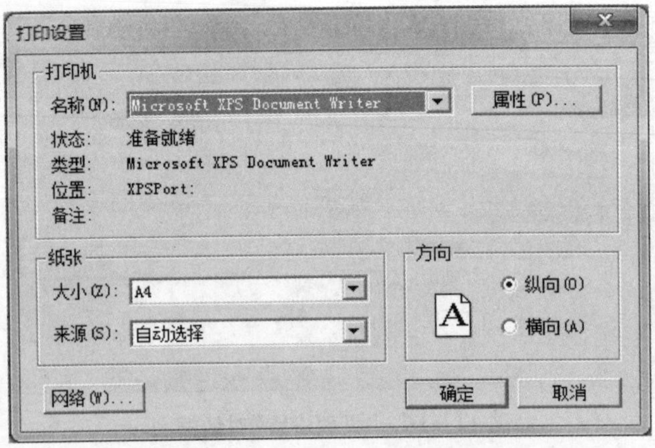

图 14－16 “打印设置”对话框图

在打印机、打印纸准备就绪后，打印报表的操作步骤为：①在数据状态下单击需要打印的表页页标，使之成为当前表页。②在【文件】菜单中单击【打印】，系统弹出“打印”对话框。③在“打印”对话框内选择打印机名称、打印范围、打印份数等信息。④在“打印”对话框内单击[确定]按钮，打印机即开始打印报表。

(2)数据套打。选择【文件】→【数据套打】菜单，可以只打印数据状态下的数据页内容，不打印格式页的内容。

(3)对象打印。对象打印操作可以不打印报表的格式及数据状态的内容，而只打印插入报表的对象。

操作步骤为：(1)选定插入的某一对象(被选定对象的边框出现 8 个黑点)。(2)然后右击在弹出的菜单中选择【对象打印】菜单。

四、会计报表网络传送

网络传输方式是通过计算机网络将各种报表从一个工作站传递到另一个或几个工作站的报表传输方式。使用计算机网络进行报表传输，可在各自的计算机上方便、快捷地查看相关报表，这样大大提高了会计数据的时效性和准确性，又有很好的安全性，还可以节省报表报送部门大量人力、物力和财力。随着计算机网络的日益普及，网络传输方式的优势越来越明显，正在逐步取代其他方式的传输。

将报表生成网页 HTML 文件，可以把报表发布在企业内部网或互联网上，实现数据共享。“网络传送”常采用网络软件提供的电子邮件、QQ 即时传送等方法。

第六节 会计报表管理

本节所讲的会计报表管理主要是指会计报表文件的管理，其具体内容主要有用户文件管理、报表格式管理、报表数据管理三个部分。其中，报表格式的管理我们只介绍报表格式的加锁和解锁；报表数据的管理我们只介绍如何备份报表文件。

一、用户文件管理

我们在此所讲的用户文件主要是指用户按有关会计制度的规定为本单位建立的外部报表

和内部报表文件。各文件的命名也应按有关规定命名。用户文件管理主要包括应建立哪些报表文件、如何存放报表文件、用文件口令限制报表文件的访问权限等问题。

1. 应建立哪些报表文件

企业应建立哪些报表文件,是依据会计制度的要求及其管理需要决定的。会计报表文件的命名可按有关规定同时考虑使用时简便、明确来命名,例如利润表月报(LRBYB)、利润表年报(LRBNB)等。又例如集团公司利润表(JTLRB)、分公司利润表(FGSLRB)、汇总利润表(HZLRB)、合并利润表(HBLRB)等。

建立报表文件的方法在本章第一节已做介绍,故不再重复。

2. 如何存放报表文件

报表文件建立好后,就要存放路径。存放报表文件主要有两种方法:按系统使用的当前路径存放和指定路径存放。

(1)按系统使用的当前路径存放报表。按系统使用的当前路径存放所有报表的操作很简单,UFO报表和Excel电子表的有关操作基本相似,只需用【文件】→【保存】菜单项或工具栏的“保存”即可。

(2)指定路径存放报表。用户自己指定会计报表文件的存放路径并不复杂,无论是UFO报表还是Excel电子表,都可以先在Windows操作系统下建立各子文件夹,再在保存报表时选择“保存在”已建立的子文件夹中即可。

1)在Windows操作系统下建立各子文件夹。假定我们在“桌面”上建立的报表文件夹的名称为“所有会计报表”,在该文件夹中再建立两个子文件夹:“外部会计报表”和“内部会计报表”。操作步骤为:①在“桌面”上单击鼠标右键,系统弹出快捷菜单。②鼠标指向快捷菜单中的【新建】菜单,系统弹出【新建】的子菜单。③单击【新建】子菜单中的“文件夹”菜单,系统随即在“桌面”上生成一个名为“新建文件夹”的文件夹。④将“新建文件夹”更名为“所有会计报表”。⑤双击“所有会计报表”文件夹,进入“所有会计报表”文件夹窗口。⑥在“所有会计报表”文件夹窗口中重复上列①单击鼠标右键至③的操作步骤,建立“外部会计报表”和“内部会计报表”两个文件夹。

2)将报表文件“保存在”已建立的子文件夹中。操作步骤为:①进入UFO报表管理子系统。②选择【文件】→【新建】菜单项。③输入某一报表的格式等内容。④选择【文件】→【另存为】菜单项(首次用【另存为】菜单项或工具栏的“另存为”,再次只需用【保存】菜单项或工具栏的“保存”即可);其中操作步骤①～④与按系统使用的当前路径存放所有报表的操作步骤相同。⑤在“另存为”对话框中,单击“保存在”右边的向下箭头,选择“所有会计报表”文件夹中的子文件夹“外部会计报表”或“内部会计报表”。⑥在“另存为”对话框中,输入用户为会计报表的命名。⑦在“另存为”对话框中单击[保存]按钮。

除以上两个操作步骤外,通常还需要按报表管理子系统提供的功能限制报表文件的访问权限。

3. 用文件口令限制报表文件的访问权限

报表管理子系统提供的限制报表文件访问权限的功能通常采用的是增设文件口令的方法。在实际工作中,一些报表需要限制访问权限,就需要对每一个报表文件单独设置口令。在打开一个有口令的报表时,必须输入正确的口令才能打开该报表。口令不区分大小写,例如SYSTEM等同于system。口令可以是字母、数字、空格、符号的任意组合,最多为50个字符,但不宜太长,以免遗忘。输入口令时,UFO会将每个键入的字符都显示为“*”。

(1)设置文件口令。需对每一个报表文件单独设置口令来保护会计报表的安全,其操作步骤为:

①打开某一报表。

②选择【文件】→【文件口令】菜单项,系统会弹出"设置文件口令"对话框,如图 14—17 所示。

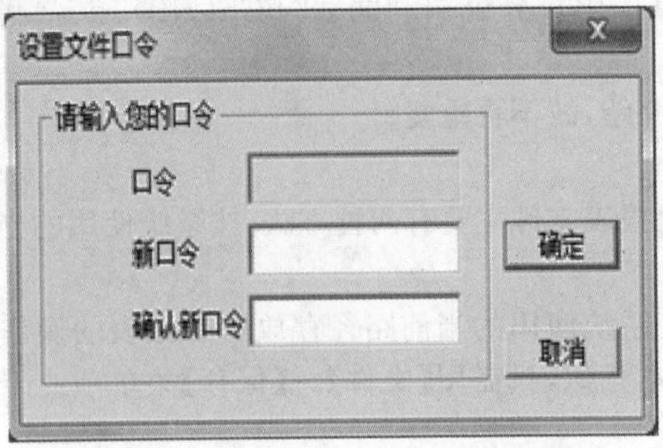

图 14—17 "设置文件口令"对话框图

图 14—18 "口令设置成功"对话框图

③输口令、确认新口令(即输两次口令),以便您确定和熟记该口令。如果两次输入不同,将弹出"新口令与确认新口令不匹配,请重新输入!";否则提示"设置口令成功!",如图 14—18 所示。

④单击"设置文件口令"对话框中的[确定]按钮。

⑤单击"设置口令成功!"对话框中的[确定]按钮,完成文件口令的设置。

⑥保存该表。当该报表关闭后,再打开此报表时,系统会弹出"文件口令"对话框,如图 14—19 所示,在"口令"编辑栏输入正确的口令,才可以打开此报表。

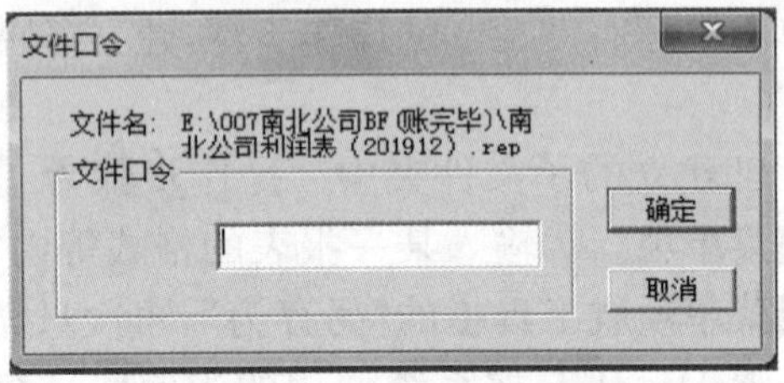

图 14—19 "口令验证"对话框图

(2)更改口令。对已有口令的报表,可以更改口令或取消口令。其操作步骤如下:

①如果需要更改口令,打开该报表,选择"文件"菜单,单击"文件口令"后弹出设置口令对话框。在口令编辑栏中输入口令,如果口令正确,"新口令"和"确认新口令"编辑栏会变亮,如图 14—20 所示。

②在"新口令"和"确认新口令"编辑栏输入相同口令,否则系统会提示"新口令与确认新口令不匹配,请重新输入!"。如果"新口令"和"确认新口令"均为空时,系统会提示"警告! 文件保护口令已经取消!",如图 14—21 所示。

为保证会计报表文件的安全,报表管理子系统还提供了备份会计报表文件功能。

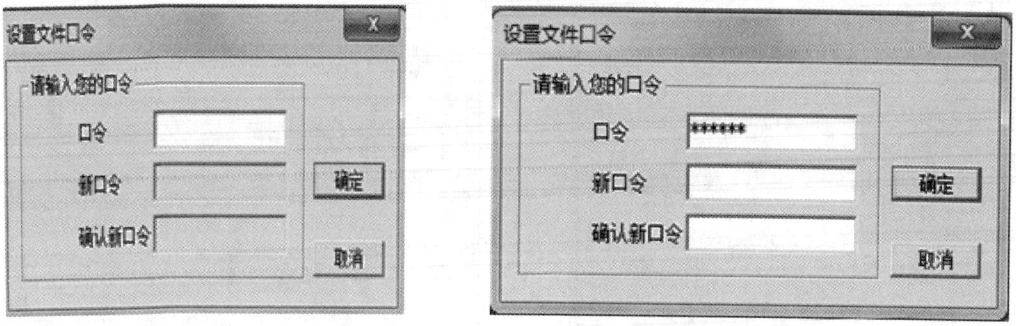

图 14—20　“更改文件口令”对话框图

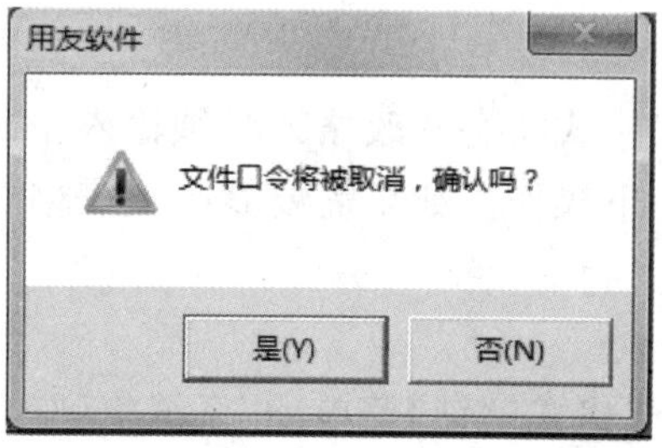

图 14—21　“文件口令取消”提示框图

二、报表格式管理

在实际工作中，对某些文件，特别是财经报表，我们希望其报表格式不被另外的人员改动，而系统提供的格式加锁和解锁功能正好满足了我们这一希望。报表格式的管理我们在本节只介绍报表格式的加锁和解锁。

对某些报表格式，一旦设计好后基本不变，对它们进行加锁和解锁，可以灵活管理报表格式。

1. 格式加锁

外部会计报表格式，一旦设计好后基本不变，可对其加锁，以防止非法修改。如果报表格式发生变化，可以先解锁，然后修改格式；格式修改完毕，应及时再加锁。加锁与解锁在格式状态或数据状态均可进行，加锁与解锁均使用口令进行。格式加锁的操作步骤为：

(1)UFO 报表中打开报表。

(2)选择【格式】→【保护】→【格式加锁】菜单项，系统将弹出“格式加锁”对话框，如图 14—22 所示。

(3)输口令、确认新口令(即输两次口令)，两次输入相同的口令是为了确定并熟记口令，如果两次输入的口令不同，系统将弹出提示框“您两次输入的密码不同，请重新输入”。

(4)单击[确认]按钮，或按回车键。

(5)单击[确认]按钮，格式加锁成功。

需要注意的是：报表格式加锁之后，在进入数据状态之前，可以进行任何操作；进入数据状态之后，想要回到格式状态，系统将弹出“验证格式口令”对话框，如图 14—23 所示。口令输入正确后，才能进入格式状态修改报表格式。口令不正确将出现提示框“口令错误！不能进入格式设计!”。

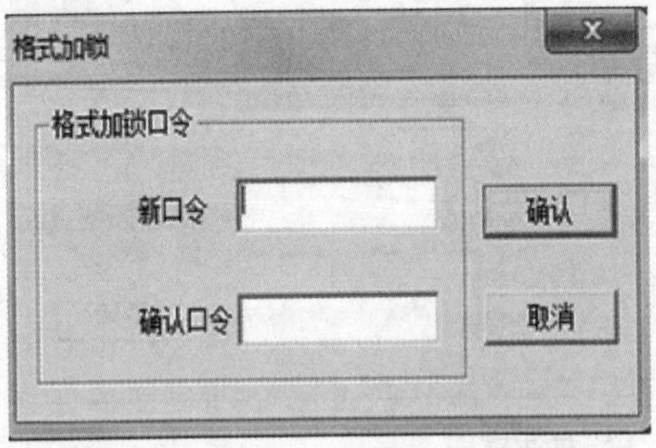

图 14—22 “格式加锁口令”对话框图

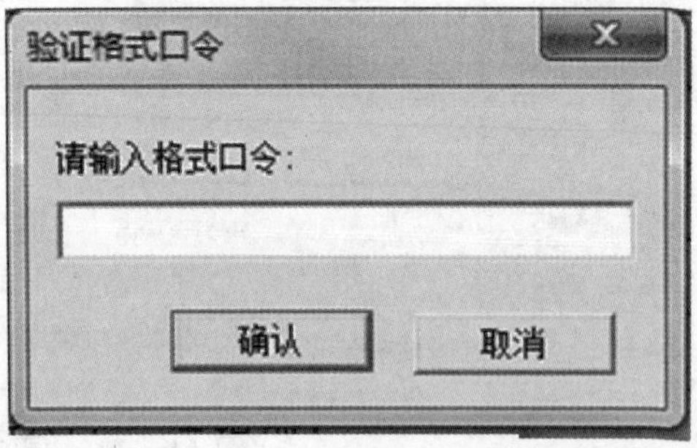

图 14—23 “验证格式口令”对话框图

2. 格式解锁

报表格式加锁后,想要进入格式状态修改格式必须输入正确口令。如果口令有误,则不能进入格式状态,只能在数据状态下操作。如果需要修改报表格式,就需要对报表格式解锁。格式解锁的操作步骤为:

(1)在 UFO 报表中打开报表。

(2)选择【格式】→【保护】→【格式解锁】菜单项,系统将弹出“验证格式口令”对话框。

(3)在“请输入格式口令”编辑框中输入格式加锁时的正确口令。①单击[确认]按钮。②单击[确认]按钮,解锁成功;如果口令输入错误则不能解锁,将弹出提示框“输入口令错误!不能解锁!”

(4)修改该报表格式后,重新加锁。

三、报表数据管理

报表数据管理的内容较多,我们在本节只介绍如何备份报表文件这一使用最多的内容。

备份会计报表文件的方法较多,既可以按源文件备份,又可以将源文件转换为其他类型的文件备份。备份会计报表文件时既可以使用操作系统的功能(例如,Windows 操作系统的复制、粘贴、拖动、发送等功能),又可以使用报表软件本身提供的功能。如果对多个报表文件进行备份,最好使用操作系统的功能进行,以保证快捷、方便地备份报表文件。如果只对当前正在使用的报表文件进行备份,可直接使用报表软件本身提供的功能进行备份。在此我们只介绍可以使用报表软件本身提供的功能备份会计报表文件的方法。

1. 按源文件备份

按源文件备份是指备份时不改变文件的原有格式,仅以备份的形式将其存放到硬盘上、软盘上或光盘上。无论是 UFO 报表还是 Excel 电子表,最常用的方法是使用【另存为】菜单功能。与正常情况下保存文件不同的是,在其“保存位置”编辑框中应选择备份的位置,例如硬盘 E:的某一文件夹,又例如 U 盘(F:)。

2. 将源文件转换为其他类型的备份

将源文件转换为其他类型的备份是指备份时不改变源文件的原有格式,仅改变备份文件的格式,并将备份文件存放到硬盘上、软盘上或光盘上。无论是 UFO 报表还是 Excel 电子表,所采用的方法基本都是使用【另存为】菜单功能。与正常情况下保存文件不同的,一方面是在其“保存位置”编辑框中应选择备份的位置,例如硬盘 C:的某一文件夹;另一方面是在其“保存类型”编辑框中应选择备份文件的类型。

(1)使用“另存为”功能转换为其他类型的备份。

在 UFO 报表管理子系统中，将源文件转换为其他类型的备份文件与 Excel 电子表采用的方法基本相同，通常采用以下操作步骤进行。

①在 UFO 中打开会计报表；

②选择【文件】→【另存为】菜单项，系统弹出“另存为”对话框；

③在“保存位置”编辑框中，单击框内向下的箭头或框外右侧的[上一级]按钮，选择备份文件存放的位置；

④在“保存类型”编辑框中，单击框内向下的箭头，在系统弹出的下拉列表中选择备份文件的类型；

⑤单击“另存为”对话框中的[保存]按钮。

(2)在 UFO 报表中将源文件转换为浏览器文件的备份。

在 UFO 报表中将源文件转换为其他类型的备份文件，除可采用如上的【另存为】菜单项外，还提供了“转换成 HTML”功能，用以生成浏览器文件。浏览器文件是 HTML(超文本标记语言)格式的纯文本文件，可在全球广域网上发布。用 HTML 准备的文档包含引用图形和格式标签，可使用 Web(例如 Microsoft Internet Explorer)查看这些文档。在 UFO 报表中“转换成 HTML”的操作步骤为：

①在 UFO 报表中打开需转换的会计报表文件，进入数据状态。

②选择【文件】→【其他格式】→【转换成 HTML】菜单项，系统弹出“××文件转换完成!”提示框。

③在提示框中单击[确定]按钮，完成文件的初步转换工作。

④选择【文件】→【其他格式】→【转换成 HTML】菜单项，系统弹出“打开”对话框。

⑤在“打开”对话框中，选中需转换的报表文件。

⑥单击[确定]按钮，系统会弹出“文件转换完成!”提示框。

⑦在提示框中单击[确定]按钮，完成文件的全部转换工作。

思考题

1. UFO 报表管理子系统的功能有哪些?
2. 什么是 UFO 报表管理子系统中的关键字?
3. 什么是单元公式? 它有什么作用?
4. 什么是审核公式? 它有什么作用?
5. 什么是舍位平衡公式? 它有什么作用?
6. 简述快速编制会计报表的主要操作步骤。
7. 简述报表管理子系统初始化的主要操作步骤。
8. 简述期末编制报表的主要操作步骤。
9. 批命令的实现过程有几种方式? 具体操作步骤是什么?

参考文献

1. 卜红宝．会计电算化[M]．北京：中国经济出版社，2013.

2. 陈福军，刘景忠．会计电算化[M]．大连：东北财经大学出版社，2013.

3. 邓利梅，李晟璐．会计信息系统原理与实务——用友 ERP U8.72 版[M]．上海：上海财经大学出版社，2013.

4. 管彦庆．会计信息系统理论与实验教程[M]．北京：机械工业出版社，2012.

5. 韩庆兰．会计信息系统（第二版）[M]．北京：机械工业出版社，2011.

6. 金蝶软件（中国）有限公司．金蝶 K/3 标准财务培训教材[M]．北京：机械工业出版社，2011.

7. 刘勤，杨寅．改革开放 40 年的中国会计信息化：回顾与展望[J]．会计研究，2019(2).

8. 李清．会计信息系统原理与实验教程[M]．北京：清华大学出版社，2010.

9. 李湘琳，张文，傅仕伟．财务管理系统实验教程[M]．北京：清华大学出版社，2010.

10. 李昕，王晓霜．会计电算化[M]．大连：东北财经大学出版社，2014.

11. 李焱．会计电算化技能实训[M]．北京：北京大学出版社，2014.

12. 刘纳新，杨健．会计信息系统[M]．北京：经济科学出版社，2014.

13. 毛华扬．会计电算化原理与实务——基于用友 T3[M]．北京：中国人民大学出版社，2012.

14. 毛元青，郭红．会计信息系统[M]．北京：科学出版社，2012.

15. 毛卫东，孙洁，叶小平．会计信息系统实验指导教程[M]．上海：上海财经大学出版社，2012.

16. 毛华扬，冯铭韵．会计软件数据国家标准让数据“动”起来！[N]．财会信报，2015－11－05.

17. 马歇尔·B. 罗姆尼（Marshall B. Romney）、保罗·约翰·施泰因巴特（Paul John Steinbart）．会计信息系统（第 12 版）[M]．张瑞君、程玲莎译．北京：中国人民大学出版社，2013.

18. 财政部．关于印发《企业会计信息化工作规范》的通知[EB/OL]．http://kjs.mof.gov.cn/zhengwuxinxi/zhengcefabu/201312/t20131216_1025312.html，2013－12－06.

19. 财政部会计司．会计软件的规矩方圆——企业会计信息化工作规范解读之二[EB/OL]．http://kjs.mof.gov.cn/zhengwuxinxi/zhengcejiedu/201401/t20140109_1033965.html，2014－01－09.

20. 潘晓波．会计电算化信息系统[M]．武汉：武汉大学出版社，2012.

21. 袁红清．管理信息系统[M]．北京：机械工业出版社，2012.

22. 袁树民，王丹．会计信息系统[M]．上海：上海财经大学出版社，2014.

23. 童伟，卿笃炼．会计电算化[M]．北京：北京大学出版社，2014.

24. 王新玲，房琳琳，吕志明．新编会计信息系统实验教程——用友 ERP U8 版[M]．北京：清华大学出版社，2012.

25. 王新玲，汪刚．会计信息系统实验教程——用友 ERP-U8 V10.1 版[M]．北京：清华大学出版社，2013.

26. 王新玲．会计信息化应用教程[M]．北京：人民邮电出版社，2016.

27. 王振武．会计信息系统[M]．大连：东北财经大学出版社，2014.

28. 薛祖云．会计信息系统（第 4 版）[M]．厦门：厦门大学出版社，2013.

29. 薛飞．会计电算化[M]．成都：西南财经大学出版社，2013.

30. 徐晓鹏．会计信息系统[M]．北京：清华大学出版社，2014.

31. 杨周南，赵纳晖，陈翔．会计信息系统（第三版）[M]．大连：东北财经大学出版社，2010.
32. 张耀武．会计信息系统[M]．北京：经济科学出版社，2012.
33. 张慧德．会计电算化应用教程[M]．北京：中国人民大学出版社，2012.
34. 张慧德．会计电算化[M]．上海：上海财经大学出版社，2013.
35. 张慧德．会计信息化应用教程[M]．北京：清华大学出版社，2014.
36. 张慧德．会计信息化（用友）[M]．南京：东南大学出版社，2018.
37. 赵伟．会计电算化[M]．上海：上海财经大学出版社，2014.
38. 赵建新，宋郁，周宏．新编用友 ERP 供应链管理系统实验教程[M]．北京：清华大学出版社，2010.
39. 庄明来．会计信息化教程[M]．北京：北京师范大学出版社，2014.

21 世纪普通高等教育“十三五”规划教材·公共基础课系列

会计电算化习题集

——原理及应用

（第二版）

张慧德　主　编
王　钊　副主编

上海财经大学出版社